Theodor Mommsen
Römische Geschichte
Vollständige Ausgabe in acht Bänden

»So wie es ist – mit seinen Runzeln und Furchen, bleibt das Werk eine der bedeutendsten Erscheinungen unserer Zeit, epochemachend, indem es zum erstenmal die persönliche Mitleidenschaft auf die großartigste, schärfste Weise unverhüllt in die Geschichte eingeführt und die Nachwelt nicht zum Zuschauer, sondern zum Kämpfer in das Gladiatorenspiel der römischen Republik gerufen hat.«

Karl Gutzkow, 1857

dtv-bibliothek
Literatur · Philosophie · Wissenschaft

Theodor Mommsen
Römische Geschichte
Band 2

Drittes Buch
Von der Einigung Italiens
bis auf die Unterwerfung Karthagos und der griechischen Staaten

Deutscher Taschenbuch Verlag

Band 1 und Band 2 dieser Ausgabe enthalten den ungekürzten Text des I. Bandes ›Bis zur Schlacht von Pydna‹ der 9. Auflage (1902) der Originalausgabe.
Auf die Seitenzählung der seit der 6. Auflage (1874) fast seitengleichen Originalausgaben weisen die Konkordanzziffern im Kolumnentitel hin.
Der Umschlag zeigt eine Schwurszene, auf einem Goldstater, ca. 216 v. Chr.

1. Auflage März 1976
5. Auflage Oktober 1993: 30. bis 32. Tausend
Deutscher Taschenbuch Verlag GmbH & Co. KG, München
Umschlaggestaltung: Celestino Piatti
Umschlagfoto: Hirmer Fotoarchiv, München
Gesamtherstellung: C. H. Beck'sche Buchdruckerei, Nördlingen
Printed in Germany · ISBN 3-423-06054-9

Inhalt

1. Kapitel: Karthago 9
2. Kapitel: Der Krieg um Sizilien zwischen Rom und Karthago 32
3. Kapitel: Die Ausdehnung Italiens bis an seine natürlichen Grenzen 64
4. Kapitel: Hamilkar und Hannibal 85
5. Kapitel: Der Hannibalische Krieg bis zur Schlacht bei Cannae 111
6. Kapitel: Der Hannibalische Krieg von Cannae bis Zama 137
7. Kapitel: Der Westen vom Hannibalischen Frieden bis zum Ende der dritten Periode 190
8. Kapitel: Die östlichen Staaten und der Zweite Makedonische Krieg 210
9. Kapitel: Der Krieg gegen Antiochos von Asien 248
10. Kapitel: Der Dritte Makedonische Krieg 280
11. Kapitel: Regiment und Regierte 309
12. Kapitel: Boden- und Geldwirtschaft 356
13. Kapitel: Glaube und Sitte 386
14. Kapitel: Literatur und Kunst 406

Drittes Buch

Von der Einigung Italiens bis auf die Unterwerfung Karthagos
und der griechischen Staaten

arduum res gestas scribere
arg beschwerlich ist es,
Geschichte zu schreiben
Sallust

1. Kapitel
Karthago

Der semitische Stamm steht inmitten und doch auch außerhalb der Völker der alten klassischen Welt. Der Schwerpunkt liegt für jenen im Osten, für diese am Mittelmeer, und wie auch Krieg und Wanderung die Grenze verschoben und die Stämme durcheinanderwarfen, immer schied und scheidet ein tiefes Gefühl der Fremdartigkeit die indogermanischen Völker von den syrischen, israelitischen, arabischen Nationen. Dies gilt auch von demjenigen semitischen Volke, das mehr als irgendein anderes gegen Westen sich ausgebreitet hat, von den Phönikern. Ihre Heimat ist der schmale Küstenstreif zwischen Kleinasien, dem syrischen Hochland und Ägypten, die Ebene genannt, das heißt Kanaan. Nur mit diesem Namen hat die Nation sich selber genannt – noch in der christlichen Zeit nannte der afrikanische Bauer sich einen Kanaaniter; den Hellenen aber hieß Kanaan das »Purpurland« oder auch das »Land der roten Männer«, Phönike, und Punier pflegten auch die Italiker, Phöniker oder Punier pflegen wir noch die Kanaaniter zu heißen. Das Land ist wohl geeignet zum Akkerbau; aber vor allen Dingen sind die vortrefflichen Häfen und der Reichtum an Holz und Metallen dem Handel günstig, der hier, wo das überreiche östliche Festland hinantritt an die weithin sich ausbreitende insel- und hafenreiche Mittelländische See, vielleicht zuerst in seiner ganzen Großartigkeit dem Menschen aufgegangen ist. Was Mut, Scharfsinn und Begeisterung vermögen, haben die Phöniker aufgeboten, um dem Handel und was aus ihm folgt, der Schiffahrt, Fabrikation, Kolonisierung, die volle Entwicklung zu geben und Osten und Westen zu vermitteln. In unglaublich früher Zeit finden wir sie in Kypros und Ägypten, in Griechenland und Sizilien, in Afrika und Spanien, ja sogar auf dem Atlantischen Meer und der Nordsee. Ihr Handelsgebiet reicht von Sierra Leone und Cornwall im Westen bis östlich zur malabarischen Küste; durch ihre Hände gehen das Gold und die Perlen des Ostens, der tyrische Purpur, die Sklaven, das Elfenbein, die Löwen- und Pardelfelle aus dem inneren Afrika, der arabische Weihrauch, das Linnen Ägyptens, Griechenlands Tongeschirr und edle Weine, das kyprische Kupfer, das spanische Silber, das englische Zinn, das Eisen von Elba. Jedem Volke bringen die phönikischen Schiffer, was es brauchen kann oder doch kaufen mag, und überall kommen sie herum, um doch immer wieder zurückzukehren zu der engen Heimat, an der ihr Herz hängt. Die Phöniker haben wohl ein Recht, in der Geschichte genannt zu werden neben der hellenischen und der latinischen Nation; aber auch an ihnen und vielleicht an ihnen am meisten bewährt es sich, daß das Altertum die Kräfte der Völker einseitig entwickelte. Die großartigen und dauernden Schöpfungen, welche auf dem geistigen Gebiete innerhalb des aramäischen Stammes entstanden sind, gehören nicht zunächst den Phönikern an; wenn Glauben und Wissen in gewissem Sinn den aramäischen Nationen vor allen anderen eigen und den Indogermanen erst aus dem Osten zugekommen sind, so hat doch weder die phönikische Religion noch die phönikische Wissenschaft und Kunst, soviel wir sehen, jemals unter den aramäischen einen selbständigen Rang eingenommen. Die religiösen Vorstellungen der Phöniker sind formlos und unschön, und ihr Gottesdienst schien Lüsternheit und Grausamkeit mehr zu nähren als zu bändigen bestimmt; von einer besonderen Einwirkung phönikischer Religion auf andere Völker wird wenigstens in der geschichtlich klaren Zeit nichts wahrgenommen. Ebensowenig begegnet eine auch nur der italischen, geschweige denn derjenigen der Mutterländer der Kunst vergleichbare phönikische Tektonik oder Plastik. Die älteste Heimat der wissenschaftlichen Beobachtung und ihrer praktischen Verwertung ist Babylon oder doch das Euphratland gewesen: hier wahrscheinlich folgte man zuerst dem Lauf der Sterne; hier schied und schrieb man zuerst die Laute der Sprache; hier begann der Mensch über Zeit und Raum und über die in der Natur wirkenden Kräfte zu denken; hierhin führen die ältesten Spuren der Astronomie und Chronologie, des Alphabets, der Maße und Gewichte. Die Phöniker haben wohl von den kunstreichen und hoch entwickelten babylonischen Gewerken für ihre Industrie, von der Sternbeobachtung für ihre Schiffahrt, von der Lautschrift und der Ordnung der Maße für ihren Handel Vorteil gezogen und manchen wichtigen Keim der Zivilisation mit ihren Waren vertrieben; aber daß das Alphabet oder irgendein anderes jener genialen Erzeugnisse des Menschengeistes ihnen eigentümlich angehöre, läßt sich nicht erweisen, und was durch sie von religiösen und wissenschaftlichen Gedanken den Hellenen zukam, das haben sie mehr wie der Vogel das Samenkorn als wie der Ackersmann die Saat ausgestreut. Die Kraft die bildungsfähigen Völker, mit denen sie sich berührten, zu zivilisieren und sich zu assimilieren, wie sie die Hellenen und selbst die Italiker besitzen, fehlte den Phönikern gänzlich. Im Eroberungsgebiet der Römer sind vor der romanischen Zunge die iberischen und die keltischen Sprachen verschollen; die Berber Afrikas reden heute noch dieselbe Sprache wie zu den Zeiten der Hannos und der Barkiden. Aber vor allem mangelt den Phönikern, wie allen aramäischen Nationen im Gegensatz zu den indogermanischen, der staatenbildende Trieb, der geniale Gedanke der sich selber regierenden Freiheit. Während der höchsten Blüte von Sidon und Tyros ist das phönikische Land der ewige Zankapfel der am Euphrat und am Nil herrschenden Mächte und bald den Assyrern, bald den Ägyptern untertan. Mit der halben Macht hätten hellenische Städte sich unabhängig gemacht; aber die vorsichtigen sidonischen Männer, berechnend, daß die Sperrung der Karawanenstraßen nach dem Osten oder der ägyptischen Häfen ihnen weit höher zu stehen komme als der schwerste Tribut, zahlten lieber pünktlich ihre Steuern, wie es fiel nach Ninive oder nach Memphis, und fochten sogar, wenn es nicht anders sein konnte, mit ihren Schiffen die Schlachten der Könige mit. Und wie die Phöniker daheim den Druck der Herren gelassen ertrugen, waren sie auch draußen keineswegs geneigt, die friedlichen Bahnen der kaufmännischen mit der erobernden Politik zu vertauschen. Ihre Niederlassungen sind Faktoreien; es liegt ihnen mehr daran, den Eingeborenen Waren abzunehmen und zuzubringen, als weite Gebiete in fernen Ländern zu erwerben und daselbst die schwere und langsame Arbeit der Kolonisierung durchzuführen. Selbst mit ihren Konkurrenten vermeiden sie den Krieg; aus Ägypten, Griechenland, Italien, dem östlichen Sizilien lassen sie fast ohne Widerstand sich verdrängen und in den großen Seeschlachten, die in früher Zeit um die Herrschaft im westlichen Mittelmeer geliefert worden sind, bei Alalia (217 *537*) und Kyme (280 *474*), sind es die Etrusker, nicht die Phöniker, die die Schwere des Kampfes gegen die Griechen tragen. Ist die Konkurrenz einmal nicht zu vermeiden, so gleicht man sich aus, so gut es gehen will; es ist nie von den Phönikern ein Versuch gemacht worden, Caere oder Massalia zu erobern. Noch weniger natürlich sind die Phöniker zum Angriffskrieg geneigt. Das einzige Mal, wo sie in der älteren Zeit offensiv auf dem Kampfplatze erscheinen, in der großen sizilischen Expedition der afrikanischen Phöniker, welche mit der Niederlage bei Himera durch Gelon von Syrakus endigte (274 *480*), sind sie nur als gehorsame Untertanen des Großkönigs und um der Teilnahme an dem Feldzug gegen die östlichen Hellenen auszuweichen, gegen die Hellenen des Westens ausgerückt; wie denn ihre syrischen Stammgenossen in der Tat in demselben Jahr sich mit den Persern bei Salamis mußten schlagen lassen (1, 335).

Es ist das nicht Feigheit; die Seefahrt in unbekannten Gewässern und mit bewaffneten Schiffen fordert tapfere Herzen, und daß diese unter den Phönikern zu finden waren, haben sie oft bewiesen. Es ist noch weniger Mangel an Zähigkeit und Eigenartigkeit des Nationalgefühls; vielmehr haben die Aramäer mit einer Hartnäckigkeit, welche kein indogermanisches Volk je erreicht hat und welche uns Okzidentalen bald mehr, bald weniger als menschlich zu sein dünkt, ihre Nationalität gegen alle Lockungen der griechischen Zivilisation wie gegen alle Zwangsmittel der orientalischen und okzidentalischen Despoten mit den Waffen des Geistes wie mit ihrem Blute verteidigt. Es ist der Mangel an staatlichem Sinn, der bei dem lebendigsten Stammgefühl, bei der treuesten Anhänglichkeit an die Vaterstadt doch das eigenste Wesen der Phöniker bezeichnet. Die Freiheit lockte sie nicht und es gelüstete sie nicht nach der Herrschaft; »ruhig lebten sie«, sagt das Buch der Richter, »nach der Weise der Sidonier, sicher und wohlgemut und im Besitz von Reichtum«.

Unter allen phönikischen Ansiedlungen gediehen keine schneller und sicherer als die von den Tyriern und Sidoniern an der Südküste Spaniens und an der nordafrikanischen gegründeten, in welche Gegenden weder der Arm des Großkönigs noch die gefährliche Rivalität der griechischen Seefahrer reichte, die Eingeborenen aber den Fremdlingen gegenüberstanden wie in Amerika die Indianer den Europäern. Unter den zahlreichen und blühenden phönikischen Städten an diesen Gestaden ragte vor allem hervor die »Neustadt«, Karthada oder, wie die Okzidentalen sie nennen, Karchedon oder Karthago. Nicht die früheste Niederlassung der Phöniker in dieser Gegend und ursprünglich vielleicht schutzbefohlene Stadt des nahen Utica, der ältesten Phönikerstadt in Libyen, überflügelte sie bald ihre Nachbarn, ja die Heimat selbst durch die unvergleichlich günstige Lage und die rege Tätigkeit ihrer Bewohner. Gelegen unfern der (ehemaligen) Mündung des Bagradas (Medscherda), der die reichste Getreidelandschaft Nordafrikas durchströmt, auf einer fruchtbaren noch heute mit Landhäusern besetzten und mit Oliven- und Orangenwäldern bedeckten Anschwellung des Bodens, der gegen die Ebene sanft sich abdacht und an der Seeseite als meerumflossenes Vorgebirg endigt, inmitten des großen Hafens von Nordafrika, des Golfes von Tunis, da wo dies schöne Bassin den besten Ankergrund für größere Schiffe und hart am Strande trinkbares Quellwasser darbietet, ist dieser Platz für Ackerbau und Handel und die Vermittlung beider so einzig günstig, daß nicht bloß die tyrische Ansiedlung daselbst die erste phönikische Kaufstadt ward, sondern auch in der römischen Zeit Karthago, kaum wiederhergestellt, die dritte Stadt des Kaiserreichs wurde und noch heute unter nicht günstigen Verhältnissen und an einer weit weniger gut gewählten Stelle dort eine Stadt von hunderttausend Einwohnern besteht und gedeiht. Die agrikole, merkantile, industrielle Blüte einer Stadt in solcher Lage und mit solchen Bewohnern erklärt sich selbst; wohl aber fordert die Frage eine Antwort, auf welchem Weg diese Ansiedlung zu einer politischen Machtentwicklung gelangte, wie sie keine andere phönikische Stadt besessen hat.

Daß der phönikische Stamm seine politische Passivität auch in Karthago nicht verleugnet hat, dafür fehlt es keineswegs an Beweisen. Karthago bezahlte bis in die Zeiten seiner Blüte hinab für den Boden, den die Stadt einnahm, Grundzins an die einheimischen Berber, den Stamm der Maxyer oder Maxitaner; und obwohl das Meer und die Wüste die Stadt hinreichend schützten vor jedem Angriff der östlichen Mächte, scheint Karthago doch die Herrschaft des Großkönigs wenn auch nur dem Namen nach anerkannt und ihm gelegentlich gezinst zu haben, um sich die Handelsverbindungen mit Tyros und dem Osten zu sichern.

Aber bei allem guten Willen, sich zu fügen und zu schmiegen, traten doch Verhältnisse ein, die diese Phöniker in eine energischere Politik drängten. Vor dem Strom der hellenischen Wanderung, der sich unaufhaltsam gegen Westen ergoß, der die Phöniker schon aus dem eigentlichen Griechenland und von Italien verdrängt hatte und eben sich anschickte, in Sizilien, in Spanien, ja in Libyen selbst das gleiche zu tun, mußten die Phöniker doch irgendwo standhalten, wenn sie nicht gänzlich sich wollten erdrücken lassen. Hier, wo sie mit griechischen Kaufleuten und nicht mit dem Großkönig zu tun hatten, genügte es nicht, sich zu unterwerfen, um gegen Schoß und Zins Handel und Industrie in alter Weise fortzuführen. Schon waren Massalia und Kyrene gegründet; schon das ganze östliche Sizilien in den Händen der Griechen; es war für die Phöniker die höchste Zeit zu ernstlicher Gegenwehr. Die Karthager nahmen sie auf; in langen und hartnäckigen Kriegen setzten sie dem Vordringen der Kyrenäer eine Grenze und der Hellenismus vermochte nicht sich westwärts der Wüste von Tripolis festzusetzen. Mit karthagischer Hilfe erwehrten ferner die phönikischen Ansiedler auf der westlichen

Spitze Siziliens sich der Griechen und begaben sich gern und freiwillig in die Klientel der mächtigen stammverwandten Stadt (1, 155). Diese wichtigen Erfolge, die ins zweite Jahrhundert Roms fallen und die den südwestlichen Teil des Mittelmeers den Phönikern retteten, gaben der Stadt, die sie erfochten hatte, von selbst die Hegemonie der Nation und zugleich eine veränderte politische Stellung. Karthago war nicht mehr eine bloße Kaufstadt; sie zielte nach der Herrschaft über Libyen und über einen Teil des Mittelmeers, weil sie es mußte. Wesentlich trug wahrscheinlich bei zu diesen Erfolgen das Aufkommen der Söldnerei, die in Griechenland etwa um die Mitte des vierten Jahrhunderts der Stadt in Übung kam, bei den Orientalen aber, namentlich bei den Karern weit älter ist und vielleicht eben durch die Phöniker emporkam. Durch das ausländische Werbesystem ward der Krieg zu einer großartigen Geldspekulation, die eben recht im Sinn des phönikischen Wesens ist.

Es war wohl erst die Rückwirkung dieser auswärtigen Erfolge, welche die Karthager veranlaßte, in Afrika von Miet- und Bitt- zum Eigenbesitz und zur Eroberung überzugehen. Erst um 300 Roms *(450)* scheinen die karthagischen Kaufleute sich des Bodenzinses entledigt zu haben, den sie bisher den Einheimischen hatten entrichten müssen. Dadurch ward eine eigene Ackerwirtschaft im großen möglich. Von jeher hatten die Phöniker es sich angelegen sein lassen, ihre Kapitalien auch als Grundbesitzer zu nutzen und den Feldbau im großen Maßstab zu betreiben durch Sklaven oder gedungene Arbeiter; wie denn ein großer Teil der Juden in dieser Art den tyrischen Kaufherren um Tagelohn dienstbar war. Jetzt konnten die Karthager unbeschränkt den reichen libyschen Boden ausbeuten durch ein System, das dem der heutigen Plantagenbesitzer verwandt ist: gefesselte Sklaven bestellten das Land – wir finden, daß einzelne Bürger deren bis zwanzigtausend besaßen. Man ging weiter. Die ackerbauenden Dörfer der Umgegend – der Ackerbau scheint bei den Libyern sehr früh und wahrscheinlich schon vor der phönikischen Ansiedlung, vermutlich von Ägypten aus, eingeführt zu sein – wurden mit Waffengewalt unterworfen und die freien libyschen Bauern umgewandelt in Fellahs, die ihren Herren den vierten Teil der Bodenfrüchte als Tribut entrichteten und zur Bildung eines eigenen karthagischen Heeres einem regelmäßigen Rekrutierungssystem unterworfen wurden. Mit den schweifenden Hirtenstämmen (νομάδες) an den Grenzen währten die Fehden beständig; indes sicherte eine verschanzte Postenkette das befriedete Gebiet und langsam wurden jene zurückgedrängt in die Wüsten und Berge oder gezwungen, die karthagische Oberherrschaft anzuerkennen, Tribut zu zahlen und Zuzug zu stellen. Um die Zeit des Ersten Punischen Krieges ward ihre große Stadt Theveste (Tebessa, an den Quellen des Medscherda) von den Karthagern erobert. Dies sind die »Städte und Stämme (ἔθνη) der Untertanen«, die in den karthagischen Staatsverträgen erscheinen; jenes die unfreien libyschen Dörfer, dieses die untertänigen Nomaden.

Hierzu kam endlich die Herrschaft Karthagos über die übrigen Phöniker in Afrika oder die sogenannten Libyphöniker. Es gehörten zu diesen teils die von Karthago aus an die ganze afrikanische Nord- und einen Teil der Nordwestküste geführten kleineren Ansiedelungen, die nicht unbedeutend gewesen sein können, da allein am Atlantischen Meer auf einmal 30 000 solcher Kolonisten seßhaft gemacht wurden, teils die besonders an der Küste der heutigen Provinz Constantine und des Beylik von Tunis zahlreichen altphönikischen Niederlassungen, zum Beispiel Hippo, später regius zugenannt (Bona), Hadrumetum (Susa), Klein-Leptis (südlich von Susa) – die zweite Stadt der afrikanischen Phöniker –, Thapsus (ebendaselbst), Groß-Leptis (Lebda westlich von Tripolis). Wie es gekommen ist, daß sich all diese Städte unter karthagische Botmäßigkeit begaben, ob freiwillig, etwa um sich zu schirmen vor den Angriffen der Kyrenäer und Numidier, oder gezwungen, ist nicht mehr nachzuweisen; sicher aber ist es, daß sie als Untertanen der Karthager selbst in offiziellen Aktenstücken bezeichnet werden, ihre Mauern hatten niederreißen müssen und Steuer und Zuzug nach Karthago zu leisten hatten. Indes waren sie weder der Rekrutierung noch der Grundsteuer unterworfen, sondern leisteten ein Bestimmtes an Mannschaft und Geld, Klein-Leptis zum Beispiel jährlich die ungeheure Summe von 465 Talenten (574 000 Taler); ferner lebten sie nach gleichem Recht mit den Karthagern und konnten mit ihnen in gleiche Ehe treten[1]. Einzig Utica war, wohl weniger

---

[1] Die schärfste Bezeichnung dieser wichtigen Klasse findet sich in dem karthagischen Staatsvertrag (Polyb. 7, 9), wo sie im Gegensatz einerseits zu den Uticensern, anderseits zu den libyschen Untertanen heißen: οἱ Καρχηδονίων ὕπαρχοι ὅσοι τοῖς αὐτοῖς νόμοις χρῶνται. Sonst heißen sie auch Bundes- (συμμαχίδες πόλεις Diod. 20, 10) oder steuerpflichtige Städte (Liv. 34, 62; Iust. 22, 7, 3). Ihr Conubium mit den Karthagern erwähnt Diodoros 20, 55; das Commercium folgt aus den »gleichen Gesetzen«. Daß die altphönikischen Kolonien zu den Libyphönikern gehören, beweist die Bezeichnung Hippos als einer libyphönikischen Stadt (Liv. 25, 40); anderseits heißt es hinsichtlich der von Karthago aus gegründeten Ansiedlungen

durch seine Macht als durch die Pietät der Karthager gegen ihre alten Beschützer, dem gleichen Schicksal entgangen und hatte seine Mauern und seine Selbständigkeit bewahrt; wie denn die Phöniker für solche Verhältnisse eine merkwürdige, von der griechischen Gleichgültigkeit wesentlich abstechende Ehrfurcht hegten. Selbst im auswärtigen Verkehr sind es stets »Karthago und Utica«, die zusammen festsetzen und versprechen; was natürlich nicht ausschließt, daß die weit größere Neustadt der Tat nach auch über Utica die Hegemonie behauptete. So ward aus der tyrischen Faktorei die Hauptstadt eines mächtigen nordafrikanischen Reiches, das von der tripolitanischen Wüste sich erstreckte bis zum Atlantischen Meer, im westlichen Teil (Marokko und Algier) zwar mit zum Teil oberflächlicher Besetzung der Küstensäume sich begnügend, aber in dem reicheren östlichen, den heutigen Distrikten von Constantine und Tunis, auch das Binnenland beherrschend und seine Grenze beständig weiter gegen Süden vorschiebend; die Karthager waren, wie ein alter Schriftsteller bezeichnend sagt, aus Tyriern Libyer geworden. Die phönikische Zivilisation herrschte in Libyen ähnlich wie in Kleinasien und Syrien die griechische nach den Zügen Alexanders, wenn auch nicht mit gleicher Gewalt. An den Höfen der Nomadenscheichs ward phönikisch gesprochen und geschrieben und die zivilisierteren einheimischen Stämme nahmen für ihre Sprache das phönikische Alphabet an[2]; sie vollständig zu phönikisieren lag indes weder im Geiste der Nation noch in der Politik Karthagos.

zum Beispiel im Periplus des Hanno: »Es beschlossen die Karthager, daß Hanno jenseits der Säulen des Herkules schiffe und Städte der Libyphöniker gründe«. Im wesentlichen bezeichnen die Libyphöniker bei den Karthagern nicht eine nationale, sondern eine staatsrechtliche Kategorie. Damit kann es recht wohl bestehen, daß der Name grammatisch die mit Libyern gemischten Phöniker bezeichnet (Liv. 21, 22, Zusatz zum Text des Polybios); wie denn in der Tat wenigstens bei der Anlage sehr exponierter Kolonien den Phönikern häufig Libyer beigegeben wurden (Diod. 13, 79; Cic. Scaur. 42). Die Analogie im Namen und im Rechtsverhältnis zwischen den Latinern Roms und den Libyphönikern Karthagos ist unverkennbar.

[2] Das libysche oder numidische Alphabet, das heißt dasjenige, womit die Berber ihre nichtsemitische Sprache schrieben und schreiben, eines der zahllosen aus dem aramäischen Uralphabet abgeleiteten, scheint allerdings diesem in einzelnen Formen näher zu stehen als das phönikische; aber es folgt daraus noch keineswegs, daß die Libyer die Schrift nicht von den Phönikern, sondern von älteren Einwanderern erhielten, so wenig als die teilweise älteren Formen der italischen Alphabete diese aus dem griechischen abzuleiten verbieten. Vielmehr wird die Ableitung des libyschen Alphabets aus dem phönikischen einer Periode des letzteren angehören, welche älter ist als die, in der die auf uns gekommenen Denkmäler der phönikischen Sprache geschrieben wurden.

Die Epoche, in der diese Umwandlung Karthagos in die Hauptstadt von Libyen stattgefunden hat, läßt sich um so weniger bestimmen, als die Veränderung ohne Zweifel stufenweise erfolgt ist. Der eben erwähnte Schriftsteller nennt als den Reformator der Nation den Hanno; wenn dies derselbe ist, der zur Zeit des ersten Krieges mit Rom lebte, so kann er nur als Vollender des neuen Systems angesehen werden, dessen Durchführung vermutlich das vierte und fünfte Jahrhundert Roms ausgefüllt hat.

Mit dem Aufblühen Karthagos Hand in Hand ging das Sinken der großen phönikischen Städte in der Heimat, von Sidon und besonders von Tyros, dessen Blüte teils infolge innerer Bewegungen, teils durch die Drangsale von außen, namentlich die Belagerungen durch Salmanassar im ersten, Nabukodrossor im zweiten, Alexander im fünften Jahrhundert Roms zugrunde gerichtet ward. Die edlen Geschlechter und die alten Firmen von Tyros siedelten größtenteils über nach der gesicherten und blühenden Tochterstadt und brachten dorthin ihre Intelligenz, ihre Kapitalien und ihre Traditionen. Als die Phöniker mit Rom in Berührung kamen, war Karthago ebenso entschieden die erste kanaanitische Stadt wie Rom die erste der latinischen Gemeinden.

Aber die Herrschaft über Libyen war nur die eine Hälfte der karthagischen Macht; ihre See- und Kolonialherrschaft hatte gleichzeitig nicht minder gewaltig sich entwickelt.

In Spanien war der Hauptplatz der Phöniker die uralte tyrische Ansiedlung in Gades (Cadiz); außerdem besaßen sie westlich und östlich davon eine Kette von Faktoreien und im Innern das Gebiet der Silbergruben, so daß sie etwa das heutige Andalusien und Granada oder doch wenigstens die Küste davon innehatten. Das Binnenland den einheimischen kriegerischen Nationen abzugewinnen war man nicht bemüht; man begnügte sich mit dem Besitz der Bergwerke und der Stationen für den Handel und für den Fisch- und Muschelfang und hatte Mühe auch nur hier sich gegen die anwohnenden Stämme zu behaupten. Es ist wahrscheinlich, daß diese Besitzungen nicht eigentlich karthagisch waren, sondern tyrisch, und Gades nicht mitzählte unter den tributpflichtigen Städten Karthagos; doch stand es wie alle westlichen Phöniker tatsächlich unter karthagischer Hegemonie, wie die von Karthago den Gaditanern gegen die Eingeborenen gesandte Hilfe und die Anlegung karthagischer Handelsniederlassungen westlich von Gades beweist. Ebusus und die Balearen wurden dagegen von den Karthagern selbst in früher Zeit besetzt, teils der Fischereien wegen, teils als Vorposten gegen die Massalioten, mit denen von hier aus die heftigsten Kämpfe geführt wurden.

Ebenso setzten die Karthager schon am Ende des zweiten Jahrhunderts Roms sich fest auf Sardinien, welches ganz in derselben Art wie Libyen von ihnen ausgebeutet ward. Während die Eingeborenen sich in dem gebirgigen Innern der Insel der Verknechtung zur Feldsklaverei entzogen wie die Numidier in Afrika an dem Saum der Wüste, wurden nach Karalis (Cagliari) und anderen wichtigen Punkten phönikische Kolonien geführt und die fruchtbaren Küstenlandschaften durch eingeführte libysche Ackerbauern verwertet.

In Sizilien endlich war zwar die Straße von Messana und die größere östliche Hälfte der Insel in früher Zeit den Griechen in die Hände gefallen; allein den Phönikern blieben unter dem Beistand der Karthager teils die kleineren Inseln in der Nähe, die Aegaten, Melite, Gaulos, Kossyra, unter denen namentlich die Ansiedlung auf Malta reich und blühend war, teils die West- und Nordwestküste Siziliens, wo sie von Motye, später von Lilybäon aus die Verbindung mit Afrika, von Panormos und Soloeis aus die mit Sardinien unterhielten. Das Innere der Insel blieb in dem Besitz der Eingeborenen, der Elymer, Sikaner, Sikeler. Es hatte sich in Sizilien, nachdem das weitere Vordringen der Griechen gebrochen war, ein verhältnismäßig friedlicher Zustand hergestellt, den selbst die von den Persern veranlaßte Heerfahrt der Karthager gegen ihre griechischen Nachbarn auf der Insel (274 *480*) nicht auf die Dauer unterbrach und der im ganzen fortbestand bis auf die attische Expedition nach Sizilien (339–341 *415–413*). Die beiden rivalisierenden Nationen bequemten sich, einander zu dulden, und beschränkten sich im wesentlichen jede auf ihr Gebiet.

Alle diese Niederlassungen und Besitzungen waren an sich wichtig genug; allein noch von weit größerer Bedeutung insofern, als sie die Pfeiler der karthagischen Seeherrschaft wurden. Durch den Besitz Südspaniens, der Balearen, Sardiniens, des westlichen Sizilien und Melites in Verbindung mit der Verhinderung hellenischer Kolonisierung, sowohl an der spanischen Ostküste als auf Korsika und in der Gegend der Syrten machten die Herren der nordafrikanischen Küste ihre See zu einer geschlossenen und monopolisierten die westliche Meerenge. Nur das Tyrrhenische und gallische Meer mußten die Phöniker mit andern

Nationen teilen. Es war dies allenfalls zu ertragen, solange die Etrusker und die Griechen sich hier das Gleichgewicht hielten; mit den ersteren als den minder gefährlichen Nebenbuhlern trat Karthago sogar gegen die Griechen in Bündnis. Indes als nach dem Sturz der etruskischen Macht, den, wie es zu gehen pflegt bei derartigen Notbündnissen, Karthago wohl schwerlich mit aller Macht abzuwenden bestrebt gewesen war, und nach der Vereitelung der großen Entwürfe des Alkibiades Syrakus unbestritten dastand als die erste griechische Seemacht, fingen begreiflicherweise nicht nur die Herren von Syrakus an, nach der Herrschaft über Sizilien und Unteritalien und zugleich über das Tyrrhenische und Adriatische Meer zu streben, sondern wurden auch die Karthager gewaltsam in eine energischere Politik gedrängt. Das nächste Ergebnis der langen und hartnäckigen Kämpfe zwischen ihnen und ihrem ebenso mächtigen als schändlichen Gegner Dionysios von Syrakus (348-389 *406-365*) war die Vernichtung oder Schwächung der sizilischen Mittelstaaten, die im Interesse beider Parteien lag, und die Teilung der Insel zwischen den Syrakusanern und den Karthagern. Die blühendsten Städte der Insel: Selinus, Himera, Akragas, Gela, Messana, wurden im Verlauf dieser heillosen Kämpfe von den Karthagern von Grund aus zerstört; nicht ungern sah Dionysios, wie das Hellenentum hier zugrunde ging oder doch geknickt ward, um sodann, gestützt auf die fremden, aus Italien, Gallien und Spanien angeworbenen Söldner, die veröten oder mit Militärkolonien belegten Landschaften desto sicherer zu beherrschen. Der Friede, der nach des karthagischen Feldherrn Mago Sieg bei Kronion 371 *(383)* abgeschlossen ward und den Karthagern die griechischen Städte Thermae (das alte Himera), Egesta, Herakleia Minoa, Selinus und einen Teil des Gebietes von Akragas bis an den Halykos unterwarf, galt den beiden um den Besitz der Insel ringenden Mächten nur als vorläufiges Abkommen; immer von neuem wiederholten sich beiderseits die Versuche, den Nebenbuhler ganz zu verdrängen. Viermal – zur Zeit des älteren Dionysios 360 *(394)*, in der Timoleons 410 *(344)*, in der des Agathokles 445 *(309)*, in der pyrrhischen 476 *(278)* – waren die Karthager Herren von ganz Sizilien bis auf Syrakus und scheiterten an dessen festen Mauern; fast ebenso oft schienen die Syrakusaner unter tüchtigen Führern, wie der ältere Dionysios, Agathokles und Pyrrhos waren, ihrerseits ebenso nahe daran, die Afrikaner von der Insel zu verdrängen. Mehr und mehr aber neigte sich das Übergewicht auf die Seite der Karthager, von denen regelmäßig der Angriff ausging und die, wenn sie auch nicht mit römischer Stetigkeit ihr Ziel verfolgten, doch mit weit größerer Planmäßigkeit und Energie den Angriff betrieben als die von Parteien zerrissene und abgehetzte Griechenstadt die Verteidigung. Mit Recht durften die Phöniker erwarten, daß nicht immer eine Pest oder ein fremder Condottiere die Beute ihnen entreißen würde; und vorläufig war wenigstens zur See der Kampf schon entschieden (1, 428): Pyrrhos' Versuch, die syrakusanische Flotte wiederherzustellen, war der letzte. Nachdem dieser gescheitert war, beherrschte die karthagische Flotte ohne Nebenbuhler das ganze westliche Mittelmeer; und ihre Versuche, Syrakus, Rhegion, Tarent zu besetzen, zeigten, was man vermochte und wohin man zielte. Hand in Hand damit ging das Bestreben, den Seehandel dieser Gegend immer mehr sowohl dem Ausland wie den eigenen Untertanen gegenüber zu monopolisieren; und es war nicht karthagische Art, vor irgendeiner zum Zwecke führenden Gewaltsamkeit zurückzuscheuen. Ein Zeitgenosse der Punischen Kriege, der Vater der Geographie Eratosthenes (479–560 *275–194*), bezeugt es, daß jeder fremde Schiffer, welcher nach Sardinien oder nach der Gaditanischen Straße fuhr, wenn er den Karthagern in die Hände fiel, von ihnen ins Meer gestürzt ward; und damit stimmt es völlig überein, daß Karthago den römischen Handelsschiffen die spanischen, sardinischen und libyschen Häfen durch den Vertrag vom Jahre 406 *(348)* freigab (1, 429), dagegen durch den vom Jahre 448 *(306)* (1, 431) sie ihnen mit Ausnahme des eigenen karthagischen sämtlich schloß.

Die Verfassung Karthagos bezeichnet Aristoteles, der etwa fünfzig Jahre vor dem Anfang des Ersten Punischen Krieges starb, als übergegangen aus der monarchischen in eine Aristokratie oder in eine zur Oligarchie sich neigende Demokratie; denn mit beiden Namen benennt er sie. Die Leitung der Geschäfte stand zunächst bei dem Rat der Alten, welcher gleich der spartanischen Gerusia bestand aus den beiden jährlich von der Bürgerschaft ernannten Königen und achtundzwanzig Gerusiasten, die auch, wie es scheint, Jahr für Jahr von der Bürgerschaft erwählt wurden. Dieser Rat ist es, der im wesentlichen die Staatsgeschäfte erledigt, zum Beispiel die Einleitungen zum Kriege trifft, die Aushebungen und Werbungen anordnet, den Feldherrn ernennt und ihm eine Anzahl Gerusiasten beiordnet, aus denen dann regelmäßig die Unterbefehlshaber genommen werden; an ihn werden die Depeschen adressiert. Ob neben diesem kleinen Rat noch ein großer stand, ist zweifelhaft; auf keinen Fall hatte er viel zu bedeuten. Ebensowenig scheint den Königen ein besonderer Einfluß zugestanden zu haben; hauptsächlich funktionierten sie als Oberrichter, wie sie nicht selten auch heißen (Schofeten, *praetores*). Größer war die Gewalt des Feldherrn; Isokrates, Aristoteles' älterer Zeitgenosse, sagt, daß die Karthager sich daheim oligarchisch, im Felde aber monarchisch regierten und so mag das Amt des karthagischen Feldherrn mit Recht von römischen Schriftstellern als Diktatur bezeichnet werden, obgleich die ihm beigegebenen Gerusiasten tatsächlich wenigstens seine Macht beschränken mußten, und ebenso nach Niederlegung des Amtes ihn eine den Römern unbekannte ordentliche Rechenschaftslegung erwartete. Eine feste Zeitgrenze bestand für das Amt des Feldherrn nicht, und es ist derselbe also schon deshalb vom Jahrkönig unzweifelhaft verschieden gewesen, von dem ihn auch Aristoteles ausdrücklich unterscheidet; doch war die Vereinigung mehrerer Ämter in einer Person bei den Karthagern üblich, und so kann es nicht befremden, daß oft derselbe Mann zugleich als Feldherr und als Schofet erscheint.

Aber über der Gerusia und über den Beamten stand die Körperschaft der Hundertvier-, kürzer Hundertmänner oder der Richter, das Hauptbollwerk der karthagischen Oligarchie. In der ursprünglichen karthagischen Verfassung fand sie sich nicht, sondern sie war gleich dem spartanischen Ephorat hervorgegangen aus der aristokratischen Opposition gegen die monarchischen Elemente derselben. Bei der Käuflichkeit der Ämter und der geringen Mitgliederzahl der höchsten Behörde drohte eine einzige durch Reichtum und Kriegsruhm vor allen hervorleuchtende karthagische Familie, das Geschlecht des Mago (1, 334), die Verwaltung in Krieg und Frieden und die Rechtspflege in ihren Händen zu vereinigen; dies führte ungefähr um die Zeit der Dezemvirn zu einer Änderung der Verfassung und zur Einsetzung dieser neuen Behörde. Wir wissen, daß die Bekleidung der Quästur ein Anrecht gab zum Eintritt in die Richterschaft, daß aber dennoch der Kandidat einer Wahl unterlag durch gewisse sich selbst ergänzende Fünfmännerschaften; ferner daß die Richter, obwohl sie rechtlich vermutlich von Jahr zu Jahr gewählt wurden, doch tatsächlich längere Zeit, ja lebenslänglich im Amt blieben, weshalb sie bei den Römern und Griechen gewöhnlich Senatoren genannt werden. So dunkel das einzelne ist, so klar erkennt man das Wesen der Behörde als einer aus aristokratischer Kooptation hervorgehenden oligarchischen; wovon eine vereinzelte, aber charakteristische Spur ist, daß in Karthago neben dem gemeinen Bürger- ein eigenes Richterbad bestand. Zunächst waren sie bestimmt zu fungieren als politische Geschworene, die namentlich die Feldherren, aber ohne Zweifel vorkommendenfalls auch die Schofeten und Gerusiasten nach Niederlegung ihres Amtes zur Verantwortung zogen und nach Gutdünken, oft in rücksichtslos grausamer Weise, selbst mit dem Tode bestraften. Natürlich ging hier wie überall, wo die Verwaltungsbehörden unter Kontrolle einer anderen Körperschaft gestellt werden, der Schwerpunkt der Macht über von der kontrollierten auf die kontrollierende Behörde; und es begreift sich leicht, teils daß die letztere allenthalben in die Verwaltung eingriff, wie denn zum Beispiel die Gerusia wichtige Depeschen erst den Richtern vorlegt und dann dem Volke, teils daß die Furcht vor der regelmäßig nach dem Erfolg abgemessenen Kontrolle daheim den karthagischen Staatsmann wie den Feldherrn in Rat und Tat lähmte.

Die karthagische Bürgerschaft scheint, wenn auch nicht wie in Sparta ausdrücklich auf die passive Assistenz bei den Staatshandlungen beschränkt, doch tatsächlich dabei nur in einem sehr geringen Grade von Einfluß gewesen zu sein. Bei den Wahlen in die Gerusia war ein offenkundiges Bestechungssystem Regel; bei der Ernennung eines Feldherrn wurde das Volk zwar befragt, aber wohl erst, wenn durch Vorschlag der Gerusia der Sache nach die Ernennung erfolgt war; und in anderen Fällen ging man nur an das Volk, wenn die Gerusia es für gut fand oder sich nicht einigen konnte. Volksgerichte kannte man in Karthago nicht. Die Machtlosigkeit der Bürgerschaft ward wahrscheinlich wesentlich durch ihre politische Organisierung bedingt; die karthagischen Tischgenossenschaften, die hierbei genannt und den spartanischen Pheiditien verglichen werden, mögen oligarchisch geleitete Zünfte gewesen sein. Sogar ein Gegensatz zwischen »Stadtbürgern« und »Handarbeitern« wird erwähnt, der auf eine sehr niedrige, vielleicht rechtlose Stellung der letzteren schließen läßt.

Fassen wir die einzelnen Momente zusammen, so erscheint die karthagische Verfassung als ein Kapitalistenregiment, wie es begreiflich ist bei einer Bürgergemeinde ohne wohlhabende Mittelklasse und bestehend einerseits aus einer besitzlosen, von der Hand in den Mund lebenden städtischen Menge, anderseits aus Großhändlern, Plantagenbesitzern und vornehmen Vögten. Das System, die heruntergekommenen Herren auf Kosten der Untertanen wieder zu Vermögen zu bringen, indem sie als Schatzungsbeamte und Fronvögte in die abhängigen Gemeinden ausgesendet werden, dieses unfehlbare Kennzeichen einer verrotteten städtischen Oligarchie, fehlt auch in Karthago nicht; Aristoteles bezeichnet es als die wesentliche Ursache der erprobten Dauerhaftigkeit der karthagischen Verfassung. Bis auf seine Zeit hatte in Karthago weder von oben noch von unten eine nennenswerte Revolution stattgefunden; die Menge blieb führerlos infolge der materiellen Vorteile, welche die regierende Oligarchie allen ehrgeizigen oder bedrängten Vornehmen zu bieten imstande war und ward abgefunden mit den Brosamen, die in Form der Wahlbestechung oder sonst von dem Herrentisch für sie abfielen. Eine demokratische Opposition konnte freilich bei solchem Regiment nicht mangeln; aber noch zur Zeit des Ersten Punischen Krieges war dieselbe völlig machtlos. Späterhin, zum Teil unter dem Einfluß der erlittenen Niederlagen, erscheint ihr politischer Einfluß im Steigen und in weit rascherem, als gleichzeitig der der gleichartigen römischen Partei: die Volksversammlungen begannen in politischen Fragen die letzte Entscheidung zu geben und brachen die Allmacht der karthagischen Oligarchie. Nach Beendigung des Hannibalischen Krieges ward auf Hannibals Vorschlag sogar durchgesetzt, daß kein Mitglied des Rates der Hundert zwei Jahre nacheinander im Amte sein könne und damit die volle Demokratie eingeführt, welche allerdings nach der Lage der Dinge allein Karthago zu retten vermochte, wenn es dazu überhaupt noch Zeit war. In dieser Opposition herrschte ein mächtiger patriotischer und reformierender Schwung; doch darf darüber nicht übersehen werden, auf wie fauler und morscher Grundlage sie ruhte. Die karthagische Bürgerschaft, die von kundigen Griechen der alexandrinischen verglichen wird, war so zuchtlos, daß sie insofern es wohl verdient hatte, machtlos zu sein; und wohl durfte gefragt werden, was da aus Revolutionen für Heil kommen solle, wo, wie in Karthago, die Buben sie machen halfen.

In finanzieller Hinsicht behauptet Karthago in jeder Beziehung unter den Staaten des Altertums den ersten Platz. Zur Zeit des Peloponnesischen Krieges war diese phönikische Stadt nach dem Zeugnis des ersten Geschichtschreibers der Griechen allen griechischen Staaten finanziell überlegen und werden ihre Einkünfte denen des Großkönigs verglichen; Polybios nennt sie die reichste Stadt der Welt. Von der Intelligenz der karthagischen Landwirtschaft, welche Feldherren und Staatsmänner dort wie später in Rom wissenschaftlich zu betreiben und zu lehren nicht verschmähten, legt ein Zeugnis ab die agronomische Schrift des

Karthagers Mago, welche von den späteren griechischen und römischen Landwirten durchaus als der Grundkodex der rationellen Ackerwirtschaft betrachtet und nicht bloß ins Griechische übersetzt, sondern auch auf Befehl des römischen Senats lateinisch bearbeitet und den italischen Gutsbesitzern offiziell anempfohlen ward. Charakteristisch ist die enge Verbindung dieser phönikischen Acker- mit der Kapitalwirtschaft; es wird als eine Hauptmaxime der phönikischen Landwirtschaft angeführt, nie mehr Land zu erwerben, als man intensiv zu bewirtschaften vermöge. Auch der Reichtum des Landes an Pferden, Rindern, Schafen und Ziegen, worin Libyen infolge seiner Nomadenwirtschaft es nach Polybios' Zeugnis vielleicht allen übrigen Ländern der Erde damals zuvortat, kam den Karthagern zugute. Wie in der Ausnutzung des Bodens die Karthager die Lehrmeister der Römer waren, wurden sie es auch in der Ausbeutung der Untertanen; durch diese floß nach Karthago mittelbar die Grundrente »des besten Teils von Europa« und der reichen, zum Teil, zum Beispiel in der Byzakitis und an der Kleinen Syrte, überschwenglich gesegneten nordafrikanischen Landschaft. Der Handel, der in Karthago von jeher als ehrenhaftes Gewerbe galt, und die auf Grund des Handels aufblühende Reederei und Fabrikation brachten schon im natürlichen Laufe der Dinge den dortigen Ansiedlern jährlich goldene Ernten, und es ist früher schon bezeichnet worden, wie man durch ausgedehnte und immer gesteigerte Monopolisierung nicht bloß aus dem Aus-, sondern auch aus dem Inland allen Handel des westlichen Mittelmeeres und den ganzen Zwischenhandel zwischen dem Westen und Osten mehr und mehr in diesem einzigen Hafen zu konzentrieren verstand. Wissenschaft und Kunst scheinen in Karthago, wie späterhin in Rom, zwar wesentlich durch hellenischen Einfluß bestimmt, aber nicht vernachlässigt worden zu sein; es gab eine ansehnliche phönikische Literatur und bei Eroberung der Stadt fanden sich reiche, freilich nicht in Karthago geschaffene, sondern aus den sizilischen Tempeln weggeführte Kunstschätze und beträchtliche Bibliotheken vor. Aber auch der Geist stand hier im Dienste des Kapitals; was von der Literatur hervorgehoben wird, sind vornehmlich die agronomischen und geographischen Schriften, wie das schon erwähnte Werk des Mago und der noch in Übersetzung vorhandene, ursprünglich in einem der karthagischen Tempel öffentlich aufgestellte Bericht des Admirals Hanno von seiner Beschiffung der westafrikanischen Küste. Selbst die allgemeine Verbreitung gewisser Kenntnisse und besonders der Kunde fremder Sprachen[3], worin das Karthago dieser Zeit ungefähr mit dem kaiserlichen Rom auf einer Linie gestanden haben mag, zeugt von der durchaus praktischen Richtung, welche der hellenischen Bildung in Karthago gegeben ward. Wenn es schlechterdings unmöglich ist, von der Kapitalmasse sich eine Vorstellung zu machen, die in diesem London des Altertums zusammenströmte, so kann wenigstens von den öffentlichen Einnahmequellen einigermaßen einen Begriff geben, daß trotz des kostspieligen Systems, nach dem Karthago sein Kriegswesen organisiert hatte, und trotz der sorg- und treulosen Verwaltung des Staatsguts dennoch die Beisteuern der Untertanen und die Zollgefälle die Ausgaben vollständig deckten und von den Bürgern direkte Steuern nicht erhoben wurden; ja daß noch nach dem Zweiten Punischen Kriege, als die Macht des Staates schon gebrochen war, die laufenden Ausgaben und eine jährliche Abschlagszahlung nach Rom von 340000 Talern ohne Steuerausschreibung bloß durch eine einigermaßen geregelte Finanzwirtschaft gedeckt werden konnten und vierzehn Jahre nach dem Frieden der Staat zur sofortigen Erlegung der noch übrigen sechsunddreißig Termine sich erbot. Aber es ist nicht bloß die Summe der Einkünfte, in der sich die Überlegenheit der karthagischen Finanzwirtschaft ausspricht; auch die ökonomischen Grundsätze einer späteren und vorgeschritteneren Zeit finden wir hier allein unter allen bedeutenderen Staaten des Altertums: es ist von ausländischen Staatsanleihen die Rede, und im Geldsystem finden wir neben Gold- und Silber- ein dem Stoff nach wertloses Zeichengeld erwähnt, welches in dieser Weise sonst dem Altertum fremd ist. In der Tat, wenn der Staat eine Spekulation wäre, nie hätte einer glänzender seine Aufgabe gelöst als Karthago.

Vergleichen wir die Macht der Karthager und der Römer. Beide waren Acker- und Kaufstädte und lediglich dieses; die durchaus untergeordnete und durchaus praktische Stellung von Kunst und Wissenschaft war in beiden wesentlich dieselbe, nur daß in dieser Hinsicht Karthago weiter vorgeschritten war als Rom. Aber in Karthago hatte die Geld- über die Grundwirt-

---

[3] Der Wirtschafter auf dem Landgut, obwohl Sklave, muß dennoch, nach der Vorschrift des karthagischen Agronomen Mago (bei Varro rust. 1, 17), lesen können und einige Bildung besitzen. Im Prolog des Plautinischen ›Poeners‹ heißt es von dem Titelhelden:
Die Sprachen alle kann er, aber tut, als könn'
Er keine – ein Poener ist es durchaus; was wollt ihr mehr?

schaft, in Rom damals noch die Grund- über die Geldwirtschaft das Übergewicht, und wenn die karthagischen Ackerwirte durchgängig große Guts- und Sklavenbesitzer waren, bebaute in dem Rom dieser Zeit die große Masse der Bürgerschaft noch selber das Feld. Die Mehrzahl der Bevölkerung war in Rom besitzend, das ist konservativ, in Karthago besitzlos und dem Golde der Reichen wie dem Reformruf der Demokraten zugänglich. In Karthago herrschte schon die ganze, mächtigen Handelsstädten eigene Opulenz, während Sitte und Polizei in Rom wenigstens äußerlich noch altväterische Strenge und Sparsamkeit aufrecht erhielten. Als die karthagischen Gesandten von Rom zurückkamen, erzählten sie ihren Kollegen, daß das innige Verhältnis der römischen Ratsherren zueinander alle Vorstellung übersteige; ein einziges silbernes Tafelgeschirr reiche aus für den ganzen Rat und sei in jedem Haus, wo man sie zu Gaste geladen, ihnen wieder begegnet. Der Spott ist bezeichnend für die beiderseitigen wirtschaftlichen Zustände.

Beider Verfassung war aristokratisch; wie der Senat in Rom regierten die Richter in Karthago und beide nach dem gleichen Polizeisystem. Die strenge Abhängigkeit, in welcher die karthagische Regierungsbehörde den einzelnen Beamten hielt, der Befehl derselben an die Bürger, sich des Erlernens der griechischen Sprache unbedingt zu enthalten und mit einem Griechen nur vermittels des öffentlichen Dolmetschers zu verkehren, sind aus demselben Geiste geflossen wie das römische Regierungssystem; aber gegen die grausame Härte und die ans Alberne streifende Unbedingtheit solcher karthagischen Staatsbevormundung erscheint das römische Brüchen- und Rügesystem mild und verständig. Der römische Senat, welcher der eminenten Tüchtigkeit sich öffnete und im besten Sinn die Nation vertrat, durfte ihr auch vertrauen und brauchte die Beamten nicht zu fürchten. Der karthagische Senat dagegen beruhte auf einer eifersüchtigen Kontrolle der Verwaltung durch die Regierung und vertrat ausschließlich die vornehmen Familien; sein Wesen war das Mißtrauen nach oben wie nach unten und darum konnte er weder sicher sein, daß das Volk ihm folgte, wohin er führte, noch unbesorgt vor Usurpationen der Beamten. Daher der feste Gang der römischen Politik, die im Unglück keinen Schritt zurückwich und die Gunst des Glückes nicht verscherzte durch Fahrlässigkeit und Halbheit; während die Karthager vom Kampf abstanden, wo eine letzte Anstrengung vielleicht alles gerettet hätte, und, der großen nationalen Aufgaben überdrüssig oder vergessen, den halbfertigen Bau einstürzen ließen, um nach wenigen Jahren von vorn zu beginnen. Daher ist der tüchtige Beamte in Rom regelmäßig im Einverständnis mit seiner Regierung, in Karthago häufig in entschiedener Fehde mit den Herren daheim und gedrängt, sich ihnen verfassungswidrig zu widersetzen und mit der opponierenden Reformpartei gemeinschaftliche Sache zu machen.

Karthago wie Rom beherrschen ihre Stammgenossen und zahlreiche stammfremde Gemeinden. Aber Rom hatte einen Distrikt nach dem andern in sein Bürgerrecht aufgenommen und den latinischen Gemeinden selbst gesetzlich Zugänge zu demselben eröffnet; Karthago schloß von Haus aus sich ab und ließ den abhängigen Distrikten nicht einmal die Hoffnung auf dereinstige Gleichstellung. Rom gönnte den stammverwandten Gemeinden Anteil an den Früchten des Sieges, namentlich an den gewonnenen Domänen, und suchte in den übrigen untertänigen Staaten durch materielle Begünstigung der Vornehmen und Reichen wenigstens eine Partei in das Interesse Roms zu ziehen; Karthago behielt nicht bloß für sich, was die Siege einbrachten, sondern entriß sogar den Städten besten Rechts die Handelsfreiheit. Rom nahm der Regel nach nicht einmal den unterworfenen Gemeinden die Selbständigkeit ganz und legte keiner eine feste Steuer auf; Karthago sandte seine Vögte überall hin und belastete selbst die altphönikischen Städte mit schwerem Zins, während die unterworfenen Stämme faktisch als Staatssklaven behandelt wurden. So war im karthagisch-afrikanischen Staatsverband nicht eine einzige Gemeinde mit Ausnahme von Utica, die nicht durch den Sturz Karthagos politisch und materiell sich verbessert haben würde; in dem römisch-italischen nicht eine einzige, die bei der Auflehnung gegen ein Regiment, das die materiellen Interessen sorgfältig schonte und die politische Opposition wenigstens nirgend durch äußerste Maßregeln zum Kampf herausforderte, nicht noch mehr zu verlieren gehabt hätte als zu gewinnen. Wenn die karthagischen Staatsmänner meinten, die phönikischen Untertanen durch die größere Furcht vor den empörten Libyern, die sämtlichen Besitzenden durch das Zeichengeld an das karthagische Interesse geknüpft zu haben, so übertrugen sie einen kaufmännischen Kalkül dahin, wo er nicht hingehört; die Erfahrung bewies, daß die römische Symmachie trotz ihrer scheinbar loseren Fügung gegen Pyrrhos zusammenhielt wie eine Mauer aus Felsenstücken, die karthagische dagegen wie Spinneweben zerriß, sowie ein feindliches Heer den afrikanischen Boden betrat.

So geschah es bei den Landungen von Agathokles und von Regulus und ebenso im Söldnerkrieg; von dem Geiste, der in Afrika herrschte, zeugt zum Beispiel, daß die libyschen Frauen den Söldnern freiwillig ihren Schmuck steuerten zum Kriege gegen Karthago. Nur in Sizilien scheinen die Karthager milder aufgetreten zu sein und darum auch bessere Ergebnisse erlangt zu haben. Sie gestatteten ihren Untertanen hier verhältnismäßige Freiheit im Handel mit dem Ausland und ließen sie ihren inneren Verkehr wohl von Anfang an und ausschließlich mit Metallgeld treiben, überhaupt bei weitem freier sich bewegen, als dies den Sarden und Libyern erlaubt ward. Wäre Syrakus in ihre Hände gefallen, so hätte sich freilich dies bald geändert; indes dazu kam es nicht, und so bestand, bei der wohlberechneten Milde des karthagischen Regiments und bei der unseligen Zerrissenheit der sizilischen Griechen, in Sizilien in der Tat eine ernstlich phönikisch gesinnte Partei – wie denn zum Beispiel noch nach dem Verlust der Insel an die Römer Philinos von Akragas die Geschichte des großen Krieges durchaus im phönikischen Sinne schrieb. Aber im ganzen mußten doch auch die Sizilianer als Untertanen wie als Hellenen ihren phönikischen Herren wenigstens ebenso abgeneigt sein wie den Römern die Samniten und Tarentiner.

Finanziell überstiegen die karthagischen Staatseinkünfte ohne Zweifel um vieles die römischen; allein dies glich zum Teil sich wieder dadurch aus, daß die Quellen der karthagischen Finanzen, Tribute und Zölle weit eher und eben, wenn man sie am nötigsten brauchte, versiegten als die römischen, und daß die karthagische Kriegführung bei weitem kostspieliger war als die römische.

Die militärischen Hilfsmittel der Römer und Karthager waren sehr verschieden, jedoch in vieler Beziehung nicht ungleich abgewogen. Die karthagische Bürgerschaft betrug noch bei Eroberung der Stadt 700000 Köpfe mit Einschluß der Frauen und Kinder[4] und mochte am Ende des fünften Jahrhunderts wenigstens ebenso zahlreich sein; sie vermochte im fünften Jahrhundert im Notfall ein Bürgerheer von 40000 Hopliten auf die Beine

---

[4] Man hat an der Richtigkeit dieser Zahl gezweifelt und mit Rücksicht auf den Raum die mögliche Einwohnerzahl auf höchstens 250000 Köpfe berechnet. Abgesehen von der Unsicherheit derartiger Berechnungen, namentlich in einer Handelsstadt mit sechsstöckigen Häusern, ist dagegen zu erinnern, daß die Zählung wohl politisch zu verstehen ist, nicht städtisch, ebenso wie die römischen Zensuszahlen, und daß dabei also alle Karthager gezählt sind, mochten sie in der Stadt oder in der Umgegend wohnen oder im untertänigen Gebiet oder im Ausland sich

zu bringen. Ein ebenso starkes Bürgerheer hatte Rom schon im Anfang des fünften Jahrhunderts unter gleichen Verhältnissen ins Feld geschickt (1, 439); seit den großen Erweiterungen des Bürgergebiets im Laufe des fünften Jahrhunderts mußte die Zahl der waffenfähigen Vollbürger mindestens sich verdoppelt haben. Aber weit mehr noch als der Zahl der Waffenfähigen nach war Rom in dem Effektivstand des Bürgermilitärs überlegen. So sehr die karthagische Regierung auch es sich angelegen sein ließ, die Bürger zum Waffendienst zu bestimmen, so konnte sie doch weder dem Handwerker und Fabrikarbeiter den kräftigen Körper des Landmanns geben noch den angeborenen Widerwillen der Phöniker vor dem Kriegswerk überwinden. Im fünften Jahrhundert focht in den sizilischen Heeren noch eine »heilige Schar« von 2500 Karthagern als Garde des Feldherrn; im sechsten findet sich in den karthagischen Heeren, zum Beispiel in dem spanischen, mit Ausnahme der Offiziere nicht ein einziger Karthager. Dagegen standen die römischen Bauern keineswegs bloß in den Musterrollen, sondern auch auf den Schlachtfeldern. Ähnlich verhielt es sich mit den Stammverwandten der beiden Gemeinden; während die Latiner den Römern nicht mindere Dienste leisteten als ihre Bürgertruppen, waren die Libyphöniker ebensowenig kriegstüchtig wie die Karthager und begreiflicherweise noch weit weniger kriegslustig, und so verschwinden auch sie aus den Heeren, indem die zuzugspflichtigen Städte ihre Verbindlichkeit vermutlich mit Geld abkauften. In dem eben erwähnten spanischen Heer von etwa 15000 Mann bestand nur eine einzige Reiterschar von 450 Mann und auch diese nur zum Teil aus Libyphönikern. Den Kern der karthagischen Armeen bildeten die libyschen Untertanen, aus deren Rekruten sich unter tüchtigen Offizieren ein gutes Fußvolk bilden ließ und deren leichte Reiterei in ihrer Art unübertroffen war. Dazu kamen die Mannschaften der mehr oder minder abhängigen Völkerschaften Libyens und Spaniens und die berühmten Schleuderer von den Balearen, deren Stellung zwischen Bundeskontingenten und Söldnerscharen die Mitte gehalten zu haben scheint; endlich im Notfall die im Ausland angeworbene Soldateska. Ein solches Heer konnte der Zahl nach ohne Mühe fast auf jede beliebige Stärke gebracht werden und auch an Tüchtigkeit der Offiziere, an Waffenkunde und Mut fähig sein, mit dem römischen sich zu messen;

---

aufhalten. Solcher Abwesenden gab es natürlich eine große Zahl in Karthago; wie denn ausdrücklich berichtet wird, daß in Gades aus gleichem Grunde die Bürgerliste stets eine weit höhere Ziffer wies als die der in Gades ansässigen Bürger war.

allein nicht bloß verstrich, wenn Söldner angenommen werden mußten, ehe dieselben bereit standen, eine gefährlich lange Zeit, während die römische Miliz jeden Augenblick auszurücken imstande war, sondern, was die Hauptsache ist, während die karthagischen Heere nichts zusammenhielt als die Fahnenehre und der Vorteil, fanden sich die römischen durch alles vereinigt, was sie an das gemeinsame Vaterland band. Dem karthagischen Offizier gewöhnlichen Schlages galten seine Söldner, ja selbst die libyschen Bauern ungefähr soviel wie heute im Krieg die Kanonenkugeln; daher Schändlichkeiten, wie zum Beispiel der Verrat der libyschen Truppen durch ihren Feldherrn Himilko 358 *(396)*, der einen gefährlichen Aufstand der Libyer zur Folge hatte, und daher jener zum Sprichwort gewordene Ruf der »punischen Treue«, der den Karthagern nicht wenig geschadet hat. Alles Unheil, welches Fellah- und Söldnerheere über einen Staat bringen können, hat Karthago in vollem Maße erfahren und mehr als einmal seine bezahlten Knechte gefährlicher erfunden als seine Feinde.

Die Mängel dieses Heerwesens konnte die karthagische Regierung nicht verkennen und suchte sie allerdings auf jede Weise wieder einzubringen. Man hielt auf gefüllte Kassen und gefüllte Zeughäuser, um jederzeit Söldner ausstatten zu können. Man wandte große Sorgfalt auf das, was bei den Alten die heutige Artillerie vertrat: den Maschinenbau, in welcher Waffe wir die Karthager den Sikelioten regelmäßig überlegen finden, und die Elefanten, seit diese im Kriegswesen die älteren Streitwagen verdrängt hatten; in den Kasematten Karthagos befanden sich Stallungen für 300 Elefanten. Die abhängigen Städte zu befestigen, konnte man freilich nicht wagen und mußte es geschehen lassen, daß jedes in Afrika gelandete feindliche Heer mit dem offenen Lande auch die Städte und Flecken gewann; recht im Gegensatz zu Italien, wo die meisten unterworfenen Städte ihre Mauern behalten hatten und eine Kette römischer Festungen die ganze Halbinsel beherrschte. Dagegen für die Befestigung der Hauptstadt bot man auf, was Geld und Kunst vermochten; und mehrere Male rettete den Staat nichts als die Stärke der karthagischen Mauern, während Rom politisch und militärisch so gesichert war, daß es eine förmliche Belagerung niemals erfahren hat. Endlich das Hauptbollwerk des Staats war die Kriegsmarine, auf die man die größte Sorgfalt verwandte. Im Bau wie in der Führung der Schiffe waren die Karthager den Griechen überlegen; in Karthago zuerst baute man Schiffe mit mehr als drei Ruderverdecken, und die karthagischen Kriegsfahrzeuge, in dieser Zeit meistens Fünfdecker, waren in der Regel bessere Segler als die griechischen, die Ruderer, sämtlich Staatssklaven, die nicht von den Galeeren kamen, vortrefflich eingeschult und die Kapitäne gewandt und furchtlos. In dieser Beziehung war Karthago entschieden den Römern überlegen, die mit den wenigen Schiffen der verbündeten Griechen und den wenigeren eigenen nicht imstande waren, sich in der offenen See auch nur zu zeigen gegen die Flotte, die damals unbestritten das westliche Meer beherrschte.

Fassen wir schließlich zusammen, was die Vergleichung der Mittel der beiden großen Mächte ergibt, so rechtfertigt sich wohl das Urteil eines einsichtigen und unparteiischen Griechen, daß Karthago und Rom, da der Kampf zwischen ihnen begann, im allgemeinen einander gewachsen waren. Allein wir können nicht unterlassen hinzuzufügen, daß Karthago wohl aufgeboten hatte, was Geist und Reichtum vermochten, um künstliche Mittel zum Angriff und zur Verteidigung sich zu erschaffen, aber daß es nicht imstande gewesen war, die Grundmängel des fehlenden eigenen Landheers und der nicht auf eigenen Füßen stehenden Symmachie in irgend ausreichender Weise zu ersetzen. Daß Rom nur in Italien, Karthago nur in Libyen ernstlich angegriffen werden konnte, ließ sich nicht verkennen; und ebensowenig, daß Karthago auf die Dauer einem solchen Angriff nicht entgehen konnte. Die Flotten waren in jener Zeit der Kindheit der Schiffahrt noch nicht bleibendes Erbgut der Nationen, sondern ließen sich herstellen, wo es Bäume, Eisen und Wasser gab; daß selbst mächtige Seestaaten nicht imstande waren, den zur See schwächeren Feinden die Landung zu wehren, war einleuchtend und in Afrika selbst mehrfach erprobt worden. Seit Agathokles den Weg dahin gezeigt hatte, konnte auch ein römischer General ihn finden, und während in Italien mit dem Einrücken einer Invasionsarmee der Krieg begann, war er in Libyen im gleichen Fall zu Ende und verwandelte sich in eine Belagerung, in der, wenn nicht besondere Zufälle eintraten, auch der hartnäckigste Heldenmut endlich unterliegen mußte.

2. Kapitel
Der Krieg um Sizilien zwischen Rom und Karthago

Seit mehr als einem Jahrhundert verheerte die Fehde zwischen den Karthagern und den syrakusanischen Herren die schöne sizilische Insel. Von beiden Seiten ward der Krieg geführt einerseits mit politischem Propagandismus, indem Karthago Verbindungen unterhielt mit der aristokratisch-republikanischen Opposition in Syrakus, die syrakusanischen Dynasten mit der Nationalpartei in den Karthago zinspflichtig gewordenen Griechenstädten; anderseits mit Söldnerheeren, mit welchen Timoleon und Agathokles ebensowohl ihre Schlachten schlugen wie die phönikischen Feldherren. Und wie man auf beiden Seiten mit gleichen Mitteln focht, ward auch auf beiden Seiten mit gleicher, in der okzidentalischen Geschichte beispielloser Ehr- und Treulosigkeit gestritten. Die unterliegende Partei waren die Syrakusier. Noch im Frieden von 440 *(314)* hatte Karthago sich beschränkt auf das Drittel der Insel westlich von Herakleia, Minoa und Himera und hatte ausdrücklich die Hegemonie der Syrakusier über sämtliche östliche Städte anerkannt. Pyrrhos' Vertreibung aus Sizilien und Italien (479 *275*) ließ die bei weitem größere Hälfte der Insel und vor allem das wichtige Akragas in Karthagos Händen; den Syrakusiern blieb nichts als Tauromenion und der Südosten der Insel. In der zweiten großen Stadt an der Ostküste, in Messana, hatte eine fremdländische Soldatenschar sich festgesetzt und behauptete die Stadt, unabhängig von den Syrakusiern wie von den Karthagern. Es waren kampanische Landsknechte, die in Messana geboten. Das bei den in und um Capua angesiedelten Sabellern eingerissene wüste Wesen (1, 368) hatte im vierten und fünften Jahrhundert aus Kampanien gemacht, was später Ätolien, Kreta, Lakonien waren: den allgemeinen Werbeplatz für die söldnersuchenden Fürsten und Städte. Die von den kampanischen Griechen dort ins Leben gerufene Halbkultur, die barbarische Üppigkeit des Lebens in Capua und den übrigen kampanischen Städten, die politische Ohnmacht, zu der die römische Hegemonie sie verurteilte, ohne ihnen doch durch ein straffes Regiment die Verfügung über sich selbst vollständig zu entziehen – alles dies trieb die kampanische Jugend scharenweise unter die Fahnen der Werbeoffiziere; und es versteht sich, daß der leichtsinnige und gewissenlose Selbstverkauf hier wie überall die Entfremdung von der Heimat, die Gewöhnung an Gewalttätigkeit und Soldatenunfug und die Gleichgültigkeit gegen den Treuebruch im Gefolge hatte. Warum eine Söldnerschar sich der ihrer Hut anvertrauten Stadt nicht für sich selbst bemächtigen solle, vorausgesetzt nur, daß sie dieselbe zu behaupten imstande sei, leuchtete diesen Kampanern nicht ein – hatten doch die Samniten in Capua selbst, die Lucaner in einer Reihe griechischer Städte ihre Herrschaft in nicht viel ehrenhafterer Weise begründet. Nirgend luden die politischen Verhältnisse mehr zu solchen Unternehmungen ein als in Sizilien; schon die während des Peloponnesischen Krieges nach Sizilien gelangten kampanischen Hauptleute hatten in Entella und Aetna in solcher Art sich eingenistet. Etwa um das Jahr 470 *(284)* setzte ein kampanischer Trupp, der früher unter Agathokles gedient hatte und nach dessen Tode (465 *289*) das Räuberhandwerk auf eigene Rechnung trieb, sich fest in Messana, der zweiten Stadt des griechischen Siziliens und dem Hauptsitz der antisyrakusanischen Partei in dem noch von Griechen beherrschten Teile der Insel. Die Bürger wurden erschlagen oder vertrieben, die Frauen und Kinder und die Häuser derselben unter die Soldaten verteilt und die neuen Herren der Stadt, die »Marsmänner«, wie sie sich nannten, oder die Mamertiner wurden bald die dritte Macht der Insel, deren nordöstlichen Teil sie in den wüsten Zeiten nach Agathokles' Tode sich unterwarfen. Die Karthager sahen nicht ungern diese Vorgänge, durch welche die Syrakusier anstatt einer stammverwandten und in der Regel ihnen verbündeten oder untertänigen Stadt einen neuen und mächtigen Gegner in nächster Nähe erhielten; mit karthagischer Hilfe behaupteten die Mamertiner sich gegen Pyrrhos und der unzeitige Abzug des Königs gab ihnen ihre ganze Macht zurück.

Es ziemt der Historie weder, den treulosen Frevel zu entschuldigen, durch den sie der Herrschaft sich bemächtigten, noch zu vergessen, daß der Gott, der die Sünde der Väter straft bis ins vierte Glied, nicht der Gott der Geschichte ist. Wer sich berufen fühlt, die Sünden anderer zu richten, mag die Menschen verdammen; für Sizilien konnte es heilbringend sein, daß hier eine streitkräftige und der Insel eigene Macht sich zu bilden anfing, die schon bis achttausend Mann ins Feld zu stellen vermochte und die allmählich sich in den Stand setzte, den Kampf, welchem die trotz der ewigen Kriege sich immer mehr der Waffen entwöhnenden Hellenen nicht mehr gewachsen waren, zu rechter Zeit gegen die Ausländer mit eigenen Kräften aufzunehmen.

Zunächst indes kam es anders. Ein junger syrakusanischer

Offizier, der durch seine Abstammung aus dem Geschlechte Gelons und durch seine engen verwandtschaftlichen Beziehungen zum König Pyrrhos ebenso sehr wie durch die Auszeichnung, mit der er in dessen Feldzügen gefochten hatte, die Blicke seiner Mitbürger wie die der syrakusanischen Soldateska auf sich gelenkt hatte, Hieron, des Hierokles Sohn, ward durch eine militärische Wahl an die Spitze des mit den Bürgern hadernden Heeres gerufen (479/80 *275/74*). Durch seine kluge Verwaltung, sein adliges Wesen und seinen mäßigen Sinn gewann er schnell sich die Herzen der syrakusanischen, des schändlichsten Despotenunfugs gewohnten Bürgerschaft und überhaupt der sizilischen Griechen. Er entledigte sich, freilich auf treulose Weise, des unbotmäßigen Söldnerheeres, regenerierte die Bürgermiliz und versuchte, anfangs mit dem Titel als Feldherr, später als König, mit den Bürgertruppen und frischen und lenksameren Geworbenen die tiefgesunkene hellenische Macht wiederherzustellen. Mit den Karthagern, die im Einverständnis mit den Griechen den König Pyrrhos von der Insel vertrieben hatten, war damals Friede; die nächsten Feinde der Syrakusier waren die Mamertiner, die Stammgenossen der verhaßten, vor kurzem ausgerotteten Söldner, die Mörder ihrer griechischen Wirte, die Schmälerer des syrakusanischen Gebiets, die Zwingherren und Brandschatzer einer Menge kleinerer griechischer Städte. Im Bunde mit den Römern, die eben um diese Zeit gegen die Bundes-, Stamm- und Frevelgenossen der Mamertiner, die Kampaner in Rhegion, ihre Legionen schickten (1, 426), wandte Hieron sich gegen Messana. Durch einen großen Sieg, nach welchem Hieron zum König der Sikelioten ausgerufen ward (484 *270*), gelang es, die Mamertiner in ihre Städte einzuschließen, und nachdem die Belagerung einige Jahre gewährt hatte, sahen die Mamertiner sich aufs äußerste gebracht und außerstande, die Stadt gegen Hieron länger mit eigenen Kräften zu behaupten. Daß eine Übergabe auf Bedingungen nicht möglich war und das Henkerbeil, das die rheginischen Kampaner in Rom getroffen hatte, ebenso sicher in Syrakus der messanischen wartete, leuchtete ein; die einzige Rettung war die Auslieferung der Stadt entweder an die Karthager oder an die Römer, denen beiden hinreichend gelegen sein mußte an der Eroberung des wichtigen Platzes, um über alle anderen Bedenken hinwegzusehen. Ob es vorteilhafter sei, den Herren Afrikas oder den Herren Italiens sich zu ergeben, war zweifelhaft; nach langem Schwanken entschied sich endlich die Majorität der kampanischen Bürgerschaft, den Besitz der meerbeherrschenden Festung den Römern anzutragen.

Es war ein weltgeschichtlicher Moment von der tiefsten Bedeutung, als die Boten der Mamertiner im römischen Senat erschienen. Zwar was alles an dem Überschreiten des schmalen Meerarms hing, konnte damals niemand ahnen; aber daß an diese Entscheidung, wie sie immer ausfiel, ganz andere und wichtigere Folgen sich knüpfen würden als an irgendeinen der bisher vom Senat gefaßten Beschlüsse, mußte jedem der ratschlagenden Väter der Stadt offenbar sein. Streng rechtliche Männer freilich mochten fragen, wie es möglich sei, überhaupt zu ratschlagen; wie man daran denken könne, nicht bloß das Bündnis mit Hieron zu brechen, sondern, nachdem eben erst die rheginischen Kampaner mit gerechter Härte von den Römern bestraft worden waren, jetzt ihre nicht weniger schuldigen sizilischen Spießgesellen zum Bündnis und zur Freundschaft von Staats wegen zuzulassen und sie der verdienten Strafe zu entziehen. Man gab damit ein Ärgernis, das nicht bloß den Gegnern Stoff zu Deklamationen liefern, sondern auch sittliche Gemüter ernstlich empören mußte. Allein wohl mochte auch der Staatsmann, dem die politische Moral keineswegs bloß eine Phrase war, zurückfragen, wie man römische Bürger, die den Fahneneid gebrochen und römische Bundesgenossen hinterlistig gemordet hatten, gleichstellen könne mit Fremden, die gegen Fremde gefrevelt hätten, wo jenen zu Richtern, diesen zu Rächern die Römer niemand bestellt habe. Hätte es sich nur darum gehandelt, ob die Syrakusaner oder die Mamertiner in Messana geboten, so konnte Rom allerdings sich diese wie jene gefallen lassen. Rom strebte nach dem Besitz Italiens, wie Karthago nach dem Siziliens; schwerlich gingen beider Mächte Pläne damals weiter. Allein eben darin lag es begründet, daß jede an ihrer Grenze eine Mittelmacht zu haben und zu halten wünschte – so die Karthager Tarent, die Römer Syrakus und Messana – und daß sie, als dies unmöglich geworden war, die Grenzplätze lieber sich gönnten als der anderen Großmacht. Wie Karthago in Italien versucht hatte, als Rhegion und Tarent von den Römern in Besitz genommen werden sollten, diese Städte für sich zu gewinnen und nur durch Zufall daran gehindert worden war, so bot jetzt in Sizilien sich für Rom die Gelegenheit dar, die Stadt Messana in seine Symmachie zu ziehen; schlug man sie aus, so durfte man nicht erwarten, daß die Stadt selbständig blieb oder syrakusanisch ward, sondern man warf sie selbst den Phönikern in die Arme. War es gerechtfertigt, die Gelegenheit entschlüpfen zu lassen, die sicher so nicht wiederkehrte, sich des natürlichen Brückenkopfs zwischen Italien und Sizilien zu bemächtigen und ihn durch eine tapfere und aus guten Gründen zuverlässige Besatzung zu sichern? gerechtfertigt, mit dem Verzicht auf Messana die Herrschaft über den letzten freien Paß zwischen der Ost- und Westsee und die Handelsfreiheit Italiens aufzuopfern? Zwar ließen sich gegen die Besetzung Messanas auch Bedenken anderer Art geltend machen, als die der Gefühls- und Rechtlichkeitspolitik waren. Daß sie zu einem Kriege mit Karthago führen mußte, war das geringste derselben; so ernst ein solcher war, Rom hatte ihn nicht zu fürchten. Aber wichtiger war es, daß man mit dem Überschreiten der See abwich von der bisherigen rein italischen und rein kontinentalen Politik; man gab das System auf, durch welches die Väter Roms Größe gegründet hatten, um ein anderes zu erwählen, dessen Ergebnisse vorherzusagen niemand vermochte. Es war einer der Augenblicke, wo die Berechnung aufhört und wo der Glaube an den eigenen Stern und an den Stern des Vaterlandes allein den Mut gibt, die Hand zu fassen, die aus dem Dunkel der Zukunft winkt, und ihr zu folgen, es weiß keiner wohin. Lange und ernst beriet der Senat über den Antrag der Konsuln, die Legionen den Mamertinern zu Hilfe zu führen; er kam zu keinem entscheidenden Beschluß. Aber in der Bürgerschaft, an welche die Sache verwiesen ward, lebte das frische Gefühl der durch eigene Kraft gegründeten Großmacht. Die Eroberung Italiens gab den Römern, wie die Griechenlands den Makedoniern, wie die Schlesiens den Preußen, den Mut, eine neue politische Bahn zu betreten; formell motiviert war die Unterstützung der Mamertiner durch die Schutzherrschaft, die Rom über sämtliche Italiker ansprach. Die überseeischen Italiker wurden in die italische Eidgenossenschaft aufgenommen[1] und auf Antrag der Konsuln von der Bürgerschaft beschlossen, ihnen Hilfe zu senden (489 *265*).

Es kam darauf an, wie die beiden durch diese Intervention der Römer in die Angelegenheiten der Insel zunächst betroffenen und beide bisher dem Namen nach mit Rom verbündeten sizilischen Mächte dieselbe aufnehmen würden. Hieron hatte Grund genug, die an ihn ergangene Aufforderung der Römer, gegen ihre neuen Bundesgenossen in Messana die Feindseligkeiten einzu-

---

[1] Die Mamertiner traten völlig in dieselbe Stellung zu Rom wie die italischen Gemeinden, verpflichteten sich, Schiffe zu stellen (Cic. Verr. 5, 19, 50) und besaßen, wie die Münzen beweisen, das Recht der Silberprägung nicht.

stellen, ebenso zu behandeln, wie die Samniten und die Lucaner in gleichem Fall die Besetzung von Capua und Thurii aufgenommen hatten und den Römern mit einer Kriegserklärung zu antworten; blieb er indes allein, so war ein solcher Krieg eine Torheit und von seiner vorsichtigen und gemäßigten Politik konnte man erwarten, daß er in das Unvermeidliche sich fügen werde, wenn Karthago sich ruhig verhielt. Unmöglich schien dies nicht. Eine römische Gesandtschaft ging jetzt (489 *265*), sieben Jahre nach dem Versuch der phönikischen Flotte, sich Tarents zu bemächtigen, nach Karthago, um Aufklärung wegen dieser Vorgänge zu verlangen (1, 426); die nicht unbegründeten, aber halb vergessenen Beschwerden tauchten auf einmal wieder auf – es schien nicht überflüssig, unter anderen Kriegsvorbereitungen auch die diplomatische Rüstkammer mit Kriegsgründen zu füllen und für die künftigen Manifeste sich, wie die Römer es pflegten, die Rolle des angegriffenen Teils zu reservieren. Wenigstens das konnte man mit vollem Rechte sagen, daß die beiderseitigen Unternehmungen auf Tarent und auf Messana der Absicht und dem Rechtsgrund nach vollkommen gleichstanden und nur der zufällige Erfolg den Unterschied machte. Karthago vermied den offenen Bruch. Die Gesandten brachten nach Rom die Desavouierung des karthagischen Admirals zurück, der den Versuch auf Tarent gemacht hatte, nebst den erforderlichen falschen Eiden; auch die karthagischen Gegenbeschuldigungen, die natürlich nicht fehlten, waren gemäßigt gehalten und unterließen es, die beabsichtigte Invasion Siziliens als Kriegsgrund zu bezeichnen. Sie war es indes; denn wie Rom die italischen, so betrachtete Karthago die sizilischen Angelegenheiten als innere, in die eine unabhängige Macht keinen Eingriff gestatten kann, und war entschlossen, hiernach zu handeln. Nur ging die phönikische Politik einen leiseren Gang, als der der offenen Kriegsdrohung war. Als die Vorbereitungen zu der römischen Hilfesendung an die Mamertiner endlich so weit gediehen waren, daß die Flotte, gebildet aus den Kriegsschiffen von Neapel, Tarent, Velia und Lokri, und die Vorhut des römischen Landheeres unter dem Kriegstribun Gaius Claudius in Rhegion erschienen (Frühling 490 *264*), kam ihnen von Messana die unerwartete Botschaft, daß die Karthager im Einverständnis mit der antirömischen Partei in Messana, als neutrale Macht einen Frieden zwischen Hieron und den Mamertinern vermittelt hätten; daß die Belagerung also aufgehoben sei und daß im Hafen von Messana eine karthagische Flotte, in der Burg karthagische Besatzung liege, beide unter dem

Befehl des Admirals Hanno. Die jetzt vom karthagischen Einfluß beherrschte mamertinische Bürgerschaft ließ, unter verbindlichem Dank für die schleunig gewährte Bundeshilfe, den römischen Befehlshabern anzeigen, daß man sich freue, derselben nicht mehr zu bedürfen. Der gewandte und verwegene Offizier, der die römische Vorhut befehligte, ging nichtsdestoweniger mit seinen Truppen unter Segel. Die Karthager wiesen die römischen Schiffe zurück und brachten sogar einige derselben auf; doch sandte der karthagische Admiral, eingedenk der strengen Befehle, keine Veranlassung zum Ausbruch der Feindseligkeiten zu geben, den guten Freunden jenseits der Meerenge dieselben zurück. Es schien fast, als hätten die Römer vor Messana sich ebenso nutzlos kompromittiert wie die Karthager vor Tarent. Aber Claudius ließ sich nicht abschrecken, und bei einem zweiten Versuch gelang die Landung. Kaum angelangt, berief er die Bürgerschaft zur Versammlung, und auf seinen Wunsch erschien in derselben gleichfalls der karthagische Admiral, noch immer wähnend, den offenen Bruch vermeiden zu können. Allein in der Versammlung selbst bemächtigten die Römer sich seiner Person, und Hanno sowie die schwache und führerlose phönikische Besatzung auf der Burg waren kleinmütig genug, jener, seinen Truppen den Befehl zum Abzug zu geben, diese, dem Befehl des gefangenen Feldherrn nachzukommen und mit ihm die Stadt zu räumen. So war der Brückenkopf der Insel in den Händen der Römer.

Die karthagischen Behörden, mit Recht erzürnt über die Torheit und Schwäche ihres Feldherrn, ließen ihn hinrichten und erklärten den Römern den Krieg. Vor allem galt es, den verlorenen Platz wiederzugewinnen. Eine starke karthagische Flotte, geführt von Hanno, Hannibals Sohn, erschien auf der Höhe von Messana. Während sie selber die Meerenge sperrte, begann die von ihr ans Land gesetzte karthagische Armee die Belagerung von der Nordseite; Hieron, der nur auf das Losschlagen der Karthager gewartet hatte, um den Krieg gegen Rom zu beginnen, führte sein kaum zurückgezogenes Heer wieder gegen Messana und übernahm den Angriff auf die Südseite der Stadt.

Allein mittlerweile war auch der römische Konsul Appius Claudius Caudex mit dem Hauptheer in Rhegion erschienen, und in einer dunklen Nacht gelang die Überfahrt trotz der karthagischen Flotte. Kühnheit und Glück waren mit den Römern; die Verbündeten, nicht gefaßt auf einen Angriff des gesamten römischen Heeres und daher nicht vereinigt, wurden von den aus der Stadt ausrückenden römischen Legionen einzeln geschlagen und damit die Belagerung aufgehoben. Den Sommer über behauptete das römische Heer das Feld und machte sogar einen Versuch auf Syrakus; allein nachdem dieser gescheitert war und auch die Belagerung von Echetla (an der Grenze der Gebiete von Syrakus und Karthago) mit Verlust hatte aufgegeben werden müssen, kehrte das römische Heer zurück nach Messana und von da unter Zurücklassung einer starken Besatzung nach Italien. Die Erfolge dieses ersten außeritalischen Feldzugs der Römer mögen daheim der Erwartung nicht ganz entsprochen haben, da der Konsul nicht triumphierte; indes konnte das kräftige Auftreten der Römer in Sizilien nicht verfehlen, auf die Griechen daselbst großen Eindruck zu machen. Im folgenden Jahre betraten beide Konsuln und ein doppelt so starkes Heer ungehindert die Insel. Der eine derselben, Marcus Valerius Maximus, seitdem von diesem Feldzug »der von Messana« (*Messalla*) genannt, erfocht einen glänzenden Sieg über die verbündeten Karthager und Syrakusaner; und als nach dieser Schlacht das phönikische Heer nicht mehr gegen die Römer das Feld zu halten wagte, da fielen nicht bloß Alaesa, Kentoripa und überhaupt die kleineren griechischen Städte den Römern zu, sondern Hieron selbst verließ die karthagische Partei und machte Frieden und Bündnis mit den Römern (491 *263*). Er folgte einer richtigen Politik, indem er, sowie sich gezeigt hatte, daß es den Römern mit dem Einschreiten in Sizilien Ernst war, sich sofort ihnen anschloß, als es noch Zeit war, den Frieden ohne Abtretungen und Opfer zu erkaufen. Die sizilischen Mittelstaaten, Syrakus und Messana, die eine eigene Politik nicht durchführen konnten und nur zwischen römischer und karthagischer Hegemonie zu wählen hatten, mußten jedenfalls die erstere vorziehen, da die Römer damals sehr wahrscheinlich noch nicht die Insel für sich zu erobern beabsichtigten, sondern nur sie nicht von Karthago erobern zu lassen, und auf alle Fälle anstatt des karthagischen Tyrannisier- und Monopolisiersystems von Rom eine leidlichere Behandlung und Schutz der Handelsfreiheit zu erwarten war. Hieron blieb seitdem der wichtigste, standhafteste und geachtetste Bundesgenosse der Römer auf der Insel.

Für die Römer war hiermit das nächste Ziel erreicht. Durch das Doppelbündnis mit Messana und Syrakus und den festen Besitz der ganzen Ostküste war die Landung auf der Insel und die bis dahin sehr schwierige Unterhaltung der Heere gesichert und verlor der bisher bedenkliche und unberechenbare Krieg einen großen Teil seines waglichen Charakters. Man machte denn auch für denselben nicht größere Anstrengungen als für die Kriege in Samnium und Etrurien; die zwei Legionen, die man für das nächste Jahr (492 *262*) nach der Insel hinübersandte, reichten aus, um im Einverständnis mit den sizilischen Griechen die Karthager überall in die Festungen zurückzutreiben. Der Oberbefehlshaber der Karthager, Hannibal, Gisgons Sohn, warf mit dem Kern seiner Truppen sich in Akragas, um diese wichtigste karthagische Landstadt aufs äußerste zu verteidigen. Unfähig, die feste Stadt zu stürmen, blockierten die Römer sie mit verschanzten Linien und einem doppelten Lager; die Eingeschlossenen, die bis 50 000 Köpfe zählten, litten bald Mangel am Notwendigen. Zum Entsatz landete der karthagische Admiral Hanno bei Herakleia und schnitt seinerseits der römischen Belagerungsarmee die Zufuhr ab. Auf beiden Seiten war die Not groß; man entschloß sich endlich zu einer Schlacht, um aus den Bedrängnissen und der Ungewißheit herauszukommen. In dieser zeigte sich die numidische Reiterei ebensosehr der römischen überlegen wie der phönikischen Infanterie das römische Fußvolk; das letztere entschied den Sieg, allein die Verluste auch der Römer waren sehr beträchtlich. Der Erfolg der gewonnenen Schlacht ward zum Teil dadurch verscherzt, daß es nach der Schlacht während der Verwirrung und der Ermüdung der Sieger der belagerten Armee gelang, aus der Stadt zu entkommen und die Flotte zu erreichen; dennoch war der Sieg von Bedeutung. Akragas fiel dadurch in die Hände der Römer und damit war die ganze Insel in ihrer Gewalt mit Ausnahme der Seefestungen, in denen der karthagische Feldherr Hamilkar, Hannos Nachfolger im Oberbefehl, sich bis an die Zähne verschanzte und weder durch Gewalt noch durch Hunger zu vertreiben war. Der Krieg spann von da an sich nur fort durch die Ausfälle der Karthager aus den sizilischen Festungen und durch ihre Landungen an den italischen Küsten.

In der Tat empfanden die Römer erst jetzt die wirklichen Schwierigkeiten des Krieges. Wenn die karthagischen Diplomaten, wie erzählt wird, vor dem Ausbruch der Feindseligkeiten die Römer warnten, es nicht bis zum Bruche zu treiben, denn wider ihren Willen könne kein Römer auch nur die Hände sich im Meer waschen, so war diese Drohung wohl begründet. Die karthagische Flotte beherrschte ohne Nebenbuhler die See und hielt nicht bloß die sizilischen Küstenstädte im Gehorsam und mit allem Notwendigen versehen, sondern bedrohte auch Italien mit einer Landung, weswegen schon 492 *(262)* dort eine konsularische Armee hatte zurückbleiben müssen. Zwar zu einer größeren

Invasion kam es nicht; allein wohl landeten kleinere karthagische Abteilungen an den italischen Küsten und brandschatzten die Bundesgenossen und, was schlimmer als alles Übrige war, der Handel Roms und seiner Bundesgenossen war völlig gelähmt; es brauchte nicht lange so fortzugehen, um Caere, Ostia, Neapel, Tarent, Syrakus vollständig zugrunde zu richten, während die Karthager über die Kontributionssummen und den reichen Kaperfang die ausbleibenden sizilischen Tribute leicht verschmerzten. Die Römer erfuhren jetzt, was Dionysios, Agathokles und Pyrrhos erfahren hatten, daß es ebenso leicht war, die Karthager aus dem Felde zu schlagen, als schwierig, sie zu überwinden. Man sah es ein, daß alles darauf ankam, eine Flotte zu schaffen und beschloß eine solche von zwanzig Drei- und hundert Fünfdeckern herzustellen. Die Ausführung indes dieses energischen Beschlusses war nicht leicht. Zwar die aus den Rhetorschulen stammende Darstellung, die glauben machen möchte, als hätten damals zuerst die Römer die Ruder ins Wasser getaucht, ist eine kindische Phrase; Italiens Handelsmarine mußte um diese Zeit sehr ausgedehnt sein, und auch an italischen Kriegsschiffen fehlte es keineswegs. Aber es waren dies Kriegsbarken und Dreidecker, wie sie in früherer Zeit üblich gewesen waren; Fünfdecker, die nach dem neueren, besonders von Karthago ausgehenden System des Seekrieges fast ausschließlich in der Linie verwendet wurden, hatte man in Italien noch nicht gebaut. Die Maßregel der Römer war also ungefähr derart, wie wenn jetzt ein Seestaat von Fregatten und Kuttern übergehen wollte zum Bau von Linienschiffen; und eben wie man heute in solchem Fall womöglich ein fremdes Linienschiff zum Muster nehmen würde, überwiesen auch die Römer ihren Schiffsbaumeistern eine gestrandete karthagische Pentere als Modell. Ohne Zweifel hätten die Römer, wenn sie gewollt hätten, mit Hilfe der Syrakusaner und Massalioten schneller zum Ziele gelangen können; allein ihre Staatsmänner waren zu einsichtig, um Italien durch eine nichtitalische Flotte verteidigen zu wollen. Dagegen wurden die italischen Bundesgenossen stark angezogen sowohl für die Schiffsoffiziere, die man größtenteils aus der italischen Handelsmarine genommen haben wird, als für die Matrosen, deren Name *(socii navales)* beweist, daß sie eine Zeitlang ausschließlich von den Bundesgenossen gestellt wurden; daneben wurden später Sklaven, die der Staat und die reicheren Familien lieferten, und bald auch die ärmere Klasse der Bürger verwandt. Unter solchen Verhältnissen, und wenn man teils den damaligen, verhältnismäßig niedrigen Stand des Schiffsbaus, teils die römische Energie wie billig in Anschlag bringt, wird es begreiflich, daß die Römer die Aufgabe, an der Napoleon gescheitert ist, eine Kontinental- in eine Seemacht umzuwandeln, innerhalb eines Jahres lösten und ihre Flotte von hundertundzwanzig Segeln in der Tat im Frühjahr 494 *(260)* vom Stapel lief. Freilich kam dieselbe der karthagischen an Zahl und Segeltüchtigkeit keineswegs gleich; und es fiel dies um so mehr ins Gewicht, als die Seetaktik dieser Zeit vorwiegend im Manövrieren bestand. Daß Schwergerüstete und Bogenschützen vom Verdeck herab fochten, oder daß Wurfmaschinen von demselben aus arbeiteten, gehörte zwar auch zum Seegefecht dieser Zeit; allein der gewöhnliche und eigentlich entscheidende Kampf bestand im Niedersegeln der feindlichen Schiffe, zu welchem Zwecke die Vorderteile mit schweren Eisenschnäbeln versehen waren; die kämpfenden Schiffe pflegten einander zu umkreisen, bis dem einen oder dem andern der Stoß gelang, der gewöhnlich entschied. Deshalb befanden sich unter der Bemannung eines gewöhnlichen griechischen Dreideckers von etwa 200 Mann nur etwa zehn Soldaten, dagegen 170 Ruderer, 50 bis 60 für jedes Deck; die des Fünfdeckers zählte etwa 300 Ruderer, und Soldaten nach Verhältnis.

Man kam auf den glücklichen Gedanken, das, was den römischen Schiffen bei ihren ungeübten Schiffsoffizieren und Rudermannschaften an Manövrierfähigkeit notwendig abgehen mußte, dadurch zu ersetzen, daß man den Soldaten im Seegefecht wiederum eine bedeutendere Rolle zuteilte. Man brachte auf dem Vorderteil des Schiffes eine fliegende Brücke an, welche nach vorn wie nach beiden Seiten hin niedergelassen werden konnte; sie war zu beiden Seiten mit Brustwehren versehen und hatte Raum für zwei Mann in der Front. Wenn das feindliche Schiff zum Stoß auf das römische heransegelte oder, nachdem der Stoß vermieden war, demselben zur Seite lag, schlug diese Brücke auf dessen Verdeck nieder und mittels eines eisernen Stachels in dasselbe ein; wodurch nicht bloß das Niedersegeln verhindert, sondern es auch den römischen Schiffssoldaten möglich ward, über die Brücke auf das feindliche Verdeck hinüberzugehen und dasselbe wie im Landgefecht zu erstürmen. Eine eigene Schiffsmiliz ward nicht gebildet, sondern nach Bedürfnis die Landtruppen zu diesem Schiffsdienst verwandt; es kommt vor, daß in einer großen Seeschlacht, wo freilich die römische Flotte zugleich die Landungsarmee an Bord hat, bis 120 Legionarier auf den einzelnen Schiffen fechten.

So schufen sich die Römer eine Flotte, die der karthagischen gewachsen war. Diejenigen irren, die aus dem römischen Flottenbau ein Feenmärchen machen, und verfehlen überdies ihren Zweck; man muß begreifen um zu bewundern. Der Flottenbau der Römer war eben gar nichts als ein großartiges Nationalwerk, wo durch Einsicht in das Nötige und Mögliche, durch geniale Erfindsamkeit, durch Energie in Entschluß und Ausführung das Vaterland aus einer Lage gerissen ward, die übler war, als sie zunächst schien.

Der Anfang indes war den Römern nicht günstig. Der römische Admiral, der Konsul Gnaeus Cornelius Scipio, der mit den ersten siebzehn segelfertigen Fahrzeugen nach Messana in See gegangen war (494 *260*), meinte auf der Fahrt Lipara durch einen Handstreich wegnehmen zu können. Allein eine Abteilung der bei Panormos stationierten karthagischen Flotte sperrte den Hafen der Insel, in dem die römischen Schiffe vor Anker gegangen waren, und nahm die ganze Eskadre mit dem Konsul ohne Kampf gefangen. Indes dies schreckte die Hauptflotte nicht ab, sowie die Vorbereitungen beendigt waren, gleichfalls nach Messana unter Segel zu gehen. Auf der Fahrt längs der italischen Küste traf sie auf ein schwächeres karthagisches Rekognoszierungsgeschwader, dem sie das Glück hatte, einen den ersten römischen mehr als aufwiegenden Verlust zuzufügen, und traf also glücklich und siegreich im Hafen von Messana ein, wo der zweite Konsul Gaius Duilius das Kommando an der Stelle seines gefangenen Kollegen übernahm. An der Landspitze von Mylae, nordwestlich von Messana, traf die karthagische Flotte, die unter Hannibal von Panormos herankam, auf die römische, welche hier ihre erste größere Probe bestand. Die Karthager, in den schlecht segelnden und unbehilflichen römischen Schiffen eine leichte Beute erblickend, stürzten sich in aufgelöster Linie auf dieselben; aber die neu erfundenen Enterbrücken bewährten sich vollkommen. Die römischen Schiffe fesselten und stürmten die feindlichen, wie sie einzeln heransegelten; es war ihnen weder von vorn, noch von den Seiten beizukommen, ohne daß die gefährliche Brücke sich niedersenkte auf das feindliche Verdeck. Als die Schlacht zu Ende war, waren gegen fünfzig karthagische Schiffe, fast die Hälfte der Flotte, von den Römern versenkt oder genommen, unter den letzteren das Admiralsschiff Hannibals, einst das des Königs Pyrrhos. Der Gewinn war groß; noch größer der moralische Eindruck. Rom war plötzlich eine Seemacht geworden und hatte das Mittel in der Hand, den Krieg, der endlos sich hinauszuspinnen und dem italischen Handel den Ruin zu drohen schien, energisch zu Ende zu führen.

Es gab dazu einen doppelten Weg. Man konnte entweder Karthago auf den italischen Inseln angreifen und ihm die Küstenfestungen Siziliens und Sardiniens eine nach der andern entreißen, was vielleicht durch gut kombinierte Operationen zu Lande und zur See ausführbar war; war dies durchgesetzt, so konnte entweder mit Karthago auf Grund der Abtretung dieser Inseln Friede geschlossen, oder, wenn dies mißlang oder nicht genügte, der zweite Akt des Krieges nach Afrika verlegt werden. Oder man konnte die Inseln vernachlässigen und sich gleich mit aller Macht auf Afrika werfen, nicht in Agathokles' abenteuernder Art die Schiffe hinter sich verbrennend und alles setzend auf den Sieg eines verzweifelten Haufens, sondern durch eine starke Flotte die Verbindungen der afrikanischen Invasionsarmee mit Italien deckend; in diesem Falle ließ sich entweder von der Bestürzung der Feinde nach den ersten Erfolgen ein mäßiger Friede erwarten oder, wenn man wollte, mit äußerster Gewalt den Feind zu vollständiger Ergebung nötigen.

Man wählte zunächst den ersten Operationsplan. Im Jahre nach der Schlacht von Mylae (495 *259*) erstürmte der Konsul Lucius Scipio den Hafen Aleria auf Korsika – wir besitzen noch den Grabstein des Feldherrn, der dieser Tat gedenkt – und machte aus Korsika eine Seestation gegen Sardinien. Ein Versuch, sich auf der Nordküste dieser Insel in Ulbia festzusetzen, mißlang, da es der Flotte an Landungstruppen fehlte. Im folgenden Jahre (496 *258*) ward er zwar mit besserem Erfolg wiederholt und die offenen Flecken an der Küste geplündert; aber zu einer bleibenden Festsetzung der Römer kam es nicht. Ebensowenig kam man in Sizilien vorwärts. Hamilkar führte energisch und geschickt den Krieg nicht bloß mit Waffen zu Lande und zur See, sondern auch mit der politischen Propaganda; von den zahllosen kleinen Landstädten fielen jährlich einige von den Römern ab und mußten den Phönikern mühsam wieder entrissen werden, und in den Küstenfestungen behaupteten die Karthager sich unangefochten, namentlich in ihrem Hauptquartier Panormos und in ihrem neuen Waffenplatz Drepana, wohin der leichteren Seeverteidigung wegen Hamilkar die Bewohner des Eryx übergesiedelt hatte. Ein zweites großes Seetreffen am Tyndarischen Vorgebirg (497 *257*), in dem beide Teile sich den Sieg zuschrieben, änderte nichts an der Lage der Dinge. In dieser Weise kam man nicht vom Fleck, mochte die Schuld nun an dem geteilten

DER KRIEG UM SIZILIEN

und schnell wechselnden Oberbefehl der römischen Truppen liegen, der die konzentrierte Gesamtleitung einer Reihe kleinerer Operationen ungemein erschwerte, oder auch an den allgemeinen strategischen Verhältnissen, welche allerdings in einem solchen Fall nach dem damaligen Stande der Kriegswissenschaft sich für den Angreifer überhaupt (1, 426) und ganz besonders für die noch im Anfang der wissenschaftlichen Kriegskunst stehenden Römer ungünstig stellten. Mittlerweile litt, wenn auch die Brandschatzung der italischen Küsten aufgehört hatte, doch der italische Handel nicht viel weniger als vor dem Flottenbau. Müde des erfolglosen Ganges der Operationen und ungeduldig, dem Kriege ein Ziel zu setzen, beschloß der Senat, das System zu ändern und Karthago in Afrika anzugreifen. Im Frühjahr 498 *(256)* ging eine Flotte von 330 Linienschiffen unter Segel nach der libyschen Küste; an der Mündung des Himeraflusses am südlichen Ufer Siziliens nahm sie das Landungsheer an Bord: es waren vier Legionen unter der Führung der beiden Konsuln Marcus Atilius Regulus und Lucius Manlius Volso, beides erprobte Generale. Der karthagische Admiral ließ es geschehen, daß die feindlichen Truppen sich einschifften; aber auf der weiteren Fahrt nach Afrika fanden die Römer die feindliche Flotte auf der Höhe von Eknomos in Schlachtordnung aufgestellt, um die Heimat vor der Invasion zu decken. Nicht leicht haben größere Massen zur See gefochten als in dieser Schlacht gegeneinander standen. Die römische Flotte von 330 Segeln zählte mindestens 100000 Mann an Schiffsbemannung außer der etwa 40000 Mann starken Landungsarmee; die karthagische von 350 Schiffen trug an Bemannung mindestens die gleiche Zahl, so daß gegen dreimalhunderttausend Menschen an diesem Tage aufgeboten waren, um zwischen den beiden mächtigen Bürgerschaften zu entscheiden. Die Phöniker standen in einfacher weitausgedehnter Linie, mit dem linken Flügel gelehnt an die sizilische Küste. Die Römer ordneten sich ins Dreieck, die Admiralschiffe der beiden Konsuln an der Spitze, in schräger Linie rechts und links neben ihnen das erste und zweite Geschwader, endlich das dritte mit den zum Transport der Reiterei gebauten Fahrzeugen im Schlepptau in der Linie, die das Dreieck schloß. Also segelten sie dichtgeschlossen auf den Feind. Langsamer folgte ein viertes in Reserve gestelltes Geschwader. Der keilförmige Angriff durchbrach ohne Mühe die karthagische Linie, da das zunächst angegriffene Zentrum derselben absichtlich zurückwich, und die Schlacht löste sich auf in drei gesonderte Treffen. Während die

Admirale mit den beiden auf den Flügeln aufgestellten Geschwadern dem karthagischen Zentrum nachsetzten und mit ihm handgemein wurden, schwenkte der linke, an der Küste aufgestellte Flügel der Karthager auf das dritte römische Geschwader ein, welches durch die Schleppschiffe gehindert ward, den beiden vorderen zu folgen, und drängte dasselbe in heftigem und überlegenem Angriff gegen das Ufer; gleichzeitig wurde die römische Reserve von dem rechten karthagischen Flügel auf der hohen See umgangen und von hinten angefallen. Das erste dieser drei Treffen war bald zu Ende: die Schiffe des karthagischen Mitteltreffens, offenbar viel schwächer als die beiden gegen sie fechtenden römischen Geschwader, wandten sich zur Flucht. Mittlerweile hatten die beiden anderen Abteilungen der Römer einen harten Stand gegen den überlegenen Feind; allein im Nahgefecht kamen die gefürchteten Enterbrücken ihnen zustatten, und mit deren Hilfe gelang es, sich so lange zu halten, bis die beiden Admirale mit ihren Schiffen herankommen konnten. Dadurch erhielt die römische Reserve Luft, und die karthagischen Schiffe des rechten Flügels suchten vor der Übermacht das Weite. Nun, nachdem auch dieser Kampf zum Vorteil der Römer entschieden, fielen alle noch seefähigen römischen Schiffe dem hartnäckig seinen Vorteil verfolgenden karthagischen linken Flügel in den Rücken, so daß dieser umzingelt und fast alle Schiffe desselben genommen wurden. Der übrige Verlust war ungefähr gleich. Von der römischen Flotte waren 24 Segel versenkt, von der karthagischen 30 versenkt, 64 genommen. Die karthagische Flotte gab trotz des beträchtlichen Verlustes es nicht auf, Afrika zu decken und ging zu diesem Ende zurück an den Golf von Karthago, wo sie die Landung erwartete und eine zweite Schlacht zu liefern gedachte. Allein die Römer landeten statt an der westlichen Seite der Halbinsel, die den Golf bilden hilft, vielmehr an der östlichen, wo die Bai von Clupea ihnen einen fast bei allen Winden Schutz bietenden geräumigen Hafen und die Stadt, hart am Meere auf einem schildförmig aus der Ebene aufsteigenden Hügel gelegen, eine vortreffliche Hafenfestung darbot. Ungehindert vom Feinde schifften sie die Truppen aus und setzten sich auf dem Hügel fest; in kurzer Zeit war ein verschanztes Schiffslager errichtet, und das Landheer konnte seine Operationen beginnen. Die römischen Truppen durchstreiften und brandschatzten das Land; bis 20000 Sklaven konnten nach Rom geführt werden. Durch die ungeheuersten Glücksfälle war der kühne Plan auf den ersten Wurf und mit geringen Opfern gelungen; man schien am Ziele zu stehen.

Wie sicher die Römer sich fühlten, beweist der Beschluß des Senats, den größten Teil der Flotte und die Hälfte der Armee nach Italien zurückzuschicken; Marcus Regulus blieb allein in Afrika mit 40 Schiffen, 15000 Mann zu Fuß und 500 Reitern. Es schien indes die Zuversicht nicht übertrieben. Die karthagische Armee, die entmutigt sich in die Ebene nicht wagte, erlitt erst recht eine Schlappe in den waldigen Defileen, in denen sie ihre beiden besten Waffen, die Reiterei und die Elefanten nicht verwenden konnte. Die Städte ergaben sich in Masse, die Numidier standen auf und überschwemmten weithin das offene Land. Regulus konnte hoffen, den nächsten Feldzug zu beginnen mit der Belagerung der Hauptstadt, zu welchem Ende er dicht bei derselben, in Tunes sein Winterlager aufschlug.

Der Karthager Mut war gebrochen; sie baten um Frieden. Allein die Bedingungen, die der Konsul stellte: nicht bloß Abtretung von Sizilien und Sardinien, sondern Eingehung eines ungleichen Bündnisses mit Rom, welches die Karthager verpflichtet hätte, auf eine eigene Kriegsmarine zu verzichten und zu den römischen Kriegen Schiffe zu stellen – diese Bedingungen, welche Karthago mit Neapel und Tarent gleichgestellt haben würden, konnten nicht angenommen werden, solange noch ein karthagisches Heer im Felde, eine karthagische Flotte auf der See, und die Hauptstadt unerschüttert stand. Die gewaltige Begeisterung, wie sie in den orientalischen Völkern, auch den tief gesunkenen, bei dem Herannahen äußerster Gefahren großartig aufzuflammen pflegt, diese Energie der höchsten Not trieb die Karthager zu Anstrengungen, wie man sie den Budenleuten nicht zugetraut haben mochte. Hamilkar, der in Sizilien den kleinen Krieg gegen die Römer so erfolgreich geführt hatte, erschien in Libyen mit der Elite der sizilischen Truppen, die für die neuausgehobene Mannschaft einen trefflichen Kern abgab; die Verbindungen und das Gold der Karthager führten ihnen ferner die trefflichen numidischen Reiter scharenweise zu und ebenso zahlreiche griechische Söldner, darunter den gefeierten Hauptmann Xanthippos von Sparta, dessen Organisierungstalent und strategische Einsicht seinen neuen Dienstherren von großem Nutzen war[2]. Wäh-

---

[2] Der Bericht, daß zunächst Xanthippos' militärisches Talent Karthago gerettet habe, ist wahrscheinlich gefärbt; die karthagischen Offiziere werden schwerlich auf den Fremden gewartet haben, um zu lernen, daß die leichte afrikanische Kavallerie zweckmäßiger auf der Ebene verwandt werde als in Hügeln und Wäldern. Von solchen Wendungen, dem Echo der griechischen Wachtstubengespräche, ist selbst Polybios nicht frei. Daß Xanthippos nach dem Siege von den

rend also im Lauf des Winters die Karthager ihre Vorbereitungen trafen, stand der römische Feldherr untätig bei Tunes. Mochte er nicht ahnen, welcher Sturm sich über seinem Haupt zusammenzog, oder mochte militärisches Ehrgefühl ihm zu tun verbieten, was seine Lage erheischte – statt zu verzichten auf eine Belagerung, die er doch nicht imstande war, auch nur zu versuchen, und sich einzuschließen in die Burg von Clupea, blieb er mit einer Handvoll Leute vor den Mauern der feindlichen Hauptstadt stehen, sogar seine Rückzugslinie zu dem Schiffslager zu sichern versäumend, und versäumend sich zu schaffen, was ihm vor allen Dingen fehlte und was durch Verhandlungen mit den aufständischen Stämmen der Numidier so leicht zu erreichen war, eine gute leichte Reiterei. Mutwillig brachte er sich und sein Heer also in dieselbe Lage, in der einst Agathokles auf seinem verzweifelten Abenteurerzug sich befunden hatte. Als das Frühjahr kam (499 *255*), hatten sich die Dinge schon so verändert, daß jetzt die Karthager es waren, die zuerst ins Feld rückten und den Römern eine Schlacht anboten; natürlich, denn es lag alles daran, mit dem Heer des Regulus fertig zu werden, ehe von Italien Verstärkung kommen konnte. Aus demselben Grunde hätten die Römer zögern sollen; allein im Vertrauen auf ihre Unüberwindlichkeit im offenen Felde nahmen sie sofort die Schlacht an trotz ihrer geringeren Stärke – denn obwohl die Zahl des Fußvolks auf beiden Seiten ungefähr dieselbe war, gaben doch den Karthagern die 4000 Reiter und 100 Elefanten ein entschiedenes Übergewicht – und trotz des ungünstigen Terrains – die Karthager hatten sich auf einem weiten Blachfeld, vermutlich unweit Tunes, aufgestellt. Xanthippos, der an diesem Tage die Karthager kommandierte, warf zunächst seine Reiterei auf die feindliche, die wie gewöhnlich auf den beiden Flügeln der Schlachtlinie stand; die wenigen römischen Schwadronen zerstoben im Nu vor den feindlichen Kavalleriemassen und das römische Fußvolk sah sich von demselben überflügelt und umschwärmt. Die Legionen, hierdurch nicht erschüttert, gingen zum Angriff vor gegen die feindliche Linie; und obwohl die zur Deckung vor derselben aufgestellte Elefantenreihe den rechten Flügel und das Zentrum der Römer hemmte, faßte wenigstens der linke römische Flügel, an den Elefanten vorbeimarschierend, die Söldnerinfanterie auf dem rechten feindlichen und warf sie vollständig. Allein eben

---

Karthagern ermordet worden sei, ist eine Erfindung; er ging freiwillig fort, vielleicht in ägyptische Dienste.

dieser Erfolg zerriß die römischen Reihen. Die Hauptmasse, vorn von den Elefanten, an den Seiten und im Rücken von der Reiterei angegriffen, formierte sich zwar ins Viereck und verteidigte sich heldenmütig, allein endlich wurden doch die geschlossenen Massen gesprengt und aufgerieben. Der siegreiche linke Flügel traf auf das noch frische karthagische Zentrum, wo die libysche Infanterie ihm gleiches Schicksal bereitete. Bei der Beschaffenheit des Terrains und der Überzahl der feindlichen Reiterei ward niedergehauen oder gefangen, was in diesen Massen gefochten hatte; nur zweitausend Mann, vermutlich vorzugsweise die zu Anfang zersprengten leichten Truppen und Reiter, gewannen, während die römischen Legionen sich niedermachen ließen, soviel Vorsprung, um mit Not Clupea zu erreichen. Unter den wenigen Gefangenen war der Konsul selbst, der später in Karthago starb; seine Familie, in der Meinung, daß er von den Karthagern nicht nach Kriegsgebrauch behandelt worden sei, nahm an zwei edlen karthagischen Gefangenen die empörendste Rache, bis es selbst die Sklaven erbarmte und auf deren Anzeige die Tribune der Schändlichkeit steuerten[3].

Wie die Schreckenspost nach Rom gelangte, war die erste Sorge natürlich gerichtet auf die Rettung der in Clupea eingeschlossenen Mannschaft. Eine römische Flotte von 350 Segeln lief sofort aus, und nach einem schönen Sieg am Hermäischen Vorgebirg, bei welchem die Karthager 114 Schiffe einbüßten, gelangte sie nach Clupea eben zur rechten Zeit, um die dort verschanzten Trümmer der geschlagenen Armee aus ihrer Bedrängnis zu befreien. Wäre sie gesandt worden, ehe die Katastrophe eintrat, so hätte sie die Niederlage in einen Sieg verwandeln mögen, der wahrscheinlich den phönikischen Kriegen ein Ende gemacht haben würde. So vollständig aber hatten jetzt die Römer den Kopf verloren, daß sie nach einem glücklichen Gefecht vor Clupea sämtliche Truppen auf die Schiffe setzten und heimsegelten, freiwillig den wichtigen und leicht zu verteidigenden Platz räumend, der ihnen die Möglichkeit der Landung in Afrika sicherte, und der Rache der Karthager ihre zahlreichen afrikani-

---

[3] Weiter ist über Regulus' Ende nichts mit Sicherheit bekannt; selbst seine Sendung nach Rom, die bald 503 *(251)*, bald 513 *(241)* gesetzt wird, ist sehr schlecht beglaubigt. Die spätere Zeit, die in dem Glück und Unglück der Vorfahren nur nach Stoffen suchte für Schulakte, hat aus Regulus den Prototyp des unglücklichen wie aus Fabricius das des dürftigen Helden gemacht und eine Menge obligat erfundener Anekdoten auf seinen Namen in Umlauf gesetzt; widerwärtige Flitter, die übel kontrastieren mit der ernsten und schlichten Geschichte.

schen Bundesgenossen schutzlos preisgebend. Die Karthager versäumten die Gelegenheit nicht, ihre leeren Kassen zu füllen und den Untertanen die Folgen der Untreue deutlich zu machen. Eine außerordentliche Kontribution von 1000 Talenten Silber (1 740 000 Taler) und 20 000 Rindern ward ausgeschrieben und in sämtlichen abgefallenen Gemeinden die Scheiche ans Kreuz geschlagen – es sollen ihrer dreitausend gewesen sein und dieses entsetzliche Wüten der karthagischen Beamten wesentlich den Grund gelegt haben zu der Revolution, welche einige Jahre später in Afrika ausbrach. Endlich, als wollte wie früher das Glück, so jetzt das Unglück den Römern das Maß füllen, gingen auf der Rückfahrt der Flotte in einem schweren Sturm drei Vierteile der römischen Schiffe mit der Mannschaft zugrunde; nur achtzig gelangten in den Hafen (Juli 499 *255*). Die Kapitäne hatten das Unheil wohl vorausgesagt, aber die improvisierten römischen Admirale die Fahrt einmal also befohlen.

Nach so ungeheuren Erfolgen konnten die Karthager die lange eingestellte Offensive wiederum ergreifen. Hasdrubal, Hannos Sohn, landete in Lilybäon mit einem starken Heer, das besonders durch die gewaltige Elefantenmasse – es waren ihrer 140 – in den Stand gesetzt wurde, gegen die Römer das Feld zu halten; die letzte Schlacht hatte gezeigt, wie es möglich war, den Mangel eines guten Fußvolks durch Elefanten und Reiterei einigermaßen zu ersetzen. Auch die Römer nahmen den sizilischen Krieg von neuem auf: die Vernichtung des Landungsheeres hatte, wie die freiwillige Räumung von Clupea beweist, im römischen Senat sofort wieder der Partei die Oberhand gegeben, die den afrikanischen Krieg nicht wollte und sich begnügte, die Inseln allmählich zu unterwerfen. Allein auch hierzu bedurfte man einer Flotte; und da diejenige zerstört war, mit der man bei Mylae, bei Eknomos und am Hermäischen Vorgebirge gesiegt hatte, baute man eine neue. Zu zweihundertundzwanzig neuen Kriegsschiffen wurde auf einmal der Kiel gelegt – nie hatte man bisher gleichzeitig so viele zu bauen unternommen –, und in der unglaublich kurzen Zeit von drei Monaten standen sie sämtlich segelfertig. Im Frühjahr 500 *(254)* erschien die römische Flotte, dreihundert größtenteils neue Schiffe zählend, an der sizilischen Nordküste. Durch einen glücklichen Angriff von der Seeseite ward die bedeutendste Stadt des karthagischen Siziliens, Panormos, erobert, und ebenso fielen hier die kleineren Plätze Solus, Kephalödion, Tyndaris den Römern in die Hände, so daß am ganzen nördlichen Gestade der Insel nur noch Thermae den Karthagern verblieb. Panormos ward seitdem eine der Hauptstationen der Römer auf Sizilien. Der Landkrieg daselbst stockte indes; die beiden Armeen standen vor Lilybäon einander gegenüber, ohne daß die römischen Befehlshaber, die der Elefantenmasse nicht beizukommen wußten, eine Hauptschlacht zu erzwingen versucht hätten.

Im folgenden Jahre (501 *253*) zogen die Konsuln es vor, statt die sicheren Vorteile in Sizilien zu verfolgen, eine Expedition nach Afrika zu machen, nicht um zu landen, sondern um die Küstenstädte zu plündern. Ungehindert kamen sie damit zustande; allein nachdem sie schon in den schwierigen und ihren Piloten unbekannten Gewässern der Kleinen Syrte auf die Untiefen aufgelaufen und mit Mühe wieder losgekommen waren, traf die Flotte zwischen Sizilien und Italien ein Sturm, der über 150 römische Schiffe kostete; auch diesmal hatten die Piloten, trotz ihrer Vorstellungen und Bitten, den Weg längs der Küste zu wählen, auf Befehl der Konsuln von Panormos gerades Weges durch das offene Meer nach Ostia zu steuern müssen.

Da ergriff Kleinmut die Väter der Stadt; sie beschlossen, die Kriegsflotte abzuschaffen bis auf 60 Segel und den Seekrieg auf die Küstenverteidigung und die Geleitung der Transporte zu beschränken. Zum Glück nahm eben jetzt der stockende Landkrieg auf Sizilien eine günstigere Wendung. Nachdem im Jahre 502 *(252)* Thermae, der letzte Punkt, den die Karthager an der Nordküste besaßen, und die wichtige Insel Lipara den Römern in die Hände gefallen waren, erfocht im Jahre darauf der Konsul Lucius Caecilius Metellus unter den Mauern von Panormos einen glänzenden Sieg über das Elefantenheer (Sommer 503 *251*). Die unvorsichtig vorgeführten Tiere wurden von den im Stadtgraben aufgestellten leichten Truppen der Römer geworfen und stürzten teils in den Graben hinab, teils zurück auf ihre eigenen Leute, die in wilder Verwirrung mit den Elefanten zugleich sich zum Strande drängten, um von den phönikischen Schiffen aufgenommen zu werden. 120 Elefanten wurden gefangen, und das karthagische Heer, dessen Stärke auf den Tieren beruhte, mußte sich wiederum in die Festungen einschließen. Es blieb, nachdem auch noch der Eryx den Römern in die Hände gefallen war (505 *249*), auf der Insel den Karthagern nichts mehr als Drepana und Lilybäon. Karthago bot zum zweitenmal den Frieden an; allein der Sieg des Metellus und die Ermattung des Feindes gab der energischeren Partei im Senat die Oberhand. Der Friede ward zurückgewiesen und beschlossen, die Belagerung der beiden sizilischen Städte ernsthaft anzugreifen und zu diesem Ende wiederum eine Flotte von 200 Segeln in See gehen zu lassen. Die Belagerung von Lilybäon, die erste große und regelrechte, die Rom unternahm, und eine der hartnäckigsten, die die Geschichte kennt, wurde von den Römern mit einem wichtigen Erfolg eröffnet: ihrer Flotte gelang es, sich in den Hafen der Stadt zu legen und dieselbe von der Seeseite zu blockieren. Indes vollständig die See zu sperren, vermochten die Belagerer nicht. Trotz ihrer Versenkungen und Palisaden und trotz der sorgfältigsten Bewachung unterhielten gewandte und der Untiefen und Fahrwässer genau kundige Schnellsegler eine regelmäßige Verbindung zwischen den Belagerten in der Stadt und der karthagischen Flotte im Hafen von Drepana; ja nach einiger Zeit glückte es einem karthagischen Geschwader von 50 Segeln, in den Hafen einzufahren, Lebensmittel in Menge und Verstärkung von 10 000 Mann in die Stadt zu werfen und unangefochten wieder heimzukehren. Nicht viel glücklicher war die belagernde Landarmee. Man begann mit regelrechtem Angriff; die Maschinen wurden errichtet, und in kurzer Zeit hatten die Batterien sechs Mauertürme eingeworfen; die Bresche schien bald gangbar. Allein der tüchtige karthagische Befehlshaber Himilko wehrte diesen Angriff ab, indem auf seine Anordnung hinter der Bresche sich ein zweiter Wall erhob. Ein Versuch der Römer, mit der Besatzung ein Einverständnis anzuknüpfen, ward ebenso noch zur rechten Zeit vereitelt. Ja es gelang den Karthagern, nachdem ein erster, zu diesem Zwecke gemachter Ausfall abgeschlagen worden war, während einer stürmischen Nacht die römische Maschinenreihe zu verbrennen. Die Römer gaben hierauf die Vorbereitungen zum Sturm auf und begnügten sich, die Mauer zu Wasser und zu Lande zu blockieren. Freilich waren dabei die Aussichten auf Erfolg sehr fern, solange man nicht imstande war, den feindlichen Schiffen den Zugang gänzlich zu verlegen; und einen nicht viel leichteren Stand als in der Stadt die Belagerten hatte das Landheer der Belagerer, welchem die Zufuhren durch die starke und verwegene leichte Reiterei der Karthager häufig abgefangen wurden und das die Seuchen, die in der ungesunden Gegend einheimisch sind, zu dezimieren begannen. Die Eroberung Lilybäons war nichtsdestoweniger wichtig genug, um geduldig bei der mühseligen Arbeit auszuharren, die denn doch mit der Zeit den gewünschten Erfolg verhieß. Allein dem neuen Konsul Publius Claudius schien die Aufgabe, Lilybäon eingeschlossen zu halten, allzu gering; es gefiel ihm besser, wieder einmal den

Operationsplan zu ändern und mit seinen zahlreichen neu bemannten Schiffen die karthagische in dem nahen Hafen von Drepana verweilende Flotte unversehens zu überfallen. Mit dem ganzen Blockadegeschwader, das Freiwillige aus den Legionen an Bord genommen hatte, fuhr er um Mitternacht ab und erreichte, in guter Ordnung segelnd, den rechten Flügel am Lande, den linken in der hohen See, glücklich mit Sonnenaufgang den Hafen von Drepana. Hier kommandierte der phönikische Admiral Atarbas. Obwohl überrascht, verlor er die Besonnenheit nicht und ließ sich nicht in den Hafen einschließen, sondern wie die römischen Schiffe in den nach Süden sichelförmig sich öffnenden Hafen an der Landseite einfuhren, zog er an der noch freien Seeseite seine Schiffe aus dem Hafen heraus und stellte sich außerhalb desselben in Linie. Dem römischen Admiral blieb nichts übrig, als die vordersten Schiffe möglichst schnell aus dem Hafen zurückzunehmen und sich gleichfalls vor demselben zur Schlacht zu ordnen; allein über dieser rückgängigen Bewegung verlor er die freie Wahl seiner Aufstellung und mußte die Schlacht annehmen in einer Linie, die teils von der feindlichen um fünf Schiffe überflügelt ward, da es an Zeit gebrach, die Schiffe wieder aus dem Hafen vollständig zu entwickeln, teils so dicht an die Küste gedrängt war, daß seine Fahrzeuge weder zurückweichen noch hinter der Linie hinsegelnd sich untereinander zu Hilfe kommen konnten. Die Schlacht war nicht bloß verloren, ehe sie begann, sondern die römische Flotte so vollständig umstrickt, daß sie fast ganz den Feinden in die Hände fiel. Zwar der Konsul entkam, indem er zuerst davonfloh; aber 93 römische Schiffe, mehr als drei Viertel der Blockadeflotte, mit dem Kern der römischen Legionen an Bord, fielen den Phönikern in die Hände. Es war der erste und einzige große Seesieg, den die Karthager über die Römer erfochten haben. Lilybäon war der Tat nach von der Seeseite entsetzt, denn wenn auch die Trümmer der römischen Flotte in ihre frühere Stellung zurückkehrten, so war diese doch jetzt viel zu schwach, um den nie ganz geschlossenen Hafen ernstlich zu versperren, und konnte vor dem Angriff der karthagischen Schiffe sich selbst nur retten durch den Beistand des Landheers. Die eine Unvorsichtigkeit eines unerfahrenen und frevelhaft leichtsinnigen Offiziers hatte alles vereitelt, was in dem langen und aufreibenden Festungskrieg mühsam erreicht worden war; und was dessen Übermut noch an Kriegsschiffen den Römern gelassen hatte, ging kurz darauf durch den Unverstand seines Kollegen zugrunde. Der zweite Konsul, Lucius Iunius Pullus, der den Auftrag erhalten hatte, die für das Heer in Lilybäon bestimmten Zufuhren in Syrakus zu verladen und die Transportflotte längs der südlichen Küste der Insel mit der zweiten römischen Flotte von 120 Kriegsschiffen zu geleiten, beging, statt seine Schiffe zusammenzuhalten, den Fehler, den ersten Transport allein abgehen zu lassen und erst später mit dem zweiten zu folgen. Als der karthagische Unterbefehlshaber Karthalo, der mit hundert auserlesenen Schiffen die römische Flotte im Hafen von Lilybäon blockierte, davon Nachricht erhielt, wandte er sich nach der Südküste der Insel, schnitt die beiden römischen Geschwader, sich zwischen sie legend, voneinander ab und zwang sie, an den unwirtlichen Gestaden von Gela und Kamarina in zwei Nothäfen sich zu bergen. Die Angriffe der Karthager wurden freilich von den Römern tapfer zurückgewiesen mit Hilfe der hier wie überall an der Küste schon seit längerer Zeit errichteten Strandbatterien; allein da an Vereinigung und Fortsetzung der Fahrt für die Römer nicht zu denken war, konnte Karthago die Vollendung seines Werkes den Elementen überlassen. Der nächste große Sturm vernichtete denn auch beide römische Flotten auf ihren schlechten Reeden vollständig, während der phönikische Admiral auf der hohen See mit seinen unbeschwerten und gut geführten Schiffen ihm leicht entging. Die Mannschaft und die Ladung gelang es den Römern indes größtenteils zu retten (505 *249*).

Der römische Senat war ratlos. Der Krieg währte nun ins sechzehnte Jahr, und von dem Ziele schien man im sechzehnten weiter ab zu sein als im ersten. Vier große Flotten waren in diesem Kriege zugrunde gegangen, drei davon mit römischen Heeren an Bord; ein viertes ausgesuchtes Landheer hatte der Feind in Libyen vernichtet, ungerechnet die zahllosen Opfer, die die kleinen Gefechte zur See, die in Sizilien die Schlachten und mehr noch der Postenkrieg und die Seuchen gefordert hatten. Welche Zahl von Menschenleben der Krieg wegraffte, ist daraus zu erkennen, daß die Bürgerrolle bloß von 502 *(252)* auf 507 *(247)* um etwa 40 000 Köpfe, den sechsten Teil der Gesamtzahl, sank; wobei die Verluste der Bundesgenossen, die die ganze Schwere des Seekriegs und daneben der Landkrieg mindestens in gleichem Verhältnis wie die Römer traf, noch nicht mit eingerechnet sind. Von der finanziellen Einbuße ist es nicht möglich, sich eine Vorstellung zu machen; aber sowohl der unmittelbare Schaden an Schiffen und Material als der mittelbare durch die Lähmung des Handels müssen ungeheuer gewesen sein. Allein schlimmer als dies alles war die Abnutzung aller Mittel, durch die man den Krieg hatte endigen wollen. Man hatte eine Landung in Afrika mit frischen Kräften, im vollen Siegeslauf versucht und war gänzlich gescheitert. Man hatte Sizilien Stadt um Stadt zu erstürmen unternommen; die geringeren Plätze waren gefallen, aber die beiden gewaltigen Seeburgen Lilybäon und Drepana standen unbezwinglicher als je zuvor. Was sollte man beginnen? In der Tat, der Kleinmut behielt gewissermaßen Recht. Die Väter der Stadt verzagten; sie ließen die Sachen eben gehen, wie sie gehen mochten, wohl wissend, daß ein ziel- und endlos sich hinspinnender Krieg für Italien verderblicher war als die Anstrengung des letzten Mannes und des letzten Silberstücks, aber ohne den Mut und die Zuversicht zu dem Volk und zu dem Glück, um zu den alten, nutzlos vergeudeten neue Opfer zu fordern. Man schaffte die Flotte ab; höchstens förderte man die Kaperei und stellte den Kapitänen, die auf ihre eigene Hand den Korsarenkrieg zu beginnen bereit waren, zu diesem Behuf Kriegsschiffe des Staates zur Verfügung. Der Landkrieg ward dem Namen nach fortgeführt, weil man eben nicht anders konnte; allein man begnügte sich, die sizilischen Festungen zu beobachten, und was man besaß, notdürftig zu behaupten, was dennoch, seit die Flotte fehlte, ein sehr zahlreiches Heer und äußerst kostspielige Anstalten erforderte.

Wenn jemals, so war jetzt die Zeit gekommen, wo Karthago den gewaltigen Gegner zu demütigen imstande war. Daß auch dort die Erschöpfung der Kräfte gefühlt ward, versteht sich; indes wie die Sachen standen, konnten die phönikischen Finanzen unmöglich so im Verfall sein, daß die Karthager den Krieg, der ihnen hauptsächlich nur Geld kostete, nicht hätten offensiv und nachdrücklich fortführen können. Allein die karthagische Regierung war eben nicht energisch, sondern schwach und lässig, wenn nicht ein leichter und sicherer Gewinn oder die äußerste Not sie trieb. Froh, der römischen Flotte los zu sein, ließ man töricht auch die eigene verfallen und fing an, nach dem Beispiel der Feinde sich zu Lande und zur See auf den kleinen Krieg in und um Sizilien zu beschränken.

So folgten sechs tatenlose Kriegsjahre (506–511 *248–243*), die ruhmlosesten, welche die römische Geschichte dieses Jahrhunderts kennt, und ruhmlos auch für das Volk der Karthager. Indes ein Mann von diesen dachte und handelte anders als seine Nation. Hamilkar, genannt Barak oder Barkas, das ist der Blitz, ein junger, vielversprechender Offizier, übernahm im Jahre 507

(247) den Oberbefehl in Sizilien. Es fehlte in seiner Armee wie in jeder karthagischen an einer zuverlässigen und kriegsgeübten Infanterie; und die Regierung, obwohl sie vielleicht eine solche zu schaffen imstande und auf jeden Fall es zu versuchen verpflichtet gewesen wäre, begnügte sich, den Niederlagen zuzusehen und höchstens die geschlagenen Feldherren ans Kreuz heften zu lassen. Hamilkar beschloß, sich selber zu helfen. Er wußte es wohl, daß seinen Söldnern Karthago so gleichgültig war wie Rom, und daß er von seiner Regierung nicht phönikische oder libysche Konskribierte, sondern im besten Fall die Erlaubnis zu erwarten hatte, mit seinen Leuten das Vaterland auf eigene Faust zu retten, vorausgesetzt, daß es nichts koste. Allein er kannte auch sich und die Menschen. An Karthago lag seinen Söldnern freilich nichts; aber der echte Feldherr vermag es, den Soldaten an die Stelle des Vaterlandes seine eigene Persönlichkeit zu setzen, und ein solcher war der junge General. Nachdem er die Seinigen im Postenkrieg vor Drepana und Lilybäon gewöhnt hatte, dem Legionär ins Auge zu sehen, setzte er auf dem Berge Eirkte (Monte Pellegrino bei Palermo), der gleich einer Festung das umliegende Land beherrscht, sich mit seinen Leuten fest und ließ sie hier häuslich mit ihren Frauen und Kindern sich einrichten und das platte Land durchstreifen, während phönikische Kaper die italische Küste bis Cumae brandschatzten. So ernährte er seine Leute reichlich, ohne von den Karthagern Geld zu begehren, und bedrohte, mit Drepana die Verbindung zur See unterhaltend, das wichtige Panormos in nächster Nähe mit Überrumpelung. Nicht bloß vermochten die Römer nicht, ihn von seinem Felsen zu vertreiben, sondern nachdem an der Eirkte der Kampf eine Weile gedauert hatte, schuf sich Hamilkar eine zweite ähnliche Stellung am Eryx. Diesen Berg, der auf der halben Höhe die gleichnamige Stadt, auf der Spitze den Tempel der Aphrodite trug, hatten bis dahin die Römer in Händen gehabt und von da aus Drepana beunruhigt. Hamilkar nahm die Stadt weg und belagerte das Heiligtum, während die Römer von der Ebene her ihn ihrerseits blockierten. Die von den Römern auf den verlorenen Posten des Tempels gestellten keltischen Überläufer aus dem karthagischen Heer, ein schlimmes Raubgesindel, das während dieser Belagerung den Tempel plünderte und Schändlichkeiten aller Art verübte, verteidigten die Felsenspitze mit verzweifeltem Mut; aber auch Hamilkar ließ sich nicht wieder aus der Stadt verdrängen und hielt mit der Flotte und der Besatzung von Drepana stets sich zur See die Verbindung offen.

Der sizilische Krieg schien eine immer ungünstigere Wendung für die Römer zu nehmen. Der römische Staat kam in demselben um sein Geld und seine Soldaten und die römischen Feldherren um ihr Ansehen: es war schon klar, daß dem Hamilkar kein römischer General gewachsen war, und die Zeit ließ sich berechnen, wo auch der karthagische Söldner sich dreist würde messen können mit dem Legionär. Immer verwegener zeigten sich die Kaper Hamilkars an der italischen Küste – schon hatte gegen eine dort gelandete karthagische Streifpartei ein Prätor ausrücken müssen. Noch einige Jahre, so tat Hamilkar von Sizilien aus mit der Flotte, was später auf dem Landweg von Spanien aus sein Sohn unternahm.

Indes der römische Senat verharrte in seiner Untätigkeit; die Partei der Kleinmütigen hatte einmal in ihm die Mehrzahl. Da entschlossen sich eine Anzahl einsichtiger und hochherziger Männer, den Staat auch ohne Regierungsbeschluß zu retten und dem heillosen Sizilischen Krieg ein Ende zu machen. Die glücklichen Korsarenfahrten hatten wenn nicht den Mut der Nation gehoben, doch in engeren Kreisen die Energie und die Hoffnung geweckt; man hatte sich schon in Geschwader zusammengetan, Hippo an der afrikanischen Küste niedergebrannt, den Karthagern vor Panormos ein glückliches Seegefecht geliefert. Durch Privatunterzeichnung, wie sie auch wohl in Athen, aber nie in so großartiger Weise vorgekommen ist, stellten die vermögenden und patriotisch gesinnten Römer eine Kriegsflotte her, deren Kern die für den Kaperdienst gebauten Schiffe und die darin geübten Mannschaften abgaben und die überhaupt weit sorgfältiger hergestellt wurde, als dies bisher bei dem Staatsbau geschehen war. Diese Tatsache, daß eine Anzahl Bürger im dreiundzwanzigsten Jahre eines schweren Krieges zweihundert Linienschiffe mit einer Bemannung von 60000 Matrosen freiwillig dem Staate darboten, steht vielleicht ohne Beispiel da in den Annalen der Geschichte. Der Konsul Gaius Lutatius Catulus, dem die Ehre zuteil ward, diese Flotte in die sizilische See zu führen, fand dort kaum einen Gegner; die paar karthagischen Schiffe, mit denen Hamilkar seine Korsarenzüge gemacht, verschwanden vor der Übermacht, und fast ohne Widerstand besetzten die Römer die Häfen von Lilybäon und Drepana, deren Belagerung zu Wasser und zu Lande jetzt energisch begonnen ward. Karthago war vollständig überrumpelt; selbst die beiden Festungen, schwach verproviantiert, schwebten in großer Gefahr. Man rüstete daheim an einer Flotte, aber so eilig man tat, ging das Jahr zu

Ende, ohne daß in Sizilien karthagische Segel sich gezeigt hätten; und als endlich im Frühjahr 513 *(241)* die zusammengerafften Schiffe auf der Höhe von Drepana erschienen, war es doch mehr eine Transport- als eine schlagfertige Kriegsflotte zu nennen. Die Phöniker hatten gehofft, ungestört landen, die Vorräte ausschiffen und die für ein Seegefecht erforderlichen Truppen an Bord nehmen zu können; allein die römischen Schiffe verlegten ihnen den Weg und zwangen sie, da sie von der heiligen Insel (jetzt Maritima) nach Drepana segeln wollten, bei der kleinen Insel Aegusa (Favignana), die Schlacht anzunehmen (10. März 513 *241*). Der Ausgang war keinen Augenblick zweifelhaft, die römische Flotte, gut gebaut und bemannt und, da die vor Drepana erhaltene Wunde den Konsul Catulus noch an das Lager fesselte, von dem tüchtigen Prätor Publius Valerius Falto vortrefflich geführt, warf im ersten Augenblick die schwer beladenen, schlecht und schwach bemannten Schiffe der Feinde; fünfzig wurden versenkt, mit siebzig eroberten fuhren die Sieger ein in den Hafen von Lilybäon. Die letzte große Anstrengung der römischen Patrioten hatte Frucht getragen, sie brachte den Sieg und mit ihm den Frieden.

Die Karthager kreuzigten zunächst den unglücklichen Admiral, was die Sache nicht anders machte, und schickten alsdann dem sizilischen Feldherrn unbeschränkte Vollmacht, den Frieden zu schließen. Hamilkar, der seine siebenjährige Heldenarbeit durch fremde Fehler vernichtet sah, fügte hochherzig sich in das Unvermeidliche, ohne darum weder seine Soldatenehre noch sein Volk noch seine Entwürfe aufzugeben. Sizilien freilich war nicht zu halten, seit die Römer die See beherrschten, und daß die karthagische Regierung, die ihre leere Kasse vergeblich durch ein Staatsanlehen in Ägypten zu füllen versucht hatte, auch nur einen Versuch noch machen würde, die römische Flotte zu überwältigen, ließ sich nicht erwarten. Er gab also die Insel auf. Dagegen ward die Selbständigkeit und Integrität des karthagischen Staats und Gebiets ausdrücklich anerkannt in der üblichen Form, daß Rom sich verpflichtete, nicht mit der karthagischen, Karthago, nicht mit der römischen Bundesgenossenschaft, das heißt mit den beiderseitigen untertänigen und abhängigen Gemeinden, in Sonderbündnis zu treten oder Krieg zu beginnen oder in diesem Gebiet Hoheitsrechte auszuüben oder Werbungen vorzunehmen[4]. Was die Nebenbedingungen anlangt, so verstand sich die

---

[4] Daß die Karthager versprechen mußten, keine Kriegsschiffe in das Gebiet der römischen Symmachie – also auch nicht nach Syrakus, vielleicht selbst nicht nach

unentgeltliche Rückgabe der römischen Gefangenen und die Zahlung einer Kriegskontribution von selbst; dagegen die Forderung des Catulus, daß Hamilkar die Waffen und die römischen Überläufer ausliefern solle, wies der Karthager entschlossen zurück, und mit Erfolg. Catulus verzichtete auf das zweite Begehren und gewährte den Phönikern freien Abzug aus Sizilien gegen das mäßige Lösegeld von 18 Denaren (4 Taler) für den Mann.

Wenn den Karthagern die Fortführung des Krieges nicht wünschenswert erschien, so hatten sie Ursache, mit diesen Bedingungen zufrieden zu sein. Es kann sein, daß das natürliche Verlangen, dem Vaterland mit dem Triumph auch den Frieden zu bringen, die Erinnerung an Regulus und den wechselvollen Gang des Krieges, die Erwägung, daß ein patriotischer Aufschwung, wie er zuletzt den Sieg entschieden hatte, sich nicht gebieten noch wiederholen läßt, vielleicht selbst Hamilkars Persönlichkeit mithalfen, den römischen Feldherrn zu solcher Nachgiebigkeit zu bestimmen. Gewiß ist es, daß man in Rom mit dem Friedensentwurf unzufrieden war und die Volksversammlung, ohne Zweifel unter dem Einfluß der Patrioten, die die letzte Schiffsrüstung durchgesetzt hatten, anfänglich die Ratifikation verweigerte. In welchem Sinne dies geschah, wissen wir nicht und vermögen also nicht zu entscheiden, ob die Opponenten den Frieden nur verwarfen, um dem Feinde noch einige Konzessionen mehr abzudringen, oder ob sie sich erinnerten, daß Regulus von Karthago den Verzicht auf die politische Unabhängigkeit gefordert hatte, und entschlossen waren, den Krieg fortzuführen, bis man an diesem Ziel stand und es sich nicht mehr um Frieden handelte, sondern um Unterwerfung. Erfolgte die Weigerung in dem ersten Sinne, so war sie vermutlich fehlerhaft; gegen den Gewinn Siziliens verschwand jedes andere Zugeständnis, und es war bei Hamilkars Entschlossenheit und erfinderischem Geist sehr gewagt, die Sicherung des Hauptgewinns an Nebenzwecke zu setzen. Wenn dagegen die gegen den Frieden opponierende Partei in der vollständigen politischen Vernichtung Karthagos das einzige für die römische Gemeinde genügende Ende des Kampfes erblickte, so zeigte sie politischen Takt und Ahnung der kommenden Dinge; ob aber auch Roms Kräfte noch ausreichten, um den Zug des Regulus zu erneuern und soviel nachzusetzen, als erforderlich war, um nicht bloß den Mut, sondern die Mauern der mächtigen Phönikerstadt zu brechen, ist

---

Massalia – zu senden (Zon. 8, 17), klingt glaublich genug; allein der Text des Vertrages schweigt davon (Polyb. 3, 27).

eine andere Frage, welche in dem einen oder dem andern Sinn zu beantworten jetzt niemand wagen kann.

Schließlich übertrug man die Erledigung der wichtigen Frage einer Kommission, die in Sizilien an Ort und Stelle entscheiden sollte. Sie bestätigte im wesentlichen den Entwurf; nur ward die für die Kriegskosten von Karthago zu zahlende Summe erhöht auf 3200 Talente ($5^{1}/_{2}$ Mill. Taler), davon ein Drittel gleich, der Rest in zehn Jahreszielern zu entrichten. Wenn außer der Abtretung von Sizilien auch noch die der Inseln zwischen Italien und Sizilien in den definitiven Traktat aufgenommen ward, so kann hierin nur eine redaktionelle Veränderung gefunden werden; denn daß Karthago, wenn es Sizilien hingab, sich die längst von der römischen Flotte besetzte Insel Lipara nicht konnte vorbehalten wollen, versteht sich von selbst, und daß man mit Rücksicht auf Sardinien und Korsika absichtlich eine zweideutige Bestimmung in den Vertrag gesetzt habe, ist ein unwürdiger und unwahrscheinlicher Verdacht.

So war man endlich einig. Der unbesiegte Feldherr einer überwundenen Nation stieg herab von seinen langverteidigten Bergen und übergab den neuen Herren der Insel die Festungen, die die Phöniker seit wenigstens vierhundert Jahren in ununterbrochenem Besitz gehabt hatten und von deren Mauern alle Stürme der Hellenen erfolglos abgeprallt waren. Der Westen hatte Frieden (513 *241*).

Verweilen wir noch einen Augenblick bei dem Kampfe, welcher die römische Grenze vorrückte über den Meeresring, der die Halbinsel einfaßt. Es ist einer der längsten und schwersten, welchen die Römer geführt haben; die Soldaten, welche die entscheidende Schlacht schlugen, waren, als er begann, zum guten Teil noch nicht geboren. Dennoch und trotz der unvergleichlich großartigen Momente, die er darbietet, ist kaum ein anderer Krieg zu nennen, den die Römer militärisch sowohl wie politisch so schlecht und so unsicher geführt haben. Es konnte das kaum anders sein; er steht inmitten eines Wechsels der politischen Systeme, zwischen der nicht mehr ausreichenden italischen Politik und der noch nicht gefundenen des Großstaats. Der römische Senat und das römische Kriegswesen waren unübertrefflich organisiert für die rein italische Politik. Die Kriege, welche diese hervorrief, waren reine Kontinentalkriege und ruhten stets auf der in der Mitte der Halbinsel gelegenen Hauptstadt als der letzten Operationsbasis und demnächst auf der römischen Festungskette. Die Aufgaben waren vorzugsweise taktisch, nicht strategisch; Märsche und Operationen zählten nur an zweiter Stelle, an erster die Schlachten; der Festungskrieg war in der Kindheit; die See und der Seekrieg kamen kaum einmal beiläufig in Betracht. Es ist begreiflich, zumal wenn man nicht vergißt, daß in den damaligen Schlachten bei dem Vorherrschen der blanken Waffe wesentlich das Handgemenge entschied, daß eine Ratsversammlung diese Operationen zu dirigieren und wer eben Bürgermeister war, die Truppen zu befehligen imstande war. Auf einen Schlag war das alles umgewandelt. Das Schlachtfeld dehnte sich aus in unabsehbare Ferne, in unbekannte Landstriche eines andern Erdteils hinein und hinaus über weite Meeresflächen; jede Welle war dem Feinde eine Straße, von jedem Hafen konnte man seinen Anmarsch erwarten. Die Belagerung der festen Plätze, namentlich der Küstenfestungen, an der die ersten Taktiker Griechenlands gescheitert waren, hatten die Römer jetzt zum erstenmal zu versuchen. Man kam nicht mehr aus mit dem Landheer und mit dem Bürgermilizwesen. Es galt, eine Flotte zu schaffen und, was schwieriger war, sie zu gebrauchen, es galt, die wahren Angriffs- und Verteidigungspunkte zu finden, die Massen zu vereinigen und zu richten, auf lange Zeit und weite Ferne die Züge zu berechnen und ineinanderzupassen; geschah dies nicht, so konnte auch der taktisch weit schwächere Feind leicht den stärkeren Gegner besiegen. Ist es ein Wunder, daß die Zügel eines solchen Regiments der Ratversammlung und den kommandierenden Bürgermeistern entschlüpften?

Offenbar wußte man beim Beginn des Krieges nicht, was man begann; erst im Laufe des Kampfes drängten die Unzulänglichkeiten des römischen Systems eine nach der anderen sich auf: der Mangel einer Seemacht, das Fehlen einer festen militärischen Leitung, die Unzulänglichkeit der Feldherren, die vollständige Unbrauchbarkeit der Admirale. Zum Teil half man ihnen ab durch Energie und durch Glück; so dem Mangel einer Flotte. Aber auch diese gewaltige Schöpfung war ein großartiger Notbehelf und ist es zu allen Zeiten geblieben. Man bildete eine römische Flotte, aber man nationalisierte sie nur dem Namen nach und behandelte sie stets stiefmütterlich: der Schiffsdienst blieb gering geschätzt neben dem hochgeehrten Dienst in den Legionen, die Seeoffiziere waren großenteils italische Griechen, die Bemannung Untertanen oder gar Sklaven und Gesindel. Der italische Bauer war und blieb wasserscheu; unter den drei Dingen, die Cato in seinem Leben bereute, war das eine, daß er einmal zu Schiff gefahren sei, wo er zu Fuß habe gehen können.

Es lag dies zum Teil wohl in der Natur der Sache, da die Schiffe Rudergaleeren waren und der Ruderdienst kaum geadelt werden kann; allein, eigene Seelegionen wenigstens hätte man bilden und auf die Errichtung eines römischen Seeoffizierstandes hinwirken können. Man hätte, den Impuls der Nation benutzend, allmählich darauf ausgehen sollen, eine nicht bloß durch die Zahl, sondern durch Segelfähigkeit und Routine bedeutende Seemacht herzustellen, wozu in dem während des langen Krieges entwickelten Kaperwesen ein wichtiger Anfang schon gemacht war; allein es geschah nichts derart von der Regierung. Dennoch ist das römische Flottenwesen in seiner unbehilflichen Großartigkeit noch die genialste Schöpfung dieses Krieges und hat wie im Anfang so zuletzt für Rom den Ausschlag gegeben. Viel schwieriger zu überwinden waren diejenigen Mängel, die sich ohne Änderung der Verfassung nicht beseitigen ließen. Daß der Senat je nach dem Stande der in ihm streitenden Parteien von einem System der Kriegführung zum andern absprang und so unglaubliche Fehler beging, wie die Räumung von Clupea und die mehrmalige Einziehung der Flotte waren; daß der Feldherr des einen Jahres sizilische Städte belagerte und sein Nachfolger, statt dieselben zur Übergabe zu zwingen, die afrikanische Küste brandschatzte oder ein Seetreffen zu liefern für gut fand; daß überhaupt der Oberbefehl jährlich von Rechts wegen wechselte – das alles ließ sich nicht abstellen, ohne Verfassungsfragen anzuregen, deren Lösung schwieriger war als der Bau einer Flotte, aber freilich ebensowenig zu vereinigen mit den Forderungen eines solchen Krieges. Vor allen Dingen aber wußte niemand noch in die neue Kriegführung sich zu finden, weder der Senat noch die Feldherren. Regulus' Feldzug ist ein Beispiel davon, wie seltsam man in dem Gedanken befangen war, daß die taktische Überlegenheit alles entscheide. Es gibt nicht leicht einen Feldherrn, dem das Glück so wie ihm die Erfolge in den Schoß geworfen hat; er stand im Jahr 498 *(256)* genau da, wo fünfzig Jahre später Scipio, nur daß ihm kein Hannibal und keine erprobte feindliche Armee gegenüberstand. Allein der Senat zog die halbe Armee zurück, sowie man sich von der taktischen Überlegenheit der Römer überzeugt hatte; im blinden Vertrauen auf diese blieb der Feldherr stehen, wo er eben stand, um strategisch, und nahm er die Schlacht an, wo man sie ihm anbot, um auch taktisch sich überwinden zu lassen. Es war dies um so bezeichnender, als Regulus in seiner Art ein tüchtiger und erprobter Feldherr war. Eben die Bauernmanier, durch die Etrurien und Samnium genommen worden waren, war die Ursache der Niederlage in der Ebene von Tunes. Der in seinem Bereiche ganz richtige Satz, daß jeder rechte Bürgersmann zum General tauge, war irrig geworden; in dem neuen Kriegssystem konnte man nur Feldherren von militärischer Schule und militärischem Blicke brauchen, und das freilich war nicht jeder Bürgermeister. Noch viel ärger aber war es, daß man das Oberkommando der Flotte als eine Dependenz des Oberbefehls der Landarmee behandelte und der erste beste Stadtvorsteher meinte, nicht bloß General, sondern auch Admiral spielen zu können. An den schlimmsten Niederlagen, die Rom in diesem Krieg erlitten hat, sind nicht die Stürme schuld und noch weniger die Karthager, sondern der anmaßliche Unverstand seiner Bürgeradmirale.

Rom hat endlich gesiegt; aber das Bescheiden mit einem weit geringeren Gewinn, als er zu Anfang gefordert, ja geboten worden war, sowie die energische Opposition, auf welche in Rom der Friede stieß, bezeichnen sehr deutlich die Halbheit und die Oberflächlichkeit des Sieges wie des Friedens; und wenn Rom gesiegt hat, so verdankt es diesen Sieg zwar auch der Gunst der Götter und der Energie seiner Bürger, aber mehr als beiden den die Mängel der römischen Kriegführung noch weit übertreffenden Fehlern seiner Feinde.

3. Kapitel
Die Ausdehnung Italiens bis an seine natürlichen Grenzen

Die italische Eidgenossenschaft, wie sie aus den Krisen des fünften Jahrhunderts hervorgegangen war, oder der Staat Italien vereinigte unter römischer Hegemonie die Stadt- und Gaugemeinden vom Apennin bis an das Ionische Meer. Allein bevor noch das fünfte Jahrhundert zu Ende ging, waren diese Grenzen bereits nach beiden Seiten hin überschritten, waren jenseits des Apennin wie jenseits des Meeres italische, der Eidgenossenschaft angehörige Gemeinden entstanden. Im Norden hatte die Republik, alte und neue Unbill zu rächen, bereits im Jahre 471 *(283)* die keltischen Senonen vernichtet, im Süden in dem großen Kriege 490–513 *(264–241)* die Phöniker von der sizilischen Insel verdrängt. Dort gehörte außer der Bürgeransiedlung Sena namentlich die latinische Stadt Ariminum, hier die Mamertinergemeinde in Messana zu der von Rom geleiteten Verbindung, und wie beide national italischen Ursprungs waren, so hatten auch beide teil an den gemeinen Rechten und Pflichten der italischen Eidgenossenschaft. Es mochten mehr die augenblicklich drängenden Ereignisse als eine umfassende politische Berechnung diese Erweiterungen hervorgerufen haben; aber begreiflicherweise brach wenigstens jetzt, nach den großen, gegen Karthago erstrittenen Erfolgen, bei der römischen Regierung eine neue und weitere politische Idee sich Bahn, welche die natürliche Beschaffenheit der Halbinsel ohnehin schon nahe genug legte. Politisch und militärisch war es wohl gerechtfertigt, die Nordgrenze von dem niedrigen und leicht zu überschreitenden Apennin an die mächtige Scheidewand Nord- und Südeuropas, die Alpen, zu verlegen und mit der Herrschaft über Italien die über die Meere und Inseln im Westen und Osten der Halbinsel zu vereinigen; und nachdem durch die Vertreibung der Phöniker aus Sizilien der schwerste Teil getan war, vereinigten sich mancherlei Umstände, um der römischen Regierung die Vollendung des Werkes zu erleichtern.

In der Westsee, die für Italien bei weitem mehr in Betracht kam als das Adriatische Meer, war die wichtigste Stellung, die große fruchtbare und hafenreiche Insel Sizilien, durch den karthagischen Frieden zum größeren Teil in den Besitz der Römer übergegangen. König Hieron von Syrakus, der in den letzten zweiundzwanzig Kriegsjahren unerschütterlich an dem römischen

Bündnis festgehalten hatte, hätte auf eine Gebietserweiterung billigen Anspruch gehabt; allein wenn die römische Politik den Krieg in dem Entschluß begonnen hatte, nur sekundäre Staaten auf der Insel zu dulden, so ging bei Beendigung desselben ihre Absicht entschieden schon auf den Eigenbesitz Siziliens. Hieron mochte zufrieden sein, daß ihm sein Gebiet – das heißt außer dem unmittelbaren Bezirk von Syrakus die Feldmarken von Eloros, Neeton, Akrae, Leontini, Megara und Tauromenion – und seine Selbständigkeit gegen das Ausland, in Ermangelung jeder Veranlassung, ihm diese zu schmälern, beides im bisherigen Umfang gelassen ward, und daß der Krieg der beiden Großmächte nicht mit dem völligen Sturz der einen oder der anderen geendigt hatte und also für die sizilische Mittelmacht wenigstens noch die Möglichkeit des Bestehens blieb. In dem übrigen bei weitem größeren Teile Siziliens, in Panormos, Lilybäon, Akragas, Messana, richteten die Römer sich häuslich ein. Sie bedauerten nur, daß der Besitz des schönen Eilandes doch nicht ausreichte, um die westliche See in ein römisches Binnenmeer zu verwandeln, solange noch Sardinien karthagisch blieb. Da eröffnete sich bald nach dem Friedensschluß eine unerwartete Aussicht, auch diese zweite Insel des Mittelmeeres den Karthagern zu entreißen. In Afrika hatten unmittelbar nach dem Abschluß des Friedens mit Rom die Söldner und die Untertanen gemeinschaftlich gegen die Phöniker sich empört. Die Schuld der gefährlichen Insurrektion trug wesentlich die karthagische Regierung. Hamilkar hatte in den letzten Kriegsjahren seinen sizilischen Söldnern den Sold nicht wie früher aus eigenen Mitteln auszahlen können und vergeblich Geldsendungen von daheim erbeten; er möge, hieß es, die Mannschaft nur zur Ablöhnung nach Afrika senden. Er gehorchte, aber da er die Leute kannte, schiffte er sie vorsichtig in kleineren Abteilungen ein, damit man sie truppweise ablöhnen oder mindestens auseinanderlegen könne, und legte selber hierauf den Oberbefehl nieder. Allein alle Vorsicht scheiterte, nicht so sehr an den leeren Kassen als an dem kollegialischen Geschäftsgang und dem Unverstand der Bürokratie. Man wartete, bis das gesamte Heer wieder in Libyen vereinigt stand und versuchte dann, den Leuten an dem versprochenen Solde zu kürzen. Natürlich entstand eine Meuterei unter den Truppen, und das unsichere und feige Benehmen der Behörden zeigte den Meuterern, was sie wagen konnten. Die meisten von ihnen waren gebürtig aus den von Karthago beherrschten oder abhängigen Distrikten; sie kannten die Stimmung, welche die von der Regierung dekretierte Schlächterei nach dem Zuge des Regulus (2, 50) und der fürchterliche Steuerdruck dort überall hervorgerufen hatten, und kannten auch ihre Regierung, die nie Wort hielt und nie verzieh: sie wußten, was ihrer wartete, wenn sie mit dem meuterisch erpreßten Solde sich nach Hause zerstreuten. Seit langem hatte man in Karthago sich die Mine gegraben und bestellte jetzt selbst die Leute, die nicht anders konnten, als sie anzünden. Wie ein Lauffeuer ergriff die Revolution Besatzung um Besatzung, Dorf um Dorf; die libyschen Frauen trugen ihren Schmuck herbei, um den Söldnern die Löhnung zu zahlen; eine Menge karthagischer Bürger, darunter einige der ausgezeichnetsten Offiziere des sizilischen Heeres, wurden das Opfer der erbitterten Menge; schon war Karthago von zwei Seiten belagert und das aus der Stadt ausrückende karthagische Heer durch die Verkehrtheit des ungeschickten Führers gänzlich geschlagen.

Wie man also in Rom den gehaßten und immer noch gefürchteten Feind in größerer Gefahr schweben sah, als je die römischen Kriege über ihn gebracht hatten, fing man an, mehr und mehr den Friedensschluß von 513 *(241)* zu bereuen, der, wenn er nicht wirklich voreilig war, jetzt wenigstens allen voreilig erschien, und zu vergessen, wie erschöpft damals der eigene Staat gewesen war, wie mächtig der karthagische damals dagestanden hatte. Die Scham verbot zwar, mit den karthagischen Rebellen offen in Verbindung zu treten, ja man gestattete den Karthagern ausnahmsweise, zu diesem Krieg in Italien Werbungen zu veranstalten, und untersagte den italischen Schiffern, mit den Libyern zu verkehren. Indes darf bezweifelt werden, ob es der Regierung von Rom mit diesen bundesfreundlichen Verfügungen sehr ernst war. Denn als nichtsdestoweniger der Verkehr der afrikanischen Insurgenten mit den römischen Schiffern fortging und Hamilkar, den die äußerste Gefahr wieder an die Spitze der karthagischen Armee zurückgeführt hatte, eine Anzahl dabei betroffener italischer Kapitäne aufgriff und einsteckte, verwandte sich der Senat für dieselben bei der karthagischen Regierung und bewirkte ihre Freigebung. Auch die Insurgenten selbst schienen in den Römern ihre natürlichen Bundesgenossen zu erkennen; die sardinischen Besatzungen, welche gleich der übrigen karthagischen Armee sich für die Aufständischen erklärt hatten, boten, als sie sich außerstande sahen, die Insel gegen die Angriffe der unbezwungenen Gebirgsbewohner aus dem Innern zu halten, den Besitz derselben den Römern an (um 515 *239*); und ähnliche Anerbietungen kamen sogar von der Gemeinde Utica, welche ebenfalls an dem Aufstand teilgenommen hatte und nun durch die Waffen Hamilkars aufs äußerste bedrängt ward. Das letztere Anerbieten wies man in Rom zurück, hauptsächlich wohl, weil es über die natürlichen Grenzen Italiens hinaus und also weitergeführt haben würde, als die römische Regierung damals zu gehen gedachte; dagegen ging sie auf die Anerbietungen der sardinischen Meuterer ein und übernahm von ihnen, was von Sardinien in den Händen der Karthager gewesen war (516 *238*). Mit schwererem Gewicht als in der Angelegenheit der Mamertiner trifft die Römer hier der Tadel, daß die große und siegreiche Bürgerschaft es nicht verschmähte, mit dem feilen Söldnergesindel Brüderschaft zu machen und den Raub zu teilen, und es nicht über sich gewann, dem Gebote des Rechtes und der Ehre den augenblicklichen Gewinn nachzusetzen. Die Karthager, deren Bedrängnis eben um die Zeit der Besetzung Sardiniens aufs höchste gestiegen war, schwiegen vorläufig über die unbefugte Vergewaltigung; nachdem indes diese Gefahr wider Erwarten und wahrscheinlich wider Verhoffen der Römer durch Hamilkars Genie abgewendet und Karthago in Afrika wieder in seine volle Herrschaft eingesetzt worden war (517 *237*), erschienen sofort in Rom karthagische Gesandte, um die Rückgabe Sardiniens zu fordern. Allein die Römer, nicht geneigt, den Raub wieder herauszugeben, antworteten mit nichtigen oder doch nicht hierher gehörenden Beschwerden über allerlei Unbill, die die Karthager römischen Handelsleuten zugefügt haben sollten, und eilten, den Krieg zu erklären[1]; der Satz, daß in der Politik jeder darf, was er kann, trat hervor in seiner unverhüllten Schamlosigkeit. Die gerechte Erbitterung hieß die Karthager, den gebotenen Krieg annehmen; hätte Catulus fünf Jahre zuvor auf Sardiniens Abtretung bestanden, der Krieg würde wahrscheinlich seinen Fortgang gehabt haben. Allein jetzt, wo beide Inseln verloren, Libyen in Gärung, der Staat durch den vierundzwanzigjährigen Krieg mit Rom und den fast fünfjährigen entsetzlichen Bürgerkrieg aufs äußerste geschwächt war, mußte man wohl sich fügen. Nur auf wiederholte flehentliche Bitten und nachdem die Phöniker sich verpflichtet hatten, für die mutwillig veranlaßten Kriegsrüstungen

---

[1] Daß die Abtretung der zwischen Sizilien und Italien liegenden Inseln, die der Friede von 513 *(241)* den Karthagern vorschrieb, die Abtretung Sardiniens nicht einschloß, ist ausgemacht (vgl. 2, 60); es ist aber auch schlecht beglaubigt, daß die Römer die Besetzung der Insel drei Jahre nach dem Frieden damit motivierten. Hätten sie es getan, so würden sie bloß der politischen Schamlosigkeit eine diplomatische Albernheit hinzugefügt haben.

eine Entschädigung von 1200 Talenten (2 Mill. Taler) nach Rom zu zahlen, standen die Römer widerwillig vom Kriege ab. So erwarb Rom fast ohne Kampf Sardinien, wozu man Korsika fügte, die alte etruskische Besitzung, in der vielleicht noch vom letzten Kriege her einzelne römische Besatzungen standen (2, 44). Indes beschränkten die Römer, eben wie es die Phöniker getan hatten, sich in Sardinien und mehr noch in dem rauhen Korsika auf die Besetzung der Küsten. Mit den Eingeborenen im Innern führte man beständige Kriege, oder vielmehr man trieb dort die Menschenjagd: man hetzte sie mit Hunden und führte die gefangene Ware auf den Sklavenmarkt, aber an eine ernstliche Unterwerfung ging man nicht. Nicht um ihrer selbst willen hatte man die Inseln besetzt, sondern zur Sicherung Italiens. Seit sie die drei großen Eilande besaß, konnte die Eidgenossenschaft das Tyrrhenische Meer das ihrige nennen.

Die Gewinnung der Inseln in der italischen Westsee führte in das römische Staatswesen einen Gegensatz ein, der zwar allem Anschein nach aus bloßen Zweckmäßigkeitsrücksichten und fast zufällig entstanden, aber darum nicht minder für die ganze Folgezeit von der tiefsten Bedeutung geworden ist; den Gegensatz der festländischen und der überseeischen Verwaltungsform oder, um die später geläufigen Bezeichnungen zu brauchen, den Gegensatz Italiens und der Provinzen. Bis dahin hatten die beiden höchsten Beamten der Gemeinde, die Konsuln, einen gesetzlich abgegrenzten Sprengel nicht gehabt, sondern ihr Amtsbezirk sich soweit erstreckt wie überhaupt das römische Regiment; wobei es sich natürlich von selbst versteht, daß sie faktisch sich in das Amtsgebiet teilten, und ebenso sich von selbst versteht, daß sie in jedem einzelnen Bezirk ihres Sprengels durch die dafür bestehenden Bestimmungen gebunden waren, also zum Beispiel die Gerichtsbarkeit über römische Bürger überall dem Prätor zu überlassen und in den latinischen und sonst autonomen Gemeinden die bestehenden Verträge einzuhalten hatten. Die seit 487 *(267)* durch Italien verteilten vier Quästoren beschränkten die konsularische Amtsgewalt formell wenigstens nicht, indem sie in Italien ebenso wie in Rom lediglich als von den Konsuln abhängige Hilfsbeamte betrachtet wurden. Man scheint diese Verwaltungsweise anfänglich auch auf die Karthago abgenommenen Gebiete erstreckt und Sizilien wie Sardinien einige Jahre durch Quästoren unter Oberaufsicht der Konsuln regiert zu haben; allein sehr bald mußte man sich praktisch von der Unentbehrlichkeit eigener Oberbehörden für die überseeischen Landschaften überzeugen. Wie man die Konzentrierung der römischen Jurisdiktion in der Person des Prätors bei der Erweiterung der Gemeinde hatte aufgeben und in die entfernteren Bezirke stellvertretende Gerichtsherren hatte senden müssen (1, 450), ebenso mußte jetzt (527 *227*) auch die administrativ-militärische Konzentration in der Person der Konsuln aufgegeben werden. Für jedes der neuen überseeischen Gebiete, sowohl für Sizilien wie für Sardinien nebst Korsika, ward ein besonderer Nebenkonsul eingesetzt, welcher an Rang und Titel dem Konsul nach- und dem Prätor gleichstand, übrigens aber, gleich dem Konsul der älteren Zeit vor Einsetzung der Prätur, in seinem Sprengel zugleich Oberfeldherr, Oberamtmann und Oberrichter war. Nur die unmittelbare Kassenverwaltung ward wie von Haus aus den Konsuln (1, 264), so auch diesen neuen Oberbeamten entzogen und ihnen ein oder mehrere Quästoren zugegeben, die zwar in alle Wege ihnen untergeordnet und in der Rechtspflege wie im Kommando ihre Gehilfen waren, aber doch die Kassenverwaltung zu führen und darüber nach Niederlegung ihres Amtes dem Senat Rechnung zu legen hatten.

Diese Verschiedenheit in der Oberverwaltung schied wesentlich die überseeischen Besitzungen Roms von den festländischen. Die Grundsätze, nach denen Rom die abhängigen Landschaften in Italien organisiert hatte, wurden großenteils auch auf die außeritalischen Besitzungen übertragen. Daß die Gemeinden ohne Ausnahme die Selbständigkeit dem Auslande gegenüber verloren, versteht sich von selbst. Was den inneren Verkehr anlangt, so durfte fortan kein Provinziale außerhalb seiner eigenen Gemeinde in der Provinz rechtes Eigentum erwerben, vielleicht auch nicht eine rechte Ehe schließen. Dagegen gestattete die römische Regierung wenigstens den sizilischen Städten, die man nicht zu fürchten hatte, eine gewisse föderative Organisation und wohl selbst allgemeine sikeliotische Landtage mit einem unschädlichen Petitions- und Beschwerderecht[2]. Im Münzwesen war es zwar nicht wohl möglich, das römische Courant sofort auch auf den Inseln zum allein gültigen zu erklären; aber gesetzlichen Kurs scheint dasselbe doch von vornherein erhalten zu haben und ebenso, wenigstens in der Regel, den Städten im

---

[2] Dahin führen teils das Auftreten der »Siculer« gegen Marcellus (Liv. 26, 26 f.), teils die »Gesamteingaben aller sizilischen Gemeinden« (Cic. Verr. 2, 42, 102; 45, 114; 50, 146; 3, 88, 204), teils bekannte Analogien (Marquardt, Handbuch, Bd. 3, 1, S. 267). Aus dem mangelnden *commercium* zwischen den einzelnen Städten folgt der Mangel des *concilium* noch keineswegs.

römischen Sizilien das Recht, in edlen Metallen zu münzen, entzogen worden zu sein[3]. Dagegen blieb nicht bloß das Grundeigentum in ganz Sizilien unangetastet – der Satz, daß das außeritalische Land durch Kriegsrecht den Römern zu Privateigentum verfallen sei, war diesem Jahrhundert noch unbekannt –, sondern es behielten auch die sämtlichen sizilischen und sardinischen Gemeinden die Selbstverwaltung und eine gewisse Autonomie, die freilich nicht in rechtsverbindlicher Weise ihnen zugesichert, sondern provisorisch zugelassen ward. Wenn die demokratischen Gemeindeverfassungen überall beseitigt und in jeder Stadt die Macht in die Hände des die städtische Aristokratie repräsentierenden Gemeinderates gelegt ward; wenn ferner wenigstens die sizilischen Gemeinden angewiesen wurden, jedes fünfte Jahr dem römischen Zensus korrespondierend eine Gemeindeschätzung zu veranstalten, so war beides nur eine notwendige Folge der Unterordnung unter den römischen Senat, welcher mit griechischen Ekklesien und ohne Übersicht der finanziellen und militärischen Hilfsmittel einer jeden abhängigen Gemeinde in der Tat nicht regieren konnte; und auch in den italischen Landschaften war in dieser wie in jener Hinsicht das gleiche geschehen.

Aber neben dieser wesentlichen Rechtsgleichheit stellte sich zwischen den italischen einer- und den überseeischen Gemeinden anderseits ein folgenreicher Unterschied fest. Während die mit den italischen Städten abgeschlossenen Verträge denselben ein festes Kontingent zu dem Heer oder der Flotte der Römer auferlegten, wurden den überseeischen Gemeinden, mit denen eine bindende Paktierung überhaupt nicht eingegangen ward, dergleichen Zuzug nicht auferlegt, sondern sie verloren das Waffenrecht[4], nur daß sie nach Aufgebot des römischen Prätors zur Verteidigung ihrer eigenen Heimat verwendet werden konnten. Die römische Regierung sandte regelmäßig itali-

---

[3] So streng wie in Italien ward das Gold- und Silbermünzrecht in den Provinzen nicht von Rom monopolisiert, offenbar weil auf das nicht auf römischen Fuß geschlagene Gold- und Silbergeld es weniger ankam. Doch sind unzweifelhaft auch hier die Prägstätten in der Regel auf Kupfer- oder höchstens silberne Kleinmünze beschränkt worden; eben die am besten gestellten Gemeinden des römischen Sizilien, wie die Mamertiner, die Kentoripiner, die Haläsiner, die Segestaner, wesentlich auch die Panormitaner haben nur Kupfer geschlagen.

[4] Darauf geht Hierons Äußerung (Liv. 22, 37): es sei ihm bekannt, daß die Römer sich keiner anderen Infanterie und Reiterei als römischer oder latinischer bedienten und »Ausländer« nur höchstens unter den Leichtbewaffneten verwendeten.

sche Truppen in der von ihr festgesetzten Stärke auf die Inseln; dafür wurde der Zehnte der sizilischen Feldfrüchte und ein Zoll von fünf Prozent des Wertes aller in den sizilischen Häfen aus- und eingehenden Handelsartikel nach Rom entrichtet. Den Insulanern waren diese Abgaben nichts Neues. Die Abgaben, welche die karthagische Republik und der persische Großkönig sich zahlen ließen, waren jenem Zehnten wesentlich gleichartig; und auch in Griechenland war eine solche Besteuerung nach orientalischem Muster von jeher mit der Tyrannis und oft auch mit der Hegemonie verknüpft gewesen. Die Sizilianer hatten längst in dieser Weise den Zehnten entweder nach Syrakus oder nach Karthago entrichtet und längst auch die Hafenzölle nicht mehr für eigene Rechnung erhoben. »Wir haben«, sagt Cicero, »die sizilischen Gemeinden also in unsere Klientel und in unseren Schutz aufgenommen, daß sie bei dem Rechte blieben, nach welchem sie bisher gelebt hatten, und unter denselben Verhältnissen der römischen Gemeinde gehorchten, wie sie bisher ihren eigenen Herren gehorcht hatten.« Es ist billig, dies nicht zu vergessen; aber im Unrecht fortfahren heißt auch Unrecht tun. Nicht für die Untertanen, die nur den Herrn wechselten, aber wohl für ihre neuen Herren war das Aufgeben des ebenso weisen wie großherzigen Grundsatzes der römischen Staatsordnung, von den Untertanen nur Kriegshilfe und nie statt derselben Geldentschädigung anzunehmen, von verhängnisvoller Bedeutung, gegen die alle Milderungen in den Ansätzen und der Erhebungsweise sowie alle Ausnahmen im einzelnen verschwanden. Solche Ausnahmen wurden allerdings mehrfach gemacht. Messana trat geradezu in die Eidgenossenschaft der Togamänner ein und stellte wie die griechischen Städte in Italien sein Kontingent zu der römischen Flotte. Einer Reihe anderer Städte wurde zwar nicht der Eintritt in die italische Wehrgenossenschaft, aber außer anderen Begünstigungen Freiheit von Steuer und Zehnten zugestanden, so daß ihre Stellung in finanzieller Hinsicht selbst noch günstiger war als die der italischen Gemeinden. Es waren dies Egesta und Halikyä, welche zuerst unter den Städten des karthagischen Sizilien zum römischen Bündnis übergetreten waren; Kentoripa im östlichen Binnenland, das bestimmt war, das syrakusanische Gebiet in nächster Nähe zu überwachen[5]; an der Nordküste Haläsa, das zuerst von den freien griechischen Städ-

---

[5] Das zeigt schon ein Blick auf die Karte, aber ebenso die merkwürdige Bestimmung, daß es den Kentoripinern ausnahmsweise gestattet blieb, sich in ganz Sizilien anzukaufen. Sie bedurften als römische Aufpasser der freiesten Bewegung.

ten den Römern sich angeschlossen hatte; und vor allem Panormos, bisher die Hauptstadt des karthagischen Sizilien und jetzt bestimmt, die des römischen zu werden. Den alten Grundsatz ihrer Politik, die abhängigen Gemeinden in sorgfältig abgestufte Klassen verschiedenen Rechts zu gliedern, wandten die Römer also auch auf Sizilien an; aber durchschnittlich standen die sizilischen und sardinischen Gemeinden nicht im bundesgenössischen, sondern in dem offenkundigen Verhältnis steuerpflichtiger Untertänigkeit.

Allerdings fiel dieser tiefgreifende Gegensatz zwischen den zuzug- und den steuer- oder doch wenigstens nicht zuzugpflichtigen Gemeinden mit dem Gegensatz zwischen Italien und den Provinzen nicht in rechtlich notwendiger Weise zusammen. Es konnten auch überseeische Gemeinden der italischen Eidgenossenschaft angehören, wie denn die Mamertiner mit den italischen Sabellern wesentlich auf einer Linie standen, und selbst der Neugründung von Gemeinden latinischen Rechts stand in Sizilien und Sardinien rechtlich so wenig etwas im Wege wie in dem Lande jenseits des Apennin. Es konnten auch festländische Gemeinden des Waffenrechts entbehren und tributär sein, wie dies für einzelne keltische Distrikte am Po wohl schon jetzt galt und später in ziemlich ausgedehntem Umfange eingeführt ward. Allein der Sache nach überwogen die zuzugpflichtigen Gemeinden ebenso entschieden auf dem Festlande wie die steuerpflichtigen auf den Inseln; und während weder in dem hellenisch zivilisierten Sizilien noch auf Sardinien italische Ansiedelungen römischerseits beabsichtigt wurden, stand es bei der römischen Regierung ohne Zweifel schon jetzt fest, das barbarische Land zwischen Apennin und Alpen nicht bloß sich zu unterwerfen, sondern auch, wie die Eroberung fortschritt, dort neue Gemeinden italischen Ursprungs und italischen Rechts zu konstituieren. Also wurden die überseeischen Besitzungen nicht bloß Untertanenland, sondern sie waren auch bestimmt, es für alle Zukunft zu bleiben; dagegen der neu abgegrenzte gesetzliche Amtsbezirk der Konsuln oder, was dasselbe ist, das festländische römische Gebiet sollte ein neues und weiteres Italien werden, das von den Alpen bis zum Ionischen Meere reichte. Vorerst freilich fiel dies Italien als wesentlich geographischer Begriff mit dem politischen der italischen Eidgenossenschaft nicht durchaus zusammen und war teils weiter, teils enger. Aber schon jetzt betrachtete man den

---

Übrigens scheint Kentoripa auch unter den ersten zu Rom übergetretenen Städten gewesen zu sein (Diod. 1, 23 p. 501).

ganzen Raum bis zur Alpengrenze als Italia, das heißt als gegenwärtiges oder künftiges Gebiet der Togaträger und steckte, ähnlich wie es in Nordamerika geschah und geschieht, die Grenze vorläufig geographisch ab, um sie mit der weiter vorschreitenden Kolonisierung allmählich auch politisch vorzuschieben[6].

Im Adriatischen Meer, an dessen Eingang die wichtige und längst vorbereitete Kolonie Brundisium endlich noch während des Krieges mit Karthago gegründet worden war (510 *244*), war Roms Suprematie von vornherein entschieden. In der Westsee hatte Rom den Rivalen beseitigen müssen; in der östlichen sorgte schon die hellenische Zwietracht dafür, daß alle Staaten auf der griechischen Halbinsel ohnmächtig blieben oder wurden. Der bedeutendste derselben, der makedonische, war unter dem Einfluß Ägyptens vom oberen Adriatischen Meer durch die Ätoler wie aus dem Peloponnes durch die Achäer verdrängt worden und kaum noch imstande, die Nordgrenze gegen die Barbaren zu schützen. Wie sehr den Römern daran gelegen war, Makedonien und dessen natürlichen Verbündeten, den syrischen König, niederzuhalten, und wie eng sie sich anschlossen an die eben darauf gerichtete ägyptische Politik, beweist das merkwürdige Anerbieten, das sie nach dem Ende des Krieges mit Karthago dem König Ptolemaeos III. Euergetes machten, ihn in dem Kriege zu unterstützen, den er wegen Berenikes Ermordung gegen Seleukos II. Kallinikos von Syrien (reg. 507–529 *247–225*) führte und bei dem

---

[6] Dieser Gegensatz zwischen Italien als dem römischen Festland oder dem konsularischen Sprengel einer- und dem überseeischen Gebiet oder den Prätorensprengeln andererseits erscheint schon im sechsten Jahrhundert in mehrfachen Anwendungen. Die Religionsvorschrift, daß gewisse Priester Rom nicht verlassen durften (Val. Max. 1, 1, 2), ward dahin ausgelegt, daß es ihnen nicht gestattet sei, das Meer zu überschreiten (Liv. ep. 19; 36; 51; Tac. ann. 3, 58; 71; Cic. Phil. 11, 8; 18; vgl. Liv. 28, 38; 44; ep. 59). Bestimmter noch gehört hierher die Auslegung, welche von der alten Vorschrift, daß der Konsul nur »auf römischem Boden« den Diktator ernennen dürfe, im Jahre 544 vorgetragen wird: der römische Boden begreife ganz Italien in sich (Liv. 27, 5). Die Einrichtung des keltischen Landes zwischen den Alpen und dem Apennin zu einem eigenen, vom konsularischen verschiedenen und einem besonderen ständigen Oberbeamten unterworfenen Sprengel gehört erst Sulla an. Es wird natürlich dagegen niemand geltend machen, daß schon im sechsten Jahrhundert sehr häufig Gallia oder Ariminum als »Amtsbezirk« *(provincia)* gewöhnlich eines der Konsuln genannt wird. *Provincia* ist bekanntlich in der älteren Sprache nicht, was es später allein bedeutet, ein räumlich abgegrenzter, einem ständigen Oberbeamten unterstellter Sprengel, sondern die für den einzelnen Konsul zunächst durch Übereinkommen mit seinem Kollegen unter Mitwirkung des Senats festgestellte Kompetenz; und in diesem Sinn sind häufig einzelne norditalische Landschaften oder auch Norditalien überhaupt einzelnen Konsuln als *provincia* überwiesen worden.

wahrscheinlich Makedonien für den letztern Partei genommen hatte. Überhaupt werden die Beziehungen Roms zu den hellenistischen Staaten enger; auch mit Syrien verhandelte der Senat schon und verwandte sich bei dem ebengenannten Seleukos für die stammverwandten Ilier.

Einer unmittelbaren Einmischung in die Angelegenheiten der östlichen Mächte bedurfte es zunächst nicht. Die achäische Eidgenossenschaft, die im Aufblühen geknickt ward durch die engherzige Coteriepolitik des Aratos, die ätolische Landsknechtrepublik, das verfallene Makedonierreich hielten selber einer den andern nieder; und überseeischen Ländergewinn vermied man damals eher in Rom, als daß man ihn suchte. Als die Akarnanen, sich darauf berufend, daß sie allein unter allen Griechen nicht teilgenommen hätten an der Zerstörung Ilions, die Nachkommen des Aeneas um Hilfe baten gegen die Ätoler, versuchte der Senat zwar eine diplomatische Verwendung; allein da die Ätoler darauf eine nach ihrer Weise abgefaßte, das heißt unverschämte Antwort erteilten, ging das antiquarische Interesse der römischen Herren doch keineswegs so weit, um dafür einen Krieg anzufangen, durch den sie die Makedonier von ihrem Erbfeind befreit haben würden (um 515 *239*).

Selbst den Unfug der Piraterie, die bei solcher Lage der Dinge begreiflicherweise das einzige Gewerbe war, das an der adriatischen Küste blühte und vor der auch der italische Handel viel zu leiden hatte, ließen sich die Römer mit einer Geduld, die mit ihrer gründlichen Abneigung gegen den Seekrieg und ihrem schlechten Flottenwesen eng zusammenhing, länger als billig gefallen. Allein endlich ward es doch zu arg. Unter Begünstigung Makedoniens, das keine Veranlassung mehr fand, sein altes Geschäft der Beschirmung des hellenischen Handels vor den adriatischen Korsaren zu Gunsten seiner Feinde fortzuführen, hatten die Herren von Skodra die illyrischen Völkerschaften, etwa die heutigen Dalmatiner, Montenegriner und Nordalbanesen, zu gemeinschaftlichen Piratenzügen im großen Stil vereinigt; mit ganzen Geschwadern ihrer schnellsegelnden Zweidecker, der bekannten »liburnischen« Schiffe, führten die Illyrier den Krieg gegen jedermann zur See und an den Küsten. Die griechischen Ansiedlungen in diesen Gegenden, die Inselstädte Issa (Lissa) und Pharos (Lesina), die wichtigen Küstenplätze Epidamnos (Durazzo) und Apollonia (nördlich von Avlona am Aoos), hatten natürlich vor allem zu leiden und sahen sich wiederholt von den Barbaren belagert. Aber noch weiter südlich, in Phönike, der blühendsten Stadt von Epeiros, setzten die Korsaren sich fest; halb gezwungen, halb freiwillig traten die Epeiroten und Akarnanen mit den fremden Räubern in eine unnatürliche Symmachie; bis nach Elis und Messene hin waren die Küsten unsicher. Vergeblich vereinigten die Ätoler und Achäer, was sie an Schiffen hatten, um dem Unwesen zu steuern; in offener Seeschlacht wurden sie von den Seeräubern und deren griechischen Bundesgenossen geschlagen; die Korsarenflotte vermochte endlich sogar die reiche und wichtige Insel Kerkyra (Korfu) einzunehmen. Die Klagen der italischen Schiffer, die Hilfsgesuche der altverbündeten Apolloniaten, die flehenden Bitten der belagerten Issaer nötigten endlich den römischen Senat, wenigstens Gesandte nach Skodra zu schicken. Die Brüder Gaius und Lucius Coruncanius kamen, um von dem König Agron Abstellung des Unwesens zu fordern. Der König gab zur Antwort, daß nach illyrischem Landrecht der Seeraub ein erlaubtes Gewerbe sei und die Regierung nicht das Recht habe, der Privatkaperei zu wehren; worauf Lucius Coruncanius erwiderte, daß dann Rom es sich angelegen sein lassen werde, den Illyriern ein besseres Landrecht beizubringen. Wegen dieser, allerdings nicht sehr diplomatischen Replik wurde, wie die Römer behaupteten, auf Geheiß des Königs, einer der Gesandten auf der Heimkehr ermordet und die Auslieferung der Mörder verweigert. Der Senat hatte jetzt keine Wahl mehr. Mit dem Frühjahr 525 *(229)* erschien vor Apollonia eine Flotte von 200 Linienschiffen mit einer Landungsarmee an Bord; vor jener zerstoben die Korsarenboote, während diese die Raubburgen brach; die Königin Teuta, die nach ihres Gemahls Agron Tode die Regierung für ihren unmündigen Sohn Pinnes führte, mußte, in ihrem letzten Zufluchtsort belagert, die Bedingungen annehmen, die Rom diktierte. Die Herren von Skodra wurden wieder im Norden wie im Süden auf ihr ursprüngliches engbegrenztes Gebiet beschränkt und hatten nicht bloß alle griechischen Städte, sondern auch die Ardiäer in Dalmatien, die Parthiner um Epidamnos, die Atintanen im nördlichen Epeiros aus ihrer Botmäßigkeit zu entlassen; südlich von Lissos (Alessio zwischen Scutari und Durazzo) sollten künftig illyrische Kriegsfahrzeuge überhaupt nicht und nicht armierte nicht über zwei zusammen fahren dürfen. Roms Seeherrschaft auf dem Adriatischen Meer war in der löblichsten und dauerhaftesten Weise zur vollen Anerkennung gebracht durch die rasche und energische Unterdrückung des Piratenunfugs. Allein man ging weiter und setzte sich zugleich an der Ostküste fest. Die Illyrier von Skodra wurden tributpflichtig nach Rom; auf den dalmatinischen Inseln und Küsten wurde Demetrios von Pharos, der aus den Diensten der Teuta in römische getreten war, als abhängiger Dynast und römischer Bundesgenosse eingesetzt; die griechischen Städte Kerkyra, Apollonia, Epidamnos und die Gemeinden der Atintanen und Parthiner wurden in milden Formen der Symmachie an Rom geknüpft. Diese Erwerbungen an der Ostküste des Adriatischen Meeres waren nicht ausgedehnt genug, um einen eigenen Nebenkonsul für sie einzusetzen: nach Kerkyra und vielleicht auch nach anderen Plätzen scheinen Statthalter untergeordneten Ranges gesandt und die Oberaufsicht über diese Besitzungen den Oberbeamten, welche Italien verwalteten, mit übertragen worden zu sein[7]. Also traten gleich Sizilien und Sardinien auch die wichtigsten Seestationen im Adriatischen Meer in die römische Botmäßigkeit ein. Wie hätte es auch anders kommen sollen? Rom brauchte eine gute Seestation im oberen Adriatischen Meere, welche ihm seine Besitzungen an italischen Ufer nicht gewährten; die neuen Bundesgenossen, namentlich die griechischen Handelsstädte, sahen in den Römern ihre Retter und taten ohne Zweifel, was sie konnten, sich des mächtigen Schutzes dauernd zu versichern; im eigentlichen Griechenland, war nicht bloß niemand imstande zu widersprechen, sondern das Lob der Befreier auf allen Lippen. Man kann fragen, ob der Jubel in Hellas größer war oder die Scham, als statt der zehn Linienschiffe der Achäischen Eidgenossenschaft, der streitbarsten Macht Griechenlands, jetzt zweihundert Segel der Barbaren in ihre Häfen einliefen und mit einem Schlage die Aufgabe lösten, die den Griechen zukam und an der diese so kläglich gescheitert waren. Aber wenn man sich schämte, daß die Rettung den bedrängten Landsleuten vom Ausland hatte kommen müssen, so geschah es wenigstens mit guter Manier; man säumte nicht, die Römer durch Zulassung zu den Isthmischen Spielen und den

---

[7] Ein stehender römischer Kommandant von Kerkyra scheint bei Polyb. 22, 15, 6 (falsch übersetzt von Liv. 38, 11; vgl. 42, 37), ein solcher von Issa bei Liv. 43, 9 vorzukommen. Dazu kommt die Analogie des *Praefectus pro legato insularum Baliarum* (Orelli 732) und des Statthalters von Pandataria (IRN 3528). Es scheint danach überhaupt in der römischen Verwaltung Regel gewesen zu sein, für die entfernteren Inseln nicht senatorische *praefecti* zu bestellen. Diese »Stellvertreter« aber setzen ihrem Wesen nach einen Oberbeamten voraus, der sie ernennt und beaufsichtigt; und dies können in dieser Zeit nur die Konsuln gewesen sein. Später, seit Einrichtung der Provinzen Makedonien und Gallia Cisalpina, kam die Oberverwaltung an den einen dieser beiden Statthalter; wie denn das hier in Rede stehende Gebiet, der Kern des späteren römischen Illyricum, bekanntlich zum Teil zu Caesars Verwaltungssprengel mit gehörte.

Eleusinischen Mysterien feierlich in den hellenischen Nationalverband aufzunehmen.

Makedonien schwieg; es war nicht in der Verfassung, mit den Waffen zu protestieren, und verschmähte, es mit Worten zu tun. Auf Widerstand traf man nirgend; aber nichtsdestoweniger hatte Rom, indem es die Schlüssel zum Hause des Nachbarn an sich nahm, in diesem sich einen Gegner geschaffen, von dem, wenn er wieder zu Kräften oder eine günstige Gelegenheit ihm vorkam, sich erwarten ließ, daß er sein Schweigen zu brechen wissen werde. Hätte der kräftige und besonnene König Antigonos Doson länger gelebt, so würde wohl er schon den hingeworfenen Handschuh aufgehoben haben; denn als einige Jahre später der Dynast Demetrios von Pharos sich der römischen Hegemonie entzog, im Einverständnis mit den Istriern vertragswidrig Seeraub trieb und die von den Römern für unabhängig erklärten Atintanen sich unterwarf, machte Antigonos Bündnis mit ihm, und Demetrios' Truppen fochten mit in Antigonos' Heer in der Schlacht bei Sellasia (532 *222*). Allein Antigonos starb (Winter 533/34 *221/20*); sein Nachfolger Philippos, noch ein Knabe, ließ es geschehen, daß der Konsul Lucius Aemilius Paullus den Verbündeten Makedoniens angriff, seine Hauptstadt zerstörte und ihn landflüchtig aus seinem Reiche trieb (535 *219*).

Auf dem Festland des eigentlichen Italien südlich vom Apennin war tiefer Friede seit dem Fall von Tarent; der sechstägige Krieg mit Falerii (513 *241*) ist kaum etwas mehr als eine Kuriosität. Aber gegen Norden dehnte zwischen dem Gebiet der Eidgenossenschaft und der Naturgrenze Italiens, der Alpenkette, noch eine weite Strecke sich aus, die den Römern nicht botmäßig war. Als Grenze Italiens galt an der adriatischen Küste der Aesisfluß, unmittelbar oberhalb Ancona. Jenseits dieser Grenze gehörte die nächstliegende, eigentlich gallische Landschaft bis Ravenna einschließlich in ähnlicher Weise wie das eigentliche Italien zu dem römischen Reichsverband; die Senonen, die hier ehemals gesessen hatten, waren in dem Kriege 471/72 *(283/82)* ausgerottet (1, 405) und die einzelnen Ortschaften entweder als Bürgerkolonien, wie Sena gallica (1, 406), oder als Bundesstädte, sei es latinischen Rechts, wie Ariminum (1, 427), sei es italischen, wie Ravenna, mit Rom verknüpft worden. Auf dem weiten Gebiet jenseits Ravenna bis zu der Alpengrenze saßen nichtitalische Völkerschaften. Südlich vom Po behauptete sich noch der mächtige Keltenstamm der Boier (von Parma bis Bologna), neben denen östlich die Lingonen, westlich (im Gebiet von Parma) die

Anaren, zwei kleinere, vermutlich in der Klientel der Boier stehende keltische Kantone die Ebene ausfüllten. Wo diese aufhört, begannen die Ligurer, die mit einzelnen keltischen Stämmen gemischt auf dem Apennin von oberhalb Arezzo und Pisa an sitzend, das Quellgebiet des Po innehatten. Von der Ebene nordwärts vom Po hatten die Veneter, verschiedenen Stammes von den Kelten und wohl illyrischer Abkunft, den östlichen Teil etwa von Verona bis zur Küste im Besitz; zwischen ihnen und den westlichen Gebirgen saßen die Cenomanen (um Brescia und Cremona), die selten mit der keltischen Nation hielten und wohl stark mit Venetern gemischt waren, und die Insubrer (um Mailand), dieser der bedeutendste der italischen Keltengaue und in stetiger Verbindung nicht bloß mit den kleineren, in den Alpentälern zerstreuten Gemeinden teils keltischer, teils anderer Abkunft, sondern auch mit den Keltengauen jenseits der Alpen. Die Pforten der Alpen, der mächtige, auf fünfzig deutsche Meilen schiffbare Strom, die größte und fruchtbarste Ebene des damaligen zivilisierten Europas, waren nach wie vor in den Händen der Erbfeinde des italischen Namens, die, wohl gedemütigt und geschwächt, doch immer noch kaum dem Namen nach abhängig und immer noch unbequeme Nachbarn, in ihrer Barbarei verharrten und dünngesät in den weiten Flächen ihre Herden- und Plünderwirtschaft fortführten. Man durfte erwarten, daß die Römer eilen würden, sich dieser Gebiete zu bemächtigen; um so mehr als die Kelten allmählich anfingen, ihrer Niederlagen in den Feldzügen von 471 und 472 *(283 282)* zu vergessen und sich wieder zu regen, ja was noch bedenklicher war, die transalpinischen Kelten aufs neue begannen, diesseits der Alpen sich zu zeigen. In der Tat hatten bereits im Jahre 516 *(238)* die Boier den Krieg erneuert und deren Herren Atis und Galatas, freilich ohne Auftrag der Landesgemeinde, die Transalpiner aufgefordert, mit ihnen gemeinschaftliche Sache zu machen; zahlreich waren diese dem Ruf gefolgt und im Jahre 518 *(236)* lagerte ein Keltenheer vor Ariminum, wie Italien es lange nicht gesehen hatte. Die Römer, für den Augenblick viel zu schwach, um die Schlacht zu versuchen, schlossen Waffenstillstand und ließen, um Zeit zu gewinnen, Boten der Kelten nach Rom gehen, die im Senat die Abtretung von Ariminum zu fordern wagten – es schien, als seien die Zeiten des Brennus wiedergekehrt. Aber ein unvermuteter Zwischenfall machte dem Krieg ein Ende, bevor er noch recht begonnen hatte. Die Boier, unzufrieden mit den ungebetenen Bundesgenossen und wohl für ihr eigenes Gebiet fürchtend, gerieten in Händel mit den Transalpinern; es kam zwischen den beiden Keltenheeren zu offener Feldschlacht, und nachdem die boischen Häuptlinge von ihren eigenen Leuten erschlagen waren, kehrten die Transalpiner heim. Damit waren die Boier den Römern in die Hände gegeben, und es hing nur von diesen ab, sie gleich den Senonen auszutreiben und wenigstens bis an den Po vorzudringen; allein es ward vielmehr denselben gegen die Abtretung einiger Landstriche der Friede gewährt (518 *236*). Das mag damals geschehen sein, weil man eben den Wiederausbruch des Kriegs mit Karthago erwartete; aber nachdem dieser durch die Abtretung Sardiniens abgewandt worden war, forderte es die richtige Politik der römischen Regierung, das Land bis an die Alpen so rasch und so vollständig wie möglich in Besitz zu nehmen. Die beständigen Besorgnisse der Kelten vor einer solchen römischen Invasion sind darum hinreichend gerechtfertigt; indes die Römer beeilten sich eben nicht. So begannen denn die Kelten ihrerseits den Krieg, sei es, daß die römischen Ackerverteilungen an der Ostküste (522 *232*), obwohl zunächst nicht gegen sie gerichtet, sie besorgt gemacht hatten, sei es, daß sie die Unvermeidlichkeit eines Krieges mit Rom um den Besitz der Lombardei begriffen, sei es, was vielleicht das Wahrscheinlichste ist, daß das ungeduldige Keltenvolk wieder einmal des Sitzens müde war und eine neue Heerfahrt zu rüsten beliebte. Mit Ausschluß der Cenomanen, die mit den Venetern hielten und sich für die Römer erklärten, traten dazu sämtliche italische Kelten zusammen, und ihnen schlossen sich unter den Führern Concolitanus und Aneroestus zahlreich die Kelten des oberen Rhonetals oder vielmehr deren Reisläufer an[8]. Mit 50 000 zu Fuß und 20 000 zu Roß oder zu Wagen kämpfenden Streitern rückten die Führer der Kelten auf den Apennin zu (529 *225*). Von dieser Seite hatte man in Rom sich des Angriffs nicht versehen und nicht erwartet, daß die Kelten mit Vernachlässigung der römischen Festungen an der Ostküste und des Schutzes der eigenen Stammesgenossen

---

[8] Dieselben, die Polybios bezeichnet als »die Kelten in den Alpen und an der Rhone, die man wegen ihrer Reisläuferei Gaesaten (Landsknechte) nenne«, werden in den kapitolinischen Fasten *Germani* genannt. Möglich ist es, daß die gleichzeitige Geschichtschreibung hier nur Kelten genannt und erst die historische Spekulation der caesarischen und augustischen Zeit die Redaktoren jener Fasten bewogen hat, daraus »Germanen« zu machen. Wofern dagegen die Nennung der Germanen in den Fasten auf gleichzeitige Aufzeichnungen zurückgeht – in welchem Falle dies die älteste Erwähnung dieses Namens ist –, wird man hier doch nicht an die später so genannten deutschen Stämme denken dürfen, sondern an einen keltischen Schwarm.

geradeswegs gegen die Hauptstadt vorzugehen wagen würden. Nicht gar lange vorher hatte ein ähnlicher Keltenschwarm in ganz gleicher Weise Griechenland überschwemmt; die Gefahr war ernst und schien noch ernster, als sie war. Der Glaube, daß Roms Untergang diesmal unvermeidlich und der römische Boden vom Verhängnis gallisch zu werden bestimmt sei, war selbst in Rom unter der Menge so allgemein verbreitet, daß sogar die Regierung es nicht unter ihrer Würde hielt, den krassen Aberglauben des Pöbels durch einen noch krasseren zu bannen und zur Erfüllung des Schicksalsspruchs einen gallischen Mann und eine gallische Frau auf dem römischen Markt lebendig begraben zu lassen. Daneben traf man ernstlichere Anstalten. Von den beiden konsularischen Heeren, deren jedes etwa 25000 Mann zu Fuß und 1100 Reiter zählte, stand das eine unter Gaius Atilius Regulus in Sardinien, das zweite unter Lucius Aemilius Papus bei Ariminum; beide erhielten Befehl, sich so schnell wie möglich nach dem zunächst bedrohten Etrurien zu begeben. Schon hatten gegen die mit Rom verbündeten Cenomanen und Veneter die Kelten eine Besatzung in der Heimat zurücklassen müssen; jetzt ward auch der Landsturm der Umbrer angewiesen, von den heimischen Bergen herab in die Ebene der Boier einzurücken und dem Feinde auf seinen eigenen Äckern jeden erdenklichen Schaden zuzufügen. Die Landwehr der Etrusker und Sabiner sollte den Apennin besetzen und womöglich sperren, bis die regulären Truppen eintreffen könnten. In Rom bildete sich eine Reserve von 50000 Mann; durch ganz Italien, das diesmal in Rom seinen rechten Vorkämpfer sah, wurde die dienstfähige Mannschaft verzeichnet, Vorräte und Kriegsmaterial zusammengebracht.

Indes alles das forderte Zeit; man hatte einmal sich überrumpeln lassen, und wenigstens Etrurien zu retten, war es zu spät. Die Kelten fanden den Apennin kaum verteidigt und plünderten unangefochten die reichen Ebenen des tuskischen Gebietes, das lange keinen Feind gesehen. Schon standen sie bei Clusium, drei Tagemärsche von Rom, als das Heer von Ariminum unter dem Konsul Papus ihnen in der Flanke erschien, während die etruskische Landwehr, die sich nach der Überschreitung des Apennin im Rücken der Gallier zusammengezogen hatte, dem Marsch der Feinde folgte. Eines Abends, nachdem bereits beide Heere sich gelagert und die Biwakfeuer angezündet hatten, brach das keltische Fußvolk plötzlich wieder auf und zog in rückwärtiger Richtung ab auf der Straße gegen Faesulae (Fiesole); die Reiterei besetzte die Nacht hindurch die Vorposten und folgte am andern Morgen der Hauptmacht. Als die tuskische Landwehr, die dicht am Feinde lagerte, seines Abzugs inneward, meinte sie, daß der Schwarm anfange sich zu verlaufen und brach auf zu eiligem Nachsetzen. Eben darauf hatten die Gallier gerechnet; ihr ausgeruhtes und geordnetes Fußvolk empfing auf dem wohl gewählten Schlachtfeld die römische Miliz, die ermattet und aufgelöst von dem Gewaltmarsch herankam. 6000 Mann fielen nach heftigem Kampf, und auch der Rest des Landsturms, der notdürftig auf einem Hügel Zuflucht gefunden, wäre verloren gewesen, wenn nicht rechtzeitig das konsularische Heer erschienen wäre. Dies bewog die Gallier, sich nach der Heimat zurückzuwenden. Ihr geschickt angelegter Plan, die Vereinigung der beiden römischen Heere zu hindern und das schwächere einzeln zu vernichten, war nur halb gelungen; für jetzt schien es ihnen geraten, zunächst die beträchtliche Beute in Sicherheit zu bringen. Des bequemeren Marsches wegen zogen sie sich aus der Gegend von Chiusi, wo sie standen, an die ebene Küste und marschierten am Strande hin, als sie unvermutet hier sich den Weg verlegt fanden. Es waren die sardinischen Legionen, die bei Pisae gelandet waren und, da sie zu spät kamen, um den Apennin zu sperren, sich sofort auf demselben Küstenweg, den die Gallier verfolgten, in der entgegengesetzten Richtung in Bewegung gesetzt hatten. Bei Telamon (an der Mündung des Ombrone) trafen sie auf den Feind. Während das römische Fußvolk in geschlossener Front auf der großen Straße vorrückte, ging die Reiterei, vom Konsul Gaius Atilius Regulus selber geführt, seitwärts vor, um den Galliern in die Flanke zu kommen und so bald wie möglich dem anderen römischen Heer unter Papus Kunde von ihrem Eintreffen zu geben. Es entspann sich ein heftiges Reitergefecht, in dem mit vielen tapferen Römern auch Regulus fiel; aber nicht umsonst hatte er sein Leben aufgeopfert: sein Zweck war erreicht. Papus gewahrte das Gefecht und ahnte den Zusammenhang; schleunig ordnete er seine Scharen und von beiden Seiten drangen nun römische Legionen auf das Keltenheer ein. Mutig stellte dieses sich zum Doppelkampf, die Transalpiner und Insubrer gegen die Truppen des Papus, die alpinischen Taurisker und die Boier gegen das sardinische Fußvolk; das Reitergefecht ging davon gesondert auf dem Flügel seinen Gang. Die Kräfte waren der Zahl nach nicht ungleich gemessen, und die verzweifelte Lage der Gallier zwang sie zur hartnäckigsten Gegenwehr. Aber die Transalpiner, nur des Nahkampfes gewohnt, wichen vor den Geschossen der römischen Plänkler; im Handgemenge setzte die bessere Stählung der römischen Waffen die Gallier in Nachteil; endlich entschied der Flankenangriff der siegreichen römischen Reiterei den Tag. Die keltischen Berittenen entrannen; für das Fußvolk, das zwischen dem Meere und den drei römischen Heeren eingekeilt war, gab es keine Flucht. 10 000 Kelten mit dem König Concolitanus wurden gefangen; 40 000 andere lagen tot auf dem Schlachtfeld; Aneroestus und sein Gefolge hatten sich nach keltischer Sitte selber den Tod gegeben.

Der Sieg war vollständig und die Römer fest entschlossen, die Wiederholung solcher Einfälle durch die völlige Überwältigung der Kelten diesseits der Alpen unmöglich zu machen. Ohne Widerstand ergaben im folgenden Jahr (530 *224*) sich die Boier nebst den Lingonen, das Jahr darauf (531 *223*) die Anaren; damit war das Flachland bis zum Padus in römischen Händen. Ernstlichere Kämpfe kostete die Eroberung des nördlichen Ufers. Gaius Flaminius überschritt in dem neugewonnenen anarischen Gebiet (etwa bei Piacenza) den Fluß (531 *223*); allein bei dem Übergang und mehr noch bei der Festsetzung am anderen Ufer erlitt er so schwere Verluste und fand sich, den Fluß im Rücken, in einer so gefährlichen Lage, daß er mit dem Feind um freien Abzug kapitulierte, den die Insubrer törichterweise zugestanden. Kaum war er indes entronnen, als er vom Gebiet der Cenomanen aus und mit diesen vereinigt von Norden her in den Gau der Insubrer zum zweitenmal einrückte. Zu spät begriffen diese, um was es sich jetzt handle; sie nahmen aus dem Tempel ihrer Göttin die goldenen Feldzeichen, »die unbeweglichen« genannt, und mit ihrem ganzen Aufgebot, 50 000 Mann stark, boten sie den Römern die Schlacht. Die Lage dieser war gefährlich: sie standen mit dem Rücken an einem Fluß (vielleicht dem Oglio), von der Heimat getrennt durch das feindliche Gebiet und für den Beistand im Kampf wie für die Rückzugslinie angewiesen auf die unsichere Freundschaft der Cenomanen. Indes es gab keine Wahl. Man zog die in den römischen Reihen fechtenden Gallier auf das linke Ufer des Flusses; auf dem rechten, den Insubrern gegenüber, stellte man die Legionen auf und brach die Brücken ab, um von den unsicheren Bundesgenossen wenigstens nicht im Rücken angefallen zu werden.

Freilich schnitt also der Fluß den Rückzug ab und ging der Weg zur Heimat durch das feindliche Heer. Aber die Überlegenheit der römischen Waffen und der römischen Disziplin erfocht den Sieg und das Heer schlug sich durch; wieder einmal hatte die römische Taktik die strategischen Fehler gutgemacht. Der Sieg gehörte den Soldaten und Offizieren, nicht den Feldherren, die gegen den gerechten Beschluß des Senats nur durch Volksgunst triumphierten. Gern hätten die Insubrer Frieden gemacht; aber Rom forderte unbedingte Unterwerfung, und so weit war man noch nicht. Sie versuchten, sich mit Hilfe der nördlichen Stammgenossen zu halten, und mit 30 000 von ihnen geworbenen Söldnern derselben und ihrer eigenen Landwehr empfingen sie die beiden im folgenden Jahr (532 *222*) abermals aus dem cenomanischen Gebiet in das ihrige einrückenden konsularischen Heere. Es gab noch manches harte Gefecht; bei einer Diversion, welche die Insubrer gegen die römische Festung Clastidium (Casteggio, unterhalb Pavia) am rechten Poufer versuchten, fiel der gallische König Virdumarus von der Hand des Konsuls Marcus Marcellus. Allein nach einer halb von den Kelten schon gewonnenen, aber endlich doch für die Römer entschiedenen Schlacht erstürmte der Konsul Gnaeus Scipio die Hauptstadt der Insubrer, Mediolanum, und die Einnahme dieser und der Stadt Comum machte der Gegenwehr ein Ende. Damit waren die italischen Kelten vollständig besiegt, und wie eben vorher die Römer den Hellenen im Piratenkrieg den Unterschied zwischen römischer und griechischer Seebeherrschung gezeigt, so hatten sie jetzt glänzend bewiesen, daß Rom Italiens Pforten anders gegen den Landraub zu wahren wußte als Makedonien die Tore Griechenlands und daß trotz allen inneren Haders Italien dem Nationalfeinde gegenüber ebenso einig wie Griechenland zerrissen dastand.

Die Alpengrenze war erreicht, insofern als das ganze Flachland am Po entweder den Römern untertänig oder, wie das cenomanische und venetische Gebiet, von abhängigen Bundesgenossen besessen war; es bedurfte indes der Zeit, um die Konsequenzen dieses Sieges zu ziehen und die Landschaft zu romanisieren. Man verfuhr dabei nicht in derselben Weise. In dem gebirgigen Nordwesten Italiens und in den entfernteren Distrikten zwischen den Alpen und dem Po duldete man im ganzen die bisherigen Bewohner; die zahlreichen sogenannten Kriege, die namentlich gegen die Ligurer geführt wurden (zuerst 516 *238*), scheinen mehr Sklavenjagden gewesen zu sein, und wie oft auch die Gaue und Täler den Römern sich unterwarfen, war die römische Herrschaft doch hier kaum mehr als ein Name. Auch die Expedition nach Istrien (533 *221*) scheint nicht viel mehr bezweckt zu haben, als die letzten Schlupfwinkel der adriatischen Piraten zu vernichten und längs der Küste zwischen den italischen Eroberungen und den Erwerbungen an dem anderen Ufer eine Kontinentalverbindung herzustellen. Dagegen die Kelten in den Landschaften südlich vom Po waren der Vernichtung rettungslos verfallen; denn bei dem losen Zusammenhang der keltischen Nation nahm keiner der nördlichen Keltengaue außer für Geld sich der italischen Stammgenossen an, und die Römer sahen in denselben nicht bloß ihre Nationalfeinde, sondern auch die Usurpatoren ihres natürlichen Erbes. Die ausgedehnte Ackerverteilung von 522 *(332)* hatte schon das gesamte Gebiet zwischen Ancona und Ariminum mit römischen Kolonisten gefüllt, die ohne kommunale Organisation in Marktflecken und Dörfern hier sich ansiedelten. Auf diesem Wege ging man weiter, und es war nicht schwer, eine halbbarbarische, dem Ackerbau nur nebenher obliegende und ummauerter Städte entbehrende Bevölkerung, wie die keltische war, zu verdrängen und auszurotten. Die große Nordchaussee, die wahrscheinlich schon achtzig Jahre früher über Otricoli nach Narni geführt und kurz vorher bis an die neubegründete Festung Spoletium (514 *240*) verlängert worden war, wurde jetzt (534 *220*) unter dem Namen der Flaminischen Straße über den neu angelegten Marktflecken Forum Flaminii (bei Foligno) durch den Furlopaß an die Küste und an dieser entlang von Fanum (Fano) bis nach Ariminum geführt; es war die erste Kunststraße, die den Apennin überschritt und die beiden italischen Meere verband. Man war eifrig beschäftigt, das neugewonnene fruchtbare Gebiet mit römischen Ortschaften zu bedecken. Schon war zur Deckung des Übergangs über den Po auf dem rechten Ufer die starke Festung Placentia (Piacenza) gegründet, nicht weit davon am linken Cremona angelegt, ferner auf dem den Boiern abgenommenen Gebiet der Mauerbau von Mutina (Modena) weit vorgeschritten; schon bereitete man weitere Landanweisungen und die Fortführung der Chaussee vor, als ein plötzliches Ereignis die Römer in der Ausbeutung ihrer Erfolge unterbrach.

4. Kapitel
Hamilkar und Hannibal

Der Vertrag mit Rom von 513 *(241)* gab den Karthagern Frieden, aber um einen teuren Preis. Daß die Tribute des größten Teils von Sizilien jetzt in den Schatz des Feindes flossen statt in die karthagische Staatskasse, war der geringste Verlust. Viel empfindlicher war es, daß man nicht bloß die Hoffnung hatte aufgeben müssen, deren Erfüllung so nahe geschienen, die sämtlichen Seestraßen aus dem östlichen in das westliche Mittelmeer zu monopolisieren, sondern daß das ganze handelspolitische System gesprengt, das bisher ausschließlich beherrschte südwestliche Becken des Mittelmeers seit Siziliens Verlust für alle Nationen ein offenes Fahrwasser, Italiens Handel von dem phönikischen vollständig unabhängig geworden war. Indes die ruhigen sidonischen Männer hätten auch darüber vielleicht sich zu beruhigen vermocht. Man hatte schon ähnliche Schläge erfahren; man hatte mit den Massalioten, den Etruskern, den sizilischen Griechen teilen müssen, was man früher allein besessen; auch das, was man jetzt noch hatte, Afrika, Spanien, die Pforten des Atlantischen Meeres, reichte aus, um mächtig und wohlgemut zu leben. Aber freilich, wer bürgte dafür, daß wenigstens dies blieb?

Was Regulus gefordert und wie wenig ihm gefehlt hatte, um das, was er forderte, zu erreichen, konnte nur vergessen, wer vergessen wollte; und wenn Rom den Versuch, den es von Italien aus mit so großem Erfolg unternommen hatte, jetzt von Lilybäon aus erneuerte, so war Karthago, wenn nicht die Verkehrtheit des Feindes oder ein besonderer Glücksfall dazwischen trat, unzweifelhaft verloren. Zwar man hatte jetzt Frieden; aber es hatte an einem Haar gehangen, daß dem Frieden die Ratifikation verweigert ward, und man wußte, wie die öffentliche Meinung in Rom diesen Friedensschluß beurteilte. Es mochte sein, daß Rom an die Eroberung Afrikas jetzt noch nicht dachte und noch Italien ihm genügte; aber wenn die Existenz des karthagischen Staats an dieser Genügsamkeit hing, so sah es übel damit aus, und wer bürgte dafür, daß die Römer nicht eben ihrer italischen Politik es angemessen fanden, den afrikanischen Nachbar zwar nicht sich zu unterwerfen, aber doch zu vertilgen?

Kurz, Karthago durfte den Frieden von 513 *(241)* nur als einen Waffenstillstand betrachten und mußte ihn benutzen zur Vorbereitung für die unvermeidliche Erneuerung des Krieges; nicht, um die erlittene Niederlage zu rächen, nicht einmal zunächst, um das Verlorene zurückzugewinnen, sondern um sich eine nicht von dem Gutfinden des Landesfeindes abhängige Existenz zu erfechten. Allein wenn einem schwächeren Staat ein gewisser, aber der Zeit nach unbestimmter Vernichtungskrieg bevorsteht, werden die klügeren, entschlosseneren, hingebenderen Männer, die zu dem unvermeidlichen Kampf sich sogleich fertig machen, ihn zur günstigen Stunde aufnehmen und so die politische Defensive durch die strategische Offensive verdecken möchten, überall sich gehemmt sehen durch die träge und feige Masse der Geldesknechte, der Altersschwachen, der Gedankenlosen, welche nur Zeit zu gewinnen, nur in Frieden zu leben und zu sterben, nur den letzten Kampf um jeden Preis hinauszuschieben bedacht sind. So gab es auch in Karthago eine Friedens- und eine Kriegspartei, die beide wie natürlich sich anschlossen an den schon zwischen den Konservativen und den Reformisten bestehenden politischen Gegensatz: jene fand ihre Stütze in den Regierungsbehörden, dem Rat der Alten und der Hundertmänner, an deren Spitze Hanno, der sogenannte Große, stand, diese in den Leitern der Menge, namentlich dem angesehenen Hasdrubal, und in den Offizieren des sizilischen Heeres, dessen große Erfolge unter Hamilkars Führung, wenn sie auch sonst vergeblich gewesen waren, doch den Patrioten einen Weg gezeigt hatten, der Rettung aus der ungeheuren Gefahr zu versprechen schien. Schon lange mochte zwischen diesen Parteien heftige Fehde bestehen, als der libysche Krieg zwischen sie hineinschlug. Wie er entstand, ist schon erzählt worden. Nachdem die Regierungspartei die Meuterei durch die unfähige, alle Vorsichtsmaßregeln der sizilischen Offiziere vereitelnde Verwaltung angezettelt hatte, durch die Nachwirkung ihres unmenschlichen Regierungssystems diese Meuterei in eine Revolution umgeschlagen und endlich durch ihre und namentlich ihres Führers, des Heerverderbers Hanno militärische Unfähigkeit das Land an den Rand des Abgrundes gebracht worden war, ward der Held von der Eirkte, Hamilkar Barkas, in der höchsten Not von der Regierung selbst ersucht, sie von den Folgen ihrer Fehler und Verbrechen zu retten. Er nahm das Kommando an und dachte hochsinnig genug, es selbst dann nicht niederzulegen, als man ihm den Hanno zum Kollegen gab; ja als die erbitterte Armee denselben heimschickte, vermochte er es über sich, ihm auf die flehentliche Bitte der Regierung zum zweitenmal den Mitoberbefehl einzuräumen und trotz der Feinde wie trotz des Kollegen durch seinen

Einfluß bei den Aufständischen, seine geschickte Behandlung der numidischen Scheichs, sein unvergleichliches Organisatoren- und Feldherrngenie in unglaublich kurzer Zeit den Aufstand völlig niederzuwerfen und das empörte Afrika zum Gehorsam zurückzubringen (Ende 517 *237*).

Die Patriotenpartei hatte während dieses Krieges geschwiegen; jetzt sprach sie um so lauter. Einerseits war bei dieser Katastrophe die ganze Verderbtheit und Verderblichkeit der herrschenden Oligarchie an den Tag gekommen, ihre Unfähigkeit, ihre Coteriepolitik, ihre Hinneigung zu den Römern; anderseits zeigte die Wegnahme Sardiniens und die drohende Stellung, welche Rom dabei einnahm, deutlich auch dem geringsten Mann, daß das Damoklesschwert der römischen Kriegserklärung stets über Karthago hing, und daß, wenn Karthago unter den gegenwärtigen Verhältnissen mit Rom zum Kriege kam, dieser notwendig den Untergang der phönikischen Herrschaft in Libyen zur Folge haben müsse. Es mochte in Karthago nicht wenige geben, die, an der Zukunft des Vaterlandes verzweifelnd, die Auswanderung nach den Inseln des Atlantischen Meeres anrieten; wer durfte sie schelten? Aber edlere Gemüter verschmähen es, ohne die Nation sich selber zu bergen, und große Naturen genießen das Vorrecht, aus dem, worüber die Menge der Guten verzweifelt, Begeisterung zu schöpfen. Man nahm die neuen Bedingungen an, wie sie Rom eben diktierte; es blieb nichts übrig, als sich zu fügen und den neuen Haß zu dem alten schlagend ihn sorgfältig zu sammeln und zu sparen, dieses letzte Kapitel einer gemißhandelten Nation. Dann aber schritt man zu einer politischen Reform[1]. Von der Unverbesserlichkeit der Regimentspartei hatte man sich hinreichend überzeugt; daß die regierenden Herren auch im letzten Krieg weder ihren Groll vergessen noch größere Weisheit gelernt hatten, zeigte zum Beispiel die ans Naive grenzende Unverschämtheit, daß sie jetzt dem Hamilkar den Prozeß machten als dem Urheber des Söldnerkrieges, insofern er ohne Vollmacht der Regierung seinen sizilischen Soldaten Geldversprechungen gemacht habe. Wenn der Klub der

---

[1] Wir sind über diese Vorgänge nicht bloß unvollkommen berichtet, sondern auch einseitig, da natürlich die Version der karthagischen Friedenspartei die der römischen Annalisten wurde. Indes selbst in unsern zertrümmerten und getrübten Berichten – die wichtigsten sind Fabius bei Polyb. 3, 8; App. Hisp. 4 und Diod. 25 p. 567 – erscheinen die Verhältnisse der Parteien deutlich genug. Von dem gemeinen Klatsch, mit dem die »revolutionäre Verbindung« (ἑταιρεία τῶν πονηροτάτων ἀνθρώπων) von ihren Gegnern beschmutzt ward, kann man bei Nepos (Ham. 3) Proben lesen, die ihresgleichen suchen, vielleicht auch finden.

Offiziere und Volksführer die morschen Stühle dieses Mißregiments hätte umstoßen wollen, so würde er in Karthago selbst schwerlich auf große Schwierigkeiten gestoßen sein; allein auf desto größere in Rom, mit dem die regierenden Herren von Karthago schon in Verbindungen standen, die an Landesverrat grenzten. Zu allen übrigen Schwierigkeiten der Lage kam noch die hinzu, daß die Mittel zur Rettung des Vaterlandes geschaffen werden mußten, ohne daß weder die Römer noch die eigene römisch gesinnte Regierung recht darum gewahr wurden.

So ließ man die Verfassung unangetastet und die regierenden Herren im vollen Genuß ihrer Sonderrechte und des gemeinen Gutes. Es ward bloß beantragt und durchgesetzt, von den beiden Oberfeldherren, die am Ende des libyschen Krieges an der Spitze der karthagischen Truppen standen, Hanno und Hamilkar, den ersteren abzurufen und den letzteren zum Oberfeldherrn für ganz Afrika auf unbestimmte Zeit in der Art zu ernennen, daß er eine von den Regierungskollegien unabhängige Stellung – eine verfassungswidrige monarchische Gewalt nannten es die Gegner, Cato eine Diktatur – erhielt und er nur von der Volksversammlung abberufen und zur Verantwortung gezogen werden durfte[2]. Selbst die Wahl eines Nachfolgers ging nicht von den Behörden der Hauptstadt aus, sondern vom Heere, das heißt von den im Heere als Gerusiasten oder Offiziere dienenden Karthagern, die auch bei Verträgen neben dem Feldherrn genannt werden; natürlich blieb der Volksversammlung daheim das Bestätigungsrecht. Mag dies Usurpation sein oder nicht, es bezeichnet deutlich, wie die Kriegspartei das Heer als ihre Domäne ansah und behandelte.

Der Auftrag, den Hamilkar also empfing, klang nicht eben verfänglich. Die Kriege mit den numidischen Stämmen ruhten an der Grenze nie; vor kurzem erst war im Binnenland die »Stadt der hundert Tore« Theveste (Tebessa) von den Karthagern besetzt worden. Die Fortführung dieser Grenzfehden, die dem neuen Oberfeldherrn von Afrika zufiel, war an sich nicht von solcher Bedeutung, daß nicht die karthagische Regierung, die man ja in ihrem nächsten Kreise gewähren ließ, zu den darüber von der Volksversammlung getroffenen Beliebungen hätte still-

---

[2] Die Barkas schließen die wichtigsten Staatsverträge ab und die Ratifikation der Behörde ist eine Formalität (Polyb. 3, 21); Rom protestiert bei ihnen und beim Senat (Polyb. 3, 15). Die Stellung der Barkas zu Karthago hat manche Ähnlichkeit mit der der Oranier gegen die Generalstaaten.

schweigen können, während die Römer die Tragweite derselben vielleicht nicht einmal erkannten.

So stand an der Spitze des Heeres der eine Mann, der im sizilischen und im libyschen Kriege es bewährt hatte, daß die Geschicke ihn oder keinen zum Retter des Vaterlandes bestimmten. Großartiger als von ihm ist vielleicht niemals der großartige Kampf des Menschen gegen das Schicksal geführt worden. Das Heer sollte den Staat retten; aber was für ein Heer? Die karthagische Bürgerwehr hatte unter Hamilkars Führung im libyschen Kriege sich nicht schlecht geschlagen; allein er wußte wohl, daß es ein anderes ist, die Kaufleute und Fabrikanten einer Stadt, die in der höchsten Gefahr schwebt, einmal zum Kampf hinauszuführen, und ein anderes, Soldaten aus ihnen zu bilden. Die karthagische Patriotenpartei lieferte ihm vortreffliche Offiziere, aber in ihr war natürlich fast ausschließlich die gebildete Klasse vertreten – Bürgermiliz hatte er nicht, höchstens einige libyphönikische Reiterschwadronen. Es galt ein Heer zu schaffen aus den libyschen Zwangsrekruten und aus Söldnern; was einem Feldherrn wie Hamilkar möglich war, allein auch ihm nur, wenn er seinen Leuten pünktlich und reichlich den Sold zu zahlen vermochte. Aber daß die karthagischen Staatseinkünfte in Karthago selbst zu viel nötigeren Dingen gebraucht wurden als für die gegen den Feind fechtenden Heere, hatte er in Sizilien erfahren. Es mußte also dieser Krieg sich selber ernähren und im großen ausgeführt werden, was auf dem Monte Pellegrino im kleinen versucht worden war. Aber noch mehr. Hamilkar war nicht bloß Militär-, er war auch Parteichef; gegen die unversöhnliche und der Gelegenheit, ihn zu stürzen, begierig und geduldig harrende Regierungspartei mußte er auf die Bürgerschaft sich stützen, und mochten deren Führer noch so rein und edel sein, die Masse war tief verdorben und durch das unselige Korruptionssystem gewöhnt, nichts für nichts zu geben. In einzelnen Momenten schlug wohl die Not oder die Begeisterung einmal durch, wie das überall selbst in den feilsten Körperschaften vorkommt; wollte aber Hamilkar für seinen im besten Fall erst nach einer Reihe von Jahren durchführbaren Plan die Unterstützung der karthagischen Gemeinde dauernd sich sichern, so mußte er seinen Freunden in der Heimat durch regelmäßige Geldsendungen die Mittel geben, den Pöbel bei guter Laune zu erhalten. So genötigt, von der lauen und feilen Menge die Erlaubnis, sie zu retten, zu erbetteln oder zu erkaufen; genötigt, dem Übermut der Verhaßten seines Volkes, der stets von ihm Besiegten durch

Demut und Schweigsamkeit die unentbehrliche Gnadenfrist abzudingen; genötigt, den verachteten Vaterlandsverrätern, die sich die Herren seiner Stadt nannten, mit seinen Plänen seine Verachtung zu bergen – so stand der hohe Mann mit wenigen gleichgesinnten Freunden zwischen den Feinden von außen und den Feinden von innen, auf die Unentschlossenheit der einen und der andern bauend, zugleich beide täuschend und beiden trotzend, um nur erst die Mittel, Geld und Soldaten zu gewinnen zum Kampf gegen ein Land, das, selbst wenn das Heer schlagfertig dastand, mit diesem zu erreichen schwierig, zu überwinden kaum möglich schien. Er war noch ein junger Mann, wenig hinaus über die Dreißig; aber er schien zu ahnen, als er sich anschickte zu seinem Zuge, daß es ihm nicht vergönnt sein werde, das Ziel seiner Arbeit zu erreichen und das Land der Erfüllung anders als von weitem zu schauen. Seinen neunjährigen Sohn Hannibal hieß er, da er Karthago verließ, am Altar des höchsten Gottes dem römischen Namen ewigen Haß schwören, und zog ihn und die jüngeren Söhne Hasdrubal und Mago, die »Löwenbrut«, wie er sie nannte, im Feldlager auf als die Erben seiner Entwürfe, seines Genies und seines Hasses.

Der neue Oberfeldherr von Libyen brach unmittelbar nach der Beendigung des Söldnerkrieges von Karthago auf (etwa im Frühjahr 518 *236*). Er schien einen Zug gegen die freien Libyer im Westen zu beabsichtigen; sein Heer, das besonders an Elefanten stark war, zog an der Küste hin, neben ihm segelte die Flotte, geführt von seinem treuen Bundesgenossen Hasdrubal. Plötzlich vernahm man, er sei bei den Säulen des Herkules über das Meer gegangen und in Spanien gelandet, wo er Krieg führe mit den Eingeborenen; mit Leuten, die ihm nichts zuleide getan und ohne Auftrag seiner Regierung, klagten die karthagischen Behörden. Sie konnten wenigstens nicht klagen, daß er die afrikanischen Angelegenheiten vernachlässige; als die Numidier wieder einmal aufstanden, trieb sein Unterfeldherr Hasdrubal sie so nachdrücklich zu Paaren, daß auf lange Zeit an der Grenze Ruhe war und mehrere bisher unabhängige Stämme sich bequemten, Tribut zu zahlen. Was er selbst in Spanien getan, können wir im einzelnen nicht mehr verfolgen; dem alten Cato, der ein Menschenalter nach Hamilkars Tode in Spanien die noch frischen Spuren seines Wirkens sah, zwangen sie trotz allem Pönerhaß den Ausruf ab, daß kein König wert sei, neben Hamilkar Barkas genannt zu werden. In den Erfolgen liegt auch uns wenigstens im allgemeinen noch vor, was von Hamilkar als Militär und als

Staatsmann in den neun letzten Jahren seines Lebens (518–526 *236–228*) geleistet worden ist, bis er im besten Mannesalter in offener Feldschlacht tapfer kämpfend den Tod fand, wie Scharnhorst, eben als seine Pläne zu reifen begannen, und was alsdann während der nächsten acht Jahre (527–534 *227–220*) der Erbe seines Amtes und seiner Pläne, sein Tochtermann Hasdrubal an dem angefangenen Werke im Sinne des Meisters weiter geschaffen hat. Statt der kleinen Entrepôts für den Handel, die nebst dem Schutzrecht über Gades bis dahin Karthago an der spanischen Küste allein besessen und als Dependenz von Libyen behandelt hatte, ward ein karthagisches Reich in Spanien durch Hamilkars Feldherrnkunst begründet und durch Hasdrubals staatsmännische Gewandtheit befestigt. Die schönsten Landschaften Spaniens, die Süd- und Ostküste wurden phönikisches Provinzialgebiet; Städte wurden gegründet, vor allem an dem einzigen guten Hafen der Südküste Spanisch-Karthago (Cartagena) von Hasdrubal angelegt, mit des Gründers prächtiger »Königsburg«; der Ackerbau blühte auf und mehr noch die Grubenwirtschaft in den glücklich aufgefundenen Silberminen von Cartagena, die ein Jahrhundert später über $2^{1}/_{2}$ Mill. Taler (36 Mill. Sesterzen) jährlich eintrugen. Die meisten Gemeinden bis zum Ebro wurden abhängig von Karthago und zahlten ihm Zins; Hasdrubal verstand es, die Häuptlinge auf alle Weise, selbst durch Zwischenheiraten in das karthagische Interesse zu ziehen. So erhielt Karthago hier für seinen Handel und seine Fabriken eine reiche Absatzquelle, und die Einnahmen der Provinz nährten nicht bloß das Heer, sondern es blieb noch übrig, nach Hause zu senden und für die Zukunft zurückzulegen. Aber die Provinz bildete und schulte zugleich die Armee. In dem Karthago unterworfenen Gebiet fanden regelmäßige Aushebungen statt; die Kriegsgefangenen wurden untergesteckt in die karthagischen Korps; von den abhängigen Gemeinden kam Zuzug und kamen Söldner, soviel man begehrte. In dem langen Kriegsleben fand der Soldat im Lager eine zweite Heimat und als Ersatz für den Patriotismus den Fahnensinn und die begeisterte Anhänglichkeit an seine großen Führer; die ewigen Kämpfe mit den tapferen Iberern und Kelten schufen zu der vorzüglichen numidischen Reiterei ein brauchbares Fußvolk.

Von Karthago aus ließ man die Barkas machen. Da der Bürgerschaft regelmäßige Leistungen nicht abverlangt wurden, sondern vielmehr für sie noch etwas abfiel, auch der Handel in Spanien wiederfand, was er in Sizilien und Sardinien verloren, wurde der spanische Krieg und das spanische Heer mit seinen glänzenden Siegen und wichtigen Erfolgen bald so populär, daß es sogar möglich ward, in einzelnen Krisen, zum Beispiel nach Hamilkars Fall, bedeutende Nachsendungen afrikanischer Truppen nach Spanien durchzusetzen, und die Regierungspartei wohl oder übel dazu schweigen oder doch sich begnügen mußte, unter sich und gegen die Freunde in Rom auf die demagogischen Offiziere und den Pöbel zu schelten.

Auch von Rom aus geschah nichts, um den spanischen Angelegenheiten ernstlich eine andere Wendung zu geben. Die erste und vornehmste Ursache der Untätigkeit der Römer war unzweifelhaft eben ihre Unbekanntschaft mit den Verhältnissen der entlegenen Halbinsel, welche sicher auch die Hauptursache gewesen ist, weshalb Hamilkar zur Ausführung seines Planes Spanien und nicht, wie es sonst wohl auch möglich gewesen wäre, Afrika selbst erwählte. Zwar die Erklärungen, mit denen die karthagischen Feldherren den römischen, um Erkundigungen an Ort und Stelle einzuziehen nach Spanien gesandten Kommissarien entgegenkamen, die Versicherungen, daß alles dies nur geschehe, um die römischen Kriegskontributionen prompt zahlen zu können, konnten im Senat unmöglich Glauben finden; allein man erkannte wahrscheinlich von Hamilkars Plänen nur den nächsten Zweck: für die Tribute und den Handel der verlorenen Inseln in Spanien Ersatz zu schaffen, und hielt einen Angriffskrieg der Karthager, und namentlich eine Invasion Italiens von Spanien aus, wie das sowohl ausdrückliche Angaben als die ganze Lage der Sache bezeugen, für schlechterdings unmöglich. Daß unter der Friedenspartei in Karthago manche weiter sahen, versteht sich; allein wie sie dachten, konnten sie schwerlich sehr geneigt sein, über den drohenden Sturm, den zu beschwören die karthagischen Behörden längst außerstande waren, ihre römischen Freunde aufzuklären und damit die Krise nicht abzuwenden, sondern zu beschleunigen; und wenn es dennoch geschah, so mochte man in Rom solche Parteidenunziationen mit Fug sehr vorsichtig aufnehmen. Allmählich allerdings mußte die unbegreiflich rasche und gewaltige Ausbreitung der karthagischen Macht in Spanien die Aufmerksamkeit und die Besorgnisse der Römer erwecken; wie sie ihr denn auch in den letzten Jahren vor dem Ausbruch des Krieges in der Tat Schranken zu setzen versuchten. Um das Jahr 528 *(226)* schlossen sie, ihres jungen Hellenentums eingedenk, mit den beiden griechischen oder halbgriechischen Städten an der spanischen Ostküste, Zakynthos oder

Saguntum (Murviedro unweit Valencia) und Emporiae (Ampurias) Bündnis, und indem sie den karthagischen Feldherrn Hasdrubal davon in Kenntnis setzten, wiesen sie ihn zugleich an, den Ebro nicht erobernd zu überschreiten, was auch zugesagt ward. Es geschah dies keineswegs, um einen Einfall in Italien auf dem Landweg zu hindern – den Feldherrn, der diesen unternahm, konnte ein Vertrag nicht fesseln –, sondern teils um der materiellen Macht der spanischen Karthager, die gefährlich zu werden begann, eine Grenze zu stecken, teils um sich an den freien Gemeinden zwischen dem Ebro und den Pyrenäen, die Rom damit unter seinen Schutz nahm, einen sicheren Anhalt zu bereiten für den Fall, daß eine Landung und ein Krieg in Spanien notwendig werden sollte. Für den bevorstehenden Krieg mit Karthago, über dessen Unvermeidlichkeit der Senat sich nie getäuscht hat, besorgte man von den spanischen Ereignissen schwerlich größere Nachteile, als daß man genötigt werden könne, einige Legionen nach Spanien zu senden, und daß der Feind mit Geld und Soldaten etwas besser versehen sein werde, als er ohne Spanien es gewesen wäre – war man doch fest entschlossen, wie der Feldzugsplan von 536 *(218)* beweist und wie es auch gar nicht anders sein konnte, den nächsten Krieg in Afrika zu beginnen und zu beendigen, womit dann über Spanien zugleich entschieden war. Dazu kamen in den ersten Jahren die karthagischen Kontributionen, welche die Kriegserklärung abgeschnitten hätte, alsdann der Tod Hamilkars, von dem Freunde und Feinde urteilen mochten, daß seine Entwürfe mit ihm gestorben seien, endlich in den letzten Jahren, wo der Senat allerdings zu begreifen anfing, daß es nicht weise sei, mit der Erneuerung des Krieges noch lange zu zögern, der sehr erklärliche Wunsch, zuvor mit den Galliern im Potal fertig zu werden, da diese, mit der Ausrottung bedroht, voraussichtlich jeden ernstlichen Krieg, den Rom unternahm, benutzt haben würden, um die transalpinischen Völkerschaften aufs neue nach Italien zu locken und die immer noch äußerst gefährlichen Keltenzüge zu erneuern. Daß weder Rücksichten auf die karthagische Friedenspartei noch auf die bestehenden Verträge die Römer abhielten, versteht sich; überdies boten, wenn man den Krieg wollte, die spanischen Fehden jeden Augenblick einen Vorwand dazu dar. Unbegreiflich ist das Verhalten Roms demnach keineswegs; aber ebensowenig läßt sich leugnen, daß der römische Senat diese Verhältnisse kurzsichtig und schlaff behandelt hat – Fehler, wie sie seine Führung der gallischen Angelegenheiten in der gleichen Zeit noch viel unverzeihlicher aufweist. Überall ist die römische Staatskunst mehr ausgezeichnet durch Zähigkeit, Schlauheit und Konsequenz, als durch eine großartige Auffassung und rasche Ordnung der Dinge, worin ihr vielmehr die Feinde Roms von Pyrrhos bis auf Mithradates oft überlegen gewesen sind.

So gab dem genialen Entwurf Hamilkars das Glück die Weihe. Die Mittel zum Kriege waren gewonnen, ein starkes kampf- und sieggewohntes Heer und eine stetig sich füllende Kasse; aber wie für den Kampf der rechte Augenblick, die rechte Richtung gefunden werden sollte, fehlte der Führer. Der Mann, dessen Kopf und Herz in verzweifelter Lage unter einem verzweifelnden Volke den Weg zur Rettung gebahnt hatte, war nicht mehr, als es möglich ward, ihn zu betreten. Ob sein Nachfolger Hasdrubal den Angriff unterließ, weil ihm der Zeitpunkt noch nicht gekommen schien, oder ob er, mehr Staatsmann als Feldherr, sich der Oberleitung des Unternehmens nicht gewachsen glaubte, vermögen wir nicht zu entscheiden. Als er im Anfang des Jahres 534 *(220)* von Mörderhand gefallen war, beriefen die karthagischen Offiziere des spanischen Heeres an seine Stelle Hamilkars ältesten Sohn, den Hannibal. Er war noch ein junger Mann – geboren 505 *(249)*, also damals im neunundzwanzigsten Lebensjahr; aber er hatte schon viel gelebt. Seine ersten Erinnerungen zeigten ihm den Vater im entlegenen Lande fechtend und siegend auf der Eirkte; er hatte den Frieden des Catulus, die bittere Heimkehr des unbesiegten Vaters, die Greuel des libyschen Krieges mit durchempfunden. Noch ein Knabe, war er dem Vater ins Lager gefolgt; bald zeichnete er sich aus. Sein leichter und festgebauter Körper machte aus ihm einen vortrefflichen Läufer und Fechter und einen verwegenen Galoppreiter; sich den Schlaf zu versagen, griff ihn nicht an und Speise wußte er nach Soldatenart zu genießen und zu entbehren. Trotz seiner im Lager verflossenen Jugend besaß er die Bildung der vornehmen Phöniker jener Zeit; im Griechischen brachte er, wie es scheint, erst als Feldherr, unter der Leitung seines Vertrauten Sosilos von Sparta, es weit genug, um Staatsschriften in dieser Sprache selber abfassen zu können. Wie er heranwuchs, trat er in das Heer seines Vaters ein, um unter dessen Augen seinen ersten Waffendienst zu tun, um ihn in der Schlacht neben sich fallen zu sehen. Nachher hatte er unter seiner Schwester Gemahl Hasdrubal die Reiterei befehligt und durch glänzende persönliche Tapferkeit wie durch sein Führertalent sich ausgezeichnet. Jetzt rief ihn, den erprobten jugendlichen General, die Stimme seiner Kameraden an ihre Spitze und er konnte nun ausführen, wofür sein Vater und sein Schwager gelebt und gestorben. Er trat die Erbschaft an, und er durfte es. Seine Zeitgenossen haben auf seinen Charakter Makel mancherlei Art zu werfen versucht: den Römern hieß er grausam, den Karthagern habsüchtig; freilich haßte er, wie nur orientalische Naturen zu hassen verstehen, und ein Feldherr, dem niemals Geld und Vorräte ausgegangen sind, mußte wohl suchen zu haben. Indes, wenn auch Zorn, Neid und Gemeinheit seine Geschichte geschrieben haben, sie haben das reine und große Bild nicht zu trüben vermocht. Von schlechten Erfindungen, die sich selber richten, und von dem abgesehen, was durch Schuld seiner Unterfeldherren, namentlich des Hannibal Monomachos und Mago des Samniten, in seinem Namen geschehen ist, liegt in den Berichten über ihn nichts vor, was nicht unter den damaligen Verhältnissen und nach dem damaligen Völkerrecht zu verantworten wäre; und darin stimmen sie alle zusammen, daß er wie kaum ein anderer Besonnenheit und Begeisterung, Vorsicht und Tatkraft miteinander zu vereinigen verstanden hat. Eigentümlich ist ihm die erfinderische Verschmitztheit, die einen der Grundzüge des phönikischen Charakters bildet; er ging gern eigentümliche und ungeahnte Wege, Hinterhalte und Kriegslisten aller Art waren ihm geläufig, und den Charakter der Gegner studierte er mit beispielloser Sorgfalt. Durch eine Spionage ohnegleichen – er hatte stehende Kundschafter sogar in Rom – hielt er von den Vornahmen des Feindes sich unterrichtet; ihn selbst sah man häufig in Verkleidungen und mit falschem Haar, dies oder jenes auskundschaftend. Von seinem strategischen Genie zeugt jedes Blatt der Geschichte dieser Zeit und nicht minder von seiner staatsmännischen Begabung, die er noch nach dem Frieden mit Rom durch seine Reform der karthagischen Verfassung und durch den beispiellosen Einfluß bekundete, den er als landflüchtiger Fremdling in den Kabinetten der östlichen Mächte ausübte. Welche Macht über die Menschen er besaß, beweist seine unvergleichliche Gewalt über ein buntgemischtes und vielsprachiges Heer, das in den schlimmsten Zeiten niemals gegen ihn gemeutert hat. Er war ein großer Mann; wohin er kam, ruhten auf ihm die Blicke aller.

Hannibal beschloß sofort nach seiner Ernennung (Frühling 534 *220*) den Beginn des Krieges. Er hatte gute Gründe, jetzt, da das Keltenland noch in Gärung war und ein Krieg zwischen Rom und Makedonien vor der Tür schien, ungesäumt loszuschlagen und den Krieg dahin zu tragen, wohin es ihm beliebte, bevor die

Römer ihn begannen, wie es ihnen bequem war, mit einer Landung in Afrika. Sein Heer war bald marschfertig, die Kasse durch einige Razzias in großem Maßstab gefüllt; allein die karthagische Regierung zeigte nichts weniger als Lust, die Kriegserklärung nach Rom abgehen zu lassen. Hasdrubals, des patriotischen Volksführers Platz war in Karthago schwerer zu ersetzen als der Platz des Feldherrn Hasdrubal in Spanien; die Partei des Friedens hatte jetzt daheim die Oberhand und verfolgte die Führer der Kriegspartei mit politischen Prozessen. Sie, die schon Hamilkars Pläne beschnitten und bemängelt hatte, war keineswegs gemeint, den unbekannten jungen Mann, der jetzt in Spanien befehligte, auf Staatskosten jugendlichen Patriotismus treiben zu lassen; und Hannibal scheute doch davor zurück, den Krieg in offener Widersetzlichkeit gegen die legitimen Behörden selber zu erklären; er versuchte die Saguntiner zum Friedensbruch zu reizen; allein sie begnügten sich, in Rom Klage zu führen. Er versuchte, als darauf von Rom eine Kommission erschien, nun diese durch schnöde Behandlung zur Kriegserklärung zu treiben; allein die Kommissarien sahen, wie die Dinge standen; sie schwiegen in Spanien, um in Karthago Beschwerde zu führen und daheim zu berichten, daß Hannibal schlagfertig stehe und der Krieg vor der Tür sei. So verfloß die Zeit; schon traf die Nachricht ein von dem Tode des Antigonos Doson, der etwa gleichzeitig mit Hasdrubal plötzlich gestorben war; im italischen Keltenland ward die Gründung der Festungen mit verdoppelter Schnelligkeit und Energie von den Römern betrieben; der Schilderhebung in Illyrien schickte man in Rom sich an, im nächsten Frühjahr ein rasches Ende zu bereiten. Jeder Tag war kostbar; Hannibal entschloß sich. Er meldete kurz und gut nach Karthago, daß die Saguntiner karthagischen Untertanen, den Torboleten, zu nahe träten und er sie darum angreifen müsse; und ohne die Antwort abzuwarten, begann er im Frühjahr 535 *(219)* die Belagerung der mit Rom verbündeten Stadt, das heißt den Krieg gegen Rom. Was man in Karthago dachte und beriet, mag man sich etwa vorstellen nach dem Eindruck, den Yorks Kapitulation in gewissen Kreisen machte. Alle »angesehenen Männer«, heißt es, mißbilligten den »ohne Auftrag« geschehenen Angriff; es war die Rede von Desavouierung, von Auslieferung des dreisten Offiziers. Aber sei es, daß im karthagischen Rat die nähere Furcht vor dem Heer und der Menge die vor Rom überwog; sei es, daß man die Unmöglichkeit begriff, einen solchen Schritt, einmal getan, zurückzutun; sei es, daß die bloße Macht der Trägheit ein bestimmtes Auftreten hinderte – man entschloß sich endlich, sich zu nichts zu entschließen und den Krieg, wenn nicht zu führen, doch führen zu lassen. Sagunt verteidigte sich, wie nur spanische Städte sich zu verteidigen verstehen; hätten die Römer nur einen geringen Teil der Energie ihrer Schutzbefohlenen entwickelt und nicht während der achtmonatlichen Belagerung Sagunts mit dem elenden illyrischen Räuberkrieg die Zeit verdorben, so hätten sie, Herren der See und geeigneter Landungsplätze, sich die Schande des zugesagten und nicht gewährten Schutzes ersparen und dem Krieg vielleicht eine andere Wendung geben können. Indes sie säumten, und die Stadt ward endlich erstürmt. Wie Hannibal die Beute nach Karthago zur Verteilung sandte, ward der Patriotismus und die Kriegslust bei vielen rege, die davon bisher nichts gespürt hatten, und die Austeilung schnitt jede Versöhnung mit Rom ab. Als daher nach der Zerstörung Sagunts eine römische Gesandtschaft in Karthago erschien und die Auslieferung des Feldherrn und der im Lager anwesenden Gerusiasten forderte, und als der römische Sprecher, die versuchte Rechtfertigung unterbrechend, die Diskussion abschnitt und, sein Gewand zusammenfassend, sprach, daß er darin Frieden und Krieg halte und daß die Gerusia wählen möge, da ermannten sich die Gerusiasten zu der Antwort, daß man es ankommen lasse auf die Wahl des Römers; und als dieser den Krieg bot, nahm man ihn an (Frühling 536 *218*).

Hannibal, der durch den hartnäckigen Widerstand der Saguntiner ein volles Jahr verloren hatte, war für den Winter 535/36 *(219/18)* wie gewöhnlich zurückgegangen nach Cartagena, um alles teils zum Angriff vorzubereiten, teils zur Verteidigung von Spanien und Afrika; denn da er wie sein Vater und sein Schwager den Oberbefehl in beiden Gebieten führte, lag es ihm ob, auch zum Schutz der Heimat die Anstalten zu treffen. Die gesamte Masse seiner Streitkräfte betrug ungefähr 120 000 Mann zu Fuß, 16 000 zu Pferd; ferner 58 Elefanten und 32 bemannte, achtzehn unbemannte Fünfdecker außer den in der Hauptstadt befindlichen Elefanten und Schiffen. Mit Ausnahme weniger Ligurer unter den leichten Truppen gab es in diesem karthagischen Heere Söldner gar nicht; die Truppen bestanden außer einigen phönikischen Schwadronen im wesentlichen aus den zum Dienst ausgehobenen karthagischen Untertanen, Libyern und Spaniern. Der Treue der letzteren sich zu versichern gab der menschenkundige Feldherr ihnen ein Zeichen des Vertrauens, allgemeinen Urlaub während des ganzen Winters; den Libyern versprach der Feldherr, der den engherzigen phönikischen Sonderpatriotismus nicht teilte, eidlich das karthagische Bürgerrecht, wenn sie als Sieger nach Afrika zurückkehren würden. Indes war diese Truppenmasse nur zum Teil für die italische Expedition bestimmt. Etwa 20000 Mann kamen nach Afrika, der kleinere Teil nach der Hauptstadt und dem eigentlich phönikischen Gebiet, der größere an die westliche Spitze von Afrika. Zur Deckung von Spanien blieben 12000 Mann zu Fuß zurück nebst 2500 Pferden und fast der Hälfte der Elefanten, außerdem die dort stationierte Flotte; den Oberbefehl und das Regiment übernahm hier Hannibals jüngerer Bruder Hasdrubal. Das unmittelbar karthagische Gebiet ward verhältnismäßig schwach besetzt, da die Hauptstadt im Notfall Hilfsmittel genug bot; ebenso genügte in Spanien, wo neue Aushebungen sich mit Leichtigkeit veranstalten ließen, für jetzt eine mäßige Zahl von Fußsoldaten, während dagegen ein verhältnismäßig starker Teil der eigentlich afrikanischen Waffen, der Pferde und Elefanten dort zurückblieb. Die Hauptsorgfalt wurde darauf gewendet, die Verbindungen zwischen Spanien und Afrika zu sichern, weshalb in Spanien die Flotte blieb und Westafrika von einer sehr starken Truppenmasse gehütet ward. Für die Treue der Truppen bürgte, außer den in dem festen Sagunt versammelten Geiseln der spanischen Gemeinden, die Verlegung der Soldaten außerhalb ihrer Aushebungsbezirke, indem die ostafrikanische Landwehr vorwiegend nach Spanien, die spanische nach Westafrika, die westafrikanische nach Karthago kamen. So war für die Verteidigung hinreichend gesorgt. Was den Angriff anlangt, so sollte von Karthago aus ein Geschwader von 20 Fünfdeckern mit 1000 Soldaten an Bord nach der italischen Westküste segeln und diese verheeren, ein zweites von 25 Segeln womöglich sich wieder in Lilybäon festsetzen; dieses bescheidene Maß von Anstrengungen glaubte Hannibal seiner Regierung zumuten zu können. Mit der Hauptarmee beschloß er selbst in Italien einzurücken, wie das ohne Zweifel schon in Hamilkars ursprünglichem Plan lag. Ein entscheidender Angriff auf Rom war nur in Italien möglich wie auf Karthago nur in Libyen; so gewiß Rom seinen nächsten Feldzug mit dem letzteren begann, so gewiß durfte auch Karthago sich nicht von vornherein entweder auf ein sekundäres Operationsobjekt, wie zum Beispiel Sizilien, oder gar auf die Verteidigung beschränken – die Niederlagen brachten in all diesen Fällen das gleiche Verderben, nicht aber der Sieg die gleiche Frucht.

Aber wie konnte Italien angegriffen werden? Es mochte gelingen, die Halbinsel zu Wasser oder zu Lande zu erreichen; aber sollte der Zug nicht ein verzweifeltes Abenteuer sein, sondern eine militärische Expedition mit strategischem Ziel, so bedurfte man dort einer näheren Operationsbasis, als Spanien oder Afrika waren. Auf eine Flotte und eine Hafenfestung konnte Hannibal sich nicht stützen, da jetzt Rom das Meer beherrschte. Aber ebensowenig bot sich in dem Gebiet der italischen Eidgenossenschaft irgendein haltbarer Stützpunkt. Hatte sie zu ganz anderen Zeiten und trotz der hellenischen Sympathien dem Stoß des Pyrrhos gestanden, so war nicht zu erwarten, daß sie jetzt auf das Erscheinen des phönikischen Feldherrn hin zusammenbrechen werde; zwischen dem römischen Festungsnetz und der festgeschlossenen Bundesgenossenschaft ward das Invasionsheer ohne Zweifel erdrückt. Einzig das Ligurer- und Keltenland konnte für Hannibal sein, was für Napoleon in seinen sehr ähnlichen russischen Feldzügen Polen gewesen ist; diese, noch von dem kaum beendigten Unabhängigkeitskampf gärenden Völkerschaften, den Italikern stammfremd und in ihrer Existenz bedroht, um die eben jetzt sich die ersten Ringe der römischen Festungs- und Chausseenkette legten, mußten in dem phönikischen Heere, das zahlreiche spanische Kelten in seinen Reihen zählte, ihre Retter erkennen und ihm als erster Rückhalt, als Verpflegungs- und Rekrutierungsbezirk dienen. Schon waren förmliche Verträge mit den Boiern und Insubrern abgeschlossen, wodurch sie sich anheischig machten, dem karthagischen Heer Wegweiser entgegenzusenden, ihnen gute Aufnahme bei ihren Stammgenossen und Zufuhr unterwegs auszuwirken und gegen die Römer sich zu erheben, sowie das karthagische Heer auf italischem Boden stehe. Eben in diese Gegend führten endlich die Beziehungen zum Osten. Makedonien, das durch den Sieg von Sellasia seine Herrschaft im Peloponnes neu befestigt hatte, stand mit Rom in gespannten Verhältnissen; Demetrios von Pharos, der das römische Bündnis mit dem makedonischen vertauscht hatte und von den Römern vertrieben worden war, lebte als Flüchtling am makedonischen Hof, und dieser hatte den Römern die begehrte Auslieferung verweigert. Wenn es möglich war, die Heere vom Guadalquivir und vom Karasu irgendwo zu vereinigen gegen den gemeinschaftlichen Feind, so konnte das nur am Po geschehen. So wies alles nach Norditalien; und daß schon des Vaters Blick dahin gerichtet gewesen, zeigt die karthagische Streifpartei, der die Römer zu ihrer großen Verwunderung im Jahre 524 *(230)* in Ligurien begegnet waren.

Weniger deutlich ist, warum Hannibal dem Land- vor dem

Seeweg den Vorzug gab; denn daß weder die Seeherrschaft der Römer noch ihr Bund mit Massalia eine Landung in Genua unmöglich machte, leuchtet ein und hat die Folge bewiesen. In unserer Überlieferung fehlen, um diese Frage genügend zu entscheiden, nicht wenige Faktoren, auf die es ankommen würde und die sich nicht durch Vermutung ergänzen lassen. Hannibal hatte unter zwei Übeln zu wählen. Statt den ihm unbekannten und weniger zu berechnenden Wechselfällen der Seefahrt und des Seekrieges sich auszusetzen, muß es ihm geratener erscheinen sein, lieber die unzweifelhaft ernstlich gemeinten Zusicherungen der Boier und Insubrer anzunehmen, um so mehr, als auch das bei Genua gelandete Heer noch die Berge hätte überschreiten müssen; schwerlich konnte er genau wissen, wie viel geringere Schwierigkeiten der Apennin bei Genua darbietet als die Hauptkette der Alpen. War doch der Weg, den er einschlug, die uralte Keltenstraße, auf der viel größere Schwärme die Alpen überstiegen hatten; der Verbündete und Erretter des Keltenvolkes durfte ohne Verwegenheit diesen betreten.

So vereinigte Hannibal die für die große Armee bestimmten Truppen mit dem Anfang der guten Jahreszeit in Cartagena; es waren ihrer 90000 Mann zu Fuß und 12000 Reiter, darunter etwa zwei Drittel Afrikaner und ein Drittel Spanier – die mitgeführten 37 Elefanten mochten mehr bestimmt sein, den Galliern zu imponieren, als zum ernstlichen Krieg. Hannibals Fußvolk war nicht mehr wie das, welches Xanthippos führte, genötigt, sich hinter einen Vorhang von Elefanten zu verbergen, und der Feldherr einsichtig genug, um dieser zweischneidigen Waffe, die ebenso oft die Niederlage des eigenen wie die des feindlichen Heeres herbeigeführt hatte, sich nur sparsam und vorsichtig zu bedienen. Mit diesem Heere brach Hannibal im Frühling 536 *(218)* von Cartagena auf gegen den Ebro. Von den getroffenen Maßregeln, namentlich den mit den Kelten angeknüpften Verbindungen, von den Mitteln und dem Ziel des Zuges ließ er die Soldaten soviel erfahren, daß auch der Gemeine, dessen militärischen Instinkt der lange Krieg entwickelt hatte, den klaren Blick und die sichere Hand des Führers ahnte und mit festem Vertrauen ihm in die unbekannte Weite folgte; und die feurige Rede, in der er die Lage des Vaterlandes und die Forderungen der Römer vor ihnen darlegte, die gewisse Knechtung der teuren Heimat, das schmachvolle Ansinnen der Auslieferung des geliebten Feldherrn und seines Stabes, entflammte den Soldaten- und den Bürgersinn in den Herzen aller.

Der römische Staat war in einer Verfassung, wie sie auch in festgegründeten und einsichtigen Aristokratien wohl eintritt. Was man wollte, wußte man wohl; es geschah auch manches, aber nichts recht noch zur rechten Zeit. Längst hätte man Herr der Alpentore und mit den Kelten fertig sein können; noch waren diese furchtbar und jene offen. Man hätte mit Karthago entweder Freundschaft haben können, wenn man den Frieden von 513 *(241)* ehrlich einhielt, oder, wenn man das nicht wollte, konnte Karthago längst unterworfen sein; jener Friede ward durch die Wegnahme Sardiniens tatsächlich gebrochen und Karthagos Macht ließ man zwanzig Jahre hindurch sich ungestört regenerieren. Mit Makedonien Frieden zu halten war nicht schwer; um geringen Gewinn hatte man diese Freundschaft verscherzt. An einem leitenden, die Verhältnisse im Zusammenhang beherrschenden Staatsmann muß es gefehlt haben; überall war entweder zu wenig geschehen oder zu viel. Nun begann der Krieg, zu dem man Zeit und Ort den Feind hatte bestimmen lassen; und im wohlbegründeten Vollgefühl militärischer Überlegenheit war man ratlos über Ziel und Gang der nächsten Operationen. Man disponierte über eine halbe Million brauchbarer Soldaten – nur die römische Reiterei war minder gut und verhältnismäßig minder zahlreich als die karthagische, jene etwa ein Zehntel, diese ein Achtel der Gesamtzahl der ausrückenden Truppen. Der römischen Flotte von 220 Fünfdeckern, die eben aus dem Adriatischen Meere in die Westsee zurückfuhr, hatte keiner der von diesem Kriege berührten Staaten eine entsprechende entgegenzustellen. Die natürliche und richtige Verwendung dieser erdrückenden Übermacht ergab sich von selbst. Seit langem stand es fest, daß der Krieg eröffnet werden sollte mit einer Landung in Afrika; die spätere Wendung der Ereignisse hatte die Römer gezwungen, eine gleichzeitige Landung in Spanien in den Kriegsplan aufzunehmen, vornehmlich, um nicht die spanische Armee vor den Mauern von Karthago zu finden. Nach diesem Plan mußte man, als der Krieg durch Hannibals Angriff auf Sagunt zu Anfang 535 *(219)* tatsächlich eröffnet war, vor allen Dingen ein römisches Heer nach Spanien werfen, ehe die Stadt fiel; allein man versäumte das Gebot des Vorteils nicht minder wie der Ehre. Acht Monate lang hielt Sagunt sich umsonst – als die Stadt überging, hatte Rom zur Landung in Spanien nicht einmal gerüstet. Indes noch war das Land zwischen dem Ebro und den Pyrenäen frei, dessen Völkerschaften nicht bloß die natürlichen Verbündeten der Römer waren, sondern auch von römischen Emissären gleich den Saguntinern Versprechungen schleunigen Beistandes empfangen hatten. Nach Katalonien gelangt man zu Schiff von Italien nicht viel weniger rasch wie von Cartagena zu Lande; wenn nach der inzwischen erfolgten förmlichen Kriegserklärung die Römer wie die Phöniker im April aufbrachen, konnte Hannibal den römischen Legionen an der Ebrolinie begegnen.

Allerdings wurde denn auch der größere Teil des Heeres und der Flotte für den Zug nach Afrika verfügbar gemacht und der zweite Konsul Publius Cornelius Scipio an den Ebro beordert; allein er nahm sich Zeit, und als am Po ein Aufstand ausbrach, ließ er das zur Einschiffung bereitstehende Heer dort verwenden und bildete für die spanische Expedition neue Legionen. So fand Hannibal am Ebro zwar den heftigsten Widerstand, aber nur von den Eingeborenen; mit diesen ward er, dem unter den obwaltenden Umständen die Zeit noch kostbarer war als das Blut seiner Leute, mit Verlust des vierten Teiles seiner Armee in einigen Monaten fertig und erreichte die Linie der Pyrenäen. Daß durch jene Zögerung die spanischen Bundesgenossen Roms zum zweitenmal aufgeopfert wurden, konnte man ebenso sicher vorhersehen, als die Zögerung selbst sich leicht vermeiden ließ; wahrscheinlich aber wäre selbst der Zug nach Italien, den man in Rom noch im Frühling 536 *(218)* nicht geahnt haben muß, durch zeitiges Erscheinen der Römer in Spanien abgewendet worden. Hannibal hatte keineswegs die Absicht, sein spanisches »Königreich« aufgebend, sich wie ein Verzweifelter nach Italien zu werfen; die Zeit, die er an Sagunts Erstürmung und an die Unterwerfung Kataloniens gewandt hatte, das beträchtliche Korps, das er zur Besetzung des neugewonnenen Gebiets zwischen dem Ebro und den Pyrenäen zurückließ, beweisen zur Genüge, daß, wenn ein römisches Heer ihm den Besitz Spaniens streitig gemacht hätte, er sich nicht begnügt haben würde, sich demselben zu entziehen; und was die Hauptsache war, wenn die Römer seinen Abmarsch aus Spanien auch nur um einige Wochen zu verzögern imstande waren, so schloß der Winter die Alpenpässe, ehe Hannibal sie erreichte, und die afrikanische Expedition ging ungehindert nach ihrem Ziele ab.

An den Pyrenäen angelangt, entließ Hannibal einen Teil seiner Truppen in die Heimat; eine von Anfang an beschlossene Maßregel, die den Feldherrn den Soldaten gegenüber des Erfolges sicher zeigen und dem Gefühl steuern sollte, daß sein Unternehmen eines von denen sei, von welchen man nicht heimkehrt. Mit einem Heer von 50000 Mann zu Fuß und 9000 zu Pferd, lauter alten Soldaten, ward das Gebirg ohne Schwierigkeit überschritten und alsdann der Küstenweg über Narbonne und Nîmes eingeschlagen durch das keltische Gebiet, das teils die früher angeknüpften Verbindungen, teils das karthagische Gold, teils die Waffen dem Heere öffneten. Erst als dieses Ende Juli Avignon gegenüber an die Rhone gelangte, schien seiner hier ein ernstlicher Widerstand zu warten. Der Konsul Scipio, der auf seiner Fahrt nach Spanien in Massalia angelegt hatte (etwa Ende Juni), war dort berichtet worden, daß er zu spät komme und Hannibal schon nicht bloß den Ebro, sondern auch die Pyrenäen passiert habe. Auf diese Nachrichten, welche zuerst die Römer über die Richtung und das Ziel Hannibals aufgeklärt zu haben scheinen, hatte der Konsul seine spanische Expedition vorläufig aufgegeben und sich entschlossen, in Verbindung mit den keltischen Völkerschaften dieser Gegend, welche unter dem Einfluß der Massalioten und dadurch unter dem römischen standen, die Phöniker an der Rhone zu empfangen und ihnen den Übergang über den Fluß und den Einmarsch in Italien zu verwehren. Zum Glück für Hannibal stand gegenüber dem Punkte, wo er überzugehen gedachte, für jetzt nur der keltische Landsturm, während der Konsul selbst mit seinem Heer von 22000 Mann zu Fuß und 2000 Reitern noch in Massalia selbst vier Tagemärsche stromabwärts davon sich befand. Die Boten des gallischen Landsturms eilten, ihn zu benachrichtigen. Hannibal sollte das Heer mit der starken Reiterei und den Elefanten unter den Augen des Feindes und bevor Scipio eintraf über den reißenden Strom führen; und er besaß nicht einen Nachen. Sogleich wurden auf seinen Befehl von den zahlreichen Rhoneschiffern in der Umgegend alle ihre Barken zu jedem Preise aufgekauft und was an Kähnen noch fehlte, aus gefällten Bäumen gezimmert; und in der Tat konnte die ganze zahlreiche Armee an einem Tage übergesetzt werden. Während dies geschah, marschierte eine starke Abteilung unter Hanno, Bomilkars Sohn, in Gewaltmärschen stromaufwärts bis zu einem zwei kleine Tagemärsche oberhalb Avignon gelegenen Übergangspunkt, den sie unverteidigt fanden. Hier überschritten sie auf schleunig zusammengeschlagenen Flößen den Fluß, um dann stromabwärts sich wendend die Gallier in den Rücken zu fassen, die dem Hauptheer den Übergang verwehrten. Schon am Morgen des fünften Tages nach der Ankunft an der Rhone, des dritten nach Hannos Abmarsch, stiegen die Rauchsignale der entsandten Abteilung am gegenüberliegenden Ufer auf, für Hannibal das sehnlich erwartete Zeichen zum Übergang. Eben als die Gallier, sehend, daß die feindliche Kahnflotte in Bewegung kam, das Ufer zu besetzen eilten, loderte plötzlich ihr Lager hinter ihnen in Flammen auf; überrascht und geteilt, vermochten sie weder dem Angriff zu stehen noch dem Übergang zu wehren und zerstreuten sich in eiliger Flucht.

Scipio hielt währenddessen in Massalia Kriegsratsitzungen über die geeignete Besetzung der Rhôneübergänge und ließ sich nicht einmal durch die dringenden Botschaften der Keltenführer zum Aufbruch bestimmen. Er traute ihren Nachrichten nicht und begnügte sich, eine schwache römische Reiterabteilung zur Rekognoszierung auf dem linken Rhoneufer zu entsenden. Diese traf bereits die gesamte feindliche Armee auf dies Ufer übergegangen und beschäftigt, die allein noch am rechten Ufer zurückgebliebenen Elefanten nachzuholen; nachdem sie in der Gegend von Avignon, um nur die Rekognoszierung beendigen zu können, einigen karthagischen Schwadronen ein hitziges Gefecht geliefert hatte – das erste, in dem die Römer und Phöniker in diesem Krieg aufeinandertrafen –, machte sie sich eiligst auf den Rückweg, um im Hauptquartier Bericht zu erstatten. Scipio brach nun Hals über Kopf mit all seinen Truppen gegen Avignon auf; allein als er dort eintraf, war selbst die zur Deckung des Übergangs der Elefanten zurückgelassene karthagische Reiterei bereits seit drei Tagen abmarschiert, und es blieb dem Konsul nichts übrig, als mit ermüdeten Truppen und geringem Ruhm nach Massalia heimzukehren und auf die »feige Flucht« des Puniers zu schmälen. So hatte man erstens zum drittenmal durch reine Lässigkeit die Bundesgenossen und eine wichtige Verteidigungslinie preisgegeben, zweitens, indem man nach diesem ersten Fehler vom verkehrten Rasten zu verkehrtem Hasten überging und ohne irgendeine Aussicht auf Erfolg nun doch noch tat, was mit so sicherer einige Tage zuvor geschehen konnte, eben dadurch das wirkliche Mittel, den Fehler wiedergutzumachen, aus den Händen gegeben. Seit Hannibal diesseits der Rhone im Keltenland stand, war es nicht mehr zu hindern, daß er an die Alpen gelangte; allein wenn sich Scipio auf die erste Kunde hin mit seinem ganzen Heer nach Italien wandte – in sieben Tagen war über Genua der Po zu erreichen – und mit seinem Korps die schwachen Abteilungen im Potal vereinigte, so konnte er wenigstens dort dem Feind einen gefährlichen Empfang bereiten. Allein nicht bloß verlor er die kostbare Zeit mit dem Marsch nach Avignon, sondern es fehlte sogar dem sonst tüchtigen Manne, sei es der politische Mut, sei es die militärische Einsicht, die Bestimmung seines Korps den Umständen gemäß zu verändern; er sandte das Gros desselben unter seinem Bruder Gnaeus nach Spanien und ging selbst mit weniger Mannschaft zurück nach Pisae.

Hannibal, der nach dem Übergang über die Rhone in einer großen Heeresversammlung den Truppen das Ziel seines Zuges auseinandergesetzt und den aus dem Potal angelangten Keltenhäuptling Magilus selbst durch den Dolmetsch hatte zu dem Heere sprechen lassen, setzte inzwischen ungehindert seinen Marsch nach den Alpenpässen fort. Welchen derselben er wählte, darüber konnte weder die Kürze des Weges noch die Gesinnung der Einwohner zunächst entscheiden, wenngleich er weder mit Umwegen noch mit Gefechten Zeit zu verlieren hatte. Den Weg mußte er einschlagen, der für seine Bagage, seine starke Reiterei und die Elefanten praktikabel war und in dem ein Heer hinreichende Subsistenzmittel, sei es im guten oder mit Gewalt, sich verschaffen konnte – denn obwohl Hannibal Anstalten getroffen hatte, Lebensmittel auf Saumtieren sich nachzuführen, so konnten bei einem Heere, das immer noch trotz starker Verluste gegen 50000 Mann zählte, diese doch notwendig nur für einige Tage ausreichen. Abgesehen von dem Küstenweg, den Hannibal nicht einschlug, nicht weil die Römer ihn sperrten, sondern weil er ihn von seinem Ziel abgeführt haben würde, führten in alter Zeit[3] von Gallien nach Italien nur zwei namhafte Alpenübergänge: der Paß über die Kottische Alpe (Mont Genèvre) in das Gebiet der Tauriner (über Susa oder Fenestrelles nach Turin) und der über die Graische (Kleiner St. Bernhard) in das der Salasser (nach Aosta und Ivrea). Der erstere Weg ist der kürzere; allein von da an, wo er das Rhonetal verläßt, führt er in den unwegsamen und unfruchtbaren Flußtälern des Drak, der Romanche und der oberen Durance durch ein schwieriges und armes Bergland und erfordert einen mindestens sieben- bis achttägigen Gebirgsmarsch; eine Heerstraße hat erst Pompeius hier angelegt, um zwischen der dies- und der jenseitigen gallischen Provinz eine kürzere Verbindung herzustellen.

Der Weg über den Kleinen St. Bernhard ist etwas länger; allein nachdem er die erste, das Rhonetal östlich begrenzende Alpen-

---

[3] Der Weg über den Mont Cenis ist erst im Mittelalter eine Heerstraße geworden. Die östlichen Pässe, wie zum Beispiel der über die Poeninische Alpe oder den Großen St. Bernhard, der übrigens auch erst durch Caesar und Augustus Militärstraße ward, kommen natürlich hier nicht in Betracht.

wand überstiegen hat, hält er sich in dem Tale der oberen Isère, das von Grenoble über Chambéry bis hart an den Fuß des Kleinen St. Bernhard, das heißt der Hochalpenkette sich hinzieht und unter allen Alpentälern das breiteste, fruchtbarste und bevölkertste ist. Es ist ferner der Weg über den Kleinen St. Bernhard unter allen natürlichen Alpenpassagen zwar nicht die niedrigste, aber bei weitem die bequemste; obwohl dort keine Kunststraße angelegt ist, überschritt auf ihr noch im Jahre 1815 ein österreichisches Korps mit Artillerie die Alpen. Dieser Weg, der bloß über zwei Bergkämme führt, ist endlich von den ältesten Zeiten an die große Heerstraße aus dem keltischen in das italische Land gewesen. Die karthagische Armee hatte also in der Tat keine Wahl; es war ein glückliches Zusammentreffen, aber kein bestimmendes Motiv für Hannibal, daß die ihm verbündeten keltischen Stämme in Italien bis an den Kleinen St. Bernhard wohnten, während ihn der Weg über den Mont Genèvre zunächst in das Gebiet der Tauriner geführt haben würde, die seit alten Zeiten mit den Insubrern in Fehde lagen.

So marschierte das karthagische Heer zunächst an der Rhone hinauf gegen das Tal der oberen Isère zu, nicht, wie man vermuten könnte, auf dem nächsten Weg, an dem linken Ufer der unteren Isère hinauf, von Valence nach Grenoble, sondern durch die »Insel« der Allobrogen, die reiche und damals schon dichtbevölkerte Niederung, die nördlich und westlich von der Rhone, südlich von der Isère, östlich von den Alpen umfaßt wird. Es geschah dies wieder deshalb, weil die nächste Straße durch ein unwegsames und armes Bergland geführt hätte, während die Insel eben und äußerst fruchtbar ist und nur eine einfache Bergwand sie von dem oberen Isèretal scheidet. Der Marsch an der Rhone in und quer durch die Insel bis an den Fuß der Alpenwand war in sechzehn Tagen vollendet; er bot geringe Schwierigkeit und auf der Insel selbst wußte Hannibal durch geschickte Benutzung einer zwischen zwei allobrogischen Häuptlingen ausgebrochenen Fehde sich einen der bedeutendsten derselben zu verpflichten, daß derselbe den Karthagern nicht bloß durch die ganze Ebene das Geleit gab, sondern auch ihnen die Vorräte ergänzte und die Soldaten mit Waffen, Kleidung und Schuhzeug versah. Allein an dem Übergang über die erste Alpenkette, die steil und wandartig emporsteigt und über die nur ein einziger gangbarer Pfad (über den Mont du Chat beim Dorfe Chevelu) führt, wäre fast der Zug gescheitert. Die allobrogische Bevölkerung hatte den Paß stark besetzt. Hannibal erfuhr es früh genug, um einen Überfall zu vermeiden, und lagerte am Fuß, bis nach Sonnenuntergang die Kelten sich in die Häuser der nächsten Stadt zerstreuten, worauf er in der Nacht den Paß einnahm. So war die Höhe gewonnen; allein auf dem äußerst steilen Weg, der von der Höhe nach dem See von Bourget hinabführt, glitten und stürzten die Maultiere und die Pferde. Die Angriffe, die an geeigneten Stellen von den Kelten auf die marschierende Armee gemacht wurden, waren weniger an sich als durch das in Folge derselben entstehende Getümmel sehr unbequem; und als Hannibal sich mit seinen leichten Truppen von oben herab auf die Allobrogen warf, wurden diese zwar ohne Mühe und mit starkem Verlust den Berg hinuntergejagt, allein die Verwirrung, besonders in dem Train, ward noch erhöht durch den Lärm des Gefechts. So nach starkem Verlust in der Ebene angelangt, überfiel Hannibal sofort die nächste Stadt, um die Barbaren zu züchtigen und zu schrecken und zugleich seinen Verlust an Saumtieren und Pferden möglichst wieder zu ersetzen. Nach einem Rasttag in dem anmutigen Tal von Chambéry setzte die Armee an der Isère hinauf ihren Marsch fort, ohne in dem breiten und reichen Grund durch Mangel oder Angriffe aufgehalten zu werden. Erst als man am vierten Tage eintrat in das Gebiet der Ceutronen (die heutige Tarantaise), wo allmählich das Tal sich verengt, hatte man wiederum mehr Veranlassung, auf seiner Hut zu sein. Die Ceutronen empfingen das Heer an der Landesgrenze (etwa bei Conflans) mit Zweigen und Kränzen, stellten Schlachtvieh, Führer und Geiseln, und wie durch Freundesland zog man durch ihr Gebiet. Als jedoch die Truppen unmittelbar am Fuß der Alpen angelangt waren, da wo der Weg die Isère verläßt und durch ein enges und schwieriges Defilee an den Bach Reclus hinauf sich zu dem Gipfel des Bernhard emporwindet, erschien auf einmal die Landwehr der Ceutronen teils im Rücken der Armee, teils auf den rechts und links den Paß einschließenden Bergrändern, in der Hoffnung, den Troß und das Gepäck abzuschneiden. Allein Hannibal, dessen sicherer Takt in all jenem Entgegenkommen der Ceutronen nichts gesehen hatte als die Absicht, zugleich Schonung ihres Gebiets und die reiche Beute zu gewinnen, hatte in Erwartung eines solchen Angriffs den Troß und die Reiterei voraufgeschickt und deckte den Marsch mit dem gesamten Fußvolk; die Absicht der Feinde wurde dadurch vereitelt, obwohl er nicht verhindern konnte, daß sie, auf den Bergabhängen den Marsch des Fußvolks begleitend, ihm durch geschleuderte oder herabgerollte Steine sehr beträchtlichen Verlust zufügten. An dem »weißen Stein« (noch jetzt *la roche blanche*), einem hohen, am Fuße des Bernhard einzeln stehenden und den Aufweg auf denselben beherrschenden Kreidefels, lagerte Hannibal mit seinem Fußvolk, den Abzug der die ganze Nacht hindurch mühsam hinaufklimmenden Pferde und Saumtiere zu decken, und erreichte unter beständigen, sehr blutigen Gefechten endlich am folgenden Tage die Paßhöhe. Hier, auf der geschützten Hochebene, die sich um einen kleinen See, die Quelle der Doria, in einer Ausdehnung von etwa $2^1/_2$ Miglien ausbreitet, ließ er die Armee rasten. Die Entmutigung hatte angefangen, sich der Gemüter der Soldaten zu bemächtigen. Die immer schwieriger werdenden Wege, die zu Ende gehenden Vorräte, die Defileenmärsche unter beständigen Angriffen des unerreichbaren Feindes, die arg gelichteten Reihen, die hoffnungslose Lage der Versprengten und Verwundeten, das nur der Begeisterung des Führers und seiner Nächsten nicht chimärisch erscheinende Ziel, fingen an, auch auf die afrikanischen und spanischen Veteranen zu wirken. Indes die Zuversicht des Feldherrn blieb sich immer gleich; zahlreiche Versprengte fanden sich wieder ein; die befreundeten Gallier waren nah, die Wasserscheide erreicht und der dem Bergwanderer so erfreuliche Blick auf den absteigenden Pfad eröffnet; nach kurzer Rast schickte man mit erneutem Mute zu dem letzten und schwierigsten Unternehmen, dem Hinabmarsch sich an. Von Feinden ward das Heer dabei nicht wesentlich beunruhigt; aber die vorgerückte Jahreszeit – man war schon im Anfang September – vertrat bei dem Niederweg das Ungemach, das bei dem Aufweg die Überfälle der Anwohner bereitet hatten. Auf dem steilen und schlüpfrigen Berghang längs der Doria, wo der frischgefallene Schnee die Pfade verborgen und verdorben hatte, verirrten und glitten Menschen und Tiere und stürzten in die Abgründe; ja gegen das Ende des ersten Tagemarsches gelangte man an eine Wegstrecke von etwa 200 Schritt Länge, auf welche von den steil darüber hängenden Felsen des Cramont beständig Lawinen hinabstürzen und wo in kalten Sommern der Schnee das ganze Jahr liegt. Das Fußvolk kam hinüber; aber Pferde und Elefanten vermochten die glatten Eismassen, über welche nur eine dünne Decke frischgefallenen Schnees sich hinzog, nicht zu passieren und mit dem Trosse, der Reiterei und den Elefanten nahm der Feldherr oberhalb der schwierigen Stelle das Lager. Am folgenden Tag bahnten die Reiter durch angestrengtes Schanzen den Weg für Pferde und Saumtiere; allein erst nach einer ferneren dreitägigen Arbeit mit beständiger Ablösung der Hände konnten endlich die halbverhungerten Elefanten hinübergeführt werden. So war nach viertägigem Aufenthalt die ganze Armee wieder vereinigt und nach einem weiteren dreitägigen Marsch durch das immer breiter und fruchtbarer sich entwickelnde Tal der Doria, dessen Einwohner, die Salasser, Klienten der Insubrer, in den Karthagern ihre Verbündeten und ihre Befreier begrüßten, gelangte die Armee um die Mitte des September in die Ebene von Ivrea, wo die erschöpften Truppen in den Dörfern einquartiert wurden, um durch gute Verpflegung und eine vierzehntägige Rast von den beispiellosen Strapazen sich zu erholen. Hätten die Römer, wie sie es konnten, ein Korps von 30000 ausgeruhten und kampffertigen Leuten etwa bei Turin gehabt und die Schlacht sofort erzwungen, so hätte es mißlich ausgesehen um Hannibals großen Plan; zum Glück für ihn waren sie wieder einmal nicht, wo sie sein sollten, und störten die feindlichen Truppen nicht in der Ruhe, deren sie so sehr bedurften[4].

---

[4] Die vielbestrittenen topographischen Fragen, die an diese berühmte Expedition sich knüpfen, können als erledigt und im wesentlichen als gelöst gelten durch die musterhaft geführte Untersuchung der Herren Wickham und Cramer. Über die chronologischen, die gleichfalls Schwierigkeiten darbieten, mögen hier ausnahmsweise einige Bemerkungen stehen.

Als Hannibal auf den Gipfel des Bernhard gelangte, »fingen die Spitzen schon an, sich dicht mit Schnee zu bedecken« (Polyb. 3, 54); auf dem Wege lag Schnee (Polyb. 3, 55), aber vielleicht größtenteils nicht frisch gefallener, sondern Schnee von herabgestürzten Lawinen. Auf dem Bernhard beginnt der Winter um Michaelis, der Schneefall im September; als Ende August die genannten Engländer den Berg überstiegen, fanden sie fast gar keinen Schnee auf ihrem Wege, aber zu beiden Seiten die Bergabhänge davon bedeckt. Hiernach scheint Hannibal Anfang September auf dem Paß angelangt zu sein; womit auch wohl vereinbar ist, daß er dort eintraf, »als schon der Winter herannahte« – denn mehr ist συνάπτειν τὴν τῆς πλειάδος δύσιν (Polyb. 3, 54) nicht, am wenigsten der Tag des Frühuntergangs der Plejaden (etwa 26. Oktober); vgl. C. L. Ideler, Lehrbuch der Chronologie. Berlin 1831. Bd. 1, S. 241.

Kam Hannibal neun Tage später, also Mitte September in Italien an, so ist auch Platz für die von da bis zur Schlacht an der Trebia gegen Ende Dezember (περὶ χειμερινὰς τροπὰς Polyb. 3, 72) eingetretenen Ereignisse, namentlich die Translokation des nach Afrika bestimmten Heeres von Lilybäon nach Placentia. Es paßt dazu ferner, daß in einer Heerversammlung ὑπὸ τὴν ἐαρινὴν ὥραν (Polyb. 3, 34), also gegen Ende März, der Tag des Abmarsches bekannt gemacht ward und der Marsch fünf (oder nach App. Hisp. 7, 4 sechs) Monate währte. Wenn also Hannibal Anfang September auf dem Bernhard war, so war er, da er von der Rhone bis dahin 30 Tage gebraucht, an der Rhône Anfang August eingetroffen, wo denn freilich Scipio, der im Anfang des Sommers (Polyb. 3, 41), also spätestens Anfang Juni sich einschiffte, unterwegs sich sehr verweilt oder in Massalia in seltsamer Untätigkeit längere Zeit gesessen haben muß.

Das Ziel war erreicht, aber mit schweren Opfern. Von den 50000 zu Fuß, den 9000 zu Roß dienenden alten Soldaten, welche die Armee nach dem Pyrenäenübergang zählte, waren mehr als die Hälfte das Opfer der Gefechte, der Märsche und der Flußübergänge geworden; Hannibal zählte nach seiner eigenen Angabe jetzt nicht mehr als 20000 zu Fuß – davon drei Fünftel Libyer, zwei Fünftel Spanier – und 6000 zum Teil wohl demontierte Reiter, deren verhältnismäßig geringer Verlust nicht minder für die Trefflichkeit der numidischen Kavallerie spricht wie für die wohlüberlegte Schonung, mit der der Feldherr diese ausgesuchte Truppe verwandte. Ein Marsch von 526 Miglien oder etwa 33 mäßigen Tagemärschen, dessen Fortsetzung und Beendigung durch keinen besonderen, nicht vorherzusehenden größeren Unfall gestört, vielmehr nur durch unberechenbare Glücksfälle und noch unberechenbarere Fehler des Feindes möglich ward und der dennoch nicht bloß solche Opfer kostete, sondern die Armee so strapazierte und demoralisierte, daß sie einer längeren Rast bedurfte, um wieder kampffähig zu werden, ist eine militärische Operation von zweifelhaftem Werte, und es darf in Frage gestellt werden, ob Hannibal sie selber als gelungen betrachtete. Nur dürfen wir daran nicht unbedingt einen Tadel des Feldherrn knüpfen; wir sehen wohl die Mängel des von ihm befolgten Operationsplans, können aber nicht entscheiden, ob er imstande war, sie vorherzusehen – führte doch sein Weg durch unbekanntes Barbarenland –, und ob ein anderer Plan, etwa die Küstenstraße einzuschlagen oder in Cartagena oder Karthago sich einzuschiffen, ihn geringeren Gefahren ausgesetzt haben würde. Die umsichtige und meisterhafte Ausführung des Planes im einzelnen ist auf jeden Fall bewundernswert, und worauf am Ende alles ankam – sei es nun mehr durch die Gunst des Schicksals oder sei es mehr durch die Kunst des Feldherrn, Hamilkars großer Gedanke, in Italien den Kampf mit Rom aufzunehmen, war jetzt zur Tat geworden. Sein Geist ist es, der diesen Zug entwarf; und wie Steins und Scharnhorsts Aufgabe schwieriger und großartiger war als die von York und Blücher, so hat auch der sichere Takt geschichtlicher Erinnerung das letzte Glied der großen Kette von vorbereitenden Taten, den Übergang über die Alpen, stets mit größerer Bewunderung genannt als die Schlachten am Trasimenischen See und auf der Ebene von Cannae.

5. Kapitel.
Der Hannibalische Krieg bis zur Schlacht bei Cannae

Durch das Erscheinen der karthagischen Armee diesseits der Alpen war mit einem Schlag die Lage der Dinge verwandelt und der römische Kriegsplan gesprengt. Von den beiden römischen Hauptarmeen war die eine in Spanien gelandet und dort schon mit dem Feinde handgemein; sie zurückzuziehen, war nicht mehr möglich. Die zweite, die unter dem Oberbefehl des Konsuls Tiberius Sempronius nach Afrika bestimmt war, stand glücklicherweise noch in Sizilien; die römische Zauderei bewies sich hier einmal von Nutzen. Von den beiden karthagischen nach Italien und Sizilien bestimmten Geschwadern war das erste durch den Sturm zerstreut und einige der Schiffe desselben bei Messana von den syrakusanischen aufgebracht worden; das zweite hatte vergeblich versucht, Lilybäon zu überrumpeln und darauf in einem Seegefecht vor diesem Hafen den kürzeren gezogen. Doch war das Verweilen der feindlichen Geschwader in den italischen Gewässern so unbequem, daß der Konsul beschloß, bevor er nach Afrika überfuhr, die kleinen Inseln um Sizilien zu besetzen und die gegen Italien operierende karthagische Flotte zu vertreiben. Mit der Eroberung von Melite und dem Aufsuchen des feindlichen Geschwaders, das er bei den Liparischen Inseln vermutete, während es bei Vibo (Monteleone) gelandet die brettische Küste brandschatzte, endlich mit der Erkundung eines geeigneten Landungsplatzes an der afrikanischen Küste war ihm der Sommer vergangen, und so traf der Befehl des Senats, so schleunig wie möglich zur Verteidigung der Heimat zurückzukehren, Heer und Flotte noch in Lilybäon.

Während also die beiden großen, jede für sich der Armee Hannibals an Zahl gleichen römischen Armeen in weiter Ferne von dem Potal verweilten, war man hier auf einen Angriff schlechterdings nicht gefaßt. Zwar stand dort ein römisches Heer infolge der unter den Kelten schon vor Ankunft der karthagischen Armee ausgebrochenen Insurrektion. Die Gründung der beiden römischen Zwingburgen Placentia und Cremona, von denen jede 6000 Kolonisten erhielt, und namentlich die Vorbereitungen zur Gründung von Mutina im boischen Lande hatten schon im Frühling 536 *(218)*, vor der mit Hannibal verabredeten Zeit, die Boier zum Aufstand getrieben, dem sich die Insubrer sofort anschlossen. Die schon auf dem mutinensischen Gebiet angesiedelten Kolonisten, plötzlich überfallen, flüchteten sich in die Stadt. Der Prätor Lucius Manlius, der in Ariminum den Oberbefehl führte, eilte schleunig mit seiner einzigen Legion herbei, um die blockierten Kolonisten zu entsetzen; allein in den Wäldern überrascht, blieb ihm nach starkem Verlust nichts anderes übrig, als sich auf einem Hügel festzusetzen und hier von den Boiern sich gleichfalls belagern zu lassen, bis eine zweite von Rom gesandte Legion unter dem Prätor Lucius Atilius Heer und Stadt glücklich befreite und den gallischen Aufstand für den Augenblick dämpfte. Dieser voreilige Aufstand der Boier, der einerseits, insofern er Scipios Abfahrt nach Spanien verzögerte, Hannibals Plan wesentlich gefördert hatte, war anderseits die Ursache, daß er das Potal nicht bis auf die Festungen völlig unbesetzt fand. Allein das römische Korps, dessen zwei stark dezimierte Legionen keine 20000 Soldaten zählten, hatte genug zu tun, die Kelten im Zaum zu halten, und dachte nicht daran, die Alpenpässe zu besetzen, deren Bedrohung man auch in Rom erst erfuhr, als im August der Konsul Publius Scipio ohne sein Heer von Massalia nach Italien zurückkam, und vielleicht selbst damals wenig beachtete, da ja das tollkühne Beginnen allein an den Alpen scheitern werde. Also stand in der entscheidenden Stunde an dem entscheidenden Platz nicht einmal ein römischer Vorposten; Hannibal hatte volle Zeit, sein Heer auszuruhen, die Hauptstadt der Taurier, die ihm die Tore verschloß, nach dreitägiger Belagerung zu erstürmen und alle ligurischen und keltischen Gemeinden im oberen Potal zum Bündnis zu bewegen oder zu schrecken, bevor Scipio, der das Kommando im Potal übernommen hatte, ihm in den Weg trat. Dieser, dem die schwierige Aufgabe zufiel, mit einem bedeutend geringeren, namentlich an Reiterei sehr schwachen Heer das Vordringen der überlegenen feindlichen Armee auf- und die überall sich regende keltische Insurrektion niederzuhalten, war, vermutlich bei Placentia, über den Po gegangen und rückte an diesem hinauf dem Feind entgegen, während Hannibal nach der Einnahme von Turin flußabwärts marschierte, um den Insubrern und Boiern Luft zu machen. In der Ebene zwischen dem Ticino und der Sesia unweit Vercellae traf die römische Reiterei, die mit dem leichten Fußvolk zu einer forcierten Rekognoszierung vorgegangen war, auf die zu gleichem Zwecke ausgesendete phönikische, beide geführt von den Feldherren in Person. Scipio nahm das angebotene Gefecht trotz der Überlegenheit des Feindes an; allein sein leichtes Fußvolk, das vor der Front der Reiter aufgestellt war, riß vor dem Stoß der feindlichen schweren Reiterei aus und während diese von vorn die römischen Reitermassen engagierte, nahm die leichte numidische Kavallerie, nachdem sie die zersprengten Scharen des feindlichen Fußvolks beiseite gedrängt hatte, die römischen Reiter in die Flanken und den Rücken. Dies entschied das Gefecht. Der Verlust der Römer war sehr beträchtlich; der Konsul selbst, der als Soldat gutmachte, was er als Feldherr gefehlt hatte, empfing eine gefährliche Wunde und verdankte seine Rettung nur der Hingebung seines siebzehnjährigen Sohnes, der mutig in die Feinde hineinsprengend seine Schwadron zwang, ihm zu folgen und den Vater heraushieb. Scipio, durch dies Gefecht aufgeklärt über die Stärke des Feindes, begriff den Fehler, den er gemacht hatte, mit einer schwächeren Armee sich in der Ebene mit dem Rücken gegen den Fluß aufzustellen und entschloß sich, unter den Augen des Gegners auf das rechte Poufer zurückzukehren. Wie die Operationen sich auf einen engeren Raum zusammenzogen und die Illusionen der römischen Unwiderstehlichkeit von ihm wichen, fand er sein bedeutendes militärisches Talent wieder, das der bis zur Abenteuerlichkeit verwegene Plan seines jugendlichen Gegners auf einen Augenblick paralysiert hatte. Während Hannibal sich zur Feldschlacht bereit machte, gelangte Scipio durch einen rasch entworfenen und sicher ausgeführten Marsch glücklich auf das zur Unzeit verlassene rechte Ufer des Flusses und brach die Pobrükke hinter dem Heere ab, wobei freilich das mit der Deckung des Abbruchs beauftragte römische Detachement von 600 Mann abgeschnitten und gefangen wurde. Indes konnte, da der obere Lauf des Flusses in Hannibals Händen war, es diesem nicht verwehrt werden, daß er stromaufwärts marschierend auf einer Schiffbrücke übersetzte und in wenigen Tagen auf dem rechten Ufer dem römischen Heere gegenübertrat. Dies hatte in der Ebene vorwärts von Placentia Stellung genommen; allein die Meuterei einer keltischen Abteilung im römischen Lager und die ringsum aufs neue ausbrechende gallische Insurrektion zwang den Konsul, die Ebene zu räumen und sich auf den Hügeln hinter der Trebia festzusetzen, was ohne namhaften Verlust bewerkstelligt ward, da die nachsetzenden numidischen Reiter mit dem Plündern und Anzünden des verlassenen Lagers die Zeit verdarben. In dieser starken Stellung, den linken Flügel gelehnt an den Apennin, den rechten an den Po und die Festung Placentia, von vorn gedeckt durch die in dieser Jahreszeit nicht unbedeutende Trebia, vermochte er zwar die reichen Magazine von Clastidium

(Casteggio), von dem ihn in dieser Stellung die feindliche Armee abschnitt, nicht zu retten und die insurrektionelle Bewegung fast aller gallischen Kantone mit Ausnahme der römisch gesinnten Cenomanen nicht abzuwenden. Aber Hannibals Weitermarsch war völlig gehemmt und derselbe genötigt, sein Lager dem römischen gegenüber zu schlagen; ferner hinderte die von Scipio genommene Stellung sowie die Bedrohung der insubrischen Grenzen durch die Cenomanen die Hauptmasse der gallischen Insurgenten, sich unmittelbar dem Feinde anzuschließen, und gab dem zweiten römischen Heer, das mittlerweile von Lilybäon in Ariminum eingetroffen war, Gelegenheit, mitten durch das insurgierte Land ohne wesentliche Hinderung Placentia zu erreichen und mit der Poarmee sich zu vereinigen. Scipio hatte also seine schwierige Aufgabe vollständig und glänzend gelöst. Das römische Heer, jetzt nahe an 40 000 Mann stark und dem Gegner wenn auch an Reiterei nicht gewachsen, doch an Fußvolk wenigstens gleich, brauchte bloß da stehen zu bleiben, wo es stand, um den Feind entweder zu nötigen, in der winterlichen Jahreszeit den Flußübergang und den Angriff auf das römische Lager zu versuchen oder sein Vorrücken einzustellen und den Wankelmut der Gallier durch die lästigen Winterquartiere auf die Probe zu setzen. Indes so einleuchtend dies war, so war es nicht minder unzweifelhaft, daß man schon im Dezember stand und bei jenem Verfahren zwar vielleicht Rom den Sieg gewann, aber nicht der Konsul Tiberius Sempronius, der infolge von Scipios Verwundung den Oberbefehl allein führte und dessen Amtsjahr in wenigen Monaten ablief. Hannibal kannte den Mann und versäumte nichts, ihn zum Kampf zu reizen; die den Römern treugebliebenen keltischen Dörfer wurden grausam verheert und als darüber ein Reitergefecht sich entspann, gestattete Hannibal den Gegnern, sich des Sieges zu rühmen. Bald darauf, an einem rauhen regnerischen Tage, kam es, den Römern unvermutet, zu der Hauptschlacht. Vom frühesten Morgen an hatten die römischen leichten Truppen herumgeplänkelt mit der leichten Reiterei der Feinde; diese wich langsam, und hitzig eilten die Römer ihr nach durch die hochangeschwollene Trebia, den errungenen Vorteil zu verfolgen. Plötzlich standen die Reiter; die römische Vorhut fand sich auf dem von Hannibal gewählten Schlachtfeld seiner zur Schlacht geordneten Armee gegenüber – sie war verloren, wenn nicht das Gros der Armee schleunigst über den Bach folgte. Hungrig, ermüdet und durchnäßt kamen die Römer an und eilten sich, in Reihe und Glied zu stellen; die Reiter wie immer auf den Flügeln, das Fußvolk im Mitteltreffen. Die leichten Truppen, die auf beiden Seiten die Vorhut bildeten, begannen das Gefecht; allein die römischen hatten fast schon gegen die Reiterei sich verschossen und wichen sofort, ebenso auf den Flügeln die Reiterei, welche die Elefanten von vorn bedrängten und die weit zahlreicheren karthagischen Reiter links und rechts überflügelten. Aber das römische Fußvolk bewies sich seines Namens wert; es focht zu Anfang der Schlacht mit der entschiedensten Überlegenheit gegen die feindliche Infanterie, und selbst als die Zurückdrängung der römischen Reiter der feindlichen Kavallerie und den Leichtbewaffneten gestattete, ihre Angriffe gegen das römische Fußvolk zu kehren, stand dasselbe zwar vom Vordringen ab, aber zum Weichen war es nicht zu bringen. Da plötzlich erschien eine auserlesene karthagische Schar, 1000 Mann zu Fuß und ebensoviele zu Pferd unter der Führung von Mago, Hannibals jüngstem Bruder, aus einem Hinterhalt in dem Rücken der römischen Armee und hieb ein in die dicht verwickelten Massen. Die Flügel der Armee und die letzten Glieder des römischen Zentrums wurden durch diesen Angriff aufgelöst und zersprengt. Das erste Treffen, 10000 Mann stark, durchbrach, sich eng zusammenschließend, die karthagische Linie und bahnte mitten durch die Feinde sich seitwärts einen Ausweg, der der feindlichen Infanterie, namentlich den gallischen Insurgenten teuer zu stehen kam; diese tapfere Truppe gelangte also, nur schwach verfolgt, nach Placentia. Die übrige Masse ward zum größten Teil bei dem Versuch, den Fluß zu überschreiten, von den Elefanten und den leichten Truppen des Feindes niedergemacht; nur ein Teil der Reiterei und einige Abteilungen des Fußvolks vermochten den Fluß durchwatend das Lager zu gewinnen, wohin ihnen die Karthager nicht folgten, und erreichten von da gleichfalls Placentia[1]. Wenige Schlachten machen dem

[1] Polybios' Bericht über die Schlacht an der Trebia ist vollkommen klar. Wenn Placentia auf dem rechten Ufer der Trebia an deren Mündung in den Po lag, und wenn die Schlacht auf dem linken Ufer geliefert ward, während das römische Lager auf dem rechten geschlagen war – was beides wohl bestritten worden, aber nichtsdestoweniger unbestreitbar ist –, so mußten allerdings die römischen Soldaten, ebensogut um Placentia wie um das Lager zu gewinnen, die Trebia passieren. Allein bei dem Übergang in das Lager hätten sie durch die aufgelösten Teile der eigenen Armee und durch das feindliche Umgehungskorps sich den Weg bahnen und dann fast im Handgemenge mit dem Feinde den Fluß überschreiten müssen. Dagegen ward der Übergang bei Placentia bewerkstelligt, nachdem die Verfolgung nachgelassen hatte, das Korps mehrere Meilen vom Schlachtfeld entfernt und im Bereiche einer römischen Festung angelangt war; es kann sogar sein, obwohl es sich nicht beweisen läßt, daß hier eine Brücke über die Trebia führte und der

römischen Soldaten mehr Ehre als diese an der Trebia und wenige zugleich sind eine schwerere Anklage gegen den Feldherrn, der sie schlug; obwohl der billig Urteilende nicht vergessen wird, daß die an einem bestimmten Tage ablaufende Feldhauptmannschaft eine unmilitärische Institution war und von Dornen sich einmal keine Feigen ernten lassen. Auch den Siegern kam der Sieg teuer zu stehen. Wenngleich der Verlust im Kampfe hauptsächlich auf die keltischen Insurgenten gefallen war, so erlagen doch nachher den infolge des rauhen und nassen Wintertages entstandenen Krankheiten eine Menge von Hannibals alten Soldaten und sämtliche Elefanten bis auf einen einzigen.

Die Folge dieses ersten Sieges der Invasionsarmee war, daß die nationale Insurrektion sich nun im ganzen Keltenland ungestört erhob und organisierte. Die Überreste der römische Poarmee warfen sich in die Festungen Placentia und Cremona; vollständig abgeschnitten von der Heimat, mußten sie ihre Zufuhren auf dem Fluß zu Wasser beziehen. Nur wie durch ein Wunder entging der Konsul Tiberius Sempronius der Gefangenschaft, als er mit einem schwachen Reitertrupp der Wahlen wegen nach Rom ging. Hannibal, der nicht durch weitere Märsche in der rauhen Jahreszeit die Gesundheit seiner Truppen aufs Spiel setzen wollte, bezog, wo er war, das Winterbiwak und begnügte sich, da ein ernstlicher Versuch auf die größeren Festungen zu nichts geführt haben würde, durch Angriffe auf den Flußhafen von Placentia und andere kleinere römische Positionen den Feind zu necken. Hauptsächlich beschäftigte er sich damit, den gallischen Aufstand zu organisieren; über 60000 Fußsoldaten und 4000 Berittene sollen von den Kelten sich seinem Heer angeschlossen haben.

Für den Feldzug des Jahres 537 *(217)* wurden in Rom keine außerordentlichen Anstrengungen gemacht; der Senat betrachtete, und nicht mit Unrecht, trotz der verlorenen Schlacht die Lage

---

Brückenkopf am anderen Ufer von der placentinischen Garnison besetzt war. Es ist einleuchtend, daß die erste Passage ebenso schwierig wie die zweite leicht war und Polybios also, Militär wie er war, mit gutem Grunde von dem Korps der Zehntausend bloß sagt, daß es in geschlossenen Kolonnen nach Placentia sich durchschlug (3, 74, 6), ohne des hier gleichgültigen Übergangs über den Fluß zu gedenken.

Die Verkehrtheit der Livianischen Darstellung, welche das phönikische Lager auf das rechte, das römische auf das linke Ufer der Trebia verlegt, ist neuerdings mehrfach hervorgehoben worden. Es mag nur noch daran erinnert werden, daß die Lage von Clastidium bei dem heutigen Casteggio jetzt durch Inschriften festgestellt ist (Orelli-Henzen 5117).

noch keineswegs als ernstlich gefahrvoll. Außer den Küstenbesatzungen, die nach Sardinien, Sizilien und Tarent, und den Verstärkungen, die nach Spanien abgingen, erhielten die beiden neuen Konsuln Gaius Flaminius und Gnaeus Servilius nur soviel Mannschaft, als nötig war, um die vier Legionen wieder vollzählig zu machen; einzig die Reiterei wurde verstärkt. Sie sollten die Nordgrenze decken und stellten sich deshalb an den beiden Kunststraßen auf, die von Rom nach Norden führten, und von denen die westliche damals bei Arretium, die östliche bei Ariminum endigte; jene besetzte Gaius Flaminius, diese Gnaeus Servilius. Hier zogen sie die Truppen aus den Pofestungen, wahrscheinlich zu Wasser, wieder an sich und erwarteten den Beginn der besseren Jahreszeit, um in der Defensive die Apenninpässe zu besetzen und, zur Offensive übergehend, in das Potal hinabzusteigen und etwa bei Placentia sich die Hand zu reichen. Allein Hannibal hatte keineswegs die Absicht, das Potal zu verteidigen. Er kannte Rom besser vielleicht, als die Römer selbst es kannten, und wußte sehr genau, wie entschieden er der Schwächere war und es blieb trotz der glänzenden Schlacht an der Trebia; er wußte auch, daß sein letztes Ziel, die Demütigung Roms, von dem zähen römischen Trotz weder durch Schreck noch durch Überraschung zu erreichen sei, sondern nur durch die tatsächliche Überwältigung der stolzen Stadt. Es lag klar am Tage, wie unendlich ihm, dem von daheim nur unsichere und unregelmäßige Unterstützung zukam und der in Italien zunächst nur auf das schwankende und launische Keltenvolk sich zu lehnen vermochte, die italische Eidgenossenschaft an politischer Festigkeit und an militärischen Hilfsmitteln überlegen war; und wie tief trotz aller angewandten Mühe der phönikische Fußsoldat unter dem Legionär taktisch stand, hatte die Defensive Scipios und der glänzende Rückzug der geschlagenen Infanterie an der Trebia vollkommen erwiesen. Aus dieser Einsicht flossen die beiden Grundgedanken, die Hannibals ganze Handlungsweise in Italien bestimmt haben: den Krieg mit stetem Wechsel des Operationsplans und des Schauplatzes, gewissermaßen abenteuernd zu führen, die Beendigung desselben aber nicht von den militärischen Erfolgen, sondern von den politischen, von der allmählichen Lockerung und der endlichen Sprengung der italischen Eidgenossenschaft zu erwarten. Jene Führung war notwendig, weil das einzige, was Hannibal gegen so viele Nachteile in die Waagschale zu werfen hatte, sein militärisches Genie nur dann vollständig ins Gewicht fiel, wenn er seine Gegner stets durch unvermutete

Kombinationen deroutierte, und er verloren war, sowie der Krieg zum Stehen kam. Dieses Ziel war das von der richtigen Politik ihm gebotene, weil er, der gewaltige Schlachtensieger, sehr deutlich einsah, daß er jedesmal die Generale überwand und nicht die Stadt, und nach jeder neuen Schlacht die Römer den Karthagern ebenso überlegen blieben, wie er den römischen Feldherren. Daß Hannibal selbst auf dem Gipfel des Glücks sich nie hierüber getäuscht hat, ist bewunderungswürdiger als seine bewundertsten Schlachten.

Dies und nicht die Bitten der Gallier um Schonung ihres Landes, die ihn nicht bestimmen durften, ist auch die Ursache, warum Hannibal seine neugewonnene Operationsbasis gegen Italien jetzt gleichsam fallen ließ und den Kriegsschauplatz nach Italien selbst verlegte. Vorher hieß er alle Gefangenen sich vorführen. Die Römer ließ er aussondern und mit Sklavenfesseln belasten – daß Hannibal alle waffenfähigen Römer, die ihm hier und sonst in die Hände fielen, habe niedermachen lassen, ist ohne Zweifel mindestens stark übertrieben; dagegen wurden die sämtlichen italischen Bundesgenossen ohne Lösegeld entlassen, um daheim zu berichten, daß Hannibal nicht gegen Italien Krieg führe, sondern gegen Rom; daß er jeder italischen Gemeinde die alte Unabhängigkeit und die alten Grenzen wieder zusichere und daß den Befreiten der Befreier auf dem Fuße folge als Retter und als Rächer. In der Tat brach er, da der Winter zu Ende ging, aus dem Potal auf, um sich einen Weg durch die schwierigen Defileen des Apennin zu suchen. Gaius Flaminius mit der etruskischen Armee stand vorläufig noch bei Arezzo, um von hier aus zur Deckung des Arnotales und der Apenninpässe etwa nach Lucca abzurücken, sowie es die Jahreszeit erlaubte. Allein Hannibal kam ihm zuvor. Der Apenninübergang ward in möglichst westlicher Richtung, das heißt möglichst weit vom Feinde, ohne große Schwierigkeit bewerkstelligt; allein die sumpfigen Niederungen zwischen dem Serchio und dem Arno waren durch die Schneeschmelze und die Frühlingsregen so überstaut, daß die Armee vier Tage im Wasser zu marschieren hatte, ohne auch nur zur nächtlichen Rast einen anderen trockenen Platz zu finden, als den das zusammengehäufte Gepäck und die gefallenen Saumtiere darboten. Die Truppen litten unsäglich, namentlich das gallische Fußvolk, das hinter dem karthagischen in den schon grundlosen Wegen marschierte; es murrte laut und wäre ohne Zweifel in Masse ausgerissen, wenn nicht die karthagische Reiterei unter Mago, die den Zug beschloß, ihm die Flucht unmöglich gemacht hätte. Die Pferde, unter denen die Klauenseuche ausbrach, fielen haufenweise; andere Seuchen dezimierten die Soldaten; Hannibal selbst verlor infolge einer Entzündung das eine Auge. Indes das Ziel ward erreicht; Hannibal lagerte bei Fiesole, während Gaius Flaminius noch bei Arezzo abwartete, daß die Wege gangbar würden, um sie zu sperren. Nachdem die römische Defensivstellung somit umgangen war, konnte der Konsul, der vielleicht stark genug gewesen wäre, um die Bergpässe zu verteidigen, aber sicher nicht imstande war, Hannibal jetzt im offenen Felde zu stehen, nichts Besseres tun als warten, bis das zweite, nun bei Ariminum völlig überflüssig gewordene Heer herankam. Indes er selber urteilte anders. Er war ein politischer Parteiführer, durch seine Bemühungen, die Macht des Senats zu beschränken, in die Höhe gekommen, durch die gegen ihn während seiner Konsulate gesponnenen aristokratischen Intrigen auf die Regierung erbittert, durch die wohl gerechtfertigte Opposition gegen deren parteilichen Schlendrian fortgerissen zu trotziger Überhebung über Herkommen und Sitte, berauscht zugleich von der blinden Liebe des gemeinen Mannes und ebenso sehr von dem bitteren Haß der Herrenpartei, und über alles dies mit der fixen Idee behaftet, daß er ein militärisches Genie sei. Sein Feldzug gegen die Insubrer von 531 *(223)*, der für unbefangene Urteiler nur bewies, daß tüchtige Soldaten öfters gutmachen, was schlechte Generale verderben (2, 82), galt ihm und seinen Anhängern als der unumstößliche Beweis, daß man nur den Gaius Flaminius an die Spitze des Heeres zu stellen brauche, um dem Hannibal ein schnelles Ende zu bereiten. Solche Reden hatten ihm das zweite Konsulat verschafft, und solche Hoffnungen hatten jetzt eine derartige Menge von unbewaffneten Beutelustigen in sein Lager geführt, daß deren Zahl nach der Versicherung nüchterner Geschichtschreiber die der Legionarier überstieg. Zum Teil hierauf gründete Hannibal seinen Plan. Weit entfernt, ihn anzugreifen, marschierte er an ihm vorbei und ließ durch die Kelten, die das Plündern gründlich verstanden, und die zahlreiche Reiterei die Landschaft rings umher brandschatzen. Die Klagen und die Erbitterung der Menge, die sich mußte ausplündern lassen unter den Augen des Helden, der sie zu bereichern versprochen; das Bezeigen des Feindes, daß er ihm weder die Macht noch den Entschluß zutraue, vor der Ankunft seines Kollegen etwas zu unternehmen, mußten einen solchen Mann bestimmen, sein strategisches Genie zu entwickeln und dem unbesonnenen hochmütigen Feind eine derbe Lektion zu erteilen. Nie ist ein Plan vollständiger gelungen. Eilig folgte der Konsul dem Marsch des Feindes, der an Arezzo vorüber langsam durch das reiche Chianatal gegen Perugia zog; er erreichte ihn in der Gegend von Cortona, wo Hannibal, genau unterrichtet von dem Marsch seines Gegners, volle Zeit gehabt hatte, sein Schlachtfeld zu wählen, ein enges Defilee zwischen zwei steilen Bergwänden, das am Ausgang ein hoher Hügel, am Eingang der Trasimenische See schloß. Mit dem Kern seiner Infanterie verlegte er den Ausweg; die leichten Truppen und die Reiterei stellten zu beiden Seiten verdeckt sich auf. Unbedenklich rückten die römischen Kolonnen in den unbesetzten Paß; der dichte Morgennebel verbarg ihnen die Stellung des Feindes. Wie die Spitze des römischen Zuges sich dem Hügel näherte, gab Hannibal das Zeichen zur Schlacht; zugleich schloß die Reiterei, hinter den Hügeln vorrückend, den Eingang des Passes und auf den Rändern rechts und links zeigten die verziehenden Nebel überall phönikische Waffen. Es war kein Treffen, sondern nur eine Niederlage. Was außerhalb des Defilees geblieben war, wurde von den Reitern in den See gesprengt, der Hauptzug in dem Passe selbst fast ohne Gegenwehr vernichtet und die meisten, darunter der Konsul selbst, in der Marschordnung niedergehauen. Die Spitze der römischen Heersäule, 6000 Mann zu Fuß schlugen sich zwar durch das feindliche Fußvolk durch und bewiesen wiederum die unwiderstehliche Gewalt der Legionen; allein abgeschnitten und ohne Kunde von dem übrigen Heer, marschierten sie aufs Geratewohl weiter, wurden am folgenden Tag auf einem Hügel, den sie besetzt hatten, von einem karthagischen Reiterkorps umzingelt und da die Kapitulation, die ihnen freien Abzug versprach, von Hannibal verworfen ward, sämtlich als kriegsgefangen behandelt. 15 000 Römer waren gefallen, ebenso viele gefangen, das heißt das Heer war vernichtet; der geringe karthagische Verlust – 1500 Mann – traf wieder vorwiegend die Gallier[2]. Und als wäre dies nicht genug, so ward gleich nach der Schlacht am Trasimenischen See die Reiterei des ariminensischen Heeres unter Gaius Centenius, 4000 Mann stark, die Gnaeus Servilius, selber langsam nachrückend, vorläufig seinem Kollegen zu Hilfe sandte, gleichfalls von dem phönikischen Heer

---

[2] Das Datum der Schlacht, 23. Juni nach dem unberichteten Kalender, muß nach dem berichtigten etwa in den April fallen, da Quintus Fabius seine Diktatur nach sechs Monaten in der Mitte des Herbstes (Liv. 22, 31, 7; 32, 1) niederlegte, also sie etwa Anfang Mai antrat. Die Kalenderverwirrung (1, 489) war schon in dieser Zeit in Rom sehr arg.

umzingelt und teils niedergemacht, teils gefangen. Ganz Etrurien war verloren und ungehindert konnte Hannibal auf Rom marschieren. Dort machte man sich auf das Äußerste gefaßt; man brach die Tiberbrücken ab und ernannte den Quintus Fabius Maximus zum Diktator, um die Mauern instand zu setzen und die Verteidigung zu leiten, für welche ein Reserveheer gebildet ward. Zugleich wurden zwei neue Legionen anstatt der vernichteten unter die Waffen gerufen und die Flotte, die im Fall einer Belagerung wichtig werden konnte, instand gesetzt.

Allein Hannibal sah weiter als König Pyrrhos. Er marschierte nicht auf Rom; auch nicht gegen Gnaeus Servilius, der, ein tüchtiger Feldherr, seine Armee mit Hilfe der Festungen an der Nordstraße auch jetzt unversehrt erhalten und vielleicht den Gegner sich gegenüber festgehalten haben würde. Es geschah wieder einmal etwas ganz Unerwartetes. An der Festung Spoletium vorbei, deren Überrumpelung fehlschlug, marschierte Hannibal durch Umbrien, verheerte entsetzlich das ganz mit römischen Bauernhöfen bedeckte picenische Gebiet und machte Halt an den Ufern des Adriatischen Meeres. Menschen und Pferde in seinem Heer hatten noch die Nachwehen der Frühlingskampagne nicht verwunden; hier hielt er eine längere Rast, um in der anmutigen Gegend und der schönen Jahreszeit sein Heer sich erholen zu lassen und sein libysches Fußvolk in römischer Weise zu reorganisieren, wozu die Masse der erbeuteten römischen Waffen ihm die Mittel darbot. Von hier aus knüpfte er ferner die lange unterbrochenen Verbindungen mit der Heimat wieder an, indem er zu Wasser seine Siegesbotschaften nach Karthago sandte. Endlich, als sein Heer hinreichend sich wiederhergestellt hatte und der neue Waffendienst genugsam geübt war, brach er auf und marschierte langsam an der Küste hinab in das südliche Italien hinein.

Er hatte richtig gerechnet, als er zu dieser Umgestaltung der Infanterie sich jetzt entschloß; die Überraschung der beständig eines Angriffs auf die Hauptstadt gewärtigen Gegner ließ ihm mindestens vier Wochen ungestörter Muße zur Verwirklichung des beispiellos verwegenen Experiments, im Herzen des feindlichen Landes mit einer noch immer verhältnismäßig geringen Armee sein militärisches System vollständig zu ändern und den Versuch zu machen, den unbesiegbaren italischen afrikanische Legionen gegenüberzustellen. Allein seine Hoffnung, daß die Eidgenossenschaft nun anfangen werde, sich zu lockern, erfüllte sich nicht. Auf die Etrusker, die schon ihre letzten Unabhängigkeitskriege vorzugsweise mit gallischen Söldnern geführt hatten, kam es hierbei am wenigsten an; der Kern der Eidgenossenschaft, namentlich in militärischer Hinsicht, waren nächst den latinischen die sabellischen Gemeinden, und mit gutem Grund hatte Hannibal jetzt diesen sich genähert. Allein eine Stadt nach der andern schloß ihre Tore; nicht eine einzige italische Gemeinde machte Bündnis mit dem Phöniker. Damit war für die Römer viel, ja alles gewonnen; indes man begriff in der Hauptstadt, wie unvorsichtig es sein würde, die Treue der Bundesgenossen auf eine solche Probe zu stellen, ohne daß ein römisches Heer das Feld hielt. Der Diktator Quintus Fabius zog die beiden in Rom gebildeten Ersatzlegionen und das Heer von Ariminum zusammen, und als Hannibal an der römischen Festung Luceria vorbei gegen Arpi marschierte, zeigten sich in seiner rechten Flanke bei Aeca die römischen Feldzeichen. Ihr Führer indes verfuhr anders als seine Vorgänger. Quintus Fabius war ein hochbejahrter Mann, von einer Bedachtsamkeit und Festigkeit, die nicht wenigen als Zauderei und Eigensinn erschien; ein eifriger Verehrer der guten alten Zeit, der politischen Allmacht des Senats und des Bürgermeisterkommandos erwartete er das Heil des Staates nächst Opfern und Gebeten von der methodischen Kriegführung. Politischer Gegner des Gaius Flaminius und durch die Reaktion gegen dessen törichte Kriegsdemagogie an die Spitze der Geschäfte gerufen, ging er ins Lager ab, ebenso fest entschlossen, um jeden Preis eine Hauptschlacht zu vermeiden, wie sein Vorgänger, um jeden Preis eine solche zu liefern, und ohne Zweifel überzeugt, daß die ersten Elemente der Strategik Hannibal verbieten würden vorzurücken, solange das römische Heer intakt ihm gegenüberstehe, und daß es also nicht schwer halten werde, die auf das Fouragieren angewiesene feindliche Armee im kleinen Gefecht zu schwächen und allmählich auszuhungern. Hannibal, wohlbedient von seinen Spionen in Rom und im römischen Heer, erfuhr den Stand der Dinge sofort und richtete wie immer seinen Feldzugsplan ein nach der Individualität des feindlichen Anführers. An dem römischen Heer vorbei marschierte er über den Apennin in das Herz von Italien nach Benevent, nahm die offene Stadt Telesia an der Grenze von Samnium und Kampanien und wandte sich von da gegen Capua, das als die bedeutendste unter allen von Rom abhängigen italischen Städten und die einzige Rom einigermaßen ebenbürtige darum den Druck des römischen Regiments schwerer als irgendeine andere empfand. Er hatte dort Verbindungen angeknüpft, die den Abfall der

Kampaner vom römischen Bündnis hoffen ließen: allein diese Hoffnung schlug ihm fehl. So wieder rückwärts sich wendend schlug er die Straße nach Apulien ein. Der Diktator war während dieses ganzen Zuges der karthagischen Armee auf die Höhen gefolgt und hatte seine Soldaten zu der traurigen Rolle verurteilt, mit den Waffen in der Hand zuzusehen, wie die numidischen Reiter weit und breit die treuen Bundesgenossen plünderten und in der ganzen Ebene die Dörfer in Flammen aufgingen. Endlich eröffnete er der erbitterten römischen Armee die sehnlich herbeigewünschte Gelegenheit, an den Feind zu kommen. Wie Hannibal den Rückmarsch angetreten, sperrte ihm Fabius den Weg bei Casilinum (dem heutigen Capua), indem er auf dem linken Ufer des Volturnus diese Stadt stark besetzte und auf dem rechten die krönenden Höhen mit seiner Hauptarmee einnahm, während eine Abteilung von 4000 Mann auf der am Fluß hinführenden Straße selbst sich lagerte. Allein Hannibal hieß seine Leichtbewaffneten die Anhöhen, die unmittelbar neben der Straße sich erhoben, erklimmen und von hier aus eine Anzahl Ochsen mit angezündeten Reisbündeln auf den Hörnern vortreiben, so daß es schien, als zöge dort die karthagische Armee in nächtlicher Weile bei Fackelschein ab. Die römische Abteilung, die die Straße sperrte, sich umgangen und die fernere Deckung der Straße überflüssig wähnend, zog sich seitwärts auf dieselben Anhöhen; auf der dadurch freigewordenen Straße zog Hannibal dann mit dem Gros seiner Armee ab, ohne dem Feind zu begegnen, worauf er am anderen Morgen ohne Mühe und mit starkem Verlust für die Römer seine leichten Truppen degagierte und zurücknahm. Ungehindert setzte Hannibal darauf seinen Marsch in nordöstlicher Richtung fort und kam auf weiten Umwegen, nachdem er die Landschaften der Hirpiner, Kampaner, Samniten, Paeligner und Frentaner ohne Widerstand durchzogen und gebrandschatzt hatte, mit reicher Beute und voller Kasse wieder in der Gegend von Luceria an, als dort eben die Ernte beginnen sollte. Nirgend auf dem weiten Marsch hatte er tätigen Widerstand, aber nirgend auch Bundesgenossen gefunden. Wohl erkennend, daß ihm nichts übrig blieb, als sich auf Winterquartiere im offenen Felde einzurichten, begann er die schwierige Operation, den Winterbedarf des Heeres durch dieses selbst von den Feldern der Feinde einbringen zu lassen. Die weite, größtenteils flache nordapulische Landschaft, die Getreide und Futter im Überfluß darbot und von seiner überlegenen Reiterei gänzlich beherrscht werden konnte, hatte er hierzu sich ausersehen. Bei

Gerunium, fünf deutsche Meilen nördlich von Luceria, ward ein verschanztes Lager angelegt, aus dem zwei Drittel des Heeres täglich zum Einbringen der Vorräte ausgesendet wurden, während Hannibal mit dem Rest Stellung nahm, um das Lager und die ausgesendeten Detachements zu decken. Der Reiterführer Marcus Minucius, der im römischen Lager in Abwesenheit des Diktators den Oberbefehl stellvertretend führte, hielt die Gelegenheit geeignet, um näher an den Feind heranzurücken und bezog ein Lager im larinatischen Gebiet, wo er auch teils durch seine bloße Anwesenheit die Detachierungen und dadurch die Verproviantierung des feindlichen Heeres hinderte, teils in einer Reihe glücklicher Gefechte, die seine Truppen gegen einzelne phönikische Abteilungen und sogar gegen Hannibal selbst bestanden, die Feinde aus ihren vorgeschobenen Stellungen verdrängte und sie nötigte, sich bei Gerunium zu konzentrieren. Auf die Nachricht von diesen Erfolgen, die begreiflich bei der Darstellung nicht verloren, brach in der Hauptstadt der Sturm gegen Quintus Fabius los. Er war nicht ganz ungerechtfertigt. So weise es war, sich römischerseits verteidigend zu verhalten und den Haupterfolg von dem Abschneiden der Subsistenzmittel des Feindes zu erwarten, so war es doch ein seltsames Verteidigungs- und Aushungerungssystem, das dem Feind gestattete, unter den Augen einer an Zahl gleichen römischen Armee ganz Mittelitalien ungehindert zu verwüsten und durch eine geordnete Fouragierung im größten Maßstab sich für den Winter hinreichend zu verproviantieren. So hatte Publius Scipio, als er im Potal kommandierte, die defensive Haltung nicht verstanden, und der Versuch seines Nachfolgers, ihn nachzuahmen, war bei Casilinum auf eine Weise gescheitert, die den städtischen Spottvögeln reichlichen Stoff gab. Es war bewundernswert, daß die italischen Gemeinden nicht wankten, als ihnen Hannibal die Überlegenheit der Phöniker, die Nichtigkeit der römischen Hilfe so fühlbar dartat; allein wie lange konnte man ihnen zumuten, die zwiefache Kriegslast zu ertragen und sich unter den Augen der römischen Truppen und ihrer eigenen Kontingente ausplündern zu lassen? Endlich, was das römische Heer anlangte, so konnte man nicht sagen, daß es den Feldherrn zu dieser Kriegführung nötigte; es bestand seinem Kerne nach aus den tüchtigen Legionen von Ariminum und daneben aus einberufener, größtenteils ebenfalls dienstgewohnter Landwehr, und weit entfernt, durch die letzten Niederlagen entmutigt zu sein, war es erbittert über die wenig ehrenvolle Aufgabe, die sein Feldherr, »Hannibals Lakai«, ihm zuwies, und verlangte mit lauter Stimme, gegen den Feind geführt zu werden. Es kam zu den heftigsten Auftritten in den Bürgerversammlungen gegen den eigensinnigen alten Mann; seine politischen Gegner, an ihrer Spitze der gewesene Prätor Gaius Terentius Varro, bemächtigten sich des Haders – wobei man nicht vergessen darf, daß der Diktator tatsächlich vom Senat ernannt ward, und dies Amt galt als das Palladium der konservativen Partei – und setzten im Verein mit den unmutigen Soldaten und den Besitzern der geplünderten Güter den verfassungs- und sinnwidrigen Volksbeschluß durch: die Diktatur, die dazu bestimmt war, in Zeiten der Gefahr die Übelstände des geteilten Oberbefehls zu beseitigen, in gleicher Weise wie dem Quintus Fabius auch dessen bisherigem Unterfeldherrn Marcus Minucius zu erteilen[3]. So wurde die römische Armee, nachdem ihre gefährliche Spaltung in zwei abgesonderte Korps eben erst zweckmäßig beseitigt worden war, nicht bloß wiederum geteilt, sondern auch an die Spitze der beiden Hälften Führer gestellt, welche offenkundig geradezu entgegengesetzte Kriegspläne befolgten. Quintus Fabius blieb natürlich mehr als je bei seinem methodischen Nichtstun; Marcus Minucius, genötigt, seinen Diktatortitel auf dem Schlachtfelde zu rechtfertigen, griff übereilt und mit geringen Streitkräften an und wäre vernichtet worden, wenn nicht hier sein Kollege durch das rechtzeitige Erscheinen eines frischen Korps größeres Unglück abgewandt hätte. Diese letzte Wendung der Dinge gab dem System des passiven Widerstandes gewissermaßen Recht. Allein in der Tat hatte Hannibal in diesem Feldzug vollständig erreicht, was mit den Waffen erreicht werden konnte: nicht eine einzige wesentliche Operation hatten weder der stürmische noch der bedächtige Gegner ihm vereitelt, und seine Verproviantierung war, wenn auch nicht ohne Schwierigkeit, doch im wesentlichen so vollständig gelungen, daß dem Heer in dem Lager bei Gerunium der Winter ohne Beschwerde vorüberging. Nicht der Zauderer hat Rom gerettet, sondern das feste Gefüge seiner Eidgenossenschaft und vielleicht nicht minder der Nationalhaß der Okzidentalen gegen den phönikischen Mann.

Trotz aller Unfälle stand der römische Stolz nicht minder aufrecht als die römische Symmachie. Die Geschenke, welche der König Hieron von Syrakus und die griechischen Städte in

---

[3] Die Inschrift des von dem neuen Diktator wegen seines Sieges bei Gerunium dem Hercules Sieger errichteten Weihgeschenkes: *Hercolei sacrom M. Minuci(us) C. f. dictator vovit* ist im Jahre 1862 in Rom bei S. Lorenzo aufgefunden worden.

Italien für den nächsten Feldzug anboten – die letzteren traf der Krieg minder schwer als die übrigen italischen Bundesgenossen Roms, da sie nicht zum Landheer stellten –, wurden mit Dank abgelehnt; den illyrischen Häuptlingen zeigte man an, daß sie nicht säumen möchten mit Entrichtung des Tributs; ja man beschickte den König von Makedonien abermals um die Auslieferung des Demetrios von Pharos. Die Majorität des Senats war trotz der Quasilegitimation, welche die letzten Ereignisse dem Zaudersystem des Fabius gegeben hatten, doch fest entschlossen, von dieser den Staat zwar langsam, aber sicher zugrunde richtenden Kriegführung abzugehen; wenn der Volksdiktator mit seiner energischeren Kriegführung gescheitert war, so schob man, und nicht mit Unrecht, die Ursache darauf, daß man eine halbe Maßregel getroffen und ihm zu wenig Truppen gegeben habe. Diesen Fehler beschloß man zu vermeiden und ein Heer aufzustellen, wie Rom noch keines ausgesandt hatte: acht Legionen, jede um ein Fünftel über die Normalzahl verstärkt, und die entsprechende Anzahl Bundesgenossen, genug, um den nicht halb so starken Gegner zu erdrücken. Außerdem ward eine Legion unter dem Prätor Lucius Postumius nach dem Potal bestimmt, um womöglich die in Hannibals Heer dienenden Kelten nach der Heimat zurückzuziehen. Diese Beschlüsse waren verständig; es kam nur darauf an, auch über den Oberbefehl angemessen zu bestimmen. Das starre Auftreten des Quintus Fabius und die daran sich anspinnenden demagogischen Hetzereien hatten die Diktatur und überhaupt den Senat unpopulärer gemacht als je; im Volke ging, wohl nicht ohne Schuld seiner Führer, die törichte Rede, daß der Senat den Krieg absichtlich in die Länge ziehe. Da also an die Ernennung eines Diktators nicht zu denken war, versuchte der Senat die Wahl der Konsuln angemessen zu leiten, was indes den Verdacht und den Eigensinn erst recht rege machte. Mit Mühe brachte der Senat den einen seiner Kandidaten durch, den Lucius Aemilius Paullus, der im Jahre 535 *(219)* den Illyrischen Krieg verständig geführt hatte (2, 77); die ungeheure Majorität der Bürger gab ihm zum Kollegen den Kandidaten der Volkspartei Gaius Terentius Varro, einen unfähigen Mann, der nur durch seine verbissene Opposition gegen den Senat und namentlich als Haupturheber der Wahl des Marcus Minucius zum Mitdiktator bekannt war, und den nichts der Menge empfahl als seine niedrige Geburt und seine rohe Unverschämtheit.

Während diese Vorbereitungen zu dem nächsten Feldzug in

Rom getroffen wurden, hatte der Krieg bereits in Apulien wieder begonnen. Sowie die Jahreszeit es gestattete, die Winterquartiere zu verlassen, brach Hannibal, wie immer den Krieg bestimmend und die Offensive für sich nehmend, von Gerunium in der Richtung nach Süden auf, überschritt an Luceria vorbeimarschierend den Aufidus und nahm das Kastell von Cannae (zwischen Canosa und Barletta), das die canusinische Ebene beherrschte und den Römern bis dahin als Hauptmagazin gedient hatte. Die römische Armee, welche, nachdem Fabius in der Mitte des Herbstes verfassungsmäßig seine Diktatur niedergelegt hatte, jetzt von Gnaeus Servilius und Marcus Regulus zuerst als Konsuln, dann als Prokonsuln kommandiert wurde, hatte den empfindlichen Verlust nicht abzuwenden gewußt; aus militärischen wie aus politischen Rücksichten ward es immer notwendiger, den Fortschritten Hannibals durch eine Feldschlacht zu begegnen. Mit diesem bestimmten Auftrag des Senats trafen denn auch die beiden neuen Oberbefehlshaber Paullus und Varro im Anfang des Sommers 538 *(216)* in Apulien ein. Mit den vier neuen Legionen und dem entsprechenden Kontingent der Italiker, die sie heranführten, stieg die römische Armee auf 80 000 Mann zu Fuß, halb Bürger, halb Bundesgenossen, und 6000 Reiter, wovon ein Drittel Bürger, zwei Drittel Bundesgenossen waren; wogegen Hannibals Armee zwar 10 000 Reiter, aber nur etwa 40 000 Mann zu Fuß zählte. Hannibal wünschte nichts mehr als eine Schlacht, nicht bloß aus den allgemeinen, früher erörterten Gründen, sondern auch besonders deshalb, weil das weite apulische Blachfeld ihm gestattete, die ganze Überlegenheit seiner Reiterei zu entwickeln und weil die Verpflegung seiner zahlreichen Armee, hart an dem doppelt so starken und auf eine Reihe von Festungen gestützten Feind, trotz seiner überlegenen Reiterei sehr bald ungemein schwierig zu werden drohte. Auch die Führer der römischen Streitmacht waren, wie gesagt, im allgemeinen entschlossen zu schlagen und näherten in dieser Absicht sich dem Feinde; allein die einsichtigeren unter ihnen erkannten Hannibals Lage und beabsichtigten daher, zunächst zu warten und nur nahe am Feinde sich aufzustellen, um ihn zum Abzug und zur Annahme der Schlacht auf einem ihm minder günstigen Terrain zu nötigen. Hannibal lagerte bei Cannae am rechten Ufer des Aufidus. Paullus schlug sein Lager an beiden Ufern des Flusses auf, so daß die Hauptmacht am linken Ufer zu stehen kam, ein starkes Korps aber am rechten unmittelbar dem Feind gegenüber Stellung nahm, um ihm die Zufuhren zu erschweren, vielleicht auch Cannae zu bedrohen. Hannibal, dem alles daran lag, bald zum Schlagen zu kommen, überschritt mit dem Gros seiner Truppen den Strom und bot auf dem linken Ufer die Schlacht an, die Paullus nicht annahm. Allein dem demokratischen Konsul mißfiel dergleichen militärische Pedanterie; es war so viel davon geredet worden, daß man ausziehe, nicht um Posten zu stehen, sondern um die Schwerter zu gebrauchen; er befahl, auf den Feind zu gehen, wo und wie man ihn eben fand. Nach der alten törichterweise beibehaltenen Sitte wechselte die entscheidende Stimme im Kriegsrat zwischen dem Oberfeldherren Tag um Tag; man mußte also am folgenden Tage sich fügen und dem Helden von der Gasse seinen Willen tun. Auf dem linken Ufer, wo das weite Blachfeld der überlegenen Reiterei des Feindes vollen Spielraum bot, wollte allerdings auch er nicht schlagen; aber er beschloß, die gesamten römischen Streitkräfte auf dem rechten zu vereinigen und hier, zwischen den karthagischen Lager und Cannae Stellung nehmend und dieses ernstlich bedrohend, die Schlacht anzubieten. Eine Abteilung von 10000 Mann blieb in dem römischen Hauptlager zurück mit dem Auftrag, das karthagische während des Gefechts wegzunehmen und damit dem feindlichen Heere den Rückzug über den Fluß abzuschneiden; das Gros der römischen Armee überschritt mit dem grauenden Morgen des 2. August nach dem unberichtigten, etwa im Juni nach dem richtigen Kalender, den in dieser Jahreszeit seichten und die Bewegungen der Truppen nicht wesentlich hindernden Fluß und stellte bei dem kleineren römischen Lager westlich von Cannae sich in Linie auf. Die karthagische Armee folgte und überschritt gleichfalls den Strom, an den der rechte römische wie der linke karthagische Flügel sich lehnten. Die römische Reiterei stand auf den Flügeln, die schwächere der Bürgerwehr auf dem rechten am Fluß, geführt von Paullus, die stärkere bundesgenössische auf dem linken gegen die Ebene, geführt von Varro. Im Mitteltreffen stand das Fußvolk in ungewöhnlich tiefen Gliedern unter dem Befehl des Konsuls des Vorjahrs, Gnaeus Servilius. Diesem gegenüber ordnete Hannibal sein Fußvolk in halbmondförmiger Stellung, so daß die keltischen und iberischen Truppen in ihrer nationalen Rüstung die vorgeschobene Mitte, die römisch gerüsteten Libyer auf beiden Seiten die zurückgenommenen Flügel bildeten. An der Flußseite stellte die gesamte schwere Reiterei unter Hasdrubal sich auf, an der Seite nach der Ebene hinaus die leichten numidischen Reiter. Nach kurzem Vorpostengefecht der leichten Truppen war bald die ganze Linie im Gefecht. Wo die leichte Reiterei der Karthager gegen Varros schwere Kavallerie focht, zog das Gefecht unter stetigen Chargen der Numidier ohne Entscheidung sich hin. Dagegen im Mitteltreffen warfen die Legionen die ihnen zuerst begegnenden spanischen und gallischen Truppen vollständig; eilig drängten die Sieger nach und verfolgten ihren Vorteil. Allein mittlerweile hatte auf dem rechten Flügel das Glück sich gegen die Römer gewandt. Hannibal hatte den linken Reiterflügel der Feinde bloß beschäftigen lassen, um Hasdrubal mit der ganzen regulären Reiterei gegen den schwächeren rechten zu verwenden und diesen zuerst zu werfen. Nach tapferer Gegenwehr wichen die römischen Reiter und was nicht niedergehauen ward, wurde den Fluß hinaufgejagt und in die Ebene versprengt; verwundert ritt Paullus zu dem Mitteltreffen, das Schicksal der Legionen zu wenden oder doch zu teilen. Diese hatten, um den Sieg über die vorgeschobene feindliche Infanterie besser zu verfolgen, ihre Frontstellung in eine Angriffskolonne verwandelt, die keilförmig eindrang in das feindliche Zentrum. In dieser Stellung wurden sie von dem rechts und links einschwenkenden libyschen Fußvolk von beiden Seiten heftig angegriffen und ein Teil von ihnen gezwungen, Halt zu machen, um gegen die Flankenangriffe sich zu verteidigen, wodurch das Vorrücken ins Stocken kam und die ohnehin schon übermäßig dicht gereihte Infanteriemasse nun gar nicht mehr Raum fand, sich zu entwickeln. Inzwischen hatte Hasdrubal, nachdem er mit dem Flügel des Paullus fertig war, seine Reiter aufs neue gesammelt und geordnet und sie hinter dem feindlichen Mitteltreffen weg gegen den Flügel des Varro geführt. Dessen italische Reiterei, schon mit den Numidiern hinreichend beschäftigt, stob vor dem doppelten Angriff schnell auseinander. Hasdrubal, die Verfolgung der Flüchtigen den Numidiern überlassend, ordnete zum drittenmal seine Schwadronen, um sie dem römischen Fußvolk in den Rücken zu führen. Dieser letzte Stoß entschied. Flucht war nicht möglich und Quartier ward nicht gegeben; es ist vielleicht nie ein Heer von dieser Größe so vollständig und mit so geringem Verlust des Gegners auf dem Schlachtfeld selbst vernichtet worden wie das römische bei Cannae. Hannibal hatte nicht ganz 6000 Mann eingebüßt, wovon zwei Drittel auf die Kelten kamen, die der erste Stoß der Legionen traf. Dagegen von den 76 000 Römern, die in der Schlachtlinie gestanden hatten, deckten 70 000 das Feld, darunter der Konsul Lucius Paullus, der Altkonsul Gnaeus Servilius, zwei Drittel der Stabsoffiziere, achtzig Männer senatorischen Ranges. Nur den Konsul Marcus Varro rettete sein rascher Entschluß und sein gutes Pferd nach Venusia, und er ertrug es zu leben. Auch die Besatzung des römischen Lagers, 10000 Mann stark, ward größtenteils kriegsgefangen; nur einige tausend Mann, teils aus diesen Truppen, teils aus der Linie, entkamen nach Canusium. Ja als sollte in diesem Jahre durchaus mit Rom ein Ende gemacht werden, fiel noch vor Ablauf desselben die nach Gallien gesandte Legion in einen Hinterhalt und wurde mit ihrem Feldherrn Lucius Postumius, dem für das nächste Jahr ernannten Konsul, von den Galliern gänzlich vernichtet.

Dieser beispiellose Erfolg schien nun endlich die große politische Kombination zu reifen, um derentwillen Hannibal nach Italien gegangen war. Er hatte seinen Plan wohl zunächst auf sein Heer gebaut; allein in richtiger Erkenntnis der ihm entgegenstehenden Macht sollte dies in seinem Sinn nur die Vorhut sein, mit der die Kräfte des Westens und Ostens allmählich sich vereinigen würden, um der stolzen Stadt den Untergang zu bereiten. Zwar diejenige Unterstützung, die die gesichertste schien, die Nachsendungen von Spanien her, hatte das kühne und feste Auftreten des dorthin gesandten römischen Feldherrn Gnaeus Scipio ihm vereitelt. Nach Hannibals Übergang über die Rhone war dieser nach Emporiae gesegelt und hatte sich zuerst der Küste zwischen den Pyrenäen und dem Ebro, dann nach Besiegung des Hanno auch des Binnenlandes bemächtigt (536 *218*). Er hatte im folgenden Jahr (537 *217*) die karthagische Flotte an der Ebromündung völlig geschlagen, hatte, nachdem sein Bruder Publius, der tapfere Verteidiger des Potals, mit Verstärkung von 8000 Mann zu ihm gestoßen war, sogar den Ebro überschritten und war vorgedrungen bis gegen Sagunt. Zwar hatte Hasdrubal das Jahr darauf (538 *216*), nachdem er aus Afrika Verstärkungen erhalten, den Versuch gemacht, den Befehl seines Bruders gemäß eine Armee über die Pyrenäen zu führen; allein die Scipionen verlegten ihm den Übergang über den Ebro und schlugen ihn vollständig, etwa um dieselbe Zeit, wo in Italien Hannibal bei Cannae siegte. Die mächtige Völkerschaft der Keltiberer und zahlreiche andere spanische Stämme hatten den Scipionen sich zugewandt; diese beherrschten das Meer und die Pyrenäenpässe und durch die zuverlässigen Massalioten auch die gallische Küste. So war von Spanien aus für Hannibal jetzt weniger als je Unterstützung zu erwarten.

Von Karthago war bisher zur Unterstützung des Feldherrn in Italien so viel geschehen, wie man erwarten konnte: phönikische Geschwader bedrohten die Küsten Italiens und der römischen

Inseln und hüteten Afrika vor einer römischen Landung, und dabei blieb es. Ernstlicheren Beistand verhinderte nicht sowohl die Ungewißheit, wo Hannibal zu finden sei, und der Mangel eines Landeplatzes in Italien, als die langjährige Gewohnheit, daß das spanische Heer sich selbst genüge, vor allem aber die grollende Friedenspartei. Hannibal empfand schwer die Folgen dieser unverzeihlichen Untätigkeit; trotz allen Sparens des Geldes und der mitgebrachten Soldaten wurden seine Kassen allmählich leer, der Sold kam in Rückstand und die Reihen seiner Veteranen fingen an sich zu lichten. Jetzt aber brachte die Siegesbotschaft von Cannae selbst die faktiöse Opposition daheim zum Schweigen. Der karthagische Senat beschloß dem Feldherrn beträchtliche Unterstützungen an Geld und Mannschaft, teils aus Afrika, teils aus Spanien, unter anderm 4000 numidische Reiter und 40 Elefanten zur Verfügung zu stellen und in Spanien wie in Italien den Krieg energisch zu betreiben.

Die längstbesprochene Offensivallianz zwischen Karthago und Makedonien war anfangs durch Antigonos' plötzlichen Tod, dann durch seines Nachfolgers Philippos Unentschlossenheit und dessen und seiner hellenischen Bundesgenossen unzeitigen Krieg gegen die Ätoler (534–537 *220–217*) verzögert worden. Erst jetzt, nach der Cannensischen Schlacht, fand Demetrios von Pharos Gehör bei Philippos mit dem Antrag, seine illyrischen Besitzungen an Makedonien abzutreten – sie mußten freilich erst den Römern entrissen werden –, und erst jetzt schloß der Hof von Pella ab mit Karthago. Makedonien übernahm es, eine Landungsarmee an die italische Ostküste zu werfen, wogegen ihm die Rückgabe der römischen Besitzungen in Epeiros zugesichert ward.

In Sizilien hatte König Hieron zwar während der Friedensjahre, soweit es mit Sicherheit geschehen konnte, eine Neutralitätspolitik eingehalten, und auch den Karthagern während der gefährlichen Krisen nach dem Frieden mit Rom namentlich durch Kornsendungen sich gefällig erwiesen. Es ist kein Zweifel, daß er den abermaligen Bruch zwischen Karthago und Rom höchst ungern sah; aber ihn abzuwenden vermochte er nicht, und als er eintrat, hielt er mit wohlberechneter Treue fest an Rom. Allein bald darauf (Herbst 538 *216*) rief der Tod den alten Mann nach vierundfünfzigjähriger Regierung ab. Der Enkel und Nachfolger des klugen Greises, der junge unfähige Hieronymus, ließ sich sogleich mit den karthagischen Diplomaten ein; und da diese keine Schwierigkeit machten, ihm zuerst Sizilien bis an die alte karthagisch-sizilische Grenze, dann sogar, da sein Übermut stieg, den Besitz der ganzen Insel vertragsmäßig zuzusichern, trat er in Bündnis mit Karthago und ließ mit der karthagischen Flotte, die gekommen war, um Syrakus zu bedrohen, die syrakusanische sich vereinigen. Die Lage der römischen Flotte bei Lilybäon, die schon mit dem zweiten, bei den ägatischen Inseln postierten karthagischen Geschwader zu tun gehabt hatte, ward auf einmal sehr bedenklich, während zugleich die in Rom zur Einschiffung nach Sizilien bereitstehende Mannschaft infolge der Cannensischen Niederlage für andere und dringendere Erfordernisse verwendet werden mußte.

Was aber vor allem entscheidend war, jetzt endlich begann das Gebäude der römischen Eidgenossenschaft aus den Fugen zu weichen, nachdem es die Stöße zweier schwerer Kriegsjahre unerschüttert überstanden hatte. Es traten auf Hannibals Seite Arpi in Apulien und Uzentum in Messapien, zwei alte, durch die römischen Kolonien Luceria und Brundisium schwer beeinträchtigte Städte; die sämtlichen Städte der Brettier – diese zuerst von allen – mit Ausnahme der Peteliner und der Consentiner, die erst belagert werden mußten; die Lucaner größtenteils; die in die Gegend von Salernum verpflanzten Picenter; die Hirpiner; die Samniten mit Ausnahme der Pentrer; endlich und vornehmlich Capua, die zweite Stadt Italiens, die 30000 Mann zu Fuß und 4000 Berittene ins Feld zu stellen vermochte und deren Übertritt den der Nachbarstädte Atella und Calatia entschied. Freilich widersetzte sich die vielfach an das römische Interesse gefesselte Adelspartei überall und namentlich in Capua dem Parteiwechsel sehr ernstlich, und die hartnäckigen inneren Kämpfe, die hierüber entstanden, minderten nicht wenig den Vorteil, den Hannibal von diesen Übertritten zog. Er sah sich zum Beispiel genötigt, in Capua einen der Führer der Adelspartei, den Decius Magius, der noch nach dem Einrücken der Phöniker hartnäckig das römische Bündnis verfocht, festnehmen und nach Karthago abführen zu lassen, um so den ihm selbst sehr ungelegenen Beweis zu liefern, was es auf sich habe mit der von dem karthagischen Feldherrn soeben den Kampanern feierlich zugesicherten Freiheit und Souveränität. Dagegen hielten die süditalischen Griechen fest am römischen Bündnis, wobei die römischen Besatzungen freilich auch das Ihrige taten, aber mehr noch der sehr entschiedene Widerwille der Hellenen gegen die Phöniker selbst und deren neue lucanische und brettische Bundesgenossen, und ihre Anhänglichkeit an Rom, das jede Gelegenheit, seinen Hellenismus zu betätigen, eifrig benutzt und gegen die Griechen in Italien eine ungewohnte Milde gezeigt hatte. So widerstanden die kampanischen Griechen, namentlich Neapel, mutig Hannibals eigenem Angriff; dasselbe taten in Großgriechenland trotz ihrer sehr gefährdeten Stellung Rhegion, Thurii, Metapont und Tarent. Kroton und Lokri dagegen wurden von den vereinigten Brettiern und Phönikern teils erstürmt, teils zur Kapitulation gezwungen und die Krotoniaten nach Lokri geführt, worauf brettische Kolonisten jene wichtige Seestation besetzten. Daß die süditalischen Latiner, wie Brundisium, Venusia, Paestum, Cosa, Cales, unerschüttert mit Rom hielten, versteht sich von selbst. Waren sie doch die Zwingburgen der Eroberer im fremden Land, angesiedelt auf dem Acker der Umwohner, mit ihren Nachbarn verfehdet; traf es doch sie zunächst, wenn Hannibal sein Wort wahr machte und jeder italischen Gemeinde die alten Grenzen zurückgab. In gleicher Weise gilt dies von ganz Mittelitalien, dem ältesten Sitz der römischen Herrschaft, wo latinische Sitte und Sprache schon überall vorwog und man sich als Genosse der Herrscher, nicht als Untertan fühlte. Hannibals Gegner im karthagischen Senat unterließen nicht, daran zu erinnern, daß nicht ein römischer Bürger, nicht eine latinische Gemeinde sich Karthago in die Arme geworfen habe. Dieses Grundwerk der römischen Macht konnte gleich der kyklopischen Mauer nur Stein um Stein zertrümmert werden.

Das waren die Folgen des Tages von Cannae, an dem die Blüte der Soldaten und Offiziere der Eidgenossenschaft, ein Siebentel der gesamten Zahl der kampffähigen Italiker zugrunde ging. Es war eine grausame, aber gerechte Strafe der schweren politischen Versündigungen, die sich nicht etwa bloß einzelne törichte oder elende Männer, sondern die römische Bürgerschaft selbst hatte zu Schulden kommen lassen. Die für die kleine Landstadt zugeschnittene Verfassung paßte der Großmacht nirgend mehr; es war eben nicht möglich, über die Frage, wer die Heere der Stadt in einem solchen Kriege führen solle, Jahr für Jahr die Pandorabüchse des Stimmkastens entscheiden zu lassen. Da eine gründliche Verfassungsrevision, wenn sie überhaupt ausführbar war, jetzt wenigstens nicht begonnen werden durfte, so hätte zunächst der einzigen Behörde, die dazu imstande war, dem Senat die tatsächliche Oberleitung des Krieges und namentlich die Vergebung und Verlängerung des Kommandos überlassen werden und den Komitien nur die formelle Bestätigung verbleiben sollen. Die glänzenden Erfolge der Scipionen auf dem schwierigen spanischen Kriegsschauplatz zeigten, was auf diesem Wege sich erreichen ließ. Allein die politische Demagogie, die bereits an dem aristokratischen Grundbau der Verfassung nagte, hatte sich der italischen Kriegführung bemächtigt; die unvernünftige Beschuldigung, daß die Vornehmen mit dem auswärtigen Feinde konspirierten, hatte auf das »Volk« Eindruck gemacht. Die Heilande des politischen Köhlerglaubens, die Gaius Flaminius und Gaius Varro, beide »neue Männer« und Volksfreunde vom reinsten Wasser, waren demnach zur Ausführung ihrer unter dem Beifall der Menge auf dem Markt entwickelten Operationspläne von eben dieser Menge beauftragt worden, und die Ergebnisse waren die Schlachten am Trasimenischen See und bei Cannae. Daß der Senat, der begreiflicherweise seine Aufgabe jetzt besser faßte, als da er des Regulus halbe Armee aus Afrika zurückberief, die Leitung der Angelegenheiten für sich begehrte und jenem Unwesen sich widersetzte, war pflichtgemäß; allein auch er hatte, als die erste jener beiden Niederlagen ihm für den Augenblick das Ruder in die Hand gab, gleichfalls nicht unbefangen von Parteiinteressen gehandelt. So wenig Quintus Fabius mit jenen römischen Kleonen verglichen werden darf, so hatte doch auch er den Krieg nicht bloß als Militär geführt, sondern seine starre Defensive vor allem als politischer Gegner des Gaius Flaminius festgehalten und in der Behandlung des Zerwürfnisses mit seinem Unterfeldherrn getan, was an ihm lag, um in einer Zeit, die Einigkeit forderte, zu erbittern. Die Folge war erstlich, daß das wichtigste Instrument, das eben für solche Fälle die Weisheit der Vorfahren dem Senat in die Hand gegeben hatte, die Diktatur ihm unter den Händen zerbrach; und zweitens mittelbar wenigstens die Cannensische Schlacht. Den jähen Sturz der römischen Macht verschuldeten aber weder Quintus Fabius noch Gaius Varro, sondern das Mißtrauen zwischen dem Regiment und den Regierten, die Spaltung zwischen Rat und Bürgerschaft. Wenn noch Rettung und Wiedererhebung des Staates möglich war, mußte sie daheim beginnen mit Wiederherstellung der Einigkeit und des Vertrauens. Dies begriffen und, was schwerer wiegt, dies getan zu haben, getan mit Unterdrückung aller an sich gerechten Rekriminationen, ist die herrliche und unvergängliche Ehre des römischen Senats. Als Varro – allein von allen Generalen, die in der Schlacht kommandiert hatten – nach Rom zurückkehrte, und die römischen Senatoren bis an das Tor ihm entgegengingen und ihm dankten, daß er an der Rettung des Vaterlandes nicht verzweifelt habe, waren dies weder leere Reden, um mit großen Worten das Unheil zu verhüllen, noch bitterer Spott über einen Armseligen; es war der Friedensschluß zwischen dem Regiment und den Regierten. Vor dem Ernst der Zeit und dem Ernst eines solchen Aufrufs verstummte das demagogische Geklatsch; fortan gedachte man in Rom nur, wie man gemeinsam die Not zu wenden vermöge. Quintus Fabius, dessen zäher Mut in diesem entscheidenden Augenblick dem Staat mehr genützt hat als all seine Kriegstaten, und die anderen angesehenen Senatoren gingen dabei in allem voran und gaben den Bürgern das Vertrauen auf sich und auf die Zukunft zurück. Der Senat bewahrte seine feste und strenge Haltung, während die Boten von allen Seiten nach Rom eilten, um die verlorenen Schlachten, den Übertritt der Bundesgenossen, die Aufhebung von Posten und Magazinen zu berichten, um Verstärkung zu begehren für das Potal und für Sizilien, da doch Italien preisgegeben und Rom selbst fast unbesetzt war. Das Zusammenströmen der Menge an den Toren ward untersagt, die Gaffer und die Weiber in die Häuser gewiesen, die Trauerzeit um die Gefallenen auf dreißig Tage beschränkt, damit der Dienst der freudigen Götter, von dem das Trauergewand ausschloß, nicht allzulange unterbrochen werde – denn so groß war die Zahl der Gefallenen, daß fast in keiner Familie die Totenklage fehlte. Was vom Schlachtfeld sich gerettet hatte, war indes durch zwei tüchtige Kriegstribune, Appius Claudius und Publius Scipio den Sohn, in Canusium gesammelt worden; der letztere verstand es, durch seine stolze Begeisterung und durch die drohend erhobenen Schwerter seiner Getreuen, diejenigen vornehmen jungen Herren auf andere Gedanken zu bringen, die in bequemer Verzweiflung an die Rettung des Vaterlandes über das Meer zu entweichen gedachten. Zu ihnen begab sich mit einer Handvoll Leute der Konsul Gaius Varro; allmählich fanden sich dort etwa zwei Legionen zusammen, die der Senat zu reorganisieren und zu schimpflichem und unbesoldetem Kriegsdienst zu degradieren befahl. Der unfähige Feldherr ward unter einem schicklichen Vorwand nach Rom zurückberufen; der in den gallischen Kriegen erprobte Prätor Marcus Claudius Marcellus, der bestimmt gewesen war, mit der Flotte von Ostia nach Sizilien abzugehen, übernahm den Oberbefehl. Die äußersten Kräfte wurden angestrengt, um eine kampffähige Armee zu organisieren. Die Latiner wurden beschickt um Hilfe in der gemeinschaftlichen Gefahr; Rom selbst ging mit dem Beispiel voran und rief die ganze Mannschaft bis ins Knabenalter unter die Waffen, bewaffnete die

Schuldknechte und die Verbrecher, ja stellte sogar achttausend vom Staate angekaufte Sklaven in das Heer ein. Da es an Waffen fehlte, nahm man die alten Beutestücke aus den Tempeln und setzte Fabriken und Gewerbe überall in Tätigkeit. Der Senat ward ergänzt – nicht, wie ängstliche Patrioten forderten, aus den Latinern, sondern aus den nächstberechtigten römischen Bürgern. Hannibal bot die Lösung der Gefangenen auf Kosten des römischen Staatsschatzes an; man lehnte sie ab und ließ den mit der Abordnung der Gefangenen angelangten karthagischen Boten nicht in die Stadt; es durfte nicht scheinen, als denke der Senat an Frieden. Nicht bloß die Bundesgenossen sollten nicht glauben, daß Rom sich anschicke zu transigieren, sondern es mußte auch dem letzten Bürger begreiflich gemacht werden, daß für ihn wie für alle es keinen Frieden gebe und Rettung nur im Siege sei.

6. Kapitel
Der Hannibalische Krieg von Cannae bis Zama

Hannibals Ziel bei seinem Zug nach Italien war die Sprengung der italischen Eidgenossenschaft gewesen; nach drei Feldzügen war dasselbe erreicht, soweit es überhaupt erreichbar war. Daß die griechischen und die latinischen oder latinisierten Gemeinden Italiens, nachdem sie durch den Tag von Cannae nicht irre geworden waren, überhaupt nicht dem Schreck, sondern nur der Gewalt weichen würden, lag am Tage, und der verzweifelte Mut, mit dem selbst in Süditalien einzelne kleine und rettungslos verlorene Landstädte, wie das brettische Petelia, gegen den Phöniker sich wehrten, zeigte sehr klar, was seiner bei den Marsern und Latinern warte. Wenn Hannibal gemeint hatte, auf diesem Wege mehr erreichen und auch die Latiner gegen Rom führen zu können, so hatten diese Hoffnungen sich als eitel erwiesen. Aber es scheint, als habe auch sonst die italische Koalition keineswegs die gehofften Resultate für Hannibal geliefert. Capua hatte sofort sich ausbedungen, daß Hannibal das Recht nicht haben solle, kampanische Bürger zwangsweise unter die Waffen zu rufen; die Städter hatten nicht vergessen, wie Pyrrhos in Tarent aufgetreten war, und meinten törichterweise, zugleich der römischen und der phönikischen Herrschaft sich entziehen zu können. Samnium und Lucanien waren nicht mehr, was sie gewesen, als König Pyrrhos gedacht hatte, an der Spitze der sabellischen Jugend in Rom einzuziehen. Nicht bloß zerschnitt das römische Festungsnetz überall den Landschaften Sehnen und Nerven, sondern es hatte auch die vieljährige römische Herrschaft die Einwohner der Waffen entwöhnt – nur mäßiger Zuzug kam von hier zu den römischen Heeren –, den alten Haß beschwichtigt, überall eine Menge einzelner in das Interesse der herrschenden Gemeinde gezogen. Man schloß sich wohl dem Überwinder der Römer an, nachdem Roms Sache einmal verloren schien; allein man fühlte doch, daß es jetzt nicht mehr um die Freiheit sich handle, sondern um die Vertauschung des italischen mit dem phönikischen Herrn, und nicht Begeisterung, sondern Kleinmut warf die sabellischen Gemeinden dem Sieger in die Arme. Unter solchen Umständen stockte in Italien der Krieg. Hannibal, der den südlichen Teil der Halbinsel beherrschte bis hinauf zum Volturnus und zum Garganus und diese Landschaften nicht wie das Keltenland einfach wieder aufgeben konnte, hatte jetzt gleichfalls eine Grenze zu decken, die nicht ungestraft entblößt ward; und, um die gewonnenen Landschaften gegen die überall ihm trotzenden Festungen und die von Norden her anrückenden Heere zu verteidigen und gleichzeitig die schwierige Offensive gegen Mittelitalien zu ergreifen, reichten seine Streitkräfte, ein Heer von etwa 40000 Mann, ohne die italischen Zuzüge zu rechnen, bei weitem nicht aus. Vor allen Dingen aber fand er andere Gegner sich gegenüber. Durch furchtbare Erfahrungen belehrt, gingen die Römer über zu einem verständigeren System der Kriegführung, stellten nur erprobte Offiziere an die Spitze ihrer Armeen und ließen dieselben, wenigstens wo es not tat, auf längere Zeit bei dem Kommando. Diese Feldherren sahen weder den feindlichen Bewegungen noch den Bergen herab zu, noch warfen sie sich auf den Gegner, wo sie ihn eben fanden, sondern, die rechte Mitte zwischen Zauderei und Vorschnelligkeit haltend, stellten sie in verschanzten Lagern, unter den Mauern der Festungen sich auf und nahmen den Kampf da an, wo der Sieg zu Resultaten, die Niederlage nicht zur Vernichtung führte. Die Seele dieser neuen Kriegführung war Marcus Claudius Marcellus. Mit richtigem Instinkt hatten nach dem unheilvollen Tag von Cannae Senat und Volk auf diesen tapferen und kriegsgewohnten Mann die Blicke gewandt und ihm zunächst den faktischen Oberbefehl übertragen. Er hatte in dem schwierigen Sizilischen Kriege gegen Hamilkar seine Schule gemacht und in den letzten Feldzügen gegen die Kelten sein Führertalent wie seine persönliche Tapferkeit glänzend bewährt. Obwohl ein hoher Fünfziger, brannte er doch vom jugendlichsten Soldatenfeuer und hatte erst wenige Jahre zuvor als Feldherr den feindlichen Feldherrn vom Pferde gehauen (2, 83) – der erste und einzige römische Konsul, dem eine solche Waffentat gelang. Sein Leben war den beiden Gottheiten geweiht, denen er den glänzenden Doppeltempel am Capenischen Tore errichtete, der Ehre und der Tapferkeit; und wenn die Rettung Roms aus dieser höchsten Gefahr nicht das Verdienst eines einzelnen ist, sondern der römischen Bürgerschaft insgemein und vorzugsweise dem Senat gebührt, so hat doch kein einzelner Mann bei dem gemeinsamen Bau mehr geschafft als Marcus Marcellus.

Vom Schlachtfeld hatte Hannibal sich nach Kampanien gewandt. Er kannte Rom besser als die naiven Leute, die in alter und neuer Zeit gemeint haben, daß er mit einem Marsch auf die feindliche Hauptstadt den Kampf hätte beendigen können. Die heutige Kriegskunst zwar entscheidet den Krieg auf dem

Schlachtfeld; allein in der alten Zeit, wo der Angriffskrieg gegen die Festungen weit minder entwickelt war als das Verteidigungssystem, ist unzählige Male der vollständigste Erfolg im Feld an den Mauern der Hauptstädte zerschellt. Rat und Bürgerschaft in Karthago waren weitaus nicht zu vergleichen mit Senat und Volk in Rom, Karthagos Gefahr nach Regulus' erstem Feldzug unendlich dringender als die Roms nach der Schlacht bei Cannae; und Karthago hatte standgehalten und vollständig gesiegt. Mit welchem Schein konnte man meinen, daß Rom jetzt dem Sieger die Schlüssel entgegentragen oder auch nur einen billigen Frieden annehmen werde? Statt also über solche leeren Demonstrationen mögliche und wichtige Erfolge zu verscherzen oder die Zeit zu verlieren mit der Belagerung der paar tausend römischer Flüchtlinge in den Mauern von Canusium, hatte sich Hannibal sofort nach Capua begeben, bevor die Römer Besatzung hineinwerfen konnten, und hatte durch sein Anrücken diese zweite Stadt Italiens nach langem Schwanken zum Übertritt bestimmt. Er durfte hoffen, von Capua aus sich eines der kampanischen Häfen bemächtigen zu können, um dort die Verstärkungen an sich zu ziehen, welche seine großartigen Siege der Opposition daheim abgerungen hatten. Als die Römer erfuhren, wohin Hannibal sich gewendet habe, verließen auch sie Apulien, wo nur eine schwache Abteilung zurückblieb und sammelten die ihnen gebliebenen Streitkräfte auf dem rechten Ufer des Volturnus. Mit den zwei cannensischen Legionen marschierte Marcus Marcellus nach Teanum Sidicinum, wo er von Rom und Ostia die zunächst verfügbaren Truppen an sich zog, und ging, während der Diktator Marcus Junius mit der schleunigst neu gebildeten Hauptarmee langsam nachfolgte, bis an den Volturnus nach Casilinum vor, um womöglich Capua zu retten. Dies zwar fand er schon in der Gewalt des Feindes; dagegen waren dessen Versuche auf Neapel an dem mutigen Widerstand der Bürgerschaft gescheitert, und die Römer konnten noch rechtzeitig in den wichtigen Hafenplatz eine Besatzung werfen. Ebenso treu hielten zu Rom die beiden anderen größeren Küstenstädte, Cumae und Nuceria. In Nola schwankte der Kampf zwischen der Volks- und der Senatspartei wegen des Anschlusses an die Karthager oder an die Römer. Benachrichtigt, daß die erstere die Oberhand gewinne, ging Marcellus bei Caiatia über den Fluß und, an den Höhen von Suessula hin um die feindliche Armee herum marschierend, erreichte er Nola früh genug, um es gegen die äußeren und die inneren Feinde zu behaupten. Ja bei einem Ausfall schlug er

Hannibal selber mit namhaftem Verlust zurück; ein Erfolg, der als die erste Niederlage, die Hannibal erlitt, moralisch von weit größerer Bedeutung war als durch seine materiellen Resultate. Zwar wurden in Kampanien Nuceria, Acerrae und nach einer hartnäckigen, bis ins folgende Jahr (539 *215*) sich hinziehenden Belagerung auch der Schlüssel der Volturnuslinie, Casilinum, von Hannibal erobert und über die Senate dieser Städte, die zu Rom gehalten hatten, die schwersten Blutgerichte verhängt. Aber das Entsetzen macht schlechte Propaganda; es gelang den Römern, mit verhältnismäßig geringer Einbuße den gefährlichen Moment der ersten Schwäche zu überwinden. Der Krieg kam in Kampanien zum Stehen, bis der Winter einbrach und Hannibal in Capua Quartier nahm, durch dessen Üppigkeit seine seit drei Jahren nicht unter Dach gekommenen Truppen keineswegs gewannen. Im nächsten Jahre (539 *215*) erhielt der Krieg schon ein anderes Ansehen. Der bewährte Feldherr Marcus Marcellus und Tiberius Sempronius Gracchus, der sich im vorjährigen Feldzug als Reiterführer des Diktators ausgezeichnet hatte, ferner der alte Quintus Fabius Maximus traten, Marcellus als Prokonsul, die beiden andern als Konsuln, an die Spitze der drei römische Heere, welche bestimmt waren, Capua und Hannibal zu umringen; Marcellus auf Nola und Suessula gestützt, Maximus am rechten Ufer des Volturnus bei Cales sich aufstellend, Gracchus an der Küste, wo er Neapel und Cumae deckend bei Liternum Stellung nahm. Die Kampaner, welche nach Hamae, drei Miglien von Cumae, ausrückten, um die Cumaner zu überrumpeln, wurden von Gracchus nachdrücklich geschlagen; Hannibal, der, um die Scharte auszuwetzen, vor Cumae erschienen war, zog selbst in einem Gefecht den kürzeren, und kehrte, da die von ihm angebotene Hauptschlacht verweigert ward, unmutig nach Capua zurück. Während so die Römer in Kampanien nicht bloß behaupteten, was sie besaßen, sondern auch Compulteria und andere kleinere Plätze wieder gewannen, erschollen von Hannibals östlichen Verbündeten laute Klagen. Ein römisches Heer unter dem Prätor Marcus Valerius hatte bei Luceria sich aufgestellt, teils um in Gemeinschaft mit der römischen Flotte die Ostküste und die Bewegungen der Makedonier zu beobachten, teils um in Verbindung mit der Armee von Nola die aufständigen Samniten, Lucaner und Hirpiner zu brandschatzen. Um diesen Luft zu machen, wandte Hannibal zunächst sich gegen seinen tätigsten Gegner Marcus Marcellus; allein derselbe erfocht unter den Mauern von Nola einen nicht unbedeutenden Sieg über die phönikische Armee, und diese mußte, ohne die Scharte wieder ausgewetzt zu haben, um den Fortschritten des feindlichen Heeres in Apulien endlich zu steuern, von Kampanien nach Arpi aufbrechen. Ihr folgte Tiberius Gracchus mit seinem Korps, während die beiden anderen römischen Heere in Kampanien sich anschickten, mit dem nächsten Frühjahr zum Angriff auf Capua überzugehen.

Hannibals klaren Blick hatten die Siege nicht geblendet. Es ward immer deutlicher, daß er so nicht zum Ziele kam. Jene raschen Märsche, jenes fast abenteuerliche Hin- und Herwerfen des Krieges, denen Hannibal im wesentlichen seine Erfolge verdankte, waren zu Ende, der Feind gewitzigt, weitere Unternehmungen durch die unumgängliche Verteidigung des Gewonnenen selbst fast unmöglich gemacht. An die Offensive ließ sich nicht denken, die Defensive war schwierig und drohte jährlich es mehr zu werden; er konnte es sich nicht verleugnen, daß die zweite Hälfte seines großen Tagwerks, die Unterwerfung der Latiner und die Eroberung Roms, nicht mit seinen und der italischen Bundesgenossen Kräften allein beendigt werden konnte. Die Vollendung stand bei dem Rat von Karthago, bei dem Hauptquartier in Cartagena, bei den Höfen von Pella und Syrakus. Wenn in Afrika, Spanien, Sizilien, Makedonien jetzt alle Kräfte gemeinschaftlich angestrengt wurden gegen den gemeinschaftlichen Feind; wenn Unteritalien der große Sammelplatz ward für die Heere und Flotten von Westen, Süden und Osten, so konnte er hoffen, glücklich zu Ende zu führen, was die Vorhut unter seiner Leitung so glänzend begonnen hatte. Das Natürlichste und Leichteste wäre gewesen, ihm von daheim genügende Unterstützung zuzusenden; und der karthagische Staat, der vom Kriege fast unberührt geblieben und von einer auf eigene Rechnung und Gefahr handelnden kleinen Zahl entschlossener Patrioten aus tiefem Verfall dem vollen Sieg so nahe geführt war, hätte dies ohne Zweifel vermocht. Daß es möglich gewesen wäre, eine phönikische Flotte von jeder beliebigen Stärke bei Lokri oder Kroton landen zu lassen, zumal solange, als der Hafen von Syrakus den Karthagern offenstand und durch Makedonien die brundisinische Flotte in Schach gehalten ward, beweist die ungehinderte Ausschiffung von 4000 Afrikanern, die Bomilkar dem Hannibal um diese Zeit von Karthago zuführte, in Lokri, und mehr noch Hannibals ungestörte Überfahrt, als schon jenes alles verloren gegangen war. Allein nachdem der erste Eindruck des Sieges von Cannae sich verwischt hatte, wies die karthagische

Friedenspartei, die zu allen Zeiten bereit war, den Sturz der politischen Gegner mit dem des Vaterlandes zu erkaufen, und die in der Kurzsichtigkeit und Lässigkeit der Bürgerschaft treue Verbündete fand, die Bitten des Feldherrn um nachdrücklichere Unterstützung ab mit der halb einfältigen, halb tückischen Antwort, daß er ja keine Hilfe brauche, wofern er wirklich Sieger sei, und half so nicht viel weniger als der römische Senat Rom erretten. Hannibal, im Lager erzogen und dem städtischen Parteigetriebe fremd, fand keinen Volksführer, auf den er sich hätte stützen können wie sein Vater auf Hasdrubal, und mußte die Mittel zur Rettung der Heimat, die diese selbst in reicher Fülle besaß, im Ausland suchen.

Hier durfte er, und wenigstens mit mehr Aussicht auf Erfolg, rechnen auf die Führer des spanischen Patriotenheeres, auf die in Syrakus angeknüpften Verbindungen und auf Philippos' Intervention. Es kam alles darauf an, von Spanien, Syrakus oder Makedonien neue Streitkräfte gegen Rom auf den italischen Kampfplatz zu führen; und um dies zu erreichen oder zu hindern, sind die Kriege in Spanien, Sizilien und Griechenland geführt worden. Sie sind alle nur Mittel zum Zweck, und sehr mit Unrecht hat man sie oft höher angeschlagen. Für die Römer sind es wesentlich Defensivkriege, deren eigentliche Aufgabe ist, die Pyrenäenpässe zu behaupten, die makedonische Armee in Griechenland festzuhalten, Messana zu verteidigen und die Verbindung zwischen Italien und Sizilien zu sperren; es versteht sich, daß diese Defensive womöglich offensiv geführt wird und im günstigen Fall sich entwickelt zur Verdrängung der Phöniker aus Spanien und Sizilien und zur Sprengung der Bündnisse Hannibals mit Syrakus und mit Philippos. Der italische Krieg an sich tritt zunächst in den Hintergrund und löst sich auf in Festungskämpfe und Razzias, die in der Hauptsache nichts entscheiden. Allein Italien bleibt dennoch, solange die Phöniker überhaupt die Offensive festhalten, stets das Ziel der Operationen, und alle Anstrengung wie alles Interesse knüpft sich daran, die Isolierung Hannibals im südlichen Italien aufzuheben oder zu verewigen.

Wäre es möglich gewesen, unmittelbar nach der Cannensischen Schlacht alle die Hilfsmittel heranzuziehen, auf die Hannibal sich Rechnung machen durfte, so konnte er des Erfolges ziemlich gewiß sein. Allein in Spanien war Hasdrubals Lage eben damals nach der Schlacht am Ebro so bedenklich, daß die Leistungen von Geld und Mannschaft, zu denen der cannensische

Sieg die karthagische Bürgerschaft angespannt hatte, größtenteils für Spanien verwendet wurden, ohne daß doch die Lage der Dinge dort dadurch viel besser geworden wäre. Die Scipionen verlegten den Kriegsschauplatz im folgenden Feldzug (539 *215*) vom Ebro an den Guadalquivir und erfochten in Andalusien, mitten im eigentlich karthagischen Gebiet, bei Illiturgi und Intibili zwei glänzende Siege. In Sardinien mit den Eingeborenen angeknüpfte Verbindungen ließen die Karthager hoffen, daß sie sich der Insel würden bemächtigen können, die als Zwischenstation zwischen Spanien und Italien von Wichtigkeit gewesen wäre. Indes Titus Manlius Torquatus, der mit einem römischen Heer nach Sardinien gesendet ward, vernichtete die karthagische Landungsarmee vollständig und sicherte den Römern aufs neue den unbestrittenen Besitz der Insel (539 *215*). Die nach Sizilien geschickten cannensischen Legionen behaupteten im Norden und Osten der Insel sich mutig und glücklich gegen die Karthager und Hieronymos, welcher letztere schon gegen Ende des Jahres 539 *(215)* durch Mörderhand seinen Tod fand. Selbst mit Makedonien verzögerte sich die Ratifikation des Bündnisses, hauptsächlich weil die makedonischen an Hannibal gesendeten Boten auf der Rückreise von den römischen Kriegsschiffen aufgefangen wurden. So unterblieb vorläufig die gefürchtete Invasion der Ostküste, und die Römer gewannen Zeit, die wichtigste Station Brundisium zuerst mit der Flotte, alsdann auch mit dem vor der Ankunft des Gracchus zur Deckung von Apulien verwendeten Landheer zu sichern und für den Fall der Kriegserklärung einen Einfall in Makedonien selbst vorzubereiten. Während also in Italien der Kampf zum Stehen und Stocken kam, war außerhalb Italien karthagischerseits nichts geschehen, was neue Heere oder Flotten rasch nach Italien gefördert hätte. Römischerseits hatte man sich dagegen mit der größten Energie überall in Verteidigungszustand gesetzt und in dieser Abwehr da, wo Hannibals Genie fehlte, größtenteils mit Erfolg gefochten. Darüber verrauchte der kurzlebige Patriotismus, den der Cannensische Sieg in Karthago erweckt hatte; die nicht unbedeutenden Streitkräfte, welche man dort disponibel gemacht hatte, waren, sei es durch faktiöse Opposition, sei es bloß durch ungeschickte Ausgleichung der verschiedenen, im Rat laut gewordenen Meinungen, so zersplittert worden, daß sie nirgend wesentlich förderten und da, wo sie am nützlichsten gewesen wären, eben der kleinste Teil hinkam. Am Ende des Jahres 539 *(215)* durfte auch der besonnene römische Staatsmann sich sagen, daß die dringende Gefahr vorüber sei und die heldenmütig begonnene Gegenwehr nur auf sämtlichen Punkten mit Anspannung aller Kräfte auszuharren habe, um zum Ziel zu gelangen.

Am ersten ging der Krieg in Sizilien zu Ende. Es hatte nicht zunächst in Hannibals Plan gelegen, auf der Insel einen Kampf anzuspinnen, sondern halb zufällig, hauptsächlich durch die knabenhafte Eitelkeit des unverständigen Hieronymos war hier ein Landkrieg ausgebrochen, dessen, ohne Zweifel eben aus diesem Grunde, der karthagische Rat mit besonderem Eifer sich annahm. Nachdem Hieronymos zu Ende 539 *(215)* getötet war, schien es mehr als zweifelhaft, ob die Bürgerschaft bei der von ihm befolgten Politik verbleiben werde. Wenn irgend eine Stadt, so hatte Syrakus Ursache an Rom festzuhalten, da der Sieg der Karthager über die Römer unzweifelhaft jenen wenigstens die Herrschaft über ganz Sizilien geben mußte und an eine wirkliche Einhaltung der von Karthago den Syrakusanern gemachten Zusagen kein ernsthafter Mann glauben konnte. Teils hierdurch bewogen, teils geschreckt durch die drohenden Anstalten der Römer, die alles aufboten, um die wichtige Insel, die Brücke zwischen Italien und Afrika, wieder vollständig in ihre Gewalt zu bringen, und jetzt für den Feldzug 540 *(214)* ihren besten Feldherrn, den Marcus Marcellus nach Sizilien gesandt hatten, zeigte die syrakusanische Bürgerschaft sich geneigt, durch rechtzeitige Rückkehr zum römischen Bündnis das Geschehene vergessen zu machen. Allein bei der entsetzlichen Verwirrung in der Stadt, wo nach Hieronymos' Tode die Versuche zur Wiederherstellung der alten Volksfreiheit und die Handstreiche der zahlreichen Prätendenten auf den erledigten Thron wild durcheinander wogten, die Hauptleute der fremden Söldnerscharen aber die eigentlichen Herren der Stadt waren, fanden Hannibals gewandte Emissäre Hippokrates und Epikydes Gelegenheit, die Friedensversuche zu vereiteln. Durch den Namen der Freiheit regten sie die Masse auf; maßlos übertriebene Schilderungen von der fürchterlichen Bestrafung, die den soeben wieder unterworfenen Leontinern von den Römern zuteil geworden sein sollte, erweckten auch in dem bessern Teil der Bürgerschaft den Zweifel, ob es nicht zu spät sei, um das alte Verhältnis mit Rom wiederherzustellen; unter den Söldnern endlich wurden die zahlreichen römischen Überläufer, meistens durchgegangene Ruderer von der Flotte, leicht überzeugt, daß der Friede der Bürgerschaft mit Rom ihr Todesurteil sei. So wurden die Vorsteher der Bürgerschaft erschlagen, der Waffenstillstand gebrochen und Hippokrates und

Epikydes übernahmen das Regiment der Stadt. Es blieb dem Konsul nichts übrig, als zur Belagerung zu schreiten; indes die geschickte Leitung der Verteidigung, wobei der als gelehrter Mathematiker berühmte syrakusanische Ingenieur Archimedes sich besonders hervortat, zwang die Römer nach achtmonatlicher Belagerung, dieselbe in eine Blockade zu Wasser und zu Lande umzuwandeln. Mittlerweile war von Karthago aus, das bisher nur mit seinen Flotten die Syrakusaner unterstützt hatte, auf die Nachricht von der abermaligen Schilderhebung derselben gegen die Römer ein starkes Landheer unter Himilko nach Sizilien gesendet worden, das ungehindert bei Herakleia Minoa landete und sofort die wichtige Stadt Akragas besetzte. Um dem Himilko die Hand zu reichen, rückte der kühne und fähige Hippokrates aus Syrakus mit einer Armee aus; Marcellus' Lage zwischen der Besatzung von Syrakus und den beiden feindlichen Heeren fing an bedenklich zu werden. Indes mit Hilfe einiger Verstärkungen, die von Italien eintrafen, behauptete er seine Stellung auf der Insel und setzte die Blockade von Syrakus fort. Dagegen trieb mehr noch als die feindlichen Armeen die fürchterliche Strenge, mit der die Römer auf der Insel verfuhren, namentlich die Niedermetzelung der des Abfalls verdächtigen Bürgerschaft von Enna durch die römische Besatzung daselbst, den größten Teil der kleinen Landstädte den Karthagern in die Arme. Im Jahre 542 *(212)* gelang es den Belagerern von Syrakus während eines Festes in der Stadt, einen von den Wachen verlassenen Teil der weitläuftigen Außenmauern zu ersteigen und in die Vorstädte einzudringen, die von der Insel und der eigentlichen Stadt am Strande (Achradina) sich gegen das innere Land hin erstreckten. Die Festung Euryalos, die, am äußersten westlichen Ende der Vorstädte gelegen, diese und die vom Binnenland nach Syrakus führende Hauptstraße deckte, war hiermit abgeschnitten und fiel nicht lange nachher. Als so die Belagerung der Stadt eine den Römern günstige Wendung zu nehmen begann, rückten die beiden Heere unter Himilko und Hippokrates zum Entsatz heran und versuchten einen gleichzeitigen, überdies noch mit einem Landungsversuch der karthagischen Flotte und einem Ausfall der syrakusanischen Besatzung kombinierten Angriff auf die römischen Stellungen; allein er ward allerseits abgeschlagen, und die beiden Entsatzheere mußten sich begnügen, vor der Stadt ihr Lager aufzuschlagen, in den sumpfigen Niederungen des Anapos, die im Hochsommer und im Herbst den darin Verweilenden tödliche Seuchen erzeugen. Oft hatten diese die Stadt gerettet, öfter als die Tapferkeit der Bürger; zu den Zeiten des ersten Dionys waren zwei phönikische Heere, damals die Stadt belagernd, unter ihren Mauern durch diese Seuchen vernichtet worden. Jetzt wendete der Stadt das Schicksal die eigene Schutzwehr zum Verderben; während Marcellus' Heer, in den Vorstädten einquartiert, nur wenig litt, veröteten die Fieber die phönikischen und syrakusanischen Biwaks. Hippokrates starb, desgleichen Himilko und die meisten Afrikaner; die Überbleibsel der beiden Heere, größtenteils eingeborene Sikeler, verliefen sich in die benachbarten Städte. Noch machten die Karthager einen Versuch, die Stadt von der Seeseite zu retten; allein der Admiral Bomilkar entwich, als die römische Flotte ihm die Schlacht anbot. Jetzt gab selbst Epikydes, der in der Stadt befehligte, dieselbe verloren und entrann nach Akragas. Gern hätte Syrakus sich den Römern ergeben; die Verhandlungen hatten schon begonnen. Allein zum zweitenmal scheiterten sie an den Überläufern; in einer abermaligen Meuterei der Soldaten wurden die Vorsteher der Bürgerschaft und eine Anzahl angesehener Bürger erschlagen und das Regiment und die Verteidigung der Stadt von den fremden Truppen ihren Hauptleuten übertragen. Nun knüpfte Marcellus mit einem von diesen eine Unterhandlung an, die ihm den einen der beiden noch freien Stadtteile, die Insel, in die Hände lieferte; worauf die Bürgerschaft ihm freiwillig auch die Tore von Achradina auftat (Herbst 542 *212*). Wenn irgendwo, hätte gegen diese Stadt, die offenbar nicht in ihrer eigenen Gewalt gewesen war und mehrfach die ernstlichsten Versuche gemacht hatte, sich der Tyrannei des fremden Militärs zu entziehen, selbst nach den nicht löblichen Grundsätzen des römischen Staatsrechts über die Behandlung bundbrüchiger Gemeinden die Gnade walten können. Allein nicht bloß befleckte Marcellus seine Kriegerehre durch die Gestattung einer allgemeinen Plünderung der reichen Kaufstadt, bei der mit zahlreichen anderen Bürgern auch Archimedes den Tod fand, sondern es hatte auch der römische Senat kein Ohr für die verspäteten Beschwerden der Syrakusaner über den gefeierten Feldherrn und gab weder den einzelnen die Beute zurück noch der Stadt ihre Freiheit. Syrakus und die früher von ihm abhängigen Städte traten unter die den Römern steuerpflichtigen Gemeinden ein – nur Tauromenion und Neeton erhielten das Recht von Messana, während die leontinische Mark römische Domäne und die bisherigen Eigentümer römische Pächter wurden –, und in dem den Hafen beherrschenden Stadtteil, der »Insel«, durfte fortan kein syrakusanischer Bürger wohnen.

Sizilien schien also für die Karthager verloren; allein Hannibals Genie war auch hier aus der Ferne tätig. Er sandte zu dem karthagischen Heer, das unter Hanno und Epikydes rat- und tatlos bei Akragas stand, einen libyschen Reiteroffizier, den Muttines, der den Befehl der numidischen Reiterei übernahm und mit seinen flüchtigen Scharen den bittern Haß, den die römische Zwingherrschaft auf der ganzen Insel gesät hatte, zu offener Flamme anfachend, einen Guerillakrieg in der weitesten Ausdehnung und mit dem glücklichsten Erfolg begann, ja sogar, als am Himerafluß die karthagische und römische Armee aufeinandertrafen, gegen Marcellus selbst mit Glück einige Gefechte bestand. Indes das Verhältnis, das zwischen Hannibal und dem karthagischen Rat obwaltete, wiederholte hier sich im kleinen. Der vom Rat bestellte Feldherr verfolgte mit eifersüchtigem Neid den von Hannibal gesandten Offizier und bestand darauf, dem Prokonsul eine Schlacht zu liefern ohne Muttines und die Numidier. Hannos Wille geschah und er ward vollständig geschlagen. Muttines ließ sich dadurch nicht irren; er behauptete sich im Innern des Landes, besetzte mehrere kleine Städte und konnte, da von Karthago nicht unbeträchtliche Verstärkungen ihm zukamen, seine Operationen allmählich ausdehnen. Seine Erfolge waren so glänzend, daß endlich der Oberfeldherr, da er den Reiteroffizier nicht anders hindern konnte, ihn zu verdunkeln, demselben kurzweg das Kommando über die leichte Reiterei abnahm und es seinem Sohn übertrug. Der Numidier, der nun seit zwei Jahren seinen phönikischen Herren die Insel erhalten hatte, fand hiermit das Maß seiner Geduld erschöpft; er und seine Reiter, die dem jüngeren Hanno zu folgen sich weigerten, traten in Unterhandlungen mit dem römischen Feldherrn Marcus Valerius Laevinus und lieferten ihm Akragas aus. Hanno entwich in einem Nachen und ging nach Karthago, um den schändlichen Vaterlandsverrat des hannibalischen Offiziers den Seinen zu berichten; die phönikische Besatzung in der Stadt ward von den Römern niedergemacht und die Bürgerschaft in die Sklaverei verkauft (544 *210*). Zur Sicherung der Insel vor ähnlichen Überfällen, wie die Landung von 540 *(214)* gewesen war, erhielt die Stadt eine neue, aus den römisch gesinnten Sizilianern ausgelesene Einwohnerschaft; die alte herrliche Akragas war gewesen. Nachdem also ganz Sizilien unterworfen war, ward römischerseits dafür gesorgt, daß einige Ruhe und Ordnung auf die zerrüttete Insel zurückkehrte. Man trieb das Räubergesindel, das im Innern hauste, in Masse zusammen und schaffte es hinüber nach Italien, um von Rhegion aus in Hannibals Bundesgenossengebiet zu sengen und zu brennen; die Regierung tat ihr Mögliches, um den gänzlich darniederliegenden Ackerbau wieder auf der Insel in Aufnahme zu bringen. Im karthagischen Rat war wohl noch öfter die Rede davon, eine Flotte nach Sizilien zu senden und den Krieg zu erneuern; allein es blieb bei Entwürfen.

Entscheidender als Syrakus hätte Makedonien in den Gang der Ereignisse eingreifen können. Von den östlichen Mächten war für den Augenblick weder Förderung noch Hinderung zu erwarten. Antiochos der Große, Philippos' natürlicher Bundesgenosse, hatte nach dem entscheidenden Siege der Ägypter bei Raphia 537 *(217)* sich glücklich schätzen müssen, von dem schlaffen Philopator Frieden auf Basis des Status quo ante zu erhalten; teils die Rivalität der Lagiden und der stets drohende Wiederausbruch des Krieges, teils Prätendentenaufstände im Innern und Unternehmungen aller Art in Kleinasien, Baktrien und den östlichen Satrapien hinderten ihn, jener großen antirömische Allianz sich anzuschließen, wie Hannibal sie im Sinne trug. Der ägyptische Hof stand entschieden auf der Seite Roms, mit dem er das Bündnis 544 *(210)* erneuerte; allein es war von Ptolemaeos Philopator nicht zu erwarten, daß er Rom anders als durch Kornschiffe unterstützen werde. In den großen italischen Kampf ein entscheidendes Gewicht zu werfen, waren somit Makedonien und Griechenland durch nichts gehindert als durch die eigene Zwietracht; sie konnten den hellenischen Namen retten, wenn sie es über sich gewannen, nur für wenige Jahre gegen den gemeinschaftlichen Feind zusammenzustehen. Wohl gingen solche Stimmungen durch Griechenland. Des Agelaos von Naupaktos prophetisches Wort, daß er fürchte, es möge mit den Kampfspielen, die jetzt die Hellenen unter sich aufführten, demnächst vorbei sein; seine ernste Mahnung, nach Westen die Blicke zu richten und nicht zuzulassen, daß eine stärkere Macht allen jetzt streitenden Parteien den Frieden des gleichen Joches bringe – diese Reden hatten wesentlich dazu beigetragen, den Frieden zwischen Philippos und den Ätolern herbeizuführen (537 *217*), und für dessen Tendenz war es bezeichnend, daß der ätolische Bund sofort eben den Agelaos zu seinem Strategen ernannte. Der nationale Patriotismus regte sich in Griechenland wie in Karthago; einen Augenblick schien es möglich, einen hellenischen Volkskrieg gegen Rom zu entfachen. Allein der Feldherr eines solchen Heerzuges konnte nur Philippos von Makedonien sein und ihm fehlte die Begeisterung und der Glaube an die Nation, womit ein solcher Krieg allein geführt werden konnte. Er verstand die schwierige Aufgabe nicht, sich aus dem Unterdrücker in den Vorfechter Griechenlands umzuwandeln. Schon sein Zaudern bei dem Abschluß des Bündnisses mit Hannibal verdarb den ersten und besten Eifer der griechischen Patrioten; und als er dann in den Kampf gegen Rom eintrat, war die Art der Kriegführung noch weniger geeignet, Sympathie und Zuversicht zu erwecken. Gleich der erste Versuch, der schon im Jahre der cannensischen Schlacht (538 *216*) gemacht ward, sich der Stadt Apollonia zu bemächtigen, scheiterte in einer fast lächerlichen Weise, indem Philippos schleunigst umkehrte auf das gänzlich unbegründete Gerücht, daß eine römische Flotte in das Adriatische Meer steuere. Dies geschah, noch ehe es zum förmlichen Bruch mit Rom kam; als dieser endlich erfolgt war, erwarteten Freund und Feind eine makedonische Landung in Unteritalien. Seit 539 *(215)* standen bei Brundisium eine römische Flotte und ein römisches Heer, um derselben zu begegnen; Philippos, der ohne Kriegsschiffe war, zimmerte an einer Flottille von leichten illyrischen Barken, um sein Heer hinüberzuführen. Allein als es Ernst werden sollte, entsank ihm der Mut, den gefürchteten Fünfdeckern zur See zu begegnen; er brach das seinem Bundesgenossen Hannibal gegebene Versprechen, einen Landungsversuch zu machen, und um doch etwas zu tun, entschloß er sich, auf seinen Teil der Beute, die römischen Besitzungen in Epeiros, einen Angriff zu machen (540 *214*). Im besten Falle wäre dabei nichts herausgekommen; allein die Römer, die wohl wußten, daß die offensive Deckung vorzüglicher ist als die defensive, begnügten sich keineswegs, wie Philippos gehofft haben mochte, dem Angriff vom andern Ufer her zuzusehen. Die römische Flotte führte eine Heerabteilung von Brundisium nach Epeiros; Orikon ward dem König wieder abgenommen, nach Apollonia Besatzung geworfen und das makedonische Lager erstürmt, worauf Philippos vom halben Tun zur völligen Untätigkeit überging und einige Jahre in tatenlosem Kriegszustand verstreichen ließ, trotz aller Beschwerden Hannibals, der umsonst solcher Lahmheit und Kurzsichtigkeit sein Feuer und seine Klarheit einzuhauchen versuchte. Auch war es nicht Philippos, der dann die Feindseligkeiten erneuerte. Der Fall von Tarent (542 *212*), womit Hannibal einen vortrefflichen Hafen an denjenigen Küsten gewann, die zunächst sich zur Landung eines makedonischen Heeres eigneten, veranlaßte die Römer, den Schlag von weitem zu parieren und den Makedoniern daheim so viel zu schaffen zu machen, daß sie an einen Versuch auf Italien nicht denken konnten. In Griechenland war der nationale Aufschwung natürlich längst verraucht. Mit Hilfe der alten Opposition gegen Makedonien und der neuen Unvorsichtigkeiten und Ungerechtigkeiten, die Philippos sich hatte zu Schulden kommen lassen, fiel es dem römischen Admiral Laevinus nicht schwer, gegen Makedonien eine Koalition der Mittel- und Kleinmächte unter römischem Schutz zustande zu bringen. An der Spitze derselben standen die Ätoler, auf deren Landtag Laevinus selber erschienen war und sie durch Zusicherung des seit langem von ihnen begehrten akarnanischen Gebiets gewonnen hatte. Sie schlossen mit Rom den ehrbaren Vertrag die übrigen Hellenen auf gemeinschaftliche Rechnung an Land und Leuten zu plündern, so daß das Land den Ätolern, die Leute und die fahrende Habe den Römern gehören sollten. Ihnen schlossen sich im eigentlichen Griechenland die antimakedonisch oder vielmehr zunächst antiachäisch gesinnten Staaten an: in Attika Athen, im Peloponnes Elis und Messene, besonders aber Sparta, dessen altersschwache Verfassung eben um diese Zeit ein dreister Soldat Machanidas über den Haufen geworfen hatte, um unter dem Namen des unmündigen Königs Pelops selbst despotisch zu regieren und ein auf gedungene Söldnerscharen gestütztes Abenteurerregiment zu begründen. Es traten ferner hinzu die ewigen Gegner Makedoniens, die Häuptlinge der halb wilden thrakischen und illyrischen Stämme und endlich König Attalos von Pergamon, der in dem Ruin der beiden griechischen Großstaaten, die ihn einschlossen, den eigenen Vorteil mit Einsicht und Energie verfolgte und scharfsichtig genug war, sich der römischen Klientel schon jetzt anzuschließen, wo seine Teilnahme noch etwas wert war. Es ist weder erfreulich noch erforderlich, den Wechselfällen dieses ziellosen Kampfes zu folgen. Philippos, obwohl er jedem einzelnen seiner Gegner überlegen war und nach allen Seiten hin die Angriffe mit Energie und persönlicher Tapferkeit zurückwies, rieb sich dennoch auf in dieser heillosen Defensive. Bald galt es, sich gegen die Ätoler zu wenden, die in Gemeinschaft mit der römischen Flotte die unglücklichen Akarnanen vernichteten und Lokris und Thessalien bedrohten; bald rief ihn ein Einfall der Barbaren in die nördlichen Landschaften; bald sandten die Achäer um Hilfe gegen die ätolischen und spartanischen Raubzüge; bald bedrohten König Attalos von Pergamon und der römische Admiral Publius Sulpicius mit ihren vereinigten Flotten die östliche Küste oder setzten Truppen ans Land in Euböa. Der Mangel einer Kriegsflotte lähmte Philippos in allen seinen Bewegungen; es kam so weit, daß er von seinem Bundesgenossen Prusias in Bithynien, ja von Hannibal Kriegsschiffe erbat. Erst gegen das Ende des Krieges entschloß er sich zu dem, womit er hätte anfangen müssen, hundert Kriegsschiffe bauen zu lassen; Gebrauch ist indes von denselben nicht mehr gemacht worden, wenn überhaupt der Befehl zur Ausführung kam. Alle, die Griechenlands Lage begriffen und ein Herz dafür hatten, beklagten den unseligen Krieg, in dem Griechenlands letzte Kräfte sich selbst zerfleischten und der Wohlstand des Landes zugrunde ging; wiederholt hatten die Handelsstaaten Rhodos, Chios, Mytilene, Byzanz, Athen, ja selbst Ägypten versucht zu vermitteln. In der Tat lag es beiden Parteien nahe genug, sich zu vertragen. Wie die Makedonier hatten auch die Ätoler, auf die es von den römischen Bundesgenossen hauptsächlich ankam, viel unter dem Krieg zu leiden; besonders seit der kleine König der Athamanen von Philippos gewonnen worden und dadurch das innere Ätolien den makedonischen Einfällen geöffnet war. Auch von ihnen gingen allmählich manchem die Augen auf über die ehrlose und verderbliche Rolle, zu der sie das römische Bündnis verurteilte; es ging ein Schrei der Empörung durch die ganze griechische Nation, als die Ätoler in Gemeinschaft mit den Römern hellenische Bürgerschaften, wie die von Antikyra, Oreos, Dyme, Aegina, in Masse in die Sklaverei verkauften. Allein die Ätoler waren schon nicht mehr frei: sie wagten viel, wenn sie auf eigene Hand mit Philippos Frieden schlossen, und fanden die Römer keineswegs geneigt, zumal bei der günstigen Wendung der Dinge in Spanien und in Italien, von einem Kriege abzustehen, den sie ihrerseits bloß mit einigen Schiffen führten und dessen Last und Nachteil wesentlich auf die Ätoler fiel. Endlich entschlossen diese sich doch, den vermittelnden Städten Gehör zu geben; trotz der Gegenbestrebungen der Römer kam im Winter 548/49 *(206/05)* ein Friede zwischen den griechischen Mächten zustande. Ätolien hatte einen übermächtigen Bundesgenossen in einen gefährlichen Feind verwandelt; indes es schien dem römischen Senat, der eben damals die Kräfte des erschöpften Staates zu der entscheidenden afrikanischen Expedition aufbot, nicht der geeignete Augenblick, den Bruch des Bündnisses zu ahnden. Selbst den Krieg mit Philippos, den nach dem Rücktritt der Ätoler die Römer nicht ohne bedeutende eigene Anstrengungen hätten führen können, erschien es zweckmäßig, durch einen Frieden zu beendigen, durch den der Zustand vor dem Kriege im wesentlichen wiederhergestellt ward und namentlich Rom mit Ausnahme des wertlosen atintanischen Gebiets seine sämtlichen Besitzungen an der epeirotischen Küste behielt. Unter den Umständen mußte Philippos sich noch glücklich schätzen, solche Bedingungen zu erhalten; allein es war damit ausgesprochen, was sich freilich nicht länger verbergen ließ, daß all das unsägliche Elend, welches die zehn Jahre eines mit widerwärtiger Unmenschlichkeit geführten Krieges über Griechenland gebracht hatten, nutzlos erduldet, und daß die großartige und richtige Kombination, die Hannibal entworfen und ganz Griechenland einen Augenblick geteilt hatte, unwiederbringlich gescheitert war.

In Spanien, wo der Geist Hamilkars und Hannibals mächtig war, war der Kampf ernster. Er bewegt sich in seltsamen Wechselfällen, wie die eigentümliche Beschaffenheit des Landes und die Sitte des Volkes sie mit sich bringen. Die Bauern und Hirten, die in dem schönen Ebrotal und dem üppig fruchtbaren Andalusien wie in dem rauhen von zahlreichen Waldgebirgen durchschnittenen Hochland zwischen jenem und diesem wohnten, waren ebenso leicht als bewaffneter Landsturm zusammenzutreiben wie schwer gegen den Feind zu führen und überhaupt nur zusammenzuhalten. Die Städte waren ebensowenig zu festem und gemeinschaftlichem Handeln zu vereinigen, so hartnäckig jede einzelne Bürgerschaft hinter ihren Wällen dem Dränger Trotz bot. Sie alle scheinen zwischen den Römern und den Karthagern wenig Unterschied gemacht zu haben; ob die lästigen Gäste, die sich im Ebrotal, oder die, welche am Guadalquivir sich festgesetzt hatten, ein größeres oder kleineres Stück der Halbinsel besaßen, mag den Eingeborenen ziemlich gleichgültig gewesen sein, weshalb von der eigentümlich spanischen Zähigkeit im Parteinehmen mit einzelnen Ausnahmen, wie Sagunt auf römischer, Astapa auf karthagischer Seite, in diesem Krieg wenig hervortritt. Dennoch ward der Krieg von beiden Seiten, da weder die Römer noch die Afrikaner hinreichende eigene Mannschaft mit sich geführt hatten, notwendig zum Propagandakrieg, in dem selten festgegründete Anhänglichkeit, gewöhnlich Furcht, Geld oder Zufall entschied, und der, wenn er zu Ende schien, sich in einen endlosen Festungs- und Guerillakrieg auflöste, um bald aus der Asche wieder aufzulodern. Die Armeen erscheinen und verschwinden wie die Dünen am Strand; wo gestern ein Berg stand, findet man heute seine Spur nicht mehr. Im allgemeinen ist das Übergewicht auf Seiten der Römer, teils weil sie in Spanien zunächst wohl auftraten als Befreier des Landes von der phönikischen Zwingherrschaft, teils durch die glückliche Wahl ihrer Führer und durch den stärkeren Kern mitgebrachter zuverlässiger Truppen; doch ist es bei unserer sehr unvollkommenen und namentlich in der Zeitrechnung tiefzerrütteten Überlieferung nicht wohl möglich, von einem also geführten Kriege eine befriedigende Darstellung zu geben.

Die beiden Statthalter der Römer auf der Halbinsel, Gnaeus und Publius Scipio, beide, namentlich Gnaeus, gute Generale und vortreffliche Verwalter, vollzogen ihre Aufgabe mit dem glänzendsten Erfolg. Nicht bloß war der Riegel der Pyrenäen durchstehend behauptet und der Versuch, die gesprengte Landverbindung zwischen dem feindlichen Oberfeldherrn und seinem Hauptquartier wiederherzustellen, blutig zurückgewiesen worden, nicht bloß in Tarraco durch umfassende Festungswerke und Hafenanlagen nach dem Muster des spanischen Neukarthago ein spanisches Neurom erschaffen, sondern es hatten auch die römischen Heere schon 539 *(215)* in Andalusien mit Glück gefochten (2, 143). Der Zug dorthin ward das Jahr darauf (540 *214*) mit noch größerem Erfolg wiederholt; die Römer trugen ihre Waffen fast bis zu den Säulen des Herakles, breiteten ihre Klientel im südlichen Spanien aus und sicherten endlich durch die Wiedergewinnung und Wiederherstellung von Sagunt sich eine wichtige Station auf der Linie vom Ebro nach Cartagena, indem sie zugleich eine alte Schuld der Nation soweit möglich bezahlten. Während die Scipionen so die Karthager aus Spanien fast verdrängten, wußten sie ihnen im westlichen Afrika selbst einen gefährlichen Feind zu erwecken an dem mächtigen westafrikanischen Fürsten Syphax in den heutigen Provinzen Oran und Algier, welcher mit den Römern in Verbindung trat (um 541 *213*). Wäre es möglich gewesen, ein römisches Heer ihm zuzuführen, so hätte man auf große Erfolge hoffen dürfen; allein in Italien konnte man eben damals keinen Mann entbehren und das spanische Heer war zu schwach, um sich zu teilen. Indes schon Syphax' eigene Truppen, geschult und geführt von römischen Offizieren, erregten unter den libyschen Untertanen Karthagos so ernstliche Gärung, daß der stellvertretende Oberkommandant von Spanien und Afrika, Hasdrubal Barkas, selbst mit dem Kern der spanischen Truppen nach Afrika ging. Vermutlich durch ihn trat dort eine Wendung ein; der König Gala in der heutigen Provinz Constantine, seit langem der Rival des Syphax, erklärte sich für Karthago, und sein tapferer Sohn Massinissa schlug den Syphax und nötigte ihn zum Frieden. Überliefert ist übrigens von diesem libyschen Krieg wenig mehr als die Erzählung der grausamen Rache, die Karthago, wie es pflegte, nach Massinissas Siege an den Aufständischen nahm.

Diese Wendung der Dinge in Afrika ward auch folgenreich für den spanischen Krieg. Hasdrubal konnte abermals nach Spanien sich wenden (543 *211*), wohin bald beträchtliche Verstärkungen und Massinissa selbst ihm folgten. Die Scipionen, die während der Abwesenheit des feindlichen Oberfeldherrn (541 542 *213 212*) im karthagischen Gebiet Beute und Propaganda zu machen fortgefahren hatten, sahen sich unerwartet von so überlegenen Streitkräften angegriffen, daß sie entweder hinter den Ebro zurückweichen oder die Spanier aufbieten mußten. Sie wählten das letztere und nahmen 20000 Keltiberer in Sold, worauf sie dann, um den drei feindlichen Armeen unter Hasdrubal Barkas, Hasdrubal Gisgons Sohn, und Mago besser zu begegnen, ihr Heer teilten und nicht einmal ihre römischen Truppen zusammenhielten. Damit bereiteten sie sich den Untergang. Während Gnaeus mit seinem Korps, einem Drittel der römischen und den sämtlichen spanischen Truppen, Hasdrubal Barkas gegenüber lagerte, bestimmte dieser ohne Mühe durch eine Summe Geldes die Spanier im römischen Heere zum Abzuge, was ihnen nach ihrer Landsknechtmoral vielleicht nicht einmal als Treubruch erschien, da sie ja nicht zu den Feinden ihres Soldherrn überliefen. Dem römischen Feldherrn blieb nichts übrig, als in möglichster Eile seinen Rückzug zu beginnen, wobei der Feind ihm auf dem Fuße folgte. Mittlerweile sah sich das zweite römische Korps unter Publius von den beiden anderen phönikischen Armeen unter Hasdrubal Gisgons Sohn und Mago lebhaft angegriffen, und Massinissas kecke Reiterscharen setzten die Karthager in entschiedenen Vorteil. Schon war das römische Lager fast eingeschlossen; wenn noch die bereits im Anzuge begriffenen spanischen Hilfstruppen eintrafen, waren die Römer vollständig umzingelt. Der kühne Entschluß des Prokonsuls, mit seinen besten Truppen den Spaniern entgegenzugehen, bevor deren Erscheinen die Lücke in der Blockade füllte, endigte nicht glücklich. Die Römer waren wohl anfangs im Vorteil; allein die numidischen Reiter, die den Ausfallenden rasch waren nachgesandt worden, erreichten sie bald und hemmten sowohl die Verfolgung des halb schon erfochtenen Sieges, als auch den Rückmarsch, bis daß die phönikische Infanterie herankam und endlich der Fall des Feldherrn die verlorene Schlacht in eine Niederlage verwandelte. Nachdem Publius also erlegen war, fand Gnaeus, der langsam zurückweichend sich des einen karthagischen Heeres mühsam erwehrt hatte, plötzlich von dreien zugleich sich angefallen und durch die numidische Reiterei jeden Rückzug sich abgeschnitten. Auf einen nackten Hügel gedrängt, der nicht einmal die Möglichkeit bot, ein Lager zu schlagen, wurde das ganze Korps niedergehauen oder kriegsgefangen; von dem Feldherrn selbst ward nie wieder sichere Kunde vernommen. Eine kleine Abteilung allein rettete ein trefflicher Offizier aus Gnaeus' Schule, Gaius Marcius, hinüber auf das andere Ufer des Ebro und ebendahin gelang es dem Legaten Titus Fonteius, den von dem Korps des Publius im Lager gebliebenen Teil in Sicherheit zu bringen; sogar die meisten im südlichen Spanien zerstreuten römischen Besatzungen vermochten sich dorthin zu flüchten. Bis zum Ebro herrschten die Phöniker in ganz Spanien ungestört und der Augenblick schien nicht fern, wo der Fluß überschritten, die Pyrenäen frei und die Verbindung mit Italien hergestellt sein würde. Da führte die Not im römischen Lager den rechten Mann an die Spitze. Die Wahl der Soldaten berief mit Umgehung älterer, nicht untüchtiger Offiziere zum Führer des Heeres jenen Gaius Marcius, und seine gewandte Leitung und vielleicht ebenso sehr der Neid und Hader unter den drei karthagischen Feldherren entrissen diesen die weiteren Früchte des wichtigen Sieges. Was von den Karthagern den Fluß überschritten, wurde zurückgeworfen und zunächst die Ebrolinie behauptet, bis Rom Zeit gewann, ein neues Heer und einen neuen Feldherrn zu senden. Zum Glück gestattete dies die Wendung des Krieges in Italien, wo soeben Capua gefallen war; es kam eine starke Legion – 12000 Mann – unter dem Proprätor Gaius Claudius Nero, die das Gleichgewicht der Waffen wieder herstellte. Eine Expedition nach Andalusien im folgenden Jahr (544 *210*) hatte den besten Erfolg; Hasdrubal Barkas ward umstellt und eingeschlossen und entrann der Kapitulation nur durch unfeine List und offenen Wortbruch. Allein Nero war der rechte Feldherr nicht für den Spanischen Krieg. Er war ein tüchtiger Offizier, aber ein harter auffahrender unpopulärer Mann, wenig geschickt, die alten Verbindungen wieder anzuknüpfen und neue einzuleiten und Vorteil zu ziehen aus der Unbill und dem Übermut, womit die Punier nach dem Tode der Scipionen Freund und Feind im Jenseitigen Spanien behandelt und alle gegen sich erbittert hatten. Der Senat, der die Bedeutung und die Eigentümlichkeit des Spanischen Krieges richtig beurteilte und durch die von der römischen Flotte gefangen eingebrachten Uticenser von den großen Anstrengungen erfahren hatte, die man in Karthago machte, um Hasdrubal und Massinissa mit einem starken Heer über die Pyrenäen zu senden, beschloß, nach Spanien neue Verstärkungen zu schicken und einen außerordentlichen Feldherrn höheren Ranges, dessen Ernennung man dem Volke anheimzugeben für gut fand. Lange Zeit – so lautet der Bericht – meldete sich niemand zur Übernahme des verwickelten und gefährlichen Geschäfts, bis endlich ein junger siebenundzwanzigjähriger Offizier, Publius Scipio, der Sohn des in Spanien gefallenen gleichnamigen Generals, gewesener Kriegstribun und Ädil, als Bewerber auftrat. Es ist ebenso unglaublich, daß der römische Senat in diesen von ihm veranlaßten Komitien eine Wahl von solchem Belang dem Zufall anheimgestellt haben sollte, als daß Ehrgeiz und Vaterlandsliebe in Rom so ausgestorben gewesen, daß für den wichtigen Posten kein versuchter Offizier sich angeboten hätte. Wenn dagegen die Blicke des Senats sich wandten auf den jungen talentvollen und erprobten Offizier, der in den heißen Tagen am Ticinus und bei Cannae sich glänzend ausgezeichnet hatte, dem aber noch der erforderliche Rang abging, um als Nachfolger von gewesenen Prätoren und Konsuln aufzutreten, so war es sehr natürlich, diesen Weg einzuschlagen, der das Volk auf gute Art nötigte, den einzigen Bewerber trotz seiner mangelnden Qualifikation zuzulassen und zugleich ihn und die ohne Zweifel sehr unpopuläre spanische Expedition bei der Menge beliebt machen mußte. War der Effekt dieser angeblich improvisierten Kandidatur berechnet, so gelang er vollständig. Der Sohn, der den Tod des Vaters zu rächen ging, dem er neun Jahre zuvor am Ticinus das Leben gerettet hatte, der männlich schöne junge Mann mit den langen Locken, der bescheiden errötend in Ermangelung eines Besseren sich darbot für den Posten der Gefahr, der einfache Kriegstribun, den nun auf einmal die Stimmen der Zenturien zu der höchsten Amtstaffel erhoben – das alles machte auf die römischen Bürger und Bauern einen wunderbaren und unauslöschlichen Eindruck. Und in der Tat, Publius Scipio war eine begeisterte und begeisternde Natur. Er ist keiner jener wenigen, die mit ihrem eisernen Willen die Welt auf Jahrhunderte hinaus durch Menschenkraft in neue Gleise zwingen; oder die doch auf Jahre dem Schicksal in die Zügel fallen, bis die Räder über sie hinrollen. Publius Scipio hat im Auftrag des Senats Schlachten gewonnen und Länder erobert; er hat mit Hilfe seiner militärischen Lorbeeren auch als Staatsmann in Rom eine hervorragende Stellung eingenommen; aber es ist weit von da bis zu Alexander und Caesar. Als Offizier ist er seinem Vaterlande wenigstens nicht mehr gewesen als Marcus Marcellus, und politisch hat er, wenn auch vielleicht ohne seiner unpatriotischen und persönlichen Politik sich deutlich bewußt zu sein, seinem Lande mindestens ebensoviel geschadet, als er ihm durch seine Feldherrngaben genutzt hat. Dennoch ruht ein besonderer Zauber auf dieser anmutigen Heldengestalt; von der heiteren und sicheren Begeisterung, die Scipio halb gläubig halb geschickt vor sich hertrug, ist sie durchaus wie von einer blendenden Aureole umflossen. Mit gerade genug Schwärmerei, um die Herzen zu erwärmen, und genug Berechnung, um das Verständige überall entscheiden und das Gemeine nicht aus dem Ansatz wegzulassen; nicht naiv genug, um den Glauben der Menge an seine göttlichen Inspirationen zu teilen, noch schlicht genug, ihn zu beseitigen, und doch im stillen innig überzeugt, ein Mann vom Gottes besonderen Gnaden zu sein – mit einem Wort eine echte Prophetennatur; über dem Volke stehend und nicht minder außer dem Volke; ein Mann felsenfesten Worts und königlichen Sinns, der durch Annahme des gemeinen Königtitels sich zu erniedrigen meinte, aber ebensowenig begreifen konnte, daß die Verfassung der Republik auch ihn band; seiner Größe so sicher, daß er nichts wußte von Neid und Haß und fremdes Verdienst leutselig anerkannte, fremde Fehler mitleidig verzieh; ein vorzüglicher Offizier und feingebildeter Diplomat, ohne das abstoßende Sondergepräge dieses oder jenes Berufs, hellenische Bildung einigend mit dem vollsten römischen Nationalgefühl, redegewandt und anmutiger Sitte, gewann Publius Scipio die Herzen der Soldaten und der Frauen, seiner Landsleute und der Spanier, seiner Nebenbuhler im Senat und seines größeren karthagischen Gegners. Bald war sein Name auf allen Lippen und er der Stern, der seinem Lande Sieg und Frieden zu bringen bestimmt schien.

Publius Scipio ging nach Spanien 544/45 *(210/09)* ab, begleitet von dem Proprätor Marcus Silanus, der an Neros Stelle treten und dem jungen Oberfeldherrn als Beistand und Rat dienen sollte, und von seinem Flottenführer und Vertrauten Gaius Laelius, ausgerüstet abermals mit einer überzählig starken Legion und einer wohlgefüllten Kasse. Gleich sein erstes Auftreten bezeichnet einer der kühnsten und glücklichsten Handstreiche, die die Geschichte kennt. Die drei karthagischen Heerführer standen Hasdrubal Barkas an den Quellen, Hasdrubal Gisgons Sohn an der Mündung des Tajo, Mago an den Säulen des Herakles; der nächste von ihnen um zehn Tagemärsche entfernt von der phönikischen Hauptstadt Neukarthago. Plötzlich im Frühjahr 545 *(209)*, ehe noch die feindlichen Heere sich in Bewegung setzten, brach Scipio gegen diese Stadt, die er von der Ebromündung aus in wenigen Tagen auf dem Küstenweg erreichen konnte, mit seiner ganzen Armee von ungefähr 30000 Mann und der Flotte auf und überraschte die nicht über 1000 Mann starke phönikische Besatzung mit einem kombinierten Angriff zu Wasser und zu Lande. Die Stadt, auf einer in den Hafen hinein vorspringenden Landspitze gelegen, sah sich zugleich auf drei Seiten von der römischen Flotte, auf der vierten von den Legionen bedroht und jede Hilfe war weit entfernt; aber der Kommandant Mago wehrte sich mit Entschlossenheit und bewaffnete die Bürgerschaft, da die Soldaten nicht ausreichten, um die Mauern zu besetzen. Es ward ein Ausfall versucht, welchen indes die Römer ohne Mühe zurückschlugen und ihrerseits, ohne zu der Eröffnung einer regelmäßigen Belagerung sich die Zeit zu nehmen, den Sturm auf der Landseite begannen. Heftig drängten die Stürmenden auf dem schmalen Landweg gegen die Stadt; immer neue Kolonnen lösten die ermüdeten ab; die schwache Besatzung war aufs äußerste erschöpft, aber einen Erfolg hatten die Römer nicht gewonnen. Scipio hatte auch keinen erwartet; der Sturm hatte bloß den Zweck, die Besatzung von der Hafenseite wegzuziehen, wo er, unterrichtet davon, daß ein Teil des Hafens zur Ebbezeit trocken liege, einen zweiten Angriff beabsichtigte. Während an der Landseite der Sturm tobte, sandte Scipio eine Abteilung mit Leitern über das Watt, »wo Neptun ihnen selbst den Weg zeige«, und sie hatte in der Tat das Glück, die Mauern hier unverteidigt zu finden. So war am ersten Tage die Stadt gewonnen, worauf Mago in der Burg kapitulierte. Mit der karthagischen Hauptstadt fielen achtzehn abgetakelte Kriegs- und 63 Lastschiffe, das gesamte Kriegsmaterial, bedeutende Getreidevorräte, die Kriegskasse von 600 Talenten (über 1 Million Taler), zehntausend Gefangene, darunter achtzehn karthagische Gerusiasten oder Richter, und die Geiseln der sämtlichen spanischen Bundesgenossen Karthagos in die Gewalt der Römer. Scipio verhieß den Geiseln die Erlaubnis zur Heimkehr, sowie die Gemeinde eines jeden mit Rom in Bündnis getreten sein würde, und nutzte die Hilfsmittel, die die Stadt ihm darbot, sein Heer zu verstärken und in besseren Stand zu bringen, indem er die neukarthagischen Handwerker, zweitausend an der Zahl, für das römische Heer arbeiten hieß gegen das Versprechen der Freiheit bei der Beendigung des Krieges, und aus der übrigen Menge die fähigen Leute zum Ruderdienst auf den Schiffen auslas. Die Stadtbürger aber wurden geschont und ihnen die Freiheit und die bisherige Stellung gelassen; Scipio kannte die Phöniker und wußte, daß sie gehorchen würden, und es war wichtig, die Stadt mit dem einzigen vortrefflichen Hafen an der Ostküste und den reichen Silberbergwerken nicht bloß durch eine Besatzung zu sichern.

So war die verwegene Unternehmung gelungen, verwegen deshalb, weil es Scipio nicht unbekannt war, daß Hasdrubal Barkas von seiner Regierung den Befehl erhalten hatte, nach Gallien vorzudringen, und diesen auszuführen beschäftigt war, und weil die schwache, am Ebro zurückgelassene Abteilung unmöglich imstande war, ihm dies ernstlich zu wehren, wenn Scipios Rückkehr sich auch nur verzögerte. Indes er war zurück in Tarraco, ehe Hasdrubal sich am Ebro gezeigt hatte; das gefährliche Spiel, das der junge Feldherr spielte, als er seine nächste Aufgabe im Stich ließ, um einen lockenden Streich auszuführen, ward verdeckt durch den fabelhaften Erfolg, den Neptunus und Scipio gemeinschaftlich gewonnen hatten. Die wunderhafte Einnahme der phönikischen Hauptstadt rechtfertigte so über die Maßen alles, was man daheim von dem wunderbaren Jüngling sich versprochen hatte, daß jedes andere Urteil verstummen mußte. Scipios Kommando wurde auf unbestimmte Zeit verlängert; er selber beschloß, sich nicht mehr auf die dürftige Aufgabe zu beschränken, der Hüter der Pyrenäenpässe zu sein. Schon hatten infolge des Falles von Neukarthago nicht bloß die diesseitigen Spanier sich völlig unterworfen, sondern auch jenseits des Ebro die mächtigsten Fürsten die karthagische Klientel mit der römischen vertauscht. Scipio nutzte den Winter 545/46 *(209/08)* dazu, seine Flotte aufzulösen und mit den dadurch gewonnenen Leuten sein Landheer so zu vermehren, daß er zugleich den Norden bewachen und im Süden die Offensive nachdrücklicher als bisher ergreifen könne, und marschierte im Jahre 546 *(208)* nach Andalusien. Hier traf er auf Hasdrubal Barkas, der in Ausführung des lange gehegten Planes, dem Bruder zu Hilfe zu kommen, nordwärts zog. Bei Baecula kam es zur Schlacht, in der sich die Römer den Sieg zuschrieben und 10000 Gefangene gemacht haben sollen; aber Hasdrubal erreichte, wenn auch mit Aufopferung eines Teils seiner Armee, im wesentlichen seinen Zweck. Mit seiner Kasse, seinen Elefanten und dem besten Teil seiner Truppen schlug er sich durch an die spanische Nordküste, erreichte am Ozean hinziehend die westlichen, wie es scheint, nicht besetzten Pyrenäenpässe und stand noch vor dem Eintritt der schlechten Jahreszeit in Gallien, wo er Winterquartier nahm. Es zeigte sich, daß Scipios Entschluß, mit der ihm aufgetragenen Defensive die Offensive zu verbinden, unüberlegt und unweise gewesen war; der nächsten Aufgabe des spanischen Heeres, die nicht bloß Scipios Vater und Oheim, sondern selbst Gaius Marcius und Gaius Nero mit viel geringeren Mitteln gelöst hatten, hatte der siegreiche Feldherr an der Spitze einer starken Armee in seinem Übermut nicht genügt, und wesentlich er verschuldete die äußerst gefährliche Lage Roms im Sommer 547 *(207)*, als Hannibals Plan eines kombinierten Angriffs auf die Römer endlich dennoch sich realisierte. Indes die Götter deckten die Fehler ihres Lieblings mit Lorbeeren zu. In Italien ging die Gefahr glücklich vorüber; man ließ sich das Bulletin des zweideutigen Sieges von Baecula gefallen und gedachte, als neue Siegesberichte aus Spanien einliefen, nicht weiter des Umstandes, daß man den fähigsten Feldherrn und den Kern der spanisch-phönikischen Armee in Italien zu bekämpfen gehabt hatte.

Nach Hasdrubal Barkas' Entfernung beschlossen die beiden in Spanien zurückbleibenden Feldherren, vorläufig zurückzuweichen, Hasdrubal Gisgons Sohn nach Lusitanien, Mago gar auf die Balearen, und bis neue Verstärkungen aus Afrika anlangten, nur Massinissas leichte Reiterei in Spanien streifen zu lassen, ähnlich wie es Muttines in Sizilien mit so großem Erfolge getan. So geriet die ganze Ostküste in die Gewalt der Römer. Im folgenden Jahre (547 *207*) erschien wirklich aus Afrika Hanno mit einem dritten Heere, worauf auch Mago und Hasdrubal sich wieder nach Andalusien wandten. Allein Marcus Silanus schlug Magos und Hannos vereinigte Heere und nahm den letzteren selbst gefangen. Hasdrubal gab darauf die Behauptung des offenen Feldes auf und verteilte seine Truppen in die andalusischen Städte, von denen Scipio in diesem Jahr nur noch eine, Oringis, erstürmen konnte. Die Phöniker schienen überwältigt; aber dennoch vermochten sie das Jahr darauf (548 *206*) wieder ein gewaltiges Heer ins Feld zu senden, 32 Elefanten, 4000 Mann zu Pferde, 70000 zu Fuß, freilich zum allergrößten Teil zusammengeraffte spanische Landwehr. Wieder bei Baecula kam es zur Schlacht. Das römische Heer zählte wenig mehr als die Hälfte des feindlichen und auch von ihm war ein guter Teil Spanier. Scipio stellte, wie Wellington in gleichem Fall, seine Spanier so auf, daß sie nicht zum Schlagen kamen – die einzige Möglichkeit, ihr Ausreißen zu verhindern –, während er umgekehrt seine römischen Truppen zuerst auf die Spanier warf. Der Tag war dennoch hart bestritten; doch siegten endlich die Römer, und wie sich von selbst versteht, war die Niederlage eines solchen Heeres gleichbedeutend mit der völligen Auflösung desselben – einzeln retteten sich Hasdrubal und Mago nach Gades. Die Römer standen jetzt ohne Nebenbuhler auf der Halbinsel; die wenigen nicht gutwillig sich fügenden Städte wurden einzeln bezwungen und zum Teil mit grausamer Härte bestraft. Scipio konnte sogar auf der afrikanischen Küste dem Syphax einen Besuch abstatten und mit ihm, ja selbst mit Massinissa für den Fall einer Expedition nach Afrika Verbindungen einleiten – ein tollkühnes Wagstück, das durch keinen entsprechenden Zweck gerechtfertigt ward, so sehr auch der Bericht davon den neugierigen Hauptstädtern daheim behagen mochte. Nur Gades, wo Mago den Befehl führte, war noch phönikisch. Einen Augenblick schien es, als ob, nachdem die Römer die karthagische Erbschaft angetreten und die hier und da in Spanien genährte Hoffnung nach Beendigung des phönikischen Regiments auch der römischen Gäste loszuwerden und die alte Freiheit wieder zu erlangen, hinreichend widerlegt hatten, in Spanien eine allgemeine Insurrektion gegen die Römer ausbrechen würde, bei welcher die bisherigen Verbündeten Roms vorangingen. Die Erkrankung des römischen Feldherrn und die Meuterei eines seiner Korps, veranlaßt durch den seit vielen Jahren rückständigen Sold, begünstigten den Aufstand. Indes Scipio genas schneller als man gemeint hatte und dämpfte mit Gewandtheit den Soldatentumult; worauf auch die Gemeinden, die bei der Nationalerhebung vorangegangen waren, alsbald niedergeworfen wurden, ehe die Insurrektion Boden gewann. Da es also auch damit nichts und Gades doch auf die Länge nicht zu halten war, befahl die karthagische Regierung dem Mago zusammenzuraffen, was dort an Schiffen, Truppen und Geld sich vorfinde, und damit womöglich dem Krieg in Italien eine andere Wendung zu geben. Scipio konnte dies nicht wehren – es rächte sich jetzt, daß er seine Flotte aufgelöst hatte – und mußte zum zweitenmal die ihm anvertraute Beschirmung der Heimat gegen neue Invasion seinen Göttern anheimstellen. Unbehindert verließ der letzte von Hamilkars Söhnen die Halbinsel. Nach seinem Abzug ergab sich auch Gades, die älteste und letzte Besitzung der Phöniker auf spanischem Boden, unter günstigen Bedingungen den neuen Herren. Spanien war nach dreizehnjährigem Kampfe aus einer karthagischen in eine römische Provinz verwandelt worden, in der zwar noch jahrhundertelang die stets besiegte und nie überwundene Insurrektion den Kampf gegen die Römer fortführte, aber doch im Augenblick kein Feind den Römern gegenüberstand. Scipio ergriff den ersten Moment der Scheinruhe, um sein Kommando abzugeben (Ende 548 *206*) und in Rom persönlich von den erfochtenen Siegen und den gewonnenen Landschaften zu berichten.

Während also Marcellus in Sizilien, Publius Sulpicius in Griechenland, Scipio in Spanien den Krieg beendigten, ging auf der italischen Halbinsel der gewaltige Kampf ununterbrochen weiter. Hier standen, nachdem die Cannensische Schlacht geschlagen war und deren Folgen an Verlust und Gewinn sich allmählich übersehen ließen, im Anfang des Jahres 540 *(214)*, des fünften Kriegsjahres, die Römer und Phöniker folgendermaßen sich gegenüber. Norditalien hatten die Römer nach Hannibals Abzug wieder besetzt und deckten es mit drei Legionen, wovon zwei im Keltenlande standen, die dritte als Rückhalt in Picenum. Unteritalien bis zum Garganus und Volturnus war mit Ausnahme der Festungen und der meisten Häfen in Hannibals Händen. Er stand mit der Hauptarmee bei Arpi, ihm in Apulien gegenüber, gestützt auf die Festungen Luceria und Benevent, Tiberius Gracchus mit vier Legionen. Im brettischen Lande, dessen Einwohner sich Hannibal gänzlich in die Arme geworfen hatten und wo auch die Häfen, mit Ausnahme von Rhegion, das die Römer von Messana aus schützten, von den Phönikern besetzt worden waren, stand ein zweites karthagisches Heer unter Hanno, ohne zunächst einen Feind sich gegenüber zu sehen. Die römische Hauptarmee von vier Legionen unter den beiden Konsuln Quintus Fabius und Marcus Marcellus war im Begriff, die Wiedergewinnung Capuas zu versuchen. Dazu kam römischerseits die Reserve von zwei Legionen in der Hauptstadt, die in alle Seehäfen gelegte Besatzung, welche in Tarent und Brundisium wegen der dort befürchteten makedonischen Landung durch eine Legion verstärkt worden war, endlich die starke, das Meer ohne Widerstreit beherrschende Flotte. Rechnet man dazu die römischen Heere in Sizilien, Sardinien und Spanien, so läßt sich die Gesamtzahl der römischen Streitkräfte, auch abgesehen von dem Besatzungsdienst, den in den unteritalischen Festungen die dort angesiedelte Bürgerschaft zu versehen hatte, nicht unter 200 000 Mann anschlagen, darunter ein Drittel für dies Jahr neu einberufene Leute und etwa die Hälfte römische Bürger. Man darf annehmen, daß die gesamte dienstfähige Mannschaft vom 17. bis zum 46. Jahre unter den Waffen stand und die Felder, wo der Krieg sie zu bearbeiten erlaubte, von den Sklaven, den Alten, den Kindern und Weibern bestellt wurden. Daß unter solchen Verhältnissen auch die Finanzen in der peinlichsten Verlegenheit waren, ist begreiflich; die Grundsteuer, auf die man hauptsächlich angewiesen war, ging natürlich nur sehr unregelmäßig ein. Aber trotz dieser Not um Mannschaft und Geld vermochten die Römer dennoch, das rasch Verlorene zwar langsam und mit Anspannung aller Kräfte, aber doch zurückzuerobern; ihre Heere jährlich zu vermehren, während die phönikischen zusammenschwanden; gegen Hannibals italische Bundesgenossen, die Kampaner, Apuler, Samniten, Brettier, die weder wie die römischen Festungen in Unteritalien sich selber genügten noch von Hannibals schwachem Heer hinreichend gedeckt werden konnten, jährlich Boden zu gewinnen; endlich mittels der von Marcus Marcellus begründeten Kriegsweise das Talent der Offiziere zu entwickeln und die Überlegenheit des römischen Fußvolks in vollem Umfange ins Spiel zu bringen. Hannibal durfte wohl noch auf Siege hoffen, aber nicht mehr auf Siege wie am Trasimenischen See und am Aufidus; die Zeiten der Bürgergenerale waren vorbei. Es blieb ihm nichts übrig, als abzuwarten, bis entweder Philippos die längst versprochene Landung ausführen oder die Brüder aus Spanien ihm die Hand reichen würden, und mittlerweile sich, seine Armee und seine Klientel soweit möglich unversehrt und bei guter Laune zu erhalten. Man erkennt in der zähen Defensive, die jetzt beginnt, mit Mühe den Feldherrn wieder, der wie kaum ein anderer stürmisch und verwegen die Offensive geführt hat; es ist psychologisch wie militärisch bewundernswert, daß derselbe Mann die beiden ihm gestellten Aufgaben ganz entgegengesetzter Art in gleicher Vollkommenheit gelöst hat.

Zunächst zog der Krieg sich vornehmlich nach Kampanien. Hannibal erschien rechtzeitig zum Schutz der Hauptstadt, deren Einschließung er hinderte; allein weder vermochte er irgendeine der kampanischen Städte, die die Römer besaßen, den starken römischen Besatzungen zu entreißen, noch konnte er wehren, daß außer einer Menge minder wichtiger Landstädte auch Casilinum, das ihm den Übergang über den Volturnus sicherte, von den beiden Konsularheeren nach hartnäckiger Gegenwehr genommen ward. Ein Versuch Hannibals Tarent zu gewinnen, wobei es namentlich auf einen sicheren Landungsplatz für die makedonische Armee abgesehen war, schlug ihm fehl. Das brettische Heer der Karthager unter Hanno schlug sich inzwischen in Lucanien mit der römischen Armee von Apulien herum; Tiberius Gracchus bestand hier mit Erfolg den Kampf und gab nach einem glücklichen Gefecht unweit Benevent, bei dem die zum Dienst gepreßten Sklavenlegionen sich ausgezeichnet hatten, den Sklavensoldaten im Namen des Volks die Freiheit und das Bürgerrecht.

Im folgenden Jahr (541 *213*) gewannen die Römer das reiche und wichtige Arpi zurück, dessen Bürgerschaft, nachdem die römischen Soldaten sich in die Stadt eingeschlichen hatten, mit ihnen gegen die karthagische Besatzung gemeinschaftliche Sache machte. Überhaupt lockerten sich die Bande der Hannibalischen Symmachie; eine Anzahl der vornehmsten Capuaner und mehrere brettische Städte gingen über zu Rom; sogar eine spanische Abteilung des phönikischen Heeres trat, durch spanische Emissäre von dem Gang der Ereignisse in der Heimat in Kenntnis gesetzt, aus karthagischen in römische Dienste.

Ungünstiger war für die Römer das Jahr 542 *(212)* durch neue politische und militärische Fehler, die Hannibal auszubeuten nicht unterließ. Die Verbindungen, welche Hannibal in den großgriechischen Städten unterhielt, hatten zu keinem ernstlichen Resultat geführt; nur die in Rom befindlichen tarentinischen und thurinischen Geiseln ließen sich durch seine Emissäre zu einem tollen Fluchtversuch bestimmen, wobei sie schleunig von den römischen Posten wieder aufgegriffen wurden. Allein die unverständige Rachsucht der Römer förderte Hannibal mehr als seine Intrigen; die Hinrichtung der sämtlichen entwichenen Geiseln beraubte sie eines kostbaren Unterpfandes, und die erbitterten Griechen sannen seitdem, wie sie Hannibal die Tore öffnen möchten. Wirklich ward Tarent durch Einverständnis mit der Bürgerschaft und durch die Nachlässigkeit des römischen Kommandanten von den Karthagern besetzt; kaum daß die römische Besatzung sich in der Burg behauptete. Dem Beispiel Tarents folgten Herakleia, Thurii und Metapont, aus welcher Stadt zur Rettung der Tarentiner Akropolis die Besatzung hatte weggezogen werden müssen. Damit war die Gefahr einer makedonischen Landung so nahe gerückt, daß Rom sich genötigt sah, dem fast gänzlich vernachlässigten griechischen Krieg neue Aufmerksamkeit und neue Anstrengungen zuzuwenden, wozu glücklicherweise die Einnahme von Syrakus und der günstige Stand des spanischen Krieges die Möglichkeit gewährte. Auf dem

Hauptkriegsschauplatz, in Kampanien, ward mit sehr abwechselndem Erfolge gefochten. Die in der Nähe von Capua postierten Legionen hatten zwar die Stadt noch nicht eigentlich eingeschlossen, aber doch die Bestellung des Ackers und die Einbringung der Ernte so sehr gehindert, daß die volkreiche Stadt auswärtiger Zufuhr dringend bedurfte. Hannibal brachte also einen beträchtlichen Getreidetransport zusammen und wies die Kampaner an, ihn bei Benevent in Empfang zu nehmen; allein deren Saumseligkeit gab den Konsuln Quintus Flaccus und Appius Claudius Zeit herbeizukommen, dem Hanno, der den Transport deckte, eine schwere Niederlage beizubringen und sich seines Lagers und der gesamten Vorräte zu bemächtigen. Die beiden Konsuln schlossen darauf die Stadt ein, während Tiberius Gracchus sich auf der Appischen Straße aufstellte, um Hannibal den Weg zum Entsatz zu verlegen. Aber der tapfere Mann fiel durch die schändliche List eines treulosen Lucaners, und sein Tod kam einer völligen Niederlage gleich, da sein Heer, größtenteils bestehend aus jenen von ihm freigesprochenen Sklaven, nach dem Tode des geliebten Führers auseinanderlief. So fand Hannibal die Straße nach Capua offen und nötigte durch sein unvermutetes Erscheinen die beiden Konsuln, die kaum begonnene Einschließung wieder aufzuheben, nachdem noch vor Hannibals Eintreffen ihre Reiterei von der phönikischen, die unter Hanno und Bostar als Besatzung in Capua lag, und der ebenso vorzüglichen kampanischen nachdrücklich geschlagen worden war. Die totale Vernichtung der von Marcus Centenius, einem vom Unteroffizier zum Feldherrn unvorsichtig beförderten Mann, angeführten regulären Truppen und Freischaren in Lucanien, und die nicht viel weniger vollständige Niederlage des nachlässigen und übermütigen Prätors Gnaeus Fulvius Flaccus in Apulien beschlossen die lange Reihe der Unfälle dieses Jahres. Aber das zähe Ausharren der Römer machte wenigstens an dem entscheidenden Punkte den raschen Erfolg Hannibals doch wieder zunichte. Sowie Hannibal Capua den Rücken wandte, um sich nach Apulien zu begeben, zogen die römischen Heere sich abermals um Capua zusammen, bei Puteoli und Volturnum unter Appius Claudius, bei Casilinum unter Quintus Fulvius, auf der Nolanischen Straße unter dem Prätor Gaius Claudius Nero; die drei wohlverschanzten und durch befestigte Linien miteinander verbundenen Lager sperrten jeden Zugang, und die große, ungenügend verproviantierte Stadt mußte durch bloße Umstellung in nicht entfernter Zeit sich zur Kapitulation gezwungen sehen, wenn kein Entsatz kam. Wie der Winter 542/43 *(212/11)* zu Ende ging, waren auch die Vorräte fast erschöpft, und dringende Boten, die kaum imstande waren, durch die wohlbewachten römischen Linien sich durchzuschleichen, begehrten schleunige Hilfe von Hannibal, der, mit der Belagerung der Burg beschäftigt, in Tarent stand. In Eilmärschen brach er mit 33 Elefanten und seinen besten Truppen von Tarent nach Kampanien auf, hob den römischen Posten in Calatia auf und nahm sein Lager am Berge Tifata unmittelbar bei Capua, in der sicheren Erwartung, daß die römischen Feldherren eben wie im vorigen Jahre daraufhin die Belagerung aufheben würden. Allein die Römer, die Zeit gehabt hatten, ihre Lager und ihre Linien festungsartig zu verschanzen, rührten sich nicht und sahen unbeweglich von den Wällen aus zu, wie auf der einen Seite die kampanischen Reiter, auf der anderen die numidischen Schwärme an ihre Linien anprallten. An einen ernstlichen Sturm durfte Hannibal nicht denken; er konnte voraussehen, daß sein Anrücken bald die anderen römischen Heere nach Kampanien nachziehen würde, wenn nicht schon früher der Mangel an Futter in dem systematisch ausfouragierten Lande ihn aus Kampanien vertrieb. Dagegen ließ sich nichts machen. Hannibal versuchte noch einen Ausweg, den letzten, der seinem erfinderischen Geist sich darbot, um die wichtige Stadt zu retten. Er brach mit dem Entsatzheer, nachdem er den Kampanern von seinem Vorhaben Nachricht gegeben und sie zum Ausharren ermahnt hatte, von Capua auf und schlug die Straße nach Rom ein. Mit derselben gewandten Kühnheit wie in seinen ersten italischen Feldzügen warf er sich mit einem schwachen Heer zwischen die feindlichen Armeen und Festungen und führte seine Truppen durch Samnium und auf der Valerischen Straße an Tibur vorbei bis zur Aniobrücke, die er passierte und auf dem anderen Ufer ein Lager nahm, eine deutsche Meile von der Stadt. Den Schreck empfanden noch die Enkel der Enkel, wenn ihnen erzählt ward von »Hannibal vor dem Tor«; eine ernstliche Gefahr war nicht vorhanden. Die Landhäuser und Äcker in der Nähe der Stadt wurden von den Feinden verheert; die beiden Legionen in der Stadt, die gegen sie ausrückten, verhinderten die Berennung der Mauern. Durch einen Handstreich, wie ihn Scipio bald nachher gegen Neukarthago ausführte, Rom zu überrumpeln, hatte Hannibal übrigens nie gemeint und noch weniger an eine ernstliche Belagerung gedacht; seine Hoffnung war einzig darauf gestellt, daß im ersten Schreck ein Teil des Belagerungsheeres von Capua nach Rom marschieren und ihm also

Gelegenheit geben werde, die Blockade zu sprengen. Darum brach er nach kurzem Verweilen wieder auf. Die Römer sahen in seiner Umkehr ein Wunder der göttlichen Gnade, die durch Zeichen und Gesichte den argen Mann zum Abzug bestimmt habe, wozu ihn die römischen Legionen freilich zu nötigen nicht vermochten; an der Stelle, wo Hannibal der Stadt am nächsten gekommen war, von dem Capenischen Tor an dem zweiten Miglienstein der Appischen Straße, errichteten die dankbaren Gläubigen dem Gott »Rückwender Beschützer« (*Rediculus Tutanus*) einen Altar. In der Tat zog Hannibal ab, weil es so in seinem Plane lag, und schlug die Richtung nach Capua ein. Allein die römischen Feldherren hatten den Fehler nicht begangen, auf den ihr Gegner gerechnet hatte; unbeweglich standen die Legionen in den Linien um Capua und nur ein schwaches Korps war auf die Kunde von Hannibals Marsch nach Rom detachiert worden. Wie Hannibal dies erfuhr, wandte er sich plötzlich um gegen den Konsul Publius Galba, der ihm von Rom her unbesonnen gefolgt war, und mit dem er bisher vermieden hatte zu schlagen, überwand ihn und erstürmte sein Lager; aber es war das ein geringer Ersatz für Capuas jetzt unvermeindlichen Fall. Lange schon hatte die Bürgerschaft daselbst, namentlich die besseren Klassen derselben, mit bangen Ahnungen der Zukunft entgegengesehen; den Führern der Rom feindlichen Volkspartei blieb das Rathaus und die städtische Verwaltung fast ausschließlich überlassen. Jetzt ergriff die Verzweiflung Vornehme und Geringe, Kampaner und Phöniker ohne Unterschied. Achtundzwanzig vom Rat wählten den freiwilligen Tod; die übrigen übergaben die Stadt dem Gutfinden eines unversöhnlich erbitterten Feindes. Daß Blutgerichte folgen mußten, verstand sich von selbst; man stritt nur über langen oder kurzen Prozeß: ob es klüger und zweckmäßiger sei, die weiteren Verzweigungen des Hochverrats auch außerhalb Capuas gründlich zu ermitteln oder durch rasche Exekution der Sache ein Ende zu machen. Ersteres wollten Appius Claudius und der römische Senat; die letztere Meinung, vielleicht die weniger unmenschliche, siegte ob. Dreiundfünfzig capuanische Offiziere und Beamte wurden auf den Marktplätzen von Cales und Teanum auf Befehl und vor den Augen des Prokonsuls Quintus Flaccus ausgepeitscht und enthauptet, der Rest des Rates eingekerkert, ein zahlreicher Teil der Bürgerschaft in die Sklaverei verkauft, das Vermögen der Wohlhabenderen konfisziert. Ähnliche Gerichte ergingen über Atella und Calatia. Diese Strafen waren hart; allein mit Rücksicht auf das, was

Capuas Abfall für Rom bedeutet, und auf das, was der Kriegsgebrauch jener Zeit wenn nicht recht, doch üblich gemacht hatte, sind sie begreiflich. Und hatte nicht durch den Mord der sämtlichen in Capua zur Zeit des Abfalls anwesenden römischen Bürger unmittelbar nach dem Übertritt die Bürgerschaft sich selber ihr Urteil gesprochen? Arg aber war es, daß Rom diese Gelegenheit benutzte, um die stille Rivalität, die lange zwischen den beiden größten Städten Italiens bestanden hatte, zu befriedigen und durch die Aufhebung der kampanischen Stadtverfassung die gehaßte und beneidete Nebenbuhlerin vollständig politisch zu vernichten.

Ungeheuer war der Eindruck von Capuas Fall, und nur um so mehr, weil er nicht durch Überraschung, sondern durch eine zweijährige, allen Anstrengungen Hannibals zum Trotze durchgeführte Belagerung herbeigeführt worden war. Er war ebenso sehr das Signal der den Römern wiedergewonnenen Oberhand in Italien, wie sechs Jahre zuvor der Übertritt Capuas zu Hannibal das Signal der verlorenen gewesen war. Vergeblich hatte Hannibal versucht, dem Eindruck dieser Nachricht auf die Bundesgenossen entgegenzuarbeiten durch die Einnahme von Rhegion oder der tarentinischen Burg. Sein Gewaltmarsch, um Rhegion zu überraschen, hatte nichts gefruchtet und in der Burg von Tarent war der Mangel zwar groß, seit das tarentinisch-karthagische Geschwader den Hafen sperrte, aber da die Römer mit ihrer weit stärkeren Flotte jenem Geschwader selbst die Zufuhr abzuschneiden vermochten, und das Gebiet, das Hannibal beherrschte, kaum genügte, sein Heer zu ernähren, so litten die Belagerer auf der Seeseite nicht viel weniger als die Belagerten in der Burg und verließen endlich den Hafen. Es gelang nichts mehr; das Glück selbst schien von dem Karthager gewichen. Diese Folgen von Capuas Fall, die tiefe Erschütterung des Ansehens und Vertrauens, das Hannibal bisher bei den italischen Verbündeten genossen, und die Versuche jeder nicht allzusehr kompromittierten Gemeinde, auf leidliche Bedingungen in die römische Symmachie wieder zurückzutreten, waren noch weit empfindlicher für Hannibal als der unmittelbare Verlust. Er hatte die Wahl, in die schwankenden Städte entweder Besatzung zu werfen, wodurch er sein schon zu schwaches Heer noch mehr schwächte und seine zuverlässigen Truppen der Aufreibung in kleinen Abteilungen und dem Verrat preisgab – so wurden ihm im Jahre 544 *(210)* bei dem Abfall der Stadt Salapia 500 auserlesene numidische Reiter niedergemacht; oder die unsicheren Städte zu schleifen und anzuzünden, um sie dem Feind zu entziehen, was denn auch die Stimmung unter seiner italischen Klientel nicht heben konnte. Mit Capuas Fall fühlten die Römer des endlichen Ausganges des Krieges in Italien sich wiederum sicher; sie entsandten beträchtliche Verstärkungen nach Spanien, wo durch den Fall der beiden Scipionen die Existenz der römischen Armee gefährdet war, und gestatteten zum erstenmal seit dem Beginn des Krieges sich eine Verminderung der Gesamtzahl der Truppen, die bisher trotz der jährlich steigenden Schwierigkeit der Aushebung jährlich vermehrt worden und zuletzt bis auf 23 Legionen gestiegen war. Darum ward denn auch im nächsten Jahr (544 *210*) der italische Krieg lässiger als bisher von den Römern geführt, obwohl Marcus Marcellus nach Beendigung des sizilischen Krieges wieder den Oberbefehl der Hauptarmee übernommen hatte; er betrieb in den inneren Landschaften den Festungskrieg und lieferte den Karthagern unentschiedene Gefechte. Auch der Kampf um die tarentinische Akropole blieb ohne entscheidendes Resultat. In Apulien gelang Hannibal die Besiegung des Prokonsuls Gnaeus Fulvius Centumalus bei Herdoneae. Das Jahr darauf (545 *209*) schritten die Römer dazu, der zweiten Großstadt, die zu Hannibal übergetreten war, der Stadt Tarent sich wieder zu bemächtigen. Während Marcus Marcellus den Kampf gegen Hannibal selbst mit gewohnter Zähigkeit und Energie fortsetzte – in einer zweitägigen Schlacht erfocht er, am ersten Tage geschlagen, am zweiten einen schweren und blutigen Sieg; während der Konsul Quintus Fulvius die schon schwankenden Lucaner und Hirpiner zum Wechsel der Partei und zur Auslieferung der phönikischen Besatzungen bestimmte; während gut geleitete Razzias von Rhegion aus Hannibal nötigten, den bedrängten Brettiern zu Hilfe zu eilen, setzte der alte Quintus Fabius, der noch einmal – zum fünftenmal – das Konsulat und damit den Auftrag, Tarent wieder zu erobern, angenommen hatte, sich fest in dem nahen messapischen Gebiet, und der Verrat einer brettischen Abteilung der Besatzung überlieferte ihm die Stadt, in der von den erbitterten Siegern fürchterlich gehaust ward. Was von der Besatzung oder von der Bürgerschaft ihnen vorkam, wurde niedergemacht und die Häuser geplündert. Es sollen 30000 Tarentiner als Sklaven verkauft, 3000 Talente (5 Mill. Taler) in den Staatsschatz geflossen sein. Es war die letzte Waffentat des achtzigjährigen Feldherrn; Hannibal kam zum Entsatz, als alles vorbei war, und zog sich zurück nach Metapont.

Nachdem also Hannibal seine wichtigsten Eroberungen eingebüßt hatte und allmählich sich auf die südwestliche Spitze der Halbinsel beschränkt sah, hoffte Marcus Marcellus, der für das nächste Jahr (546 *208*) zum Konsul gewählt worden war, in Verbindung mit seinem tüchtigen Kollegen Titus Quinctius Crispinus dem Krieg durch einen entscheidenden Angriff ein Ende zu machen. Den alten Soldaten fochten seine sechzig Jahre nicht an; wachend und träumend verfolgte ihn der eine Gedanke, Hannibal zu schlagen und Italien zu befreien. Allein das Schicksal sparte diesen Kranz für ein jüngeres Haupt. Bei einer unbedeutenden Rekognoszierung wurden beide Konsuln in der Gegend von Venusia von einer Abteilung afrikanischer Reiter überfallen. Marcellus focht den ungleichen Kampf, wie er vor vierzig Jahren gegen Hamilkar, vor vierzehn bei Clastidium gefochten hatte, bis er sterbend vom Pferde sank; Crispinus entkam, starb aber an den im Gefecht empfangenen Wunden (546 *208*).

Man stand jetzt im elften Kriegsjahr. Die Gefahr schien geschwunden, die einige Jahre zuvor die Existenz des Staates bedroht hatte; aber nur um so mehr fühlte man den schweren und jährlich schwerer werdenden Druck des endlosen Krieges. Die Staatsfinanzen litten unsäglich. Man hatte nach der Schlacht von Cannae (538 *216*) eine eigene Bankkommission *(tres viri mensarii)* aus den angesehensten Männern niedergesetzt, um für die öffentlichen Finanzen in diesen schweren Zeiten eine dauernde und umsichtige Oberbehörde zu haben; sie mag getan haben, was möglich war, aber die Verhältnisse waren von der Art, daß alle Finanzweisheit daran zuschanden ward. Gleich zu Anfang des Krieges hatte man die Silber- und die Kupfermünze verringert, den Legalkurs des Silberstückes um mehr als ein Drittel erhöht und eine Goldmünze weit über den Metallwert ausgegeben. Sehr bald reichte dies nicht aus; man mußte von den Lieferanten auf Kredit nehmen und sah ihnen durch die Finger, weil man sie brauchte, bis der arge Unterschleif zuletzt die Ädilen veranlaßte, durch Anklage vor dem Volk an einigen der schlimmsten ein Exempel zu statuieren. Man nahm den Patriotismus der Vermögenden, die freilich verhältnismäßig eben am meisten litten, oft in Anspruch und nicht umsonst. Die Soldaten aus den besseren Klassen und die Unteroffiziere und Reiter insgesamt schlugen, freiwillig oder durch den Geist der Korps gezwungen, die Annahme des Soldes aus. Die Eigentümer der von der Gemeinde bewaffneten und nach dem Treffen bei Benevent (2, 161) freigesprochenen Sklaven erwiderten der Bankkommission, die ihnen Zahlung anbot, daß sie dieselbe bis zum Ende des Krieges anstehen lassen wollten (540 *214*). Als für die Ausrichtung der Volksfeste und die Instandhaltung der öffentlichen Gebäude kein Geld mehr in der Staatskasse war, erklärten die Gesellschaften, die diese Geschäfte bisher in Akkord gehabt hatten, sich bereit, dieselben vorläufig unentgeltlich fortzuführen (540 *214*). Es ward sogar, ganz wie im Ersten Punischen Kriege, mittels einer freiwilligen Anleihe bei den Reichen eine Flotte ausgerüstet und bemannt (544 *210*). Man verbrauchte die Mündelgelder, ja man griff endlich im Jahre der Eroberung von Tarent den letzten, lange gesparten Notpfennig (1 144 000 Taler) an. Dennoch genügte der Staat seinen notwendigsten Zahlungen nicht; die Entrichtung des Soldes stockte namentlich in den entfernteren Landschaften in besorglicher Weise. Aber die Bedrängnis des Staats war nicht der schlimmste Teil des materiellen Notstandes. Überall lagen die Felder brach; selbst wo der Krieg nicht hauste, fehlte es an Händen für die Hacke und die Sichel. Der Preis des Medimnos (1 preußischer Scheffel) war gestiegen bis auf 15 Denare ($3^{1}/_{3}$ Taler), mindestens das Dreifache des hauptstädtischen Mittelpreises, und viele wären geradezu Hungers gestorben, wenn nicht aus Ägypten Zufuhr gekommen wäre und nicht vor allem der in Sizilien wieder aufblühende Feldbau (2, 148) der ärgsten Not gesteuert hätte. Wie aber solche Zustände die kleinen Bauernwirtschaften zerstören, den sauer zurückgelegten Sparschatz verzehren, die blühenden Dörfer in Bettler- und Räubernester verwandeln, das lehren ähnliche Kriege, aus denen sich anschaulichere Berichte erhalten haben.

Bedenklicher noch als diese materielle Not war die steigende Abneigung der Bundesgenossen gegen den römischen Krieg, der ihnen Gut und Blut fraß. Zwar auf die nichtlatinischen Gemeinden kam es dabei weniger an. Der Krieg selber bewies es, daß sie nichts vermochten, solange die latinische Nation zu Rom stand; an ihrer größeren oder geringeren Widerwilligkeit war nicht viel gelegen. Jetzt indes fing auch Latium an zu schwanken. Die meisten latinischen Kommunen in Etrurien, Latium, dem Marsergebiet und dem nördlichen Kampanien, also eben in denjenigen latinischen Landschaften, die unmittelbar am wenigsten von dem Kriege gelitten hatten, erklärten im Jahre 545 *(209)* dem römischen Senat, daß sie von jetzt an weder Kontingente noch Steuern mehr schicken und es den Römern überlassen würden, den in ihrem Interesse geführten Krieg selber zu bestreiten. Die Bestürzung in Rom war groß; allein für den Augenblick gab es kein Mittel, die Widerspenstigen zu zwingen. Zum Glück handelten nicht alle latinischen Gemeinden so. Die gallischen, picenischen und süditalischen Kolonien, an ihrer Spitze das mächtige und patriotische Fregellae, erklärten im Gegenteil, daß sie um so enger und treulicher an Rom sich anschlössen – freilich war es diesen allen sehr deutlich dargetan, daß bei dem gegenwärtigen Kriege ihre Existenz womöglich noch mehr auf dem Spiele stand als die der Hauptstadt und daß dieser Krieg wahrlich nicht bloß für Rom, sondern für die latinische Hegemonie in Italien, ja für Italiens nationale Unabhängigkeit geführt ward. Auch jener halbe Abfall war sicherlich nicht Landesverrat, sondern Kurzsichtigkeit und Erschöpfung; ohne Zweifel würden dieselben Städte ein Bündnis mit den Phönikern mit Abscheu zurückgewiesen haben. Allein immer war es eine Spaltung zwischen Römern und Latinern, und der Rückschlag auf die unterworfene Bevölkerung der Landschaften blieb nicht aus. In Arretium zeigte sich sogleich eine bedenkliche Gärung; eine im Interesse Hannibals unter den Etruskern angestiftete Verschwörung ward entdeckt und schien so gefährlich, daß man deswegen römische Truppen marschieren ließ. Militär und Polizei unterdrückten diese Bewegung zwar ohne Mühe; allein sie war ein ernstes Zeichen, was in jenen Landschaften kommen könne, seit die latinischen Zwingburgen nicht mehr schreckten.

In diese schwierigen und gespannten Verhältnisse schlug plötzlich die Nachricht hinein, daß Hasdrubal im Herbst des Jahres 546 *(208)* die Pyrenäen überschritten habe und man sich darauf gefaßt machen müsse, im nächsten Jahr in Italien den Krieg mit den beiden Söhnen Hamilkars zu führen. Nicht umsonst hatte Hannibal die langen schweren Jahre hindurch auf seinem Posten ausgeharrt; was die faktiöse Opposition daheim, was der kurzsichtige Philippos ihm versagt hatte, das führte endlich der Bruder ihm heran, in dem wie in ihm selbst Hamilkars Geist mächtig war. Schon standen achttausend Ligurer, durch phönikisches Gold geworben, bereit, sich mit Hasdrubal zu vereinigen; wenn er die erste Schlacht gewann, so durfte er hoffen, gleich dem Bruder die Gallier, vielleicht die Etrusker gegen Rom unter die Waffen zu bringen. Italien war aber nicht mehr, was es vor elf Jahren gewesen; der Staat und die einzelnen waren erschöpft, der latinische Bund gelockert, der beste Feldherr soeben auf dem Schlachtfeld gefallen und Hannibal nicht bezwungen. In der Tat, Scipio mochte die Gunst seines Genius preisen, wenn er die Folgen seines unverzeihlichen Fehlers von ihm und dem Lande abwandte.

Wie in den Zeiten der schwersten Gefahr bot Rom wieder dreiundzwanzig Legionen auf; man rief Freiwillige zu den Waffen und zog die gesetzlich vom Kriegsdienst Befreiten zur Aushebung mit heran. Dennoch wurde man überrascht. Freunden und Feinden über alle Erwartung früh stand Hasdrubal diesseits der Alpen (547 *207*); die Gallier, der Durchmärsche jetzt gewohnt, öffneten für gutes Geld willig ihre Pässe und lieferten, was das Heer bedurfte. Wenn man in Rom beabsichtigt hatte, die Ausgänge der Alpenpässe zu besetzen, so kam man damit wieder zu spät; schon vernahm man, daß Hasdrubal am Padus stehe, daß er die Gallier mit gleichem Erfolge wie einst sein Bruder zu den Waffen rufe, daß Placentia berannt werde. Schleunigst begab der Konsul Marcus Livius sich zu der Nordarmee; und es war hohe Zeit, daß er erschien. Etrurien und Umbrien waren in dumpfer Gärung; Freiwillige von dort verstärkten das phönikische Heer. Sein Kollege Gaius Nero zog aus Venusia den Prätor Gaius Hostilius Tubulus an sich und eilte mit einem Heere von 40 000 Mann, Hannibal den Weg nach Norden zu verlegen. Dieser sammelte seine ganze Macht im brettischen Gebiet, und auf der großen, von Rhegion nach Apulien führenden Straße vorrückend traf er bei Grumentum auf den Konsul. Es kam zu einem hartnäckigen Gefecht, in welchem Nero sich den Sieg zuschrieb; allein Hannibal vermochte wenigstens, wenn auch mit Verlust, durch einen seiner gewöhnlichen geschickten Seitenmärsche sich dem Feinde zu entziehen und ungehindert Apulien zu erreichen. Hier blieb er stehen und lagerte anfangs bei Venusia, alsdann bei Canusium, Nero, der ihm auf dem Fuß gefolgt war, dort wie hier ihm gegenüber. Daß Hannibal freiwillig stehenblieb und nicht von der römischen Armee am Vorrücken gehindert ward, scheint nicht zu bezweifeln; der Grund, warum er gerade hier und nicht weiter nördlich sich aufstellte, muß gelegen haben in Verabredungen Hannibals mit Hasdrubal oder in Mutmaßungen über dessen Marschroute, die wir nicht kennen. Während also hier die beiden Heere sich untätig gegenüberstanden, ward die im Hannibalischen Lager sehnlich erwartete Depesche Hasdrubals von Neros Posten aufgefangen; sie ergab, daß Hasdrubal beabsichtigte, die Flaminische Straße einzuschlagen, also zunächst sich an der Küste zu halten und dann bei Fanum über den Apennin gegen Narnia sich zu wenden, an welchem Orte er Hannibal zu treffen gedenke. Sofort ließ Nero nach Narnia als dem zur Vereinigung der beiden phönikischen Heere ausersehenen Punkt die hauptstädtische Reserve vorgehen, wogegen die bei Capua stehende Abteilung nach der Hauptstadt kam und dort eine neue Reserve gebildet ward. Überzeugt, daß Hannibal die Absicht des Bruders nicht kenne und fortfahren werde, ihn in Apulien zu erwarten, entschloß sich Nero zu dem kühnen Wagnis, mit einem kleinen, aber auserlesenen Korps von 7000 Mann in Gewaltmärschen nordwärts zu eilen und womöglich in Gemeinschaft mit dem Kollegen den Hasdrubal zur Schlacht zu zwingen; er konnte es, denn das römische Heer, das er zurückließ, blieb immer stark genug, um Hannibal entweder standzuhalten, wenn er angriff, oder ihn zu geleiten und mit ihm zugleich an dem Orte der Entscheidung einzutreffen, wenn er abzog. Nero fand den Kollegen Marcus Livius bei Sena gallica, den Feind erwartend. Sofort rückten beide Konsuln aus gegen Hasdrubal, den sie beschäftigt fanden, den Metaurus zu überschreiten. Hasdrubal wünschte die Schlacht zu vermeiden und sich seitwärts den Römern zu entziehen; allein seine Führer ließen ihn im Stich, er verirrte sich auf dem ihm fremden Terrain und wurde endlich auf dem Marsch von der römischen Reiterei angegriffen und so lange festgehalten, bis auch das römische Fußvolk eintraf und die Schlacht unvermeidlich ward. Hasdrubal stellte die Spanier auf den rechten Flügel, davor seine zehn Elefanten, die Gallier auf den linken, den er versagte. Lange schwankte das Gefecht auf dem rechten Flügel und der Konsul Livius, der hier befehligte, ward hart gedrängt, bis Nero, seine strategische Operation taktisch wiederholend, den ihm unbeweglich gegenüberstehenden Feind stehen ließ und, um die eigene Armee herum marschierend, den Spaniern in die Flanke fiel. Dies entschied. Der schwer erkämpfte und sehr blutige Sieg war vollständig; das Heer, das keinen Rückzug hatte, ward vernichtet, das Lager erstürmt, Hasdrubal, da er die vortrefflich geleitete Schlacht verloren sah, suchte und fand gleich seinem Vater einen ehrlichen Reitertod. Als Offizier und als Mann war er wert, Hannibals Bruder zu sein.

Am Tage nach der Schlacht brach Nero wieder auf und stand nach kaum vierzehntägiger Abwesenheit abermals in Apulien Hannibal gegenüber, den keine Botschaft erreicht und der sich nicht gerührt hatte. Die Botschaft brachte ihm der Konsul mit; es war der Kopf des Bruders, den der Römer den feindlichen Posten hinwerfen ließ, also dem großen Gegner, der den Krieg mit Toten verschmähte, die ehrenvolle Bestattung des Paullus, Gracchus und Marcellus vergeltend. Hannibal erkannte, daß er umsonst gehofft hatte und daß alles vorbei war. Er gab Apulien und Lucanien, sogar Metapont auf und zog mit seinen Truppen zurück in das brettische Land, dessen Häfen sein einziger Rückzug waren. Durch die Energie der römischen Feldherren und mehr noch durch eine beispiellos glückliche Fügung war eine Gefahr von Rom abgewandt, deren Größe Hannibals zähes Ausharren in Italien rechtfertigt und die mit der Größe der cannensischen den Vergleich vollkommen aushält. Der Jubel in Rom war grenzenlos; die Geschäfte begannen wieder wie in Friedenszeit; jeder fühlte, daß die Gefahr des Krieges verschwunden sei.

Indes ein Ende zu machen beeilte man sich in Rom eben nicht. Der Staat und die Bürger waren erschöpft durch die übermäßige moralische und materielle Anspannung aller Kräfte; gern gab man der Sorglosigkeit und der Ruhe sich hin. Heer und Flotte wurden vermindert, die römischen und latinischen Bauern auf ihre verödeten Höfe zurückgeführt, die Kasse durch den Verkauf eines Teils der kampanischen Domäne gefüllt. Die Staatsverwaltung wurde neu geregelt und die eingerissenen Unordnungen abgestellt; man fing an, das freiwillige Kriegsanlehen zurückzuzahlen, und zwang die im Rückstand gebliebenen latinischen Gemeinden, ihren versäumten Pflichten mit schweren Zinsen zu genügen.

Der Krieg in Italien stockte. Es war ein glänzender Beweis von Hannibals strategischem Talent sowie freilich auch von der Unfähigkeit der jetzt ihm gegenüberstehenden römischen Feldherren, daß er von da an noch durch vier Jahre im brettischen Lande das Feld behaupten und von dem weit überlegenen Gegner weder gezwungen werden konnte, sich in die Festungen einzuschließen noch sich einzuschiffen. Freilich mußte er immer weiter zurückweichen, weniger in Folge der ihm von den Römern gelieferten, nichts entscheidenden Gefechte, als weil seine brettischen Bundesgenossen immer schwieriger wurden und er zuletzt nur auf die Städte noch zählen konnte, die sein Heer besetzt hielt. So gab er Thurii freiwillig auf; Lokri ward auf Publius Scipios Veranstaltung von Rhegion aus wieder eingenommen (549 *205*). Als sollten seine Entwürfe noch schließlich von den karthagischen Behörden, die sie ihm verdorben hatten, selbst eine glänzende Rechtfertigung erhalten, suchten diese in der Angst vor der erwarteten Landung der Römer jene Pläne nun selbst wieder hervor (548, 549 *206, 205*) und sandten an Hannibal nach Italien, an Mago nach Spanien Verstärkung und Subsidien mit dem Befehl, den Krieg in Italien aufs neue zu entflammen und den zitternden Besitzern der libyschen Landhäuser und der karthagischen Buden noch einige Frist zu erfechten. Ebenso ging eine

Gesandtschaft nach Makedonien, um Philippos zur Erneuerung des Bündnisses und zur Landung in Italien zu bestimmen (549 *205*). Allein es war zu spät. Philippos hatte wenige Monate zuvor mit Rom Frieden geschlossen; die bevorstehende politische Vernichtung Karthagos war ihm zwar unbequem, aber er tat öffentlich wenigstens nichts gegen Rom. Es ging ein kleines makedonisches Korps nach Afrika, das nach der Behauptung der Römer Philippos aus seiner Tasche bezahlte; begreiflich wäre es, allein Beweise wenigstens hatten, wie der spätere Verlauf der Ereignisse zeigt, die Römer dafür nicht. An eine makedonische Landung in Italien ward nicht gedacht.

Ernstlicher griff Mago, Hamilkars jüngster Sohn, seine Aufgabe an. Mit den Trümmern der spanischen Armee, die er zunächst nach Minorca geführt hatte, landete er im Jahre 549 *(205)* bei Genua, zerstörte die Stadt und rief die Ligurer und Gallier zu den Waffen, die das Gold und die Neuheit des Unternehmens wie immer scharenweise herbeizog; seine Verbindungen gingen sogar durch ganz Etrurien, wo die politischen Prozesse nicht ruhten. Allein was er an Truppen mitgebracht, war zu wenig für eine ernstliche Unternehmung gegen das eigentliche Italien, und Hannibal war gleichfalls viel zu schwach und sein Einfluß in Unteritalien viel zu sehr gesunken, als daß er mit Erfolg hätte vorgehen können. Die karthagischen Herren hatten die Rettung der Heimat nicht gewollt, da sie möglich war; jetzt, da sie sie wollten, war sie nicht mehr möglich.

Wohl niemand zweifelte im römischen Senat, weder daran, daß der Krieg Karthagos gegen Rom zu Ende sei, noch daran, daß nun der Krieg Roms gegen Karthago begonnen werden müsse; allein die afrikanische Expedition, so unvermeidlich sie war, scheute man sich anzuordnen. Man bedurfte dazu vor allem eines fähigen und beliebten Führers; und man hatte keinen. Die besten Generale waren entweder auf dem Schlachtfeld gefallen oder sie waren, wie Quintus Fabius und Quintus Fulvius, für einen solchen ganz neuen und wahrscheinlich langwierigen Krieg zu alt. Die Sieger von Sena, Gaius Nero und Marcus Livius, wären der Aufgabe schon gewachsen gewesen, allein sie waren beide im höchsten Grade unpopuläre Aristokraten; es war zweifelhaft, ob es gelingen würde, ihnen das Kommando zu verschaffen – so weit war man ja schon, daß die Tüchtigkeit allein nur in den Zeiten der Angst die Wahlen entschied –, und mehr als zweifelhaft, ob dies die Männer waren, die dem erschöpften Volke neue Anstrengungen ansinnen durften. Da kam Publius

Scipio aus Spanien zurück, und der Liebling der Menge, der seine von ihr empfangene Aufgabe so glänzend erfüllt hatte oder doch erfüllt zu haben schien, ward sogleich für das nächste Jahr zum Konsul gewählt. Er trat sein Amt an (549 *205*) mit dem festen Entschluß, die schon in Spanien entworfene afrikanische Expedition jetzt zu verwirklichen. Indes im Senat wollte nicht bloß die Partei der methodischen Kriegführung von einer afrikanischen Expedition so lange nichts wissen, als Hannibal noch in Italien stand, sondern es war auch die Majorität dem jungen Feldherrn selbst keineswegs günstig gesinnt. Seine griechische Eleganz und moderne Bildung und Gesinnung sagte den strengen und etwas bäurischen Vätern der Stadt sehr wenig zu und gegen seine Kriegführung in Spanien bestanden ebenso ernste Bedenken wie gegen seine Soldatenzucht. Wie begründet der Vorwurf war, daß er gegen seine Korpschefs allzugroße Nachsicht zeige, bewiesen sehr bald die Schändlichkeiten, die Gaius Pleminius in Lokri verübte, und die Scipio allerdings durch seine fahrlässige Beaufsichtigung in der ärgerlichsten Weise mittelbar mit verschuldet hatte. Daß bei den Verhandlungen im Senat über die Anordnung des afrikanischen Feldzugs und die Bestellung des Feldherrn dafür der neue Konsul nicht übel Lust bezeigte, wo immer Brauch und Verfassung mit seinen Privatabsichten in Konflikt gerieten, solche Hemmnisse beiseite zu schieben, und daß er sehr deutlich zu verstehen gab, wie er sich äußersten Falls der Regierungsbehörde gegenüber auf seinen Ruhm und seine Popularität bei dem Volke zu stützen gedenke, mußte den Senat nicht bloß kränken, sondern auch die ernstliche Besorgnis erwecken, ob ein solcher Oberfeldherr bei dem bevorstehenden Entscheidungskrieg und den etwaigen Friedensverhandlungen mit Karthago sich an die ihm gewordenen Instruktionen binden werde; eine Besorgnis, welche die eigenmächtige Führung der spanischen Expedition keineswegs zu beschwichtigen geeignet war. Indes bewies man auf beiden Seiten Einsicht genug, um es nicht zum Äußersten kommen zu lassen. Auch der Senat konnte nicht verkennen, daß die afrikanische Expedition notwendig und es nicht weise war, dieselbe ins Unbestimmte hinauszuschieben; nicht verkennen, daß Scipio ein äußerst fähiger Offizier und insofern zum Führer eines solchen Krieges wohl geeignet war und daß, wenn einer, er es vermochte, vom Volke die Verlängerung seines Oberbefehls so lange als nötig und die Aufbietung der letzten Kräfte zu erlangen. Die Majorität kam zu dem Entschluß, Scipio den gewünschten Auftrag nicht zu versagen, nachdem derselbe zuvor die der höchsten Regierungsbehörde schuldige Rücksicht wenigstens der Form nach beobachtet und im Voraus sich dem Beschluß des Senats unterworfen hatte. Scipio sollte dies Jahr nach Sizilien gehen, um den Bau der Flotte, die Herstellung des Belagerungsmaterials und die Bildung der Expeditionsarmee zu betreiben, und dann im nächsten Jahr in Afrika landen. Es ward ihm hierzu die sizilische Armee – noch immer jene beiden aus den Trümmern des cannensischen Heeres gebildeten Legionen – zur Disposition gestellt, da zur Deckung der Insel eine schwache Besatzung und die Flotte vollständig ausreichten, und außerdem ihm gestattet, in Italien Freiwillige aufzubieten. Es war augenscheinlich, daß der Senat die Expedition nicht anordnete, sondern vielmehr geschehen ließ; Scipio erhielt nicht die Hälfte der Mittel, die man einst Regulus zu Gebot gestellt hatte, und überdies eben dasjenige Korps, das seit Jahren vom Senat mit berechneter Zurücksetzung behandelt worden war. Die afrikanische Armee war im Sinne der Majorität des Senats ein verlorener Posten von Strafkompanien und Volontärs, deren Untergang der Staat allenfalls verschmerzen konnte.

Ein anderer Mann als Scipio hätte vielleicht erklärt, daß die afrikanische Expedition entweder mit anderen Mitteln oder gar nicht unternommen werden müsse; allein Scipios Zuversicht ging auf die Bedingungen ein, wie sie immer waren, um nur zu dem heißersehnten Kommando zu gelangen. Sorgfältig vermied er, soweit es anging, das Volk unmittelbar zu belästigen, um nicht der Popularität der Expedition zu schaden. Die Kosten derselben, namentlich die beträchtlichen des Flottenbaus, wurden teils beigeschafft durch eine sogenannte freiwillige Kontribution der etruskischen Städte, das heißt durch eine den Arretinern und den sonstigen phönikisch gesinnten Gemeinden zur Strafe auferlegte Kriegssteuer, teils auf die sizilischen Städte gelegt; in vierzig Tagen war die Flotte segelfertig. Die Mannschaft verstärkten Freiwillige, deren bis siebentausend aus allen Teilen Italiens dem Rufe des geliebten Offiziers folgten. So ging Scipio im Frühjahr 550 *(204)* mit zwei starken Veteranenlegionen (etwa 30 000 Mann), 40 Kriegs- und 400 Transportschiffen nach Afrika unter Segel und landete glücklich, ohne den geringsten Widerstand zu finden, am Schönen Vorgebirge in der Nähe von Utica.

Die Karthager, die seit langem erwarteten, daß auf die Plünderungszüge, welche die römischen Geschwader in den letzten Jahren häufig nach der afrikanischen Küste gemacht hatten, ein ernstlicher Einfall folgen werde, hatten, um dessen sich zu erwehren, nicht bloß den italisch-makedonischen Krieg aufs neue in Gang zu bringen versucht, sondern auch daheim gerüstet, um die Römer zu empfangen. Es war gelungen, von den beiden rivalisierenden Berberkönigen, Massinissa von Cirta (Constantine), dem Herrn der Massyler, und Syphax von Siga (an der Tafnamündung, westlich von Oran), dem Herrn der Massäsyler, den letzteren, den bei weitem mächtigeren und bisher den Römern befreundeten, durch Vertrag und Verschwägerung eng an Karthago zu knüpfen, indem man den anderen, den alten Nebenbuhler des Syphax und Bundesgenossen der Karthager, fallen ließ. Massinissa war nach verzweifelter Gegenwehr der vereinigten Macht der Karthager und des Syphax erlegen und hatte seine Länder dem letzteren zur Beute lassen müssen; er selbst irrte mit wenigen Reitern in der Wüste. Außer dem Zuzug, der von Syphax zu erwarten war, stand ein karthagisches Heer von 20000 Mann zu Fuß, 6000 Reitern und 140 Elefanten – Hanno war eigens deshalb auf Elefantenjagd ausgeschickt worden – schlagfertig zum Schutz der Hauptstadt, unter der Führung des in Spanien erprobten Feldherrn Hasdrubal, Gisgons Sohn; im Hafen lag eine starke Flotte. Ein makedonisches Korps unter Sopater und eine Sendung keltiberischer Söldner wurden demnächst erwartet.

Auf das Gerücht von Scipios Landung traf Massinissa sofort in dem Lager des Feldherrn ein, dem er vor nicht langem in Spanien als Feind gegenübergestanden hatte; allein der länderlose Fürst brachte zunächst den Römern nichts als seine persönliche Tüchtigkeit, und die Libyer, obwohl der Aushebungen und Steuern herzlich müde, hatten doch in ähnlichen Fällen zu bittere Erfahrungen gemacht, um sich sofort für die Römer zu erklären. So begann Scipio den Feldzug. Solange er nur die schwächere karthagische Armee gegen sich hatte, war er im Vorteil und konnte nach einigen glücklichen Reitergefechten zur Belagerung von Utica schreiten; allein als Syphax eintraf, angeblich mit 50000 Mann zu Fuß und 10000 Reitern, mußte die Belagerung aufgehoben und auf einem leicht zu verschanzenden Vorgebirg zwischen Utica und Karthago ein befestigtes Schiffslager geschlagen werden. Hier verging dem römischen General der Winter 550/51 *(204/03)*. Aus der ziemlich unbequemen Lage, in der das Frühjahr ihn fand, befreite er sich durch einen glücklichen Handstreich. Die Afrikaner, eingeschläfert durch die von Scipio mehr listig als ehrlich angesponnenen Friedensverhandlungen, ließen sich in einer und derselben Nacht in ihren beiden Lagern überfallen: die Rohrhütten der Numidier loderten in Flammen auf, und als die Karthager eilten zu helfen, traf ihr eigenes Lager dasselbe Schicksal; wehrlos wurden die Flüchtenden von den römischen Abteilungen niedergemacht. Dieser nächtliche Überfall war verderblicher als manche Schlacht. Indes die Karthager ließen den Mut nicht sinken und verwarfen sogar den Rat der Furchtsamen, oder vielmehr der Verständigen, Mago und Hannibal zurückzurufen. Eben jetzt waren die erwarteten keltiberischen und makedonischen Hilfstruppen angelangt; man beschloß, auf den »großen Feldern«, fünf Tagemärsche von Utica, noch einmal die offene Feldschlacht zu versuchen. Scipio eilte, sie anzunehmen; mit leichter Mühe zerstreuten seine Veteranen und Freiwilligen die zusammengerafften karthagischen und numidischen Schwärme und auch die Keltiberer, die bei Scipio auf Gnade nicht rechnen durften, wurden nach hartnäckiger Gegenwehr zusammengehauen. Die Afrikaner konnten nach dieser doppelten Niederlage nirgend mehr das Feld halten. Ein Angriff auf das römische Schiffslager, den die karthagische Flotte versuchte, lieferte zwar kein ungünstiges, aber doch auch kein entscheidendes Resultat und ward weit aufgewogen durch die Gefangennahme des Syphax, die dem Scipio sein beispielloser Glücksstern zuwarf und durch welche Massinissa das für die Römer ward, was anfangs Syphax den Karthagern gewesen war.

Nach solchen Niederlagen konnte die karthagische Friedenspartei, die seit sechzehn Jahren hatte schweigen müssen, wiederum ihr Haupt erheben und sich offen auflehnen gegen das Regiment der Barkas und der Patrioten. Hasdrubal, Gisgons Sohn, ward abwesend von der Regierung zum Tode verurteilt und ein Versuch gemacht, von Scipio Waffenstillstand und Frieden zu erlangen. Er forderte Abtretung der spanischen Besitzungen und der Inseln des Mittelmeeres, Übergabe des Reiches des Syphax an Massinissa, Auslieferung der Kriegsschiffe bis auf zwanzig und eine Kriegskontribution von 4000 Talenten (fast 7 Mill. Taler) – Bedingungen, die für Karthago so beispiellos günstig erscheinen, daß die Frage sich aufdrängt, ob sie Scipio mehr in seinem oder mehr in Roms Interesse anbot. Die karthagischen Bevollmächtigten nahmen dieselben an unter Vorbehalt der Ratifikation ihrer Behörden, und es ging eine karthagische Gesandtschaft deshalb nach Rom ab. Allein die karthagische Patriotenpartei war nicht gemeint, so leichten Kaufs auf den Kampf zu verzichten; der Glaube an die edle Sache, das Vertrauen auf den großen Feldherrn, selbst das Beispiel, das Rom gegeben hatte, feuerten sie an auszuharren, auch davon abgesehen, daß der Friede notwendig die Gegenpartei ans Ruder und damit ihnen selbst den Untergang bringen mußte. In der Bürgerschaft hatte die Patriotenpartei das Übergewicht; man beschloß, die Opposition über den Frieden verhandeln zu lassen und mittlerweile sich zu einer letzten und entscheidenden Anstrengung vorzubereiten. An Mago und an Hannibal erging der Befehl, schleunigst nach Afrika heimzukehren. Mago, der seit drei Jahren (459–551 *205–203*) daran arbeitete, in Norditalien eine Koalition gegen Rom ins Leben zu rufen, war eben damals im Gebiet der Insubrer (um Mailand) dem weit überlegenen römischen Doppelheer unterlegen. Die römische Reiterei war zum Weichen und das Fußvolk ins Gedränge gebracht worden und der Sieg schien sich für die Karthager zu erklären, als der kühne Angriff eines römischen Trupps auf die feindlichen Elefanten und vor allem die schwere Verwundung des geliebten und fähigen Führers das Glück der Schlacht wandte: das phönikische Heer mußte an die ligurische Küste zurückweichen. Hier erhielt es den Befehl zur Einschiffung und vollzog ihn; Mago aber starb während der Überfahrt an seiner Wunde. Hannibal wäre dem Befehl wahrscheinlich zuvorgekommen, wenn nicht die letzten Verhandlungen mit Philipp ihm eine neue Aussicht dargeboten hätten, seinem Vaterland in Italien nützlicher sein zu können als in Libyen; als er in Kroton, wo er in der letzten Zeit gestanden hatte, ihn empfing, säumte er nicht, ihm nachzukommen. Er ließ seine Pferde niederstoßen sowie die italischen Soldaten, die sich weigerten, ihm über das Meer zu folgen, und bestieg die auf der Rede von Kroton längst in Bereitschaft stehenden Transportschiffe. Die römischen Bürger atmeten auf, da der gewaltige libysche Löwe, den zum Abzug zu zwingen selbst jetzt noch niemand sich getraute, also freiwillig dem italischen Boden den Rücken wandte; bei diesem Anlaß ward dem einzigen überlebenden unter den römischen Feldherren, welche die schwere Zeit mit Ehren bestanden hatten, dem fast neunzigjährigen Quintus Fabius von Rat und Bürgerschaft der Graskranz verehrt. Dieser Kranz, welchen nach römischer Sitte das durch den Feldherrn gerettete Heer seinem Retter darbrachte, von der ganzen Gemeinde zu empfangen, war die höchste Auszeichnung, die einem römischen Bürger je zuteil geworden ist, und der letzte Ehrenschmuck des alten Feldherrn, der noch in demselben Jahre aus dem Leben schied (551 *203*). Hannibal aber gelangte, ohne Zweifel nicht unter dem Schutz des Waffenstillstandes, sondern allein durch seine Schnelligkeit und sein Glück, ungehindert nach Leptis und betrat, der letzte von Hamilkars »Löwenbrut«, hier abermals nach sechsunddreißigjähriger Abwesenheit den Boden der Heimat, die er, fast noch ein Knabe, verlassen hatte, um seine großartige und doch so durchaus vergebliche Heldenlaufbahn zu beginnen und westwärts ausziehend von Osten her heimzukehren, rings um die karthagische See einen weiten Siegeskreis beschreibend. Jetzt, wo geschehen war, was er hatte verhüten wollen und was er verhütet hätte, wenn er gedurft, jetzt sollte er, wenn möglich, retten und helfen; und er tat es, ohne zu klagen und zu schelten. Mit seiner Ankunft trat die Patriotenpartei offen auf; das schändliche Urteil gegen Hasdrubal ward kassiert, neue Verbindungen mit den numidischen Scheichs durch Hannibals Gewandtheit angeknüpft und nicht bloß dem tatsächlich abgeschlossenen Frieden in der Volksversammlung die Bestätigung verweigert, sondern auch durch die Plünderung einer an der afrikanischen Küste gestrandeten römischen Transportflotte, ja sogar durch den Überfall eines römische Gesandte führenden römischen Kriegsschiffs der Waffenstillstand gebrochen. In gerechter Erbitterung brach Scipio aus seinem Lager bei Tunis auf (552 *202*) und durchzog das reiche Tal des Bagradas (Medscherda), indem er den Ortschaften keine Kapitulation mehr gewährte, sondern die Einwohnerschaften der Flecken und Städte in Masse aufgreifen und verkaufen ließ. Schon war er tief ins Binnenland eingedrungen und stand bei Naraggara (westlich von Sicca, jetzt el Kef, an der Grenze von Tunis und Algier), als Hannibal, der ihm von Hadrumetum aus entgegengezogen war, mit ihm zusammentraf. Der karthagische Feldherr versuchte von dem römischen in einer persönlichen Zusammenkunft bessere Bedingungen zu erlangen; allein Scipio, der schon bis an die äußerste Grenze der Zugeständnisse gegangen war, konnte nach dem Bruch des Waffenstillstandes unmöglich zu weiterer Nachgiebigkeit sich verstehen, und es ist nicht glaublich, daß Hannibal bei diesem Schritt etwas anderes bezweckte, als der Menge zu zeigen, daß die Patrioten keineswegs unbedingt gegen den Frieden seien. Die Konferenz führte zu keinem Ergebnis und so kam es zu der Entscheidungsschlacht bei Zama (vermutlich unweit Sicca)[1]. In

---

[1] Von den beiden diesen Namen führenden Orten ist wahrscheinlich der westlichere, etwa 60 Miglien westlich von Hadrumetum gelegene, derjenige der Schlacht (vgl. Hermes 20, 1885, S. 144, 318). Die Zeit ist der Frühling oder Sommer des Jahres 552 *(202);* die Bestimmung des Tages auf den 19. Oktober wegen der angeblichen Sonnenfinsternis ist nichtig.

drei Linien ordnete Hannibal sein Fußvolk: in das erste Glied die karthagischen Mietstruppen, in das zweite die afrikanische Land- und die phönikische Bürgerwehr nebst dem makedonischen Korps, in das dritte die Veteranen, die ihm aus Italien gefolgt waren. Vor der Linie standen die achtzig Elefanten, die Reiter auf den Flügeln. Scipio stellte gleichfalls seine Legionen in drei Glieder, wie die Römer pflegten, und ordnete sie so, daß die Elefanten durch und neben der Linie weg ausbrechen konnten, ohne sie zu sprengen. Dies gelang nicht bloß vollständig, sondern die seitwärts ausweichenden Elefanten brachten auch die karthagischen Reiterflügel in Unordnung, so daß gegen diese Scipios Reiterei, die überdies durch das Eintreffen von Massinissas Scharen dem Feinde weit überlegen war, leichtes Spiel hatte und bald in vollem Nachsetzen begriffen war. Ernster war der Kampf des Fußvolks. Lange stand das Gefecht zwischen den beiderseitigen ersten Gliedern; in dem äußerst blutigen Handgemenge gerieten endlich beide Teile in Verwirrung und mußten an den zweiten Gliedern einen Halt suchen. Die Römer fanden ihn; die karthagische Miliz aber zeigte sich so unsicher und schwankend, daß sich die Söldner verraten glaubten und es zwischen ihnen und der karthagischen Bürgerwehr zum Handgemenge kam. Indes Hannibal zog eilig, was von den beiden ersten Linien noch übrig war, auf die Flügel zurück und schob seine italischen Kerntruppen auf der ganzen Linie vor. Scipio drängte dagegen in der Mitte zusammen, was von der ersten Linie noch kampffähig war und ließ das zweite und dritte Glied rechts und links an das erste sich anschließen. Abermals begann auf derselben Walstatt ein zweites, noch fürchterlicheres Gemetzel; Hannibals alte Soldaten wankten nicht trotz der Überzahl der Feinde, bis die Reiterei der Römer und des Massinissa, von der Verfolgung der geschlagenen feindlichen zurückkehrend, sie von allen Seiten umringte. Damit war nicht bloß der Kampf zu Ende, sondern das phönikische Heer vernichtet; dieselben Soldaten, die vierzehn Jahre zuvor bei Cannae gewichen waren, hatten ihren Überwindern bei Zama vergolten. Mit einer Handvoll Leute gelangte Hannibal flüchtig nach Hadrumetum.

Nach diesem Tage konnte auf karthagischer Seite nur der Unverstand zur Fortsetzung des Krieges raten. Dagegen lag es in der Hand des römischen Feldherrn, sofort die Belagerung der Hauptstadt zu beginnen, die weder gedeckt noch verproviantiert war, und, wenn nicht unberechenbare Zwischenfälle eintraten, das Schicksal, welches Hannibal über Rom hatte bringen wollen, jetzt über Karthago walten zu lassen. Scipio hat es nicht getan; er gewährte den Frieden (553 *201*), freilich nicht mehr auf die früheren Bedingungen. Außer den Abtretungen, die schon bei den letzen Verhandlungen für Rom wie für Massinissa gefordert worden waren, wurde den Karthagern auf fünfzig Jahre eine jährliche Kontribution von 200 Talenten (340 000 Taler) aufgelegt und mußten sie sich anheischig machen, nicht gegen Rom oder seine Verbündeten und überhaupt außerhalb Afrika gar nicht, in Afrika außerhalb ihres eigenen Gebietes nur nach eingeholter Erlaubnis Roms Krieg zu führen; was tatsächlich darauf hinauslief, daß Karthago tributpflichtig ward und seine politische Selbständigkeit verlor. Es scheint sogar, daß die Karthager unter Umständen verpflichtet waren, Kriegsschiffe zu der römischen Flotte zu stellen.

Man hat Scipio beschuldigt, daß er, um die Ehre der Beendigung des schwersten Krieges, den Rom geführt hat, nicht mit dem Oberbefehl an einen Nachfolger abgeben zu müssen, dem Feinde zu günstige Bedingungen gewährte. Die Anklage möchte gegründet sein, wenn der erste Entwurf zustande gekommen wäre; gegen den zweiten scheint sie nicht gerechtfertigt. Weder standen in Rom die Verhältnisse so, daß der Günstling des Volkes nach dem Siege bei Zama die Abberufung ernstlich zu fürchten gehabt hätte – war doch schon vor dem Siege ein Versuch, ihn abzulösen, vom Senat an die Bürgerschaft und von dieser entschieden zurückgewiesen worden; noch rechtfertigen die Bedingungen selbst diese Beschuldigung. Die Karthagerstadt hat, nachdem ihr also die Hände gebunden und ein mächtiger Nachbar ihr zur Seite gestellt war, nie auch nur einen Versuch gemacht, sich der römischen Suprematie zu entziehen, geschweige denn, mit Rom zu rivalisieren; es wußte überdies jeder, der es wissen wollte, daß der soeben beendigte Krieg viel mehr von Hannibal unternommen worden war als von Karthago und daß der Riesenplan der Patriotenpartei sich schlechterdings nicht erneuern ließ. Es mochte den rachsüchtigen Italienern wenig dünken, daß nur die fünfhundert ausgelieferten Kriegsschiffe in Flammen auflodern und nicht auch die verhaßte Stadt; Verbissenheit und Dorfschulzenverstand mochten die Meinung verfechten, daß nur der vernichtete Gegner wirklich besiegt sei, und den schelten, der das Verbrechen, die Römer zittern gemacht zu haben, verschmäht hatte, gründlicher zu bestrafen. Scipio dachte anders und wir haben keinen Grund und also kein Recht anzunehmen, daß in diesem Fall die gemeinen Motive den Römer bestimmten, und nicht die adligen und hochsinnigen, die auch in seinem Charakter lagen. Nicht das Bedenken der etwaigen Abberufung oder des möglichen Glückswechsels noch die allerdings nicht fernliegende Besorgnis vor dem Ausbruch des Makedonischen Krieges haben den sichern und zuversichtlichen Mann, dem bisher noch alles unbegreiflich gelungen war, abgehalten, die Exekution an der unglücklichen Stadt zu vollziehen, die fünfzig Jahre später seinem Adoptivenkel aufgetragen wurde und die freilich wohl jetzt gleich schon vollzogen werde konnte. Es ist viel wahrscheinlicher, daß die beiden großen Feldherren, bei denen jetzt auch die politische Entscheidung stand, den Frieden wie er war boten und annahmen, um dort der ungestümen Rachsucht der Sieger, hier der Hartnäckigkeit und dem Unverstand der Überwundenen gerechte und verständige Schranken zu setzen; der Seelenadel und die staatsmännische Begabung der hohen Gegner zeigt sich nicht minder in Hannibals großartiger Fügung in das Unvermeidliche als in Scipios weisem Zurücktreten von dem Überflüssigen und Schmählichen des Sieges. Sollte er, der hochherzige und freiblickende Mann, sich nicht gefragt haben, was es denn dem Vaterlande nützte, nachdem die politische Macht der Karthagerstadt vernichtet war, diesen uralten Sitz des Handels und Ackerbaus völlig zu verderben und einen der Grundpfeiler der damaligen Zivilisation frevelhaft niederzuwerfen? Die Zeit war noch nicht gekommen, wo die ersten Männer Roms sich hergaben zu Henkern der Zivilisation der Nachbarn und die ewige Schande der Nation leichtfertig glaubten von sich mit einer müßigen Träne abzuwaschen.

So war der Zweite Punische Krieg, oder wie die Römer ihn richtiger nennen, der Hannibalische Krieg beendigt, nachdem er siebzehn Jahre vom Hellespont bis zu den Säulen des Herkules die Inseln und Landschaften verheert hatte. Vor diesem Krieg hatte Rom sein politisches Ziel nicht höher gesteckt als bis zu der Beherrschung des Festlandes der italischen Halbinsel innerhalb ihrer natürlichen Grenzen und der italischen Inseln und Meere. Daß man den Krieg auch beendigte mit dem Gedanken, nicht die Herrschaft über die Staaten am Mittelmeer oder die sogenannte Weltmonarchie begründet, sondern einen gefährlichen Nebenbuhler unschädlich gemacht und Italien bequeme Nachbarn gegeben zu haben, wird durch die Behandlung Afrikas beim Friedensschluß deutlich bewiesen. Es ist wohl richtig, daß andere Ergebnisse des Krieges, namentlich die Eroberung von Spanien, diesem Gedanken wenig entsprachen; aber die Erfolge führten eben über die eigentliche Absicht hinaus, und zu dem Besitz von Spanien sind die Römer in der Tat man möchte sagen zufällig gelangt. Die Herrschaft über Italien haben die Römer errungen, weil sie sie erstrebt haben; die Hegemonie und die daraus entwickelte Herrschaft über das Mittelmeergebiet ist ihnen gewissermaßen ohne ihre Absicht durch die Verhältnisse zugeworfen worden.

Die unmittelbaren Resultate des Krieges waren außerhalb Italien die Verwandlung Spaniens in eine römische, freilich in ewiger Auflehnung begriffene Doppelprovinz; die Vereinigung des bis dahin abhängigen syrakusanischen Reiches mit der römischen Provinz Sizilien; die Begründung des römischen statt des karthagischen Patronats über die bedeutendsten numidischen Häuptlinge; endlich die Verwandlung Karthagos aus einem mächtigen Handelsstaat in eine wehrlose Kaufstadt; mit einem Worte Roms unbestrittene Hegemonie über den Westen des Mittelmeergebiets, in weiterer Entwicklung das notwendige Ineinandergreifen des östlichen und des westlichen Staatensystems, das im Ersten Punischen Krieg sich nur erst angedeutet hatte, und damit das demnächst bevorstehende entscheidende Eingreifen Roms in die Konflikte der alexandrischen Monarchien. In Italien wurde dadurch zunächst das Keltenvolk, wenn nicht schon vorher, doch jetzt sicher zum Untergang bestimmt, und es war nur noch eine Zeitfrage, wann die Exekution vollzogen werden würde. Innerhalb der römischen Eidgenossenschaft war die Folge des Krieges das schärfere Hervortreten der herrschenden latinischen Nation, deren inneren Zusammenhang die trotz einzelner Schwankungen doch im ganzen in treuer Gemeinschaft überstandene Gefahr geprüft und bewährt hatte, und die steigende Unterdrückung der nicht latinischen oder nicht latinisierten Italiker, namentlich der Etrusker und der unteritalischen Sabeller. Am schwersten traf die Strafe oder vielmehr die Rache teils den mächtigsten teils den zugleich ersten und letzten Bundesgenossen Hannibals, die Gemeinde Capua und die Landschaft der Brettier. Die capuanische Verfassung ward vernichtet und Capua aus der zweiten Stadt in das erste Dorf Italiens umgewandelt; es war sogar die Rede davon, die Stadt zu schleifen und dem Boden gleichzumachen. Den gesamten Grund und Boden mit Ausnahme weniger Besitzungen Auswärtiger oder römisch gesinnter Kampaner erklärte der Senat zur öffentlichen Domäne und gab ihn seitdem an kleine Leute parzellenweise in Zeitpacht. Ähnlich wurden die Picenter am Silarus behandelt;

ihre Hauptstadt wurde geschleift und die Bewohner zerstreut in die umliegenden Dörfer. Der Brettier Los war noch härter; sie wurden in Masse gewissermaßen zu Leibeigenen der Römer gemacht und für ewige Zeiten vom Waffenrecht ausgeschlossen. Aber auch die übrigen Verbündeten Hannibals büßten schwer, so die griechischen Städte mit Ausnahme der wenigen, die beständig zu Rom gehalten hatten, wie die kampanischen Griechen und die Rheginer. Nicht viel weniger litten die Arpaner und eine Menge anderer apulischer, lucanischer, samnitischer Gemeinden, die großenteils Stücke ihrer Mark verloren. Auf einem Teile der also gewonnenen Äcker wurden neue Kolonien angelegt; so im Jahre 560 *(194)* eine ganze Reihe Bürgerkolonien an den besten Häfen Unteritaliens, unter denen Sipontum (bei Manfredonia) und Kroton zu nennen sind, ferner Salernum in dem ehemaligen Gebiet der südlichen Picenter und diesen zur Zwingburg bestimmt, vor allem aber Puteoli, das bald der Sitz der vornehmen Villeggiatur und des asiatisch-ägyptischen Luxushandels ward. Ferner ward Thurii latinische Festung unter dem neuen Namen Copia (560 *194*), ebenso die reiche brettische Stadt Vibo unter dem Namen Valentia (562 *192*). Auf anderen Grundstücken in Samnium und Apulien wurden die Veteranen der siegreichen Armee von Afrika einzeln angesiedelt; der Rest blieb Gemeinland und die Weideplätze der vornehmen Herren in Rom ersetzten die Gärten und Ackerfelder der Bauern. Es versteht sich, daß außerdem in allen Gemeinden der Halbinsel die namhaften, nicht gut römisch gesinnten Leute soweit beseitigt wurden, als dies durch politische Prozesse und Güterkonfiskationen durchzusetzen war. Überall in Italien fühlten die nichtlatinischen Bundesgenossen, daß ihr Name eitel und daß sie fortan Untertanen Roms seien; die Besiegung Hannibals ward als eine zweite Unterjochung Italiens empfunden und alle Erbitterung wie aller Übermut des Siegers vornehmlich an den italischen, nichtlatinischen Bundesgenossen ausgelassen. Selbst die farblose und wohlpolizierte römische Komödie dieser Zeit trägt davon die Spuren; wenn die niedergeworfenen Städte Capua und Atella dem zügellosen Witz der römischen Posse polizeilich freigegeben und die letztere geradezu deren Schildburg wurde, wenn andere Lustspieldichter darüber spaßten, daß in der todbringenden Luft, wo selbst die ausdauerndste Rasse der Sklaven, das Syrervolk, verkomme, die kampanische Sklavenschaft schon gelernt habe auszuhalten, so hallt aus solchen gefühllosen Spöttereien der Hohn der Sieger, freilich auch der Jammerlaut der zertretenen Nationen wieder. Wie die Dinge standen, zeigt die ängstliche Sorgfalt, womit während des folgenden Makedonischen Krieges die Bewachung Italiens vom Senat betrieben ward, und die Verstärkungen, die den wichtigsten Kolonien – so Venusia 554 *(200)*, Narnia 555 *(199)*, Cosa 557 *(197)*, Cales kurz vor 570 *(184)* – von Rom aus zugesandt wurden.

Welche Lücken Krieg und Hunger in die Reihen der italischen Bevölkerung gerissen hatten, zeigt das Beispiel der römischen Bürgerschaft, deren Zahl während des Krieges fast um den vierten Teil geschwunden war; die Angabe der Gesamtzahl der im Hannibalischen Krieg gefallenen Italiker auf 300000 Köpfe scheint danach durchaus nicht übertrieben. Natürlich fiel dieser Verlust vorwiegend auf den Kern der Bürgerschaft, die ja auch den Kern wie die Masse der Streiter stellte; wie furchtbar namentlich der Senat sich lichtete, zeigt die Ergänzung desselben nach der Schlacht bei Cannae, wo derselbe auf 123 Köpfe geschwunden war und mit Mühe und Not durch eine außerordentliche Ernennung von 177 Senatoren wieder auf seinen Normalstand gebracht ward. Daß endlich der siebzehnjährige Krieg, der zugleich in allen Landschaften Italiens und nach allen vier Weltgegenden im Ausland geführt worden war, die Volkswirtschaft im tiefsten Grund erschüttert haben muß, ist im allgemeinen klar; zur Ausführung im einzelnen reicht die Überlieferung nicht hin. Zwar der Staat gewann durch die Konfiskationen, und namentlich das kampanische Gebiet blieb seitdem eine unversiegliche Quelle der Staatsfinanzen; allein durch diese Ausdehnung der Domänenwirtschaft ging natürlich der Volkswohlstand um ebenso viel zurück, als er in anderen Zeiten gewonnen hatte durch die Zerschlagung der Staatsländereien. Eine Menge blühender Ortschaften – man rechnet vierhundert – war vernichtet und verderbt, das mühsam gesparte Kapital aufgezehrt, die Bevölkerung durch das Lagerleben demoralisiert, die alte gute Tradition bürgerlicher und bäuerlicher Sitte von der Hauptstadt an bis in das letzte Dorf untergraben. Sklaven und verzweifelte Leute taten sich in Räuberbanden zusammen, von deren Gefährlichkeit es einen Begriff gibt, daß in einem einzigen Jahre (569 *185*) allein in Apulien 7000 Menschen wegen Straßenraubs verurteilt werden mußten; die sich ausdehnenden Weiden mit den halb wilden Hirtensklaven begünstigten diese heillose Verwilderung des Landes. Der italische Ackerbau sah sich in seiner Existenz bedroht durch das zuerst in diesem Kriege aufgestellte Beispiel, daß das römische Volk statt von selbst geerntetem auch von sizilischem und ägyptischem Getreide ernährt werden könne. Dennoch durfte der Römer, dem die Götter beschieden hatten, das Ende dieses Riesenkampfes zu erleben, stolz in die Vergangenheit und zuversichtlich in die Zukunft blicken. Es war viel verschuldet, aber auch viel erduldet worden; das Volk, dessen gesamte dienstfähige Jugend fast zehn Jahre hindurch Schild und Schwert nicht abgelegt hatte, durfte manches sich verzeihen. Jenes wenn auch durch wechselseitige Befehdung unterhaltene, doch im ganzen friedliche und freundliche Zusammenleben der verschiedenen Nationen, wie es das Ziel der neueren Völkerentwicklungen zu sein scheint, ist dem Altertum fremd: damals galt es Amboß zu sein oder Hammer; und in dem Wettkampf der Sieger war der Sieg den Römern geblieben. Ob man verstehen werde ihn zu benutzen, die latinische Nation immer fester an Rom zu ketten, Italien allmählich zu latinisieren, die Unterworfenen in den Provinzen als Untertanen zu beherrschen, nicht als Knechte auszunutzen, die Verfassung zu reformieren, den schwankenden Mittelstand neu zu befestigen und zu erweitern – das mochte mancher fragen; wenn man es verstand, so durfte Italien glücklichen Zeiten entgegensehen, in denen der auf eigene Arbeit unter günstigen Verhältnissen gegründete Wohlstand und die entschiedenste politische Suprematie über die damalige zivilisierte Welt jedem Gliede des großen Ganzen ein gerechtes Selbstgefühl, jedem Stolz ein würdiges Ziel, jedem Talent eine offene Bahn geschaffen haben würden. Freilich wenn nicht, nicht. Für den Augenblick aber schwiegen die bedenklichen Stimmen und die trüben Besorgnisse, als von allen Seiten die Krieger und Sieger in ihre Häuser zurückkehrten, als Dankfeste und Lustbarkeiten, Geschenke an Soldaten und Bürger an der Tagesordnung waren, die gelösten Gefangenen heimgesandt wurden aus Gallien, Afrika, Griechenland und endlich der jugendliche Sieger im glänzenden Zuge durch die geschmückten Straßen der Hauptstadt zog, um seine Palme in dem Haus des Gottes niederzulegen, von dem, wie sich die Gläubigen zuflüsterten, er zu Rat und Tat unmittelbar die Eingebungen empfangen hatte.

7. Kapitel
Der Westen vom Hannibalischen Frieden bis zum Ende der dritten Periode

In der Erstreckung der römischen Herrschaft bis an die Alpen- oder, wie man jetzt schon sagte, bis an die italische Grenze und in der Ordnung und Kolonisierung der keltischen Landschaften war Rom durch den Hannibalischen Krieg unterbrochen worden. Es verstand sich von selbst, daß man jetzt da fortfahren würde, wo man aufgehört hatte, und die Kelten begriffen es wohl. Schon im Jahre des Friedensschlusses mit Karthago (553 *201*) hatten im Gebiet der zunächst bedrohten Boier die Kämpfe wieder begonnen; und ein erster Erfolg, der ihnen gegen den eilig aufgebotenen römischen Landsturm gelang, sowie das Zureden eines karthagischen Offiziers Hamilkar, der von Magos Expedition her in Norditalien zurückgeblieben war, veranlaßten im folgenden Jahr (554 *200*) eine allgemeine Schilderhebung nicht bloß der beiden zunächst bedrohten Stämme, der Boier und Insubrer; auch die Ligurer trieb die näherrückende Gefahr in die Waffen, und selbst die cenomanische Jugend hörte diesmal weniger auf die Stimme ihrer vorsichtigen Behörden als auf den Notruf der bedrohten Stammgenossen. Von »den beiden Riegeln gegen die gallischen Züge«, Placentia und Cremona, ward der erste niedergeworfen – von der placentinischen Einwohnerschaft retteten nicht mehr als 2000 das Leben –, der zweite berannt. Eilig marschierten die Legionen heran, um zu retten, was noch zu retten war. Vor Cremona kam es zu einer großen Schlacht. Die geschickte und kriegsmäßige Leistung derselben von seiten des phönikischen Führers vermochte es nicht, die Mangelhaftigkeit seiner Truppen zu ersetzen; dem Andrang der Legionen hielten die Gallier nicht stand und unter den Toten, welche zahlreich das Schlachtfeld bedeckten, war auch der karthagische Offizier. Indes setzten die Kelten den Kampf fort; dasselbe römische Heer, welches bei Cremona gesiegt, wurde das nächste Jahr (555 *199*), hauptsächlich durch die Schuld des sorglosen Führers, von den Insubrern fast aufgerieben und erst 556 *(198)* konnte Placentia notdürftig wiederhergestellt werden. Aber der Bund der zu dem Verzweiflungskampf vereinigten Kantone ward in sich uneins; die Boier und die Insubrer gerieten in Zwist, und die Cenomanen traten nicht bloß zurück von dem Nationalbunde, sondern erkauften sich auch Verzeihung von den Römern durch schimpflichen Verrat der Landsleute, indem sie während einer Schlacht, die die Insubrer den Römern am Mincius lieferten, ihre Bundes- und Kampfgenossen von hinten angriffen und aufreiben halfen (557 *197*). So gedemütigt und im Stich gelassen, bequemten sich die Insubrer nach dem Fall von Comum gleichfalls zu einem Sonderfrieden (558 *196*). Die Bedingungen, welche Rom den Cenomanen und Insubrern vorschrieb, waren allerdings härter, als sie den Gliedern der italischen Eidgenossenschaft gewährt zu werden pflegten; namentlich vergaß man nicht, die Scheidewand zwischen Italikern und Kelten gesetzlich zu befestigen und zu verordnen, daß nie ein Bürger dieser beiden Keltenstämme das römische Bürgerrecht solle gewinnen können. Indes ließ man diesen transpadanischen Keltendistrikten ihre Existenz und ihre nationale Verfassung, so daß sie nicht Stadtgebiete, sondern Völkergaue bildeten, und legte ihnen auch wie es scheint keinen Tribut auf; sie sollten den römischen Ansiedlungen südlich vom Po als Bollwerk dienen und die nachrückenden Nordländer wie die räuberischen Alpenbewohner, welche regelmäßige Razzias in diese Gegenden zu unternehmen pflegten, von Italien abhalten. Übrigens griff auch in diesen Landschaften die Latinisierung mit großer Schnelligkeit um sich; die keltische Nationalität vermochte offenbar bei weitem nicht den Widerstand zu leisten wie die der zivilisierten Sabeller und Etrusker. Der gefeierte lateinische Lustspieldichter Statius Caecilius, der im Jahre 586 *(168)* starb, war ein freigelassener Insubrer; und Polybios, der gegen Ausgang des sechsten Jahrhunderts diese Gegenden bereiste, versichert, vielleicht nicht ohne eigene Übertreibung, daß daselbst nur noch wenige Dörfer unter den Alpen keltisch geblieben seien. Die Veneter dagegen scheinen ihre Nationalität länger behauptet zu haben.

Das hauptsächliche Bestreben der Römer war in diesen Landschaften begreiflicherweise darauf gerichtet, dem Nachrücken der transalpinischen Kelten zu steuern und die natürliche Scheidewand der Halbinsel und des inneren Kontinents auch zur politischen Grenze zu machen. Daß die Furcht vor dem römischen Namen schon zu den nächstliegenden keltischen Kantonen jenseits der Alpen gedrungen war, zeigt nicht bloß die vollständige Untätigkeit, mit der dieselben der Vernichtung oder Unterjochung ihrer diesseitigen Landsleute zusahen, sondern mehr noch die offizielle Mißbilligung und Desavouierung, welche die transalpinischen Kantone – man wird zunächst an die Helvetier (zwischen dem Genfer See und dem Main) und an die

Karner oder Taurisker (in Kärnten und Steiermark) zu denken haben – gegen die beschwerdeführenden römischen Gesandten aussprachen über die Versuche einzelner keltischer Haufen, sich diesseits der Alpen in friedlicher Weise anzusiedeln, nicht minder die demütige Art, in welcher diese Auswandererhaufen selbst zuerst bei dem römischen Senat um Landanweisung bittend einkamen, alsdann aber dem strengen Gebot, über die Alpen zurückzugehen, ohne Widerrede sich fügten (568 f., 575 *186, 179*) und die Stadt, die sie unweit des späteren Aquileia schon angelegt hatten, wieder zerstören ließen. Mit weiser Strenge gestattete der Senat keinerlei Ausnahme von dem Grundsatz, daß die Alpentore für die keltische Nation fortan geschlossen seien, und schritt mit schweren Strafen gegen diejenigen römischen Untertanen ein, die solche Übersiedlungsversuche von Italien aus veranlaßt hatten. Ein Versuch dieser Art, welcher auf einer bis dahin den Römern wenig bekannten Straße im innersten Winkel des Adriatischen Meeres stattfand, mehr aber noch, wie es scheint, der Plan Philipps von Makedonien, wie Hannibal von Westen so seinerseits von Osten her in Italien einzufallen, veranlaßten die Gründung einer Festung in dem äußersten nordöstlichen Winkel Italien, der nördlichsten italischen Kolonie Aquileia (571–573 *183–181*), die nicht bloß diesen Weg den Fremden für immer zu verlegen, sondern auch die für die dortige Schiffahrt vorzüglich bequem gelegene Meeresbucht zu sichern und der immer noch nicht ganz ausgerotteten Piraterie in diesen Gewässern zu steuern bestimmt war. Die Anlage Aquileias veranlaßte einen Krieg gegen die Istrier (576, 577 *178, 177*), der mit der Erstürmung einiger Kastelle und dem Fall des Königs Aepulo schnell beendigt war und durch nichts merkwürdig ist als durch den panischen Schreck, den die Kunde von der Überrumpelung des römischen Lagers durch eine Handvoll Barbaren bei der Flotte und sodann in ganz Italien hervorrief.

Anders verfuhr man in der Landschaft diesseits des Padus, die der römische Senat beschlossen hatte Italien einzuverleiben. Die Boier, die dies zunächst traf, wehrten sich mit verzweifelter Entschlossenheit. Es ward sogar der Padus von ihnen überschritten und ein Versuch gemacht, die Insubrer wieder unter die Waffen zu bringen (560 *194*); ein Konsul ward in seinem Lager von ihnen blockiert und wenig fehlte, daß er unterlag; Placentia hielt sich mühsam gegen die ewigen Angriffe der erbitterten Eingeborenen. Bei Mutina endlich ward die letzte Schlacht geliefert; sie war lang und blutig, aber die Römer siegten (561 *193*), und seitdem war der Kampf kein Krieg mehr, sondern eine Sklavenhetze. Die einzige Freistatt im boischen Gebiet war bald das römische Lager, in das der noch übrige bessere Teil der Bevölkerung sich zu flüchten begann; die Sieger konnten nach Rom berichten, ohne sehr zu übertreiben, daß von der Nation der Boier nichts mehr übrig sei als Kinder und Greise. So freilich mußte sie sich ergeben in das Schicksal, das ihr bestimmt war. Die Römer forderten Abtretung des halben Gebiets (563 *191*); sie konnte nicht verweigert werden, aber auch auf dem geschmälerten Bezirk, der den Boiern blieb, verschwanden sie bald und verschmolzen mit ihren Besiegern[1].

Nachdem die Römer also sich reinen Boden geschaffen hatten, wurden die Festungen Placentia und Cremona, deren Kolonisten die letzten unruhigen Jahre großenteils hingerafft oder zerstreut hatten, wieder organisiert und neue Ansiedler dorthin gesandt; neu gegründet wurden in und bei dem ehemaligen senonischen Gebiet Potentia (bei Recanati unweit Ancona; 570 *184*) und Pisaurum (Pesaro; 570 *184*), ferner in der neu gewonnenen boischen Landschaft die Festungen Bononia (565 *189*), Mutina (571 *183*) und Parma (571 *183*), von denen die Kolonie Mutina schon vor dem Hannibalischen Krieg angelegt und nur der Abschluß der Gründung durch diesen unterbrochen worden war. Wie immer verband sich mit der Anlage der Festungen auch die von Militärchausseen. Es wurde die Flaminische Straße von ihrem nördlichen Endpunkt Ariminum unter dem Namen der Aemili-

---

[1] Nach Strabons Bericht wären diese italischen Boier von den Römern über die Alpen verstoßen worden und aus ihnen die boische Ansiedlung im heutigen Ungarn um Steinamanger und Ödenburg hervorgegangen, welche in der augustischen Zeit von den über die Donau gegangenen Geten angegriffen und vernichtet wurde, dieser Landschaft aber den Namen der boischen Einöde hinterließ. Dieser Bericht paßt sehr wenig zu der wohlbeglaubigten Darstellung der römischen Jahrbücher, nach der man sich römischerseits begnügte mit der Abtretung des halben Gebietes; und um das Verschwinden der italischen Boier zu erklären, bedarf es in der Tat der Annahme einer gewaltsamen Vertreibung nicht – verschwinden doch auch die übrigen keltischen Völkerschaften, obwohl von Krieg und Kolonisierung in weit minderm Grade heimgesucht, nicht viel weniger rasch und vollständig aus der Reihe der italischen Nationen. Anderseits führen andere Berichte vielmehr darauf, jene Boier am Neusiedler See herzuleiten von dem Hauptstock der Nation, der ehemals in Bayern und Böhmen saß, bis deutsche Stämme ihn südwärts drängten. Überall aber ist es sehr zweifelhaft, ob die Boier, die man bei Bordeaux, am Po, in Böhmen findet, wirklich auseinandergesprengte Zweige eines Stammes sind und nicht bloß eine Namensgleichheit obwaltet. Strabons Annahme dürfte auf nichts anderem beruhen als auf einem Rückschluß aus der Namensgleichheit, wie die Alten ihn bei den Kimbern, Venetern und sonst oft unüberlegt anwandten.

schen bis Placentia verlängert (567 *187*). Ferner ward die Straße von Rom nach Arretium oder die Cassische, die wohl schon längst Munizipalchaussee gewesen war, wahrscheinlich im Jahre 583 *(171)* von der römischen Gemeinde übernommen und neu angelegt, schon 567 *(187)* aber die Strecke von Arretium über den Apennin nach Bononia bis an die neue Aemilische Straße hergestellt, wodurch man eine kürzere Verbindung zwischen Rom und den Pofestungen erhielt. Durch diese durchgreifenden Maßnahmen wurde der Apennin als die Grenze des keltischen und des italischen Gebiets tatsächlich beseitigt und ersetzt durch den Po. Diesseits des Po herrschte fortan wesentlich die italische Stadt-, jenseits desselben wesentlich die keltische Gauverfassung, und es war ein leerer Name, wenn auch jetzt noch das Gebiet zwischen Apennin und Po zur keltischen Landschaft gerechnet ward.

In dem nordwestlichen italischen Gebirgsland, dessen Täler und Hügel hauptsächlich von dem vielgeteilten ligurischen Stamm eingenommen waren, verfuhren die Römer in ähnlicher Weise. Was zunächst nordwärts vom Arno wohnte, ward vertilgt. Es traf dies hauptsächlich die Apuaner, die, auf dem Apennin zwischen dem Arno und der Magra wohnend, einerseits das Gebiet von Pisae, anderseits das von Bononia und Mutina unaufhörlich plünderten. Was hier nicht dem Schwert der Römer erlag, ward nach Unteritalien in die Gegend von Benevent übergesiedelt (574 *180*), und durch energische Maßregeln die ligurische Nation, welcher man noch im Jahre 578 *(176)* die von ihr eroberte Kolonie Mutina wieder abnehmen mußte, in den Bergen, die das Potal von dem des Arno scheiden, vollständig unterdrückt. Die 577 *(177)* auf dem ehemals apuanischen Gebiet angelegte Festung Luna unweit Spezzia deckte die Grenze gegen die Ligurer ähnlich wie Aquileia gegen die Transalpiner und gab zugleich den Römern einen vortrefflichen Hafen, der seitdem für die Überfahrt nach Massalia und nach Spanien die gewöhnliche Station ward. Die Chaussierung der Küsten- oder Aurelischen Straße von Rom nach Luna und der von Luca über Florenz nach Arretium geführten Querstraße zwischen der Aurelischen und Cassischen gehört wahrscheinlich in dieselbe Zeit.

Gegen die westlicheren ligurischen Stämme, die die genuesischen Apenninen und die Seealpen innehatten, ruhten die Kämpfe nie. Es waren unbequeme Nachbarn, die zu Lande und zur See zu plündern pflegten; die Pisaner und die Massalioten hatten von ihren Einfällen und ihren Korsarenschiffen nicht wenig zu leiden. Bleibende Ergebnisse wurden indes bei den ewigen Fehden nicht gewonnen, vielleicht auch nicht bezweckt; außer daß man, wie es scheint, um mit dem transalpinischen Gallien und Spanien neben der regelmäßigen See- auch eine Landverbindung zu haben, bemüht war, die große Küstenstraße von Luna über Massalia nach Emporiae wenigstens bis an die Alpen freizumachen – jenseits der Alpen lag es dann den Massalioten ob, den römischen Schiffen die Küstenfahrt und den Landreisenden die Uferstraße offen zu halten. Das Binnenland mit seinen unwegsamen Tälern und seinen Felsennestern, mit seinen armen, aber gewandten und verschlagenen Bewohnern diente den Römern hauptsächlich als Kriegsschule zur Übung und Abhärtung der Soldaten wie der Offiziere.

Ähnliche sogenannte Kriege wie gegen die Ligurer führte man gegen die Korsen und mehr noch gegen die Bewohner des inneren Sardinien, welche die gegen sie gerichteten Raubzüge durch Überfälle der Küstenstriche vergalten. Im Andenken geblieben ist die Expedition des Tiberius Gracchus gegen die Sarden 577 *(177)* nicht so sehr, weil er der Provinz den »Frieden« gab, sondern weil er bis 80 000 der Insulaner erschlagen oder gefangen zu haben behauptete und Sklaven von dort in solcher Masse nach Rom schleppte, daß es Sprichwort ward: »spottwohlfeil wie ein Sarde«.

In Afrika ging die römische Politik wesentlich auf in dem einen, ebenso kurzsichtigen wie engherzigen Gedanken, das Wiederaufkommen der karthagischen Macht zu verhindern und deshalb die unglückliche Stadt beständig unter dem Druck und unter dem Damoklesschwert einer römischen Kriegserklärung zu erhalten. Schon die Bestimmung des Friedensvertrags, daß den Karthagern zwar ihr Gebiet ungeschmälert bleiben, aber ihrem Nachbarn Massinissa alle diejenigen Besitzungen garantiert sein sollten, die er oder sein Vorweser innerhalb der karthagischen Grenzen besessen hätten, sieht fast so aus, als wäre sie hineingesetzt, um Streitigkeiten nicht zu beseitigen, sondern zu erwecken. Dasselbe gilt von der durch den römischen Friedenstraktat den Karthagern auferlegten Verpflichtung, nicht gegen römische Bundesgenossen Krieg zu führen, so daß nach dem Wortlaut des Vertrags sie nicht einmal befugt waren, aus ihrem eigenen und unbestrittenen Gebiet den numidischen Nachbarn zu vertreiben. Bei solchen Verträgen und bei der Unsicherheit der afrikanischen Grenzverhältnisse überhaupt konnte Karthagos Lage gegenüber einem ebenso mächtigen wie rücksichtslosen

Nachbarn einem Oberherrn, der zugleich Schiedsrichter und Partei war, nicht anders als peinlich sein; aber die Wirklichkeit war ärger als die ärgsten Erwartungen. Schon 561 *(193)* sah Karthago sich unter nichtigen Vorwänden überfallen und den reichsten Teil seines Gebiets, die Landschaft Emporiae an der Kleinen Syrte, teils von den Numidiern geplündert, teils sogar von ihnen in Besitz genommen. So gingen die Übergriffe beständig weiter; das platte Land kam in die Hände der Numidier, und mit Mühe behaupteten die Karthager sich in den größeren Ortschaften. Bloß in den letzten zwei Jahren, erklärten die Karthager im Jahre 582 *(172)*, seien ihnen wieder siebzig Dörfer vertragswidrig entrissen worden. Botschaft über Botschaft ging nach Rom; die Karthager beschworen den römischen Senat, ihnen entweder zu gestatten, sich mit den Waffen zu verteidigen, oder ein Schiedsgericht mit Spruchgewalt zu bestellen, oder die Grenze neu zu regulieren, damit sie wenigstens ein- für allemal erführen, wieviel sie einbüßen sollten; besser sei es sonst, sie geradezu zu römischen Untertanen zu machen, als sie so allmählich den Libyern auszuliefern. Aber die römische Regierung, die schon 554 *(200)* ihrem Klienten geradezu Gebietserweiterungen, natürlich auf Kosten Karthagos, in Aussicht gestellt hatte, schien wenig dagegen zu haben, daß er die ihm bestimmte Beute sich selber nahm; sie mäßigte wohl zuweilen das allzugroße Ungestüm der Libyer, die ihren alten Peinigern jetzt das Erlittene reichlich vergalten, aber im Grunde war ja eben dieser Quälerei wegen Massinissa von den Römern Karthago zum Nachbar gesetzt worden. Alle Bitten und Beschwerden hatten nur den Erfolg, daß entweder römische Kommissionen in Afrika erschienen, die nach gründlicher Untersuchung zu keiner Entscheidung kamen, oder bei den Verhandlungen in Rom Massinissas Beauftragte Mangel an Instruktionen vorschützten und die Sache vertagt ward. Nur phönikische Geduld war imstande, sich in eine solche Lage mit Ergebung zu schicken, ja dabei den Machthabern jeden Dienst und jede Artigkeit, die sie begehrten und nicht begehrten, mit unermüdlicher Beharrlichkeit zu erweisen und namentlich durch Kornsendungen um die römische Gunst zu buhlen.

Indes war diese Fügsamkeit der Besiegten doch nicht bloß Geduld und Ergebung. Es gab noch in Karthago eine Patriotenpartei und an ihrer Spitze stand der Mann, der, wo immer das Schicksal ihn hinstellte, den Römern furchtbar blieb. Sie hatte es nicht aufgegeben, unter Benutzung der leicht vorauszusehenden Verwicklungen zwischen Rom und den östlichen Mächten noch einmal den Kampf aufzunehmen und, nachdem der großartige Plan Hamilkars und seiner Söhne wesentlich an der karthagischen Oligarchie gescheitert war, für diesen neuen Kampf vor allem das Vaterland innerlich zu erneuern. Die bessernde Macht der Not und wohl auch Hannibals klarer, großartiger und der Menschen mächtiger Geist bewirkten politische und finanzielle Reformen. Die Oligarchie, die durch Erhebung der Kriminaluntersuchung gegen den großen Feldherrn wegen absichtlich unterlassener Einnahme Roms und Unterschlagung der italischen Beute das Maß ihrer verbrecherischen Torheiten voll gemacht hatte – diese verfaulte Oligarchie wurde auf Hannibals Antrag über den Haufen geworfen und ein demokratisches Regiment eingeführt, wie es den Verhältnissen der Bürgerschaft angemessen war (vor 559 *195*). Die Finanzen wurden durch Beitreibung der rückständigen und unterschlagenen Gelder und durch Einführung einer besseren Kontrolle so schnell wieder geordnet, daß die römische Kontribution gezahlt werden konnte, ohne die Bürger irgendwie mit außerordentlichen Steuern zu belasten. Die römische Regierung, eben damals im Begriff, den bedenklichen Krieg mit dem Großkönig von Asien zu beginnen, folgte diesen Vorgängen mit begreiflicher Besorgnis; es war keine eingebildete Gefahr, daß die karthagische Flotte in Italien landen und ein zweiter Hannibalischer Krieg dort sich entspinnen könne, während die römischen Legionen in Kleinasien fochten. Man kann darum die Römer kaum tadeln, wenn sie eine Gesandtschaft nach Karthago schickten (559 *195*), die vermutlich beauftragt war, Hannibals Auslieferung zu fordern. Die grollenden karthagischen Oligarchen, die Briefe über Briefe nach Rom sandten, um den Mann, der sie gestürzt, wegen geheimer Verbindungen mit den antirömisch gesinnten Mächten dem Landesfeind zu denunzieren, sind verächtlich, aber ihre Meldungen waren wahrscheinlich richtig; und so wahr es auch ist, daß in jener Gesandtschaft ein demütigendes Eingeständnis der Furcht des mächtigen Volkes vor dem einfachen Schofeten von Karthago lag, so begreiflich und ehrenwert es ist, daß der stolze Sieger von Zama im Senat Einspruch tat gegen diesen erniedrigenden Schritt, so war doch jenes Eingeständnis eben nichts anderes als die schlichte Wahrheit, und Hannibal eine so außerordentliche Natur, daß nur römische Gefühlspolitiker ihn länger an der Spitze des karthagischen Staats dulden konnten. Die eigentümliche Anerkennung, die er bei der feindlichen Regierung fand, kam ihm selbst schwerlich überraschend. Wie Hannibal und nicht Karthago den letzten Krieg geführt hatte, so hatte auch Hannibal das zu tragen, was den Besiegten trifft. Die Karthager konnten nichts tun als sich fügen und ihrem Stern danken, daß Hannibal, durch seine rasche und besonnene Flucht nach dem Orient die größere Schande ihnen ersparend, seiner Vaterstadt bloß die mindere ließ, ihren größten Bürger auf ewige Zeiten aus der Heimat verbannt, sein Vermögen eingezogen und sein Haus geschleift zu haben. Das tiefsinnige Wort aber, daß diejenigen die Lieblinge der Götter sind, denen sie die unendlichen Freuden und die unendlichen Leiden ganz verleihen, hat also an Hannibal in vollem Maße sich bewährt.

Schwerer als das Einschreiten gegen Hannibal läßt es sich verantworten, daß die römische Regierung nach dessen Entfernung nicht aufhörte, die Stadt zu beargwohnen und zu plagen. Zwar gärten dort die Parteien nach wie vor; allein nach der Entfernung des außerordentlichen Mannes, der fast die Geschikke der Welt gewendet hätte, bedeutete die Patriotenpartei nicht viel mehr in Karthago als in Ätolien und in Achaia. Die verständigste Idee unter denen, welche damals die unglückliche Stadt bewegten, war ohne Zweifel die, sich an Massinissa anzuschließen und aus dem Dränger den Schutzherrn der Phöniker zu machen. Allein weder die nationale noch die libysch gesinnte Faktion der Patrioten gelangte an das Ruder, sondern es blieb das Regiment bei den römisch gesinnten Oligarchen, welche, soweit sie nicht überhaupt aller Gedanken an die Zukunft sich begaben, einzig die Idee festhielten, die materielle Wohlfahrt und die Kommunalfreiheit Karthagos unter dem Schutze Roms zu retten. Hierbei hätte man in Rom wohl sich beruhigen können. Allein weder die Menge noch selbst die regierenden Herren vom gewöhnlichen Schlag vermochten sich der gründlichen Angst vom Hannibalischen Kriege her zu entschlagen; die römischen Kaufleute aber sahen mit neidischen Augen die Stadt auch jetzt, wo ihre politische Macht dahin war, im Besitz einer ausgedehnten Handelsklientel und eines festgegründeten, durch nichts zu erschütternden Reichtums. Schon im Jahre 567 *(187)* erbot sich die karthagische Regierung die sämtlichen im Frieden von 553 *(201)* stipulierten Terminzahlungen sofort zu entrichten, was die Römer, denen an der Tributpflichtigkeit Karthagos weit mehr gelegen war als an den Geldsummen selbst, begreiflicherweise ablehnten und daraus nur die Überzeugung gewannen, daß aller angewandten Mühe ungeachtet die Stadt nicht ruiniert und nicht zu ruinieren sei. Immer aufs neue liefen Gerüchte über die Umtriebe der treulosen Phöniker durch Rom. Bald hatte ein Emissär Hannibals, Ariston von Tyros, sich in Karthago blicken lassen, um die Bürgerschaft auf die Landung einer asiatischen Kriegsflotte vorzubereiten (561 *193*); bald hatte der Rat in geheimer nächtlicher Sitzung im Tempel des Heilgottes den Gesandten des Perseus Audienz gegeben (581 *173*); bald sprach man von der gewaltigen Flotte, die in Karthago für den Makedonischen Krieg gerüstet werde (583 *171*). Es ist nicht wahrscheinlich, daß diesen und ähnlichen Dingen mehr als höchstens die Unbesonnenheiten einzelner zugrunde lagen; immer aber waren sie das Signal zu neuen diplomatischen Mißhandlungen von römischer, zu neuen Übergriffen von Massinissas Seite, und die Meinung stellte immer mehr sich fest, je weniger Sinn und Verstand in ihr war, daß ohne einen dritten punischen Krieg mit Karthago nicht fertig zu werden sei.

Während also die Macht der Phöniker in dem Lande ihrer Wahl ebenso dahinsank wie sie längst in ihrer Heimat erlegen war, erwuchs neben ihnen ein neuer Staat. Seit unvordenklichen Zeiten wie noch heutzutage ist das nordafrikanische Küstenland bewohnt von dem Volke, das sich selber Schilah oder Tamazigt heißt und welches die Griechen und Römer die Nomaden oder Numidier, das ist das Weidevolk, die Araber Berber nennen, obwohl auch sie dieselben wohl als »Hirten« (Schâwie) bezeichnen, und das wir Berber oder Kabylen zu nennen gewohnt sind. Dasselbe ist, soweit seine Sprache bis jetzt erforscht ist, keiner anderen bekannten Nation verwandt. In der karthagischen Zeit hatten diese Stämme mit Ausnahme der unmittelbar um Karthago oder unmittelbar an der Küste hausenden wohl im ganzen ihre Unabhängigkeit behauptet, aber auch bei ihrem Hirten- und Reiterleben, wie es noch jetzt die Bewohner des Atlas führen, im wesentlichen beharrt, obwohl das phönikische Alphabet und überhaupt die phönikische Zivilisation ihnen nicht fremd blieb (2, 16) und es wohl vorkam, daß die Berberscheichs ihre Söhne in Karthago erziehen ließen und mit phönikischen Adelsfamilien sich verschwägerten. Die römische Politik wollte unmittelbare Besitzungen in Afrika nicht haben und zog es vor, einen Staat dort großzuziehen, der nicht genug bedeutete, um Roms Schutz entbehren zu können und doch genug, um Karthagos Macht, nachdem dieselbe auf Afrika beschränkt war, auch hier niederzuhalten und der gequälten Stadt jede freie Bewegung unmöglich zu machen. Was man suchte, fand man bei den eingeborenen Fürsten. Um die Zeit des Hannibalischen Krieges standen die nordafrikanischen Eingeborenen unter drei Oberkönigen, deren jedem nach dortiger Art eine Menge Fürsten gefolgspflichtig waren: dem König der Mauren, Bocchar, der vom Atlantischen Meer bis zum Fluß Molochath (jetzt Mluia an der marokkanisch-französischen Grenze), dem König der Massäsyler, Syphax, der von da bis an das sogenannte Durchbohrte Vorgebirge (Siebenkap zwischen Djidjeli und Bona) in den heutigen Provinzen Oran und Algier, und dem König der Massyler, Massinissa, der von dem Durchbohrten Vorgebirge bis an die karthagische Grenze in der heutigen Provinz Constantine gebot. Der mächtigste von diesen, der König von Siga, Syphax, war in dem letzten Krieg zwischen Rom und Karthago überwunden und gefangen nach Italien abgeführt worden, wo er in der Haft starb; sein weites Gebiet kam im wesentlichen an Massinissa – der Sohn des Syphax, Vermina, obwohl er durch demütiges Bitten von den Römern einen kleinen Teil des väterlichen Besitzes zurückerlangte (554 *200*), vermochte doch den älteren römischen Bundesgenossen nicht um die Stellung des bevorzugten Drängers von Karthago zu bringen. Massinissa ward der Gründer des Numidischen Reiches; und nicht oft hat Wahl oder Zufall so den rechten Mann an die rechte Stelle gesetzt. Körperlich gesund und gelenkig bis in das höchste Greisenalter, mäßig und nüchtern wie ein Araber, fähig, jede Strapaze zu ertragen, vom Morgen bis zum Abend auf demselben Flecke zu stehen und vierundzwanzig Stunden zu Pferde zu sitzen, in den abenteuerlichen Glückswechseln seiner Jugend wie auf den Schlachtfeldern Spaniens als Soldat und als Feldherr gleich erprobt, und ebenso ein Meister der schwereren Kunst, in seinem zahlreichen Hause Zucht und in seinem Lande Ordnung zu erhalten, gleich bereit, sich dem mächtigen Beschützer rücksichtslos zu Füßen zu werfen wie den schwächeren Nachbar rücksichtslos unter die Füße zu treten und zu alledem mit den Verhältnissen Karthagos, wo er erzogen und in den vornehmsten Häusern aus- und eingegangen war, ebenso genau bekannt wie von afrikanisch bitterem Hasse gegen seine und seiner Nation Bedränger erfüllt, ward dieser merkwürdige Mann die Seele des Aufschwungs seiner, wie es schien, im Verkommen begriffenen Nation, deren Tugenden und Fehler in ihm gleichsam verkörpert erschienen. Das Glück begünstigte ihn wie in allem so auch darin, daß es ihm zu seinem Werke die Zeit ließ. Er starb im neunzigsten Jahr seines Lebens (516–605 *238–149*), im sechzigsten seiner Regierung, bis an sein Lebensende im vollen Besitz seiner körperlichen und geistigen Kräfte, und hinterließ einen einjährigen Sohn und den Ruf, der stärkste Mann und der beste und glücklichste König seiner Zeit gewesen zu sein. Es ist schon erzählt worden, mit welcher berechneten Deutlichkeit die Römer in ihrer Oberleitung der afrikanischen Angelegenheiten ihre Parteinahme für Massinissa hervortreten ließen, und wie dieser die stillschweigende Erlaubnis, auf Kosten Karthagos sein Gebiet zu vergrößern, eifrig und stetig benutzte. Das ganze Binnenland bis an den Wüstensaum fiel dem einheimischen Herrscher gleichsam von selber zu, und selbst das obere Tal des Bagradas (Medscherda) mit der reichen Stadt Vaga ward dem König untertan; aber auch an der Küste östlich von Karthago besetzte er die alte Sidonierstadt Groß-Leptis und andere Strecken, so daß sein Reich sich von der mauretanischen bis zur kyrenäischen Grenze erstreckte, das karthagische Gebiet zu Lande von allen Seiten umfaßte und überall in nächster Nähe auf die Phöniker drückte. Es leidet keinen Zweifel, daß er in Karthago seine künftige Hauptstadt sah; die libysche Partei daselbst ist bezeichnend. Aber nicht allein durch die Schmälerung des Gebiets geschah Karthagos Eintrag. Die schweifenden Hirten wurden durch ihren großen König ein anderes Volk. Nach dem Beispiel des Königs, der weithin die Felder urbar machte und jedem seiner Söhne bedeutende Ackergüter hinterließ, fingen auch seine Untertanen an, sich ansässig zu machen und Ackerbau zu treiben. Wie seine Hirten in Bürger, verwandelte er seine Plünderhorden in Soldaten, die von Rom neben den Legionen zu fechten gewürdigt wurden, und hinterließ seinen Nachfolgern eine reich gefüllte Schatzkammer, ein wohldiszipliniertes Heer und sogar eine Flotte. Seine Residenz Cirta (Constantine) ward die lebhafte Hauptstadt eines mächtigen Staates und ein Hauptsitz der phönikischen Zivilisation, die an dem Hofe des Berberkönigs eifrige und wohl auch auf das künftige karthagisch-numidische Reich berechnete Pflege fand. Die bisher unterdrückte libysche Nationalität hob sich dadurch in ihren eigenen Augen, und selbst in die altphönikischen Städte, wie Groß-Leptis, drang einheimische Sitte und Sprache ein. Der Berber fing an, unter der Ägide Roms sich dem Phöniker gleich, ja überlegen zu fühlen; die karthagischen Gesandten mußten in Rom es hören, daß sie in Afrika Fremdlinge seien und das Land den Libyern gehöre. Die selbst in der nivellierenden Kaiserzeit noch lebensfähig und kräftig dastehende phönikisch-nationale Zivilisation Nordafrikas ist bei weitem weniger das Werk der Karthager als das des Massinissa.

In Spanien fügten die griechischen und phönikischen Städte an der Küste, wie Emporiae, Saguntum, Neukarthago, Malaca, Gades, sich um so bereitwilliger der römischen Herrschaft, als sie sich selber überlassen, kaum imstande gewesen wären, sich gegen die Eingeborenen zu schützen; wie aus gleichen Gründen Massalia, obwohl bei weitem bedeutender und wehrhafter als jene Städte, es doch nicht versäumte, durch engen Anschluß an die Römer, denen Massalia wieder als Zwischenstation zwischen Italien und Spanien vielfach nützlich wurde, sich einen mächtigen Rückhalt zu sichern. Die Eingeborenen dagegen machten den Römern unsäglich zu schaffen. Zwar fehlte es keineswegs an Ansätzen zu einer national-iberischen Zivilisation, von deren Eigentümlichkeit freilich es uns nicht wohl möglich ist, eine deutliche Vorstellung zu gewinnen. Wir finden bei den Iberern eine weitverbreitete nationale Schrift, die sich in zwei Hauptarten, die des Ebrotals und die andalusische, und jede von diesen vermutlich wieder in mannigfache Verzweigungen spaltet und deren Ursprung in sehr frühe Zeit hinaufzureichen und eher auf das altgriechische als auf das phönikische Alphabet zurückzugehen scheint. Von den Turdetanern (um Sevilla) ist sogar überliefert, daß sie Lieder aus uralter Zeit, ein metrisches Gesetzbuch von 6000 Verszeilen, ja sogar geschichtliche Aufzeichnungen besaßen; allerdings wird diese Völkerschaft die zivilisierteste unter allen spanischen genannt und zugleich die am wenigsten kriegerische, wie sie denn auch ihre Kriege regelmäßig mit fremden Söldnern führte. Auf dieselbe Gegend werden wohl auch Polybios' Schilderungen zu beziehen sein von dem blühenden Stand des Ackerbaus und der Viehzucht in Spanien, weshalb bei dem Mangel an Ausfuhrgelegenheit Korn und Fleisch dort um Spottpreise zu haben war, und von den prächtigen Königspalästen mit den goldenen und silbernen Krügen voll »Gerstenwein«. Auch die Kulturelemente, die die Römer mitbrachten, faßte wenigstens ein Teil der Spanier eifrig auf, so daß früher als irgendwo sonst in den überseeischen Provinzen sich in Spanien die Latinisierung vorbereitete. So kam zum Beispiel schon in dieser Epoche der Gebrauch der warmen Bäder nach italischer Weise bei den Eingeborenen auf. Auch das römische Geld ist allem Anschein nach weit früher als irgendwo sonst außerhalb Italien in Spanien nicht bloß gangbar, sondern auch nachgemünzt worden; was durch die reichen Silberbergwerke des Landes einigermaßen begreiflich wird. Das sogenannte »Silber von Osca« (jetzt Huesca in Aragonien), das heißt spanische Denare mit iberischen Aufschriften, wird schon 559 *(195)* erwähnt, und viel später kann der Anfang der Prägung schon deshalb nicht gesetzt werden, weil das Gepräge dem der ältesten römischen Denare nachgeahmt ist. Allein mochte auch in den südlichen und östlichen Landschaften die Gesittung der Eingeborenen der römischen Zivilisation und der römischen Herrschaft soweit vorgearbeitet haben, daß diese dort nirgend auf ernstliche Schwierigkeiten stießen, so war dagegen der Westen und Norden und das ganze Binnenland besetzt von zahlreichen, mehr oder minder rohen Völkerschaften, die von keinerlei Zivilisation viel wußten – in Intercatia zum Beispiel war noch um 600 *(154)* der Gebrauch des Goldes und Silbers unbekannt – und sich ebensowenig untereinander wie mit den Römern vertrugen. Charakteristisch ist für diese freien Spanier der ritterliche Sinn der Männer und wenigstens ebenso sehr der Frauen. Wenn die Mutter den Sohn in die Schlacht entließ, begeisterte sie ihn durch die Erzählung von den Taten seiner Ahnen, und dem tapfersten Mann reichte die schönste Jungfrau unaufgefordert als Braut die Hand. Zweikämpfe waren gewöhnlich, sowohl um den Preis der Tapferkeit wie zur Ausmachung von Rechtshändeln – selbst Erbstreitigkeiten zwischen fürstlichen Vettern wurden auf diesem Wege erledigt. Es kam auch nicht selten vor, daß ein bekannter Krieger vor die feindlichen Reihen trat und sich einen Gegner bei Namen herausforderte; der Besiegte übergab dann dem Gegner Mantel und Schwert und machte auch wohl noch mit ihm Gastfreundschaft. Zwanzig Jahre nach dem Ende des Hannibalischen Krieges sandte die kleine keltiberische Gemeinde von Complega (in der Gegend der Tajoquellen) dem römischen Feldherrn Botschaft zu, daß er ihnen für jeden gefallenen Mann ein Pferd, einen Mantel und ein Schwert senden möge, sonst werde es ihm übel ergehen. Stolz auf ihre Waffenehre, so daß sie häufig es nicht ertrugen, die Schmach der Entwaffnung zu überleben, waren die Spanier dennoch geneigt, jedem Werber zu folgen und für jeden fremden Span ihr Leben einzusetzen – bezeichnend ist die Botschaft, die ein der Landessitte wohl kundiger römischer Feldherr einem keltiberischen, im Solde der Turdetaner gegen die Römer fechtenden Schwarm zusandte: entweder nach Hause zu kehren, oder für doppelten Sold in römische Dienste zu treten, oder Tag und Ort zur Schlacht zu bestimmen. Zeigte sich kein Werbeoffizier, so trat man auch wohl auf eigene Hand zu Freischaren zusammen, um die friedlicheren Landschaften zu brandschatzen, ja sogar die Städte einzunehmen und zu besetzen, ganz in kampanischer Weise. Wie wild und unsicher das Binnenland war, davon zeugt zum Beispiel, daß die Internierung westlich von Cartagena bei den Römern als schwere Strafe galt, und daß in einigermaßen aufgeregten Zeiten die römischen Kommandanten des jenseitigen Spaniens Eskorten bis zu 6000 Mann mit sich nahmen. Deutlicher noch zeigt es der seltsame Verkehr, den in der griechisch-spanischen Doppelstadt Emporiae an der östlichen Spitze der Pyrenäen die Griechen mit ihren spanischen Nachbarn pflogen. Die griechischen Ansiedler, die auf der Spitze der Halbinsel, von dem spanischen Stadtteil durch eine Mauer getrennt wohnten, ließen diese jede Nacht durch den dritten Teil ihrer Bürgerwehr besetzen und an dem einzigen Tor einen höheren Beamten beständig die Wache versehen; kein Spanier durfte die griechische Stadt betreten und die Griechen brachten den Eingeborenen die Waren nur zu in starken und wohleskortierten Abteilungen. Diese Eingeborenen voll Unruhe und Kriegslust, voll von dem Geiste des Cid wie des Don Quixote sollten denn nun von den Römern gebändigt und womöglich gesittigt werden. Militärisch war die Aufgabe nicht schwer. Zwar bewiesen die Spanier nicht bloß hinter den Mauern ihrer Städte oder unter Hannibals Führung, sondern selbst allein und in offener Feldschlacht sich als nicht verächtliche Gegner; mit ihrem kurzen zweischneidigen Schwert, welches später die Römer von ihnen annahmen, und ihren gefürchteten Sturmkolonnen brachten sie nicht selten selbst die römischen Legionen zum Wanken. Hätten sie es vermocht, sich militärisch zu disziplinieren und politisch zusammenzuschließen, so hätten sie vielleicht der aufgedrungenen Fremdherrschaft sich entledigen können; aber ihre Tapferkeit war mehr die des Guerillas als des Soldaten und es mangelte ihr völlig der politische Verstand. So kam es in Spanien zu keinem ernsten Krieg, aber ebensowenig zu einem ernstlichen Frieden; die Spanier haben sich, wie Caesar später ganz richtig ihnen vorhielt, nie im Frieden ruhig und nie im Kriege tapfer erwiesen. So leicht der römische Feldherr mit den Insurgentenhaufen fertig ward, so schwer war es dem römischen Staatsmanne, ein geeignetes Mittel zu bezeichnen, um Spanien wirklich zu beruhigen und zu zivilisieren: in der Tat konnte er, da das einzige wirklich genügende, eine umfassende latinische Kolonisierung, dem allgemeinen Ziel der römischen Politik dieser Epoche zuwiderlief, hier nur mit Palliativen verfahren.

Das Gebiet, welches die Römer im Laufe des Hannibalischen Krieges in Spanien erwarben, zerfiel von Haus aus in zwei Massen; die ehemals karthagische Provinz, die zunächst die heutigen Landschaften Andalusien, Granada, Murcia und Valencia umfaßte, und die Ebrolandschaft oder das heutige Aragonien und Katalonien, das Standquartier des römischen Heeres während des letzten Krieges; aus welchen Gebieten die beiden römischen Provinzen des Jen- und Diesseitigen Spaniens hervorgingen. Das Binnenland, ungefähr den beiden Kastilien entsprechend, das die Römer unter dem Namen Keltiberien zusammenfaßten, suchte man allmählich unter römische Botmäßigkeit zu bringen, während man die Bewohner der westlichen Landschaften, namentlich die Lusitaner im heutigen Portugal und dem spanischen Estremadura, von Einfällen in das römische Gebiet abzuhalten sich begnügte und mit den Stämmen an der Nordküste, den Callaekern, Asturern und Kantabrern überhaupt noch gar nicht sich berührte. Die Behauptung und Befestigung der gewonnenen Erfolge war indes nicht durchzuführen ohne eine stehende Besatzung, indem dem Vorsteher des diesseitigen Spaniens namentlich die Bändigung der Keltiberer und dem des jenseitigen die Zurückweisung der Lusitaner jährlich zu schaffen machten. Es ward somit nötig, in Spanien ein römisches Heer von vier starken Legionen oder etwa 40 000 Mann Jahr aus Jahr ein auf den Beinen zu halten; wobei dennoch sehr häufig zur Verstärkung der Truppen in den von Rom besetzten Landschaften der Landsturm aufgeboten werden mußte. Es war dies in doppelter Weise von großer Wichtigkeit, indem hier zuerst, wenigstens zuerst in größerem Umfang, die militärische Besetzung des Landes bleibend und infolgedessen auch der Dienst anfängt dauernd zu werden. Die alte römische Weise, nur dahin Truppen zu senden, wohin das augenblickliche Kriegsbedürfnis sie rief, und außer in sehr schweren und wichtigen Kriegen die einberufenen Leute nicht über ein Jahr bei der Fahne zu halten, erwies sich als unverträglich mit der Behauptung der unruhigen, fernen und überseeischen spanischen Ämter; es war schlechterdings unmöglich, die Truppen von da wegzuziehen, und sehr gefährlich, sie auch nur in Masse abzulösen. Die römische Bürgerschaft fing an innezuwerden, daß die Herrschaft über ein fremdes Volk nicht bloß für den Knecht eine Plage ist, sondern auch für den Herrn, und murrte laut über den verhaßten spanischen Kriegsdienst. Während die neuen Feldherren mit gutem Grund sich weigerten, die Gesamtablösung der bestehenden Korps zu gestatten, meuterten diese und drohten, wenn man ihnen den Abschied nicht gebe, ihn sich selber zu nehmen.

Den Kriegen selbst, die in Spanien von den Römern geführt wurden, kommt nur eine untergeordnete Bedeutung zu. Sie begannen schon mit Scipios Abreise (2, 162) und währten, solange der Hannibalische Krieg dauerte. Nach dem Frieden mit Karthago (553 *201*) ruhten auch auf der Halbinsel die Waffen, jedoch nur auf kurze Zeit. Im Jahre 557 *(197)* brach in beiden Provinzen eine allgemeine Insurrektion aus; der Befehlshaber der Jenseitigen ward hart gedrängt, der der Diesseitigen völlig überwunden und selber erschlagen. Es ward nötig, den Krieg mit Ernst anzugreifen, und obwohl inzwischen der tüchtige Prätor Quintus Minucius über die erste Gefahr Herr geworden war, beschloß doch der Senat im Jahre 559 *(195)*, den Konsul Marcus Cato selbst nach Spanien zu senden. Er fand auch in der Tat bei der Landung in Emporiae das ganze Diesseitige Spanien von den Insurgenten überschwemmt; kaum daß diese Hafenstadt und im inneren Land ein paar Burgen noch für Rom behauptet wurden. Es kam zur offenen Feldschlacht zwischen den Insurgenten und dem konsularischen Heer, in der nach hartem Kampf Mann gegen Mann endlich die römische Kriegskunst mit der gesparten Reserve den Tag entschied. Das ganze Diesseitige Spanien sandte darauf seine Unterwerfung ein; indes es war mit derselben so wenig ernstlich gemeint, daß auf das Gerücht von der Heimkehr des Konsuls nach Rom sofort der Aufstand abermals begann. Allein das Gerücht war falsch, und nachdem Cato die Gemeinden, die zum zweitenmal sich aufgelehnt hatten, schnell bezwungen und in Masse in die Sklaverei verkauft hatte, ordnete er eine allgemeine Entwaffnung der Spanier in der diesseitigen Provinz an und erließ an die sämtlichen Städte der Eingeborenen von den Pyrenäen bis zum Guadalquivir den Befehl, ihre Mauern an einem und demselben Tage niederzureißen. Niemand wußte, wie weit das Gebot sich erstreckte, und es war keine Zeit sich zu verständigen; die meisten Gemeinden gehorchten und auch von den wenigen widerspenstigen wagten es nicht viele, als das römische Heer demnächst vor ihren Mauern erschien, es auf den Sturm ankommen zu lassen.

Diese energischen Maßregeln waren allerdings nicht ohne nachhaltigen Erfolg. Allein nichtsdestoweniger hatte man fast jährlich in der »friedlichen Provinz« ein Gebirgstal oder ein Bergkastell zum Gehorsam zu bringen, und die stetigen Einfälle der Lusitaner in die jenseitige Provinz führten gelegentlich zu derben Niederlagen der Römer; wie zum Beispiel 563 *(191)* ein römisches Heer nach starkem Verlust sein Lager im Stich lassen und in Eilmärschen in die ruhigeren Landschaften zurückkehren mußte. Erst ein Sieg, den der Prätor Lucius Aemilius Paullus 565 *(189)*[2], und ein zweiter noch bedeutenderer, den der tapfere Prätor Gaius Calpurnius jenseits des Tagus 569 *(185)* über die Lusitaner erfocht, schafften auf einige Zeit Ruhe. Im diesseitigen Spanien ward die bis dahin fast nominelle Herrschaft der Römer über die keltiberischen Völkerschaften fester begründet durch Quintus Fulvius Flaccus, der nach einem großen Siege über dieselben 573 *(181)* wenigstens die nächstliegenden Kantone zur Unterwerfung zwang, und besonders durch seinen Nachfolger Tiberius Gracchus (575, 576 *179, 178*), welcher mehr noch als durch die Waffen, mit denen er dreihundert spanische Ortschaften sich unterwarf, durch sein geschicktes Eingehen auf die Weise der schlichten und stolzen Nation dauernde Erfolge erreichte. Indem er angesehene Keltiberer bestimmte, im römischen Heer Dienste zu nehmen, schuf er sich eine Klientel; indem er den schweifenden Leuten Land anwies und sie in Städten zusammenzog – die spanische Stadt Graccurris bewahrte des Römers Namen –, ward dem Freibeuterwesen ernstlich gesteuert; indem er die Verhältnisse der einzelnen Völkerschaften zu den Römern durch gerechte und weise Verträge regelte, verstopfte er soweit möglich die Quelle künftiger Empörungen. Sein Name blieb bei den Spaniern in gesegnetem Andenken, und es trat in dem Lande seitdem, wenn auch die Keltiberer noch manches Mal unter dem Joch zuckten, doch vergleichungsweise Ruhe ein.

Das Verwaltungssystem der beiden spanischen Provinzen war dem sizilisch-sardinischen ähnlich, aber nicht gleich. Die Oberverwaltung ward wie hier so dort in die Hände zweier Nebenkonsuln gelegt, die zuerst im Jahr 557 *(197)* ernannt wurden, in

---

[2] Von diesem Statthalter ist kürzlich das folgende Dekret auf einer in der Nähe von Gibraltar aufgefundenen, jetzt im Pariser Museum aufbewahrten Kupfertafel zum Vorschein gekommen: »L. Aimilius, des Lucius Sohn, Imperator, hat verfügt, daß die in dem Turm von Laskuta [durch Münzen und Plin. 3, 1, 15 bekannt, aber ungewisser Lage] wohnhaften Sklaven der Hastenser [Hasta regia, unweit Jerez de la Frontera] frei sein sollen. Den Boden und die Ortschaft, die sie zur Zeit besitzen, sollen sie auch ferner besitzen und haben, so lange es dem Volk und dem Rat der Römer belieben wird. Verhandelt im Lager am 12. Januar [564 oder 565 der Stadt].« *(L. Aimilius L. f. inpeirator decreivit, utei quei Hastensium servei in turri Lascutana habitarent, leiberei essent. Agrum oppidumqu[e], quod ea tempestate posedisent, item possidere habereque iousit, dum poplus senatusque Romanus vellet. Act. in castreis a. d. XII k. Febr.)* Es ist dies die älteste römische Urkunde, die wir im Original besitzen, drei Jahre früher abgefaßt als der bekannte Erlaß der Konsuln des Jahres 568 *(186)* in der Bacchanalienangelegenheit.

welches Jahr auch die Grenzregulierung und die definitive Organisierung der neuen Provinzen fällt. Die verständige Anordnung des Baebischen Gesetzes (573 *181*), daß die spanischen Prätoren immer auf zwei Jahre ernannt werden sollten, kam infolge des steigenden Zudrangs zu den höchsten Beamtenstellen und mehr noch infolge der eifersüchtigen Überwachung der Beamtengewalt durch den Senat nicht ernstlich zur Ausführung, und es blieb, soweit nicht in außerordentlichem Wege Abweichungen eintraten, auch hier bei dem für diese entfernten und schwer kennenzulernenden Provinzen besonders unvernünftigen jährlichen Wechsel der römischen Statthalter. Die abhängigen Gemeinden wurden durchgängig zinspflichtig; allein statt der sizilischen und sardinischen Zehnten und Zölle wurden in Spanien vielmehr von den Römern, eben wie früher hier von den Karthagern, den einzelnen Städten und Stämmen feste Abgaben an Geld oder sonstigen Leistungen auferlegt, welche auf militärischem Wege beizutreiben der Senat infolge der Beschwerdeführung der spanischen Gemeinden im Jahr 583 *(171)* untersagte. Getreidelieferungen wurden hier nicht anders als gegen Entschädigung geleistet, und auch hierbei durfte der Statthalter nicht mehr als das zwanzigste Korn erheben und überdies gemäß der eben erwähnten Vorschrift der Oberbehörde den Taxpreis nicht einseitig feststellen. Dagegen hatte die Verpflichtung der spanischen Untertanen, zu den römischen Heeren Zuzug zu leisten, hier eine ganz andere Wichtigkeit als wenigstens in dem friedlichen Sizilien, und es ward dieselbe auch in den einzelnen Verträgen genau geordnet. Auch das Recht der Prägung von Silbermünzen römischer Währung scheint den spanischen Städten sehr häufig zugestanden und das Münzmonopol hier keineswegs so wie in Sizilien von der römischen Regierung in Anspruch genommen worden zu sein. Überall bedurfte man in Spanien zu sehr der Untertanen, um hier nicht die Provinzialverfassung in möglichst schonender Weise einzuführen und zu handhaben. Zu den besonders von Rom begünstigten Gemeinden zählten namentlich die großen Küstenplätze griechischer, phönikischer oder römischer Gründung, wie Saguntum, Gades, Tarraco, die als die natürlichen Pfeiler der römischen Herrschaft auf der Halbinsel zum Bündnis mit Rom zugelassen wurden. Im ganzen war Spanien für die römische Gemeinde militärisch sowohl wie finanziell mehr eine Last als ein Gewinn; und die Frage liegt nahe, weshalb die römische Regierung, in deren damaliger Politik der überseeische Ländererwerb offenbar noch nicht lag, sich dieser beschwerlichen Besitzungen nicht entledigt hat. Die nicht unbedeutenden Handelsverbindungen, die wichtigen Eisen- und die noch wichtigeren, selbst im fernen Orient seit alter Zeit berühmten Silbergruben[3], welche Rom wie Karthago für sich nahm und deren Bewirtschaftung namentlich Marcus Cato regulierte (559 *195*), werden dabei ohne Zweifel mitbestimmend gewesen sein; allein die Hauptursache, weshalb man die Halbinsel in unmittelbarem Besitz behielt, war die, daß es dort an Staaten mangelte, wie im Keltenland die massaliotische Republik, in Libyen das numidische Königreich waren, und daß man Spanien nicht loslassen konnte, ohne die Erneuerung des spanischen Königreichs der Barkiden jedem unternehmenden Kriegsmann freizugeben.

---

[3] 1. Makk. 8, 3: »Und Judas hörte, was die Römer getan hatten im Lande Hispanien, um Herren zu werden der Silber- und Goldgruben daselbst.«

8. Kapitel
Die östlichen Staaten und der Zweite Makedonische Krieg

Das Werk, welches König Alexander von Makedonien begonnen hatte, ein Jahrhundert zuvor, ehe die Römer in dem Gebiet, das er sein genannt, den ersten Fußbreit Landes gewonnen, dies Werk hatte im Verlauf der Zeit, bei wesentlicher Festhaltung des großen Grundgedankens, den Orient zu hellenisieren, sich verändert und erweitert zu dem Aufbau eines hellenisch-asiatischen Staatensystems. Die unbezwingliche Wander- und Siedellust der griechischen Nation, die einst ihre Handelsleute nach Massalia und Kyrene, an den Nil und in das Schwarze Meer geführt hatte, hielt jetzt fest, was der König gewonnen hatte, und überall in dem alten Reich der Achämeniden ließ unter dem Schutz der Sarissen griechische Zivilisation sich friedlich nieder. Die Offiziere, die den großen Feldherrn beerbten, vertrugen allmählich sich untereinander und es stellte ein Gleichgewichtssystem sich her, dessen Schwankungen selbst eine gewisse Regelmäßigkeit zeigen. Von den drei Staaten ersten Ranges, die demselben angehören, Makedonien, Asien und Ägypten, war Makedonien unter Philippos dem Fünften, der seit 534 *(220)* dort den Königsthron einnahm, im ganzen, äußerlich wenigstens, was es gewesen war unter dem zweiten Philippos, dem Vater Alexanders: ein gut arrondierter Militärstaat mit wohlgeordneten Finanzen. An der Nordgrenze hatten die ehemaligen Verhältnisse sich wiederhergestellt, nachdem die Fluten der gallischen Überschwemmung verlaufen waren; die Grenzwache hielt die illyrischen Barbaren wenigstens in gewöhnlichen Zeiten ohne Mühe im Zaum. Im Süden war Griechenland nicht bloß überhaupt von Makedonien abhängig, sondern ein großer Teil desselben: ganz Thessalien im weitesten Sinn von Olympos bis zum Spercheios und der Halbinsel Magnesia, die große und wichtige Insel Euböa, die Landschaften Lokris, Doris und Phokis, endlich in Attika und im Peloponnes eine Anzahl einzelner Plätze, wie das Vorgebirge Sunion, Korinth, Orchomenos, Heräa, das triphylische Gebiet - alle diese Land- und Ortschaften waren Makedonien geradezu untertänig und empfingen makedonische Besatzung, vor allen Dingen die drei wichtigen Festungen Demetrias in Magnesia, Chalkis auf Euböa und Korinth, »die drei Fesseln der Hellenen«. Die Macht des Staates aber lag vor allem in dem Stammland, in der makedonischen Landschaft. Zwar die Bevölkerung dieses weiten Gebiets war auffallend dünn; mit Anstrengung aller Kräfte vermochte Makedonien kaum soviel Mannschaft aufzubringen als ein gewöhnliches konsularisches Heer von zwei Legionen zählte, und es ist unverkennbar, daß in dieser Hinsicht sich das Land noch nicht von der durch die Züge Alexanders und den gallischen Einfall hervorgebrachten Entvölkerung erholt hatte. Aber während im eigentlichen Griechenland die sittliche und staatliche Kraft der Nation zerrüttet war und dort, da es mit dem Volke doch vorbei und das Leben kaum mehr der Mühe wert schien, selbst von den Besseren der eine über dem Becher, der andere mit dem Rapier, der dritte bei der Studierlampe den Tag verdarb, während im Orient und in Alexandreia die Griechen unter die dichte einheimische Bevölkerung wohl befruchtende Elemente aussäen und ihre Sprache wie ihre Maulfertigkeit, ihre Wissenschaft und Afterwissenschaft dort ausbreiten konnten, aber ihre Zahl kaum genügte, um den Nationen die Offiziere, die Staatsmänner und die Schulmeister zu liefern, und viel zu gering war, um einen Mittelstand rein griechischen Schlages auch nur in den Städten zu bilden, bestand dagegen im nördlichen Griechenland noch ein guter Teil der alten kernigen Nationalität, aus der die Marathonkämpfer hervorgegangen waren. Daher rührt die Zuversicht, mit der die Makedonier, die Ätoler, die Akarnanen, überall wo sie im Osten auftreten, als ein besserer Schlag sich geben und genommen werden, und die überlegene Rolle, welche sie deswegen an den Höfen von Alexandreia und Antiocheia spielen. Die Erzählung ist bezeichnend von dem Alexandriner, der längere Zeit in Makedonien gelebt und dort Landessitte und Landestracht angenommen hat, und nun, da er in seine Vaterstadt heimkehrt, sich selber einen Mann und die Alexandriner gleich Sklaven achtet. Diese derbe Tüchtigkeit und der ungeschwächte Nationalsinn kamen vor allem dem makedonischen als dem mächtigsten und geordnetsten der nordgriechischen Staaten zugute. Wohl ist auch hier der Absolutismus emporgekommen gegen die alte gewissermaßen ständische Verfassung; allein Herr und Untertanen stehen doch in Makedonien keineswegs zueinander wie in Asien und Ägypten, und das Volk fühlt sich noch selbständig und frei. In festem Mut gegen den Landesfeind, wie er auch heiße, in unerschütterlicher Treue gegen die Heimat und die angestammte Regierung, in mutigem Ausharren unter den schwersten Bedrängnissen steht unter allen Völkern der alten Geschichte keines dem römischen so nah wie das makedonische, und die an das Wunderbare grenzende Regeneration des Staates nach der gallischen Invasion gereicht den leitenden Männern wie dem Volke, das sie leiteten, zu unvergänglicher Ehre.

Der zweite von den Großstaaten, Asien, war nichts als das oberflächlich umgestaltete und hellenisierte Persien, das Reich des »Königs der Könige«, wie sein Herr sich, bezeichnend für seine Anmaßung wie für seine Schwäche, zu nennen pflegte, mit denselben Ansprüchen von Hellespont bis zum Pandschab zu gebieten und mit derselben kernlosen Organisation, ein Bündel von mehr oder minder abhängigen Dependenzstaaten, unbotmäßigen Satrapien und halbfreien griechischen Städten. Von Kleinasien namentlich, das nominell zum Reich der Seleukiden gezählt ward, war tatsächlich die ganze Nordküste und der größere Teil des östlichen Binnenlandes in den Händen einheimischer Dynastien oder der aus Europa eingedrungenen Keltenhaufen, von dem Westen ein guter Teil im Besitz der Könige von Pergamon, und die Inseln und Küstenstädte teils ägyptisch, teils frei, so daß dem Großkönig hier wenig mehr blieb als das innere Kilikien, Phrygien und Lydien und eine große Anzahl nicht wohl zu realisierender Rechtstitel gegen freie Städte und Fürsten – ganz und gar wie seiner Zeit die Herrschaft des deutschen Kaisers außer seinem Hausgebiet bestellt war. Das Reich verzehrte sich in den vergeblichen Versuchen, die Ägypter aus den Küstenlandschaften zu verdrängen, in dem Grenzhader mit den östlichen Völkern, den Parthern und Baktriern, in den Fehden mit den zum Unheil Kleinasiens daselbst ansässig gewordenen Kelten, in den beständigen Bestrebungen, den Emanzipationsversuchen der östlichen Satrapen und der kleinasiatischen Griechen zu steuern, und in den Familienzwisten und Prätendentenaufständen, an denen es zwar in keinem der Diadochenstaaten fehlt, wie überhaupt an keinem der Greuel, welche die absolute Monarchie in entarteter Zeit in ihrem Gefolge führt, allein die in dem Staate Asien deshalb verderblicher waren als anderswo, weil sie hier bei der losen Zusammenfügung des Reiches zu der Abtrennung einzelner Landesteile auf kürzere oder längere Zeit zu führen pflegten.

Im entschiedensten Gegensatz gegen Asien war Ägypten ein festgeschlossener Einheitsstaat, in dem die intelligente Staatskunst der ersten Lagiden unter geschickter Benutzung des alten nationalen und religiösen Herkommens eine vollkommen absolute Kabinettsherrschaft begründet hatte und wo selbst das schlimmste Mißregiment weder Emanzipations- noch Zerspaltungsversuche herbeizuführen vermochte. Sehr verschieden von dem nationalen Royalismus der Makedonier, der auf ihrem Selbstgefühl ruhte und dessen politischer Ausdruck war, war in Ägypten das Land vollständig passiv, die Hauptstadt dagegen alles und diese Hauptstadt Dependenz des Hofes; weshalb hier mehr noch als in Makedonien und Asien die Schlaffheit und Trägheit der Herrscher den Staat lähmte, während umgekehrt in den Händen von Männern, wie der erste Ptolemaeos und Ptolemaeos Euergetes, diese Staatsmaschine sich äußerst brauchbar erwies. Zu den eigentümlichen Vorzügen Ägyptens vor den beiden großen Rivalen gehört es, daß die ägyptische Politik nicht nach Schatten griff, sondern klare und erreichbare Zwecke verfolgte. Makedonien, die Heimat Alexanders; Asien, das Land, in dem Alexander seinen Thron gegründet hatte, hörten nicht auf, sich als unmittelbare Fortsetzungen der alexandrischen Monarchie zu betrachten und lauter oder leiser den Anspruch zu erheben, dieselbe wenn nicht her-, so doch wenigstens darzustellen. Die Lagiden haben nie eine Weltmonarchie zu gründen versucht und nie von Indiens Eroberung geträumt; dafür aber zogen sie den ganzen Verkehr zwischen Indien und dem Mittelmeer von den phönikischen Häfen nach Alexandreia und machten Ägypten zu dem ersten Handels- und Seestaat dieser Epoche und zum Herrn des östlichen Mittelmeeres und seiner Küsten und Inseln. Es ist bezeichnend, daß Ptolemaeos III. Euergetes alle seine Eroberungen freiwillig an Seleukos Kallinikos zurückgab bis auf die Hafenstadt von Antiocheia. Teils hierdurch, teils durch die günstige geographische Lage kam Ägypten den beiden Kontinentalmächten gegenüber in eine vortreffliche militärische Stellung zur Verteidigung wie zum Angriff. Während der Gegner selbst nach glücklichen Erfolgen kaum imstande war, das ringsum für Landheere fast unzugängliche Ägypten ernstlich zu bedrohen, konnten die Ägypten von der See aus nicht bloß in Kyrene sich festsetzen, sondern auch auf Kypros und den Kykladen, auf der phönikisch-syrischen und auf der ganzen Süd- und Westküste von Kleinasien, ja sogar in Europa auf dem thrakischen Chersonesos. Durch die beispiellose Ausbeutung des fruchtbaren Niltals zum unmittelbaren Besten der Staatskasse und durch eine die materiellen Interessen ernstlich und geschickt fördernde und ebenso rücksichtslose wie einsichtige Finanzwirtschaft war der alexandrinische Hof seinen Gegner auch als Geldmacht beständig überlegen. Endlich die intelligente Munifizenz, mit der die Lagiden der Tendenz des Zeitalters nach ernster

Forschung in allen Gebieten des Könnens und Wissens entgegenkamen und diese Forschungen in die Schranken der absoluten Monarchie einzuhegen und in die Interessen derselben zu verflechten verstanden, nützte nicht bloß unmittelbar dem Staat, dessen Schiff- und Maschinenbau den Einfluß der alexandrinischen Mathematik zu ihrem Frommen verspürten, sondern machte auch diese neue geistige Macht, die bedeutendste und großartigste, welche das hellenische Volk nach seiner politischen Zersplitterung in sich hegte, soweit sie sich überhaupt zur Dienstbarkeit bequemen wollte, zur Dienerin des alexandrinischen Hofes. Wäre Alexanders Reich stehengeblieben, so hätte die griechische Kunst und Wissenschaft einen Staat gefunden, würdig und fähig, sie zu fassen; jetzt wo die Nation in Trümmer gefallen war, wucherte in ihr der gelehrte Kosmopolitismus, und sehr bald ward dessen Magnet Alexandreia, wo die wissenschaftlichen Mittel und Sammlungen unerschöpflich waren, die Könige Tragödien und die Minister Kommentare dazu schrieben und die Pensionen und Akademien florierten.

Das Verhältnis der drei Großstaaten zueinander ergibt sich aus dem Gesagten. Die Seemacht, welche die Küsten beherrschte und das Meer monopolisierte, mußte nach dem ersten großen Erfolg, der politischen Trennung des europäischen Kontinents von dem asiatischen, weiter hinarbeiten auf die Schwächung der beiden Großstaaten des Festlandes und also auf die Beschützung der sämtlichen kleineren Staaten, während umgekehrt Makedonien und Asien zwar auch untereinander rivalisierten, aber doch vor allen Dingen in Ägypten ihren gemeinschaftlichen Gegner fanden und ihm gegenüber zusammenhielten oder doch hätten zusammenhalten sollen.

Unter den Staaten zweiten Ranges ist für die Berührungen des Ostens mit dem Westen zunächst nur mittelbar von Bedeutung die Staatenreihe, welche vom südlichen Ende des Kaspischen Meeres zum Hellespont sich hinziehend das Innere und die Nordküste Kleinasiens ausfüllt: Atropatene (im heutigen Aserbeidschan südwestlich vom Kaspischen Meer), daneben Armenien, Kappadokien im kleinasiatischen Binnenland, Pontos am südöstlichen, Bithynien am südwestlichen Ufer des Schwarzen Meeres – sie alle Splitter des großen Perserreiches und beherrscht von morgenländischen, meistens altpersischen Dynastien, die entlegene Berglandschaft Atropatene namentlich die rechte Zufluchtsstätte des alten Persertums, an der selbst Alexanders Zug spurlos vorübergebraust war, und alle auch in derselben zeitweiligen und oberflächlichen Abhängigkeit von der griechischen Dynastie, die in Asien an die Stelle der Großkönige getreten war oder sein wollte.

Von größerer Wichtigkeit für die allgemeinen Verhältnisse ist der Keltenstaat in dem kleinasiatischen Binnenland. Hier mitten inne zwischen Bithynien, Paphlagonien, Kappadokien und Phrygien hatten drei keltische Völkerschaften, die Tolistoager, Tectosagen und Trocmer sich ansässig gemacht, ohne darum weder von der heimischen Sprache und Sitte noch von ihrer Verfassung und ihrem Freibeuterhandwerk zu lassen. Die zwölf Vierfürsten, jeder einem der vier Kantone eines der drei Stämme vorgesetzt, bildeten mit ihrem Rate von dreihundert Männern die höchste Autorität der Nation und traten auf der »heiligen Stätte« (*Drunemetum*) namentlich zur Fällung von Bluturteilen zusammen. Seltsam wie diese keltische Gauverfassung den Asiaten erschien, ebenso fremdartig dünkte ihnen der Wagemut und die Landsknechtsitte der nordischen Eindringlinge, welche teils ihren unkriegerischen Nachbarn die Söldner zu jedem Krieg lieferten, teils die umliegenden Landschaften auf eigene Faust plünderten oder brandschatzten. Diese rohen aber kräftigen Barbaren waren der allgemeine Schreck der verweichlichten umwohnenden Nationen, ja der asiatischen Großkönige selbst, welche, nachdem manches asiatische Heer von den Kelten war aufgerieben worden, und König Antiochos I. Soter sogar im Kampf gegen sie sein Leben verloren hatte (493 *261*) zuletzt selber zur Zinszahlung sich verstanden.

Dem kühnen und glücklichen Auftreten gegen diese gallischen Horden verdankte es ein reicher Bürger von Pergamon, Attalos, daß er von seiner Vaterstadt den Königstitel empfing und ihn auf seine Nachkommen vererbte. Dieser neue Hof war im kleinen was der alexandrinische im großen; auch hier war die Förderung der materiellen Interessen, die Pflege von Kunst und Literatur an der Tagesordnung und das Regiment eine umsichtige und nüchterne Kabinettspolitik, deren wesentlicher Zweck war, teils die Macht der beiden gefährlichen festländischen Nachbarn zu schwächen, teils einen selbständigen Griechenstaat im westlichen Kleinasien zu begründen. Der wohlgefüllte Schatz trug viel zu der Bedeutung dieser pergamenischen Herren bei; sie schossen den syrischen Königen bedeutende Summen vor, deren Rückzahlung später unter den römischen Friedensbedingungen eine Rolle spielte, und selbst Gebietserwerbungen gelangen auf diesem Wege, wie zum Beispiel Aegina, das die verbündeten

Römer und Ätoler im letzten Krieg den Bundesgenossen Philipps, den Achäern, entrissen hatten, von den Ätolern, denen es vertragsmäßig zufiel, um 30 Talente (51 000 Taler) an Attalos verkauft ward. Indes trotz des Hofglanzes und des Königstitels behielt das pergamenische Gemeinwesen immer etwas vom städtischen Charakter, wie es denn auch in seiner Politik gewöhnlich mit den Freistädten zusammenging. Attalos selbst, der Lorenzo de' Medici des Altertums, blieb sein lebelang ein reicher Bürgersmann, und das Familienleben der Attaliden, aus deren Hause ungeachtet des Königstitels die Eintracht und Innigkeit nicht gewichen war, stach sehr ab gegen die wüste Schandwirtschaft der adligeren Dynastien.

In dem europäischen Griechenland waren außer den römischen Besitzungen an der Ostküste, von denen in den wichtigsten, namentlich in Kerkyra römische Beamte residiert zu haben scheinen (2, 76), und dem unmittelbar makedonischen Gebiet noch mehr oder minder imstande, eine eigene Politik zu verfolgen, die Epeiroten, Akarnanen und Ätoler im nördlichen, die Böoter und Athener im mittleren Griechenland und die Achäer, Lakedämonier, Messenier und Eleer im Peloponnes. Unter diesen waren die Republiken der Epeiroten, Akarnanen und Böoter in vielfacher Weise eng an Makedonien geknüpft, namentlich die Akarnanen, weil sie der von den Ätolern drohenden Unterdrückung einzig durch makedonischen Schutz zu entgehen vermochten; von Bedeutung war keine von ihnen. Die inneren Zustände waren sehr verschieden; wie es zum Teil aussah, dafür mag als Beispiel dienen, daß bei den Böotern, wo es freilich am ärgsten zuging, es Sitte geworden war, jedes Vermögen, das nicht in gerader Linie vererbte, an die Kneipgesellschaften zu vermachen, und es für die Bewerber um die Staatsämter manches Jahrzehnt die erste Wahlbedingung war, daß sie sich verpflichteten, keinem Gläubiger, am wenigsten einem Ausländer, die Ausklagung seiner Schuldner zu gestatten.

Die Athener pflegten von Alexandreia aus gegen Makedonien unterstützt zu werden und standen im engen Bunde mit den Ätolern; auch sie indes waren völlig machtlos, und fast nur der Nimbus attischer Kunst und Poesie hob diese unwürdigen Nachfolger einer herrlichen Vorzeit unter einer Reihe von Kleinstädten gleichen Schlages hervor.

Nachhaltiger war die Macht der ätolischen Eidgenossenschaft; das kräftige Nordgriechentum war hier noch ungebrochen, aber freilich ausgeartet in wüste Zucht- und Regimentlosigkeit – es war Staatsgesetz, daß der ätolische Mann gegen jeden, selbst gegen den mit den Ätolern verbündeten Staat als Reisläufer dienen könne, und auf die dringenden Bitten der übrigen Griechen, dies Unwesen abzustellen, erklärte die ätolische Tagsatzung, eher könne man Ätolien aus Ätolien wegschaffen als diesen Grundsatz aus ihrem Landrecht. Die Ätoler hätten dem griechischen Volke von großem Nutzen sein können, wenn sie ihm nicht durch diese organisierte Räuberwirtschaft, durch ihre gründliche Verfeindung mit der achäischen Eidgenossenschaft und durch die unselige Opposition gegen den makedonischen Großstaat noch viel mehr geschadet hätten.

Im Peloponnes hatte der Achäische Bund die besten Elemente des eigentlichen Griechenlands zusammengefaßt zu einer auf Gesittung, Nationalsinn und friedliche Schlagfertigkeit gegründeten Eidgenossenschaft. Indes die Blüte und namentlich die Wehrhaftigkeit derselben war trotz der äußerlichen Erweiterung geknickt worden durch Aratos' diplomatischen Egoismus, welcher den Achäischen Bund durch die leidigen Verwicklungen mit Sparta und die noch leidigere Anrufung makedonischer Intervention im Peloponnes der makedonischen Suprematie so vollständig unterworfen hatte, daß die Hauptfestungen der Landschaft seitdem makedonische Besatzungen empfingen und dort jährlich Philippos der Eid der Treue geschworen wurde. Die schwächeren Staaten im Peloponnes, Elis, Messene und Sparta, wurden durch ihre alte, namentlich durch Grenzstreitigkeiten genährte Verfeindung mit der achäischen Eidgenossenschaft in ihrer Politik bestimmt und waren ätolisch und antimakedonisch gesinnt, weil die Achäer es mit Philippos hielten. Einige Bedeutung unter diesen Staaten hatte einzig das spartanische Soldatenkönigtum, das nach dem Tode des Machanidas an einen gewissen Nabis gekommen war; er stützte sich immer dreister auf die Vagabunden und fahrenden Söldner, denen er nicht bloß die Häuser und Äcker, sondern auch die Frauen und Kinder der Bürger überwies, und unterhielt emsig Verbindungen, ja schloß geradezu eine Assoziation zum Seeraub auf gemeinschaftliche Rechnung mit der großen Söldner- und Piratenherberge, der Insel Kreta, wo er auch einige Ortschaften besaß. Seine Raubzüge zu Lande wie seine Piratenschiffe am Vorgebirge Malea waren weit und breit gefürchtet, er selbst als niedrig und grausam verhaßt; aber seine Herrschaft breitete sich aus, und um die Zeit der Schlacht bei Zama war es ihm sogar gelungen, sich in den Besitz von Messene zu setzen.

Endlich die unabhängigste Stellung unter den Mittelstaaten hatten die freien griechischen Kaufstädte an dem europäischen Ufer der Propontis sowie auf der ganzen kleinasiatischen Küste und auf den Inseln des Ägäischen Meeres; sie sind zugleich die lichteste Seite in dieser trüben Mannigfaltigkeit des hellenischen Staatensystems, namentlich drei unter ihnen, die seit Alexanders Tode wieder volle Freiheit genossen und durch ihren tätigen Seehandel auch zu einer achtbaren politischen Macht und selbst zu bedeutendem Landgebiet gelangt waren: Byzantion, die Herrin des Bosporos, reich und mächtig durch die Sundzölle und den wichtigen Kornhandel nach dem Schwarzen Meer; Kyzikos an der asiatischen Propontis, die Tochterstadt und die Erbin Milets, in engsten Beziehungen zu dem Hofe von Pergamon, und endlich und vor allen Rhodos. Die Rhodier, die gleich nach Alexanders Tode die makedonische Besatzung vertrieben hatten, waren durch ihre glückliche Lage für Handel und Schiffahrt Vermittler des Verkehrs in dem ganzen östlichen Mittelmeer geworden und die tüchtige Flotte wie der in der berühmten Belagerung von 450 *(304)* bewährte Mut der Bürger setzten sie in den Stand, in jener Zeit ewiger Fehden aller gegen alle vorsichtig und energisch eine neutrale Handelspolitik zu vertreten und wenn es galt zu verfechten; wie sie denn zum Beispiel die Byzantier mit den Waffen zwangen, den rhodischen Schiffen Zollfreiheit im Bosporos zu gestatten, und ebensowenig den pergamenischen Dynasten das Schwarze Meer zu sperren erlaubten. Vom Landkrieg hielten sie sich dagegen womöglich fern, obwohl sie an der gegenüberliegenden karischen Küste nicht unbeträchtliche Besitzungen erworben hatten, und führten ihn, wenn es nicht anders sein konnte, mit Söldnern. Nach allen Seiten hin, mit Syrakus, Makedonien und Syrien, vor allem aber mit Ägypten standen sie in freundschaftlichen Beziehungen und genossen hoher Achtung bei den Höfen, so daß nicht selten in den Kriegen der Großstaaten ihre Vermittlung angerufen ward. Ganz besonders aber nahmen sie sich der griechischen Seestädte an, deren es an den Gestaden des Pontischen, Bithynischen und Pergamenischen Reiches wie auf den von Ägypten den Seleukiden entrissenen kleinasiatischen Küsten und Inseln unzählige gab, wie zum Beispiel Sinope, Herakleia Pontike, Kios, Lampsakos, Abydos, Mytilene, Chios, Smyrna, Samos, Halikarnassos und andere mehr. Alle diese waren im wesentlichen frei und hatten mit ihren Grundherren nichts zu schaffen, als die Bestätigung ihrer Privilegien von ihnen zu erbitten und höchstens ihnen einen mäßigen Zins zu entrichten;

gegen etwaige Übergriffe der Dynasten wußte man bald schmiegsam, bald energisch sich zu wehren. Hauptsächlich hilfreich hierbei waren die Rhodier, welche zum Beispiel Sinope gegen Mithradates von Pontos nachdrücklich unterstützten. Wie fest sich unter dem Hader und eben durch die Zwiste der Monarchen die Freiheiten dieser kleinasiatischen Städte gegründet hatten, beweist zum Beispiel, daß einige Jahre nachher zwischen Antiochos und den Römern nicht über die Freiheit der Städte selbst gestritten ward, sondern darüber, ob sie die Bestätigung ihrer Freibriefe vom König nachzusuchen hätten oder nicht. Dieser Städtebund war wie in allem so auch in dieser eigentümlichen Stellung zu den Landesherren eine förmliche Hansa, sein Haupt Rhodos, das in Verträgen für sich und seine Bundesgenossen verhandelte und stipulierte. Hier ward die städtische Freiheit gegen die monarchischen Interessen vertreten, und während um die Mauern herum die Kriege tobten, blieb hier in verhältnismäßiger Ruhe Bürgersinn und bürgerlicher Wohlstand heimisch, und es gediehen hier Kunst und Wissenschaft, ohne durch wüste Soldatenwirtschaft zertreten oder von der Hofluft korrumpiert zu werden.

Also standen die Dinge im Osten, als die politische Scheidewand zwischen dem Orient und dem Okzident fiel und die östlichen Mächte, zunächst Philippos von Makedonien, veranlaßt wurden, in die Verhältnisse des Westens einzugreifen. Wie es geschah und wie der Erste Makedonische Krieg (540–549 *214–205*) verlief, ist zum Teil schon erzählt und angedeutet worden, was Philippos im Hannibalischen Kriege hätte tun können und wie wenig von dem geschah, was Hannibal hatte erwarten und berechnen dürfen. Es hatte wieder einmal sich gezeigt, daß unter allen Würfelspielen keines verderblicher ist als die absolute Erbmonarchie. Philippos war nicht der Mann, dessen Makedonien damals bedurfte; indes eine unbedeutende Natur war er nicht. Er war ein rechter König, in dem besten und dem schlimmsten Sinne des Wortes. Das lebhafte Gefühl, selbst und allein zu herrschen, war der Grundzug seines Wesens; er war stolz auf seinen Purpur, aber nicht bloß auf ihn, und er durfte stolz sein. Er bewies nicht allein die Tapferkeit des Soldaten und den Blick des Feldherrn, sondern auch einen hohen Sinn in der Leitung der öffentlichen Angelegenheiten, wo immer sein makedonisches Ehrgefühl verletzt ward. Voll Verstand und Witz gewann er, wen er gewinnen wollte, vor allem eben die fähigsten und gebildetsten Männer, so zum Beispiel Flamininus und Scipio; er war ein guter Gesell beim Becher und den Frauen nicht bloß durch seinen

Rang gefährlich. Allein er war zugleich eine der übermütigsten und frevelhaftesten Naturen, die jenes freche Zeitalter erzeugt hat. Er pflegte zu sagen, daß er niemand fürchte als die Götter; aber es schien fast, als seien diese Götter dieselben, denen sein Flottenführer Dikäarchos regelmäßige Opfer darbrachte, die Gottlosigkeit (Asebeia) und der Frevel (Paranomia). Weder das Leben seiner Ratgeber und der Begünstiger seiner Pläne war ihm heilig, noch verschmähte er es, seine Erbitterung gegen die Athener und Attalos durch Zerstörung ehrwürdiger Denkmäler und namhafter Kunstwerke zu befriedigen; es wird als Staatsmaxime von ihm angeführt, daß, wer den Vater ermorden lasse, auch die Söhne töten müsse. Es mag sein, daß ihm nicht eigentlich die Grausamkeit eine Wollust war; allein fremdes Leben und Leiden war ihm gleichgültig, und die Inkonsequenz, die den Menschen allein erträglich macht, fand nicht Raum in seinem starren und harten Herzen. Er hat den Satz, daß für den absoluten König kein Versprechen und kein Moralgebot bindend sei, so schroff und grell zur Schau getragen, daß er eben dadurch seinen Plänen die wesentlichsten Hindernisse in den Weg legte. Einsicht und Entschlossenheit kann niemand ihm absprechen; aber es ist damit in seltsamer Weise Zauderei und Fahrigkeit vereinigt; was vielleicht zum Teil dadurch sich erklärt, daß er schon im achtzehnten Jahr zum absoluten Herrscher berufen ward und daß sein unbändiges Wüten gegen jeden, der durch Widerreden und Widerraten ihn in seinem Selbstregieren störte, alle selbständigen Ratgeber von ihm verscheuchte. Was alles in seiner Seele mitgewirkt haben mag, um die schwache und schmähliche Führung des Ersten Makedonischen Krieges hervorzurufen, läßt sich nicht sagen – vielleicht jene Lässigkeit der Hoffart, die erst gegen die nahegerückte Gefahr ihre volle Kraft entwickelt, vielleicht selbst Gleichgültigkeit gegen den nicht von ihm entworfenen Plan und Eifersucht auf Hannibals ihn beschämende Größe. Gewiß ist, daß sein späteres Benehmen nicht den Philippos wiedererkennen läßt, an dessen Saumseligkeit Hannibals Plan scheiterte.

Philippos schloß den Vertrag mit den Ätolern und den Römern 548/49 *(206/05)* in der ernsten Absicht, mit Rom einen dauernden Frieden zu machen und sich künftig ausschließlich den Angelegenheiten des Ostens zu widmen. Es leidet keinen Zweifel, daß er Karthagos rasche Überwältigung ungern sah; es kann auch sein, daß Hannibal auf eine zweite makedonische Kriegserklärung hoffte und daß Philippos im stillen das letzte karthagische Heer mit Söldnern verstärkte (2, 176). Allein sowohl die weitschichtigen Dinge, in die er mittlerweile im Osten sich einließ, als auch die Art der Unterstützung und besonders das völlige Stillschweigen der Römer über diesen Friedensbruch, da sie doch nach Kriegsgründen suchten, setzen es außer Zweifel, daß Philippos keineswegs im Jahre 551 *(203)* nachholen wollte, was er zehn Jahre zuvor hätte tun sollen.

Er hatte sein Auge nach einer ganz anderen Seite gewendet. Ptolemaeos Philopator von Ägypten war 549 *(205)* gestorben. Gegen seinen Nachfolger Ptolemaeos Epiphanes, ein fünfjähriges Kind, hatten die Könige von Makedonien und Asien Philippos und Antiochos sich vereinigt, um den alten Groll der Kontinentalmonarchien gegen den Seestaat gründlich zu sättigen. Der ägyptische Staat sollte aufgelöst werden, Ägypten und Kypros an Antiochos, Kyrene, Ionien und die Kykladen an Philippos fallen. Recht in Philippos' Art, der über solche Rücksichten lachte, begannen die Könige den Krieg, nicht bloß ohne Ursache, sondern selbst ohne Vorwand, »eben wie die großen Fische die kleinen auffressen«. Die Verbündeten hatten übrigens richtig gerechnet, besonders Philippos. Ägypten hatte genug zu tun, sich des näheren Feindes in Syrien zu erwehren, und mußte die kleinasiatischen Besitzungen und die Kykladen unverteidigt preisgeben, als Philippos auf diese als auf seinen Anteil an der Beute sich warf. In dem Jahr, wo Karthago mit Rom den Frieden abschloß (553 *201*), ließ derselbe eine von den ihm untertänigen Städten ausgerüstete Flotte Truppen an Bord nehmen und an der thrakischen Küste hinaufsegeln. Hier ward Lysimacheia der ätolischen Besatzung entrissen, und Perinthos, das zu Byzanz im Klientelverhältnis stand, gleichfalls besetzt. So war mit den Byzantiern der Friede gebrochen, mit den Ätolern, die soeben mit Philippos Frieden gemacht, wenigstens das gute Einvernehmen gestört. Die Überfahrt nach Asien stieß auf keine Schwierigkeiten, da König Prusias von Bithynien mit Makedonien im Bunde war; zur Vergeltung half Philippos ihm die griechischen Kaufstädte in seinem Gebiet bezwingen. Kalchedon unterwarf sich. Kios, das widerstand, wurde erstürmt und dem Boden gleich, ja die Einwohner zu Sklaven gemacht – eine zwecklose Barbarei, über die Prusias selbst, der die Stadt unbeschädigt zu besitzen wünschte, verdrießlich war und die die ganze hellenische Welt aufs tiefste erbitterte. Besonders verletzt noch waren abermals die Ätoler, deren Strateg in Kios kommandiert hatte, und die Rhodier, deren Vermittlungsversuche von dem König schnöde und arglistig vereitelt worden waren. Aber wäre auch dies nicht gewesen, es standen die Interessen aller griechischen Kaufstädte auf dem Spiel. Unmöglich konnte man zugeben, daß die milde und fast nur nominelle ägyptische Herrschaft verdrängt ward durch das makedonische Zwingherrentum, mit dem die städtische Selbstregierung und der freie Handelsverkehr sich nimmermehr vertrug; und die furchtbare Behandlung der Kianer zeigte, daß es hier sich nicht um das Bestätigungsrecht der städtischen Freibriefe handelte, sondern um Tod und Leben für einen und für alle. Schon war Lampsakos gefallen und Thasos behandelt worden wie Kios; man mußte sich eilen. Der wackere Stratege von Rhodos, Theophiliskos, ermahnte seine Bürger der gemeinsamen Gefahr durch gemeinsame Abwehr zu begegnen und nicht geschehen zu lassen, daß die Städte und Inseln einzeln dem Feinde zur Beute würden. Rhodos entschloß sich und erklärte Philippos den Krieg. Byzanz schloß sich an; ebenso der hochbejahrte König Attalos von Pergamon, Philippos' persönlicher und politischer Feind. Während die Flotte der Verbündeten sich an der äolischen Küste sammelte, ließ Philippos durch einen Teil der seinigen Chios und Samos wegnehmen. Mit dem anderen erschien er selbst vor Pergamon, das er indes vergeblich berannte; er mußte sich begnügen, das platte Land zu durchstreifen und an den weit und breit zerstörten Tempeln die Spuren makedonischer Tapferkeit zurückzulassen. Plötzlich brach er auf und ging wieder zu Schiff, um sich mit seinem Geschwader, das bei Samos stand, zu vereinigen. Allein die rhodisch-pergamenische Flotte folgte ihm und zwang ihn zur Schlacht in der Meerenge von Chios. Die Zahl der makedonischen Deckschiffe war geringer, allein die Menge ihrer offenen Kähne glich dies wieder aus und Philippos' Soldaten fochten mit großem Mute; doch unterlag er endlich. Fast die Hälfte seiner Deckschiffe, vierundzwanzig Segel, wurden versenkt oder genommen, 6000 makedonische Matrosen, 3000 Soldaten kamen um, darunter der Admiral Demokrates, 2000 wurden gefangen. Den Bundesgenossen kostete der Sieg nicht mehr als 800 Mann und sechs Segel. Aber von den Führern der Verbündeten war Attalos von seiner Flotte abgeschnitten und gezwungen worden, sein Admiralschiff bei Erythrae auf den Strand laufen zu lassen; und Theophiliskos von Rhodos, dessen Bürgermut den Krieg und dessen Tapferkeit die Schlacht entschieden hatte, starb den Tag nach derselben an seinen Wunden. So konnte, während Attalos' Flotte in die Heimat ging und die rhodische vorläufig bei Chios blieb, Philippos, der fälschlich sich den Sieg zuschrieb, seine Fahrt weiter fortsetzen und sich nach Samos wenden, um die karischen Städte zu besetzen. An der karischen Küste lieferten die Rhodier, diesmal von Attalos nicht unterstützt, der makedonischen Flotte unter Herakleides ein zweites Treffen bei der kleinen Insel Lade vor dem Hafen von Milet. Der Sieg, den wieder beide Teile sich zuschrieben, scheint hier von den Makedoniern gewonnen zu sein, denn während die Rhodier nach Myndos und von da nach Kos zurückwichen, besetzten jene Milet und ein Geschwader unter dem Ätoler Dikäarchos die Kykladen. Philippos inzwischen verfolgte auf dem karischen Festland die Eroberung der rhodischen Besitzungen daselbst und der griechischen Städte; hätte er Ptolemaeos selbst angreifen wollen und es nicht vorgezogen, sich auf die Gewinnung seines Beuteanteils zu beschränken, so würde er jetzt selbst an einen Zug nach Ägypten haben denken können. In Karien stand zwar kein Heer den Makedoniern gegenüber, und Philippos durchzog ungehindert die Gegend von Magnesia bis Mylasa; aber jede Stadt in dieser Landschaft war eine Festung, und der Belagerungskrieg zog sich in die Länge, ohne erhebliche Resultate zu geben oder zu versprechen. Der Satrap von Lydien, Zeuxis, unterstützte den Bundesgenossen seines Herrn ebenso lau, wie Philippos sich lau in der Förderung der Interessen des syrischen Königs bewiesen hatte, und die griechischen Städte gaben Unterstützung nur aus Furcht oder Zwang. Die Verproviantierung des Heeres ward immer schwieriger; Philippos mußte heute den plündern, der ihm gestern freiwillig gegeben hatte, und dann wieder gegen seine Natur sich bequemen zu bitten. So ging allmählich die gute Jahreszeit zu Ende, und in der Zwischenzeit hatten die Rhodier ihre Flotte verstärkt und auch die des Attalos wieder an sich gezogen, so daß sie zur See entschieden überlegen waren. Es schien fast, als könnten sie dem König den Rückzug abschneiden und ihn zwingen, Winterquartier in Karien zu nehmen, während doch die Angelegenheiten daheim, namentlich die drohende Intervention der Ätoler und der Römer, seine Rückkehr dringend erheischten. Philippos sah die Gefahr; er ließ Besatzungen, zusammen bis 3000 Mann, teils in Myrina, um Pergamon in Schach zu halten, teils in den kleinen Städten um Mylasa: Iassos, Bargylia, Euromos, Pedasa, um den trefflichen Hafen und einen Landungsplatz in Karien sich zu sichern; mit der Flotte gelang es ihm bei der Nachlässigkeit, mit welcher die Bundesgenossen das Meer bewachten, glücklich die thrakische Küste zu erreichen und noch vor dem Winter 553/54 *(201/00)* zu Hause zu sein.

In der Tat zog sich gegen Philipp im Westen ein Gewitter zusammen, welches ihm nicht länger gestattete, die Plünderung des wehrlosen Ägyptens fortzusetzen. Die Römer, die in demselben Jahre endlich den Frieden mit Karthago auf ihre Bedingungen abgeschlossen hatten, fingen an, sich ernstlich um diese Verwicklungen im Osten zu bekümmern. Es ist oft gesagt worden, daß sie nach der Eroberung des Westens sofort daran gegangen seien, den Osten sich zu unterwerfen; eine ernstliche Erwägung wird zu einem gerechteren Urteil führen. Nur die stumpfe Unbilligkeit kann es verkennen, daß Rom in dieser Zeit noch keineswegs nach der Herrschaft über die Mittelmeerstaaten griff, sondern nichts weiter begehrte, als in Afrika und in Griechenland ungefährliche Nachbarn zu haben; und eigentlich gefährlich für Rom war Makedonien nicht. Seine Macht war allerdings nicht gering und es ist augenscheinlich, daß der römische Senat den Frieden von 548/49 *(206/05)*, der sie ganz in ihrer Integrität beließ, nur ungern gewährte; allein wie wenig man ernstliche Besorgnisse vor Makedonien in Rom hegte und hegen durfte, beweist am besten die geringe und doch nie gegen Übermacht zu fechten genötigte Truppenzahl, mit welcher Rom den nächsten Krieg geführt hat. Der Senat hätte wohl eine Demütigung Makedoniens gern gesehen; allein um den Preis eines in Makedonien mit römischen Truppen geführten Landkrieges war sie ihm zu teuer, und darum machte er nach dem Rücktritt der Ätoler sofort freiwillig Frieden auf Grundlage des Status quo. Es ist darum auch nichts weniger als ausgemacht, daß die römische Regierung diesen Frieden in der bestimmten Absicht schloß, den Krieg bei gelegenerer Zeit wieder zu beginnen, und sehr gewiß, daß augenblicklich bei der gründlichen Erschöpfung des Staats und der äußersten Unlust der Bürgerschaft auf einen zweiten überseeischen Krieg sich einzulassen, der Makedonische Krieg den Römern in hohem Grade unbequem kam. Aber jetzt war er unvermeidlich. Den makedonischen Staat, wie er im Jahre 549 *(205)* war, konnte man sich als Nachbar gefallen lassen; allein unmöglich durfte man gestatten, daß derselbe den besten Teil des kleinasiatischen Griechenlands und das wichtige Kyrene hinzuerwarb, die neutralen Handelsstaaten erdrückte und damit seine Macht verdoppelte. Es kam hinzu, daß der Sturz Ägyptens, die Demütigung, vielleicht die Überwältigung von Rhodos auch dem sizilischen und italischen Handel tiefe Wunden geschlagen haben würden; und konnte man überhaupt ruhig zusehen, wie der italische Verkehr mit dem Osten von den beiden großen

Kontinentalmächten abhängig ward? Gegen Attalos, den treuen Bundesgenossen aus dem Ersten Makedonischen Krieg, hatte Rom überdies die Ehrenpflicht zu wahren und zu hindern, daß Philippos, der ihn schon in seiner Hauptstadt belagert hatte, ihn nicht von Land und Leuten vertrieb. Endlich war der Anspruch Roms, den schützenden Arm über alle Hellenen auszustrecken, keineswegs bloß Phrase; die Neapolitaner, Rheginer, Massalioten und Emporiten konnten bezeugen, daß dieser Schutz sehr ernst gemeint war, und gar keine Frage ist es, daß in dieser Zeit die Römer den Griechen näher standen als jede andere Nation und wenig ferner als die hellenisierten Makedonier. Es ist seltsam, den Römern das Recht zu bestreiten, über die frevelhafte Behandlung der Kianer und Thasier in ihren menschlichen wie in ihren hellenischen Sympathien sich empört zu fühlen. So vereinigten sich in der Tat alle politischen, kommerziellen und sittlichen Motive, um Rom zu dem zweiten Kriege gegen Philippos zu bestimmen, einem der gerechtesten, die die Stadt je geführt hat. Es gereicht dem Senat zur hohen Ehre, daß er sofort sich entschloß und sich weder durch die Erschöpfung des Staates noch durch die Impopularität einer solchen Kriegserklärung abhalten ließ, seine Anstalten zu treffen – schon 553 *(201)* erschien der Proprätor Marcus Valerius Laevinus mit der sizilischen Flotte von 38 Segeln in der östlichen See. Indes war die Regierung in Verlegenheit, einen ostensibeln Kriegsgrund ausfindig zu machen, dessen sie dem Volk gegenüber notwendig bedurfte, auch wenn sie nicht überhaupt viel zu einsichtig gewesen wäre, um die rechtliche Motivierung des Krieges in Philippos' Art gering zu schätzen. Die Unterstützung, die Philippos nach dem Frieden mit Rom den Karthagern gewährt haben sollte, war offenbar nicht erweislich. Die römischen Untertanen in der illyrischen Landschaft beschwerten sich zwar schon seit längerer Zeit über die makedonischen Übergriffe. Schon 551 *(203)* hatte ein römischer Gesandter an der Spitze des illyrischen Aufgebots Philippos' Scharen aus dem illyrischen Gebiet hinausgeschlagen und der Senat deswegen den Gesandten des Königs 552 *(202)* erklärt, wenn er Krieg suche, werde er ihn früher finden, als ihm lieb sei. Allein diese Übergriffe waren eben nichts als die gewöhnlichen Frevel, wie Philippos sie gegen seine Nachbarn übte; eine Verhandlung darüber hätte im gegenwärtigen Augenblick zur Demütigung und Sühnung, aber nicht zum Kriege geführt. Mit den sämtlichen kriegführenden Mächten im Osten stand die römische Gemeinde dem Namen nach in Freundschaft und hätte ihnen Beistand gegen den Angriff gewähren können. Allein Rhodos und Pergamon, die begreiflicherweise nicht säumten, die römische Hilfe zu erbitten, waren formell die Angreifer, und Ägypten, wenn auch alexandrinische Gesandte den römischen Senat ersuchten, die Vormundschaft über das königliche Kind zu übernehmen, scheint doch auch nicht eben sich beeilt zu haben, durch Anrufung unmittelbarer römischer Intervention zwar die augenblickliche Bedrängnis zu beendigen, aber zugleich der großen westlichen Macht das Ostmeer zu öffnen. Vor allen Dingen aber hätte die Hilfe für Ägypten zunächst in Syrien geleistet werden müssen und würde Rom in einen Krieg mit Asien und Makedonien zugleich verwickelt haben, was man natürlich um so mehr zu vermeiden wünschte, als man fest entschlossen war, wenigstens in die asiatischen Angelegenheiten sich nicht zu mischen. Es blieb nichts übrig, als vorläufig eine Gesandtschaft nach dem Osten abzuordnen, um teils von Ägypten zu erlangen, was den Umständen nach nicht schwer war, daß es die Einmischung der Römer in die griechischen Angelegenheiten geschehen ließ, teils den König Antiochos zu beschwichtigen, indem man ihm Syrien preisgab, teils endlich den Bruch mit Philippos möglichst zu beschleunigen und die Koalition der griechisch-asiatischen Kleinstaaten gegen ihn zu fördern (Ende 553 *201*). In Alexandreia erreichte man ohne Mühe, was man wünschte; der Hof hatte keine Wahl und mußte dankbar den Marcus Aemilius Lepidus aufnehmen, den der Senat abgesandt hatte, um als »Vormund des Königs« dessen Interessen zu vertreten, soweit dies ohne eigentliche Intervention möglich war. Antiochos löste zwar seinen Bund mit Philipp nicht auf und gab den Römern nicht die bestimmten Erklärungen, welche sie wünschten; übrigens aber, sei es aus Schlaffheit, sei es bestimmt durch die Erklärung der Römer, in Syrien nicht intervenieren zu wollen, verfolgte er seine Pläne daselbst und ließ die Dinge in Griechenland und Kleinasien gehen.

Darüber war das Frühjahr 554 *(200)* herangekommen, und der Krieg hatte aufs neue begonnen. Philippos warf sich zunächst wieder auf Thrakien, wo er die sämtlichen Küstenplätze, namentlich Maroneia, Aenos, Eläos, Sestos besetzte; er wollte seine europäischen Besitzungen vor einer römischen Landung gesichert wissen. Alsdann griff er an der asiatischen Küste Abydos an, an dessen Gewinn ihm gelegen sein mußte, da er durch den Besitz von Sestos und Abydos mit seinem Bundesgenossen Antiochos in festere Verbindung kam und nicht mehr zu fürchten brauchte, daß die Flotte der Bundesgenossen ihm den Weg nach oder aus Kleinasien sperre. Diese beherrschte das Ägäische Meer, nachdem das schwächere makedonische Geschwader sich zurückgezogen hatte; Philippos beschränkte zur See sich darauf, auf dreien der Kykladen, Andros, Kythnos und Paros, Besatzungen zu unterhalten und Kaperschiffe auszurüsten. Die Rhodier gingen nach Chios und von da nach Tenedos, wo Attalos, der den Winter über bei Aegina gestanden und mit den Deklamationen der Athener sich die Zeit vertrieben hatte, mit seinem Geschwader zu ihnen stieß. Es wäre wohl möglich gewesen, den Abydenern, die sich heldenmütig verteidigten, zu Hilfe zu kommen; allein die Verbündeten rührten sich nicht, und so ergab sich endlich die Stadt, nachdem fast alle Waffenfähigen im Kampf vor den Mauern und nach der Kapitulation ein großer Teil der Einwohner durch eigene Hand gefallen waren, der Gnade des Siegers; sie bestand darin, daß den Abydenern drei Tage Frist gegeben wurden, um freiwillig zu sterben. Hier im Lager von Abydos traf die römische Gesandtschaft, die nach Beendigung ihrer Geschäfte in Syrien und Ägypten die griechischen Kleinstaaten besucht und bearbeitet hatte, mit dem König zusammen und entledigte sich ihrer vom Senat erhaltenen Aufträge: der König solle gegen keinen griechischen Staat einen Angriffskrieg führen, die dem Ptolemaeos entrissenen Besitzungen zurückgeben und wegen der den Pergamenern und Rhodiern zugefügten Schädigung sich ein Schiedsgericht gefallen lassen. Die Absicht des Senats, den König zur förmlichen Kriegserklärung zu reizen, ward nicht erreicht; der römische Gesandte Marcus Aemilius erhielt vom König nichts als die feine Antwort, daß er dem jungen schönen römischen Mann wegen dieser seiner drei Eigenschaften das Gesagte zugute halten wolle.

Indes war mittlerweile die von Rom gewünschte Veranlassung von einer anderen Seite her gekommen. Die Athener hatten in ihrer albernen und grausamen Eitelkeit zwei unglückliche Akarnanen hinrichten lassen, weil dieselben sich zufällig in ihre Mysterien verirrt hatten. Als die Akarnanen in begreiflicher Erbitterung von Philippos begehrten, daß er ihnen Genugtuung verschaffe, konnte dieser das gerechte Begehren seiner treuesten Bundesgenossen nicht weigern und gestattete ihnen, in Makedonien Mannschaft auszuheben und damit und mit ihren eigenen Leuten ohne förmliche Kriegserklärung in Attika einzufallen. Zwar war dies nicht bloß kein eigentlicher Krieg, sondern es ließ auch der Führer der makedonischen Schar, Nikanor, auf die drohenden Worte der gerade in Athen anwesenden römischen Gesandten sofort seine Truppen den Rückmarsch antreten (Ende 553 *201*). Aber es war zu spät. Eine athenische Gesandtschaft ging nach Rom, um über den Angriff Philipps auf einen alten Bundesgenossen Roms zu berichten, und aus der Art, wie der Senat sie empfing, sah Philippos deutlich, was ihm bevorstand; weshalb er zunächst, gleich im Frühling 554 *(200)* seinen Oberbefehlshaber in Griechenland, Philokles, anwies, das attische Gebiet zu verwüsten und die Stadt möglichst zu bedrängen.

Der Senat hatte jetzt, was er bedurfte, und konnte im Sommer 554 *(200)* die Kriegserklärung »wegen Angriffs auf einen mit Rom verbündeten Staat« vor die Volksversammlung bringen. Sie wurde das erstemal fast einstimmig verworfen; törichte oder tückische Volkstribunen querulierten über den Rat, der den Bürgern keine Ruhe gönnen wolle; aber der Krieg war einmal notwendig und genau genommen schon begonnen, so daß der Senat unmöglich zurücktreten konnte. Die Bürgerschaft ward durch Vorstellungen und Konzessionen zum Nachgeben bewogen. Es ist bemerkenswert, daß diese Konzessionen wesentlich auf Kosten der Bundesgenossen erfolgten. Aus ihren im aktiven Dienst befindlichen Kontingenten wurden – ganz entgegen den sonstigen römischen Maximen – die Besatzungen von Gallien, Unteritalien, Sizilien und Sardinien, zusammen 20000 Mann, ausschließlich genommen, die sämtlichen vom Hannibalischen Krieg her unter Waffen stehenden Bürgertruppen aber entlassen; nur Freiwillige sollten daraus zum Makedonischen Krieg aufgeboten werden dürfen, welches denn freilich, wie sich nachher fand, meistens gezwungene Freiwillige waren – es rief dies später im Herbst 555 *(199)* einen bedenklichen Militäraufstand im Lager von Apollonia hervor. Aus neu einberufenen Leuten wurden sechs Legionen gebildet, von denen je zwei in Rom und in Etrurien blieben und nur zwei in Brundisium nach Makedonien eingeschifft wurden, geführt von dem Konsul Publius Sulpicius Galba.

So hatte sich wieder einmal recht deutlich gezeigt, daß für die weitläufigen und schwierigen Verhältnisse, in welche Rom durch seine Siege gebracht war, die souveränen Bürgerversammlungen mit ihren kurzsichtigen und vom Zufall abhängigen Beschlüssen schlechterdings nicht mehr paßten und daß deren verkehrtes Eingreifen in die Staatsmaschine zu gefährlichen Modifikationen der militärisch notwendigen Maßregeln und zu noch gefährlicherer Zurücksetzung der latinischen Bundesgenossen führte.

Philippos' Lage war sehr übel. Die östlichen Staaten, die gegen jede Einmischung Roms hätten zusammenstehen müssen und unter anderen Umständen auch vielleicht zusammengestanden wären, waren hauptsächlich durch seine Schuld so untereinander verhetzt, daß sie die römische Invasion entweder nicht zu hindern oder sogar zu fördern geneigt waren. Asien, Philipps natürlicher und wichtiger Bundesgenosse, war von ihm vernachlässigt worden und überdies zunächst durch die Verwicklung mit Ägypten und den syrischen Krieg an tätigem Eingreifen gehindert. Ägypten hatte ein dringendes Interesse daran, daß die römische Flotte dem Ostmeer fern blieb; selbst jetzt noch gab eine ägyptische Gesandtschaft in Rom sehr deutlich zu verstehen, wie bereit der alexandrinische Hof sei, den Römern die Mühe abzunehmen, in Attika zu intervenieren. Allein der zwischen Asien und Makedonien abgeschlossene Teilungsvertrag über Ägypten warf diesen wichtigen Staat geradezu den Römern in die Arme und erzwang die Erklärung des Kabinetts von Alexandreia, daß es in die Angelegenheiten des europäischen Griechenlands sich nur mit Einwilligung der Römer mischen werde. Ähnlich, aber noch bedrängter gestellt waren die griechischen Handelsstädte, an ihrer Spitze Rhodos, Pergamon, Byzanz; sie hätten unter anderen Umständen ohne Zweifel das Ihrige getan, um den Römern das Ostmeer zu verschließen, aber Philippos' grausame und vernichtende Eroberungspolitik hatte sie zu einem ungleichen Kampf gezwungen, in den sie ihrer Selbsterhaltung wegen alles anwenden mußten, die italische Großmacht zu verwickeln. Im eigentlichen Griechenland fanden die römischen Gesandten, die dort eine zweite Ligue gegen Philippos zu stiften beauftragt waren, gleichfalls vom Feinde wesentlich vorgearbeitet. Von der antimakedonischen Partei, den Spartanern, Eleern, Athenern und Ätolern, hätte Philippos die letzten vielleicht zu gewinnen vermocht, da der Friede von 548 *(206)* in ihren Freundschaftsbund mit Rom einen tiefen und keineswegs aufgeheilten Riß gemacht hatte; allein abgesehen von den alten Differenzen, die wegen der von Makedonien der ätolischen Eidgenossenschaft entzogenen thessalischen Städte Echinos, Larissa Kremaste, Pharsalos und des phthiotischen Thebae zwischen den beiden Staaten bestanden, hatte die Vertreibung der ätolischen Besatzungen aus Lysimacheia und Kios bei den Ätolern neue Erbitterung gegen Philippos hervorgerufen. Wenn sie zauderten, sich der Ligue gegen ihn anzuschließen, so lag der Grund wohl hauptsächlich in der fortwirkenden Verstimmung zwischen ihnen und den Römern.

Bedenklicher noch war es, daß selbst unter den fest an das makedonische Interesse geknüpften griechischen Staaten, den Epeiroten, Akarnanen, Böotern und Achäern, nur die Akarnanen und Böoter unerschüttert zu Philippos standen. Mit den Epeiroten verhandelten die römischen Gesandten nicht ohne Erfolg und namentlich der König der Athamanen, Amynander, schloß an Rom sich fest an. Sogar von den Achäern hatte Philippos durch die Ermordung des Aratos teils viele verletzt, teils überhaupt einer freieren Entwicklung der Eidgenossenschaft wieder Raum gegeben; sie hatte unter Philopömens (502–571 *252–183*, Stratege zuerst 546 *208*) Leitung ihr Heerwesen regeneriert, in glücklichen Kämpfen gegen Sparta das Zutrauen zu sich selber wiedergefunden und folgte nicht mehr, wie zu Aratos' Zeit, blind der makedonischen Politik. Einzig in ganz Hellas sah die achäische Eidgenossenschaft, die von Philippos' Vergrößerungssucht weder Nutzen noch zunächst Nachteil zu erwarten hatte, diesen Krieg vom unparteiischen und national-hellenischen Gesichtspunkte an; sie begriff, was zu begreifen nicht schwer war, daß die hellenische Nation damit den Römern selber sich auslieferte, sogar ehe diese es wünschten und begehrten, und versuchte darum, zwischen Philippos und den Rhodiern zu vermitteln; allein es war zu spät. Der nationale Patriotismus, der einst den Bundesgenossenkrieg beendigt und den ersten Krieg zwischen Makedonien und Rom wesentlich mit herbeigeführt hatte, war erloschen; die achäische Vermittlung blieb ohne Erfolg, und vergeblich bereiste Philippos die Städte und Inseln, um die Nation wieder zu entflammen – es war das die Nemesis für Kios und Abydos. Die Achäer, da sie nicht ändern konnten und nicht helfen mochten, blieben neutral.

Im Herbst des Jahres 554 *(200)* landete der Konsul Publius Sulpicius Galba mit seinen beiden Legionen und 1000 numidischen Reitern, ja sogar mit Elefanten, die aus der karthagischen Beute herrührten, bei Apollonia; auf welche Nachricht der König eilig vom Hellespont nach Thessalien zurückkehrte. Indes teils die schon weit vorgerückte Jahreszeit, teils die Erkrankung des römischen Feldherrn bewirkten, daß zu Lande dies Jahr nichts weiter vorgenommen ward als eine starke Rekognoszierung, bei der die nächstliegenden Ortschaften, namentlich die makedonische Kolonie Antipatreia, von den Römern besetzt wurden. Für das nächste Jahr ward mit den nördlichen Barbaren, namentlich mit Pleuratos, dem damaligen Herrn von Skodra, und dem Dardanerfürsten Bato, die selbstverständlich eilten, die gute Gelegenheit zu nutzen, ein gemeinschaftlicher Angriff auf Makedonien verabredet.

Wichtiger waren die Unternehmungen der römischen Flotte, die 100 Deck- und 80 leichte Schiffe zählte. Während die übrigen Schiffe bei Kerkyra für den Winter Station nahmen, ging eine Abteilung unter Gaius Claudius Cento nach dem Peiräeus, um den bedrängten Athenern Beistand zu leisten. Da Cento indes die attische Landschaft gegen die Streifereien der korinthischen Besatzung und die makedonischen Korsaren schon hinreichend gedeckt fand, segelte er weiter und erschien plötzlich vor Chalkis auf Euböa, dem Hauptwaffenplatz Philipps in Griechenland, wo die Magazine, die Waffenvorräte und die Gefangenen aufbewahrt wurden und der Kommandant Sopater nichts weniger als einen römischen Angriff erwartete. Die unverteidigte Mauer ward erstiegen, die Besatzung niedergemacht, die Gefangenen befreit und die Vorräte verbrannt; leider fehlte es an Truppen, um die wichtige Position zu halten. Auf die Kunde von diesem Überfall brach Philippos in ungestümer Erbitterung sofort von Demetrias in Thessalien auf nach Chalkis, und da er hier nichts von dem Feind mehr fand als die Brandstätte, weiter nach Athen, um Gleiches mit Gleichem zu vergelten. Allein die Überrumpelung mißlang und auch der Sturm war vergeblich, so sehr der König sein Leben preisgab; das Herannahen von Gaius Claudius vom Peiräeus, des Attalos von Aegina her zwangen ihn zum Abzug. Philippos verweilte indes noch einige Zeit in Griechenland; aber politisch und militärisch waren seine Erfolge gleich gering. Umsonst versuchte er die Achäer für sich in Waffen zu bringen; und ebenso vergeblich waren seine Angriffe auf Eleusis und den Peiräeus sowie ein zweiter auf Athen selbst. Es blieb ihm nichts übrig, als seine begreifliche Erbitterung in unwürdiger Weise durch Verwüstung der Landschaft und Zerstörung der Bäume des Akademos zu befriedigen und nach dem Norden zurückzukehren. So verging der Winter. Mit dem Frühjahr 555 *(199)* brach der Prokonsul Publius Sulpicius aus seinem Winterlager auf, entschlossen, seine Legionen von Apollonia auf der kürzesten Linie in das eigentliche Makedonien zu führen. Diesen Hauptangriff von Westen her sollten drei Nebenangriffe unterstützen: in nördlicher Richtung der Einfall der Dardaner und Illyrier, in östlicher ein Angriff der kombinierten Flotte der Römer und der Bundesgenossen, die bei Aegina sich sammelte; endlich von Süden her sollten die Athamanen vordringen und, wenn es gelang, sie zur Teilnahme am Kampfe zu bestimmen, zugleich die Ätoler. Nachdem Galba die Berge, die der Apsos (jetzt Beratinó) durchschneidet, überschritten hatte und durch die fruchtbare dassaretische Ebene gezogen war, gelangte er an die Gebirgskette, die Illyrien und Makedonien scheidet und betrat, diese übersteigend, das eigentliche makedonische Gebiet. Philippos war ihm entgegengegangen; allein in den ausgedehnten und schwach bevölkerten Landschaften Makedoniens suchten sich die Gegner einige Zeit vergeblich, bis sie endlich in der lynkestischen Provinz, einer fruchtbaren aber sumpfigen Ebene, unweit der nordwestlichen Landesgrenze aufeinandertrafen und keine 1000 Schritt voneinander die Lager schlugen. Philippos' Heer zählte, nachdem er das zur Besetzung der nördlichen Pässe detachierte Korps an sich gezogen hatte, etwa 20000 Mann zu Fuß und 2000 Reiter; das römische war ungefähr ebenso stark. Indes die Makedonier hatten den großen Vorteil, daß sie, in der Heimat fechtend und mit Weg und Steg bekannt, mit leichter Mühe den Proviant zugeführt erhielten, während sie sich so dicht an die Römer gelagert hatten, daß diese es nicht wagen konnten, zu ausgedehnter Fouragierung sich zu zerstreuen. Der Konsul bot die Schlacht wiederholt an, allein der König versagte sie beharrlich und die Gefechte zwischen den leichten Truppen, wenn auch die Römer darin einige Vorteile erfochten, änderten in der Hauptsache nichts. Galba war genötigt, sein Lager abzubrechen und anderthalb Meilen weiter bei Oktolophos ein anderes aufzuschlagen, von wo er leichter sich verproviantieren zu können meinte. Aber auch hier wurden die ausgeschickten Abteilungen von den leichten Truppen und der Reiterei der Makedonier vernichtet; die Legionen mußten zu Hilfe kommen und trieben dann freilich die makedonische Vorhut, die zu weit vorgegangen war, mit starkem Verlust in das Lager zurück, wobei der König selbst das Pferd verlor und nur durch die hochherzige Hingebung eines seiner Reiter das Leben rettete. Aus dieser gefährlichen Lage befreite die Römer der bessere Erfolg der von Galba veranlaßten Nebenangriffe der Bundesgenossen oder vielmehr die Schwäche der makedonischen Streitkräfte. Obwohl Philippos in seinem Gebiet möglichst starke Aushebungen vorgenommen und römische Überläufer und andere Söldner hinzugeworben hatte, hatte er doch nicht vermocht, außer den Besatzungen in Kleinasien und Thrakien, mehr als das Heer, womit er selbst dem Konsul gegenüberstand, auf die Beine zu bringen, und überdies noch, um dieses zu bilden, die Nordpässe in der pelagonischen Landschaft entblößen müssen. Für die Deckung der

Ostküste verließ er sich teils auf die von ihm angeordnete Verwüstung der Inseln Skiathos und Peparethos, die der feindlichen Flotte eine Station hätten bieten können, teils auf die Besatzung von Thasos und der Küste und auf die unter Herakleides bei Demetrias aufgestellte Flotte. Für die Südgrenze hatte er gar auf die mehr als zweifelhafte Neutralität der Ätoler rechnen müssen. Jetzt traten diese plötzlich dem Bunde gegen Makedonien bei und drangen sofort mit den Athamanen vereinigt in Thessalien ein, während zugleich die Dardaner und Illyrier die nördlichen Landschaften überschwemmten und die römische Flotte unter Lucius Apustius, von Kerkyra aufbrechend, in den östlichen Gewässern erschien, wo die Schiffe des Attalos, der Rhodier und der Istrier sich mit ihr vereinigten.

Philippos gab hiernach freiwillig seine Stellung auf und wich in östlicher Richtung zurück: ob es geschah, um den wahrscheinlich unvermuteten Einfall der Ätoler zurückzuschlagen oder um das römische Heer sich nach und ins Verderben zu ziehen oder um je nach den Umständen das eine oder das andere zu tun, ist nicht wohl zu entscheiden. Er bewerkstelligte seinen Rückzug so geschickt, daß Galba, der den verwegenen Entschluß faßte, ihm zu folgen, seine Spur verlor und es Philippos möglich ward, den Engpaß, der die Landschaften Lynkestis und Eordäa scheidet, auf Seitenwegen zu erreichen und zu besetzen, um die Römer hier zu erwarten und ihnen einen heißen Empfang zu bereiten. Es kam an der von ihm gewählten Stelle zur Schlacht. Aber die langen makedonischen Speere erwiesen sich unbrauchbar auf dem waldigen und ungleichen Terrain; die Makedonier wurden teils umgangen, teils durchbrochen und verloren viele Leute. Indes wenn auch Philippos' Heer nach diesem unglücklichen Treffen nicht länger imstande war, den Römern das weitere Vordringen zu wehren, so scheuten sich doch diese selber in dem unwegsamen und feindlichen Land, weiteren unbekannten Gefahren entgegenzuziehen, und kehrten zurück nach Apollonia, nachdem sie die fruchtbaren Landschaften Hochmakedoniens Eordäa, Elimea, Orestis verwüstet und die bedeutendste Stadt von Orestis, Keletron (jetzt Kastoria auf einer Halbinsel in dem gleichnamigen See), sich ihnen ergeben hatte – es war die einzige makedonische Stadt, die den Römern ihre Tore öffnete. Im illyrischen Land ward die Stadt der Dassaretier, Pelion, an den oberen Zuflüssen des Apsos, erstürmt und stark besetzt, um auf einem ähnlichen Zug künftig als Basis zu dienen.

Philippos störte die römische Hauptarmee auf ihrem Rückzug

nicht, sondern wandte sich in Gewaltmärschen gegen die Ätoler und Athamanen, die in der Meinung, daß die Legionen den König beschäftigten, das reiche Tal des Peneios furcht- und rücksichtslos plünderten, schlug sie vollständig und nötigte, was nicht fiel, sich einzeln auf den wohlbekannten Bergpfaden zu retten. Durch diese Niederlage und ebenso sehr durch die starken Werbungen, die in Ätolien für ägyptische Rechnung stattfanden, schwand die Streitkraft der Eidgenossenschaft nicht wenig zusammen. Die Dardaner wurden von dem Führer der leichten Truppen Philipps, Athenagoras, ohne Mühe und mit starkem Verlust über die Berge zurückgejagt. Die römische Flotte richtete auch nicht viel aus; sie vertrieb die makedonische Besatzung von Andros, suchte Euböa und Skiathos heim und machte dann Versuche auf die chalkidische Halbinsel, die aber die makedonische Besatzung bei Mende kräftig zurückwies. Der Rest des Sommers verging mit der Einnahme von Oreos auf Euböa, welche durch die entschlossene Verteidigung der makedonischen Besatzung lange verzögert ward. Die schwache makedonische Flotte unter Herakleides stand untätig bei Herakleia und wagte nicht den Feinden das Meer streitig zu machen. Frühzeitig gingen diese in die Winterquartiere, die Römer nach dem Peiräeus und Kerkyra, die Rhodier und Pergamener in die Heimat.

Im ganzen konnte Philipp zu den Ereignissen dieses Feldzuges sich Glück wünschen. Die römischen Truppen standen nach einem äußerst beschwerlichen Feldzug im Herbst genau da, von wo sie im Frühling aufgebrochen waren, und ohne das rechtzeitige Dareinschlagen der Ätoler und die unerwartet glückliche Schlacht am Paß von Eordäa hätte von der gesamten Macht vielleicht kein Mann das römische Gebiet wiedergesehen. Die vierfache Offensive hatte überall ihren Zweck verfehlt und Philippos sah im Herbste nicht bloß sein ganzes Gebiet vom Feind gereinigt, sondern er konnte noch einen, freilich vergeblichen, Versuch machen, die an der ätolisch-thessalischen Grenze gelegene und die Peneiosebene beherrschende feste Stadt Thaumakoi den Ätolern zu entreißen. Wenn Antiochos, um dessen Kommen Philippos vergeblich zu den Göttern flehte, sich im nächsten Feldzug mit ihm vereinigte, so durfte er große Erfolge erwarten. Es schien einen Augenblick, als schicke dieser sich dazu an; sein Heer erschien in Kleinasien und besetzte einige Ortschaften des Königs Attalos, der von den Römern militärischen Schutz erbat. Diese indes beeilten sich nicht, den Großkönig jetzt zum Bruch zu drängen; sie schickten Gesandte, die in der Tat es erreichten, daß Attalos' Gebiet geräumt ward. Von daher hatte Philippos nichts zu hoffen.

Indes der glückliche Ausgang des letzten Feldzugs hatte Philipps Mut oder Übermut so gehoben, daß, nachdem er der Neutralität der Achäer und der Treue der Makedonier sich durch die Aufopferung einiger fester Plätze und des verabscheuten Admirals Herakleides aufs neue versichert hatte, im nächsten Frühling 556 *(198)* er es war, der die Offensive ergriff und in die atintanische Landschaft einrückte, um in dem engen Paß, wo sich der Aoos (Viosa) zwischen den Bergen Aeropos und Asmaos durchwindet, ein wohlverschanztes Lager zu beziehen. Ihm gegenüber lagerte das durch neue Truppensendungen verstärkte römische Heer, über das zuerst der Konsul des vorigen Jahres, Publius Villius, sodann seit dem Sommer 556 *(198)* der diesjährige Konsul Titus Quinctius Flamininus den Oberbefehl führte. Flamininus, ein talentvoller, erst dreißigjähriger Mann, gehörte zu der jüngeren Generation, welche mit dem altväterischen Wesen auch den altväterischen Patriotismus von sich abzutun anfing und zwar auch noch an das Vaterland, aber mehr an sich und an das Hellenentum dachte. Ein geschickter Offizier und besserer Diplomat, war er in vieler Hinsicht für die Behandlung der schwierigen griechischen Verhältnisse vortrefflich geeignet; dennoch wäre es vielleicht für Rom wie für Griechenland besser gewesen, wenn die Wahl auf einen minder von hellenischen Sympathien erfüllten Mann gefallen und ein Feldherr dorthin gesandt worden wäre, den weder feine Schmeichelei bestochen noch beißende Spottrede verletzt hätte, der die Erbärmlichkeit der hellenischen Staatsverfassungen nicht über literarischen und künstlerischen Reminiszenzen vergessen und der Hellas nach Verdienst behandelt, den Römern aber es erspart hätte, unausführbaren Idealen nachzustreben.

Der neue Oberbefehlshaber hatte mit dem König sogleich eine Zusammenkunft, während die beiden Heere untätig sich gegenüberstanden. Philippos machte Friedensvorschläge; er erbot sich, alle eigenen Eroberungen zurückzugeben und wegen des den griechischen Städten zugefügten Schadens sich einem billigen Austrag zu unterwerfen; aber an dem Begehren, altmakedonische Besitzungen, namentlich Thessalien, aufzugeben, scheiterten die Verhandlungen. Vierzig Tage standen die beiden Heere in dem Engpaß des Aoos, ohne daß Philippos wich oder Flamininus sich entschließen konnte, entweder den Sturm anzuordnen oder den König stehenzulassen und die vorjährige

Expedition wieder zu versuchen. Da half dem römischen General die Verräterei einiger Vornehmer unter den sonst gut makedonisch gesinnten Epeiroten, namentlich des Charops, aus der Verlegenheit. Sie führten auf Bergpfaden ein römisches Korps von 4000 Mann zu Fuß und 300 Reitern auf die Höhen oberhalb des makedonischen Lagers und wie alsdann der Konsul das feindliche Herr von vorn angriff, entschied das Anrücken jener unvermutet von den beherrschenden Bergen herabsteigenden römischen Abteilung die Schlacht. Philippos verlor Lager und Verschanzung und gegen 2000 Mann und wich eilig zurück bis an den Paß Tempe, die Pforte des eigentlichen Makedoniens. Allen anderen Besitz gab er auf bis auf die Festungen; die thessalischen Städte, die er nicht verteidigen konnte, zerstörte er selbst – nur Pherae schloß ihm die Tore und entging dadurch dem Verderben. Teils durch diese Erfolge der römischen Waffen, teils durch Flamininus' geschickte Milde bestimmt, traten zunächst die Epeiroten vom makedonischen Bündnis ab. In Thessalien waren auf die erste Nachricht vom Siege der Römer sogleich die Athamanen und Ätoler eingebrochen, und die Römer folgten bald; das platte Land war leicht überschwemmt, allein die festen Städte, die gut makedonisch gesinnt waren und von Philippos Unterstützung empfingen, fielen nur nach tapferem Widerstand oder widerstanden sogar dem überlegenen Feind; so vor allem Atrax am linken Ufer des Peneios, wo in der Bresche die Phalanx statt der Mauer stand. Bis auf diese thessalischen Festungen und das Gebiet der treuen Akarnanen war somit ganz Nordgriechenland in den Händen der Koalition.

Dagegen war der Süden durch die Festungen Chalkis und Korinth, die durch das Gebiet der makedonisch gesinnten Böoter miteinander die Verbindung unterhielten, und durch die achäische Neutralität noch immer wesentlich in makedonischer Gewalt, und Flamininus entschloß sich, da es doch zu spät war, um dies Jahr noch in Makedonien einzudringen, zunächst Landheer und Flotte gegen Korinth und die Achäer zu wenden. Die Flotte, die wieder die rhodischen und pergamenischen Schiffe an sich gezogen hatte, war bisher damit beschäftigt gewesen, zwei kleinere Städte auf Euböa, Eretria und Karystos, einzunehmen und daselbst Beute zu machen; worauf beide indes ebenso wie Oreos wieder aufgegeben und von dem makedonischen Kommandanten von Chalkis, Philokles, aufs neue besetzt wurden. Die vereinigte Flotte wandte sich von da nach Kenchreae, dem östlichen Hafen von Korinth, um diese starke Festung zu bedrohen. Von der anderen Seite rückte Flamininus in Phokis ein und besetzte die Landschaft, in der nur Elateia eine längere Belagerung aushielt; diese Gegend, namentlich Antikyra am Korinthischen Meerbusen, war zum Winterquartier ausersehen. Die Achäer, die also auf der einen Seite die römischen Legionen sich nähern, auf der anderen die römische Flotte schon an ihrem eigenen Gestade sahen, verzichteten auf ihre sittlich ehrenwerte, aber politisch unhaltbare Neutralität; nachdem die Gesandten der am engsten an Makedonien geknüpften Städte Dyme, Megalopolis und Argos die Tagsatzung verlassen hatten, beschloß dieselbe den Beitritt zu der Koalition gegen Philippos. Kykliades und andere Führer der makedonischen Partei verließen die Heimat; die Truppen der Achäer vereinigten sich sofort mit der römischen Flotte und eilten, Korinth zu Lande einzuschließen, welche Stadt, die Zwingburg Philipps gegen die Achäer, ihnen römischerseits für ihren Beitritt zu dem Bunde zugesichert worden war. Die makedonische Besatzung indes, die 1300 Mann stark war und großenteils aus italischen Überläufern bestand, verteidigte entschlossen die fast uneinnehmbare Stadt; überdies kam von Chalkis Philokles herbei mit einer Abteilung von 1500 Mann, die nicht bloß Korinth entsetzte, sondern auch in das Gebiet der Achäer eindrang und im Einverständnis mit der makedonisch gesinnten Bürgerschaft ihnen Argos entriß. Allein der Lohn solcher Hingebung war, daß der König die treuen Argeier der Schreckensherrschaft des Nabis von Sparta auslieferte. Diesen, den bisherigen Bundesgenossen der Römer, hoffte er nach dem Beitritt der Achäer zu der römischen Koalition zu sich hinüberzuziehen; denn er war hauptsächlich nur deshalb römischer Bundesgenosse geworden, weil er in Opposition zu den Achäern und seit 550 *(204)* sogar in offenem Kriege mit ihnen sich befand. Allein Philippos' Angelegenheiten standen zu verzweifelt, als daß irgend jemand jetzt sich auf seine Seite zu schlagen Lust verspürt hätte. Nabis nahm zwar Argos von Philippos an, allein er verriet den Verräter und blieb im Bündnis mit Flamininus, welcher in der Verlegenheit, jetzt mit zwei untereinander im Krieg begriffenen Mächten verbündet zu sein, vorläufig zwischen den Spartanern und Achäern einen Waffenstillstand auf vier Monate vermittelte.

So kam der Winter heran. Philippos benutzte ihn abermals, um womöglich einen billigen Frieden zu erhalten. Auf einer Konferenz, die in Nikäa am Malischen Meerbusen abgehalten ward, erschien der König persönlich und versuchte, mit Flamininus zu einer Verständigung zu gelangen, indem er den petulanten Übermut der kleinen Herren mit Stolz und Feinheit zurückwies und durch markierte Deferenz gegen die Römer als die einzigen ihm ebenbürtigen Gegner von diesen erträgliche Bedingungen zu erhalten suchte. Flamininus war gebildet genug, um durch die Urbanität des Besiegten gegen ihn und die Hoffart gegen die Bundesgenossen, welche der Römer wie der König gleich verachten gelernt hatten, sich geschmeichelt zu fühlen; allein seine Vollmacht ging nicht so weit wie das Begehren des Königs: er gestand ihm gegen Einräumung von Phokis und Lokris einen zweimonatlichen Waffenstillstand zu und wies ihn in der Hauptsache an seine Regierung. Im römischen Senat war man sich längst einig, daß Makedonien alle seine auswärtigen Besitzungen aufgeben müsse; als daher Philippos' Gesandte in Rom erschienen, begnügte man sich zu fragen, ob sie Vollmacht hätten, auf ganz Griechenland, namentlich auf Korinth, Chalkis und Demetrias zu verzichten, und da sie dies verneinten, brach man sofort die Unterhandlungen ab und beschloß die energische Fortsetzung des Krieges. Mit Hilfe der Volkstribunen gelang es dem Senat, den so nachteiligen Wechsel des Oberbefehls zu verhindern und Flamininus das Kommando zu verlängern; er erhielt bedeutende Verstärkung, und die beiden früheren Oberbefehlshaber Publius Galba und Publius Villius wurden angewiesen, sich ihm zur Verfügung zu stellen. Auch Philippos entschloß sich, noch eine Feldschlacht zu wagen. Um Griechenland zu sichern, wo jetzt alle Staaten mit Ausnahme der Akarnanen und Böoter gegen ihn in Waffen standen, wurde die Besatzung von Korinth bis auf 6000 Mann verstärkt, während er selbst, die letzten Kräfte des erschöpften Makedoniens anstrengend und Kinder und Greise in die Phalanx einreihend, ein Heer von etwa 26000 Mann, darunter 16000 makedonische Phalangiten, auf die Beine brachte. So begann der vierte Feldzug 557 *(197)*. Flamininus schickte einen Teil der Flotte gegen die Akarnanen, die in Leukas belagert wurden; im eigentlichen Griechenland bemächtigte er sich durch List der böotischen Hauptstadt Thebae, wodurch sich die Böoter gezwungen sahen, dem Bündnis gegen Makedonien wenigstens dem Namen nach beizutreten. Zufrieden, hierdurch die Verbindung zwischen Korinth und Chalkis gesprengt zu haben, wandte er sich nach Norden, wo allein die Entscheidung fallen konnte. Die großen Schwierigkeiten der Verpflegung des Heeres in dem feindlichen und großenteils öden Lande, die schon oft die Operationen gehemmt hatten, sollte jetzt die Flotte beseitigen, indem sie das Heer längs der Küste begleitete und ihm die aus Afrika, Sizilien und Sardinien gesandten Vorräte nachführte. Indes die Entscheidung kam früher, als Flamininus gehofft hatte. Philippos, ungeduldig und zuversichtlich wie er war, konnte es nicht aushalten, den Feind an der makedonischen Grenze zu erwarten; nachdem er bei Dion sein Heer gesammelt hatte, rückte er durch den Tempepaß in Thessalien ein und traf mit dem ihm entgegenrückenden feindlichen Heer in der Gegend von Skotussa zusammen. Beide Heere, das makedonische und das römische, das durch Zuzüge der Apolloniaten und Athamanen und die von Nabis gesandten Kretenser, besonders aber durch einen ansehnlichen ätolischen Haufen verstärkt worden war, zählten ungefähr gleich viel Streiter, jedes etwa 26 000 Mann; doch waren die Römer an Reiterei dem Gegner überlegen. Vorwärts Skotussa, auf dem Plateau des Karadagh, traf während eines trüben Regentages der römische Vortrab unvermutet auf den feindlichen, der einen zwischen beiden Lagern gelegenen, hohen und steilen Hügel, die Kynoskephalae genannt, besetzt hielt. Zurückgetrieben in die Ebene, erhielten die Römer Verstärkung aus dem Lager von den leichten Truppen und dem trefflichen Korps der ätolischen Reiterei und drängten nun ihrerseits den makedonischen Vortrab auf und über die Höhe zurück. Hier aber fanden wiederum die Makedonier Unterstützung an ihrer gesamten Reiterei und dem größten Teil der leichten Infantrie; die Römer, die unvorsichtig sich vorgewagt hatten, wurden mit großem Verlust bis hart an ihr Lager zurückgejagt und hätten sich völlig zur Flucht gewandt, wenn nicht die ätolischen Ritter in der Ebene den Kampf so lange hingehalten hätten, bis Flamininus die schnell geordneten Legionen herbeiführte. Dem ungestümen Ruf der siegreichen, die Fortsetzung des Kampfes fordernden Truppen gab der König nach und ordnete auch seine Schwerbewaffneten eilig zu der Schlacht, die weder Feldherr noch Soldaten an diesem Tage erwartet hatten. Es galt, den Hügel zu besetzen, der augenblicklich von Truppen ganz entblößt war. Der rechte Flügel der Phalanx unter des Königs eigener Führung kam früh genug dort an, um sich ungestört auf der Höhe in Schlachtordnung zu stellen; der linke aber war noch zurück, als schon die leichten Truppen der Makedonier, von den Legionen gescheucht, den Hügel heraufstürmten. Philipp schob die flüchtigen Haufen rasch an der Phalanx vorbei in das Mitteltreffen, und ohne zu erwarten, bis auf dem linken Flügel Nikanor mit der anderen, langsamer folgenden Hälfte der

Phalanx eingetroffen war, hieß er die rechte Phalanx mit gesenkten Speeren den Hügel hinab sich auf die Legionen stürzen und gleichzeitig die wieder geordnete leichte Infanterie sie umgehen und ihnen in die Flanke fallen. Der am günstigen Orte unwiderstehliche Angriff der Phalanx zersprengte das römische Fußvolk, und der linke Flügel der Römer ward völlig geschlagen. Auf dem anderen Flügel ließ Nikanor, als er den König angreifen sah, die andere Hälfte der Phalanx schleunig nachrücken; sie geriet dabei auseinander, und während die ersten Reihen schon den Berg hinab eilig dem siegreichen rechten Flügel folgten und durch das ungleiche Terrain noch mehr in Unordnung kamen, gewannen die letzten Glieder eben erst die Höhe. Der rechte Flügel der Römer ward unter diesen Umständen leicht mit dem feindlichen linken fertig; die Elefanten allein, die auf diesem Flügel standen, vernichteten die aufgelösten makedonischen Scharen. Während hier ein fürchterliches Gemetzel entstand, nahm ein entschlossener römischer Offizier zwanzig Fähnlein zusammen und warf sich mit diesen auf den siegreichen makedonischen Flügel, der, den römischen linken verfolgend, so weit vorgedrungen war, daß der römische rechte ihm im Rücken stand. Gegen den Angriff von hinten war die Phalanx wehrlos und mit dieser Bewegung die Schlacht zu Ende. Bei der vollständigen Auflösung der beiden Phalangen ist es begreiflich, daß man 13 000 teils gefangene, teils gefallene Makedonier zählte, meistens gefallene, weil die römischen Soldaten das makedonische Zeichen der Ergebung, das Aufheben der Sarissen, nicht kannten; der Verlust der Sieger war gering. Philippos entkam nach Larissa und nachdem er alle seine Papiere verbrannt hatte, um niemanden zu kompromittieren, räumte er Thessalien und ging in seine Heimat zurück.

Gleichzeitig mit dieser großen Niederlage erlitten die Makedonier noch andere Nachteile auf allen Punkten, die sie noch besetzt hielten: in Karien schlugen die rhodischen Söldner das dort stehende makedonische Korps und zwangen dasselbe, sich in Stratonikeia einzuschließen; die korinthische Besatzung ward von Nikostratos und seinen Achäern mit starkem Verlust geschlagen, das akarnanische Leukas nach heldenmütiger Gegenwehr erstürmt. Philippos war vollständig überwunden; seine letzten Verbündeten, die Akarnanen, ergaben sich auf die Nachricht von der Schlacht bei Kynoskephalae.

Es lag vollständig in der Hand der Römer, den Frieden zu diktieren: sie nutzten ihre Macht, ohne sie zu mißbrauchen. Man konnte das Reich Alexanders vernichten; auf der Konferenz der

Bundesgenossen ward dies Begehren von ätolischer Seite ausdrücklich gestellt. Allein was hieß das anders als den Wall hellenischer Bildung gegen Thraker und Kelten niederreißen? Schon war während des eben beendigten Krieges das blühende Lysimacheia auf dem Thrakischen Chersonesos von den Thrakern gänzlich zerstört worden – eine ernste Warnung für die Zukunft. Flamininus, der tiefe Blicke in die widerwärtigen Verfehdungen der griechischen Staaten getan hatte, konnte nicht die Hand dazu bieten, daß die römische Großmacht für den Groll der ätolischen Eidgenossenschaft die Exekution übernahm, auch wenn nicht seine hellenischen Sympathien für den feinen und ritterlichen König ebenso sehr gewonnen gewesen wären wie sein römisches Nationalgefühl verletzt war durch die Prahlerei der Ätoler, der »Sieger von Kynoskephalae«, wie sie sich nannten. Den Ätolern erwiderte er, daß es nicht römische Sitte sei, Besiegte zu vernichten, übrigens seien sie ja ihre eigenen Herren und stehe es ihnen frei, mit Makedonien ein Ende zu machen, wenn sie könnten. Der König ward mit aller möglichen Rücksicht behandelt, und nachdem er sich bereit erklärt hatte, auf die früher gestellten Forderungen jetzt einzugehen, ihm von Flamininus gegen Zahlung einer Geldsumme und Stellung von Geiseln, darunter seines Sohnes Demetrios, ein längerer Waffenstillstand bewilligt, den Philippos höchst nötig brauchte, um die Dardaner aus Makedonien hinauszuschlagen.

Die definitive Regulierung der verwickelten griechischen Angelegenheiten ward vom Senat einer Kommission von zehn Personen übertragen, deren Haupt und Seele wieder Flamininus war. Philippos erhielt von ihr ähnliche Bedingungen, wie sie Karthago gestellt worden waren. Er verlor alle auswärtigen Besitzungen in Kleinasien, Thrakien, Griechenland und auf den Inseln des Ägäischen Meeres; dagegen blieb das eigentliche Makedonien ungeschmälert bis auf einige unbedeutende Grenzstriche und die Landschaft Orestis, welche frei erklärt ward – eine Bestimmung, die Philippos äußerst empfindlich fiel, allein die die Römer nicht umhin konnten, ihm vorzuschreiben, da bei seinem Charakter es unmöglich war, ihm die freie Verfügung über einmal von ihm abgefallene Untertanen zu lassen. Makedonien wurde ferner verpflichtet, keine auswärtigen Bündnisse ohne Vorwissen Roms abzuschließen noch nach auswärts Besatzungen zu schicken; ferner nicht außerhalb Makedoniens gegen zivilisierte Staaten noch überhaupt gegen römische Bundesgenossen Krieg zu führen und kein Heer über 5000 Mann, keine

Elefanten und nicht über fünf Deckschiffe zu unterhalten, die übrigen an die Römer auszuliefern. Endlich trat Philippos mit den Römern in Symmachie, die ihn verpflichtete, auf Verlangen Zuzug zu senden, wie denn gleich nachher die makedonischen Truppen mit den Legionen zusammen fochten. Außerdem zahlte er eine Kontribution von 1000 Talenten (1 700 000 Taler).

Nachdem Makedonien also zu vollständiger politischer Nullität herabgedrückt und ihm nur so viel Macht gelassen war, als es bedurfte, um die Grenze von Hellas gegen die Barbaren zu hüten, schritt man dazu, über die vom König abgetretenen Besitzungen zu verfügen. Die Römer, die eben damals in Spanien erfuhren, daß überseeische Provinzen ein sehr zweifelhafter Gewinn seien, und die überhaupt keineswegs des Ländererwerbes wegen den Krieg begonnen hatten, nahmen nichts von der Beute für sich und zwangen dadurch auch ihre Bundesgenossen zur Mäßigung. Sie beschlossen, sämtliche Staaten Griechenlands, die bisher unter Philippos gestanden, frei zu erklären; und Flamininus erhielt den Auftrag, das desfällige Dekret den zu den Isthmischen Spielen versammelten Griechen zu verlesen (558 *196*). Ernsthafte Männer freilich mochten fragen, ob denn die Freiheit ein verschenkbares Gut sei und was Freiheit ohne Einigkeit und Einheit der Nation bedeute; doch war der Jubel groß und aufrichtig, wie die Absicht aufrichtig war, in der der Senat die Freiheit verlieh[1].

Ausgenommen waren von dieser gemeinen Maßregel nur die illyrischen Landschaften östlich von Epidamnos, die an den Herrn von Skodra, Pleuratos, fielen und diesen, ein Menschenalter zuvor von den Römern gedemütigten Land- und Seeräuberstaat (2, 75) wieder zu der mächtigsten unter all den kleinen Herrschaften in diesen Strichen machten; ferner einige Ortschaften im westlichen Thessalien, die Amynander besetzt hatte und die man ihm ließ, und die drei Inseln Paros, Skyros und Imbros, welche Athen für seine vielen Drangsale und seine noch zahlreicheren Dankadressen und Höflichkeiten aller Art zum Geschenk erhielt. Daß die Rhodier ihre karischen Besitzungen behielten und Aegina den Pergamenern blieb, versteht sich. Sonst ward den Bundesgenossen nur mittelbar gelohnt durch den Zutritt der neu befreiten Städte zu den verschiedenen Eidgenossenschaften.

---

[1] Wir haben noch Goldstater mit dem Kopf des Flamininus und der Inschrift »*T. Quincti(us)*«, unter dem Regiment des Befreiers der Hellenen in Griechenland geschlagen. Der Gebrauch der lateinischen Sprache ist eine bezeichnende Artigkeit.

Am besten wurden die Achäer bedacht, die doch am spätesten der Koalition gegen Philippos beigetreten waren; wie es scheint, aus dem ehrenwerten Grunde, daß dieser Bundesstaat unter allen griechischen der geordnetste und ehrbarste war. Die sämtlichen Besitzungen Philipps auf dem Peloponnes und dem Isthmos, also namentlich Korinth, wurden ihrem Bunde einverleibt. Mit den Ätolern dagegen machte man wenig Umstände; sie durften die phokischen und lokrischen Städte in ihre Symmachie aufnehmen, allein ihre Versuche, dieselbe auch auf Akarnanien und Thessalien auszudehnen, wurden teils entschieden zurückgewiesen, teils in die Ferne geschoben, und die thessalischen Städte vielmehr in vier kleine selbständige Eidgenossenschaften geordnet. Dem Rhodischen Städtebund kam die Befreiung von Thasos und Lemnos, der thrakischen und kleinasiatischen Städte zugute.

Schwierigkeit machte die Ordnung der inneren Verhältnisse Griechenlands, sowohl der Staaten zueinander, als der einzelnen Staaten in sich. Die dringendste Angelegenheit war der zwischen den Spartanern und Achäern seit 550 *(204)* geführte Krieg, dessen Vermittlung den Römern notwendig zufiel. Allein nach vielfachen Versuchen, Nabis zum Nachgeben, namentlich zur Herausgabe der von Philippos ihm ausgelieferten achäischen Bundesstadt Argos zu bestimmen, blieb Flamininus doch zuletzt nichts übrig, als dem eigensinnigen kleinen Raubherrn, der auf den offenkundigen Groll der Ätoler gegen die Römer und auf Antiochos' Einrücken in Europa rechnete und die Rückstellung von Argos beharrlich weigerte, endlich von den sämtlichen Hellenen auf einer großen Tagfahrt in Korinth den Krieg erklären zu lassen und mit der Flotte und dem römisch-bundesgenössischen Heere, darunter auch einem von Philippos gesandten Kontingent und einer Abteilung lakedämonischer Emigranten unter dem legitimen König von Sparta, Agesipolis, in den Peloponnes einzurücken (559 *195*). Um den Gegner durch die überwältigende Übermacht sogleich zu erdrücken, wurden nicht weniger als 50000 Mann auf die Beine gebracht und mit Vernachlässigung der übrigen Städte sogleich die Hauptstadt selbst umstellt; allein der gewünschte Erfolg ward dennoch nicht erreicht. Nabis hatte eine beträchtliche Armee, bis 15000 Mann, darunter 5000 Söldner, ins Feld gestellt und seine Herrschaft durch ein vollständiges Schreckensregiment, die Hinrichtung in Masse der ihm verdächtigen Offiziere und Bewohner der Landschaft, aufs neue befestigt. Sogar als er selber nach den ersten Erfolgen der römischen Armee und Flotte sich entschloß, nachzugeben und die von

Flamininus ihm gestellten verhältnismäßig sehr günstigen Bedingungen anzunehmen, verwarf »das Volk«, das heißt das von Nabis in Sparta angesiedelte Raubgesindel, nicht mit Unrecht die Rechenschaft nach dem Siege fürchtend und getäuscht durch obligate Lügen über die Beschaffenheit der Friedensbedingungen und das Heranrücken der Ätoler und der Asiaten, den von dem römischen Feldherrn gebotenen Frieden, und der Kampf begann aufs neue. Es kam zu einer Schlacht vor den Mauern und zu einem Sturm auf dieselben; schon waren sie von den Römern erstiegen, als das Anzünden der genommenen Straßen die Stürmenden wieder zur Umkehr zwang. Endlich nahm denn doch der eigensinnige Widerstand ein Ende. Sparta behielt seine Selbständigkeit und ward weder gezwungen, die Emigranten wieder aufzunehmen, noch dem Achäischen Bunde beizutreten; sogar die bestehende monarchische Verfassung und Nabis selbst blieben unangetastet. Dagegen mußte Nabis seine auswärtigen Besitzungen, Argos, Messene, die kretischen Städte und überdies noch die ganze Küste, abtreten, sich verpflichten, weder auswärtige Bündnisse zu schließen noch Krieg zu führen und keine anderen Schiffe zu halten als zwei offene Kähne, endlich alles Raubgut wieder abzuliefern, den Römern Geiseln zu stellen und eine Kriegskontribution zu zahlen. Den spartanischen Emigranten wurden die Städte an der lakonischen Küste gegeben und diese neue Volksgemeinde, die im Gegensatz zu den monarchisch regierten Spartanern sich die der »freien Lakonen« nannte, angewiesen, in den Achäischen Bund einzutreten. Ihr Vermögen erhielten die Emigrierten nicht zurück, indem die ihnen angewiesene Landschaft dafür als Ersatz angesehen ward; wogegen verfügt wurde, daß ihre Weiber und Kinder nicht wider deren Willen in Sparta zurückgehalten werden sollten. Die Achäer, obwohl sie durch diese Verfügung außer Argos noch die freien Lakonen erhielten, waren dennoch wenig zufrieden; sie hatten die Beseitigung des gefürchteten und gehaßten Nabis, die Rückführung der Emigrierten und die Ausdehnung der achäischen Symmachie auf den ganzen Peloponnes erwartet. Der Unbefangene wird indes nicht verkennen, daß Flamininus diese schwierigen Angelegenheiten so billig und gerecht regelte, wie es möglich ist, wo zwei beiderseits unbillige und ungerechte politische Parteien sich gegenüberstehen. Bei der alten und tiefen Verfeindung zwischen den Spartanern und Achäern wäre die Einverleibung Spartas in den Achäischen Bund einer Unterwerfung Spartas unter die Achäer gleichgekommen, was der Billigkeit nicht minder zuwiderlief als der Klugheit. Die Rückführung der Emigranten und die vollständige Restauration eines seit zwanzig Jahren beseitigten Regiments würde nur ein Schreckensregiment an die Stelle eines anderen gesetzt haben; der Ausweg, den Flamininus ergriff, war eben darum der rechte, weil er beide extreme Parteien nicht befriedigte. Endlich schien dafür gründlich gesorgt, daß es mit dem spartanischen See- und Landraub ein Ende hatte und das Regiment daselbst, wie es nun eben war, nur der eigenen Gemeinde unbequem fallen konnte. Es ist möglich, daß Flamininus, der den Nabis kannte und wissen mußte, wie wünschenswert dessen persönliche Beseitigung war, davon abstand, um nur einmal zu Ende zu kommen und nicht durch unabsehbar sich fortspinnende Verwicklungen den reinen Eindruck seiner Erfolge zu trüben; möglich auch, daß er überdies an Sparta ein Gegengewicht gegen die Macht der Achäischen Eidgenossenschaft im Peloponnes zu konservieren suchte. Indes der erste Vorwurf trifft einen Nebenpunkt und in letzterer Hinsicht ist es wenig wahrscheinlich, daß die Römer sich herabließen, die Achäer zu fürchten.

Äußerlich wenigstens war somit zwischen den kleinen griechischen Staaten Friede gestiftet. Aber auch die inneren Verhältnisse der einzelnen Gemeinden gaben dem römischen Schiedsrichter zu tun. Die Böoter trugen ihre makedonische Gesinnung selbst noch nach der Verdrängung der Makedonier aus Griechenland offen zur Schau; nachdem Flamininus auf ihre Bitten ihren in Philippos' Diensten gestandenen Landsleuten die Rückkehr verstattet hatte, ward der entschiedenste der makedonischen Parteigänger, Brachyllas, zum Vorstand der Böotischen Genossenschaft erwählt und auch sonst Flamininus auf alle Weise gereizt. Er ertrug es mit beispielloser Geduld: indes die römisch gesinnten Böoter, die wußten, was nach dem Abzug der Römer ihrer warte, beschlossen den Tod des Brachyllas, und Flamininus, dessen Erlaubnis sie sich dazu erbitten zu müssen glaubten, sagte wenigstens nicht nein. Brachyllas ward demnach ermordet; worauf die Böoter sich nicht begnügten, die Mörder zu verfolgen, sondern auch den einzeln durch ihr Gebiet passierenden römischen Soldaten auflauerten und deren an 500 erschlugen. Dies war denn doch zu arg; Flamininus legte ihnen eine Buße von einem Talent für jeden Soldaten auf, und da sie diese nicht zahlten, nahm er die nächstliegenden Truppen zusammen und belagerte Koroneia (558 *196*). Nun verlegte man sich auf Bitten; in der Tat ließ Flamininus auf die Verwendung der Achäer und

Athener gegen eine sehr mäßige Buße von den Schuldigen ab, und obwohl die makedonische Partei fortwährend in der kleinen Landschaft am Ruder blieb, setzten die Römer ihrer knabenhaften Opposition nichts entgegen als die Langmut der Übermacht. Auch im übrigen Griechenland begnügte sich Flamininus, soweit es ohne Gewalttätigkeit anging, auf die inneren Verhältnisse namentlich der neubefreiten Gemeinden einzuwirken, den Rat und die Gerichte in die Hände der Reicheren und die antimakedonisch gesinnte Partei ans Ruder zu bringen und die städtischen Gemeinwesen dadurch, daß er das, was in jeder Gemeinde nach Kriegsrecht an die Römer gefallen war, zu dem Gemeindegut der betreffenden Stadt schlug, möglichst an das römische Interesse zu knüpfen. Im Frühjahr 560 *(194)* war die Arbeit beendigt: Flamininus versammelte noch einmal in Korinth die Abgeordneten der sämtlichen griechischen Gemeinden, ermahnte sie zu verständigem und mäßigem Gebrauch der ihnen verliehenen Freiheit und erbat sich als einzige Gegengabe für die Römer, daß man die italischen Gefangenen, die während des Hannibalischen Krieges nach Griechenland verkauft worden waren, binnen dreißig Tagen ihm zusende. Darauf räumte er die letzten Festungen, in denen noch römische Besatzung stand, Demetrias, Chalkis nebst den davon abhängigen kleineren Forts auf Euböa, und Akrokorinth, also die Rede der Ätoler, daß Rom die Fesseln Griechenlands von Philippos geerbt, tatsächlich Lüge strafend, und zog mit den sämtlichen römischen Truppen und den befreiten Gefangenen in die Heimat.

Nur von der verächtlichen Unredlichkeit oder der schwächlichen Sentimentalität kann es verkannt werden, daß es mit der Befreiung Griechenlands den Römern vollkommen ernst war, und die Ursache, weshalb der großartig angelegte Plan ein so kümmerliches Gebäude lieferte, einzig zu suchen ist in der vollständigen sittlichen und staatlichen Auflösung der hellenischen Nation. Es war nichts Geringes, daß eine mächtige Nation das Land, welches sie sich gewöhnt hatte, als ihre Urheimat und als das Heiligtum ihrer geistigen und höheren Interessen zu betrachten, mit ihrem mächtigen Arm plötzlich zur vollen Freiheit führte und jeder Gemeinde desselben die Befreiung von fremder Schatzung und fremder Besatzung und die unbeschränkte Selbstregierung verlieh; bloß die Jämmerlichkeit sieht hierin nichts als politische Berechnung. Der politische Kalkül machte den Römern die Befreiung Griechenlands möglich, zur Wirklichkeit wurde sie durch die eben damals in Rom und vor allem in

Flamininus selbst unbeschreiblich mächtigen hellenischen Sympathien. Wenn ein Vorwurf die Römer trifft, so ist es der, daß sie alle und vor allem den Flamininus, der die wohlbegründeten Bedenken des Senats überwand, der Zauber des hellenischen Namens hinderte, die Erbärmlichkeit des damaligen griechischen Staatenwesens in ihrem ganzen Umfang zu erkennen, und daß sie all den Gemeinden, die mit ihren in sich und gegeneinander gärenden ohnmächtigen Antipathien weder zu handeln noch sich ruhig zu halten verstanden, ihr Treiben auch ferner gestatteten. Wie die Dinge einmal standen, war es vielmehr nötig, dieser ebenso kümmerlichen als schädlichen Freiheit durch eine an Ort und Stelle dauernd anwesende Übermacht ein- für allemal ein Ende zu machen; die schwächliche Gefühlspolitik war bei all ihrer scheinbaren Humanität weit grausamer, als die strengste Okkupation gewesen sein würde. In Böotien zum Beispiel mußte Rom einen politischen Mord, wenn nicht veranlassen, doch zulassen, weil man sich einmal entschlossen hatte, die römischen Truppen aus Griechenland wegzuziehen und somit den römisch gesinnten Griechen nicht wehren konnte, daß sie landüblicher Weise sich selber halfen. Aber auch Rom selbst litt unter den Folgen dieser Halbheit. Der Krieg mit Antiochos wäre nicht entstanden ohne den politischen Fehler der Befreiung Griechenlands, und er wäre ungefährlich geblieben ohne den militärischen Fehler, aus den Hauptfestungen an der europäischen Grenze die Besatzungen wegzuziehen. Die Geschichte hat eine Nemesis für jede Sünde, für den impotenten Freiheitsdrang wie für den unverständigen Edelmut.

9. Kapitel
Der Krieg gegen Antiochos von Asien

In dem Reiche Asien trug das Diadem der Seleukiden seit dem Jahre 531 *(223)* der König Antiochos der Dritte, der Urenkel des Begründers der Dynastie. Auch er war gleich Philippos mit neunzehn Jahren zur Regierung gekommen und hatte Tätigkeit und Unternehmungsgeist genug namentlich in seinen ersten Feldzügen im Osten entwickelt, um ohne allzu arge Lächerlichkeit im Hofstil der Große zu heißen. Mehr indes durch die Schlaffheit seiner Gegner, namentlich des ägyptischen Philopator, als durch seine eigene Tüchtigkeit war es ihm gelungen, die Integrität der Monarchie einigermaßen wiederherzustellen und zuerst die östlichen Satrapien Medien und Parthyene, dann auch den von Achäos diesseits des Tauros in Kleinasien begründeten Sonderstaat wieder mit der Krone zu vereinigen. Ein erster Versuch, das schmerzlich entbehrte syrische Küstenland den Ägyptern zu entreißen, war im Jahre der Trasimenischen Schlacht von Philopator bei Raphia blutig zurückgewiesen worden, und Antiochos hatte sich wohl gehütet, mit Ägypten den Streit wieder aufzunehmen, solange dort ein Mann, wenn auch ein schlaffer, auf dem Thron saß. Aber nach Philopators Tode (549 *205*) schien der rechte Augenblick gekommen, mit Ägypten ein Ende zu machen; Antiochos verband sich zu diesem Zweck mit Philippos und hatte sich auf Koilesyrien geworfen, während dieser die kleinasiatischen Städte angriff. Als die Römer hier intervenierten, schien es einen Augenblick, als werde Antiochos gegen sie mit Philippos gemeinschaftliche Sache machen, wie die Lage der Dinge und der Bündnisvertrag es mit sich brachten. Allein nicht weitsichtig genug, um überhaupt die Einmischung der Römer in die Angelegenheiten des Ostens sofort mit aller Energie zurückzuweisen, glaubte Antiochos seinen Vorteil am besten zu wahren, wenn er Philippos' leicht vorauszusehende Überwältigung durch die Römer dazu nutzte, um das Ägyptische Reich, das er mit Philippos hatte teilen wollen, nun für sich allein zu gewinnen. Trotz der engen Beziehungen Roms zu dem alexandrinischen Hof und dem königlichen Mündel hatte doch der Senat keineswegs die Absicht, wirklich, wie er sich nannte, dessen »Beschützer« zu sein; fest entschlossen, sich um die asiatischen Angelegenheiten nicht anders als im äußersten Notfall zu bekümmern und den Kreis der römischen Macht mit den Säulen des Herakles und dem Hellespont zu begrenzen, ließ er den Großkönig machen. Mit der Eroberung des eigentlichen Ägypten, die leichter gesagt als getan war, mochte es freilich diesem selbst nicht recht ernst sein; dagegen ging er daran, die auswärtigen Besitzungen Ägyptens eine nach der andern zu unterwerfen und griff zunächst die kilikischen sowie die syrischen und palästinensischen an. Der große Sieg, den er im Jahre 556 *(198)* am Berge Panion bei den Jordanquellen über den ägyptischen Feldherrn Skopas erfocht, gab ihm nicht bloß den vollständigen Besitz dieses Gebiets bis an die Grenze des eigentlichen Ägypten, sondern schreckte die ägyptischen Vormünder des jungen Königs so sehr, daß dieselben, um Antiochos vom Einrücken in Ägypten abzuhalten, sich zum Frieden bequemten und durch das Verlöbnis ihres Mündels mit der Tochter des Antiochos, Kleopatra, den Frieden besiegelten. Nachdem also das nächste Ziel erreicht war, ging Antiochos in dem folgenden Jahr, dem der Schlacht von Kynoskephalae, mit einer starken Flotte von 100 Deck- und 100 offenen Schiffen nach Kleinasien, um die ehemals ägyptischen Besitzungen an der Süd- und Westküste Kleinasiens in Besitz zu nehmen – wahrscheinlich hatte die ägyptische Regierung diese Distrikte, die faktisch in Philippos' Händen waren, im Frieden an Antiochos abgetreten und überhaupt auf die sämtlichen auswärtigen Besitzungen zu dessen Gunsten verzichtet – und um überhaupt die kleinasiatischen Griechen wieder zum Reiche zu bringen. Zugleich sammelte sich ein starkes syrisches Landheer in Sardes.

Dieses Beginnen war mittelbar gegen die Römer gerichtet, welche von Anfang an Philippos die Bedingung gestellt hatten, seine Besatzungen aus Kleinasien wegzuziehen und den Rhodiern und Pergamenern ihr Gebiet, den Freistädten die bisherige Verfassung ungekränkt zu lassen, und nun an Philippos' Stelle sich Antiochos derselben bemächtigen sehen mußten. Unmittelbar aber sahen sich Attalos und die Rhodier jetzt von Antiochos durchaus mit derselben Gefahr bedroht, die sie wenige Jahre zuvor zum Kriege gegen Philippos getrieben hatte; und natürlich suchten sie die Römer in diesen Krieg ebenso wie in den eben beendigten zu verwickeln. Schon 555/56 *(199/98)* hatte Attalos von den Römern militärische Hilfe begehrt gegen Antiochos, der sein Gebiet besetzt habe, während Attalos' Truppen in dem römischen Kriege beschäftigt seien. Die energischeren Rhodier erklärten sogar dem König Antiochos, als im Frühjahr 557 *(197)* dessen Flotte an der kleinasiatischen Küste hinauf segelte, daß sie die Überschreitung der Chelidonischen Inseln (an der lykischen Küste) als Kriegserklärung betrachten würden, und als Antiochos sich hieran nicht kehrte, hatten sie, ermutigt durch die eben eintreffende Kunde von der Schlacht bei Kynoskephalae, sofort den Krieg begonnen und die wichtigsten karischen Städte Kaunos, Halikarnassos, Myndos, ferner die Insel Samos in der Tat vor dem König geschützt. Auch von den halbfreien Städten hatten zwar die meisten sich demselben gefügt, allein einige derselben, namentlich die wichtigen Städte Smyrna, Alexandreia, Troas und Lampsakos hatten auf die Kunde von der Überwältigung Philipps gleichfalls Mut bekommen, sich dem Syrer zu widersetzen, und ihre dringenden Bitten vereinigten sich mit denen der Rhodier. Es ist nicht zu bezweifeln, daß Antiochos, soweit er überhaupt fähig war, einen Entschluß zu fassen und festzuhalten, schon jetzt es bei sich festgestellt hatte, nicht bloß die ägyptischen Besitzungen in Asien an sich zu bringen, sondern auch in Europa für sich zu erobern und einen Krieg deswegen mit Rom wo nicht zu suchen, doch es darauf ankommen zu lassen. Die Römer hatten insofern alle Ursache, jenem Ansuchen ihrer Bundesgenossen zu willfahren und in Asien unmittelbar zu intervenieren; aber sie bezeigten sich dazu wenig geneigt. Nicht bloß zauderte man, solange der Makedonische Krieg währte, und gab dem Attalos nichts als den Schutz diplomatischer Verwendung, die übrigens zunächst sich wirksam erwies; sondern auch nach dem Siege sprach man wohl es aus, daß die Städte, die Ptolemaeos und Philippos in Händen gehabt, nicht von Antiochos sollten in Besitz genommen werden, und die Freiheit der asiatischen Städte Myrina, Abydos, Lampsakos[1], Kios figurierte

---

[1] Nach einem kürzlich aufgefundenen Dekret der Stadt Lampsakos (AM 6, 1891, S. 95) schickten die Lampsakener nach der Niederlage Philipps Gesandte an den römischen Senat mit der Bitte, daß die Stadt in den zwischen Rom und dem König (Philippos) abgeschlossenen Vertrag mit einbezogen werden möge (ὅπως συμπεριληφθῶμεν [ἐν ταῖς συνθήκαις] ταῖς γενομέναις Ῥωμαίοις πρὸς τὸν [βασιλέα]), welche der Senat, wenigstens nach der Auffassung der Bittsteller, denselben gewährte und sie im übrigen an Flamininus und die zehn Gesandten wies. Von diesem erbaten dann dieselben in Korinth Garantie ihrer Verfassung und ›Briefe an die Könige‹. Flamininus gibt ihnen auch dergleichen Schreiben; über den Inhalt erfahren wir nichts Genaueres, als daß in dem Dekret die Gesandtschaft als erfolgreich bezeichnet wird. Aber wenn der Senat und Flamininus die Autonomie und Demokratie der Lampsakener formell und positiv garantiert hätten, würde das Dekret schwerlich so ausführlich bei den höflichen Antworten verweilen, welche die unterwegs um Verwendung bei dem Senat angesprochenen römischen Befehlshaber den Gesandten erteilten.

Bemerkenswert ist in dieser Urkunde noch die gewiß auf die troische Legende zurückgehende »Brüderschaft« der Lampsakener und der Römer und die von

in den römischen Aktenstücken, allein man tat nicht das Geringste, um sie durchzusetzen und ließ es geschehen, daß König Antiochos die gute Gelegenheit des Abzugs der makedonischen Besatzungen aus denselben benutzte, um die seinigen hineinzulegen. Ja man ging so weit, sich selbst dessen Landung in Europa im Frühjahr 557 *(197)* und sein Einrücken in den Thrakischen Chersonesos gefallen zu lassen, wo er Sestos und Madytos in Besitz nahm und längere Zeit verwandte auf die Züchtigung der thrakischen Barbaren und die Wiederherstellung des zerstörten Lysimacheia, das er zu seinem Hauptwaffenplatz und zur Hauptstadt der neugegründeten Satrapie Thrakien ausersehen hatte. Flamininus, in dessen Händen die Leitung dieser Angelegenheiten sich befand, schickte wohl nach Lysimacheia an den König Gesandte, die von der Integrität des ägyptischen Gebiets und von der Freiheit der sämtlichen Hellenen redeten; allein es kam dabei nichts heraus. Der König redete wiederum von seinen unzweifelhaften Rechtstiteln auf das alte, von seinem Ahnherrn Seleukos eroberte Reich des Lysimachos, setzte auseinander, daß er nicht beschäftigt sei, Land zu erobern, sondern einzig die Integrität seines angestammten Gebiets zu wahren, und lehnte die römische Vermittlung in seinen Streitigkeiten mit den ihm untertänigen Städten in Kleinasien ab. Mit Recht konnte er hinzufügen, daß mit Ägypten bereits Friede geschlossen sei und es den Römern insofern an einem formellen Grund fehle zu intervenieren[2]. Die plötzliche Heimkehr des Königs nach Asien, veranlaßt durch die falsche Nachricht von dem Tode des jungen Königs von Ägypten und die dadurch hervorgerufenen Projekte einer Landung auf Kypros oder gar in Alexandreia, beendigte die Konferenzen, ohne daß man auch nur zu einem Abschluß, geschweige denn zu einem Resultat gekommen wäre. Das folgende Jahr 559 *(195)* kam Antiochos wieder nach Lysimacheia mit verstärkter Flotte und Armee und beschäftigte sich mit der Einrichtung der neuen Satrapie, die er seinem Sohne Seleukos bestimmte; in Ephesos kam Hannibal zu ihm, der von Karthago

---

jenen mit Erfolg angerufene Vermittlung der Bundesgenossen und Freunde Roms, der Massalioten, welche mit den Lampsakenern durch die gemeinsame Mutterstadt Phokäa verbunden waren.

[2] Das bestimmte Zeugnis des Hieronymos, welcher das Verlöbnis der syrischen Kleopatra mit Ptolemaeos Epiphanes in das Jahr 556 *(198)* setzt, in Verbindung mit den Andeutungen bei Livius (33, 40) und Appian (Syr. 3) und mit dem wirklichen Vollzug der Vermählung im Jahre 561 *(193)* setzen es außer Zweifel, daß die Einmischung der Römer in die ägyptischen Angelegenheiten in diesem Fall eine formell unberufene war.

hatte landflüchtig werden müssen, und der ungemein ehrenvolle Empfang, der ihm zuteil ward, war so gut wie eine Kriegserklärung gegen Rom. Nichtsdestoweniger zog noch im Frühjahr 560 *(194)* Flamininus sämtliche römische Besatzungen aus Griechenland heraus. Es war dies unter den obwaltenden Verhältnissen wenigstens eine arge Verkehrtheit, wenn nicht ein sträfliches Handeln wider das eigene bessere Wissen; denn der Gedanke läßt sich nicht abweisen, daß Flamininus, um nur den Ruhm des gänzlich beendigten Krieges und des befreiten Hellas ungeschmälert heimzubringen, sich begnügte, das glimmende Feuer des Aufstandes und des Krieges vorläufig oberflächlich zu verschütten. Der römische Staatsmann mochte vielleicht recht haben, wenn er jeden Versuch, Griechenland unmittelbar in römische Botmäßigkeit zu bringen und jede Intervention der Römer in die asiatischen Angelegenheiten für einen politischen Fehler erklärte; aber die gärende Opposition in Griechenland, der schwächliche Übermut des Asiaten, das Verweilen des erbitterten Römerfeindes, der schon den Westen gegen Rom in Waffen gebracht hatte, im syrischen Hauptquartier, alles dies waren deutliche Anzeichen des Herannahens einer neuen Schilderhebung des hellenischen Ostens, deren Ziel mindestens sein mußte, Griechenland aus der römischen Klientel in die der antirömisch gesinnten Staaten zu bringen und, wenn dies erreicht worden wäre, sofort sich weiter gesteckt haben würde. Es ist einleuchtend, daß Rom dies nicht geschehen lassen konnte. Indem Flamininus, all jene sicheren Kriegsanzeichen ignorierend, aus Griechenland die Besatzungen wegzog und gleichzeitig dennoch an den König von Asien Forderungen stellte, für die marschieren zu lassen er nicht gesonnen war, tat er in Worten zu viel, was in Taten zu wenig und vergaß seiner Feldherrn- und Bürgerpflicht über der eigenen Eitelkeit, die Rom den Frieden und den Griechen in beiden Weltteilen die Freiheit geschenkt zu haben wünschte und wähnte.

Antiochos nützte die unerwartete Frist, um im Innern und mit seinen Nachbarn die Verhältnisse zu befestigen, bevor er den Krieg beginnen würde, zu dem er seinerseits entschlossen war und immer mehr es ward, je mehr der Feind zu zögern schien. Er vermählte jetzt (561 *193*) dem jungen König von Ägypten dessen Verlobte, seine Tochter Kleopatra; daß er zugleich seinem Schwiegersohn die Rückgabe der ihm entrissenen Provinzen versprochen habe, ward zwar später ägyptischerseits behauptet, allein wahrscheinlich mit Unrecht, und jedenfalls blieb faktisch das Land bei dem Syrischen Reiche[3]. Er bot dem Eumenes, der im Jahre 557 *(197)* seinem Vater Attalos auf dem Thron von Pergamon gefolgt war, die Zurückgabe der ihm abgenommenen Städte und gleichfalls eine seiner Töchter zur Gemahlin, wenn er von dem römischen Bündnis lassen wolle. Ebenso vermählte er eine Tochter dem König Ariarathes von Kappadokien und gewann die Galater durch Geschenke, während er die stets aufrührerischen Pisidier und andere kleine Völkerschaften mit den Waffen bezwang. Den Byzantiern wurden ausgedehnte Privilegien bewilligt; in Hinsicht der kleinasiatischen Städte erklärte der König, daß er die Unabhängigkeit der alten Freistädte wie Rhodos und Kyzikos, zugestehen und hinsichtlich der übrigen sich begnügen wolle mit einer bloß formellen Anerkennung seiner landesherrlichen Gewalt; er gab sogar zu verstehen, daß er bereit sei, sich dem Schiedsspruch der Rhodier zu unterwerfen. Im europäischen Griechenland war er der Ätoler gewiß und hoffte auch Philippos wieder unter die Waffen zu bringen. Ja es erhielt ein Plan Hannibals die königliche Genehmigung, wonach dieser von Antiochos eine Flotte von 100 Segeln und ein Landheer von 10 000 Mann zu Fuß und 1000 Reitern erhalten und damit zuerst in Karthago den Dritten Punischen und sodann in Italien den Zweiten Hannibalischen Krieg erwecken sollte; tyrische Emissäre gingen nach Karthago, um die Schilderhebung daselbst einzuleiten (2, 199). Man hoffte endlich auf Erfolge der spanischen Insurrektion, die eben als Hannibal Karthago verließ auf ihrem Höhepunkt stand (2, 206).

Während also von langer Hand und im weitesten Umfang der Sturm gegen Rom vorbereitet ward, waren es wie immer die in diese Unternehmung verwickelten Hellenen, die am wenigsten bedeuteten und am wichtigsten und ungeduldigsten taten. Die erbitterten und übermütigen Ätoler fingen nachgerade selber an zu glauben, daß Philippos von ihnen und nicht von den Römern überwunden worden sei, und konnten es gar nicht erwarten, daß Antiochos in Griechenland einrücke. Ihre Politik ist charakterisiert durch die Antwort, die ihr Stratege bald darauf dem Flamininus gab, da derselbe eine Abschrift der Kriegserklärung gegen

---

[3] Wir haben dafür das Zeugnis des Polybios (28, 1), das die weitere Geschichte Judäas vollkommen bestätigt; Eusebios (chron. p. 117 Mai) irrt, wenn er Philometor zum Herrn von Syrien macht. Allerdings finden wir, daß um 567 *(187)* syrische Steuerpächter ihre Abgaben nach Alexandreia zahlen (Ios. ant. Iud. 12, 4, 7); allein ohne Zweifel geschah dies unbeschadet der Souveränitätsrechte nur deswegen, weil die Mitgift der Kleopatra auf diese Stadtgefälle angewiesen war; und eben daher entsprang später vermutlich der Streit.

Rom begehrte: die werde er selber ihm überbringen, wenn das ätolische Heer am Tiber lagern werde. Die Ätoler machten die Geschäftsträger des syrischen Königs für Griechenland und täuschten beide Teile, indem sie dem König vorspiegelten, daß alle Hellenen die Arme nach ihm als ihrem rechten Erlöser ausstreckten, und denen, die in Griechenland auf sie hören wollten, daß die Landung des Königs näher sei, als sie wirklich war. So gelang es ihnen in der Tat, den einfältigen Eigensinn des Nabis zum Losschlagen zu bestimmen und damit in Griechenland das Kriegsfeuer zwei Jahre nach Flamininus' Entfernung, im Frühling 562 *(192)* wieder anzufachen; allein sie verfehlten damit ihren Zweck. Nabis warf sich auf Gythion, eine der durch den letzten Vertrag an die Achäer gekommenen Städte der freien Lakonen, und nahm sie ein, allein der kriegserfahrene Strateg, der Achäer Philopömen, schlug ihn an den Barbosthenischen Bergen und kaum den vierten Teil seines Heeres brachte der Tyrann wieder in seine Hauptstadt zurück, in der Philopömen ihn einschloß. Da ein solcher Anfang freilich nicht genügte, um Antiochos nach Europa zu führen, beschlossen die Ätoler, sich selber in den Besitz von Sparta, Chalkis und Demetrias zu setzen und durch den Gewinn dieser wichtigen Städte den König zur Einschiffung zu bestimmen. Zunächst gedachte man sich Spartas dadurch zu bemächtigen, daß der Ätoler Alexamenos, unter dem Vorgeben, bundesmäßigen Zuzug zu bringen, mit 1000 Mann in die Stadt einrückend, bei dieser Gelegenheit den Nabis aus dem Wege räume und die Stadt besetze. Es geschah so und Nabis ward bei einer Heerschau erschlagen; allein als die Ätoler darauf, um die Stadt zu plündern, sich zerstreuten, fanden die Lakedämonier Zeit sich zu sammeln und machten sie bis auf den letzten Mann nieder. Die Stadt ließ darauf von Philopömen sich bestimmen, in den Achäischen Bund einzutreten. Nachdem den Ätolern dies löbliche Projekt also verdientermaßen nicht bloß gescheitert war, sondern gerade den entgegengesetzten Erfolg gehabt hatte, fast den ganzen Peloponnes in den Händen der Gegenpartei zu einigen, ging es ihnen auch in Chalkis wenig besser, indem die römische Partei daselbst gegen die Ätoler und die chalkidischen Verbannten die römisch gesinnten Bürgerschaften von Eretria und Karystos auf Euböa rechtzeitig herbeirief. Dagegen glückte die Besetzung von Demetrias, da die Magneten, denen die Stadt zugefallen war, nicht ohne Grund fürchteten, daß sie von den Römern dem Philippos als Preis für die Hilfe gegen Antiochos versprochen sei; es kam hinzu, daß mehrere

Schwadronen ätolischer Reiter unter dem Vorwande, dem Eurylochos, dem zurückgerufenen Haupt der Opposition gegen Rom, das Geleite zu geben, sich in die Stadt einzuschleichen wußten. So traten die Magneten halb freiwillig, halb gezwungen auf die Seite der Ätoler, und man säumte nicht, dies bei dem Seleukiden geltend zu machen.

Antiochos entschloß sich. Der Bruch mit Rom, so sehr man auch bemüht war, ihn durch das diplomatische Palliativ der Gesandtschaften hinauszuschieben, ließ sich nicht länger vermeiden. Schon im Frühling 561 *(193)* hatte Flamininus, der fortfuhr, im Senat in den östlichen Angelegenheiten das entscheidende Wort zu haben, gegen die Boten des Königs Menippos und Hegesianax das römische Ultimatum ausgesprochen: entweder aus Europa zu weichen und in Asien nach seinem Gutdünken zu schalten, oder Thrakien zu behalten und das Schutzrecht der Römer über Smyrna, Lampsakos und Alexandreia Troas sich gefallen zu lassen. Dieselben Forderungen waren in Ephesos, dem Hauptwaffenplatz und Standquartier des Königs in Kleinasien, im Frühling 562 *(192)* noch einmal zwischen Antiochos und den Gesandten des Senats Publius Sulpicius und Publius Villius, verhandelt worden, und von beiden Seiten hatte man sich getrennt mit der Überzeugung, daß eine friedliche Einigung nicht mehr möglich sei. In Rom war seitdem der Krieg beschlossen. Schon im Sommer 562 *(192)* erschien eine römische Flotte von 30 Segeln mit 3000 Soldaten an Bord unter Aulus Atilius Serranus vor Gythion, wo ihr Eintreffen den Abschluß des Vertrags zwischen den Achäern und Spartanern beschleunigte; die sizilische und italische Ostküste wurde stark besetzt, um gegen etwaige Landungsversuche gesichert zu sein; für den Herbst ward in Griechenland ein Landheer erwartet. Flamininus bereiste im Auftrag des Senats seit dem Frühjahr 562 *(192)* Griechenland, um die Intrigen der Gegenpartei zu hintertreiben und soweit möglich die unzeitige Räumung Griechenlands wiedergutzumachen. Bei den Ätolern war es schon so weit gekommen, daß die Tagsatzung förmlich den Krieg gegen Rom beschloß. Dagegen gelang es dem Flamininus, Chalkis für die Römer zu retten, indem er eine Besatzung von 500 Achäern und 500 Pergamenern hineinwarf. Er machte ferner einen Versuch, Demetrias wieder zu gewinnen; und die Magneten schwankten. Wenn auch einige kleinasiatische Städte, die Antiochos vor dem Beginn des großen Krieges zu bezwingen sich vorgenommen, noch widerstanden, er durfte jetzt nicht länger mit der Landung zögern, wofern er nicht die Römer all die Vorteile wiedergewinnen lassen wollte, die sie durch die Wegziehung ihrer Besatzungen aus Griechenland zwei Jahre zuvor aufgegeben hatten. Antiochos nahm die Schiffe und Truppen zusammen, die er eben unter der Hand hatte – es waren nur 40 Deckschiffe und 10 000 Mann zu Fuß nebst 500 Pferden und sechs Elefanten – und brach vom thrakischen Chersonesos nach Griechenland auf, wo er im Herbst 562 *(192)* bei Pteleon am Pagasäischen Meerbusen an das Land stieg und sofort das nahe Demetrias besetzte. Ungefähr um dieselbe Zeit landete auch ein römisches Heer von etwa 25 000 Mann unter dem Prätor Marcus Baebius bei Apollonia. Also war von beiden Seiten der Krieg begonnen.

Es kam darauf an, wie weit jene umfassend angelegte Koalition gegen Rom, als deren Haupt Antiochos auftrat, sich realisieren werde. Was zunächst den Plan betraf, in Karthago und Italien den Römern Feinde zu erwecken, so traf Hannibal wie überall so auch am Hof zu Ephesos das Los, seine großartigen und hochherzigen Pläne für kleinkrämerischer und niedriger Leute Rechnung entworfen zu haben. Zu ihrer Ausführung geschah nichts, als daß man einige karthagische Patrioten kompromittierte; den Karthagern blieb keine andere Wahl, als sich den Römern unbedingt botmäßig zu erweisen. Die Kamarilla wollte eben den Hannibal nicht – der Mann war der Hofkabale zu unbequem groß, und nachdem sie allerlei abgeschmackte Mittel versucht hatte, zum Beispiel den Feldherrn, mit dessen Namen die Römer ihre Kinder schreckten, des Einverständnisses mit den römischen Gesandten zu bezichtigen, gelang es ihr, den großen Antiochos, der wie alle unbedeutenden Monarchen auf seine Selbständigkeit sich viel zugute tat und mit nichts so leicht zu beherrschen war wie mit der Furcht, beherrscht zu werden, auf den weisen Gedanken zu bringen, daß er sich nicht durch den vielgenannten Mann dürfe verdunkeln lassen; worauf denn im hohen Rat beschlossen ward, den Phöniker künftig nur für untergeordnete Aufgaben und zum Ratgeben zu verwenden, vorbehaltlich natürlich den Rat nie zu befolgen. Hannibal rächte sich an dem Gesindel, indem er jeden Auftrag annahm und jeden glänzend ausführte.

In Asien hielt Kappadokien zu dem Großkönig; dagegen trat Prusias von Bithynien wie immer auf die Seite des Mächtigeren. König Eumenes blieb der alten Politik seines Hauses getreu, die ihm erst jetzt die rechte Frucht tragen sollte. Er hatte Antiochos' Anerbietungen nicht bloß beharrlich zurückgewiesen, sondern auch die Römer beständig zu einem Kriege gedrängt, von dem er die Vergrößerung seines Reiches erwartete. Ebenso schlossen die Rhodier und die Byzantier sich ihren alten Bundesgenossen an. Auch Ägypten trat auf die Seite Roms und bot Unterstützung an Zufuhr und Mannschaft an, welche man indes römischerseits nicht annahm.

In Europa kam es vor allem an auf die Stellung, die Philippos von Makedonien einnehmen würde. Vielleicht wäre es die richtige Politik für ihn gewesen, sich, alles Geschehen und nicht Geschehen ungeachtet, mit Antiochos zu vereinigen; allein Philippos ward in der Regel nicht durch solche Rücksichten bestimmt, sondern durch Neigung und Abneigung, und begreiflicherweise traf sein Haß viel mehr den treulosen Bundesgenossen, der ihn gegen den gemeinschaftlichen Feind im Stich gelassen hatte, um dafür auch seinen Anteil an der Beute einzuziehen und ihm in Thrakien ein lästiger Nachbar zu werden, als seinen Besieger, der ihn rücksichts- und ehrenvoll behandelt hatte. Es kam hinzu, daß Antiochos durch Aufstellung abgeschmackter Prätendenten auf die makedonische Krone und durch die prunkvolle Bestattung der bei Kynoskephalae bleichenden makedonischen Gebeine den leidenschaftlichen Mann tief verletzte. Er stellte seine ganze Streitmacht mit aufrichtigem Eifer den Römern zur Verfügung. Ebenso entschieden wie die erste Macht Griechenlands hielt die zweite, die Achäische Eidgenossenschaft fest am römischen Bündnis; von den kleineren Gemeinden blieben außerdem dabei die Thessaler und die Athener, bei welchen letzteren eine von Flamininus in die Burg gelegte achäische Besatzung die ziemlich starke Patriotenpartei zur Vernunft brachte. Die Epeiroten gaben sich Mühe, es womöglich beiden Teilen recht zu machen. Sonach traten auf Antiochos' Seite außer den Ätolern und den Magneten, denen ein Teil der benachbarten Perrhaeber sich anschloß, nur der schwache König der Athamanen, Amynander, der sich durch törichte Aussichten auf die makedonische Königskrone blenden ließ, die Böoter, bei denen die Opposition gegen Rom noch immer am Ruder war, und im Peloponnes die Eleer und Messenier, gewohnt, mit den Ätolern gegen die Achäer zu stehen. Das war denn freilich ein erbaulicher Anfang; und der Oberfeldherrntitel mit unumschränkter Gewalt, den die Ätoler dem Großkönig dekretierten, schien zu dem Schaden der Spott. Man hatte sich eben wie gewöhnlich beiderseits belogen: statt der unzählbaren Scharen Asiens führte der König eine Armee heran, kaum halb so stark wie ein gewöhnliches konsularisches Heer, und statt der offenen Arme, die sämtliche Hellenen ihrem Befreier vom römischen Joch entgegenstrecken sollten, trugen ein paar Klephtenhaufen und einige verliederlichte Bürgerschaften dem König Waffenbrüderschaft an.

Für den Augenblick freilich war Antiochos den Römern im eigentlichen Griechenland zuvorgekommen. Chalkis hatte Besatzung von den griechischen Verbündeten der Römer und wies die erste Aufforderung zurück; allein die Festung ergab sich, als Antiochos mit seiner ganzen Macht davorrückte, und eine römische Abteilung, die zu spät kam, um sie zu besetzen, wurde beim Delion von Antiochos vernichtet. Euböa also war für die Römer verloren. Noch machte schon im Winter Antiochos in Verbindung mit den Ätolern und Athamanen einen Versuch, Thessalien zu gewinnen; die Thermopylen wurden auch besetzt, Pherae und andere Städte genommen, aber Appius Claudius kam mit 2000 Mann von Apollonia heran, entsetzte Larisa und nahm hier Stellung. Antiochos, des Winterfeldzugs müde, zog es vor, in sein lustiges Quartier nach Chalkis zurückzugehen, wo es hoch herging und der König sogar trotz seiner fünfzig Jahre und seiner kriegerischen Pläne mit einer hübschen Chalkidierin Hochzeit machte. So verstrich der Winter 562/63 *(192/91)*, ohne daß Antiochos viel mehr getan hätte als in Griechenland hin- und herschreiben – er führe den Krieg mit Tinte und Feder, sagte ein römischer Offizier. Mit dem ersten Frühjahr 563 *(191)* traf der römische Stab bei Apollonia ein, der Oberfeldherr Manius Acilius Glabrio, ein Mann von geringer Herkunft, aber ein tüchtiger, von den Feinden wie von seinen Soldaten gefürchteter Feldherr, der Admiral Gaius Livius, unter den Kriegstribunen Marcus Porcius Cato, der Überwinder Spaniens, und Lucius Valerius Flaccus, die nach altrömischer Weise es nicht verschmähten, obwohl gewesene Konsuln, wieder als einfache Kriegstribune in das Heer einzutreten. Mit sich brachten sie Verstärkungen an Schiffen und Mannschaft, darunter numidische Reiter und libysche Elefanten, von Massinissa gesendet, und die Erlaubnis des Senats, von den außeritalischen Verbündeten bis zu 5000 Mann Hilfstruppen anzunehmen, wodurch die Gesamtzahl der römischen Streitkräfte auf etwa 40000 Mann stieg. Der König, der im Anfang des Frühjahrs sich zu den Ätolern begeben und von da aus eine zwecklose Expedition nach Akarnanien gemacht hatte, kehrte auf die Nachricht von Glabrios Landung in sein Hauptquartier zurück, um nun in allem Ernst den Feldzug zu beginnen. Allein durch seine und seiner Stellvertreter in Asien Saumseligkeit waren unbegreiflicherweise ihm alle Verstärkungen ausgeblieben, so daß er nichts hatte als das schwache und nun noch durch Krankheit und Desertion in den liederlichen Winterquartieren dezimierte Heer, womit er im Herbst des vorigen Jahres bei Pteleon gelandet war. Auch die Ätoler, die so ungeheure Massen hatten ins Feld stellen wollen, führten jetzt, da es galt, ihrem Oberfeldherrn nicht mehr als 4000 Mann zu. Die römischen Truppen hatten bereits die Operationen in Thessalien begonnen, wo die Vorhut in Verbindung mit dem makedonischen Heer die Besatzungen des Antiochos aus den thessalischen Städten hinausschlug und das Gebiet der Athamanen besetzte. Der Konsul mit der Hauptarmee folgte nach; die Gesamtmacht der Römer sammelte sich in Larisa. Statt eilig nach Asien zurückzukehren und vor dem in jeder Hinsicht überlegenen Feind das Feld zu räumen, beschloß Antiochos, sich in den von ihm besetzten Thermopylen zu verschanzen und dort die Ankunft des großen Heeres aus Asien abzuwarten. Er selbst stellte in dem Hauptpaß sich auf und befahl den Ätolern, den Hochpfad zu besetzen, auf welchem es einst Xerxes gelungen war, die Spartaner zu umgehen. Allein nur der Hälfte des ätolischen Zuzugs gefiel es, diesem Befehl des Oberfeldherrn nachzukommen; die übrigen 2000 Mann warfen sich in die nahe Stadt Herakleia, wo sie an der Schlacht keinen andern Teil nahmen, als daß sie versuchten, während derselben das römische Lager zu überfallen und auszurauben. Auch die auf dem Gebirg postierten Ätoler betrieben den Wachdienst lässig und widerwillig; ihr Posten auf dem Kallidromos ließ sich von Cato überrumpeln, und die asiatische Phalanx, die der Konsul mittlerweile von vorn angegriffen hatte, stob auseinander, als ihr die Römer den Berg hinabeilend in die Flanke fielen. Da Antiochos für nichts gesorgt und an den Rückzug nicht gedacht hatte, so ward das Heer teils auf dem Schlachtfeld, teils auf der Flucht vernichtet; kaum daß ein kleiner Haufen Demetrias, und der König selbst mit 500 Mann Chalkis erreichte. Eilig schiffte er sich nach Ephesos ein; Europa war bis auf die thrakischen Besitzungen ihm verloren und nicht einmal die Festungen länger zu verteidigen. Chalkis ergab sich an die Römer, Demetrias an Philippos, dem als Entschädigung für die fast schon von ihm vollendete und dann auf Befehl des Konsuls aufgegebene Eroberung der Stadt Lamia in Achaia Phthiotis die Erlaubnis ward, sich der sämtlichen zu Antiochos übergetretenen Gemeinden im eigentlichen Thessalien und selbst des ätolischen Grenzgebiets, der dolopischen und aperantischen Landschaften, zu bemächtigen. Was sich in Griechenland für Antiochos ausgesprochen hatte, eilte, seinen Frieden zu machen: die Epeiroten baten demütig um Verzeihung für ihr zweideutiges Benehmen, die Böoter ergaben sich auf Gnade und Ungnade, die Eleer und Messenier fügten, die letzteren nach einigem Sträuben, sich den Achäern. Es erfüllte sich, was Hannibal dem König vorhergesagt hatte, daß auf die Griechen, die jedem Sieger sich unterwerfen würden, schlechterdings gar nichts ankomme. Selbst die Ätoler versuchten, nachdem ihr in Herakleia eingeschlossenes Korps nach hartnäckiger Gegenwehr zur Kapitulation gezwungen worden war, mit den schwer gereizten Römern ihren Frieden zu machen; indes die strengen Forderungen des römischen Konsuls und eine rechtzeitig von Antiochos einlaufende Geldsendung gaben ihnen den Mut, die Verhandlungen noch einmal abzubrechen und während zwei ganzer Monate die Belagerung in Naupaktos auszuhalten. Schon war die Stadt aufs Äußerste gebracht und die Erstürmung oder die Kapitulation nicht mehr fern, als Flamininus, fortwährend bemüht, jede hellenische Gemeinde vor den ärgsten Folgen ihres eigenen Unverstandes und vor der Strenge seiner rauheren Kollegen zu bewahren, sich ins Mittel schlug und zunächst einen leidlichen Waffenstillstand zustande brachte. Damit ruhten in ganz Griechenland, vorläufig wenigstens, die Waffen.

Ein ernsterer Krieg stand in Asien bevor, den nicht so sehr der Feind, als die weite Entfernung und die unsichere Verbindung mit der Heimat in sehr bedenklichem Licht erscheinen ließen, während doch bei Antiochos' kurzsichtigem Eigensinn der Krieg nicht wohl anders als durch einen Angriff im eigenen Lande des Feindes beendet werden konnte. Es galt zunächst, sich der See zu versichern. Die römische Flotte, die während des Feldzugs in Griechenland die Aufgabe gehabt hatte, die Verbindung zwischen Griechenland und Kleinasien zu unterbrechen, und der es auch gelungen war, um die Zeit der Schlacht bei den Thermopylen einen starken asiatischen Transport bei Andros aufzugreifen, war seitdem beschäftigt, den Übergang der Römer nach Asien für das nächste Jahr vorzubereiten und zunächst die feindliche Flotte aus dem Ägäischen Meer zu vertreiben. Dieselbe lag im Hafen von Kyssus auf dem südlichen Ufer der gegen Chios auslaufenden Landzunge Ioniens; dort suchte die römische sie auf, bestehend aus 75 römischen, 23 pergamenischen und sechs karthagischen Deckschiffen unter der Führung des Gaius Livius. Der syrische Admiral Polyxenidas, ein rhodischer Emigrierter, hatte nur 70 Deckschiffe entgegenzustellen; allein da die römische Flotte noch die rhodischen Schiffe erwartete und Polyxenidas auf die überlegene Seetüchtigkeit namentlich der tyrischen und sidonischen Schiffe vertraute, nahm er den Kampf sogleich an. Zu Anfang zwar gelang es den Asiaten, eines der karthagischen Schiffe zu versenken; allein sowie es zum Entern kam, siegte die römische Tapferkeit und nur der Schnelligkeit ihrer Ruder und Segel verdankten es die Gegner, daß sie nicht mehr als 23 Schiffe verloren. Noch während des Nachsetzens stießen zu der römischen Flotte 25 rhodische Schiffe und die Überlegenheit der Römer in diesen Gewässern war nun zwiefach entschieden. Die feindliche Flotte verhielt sich seitdem ruhig im Hafen von Ephesos, und da es nicht gelang, sie zu einer zweiten Schlacht zu bestimmen, löste die römisch-bundesgenössische Flotte für den Winter sich auf; die römischen Kriegsschiffe gingen nach dem Hafen von Kane in der Nähe von Pergamon. Beiderseits war man während des Winters für den nächsten Feldzug Vorbereitungen zu treffen bemüht. Die Römer suchten die kleinasiatischen Griechen auf ihre Seite zu bringen: Smyrna, das alle Versuche des Königs, der Stadt sich zu bemächtigen, beharrlich zurückgewiesen hatte, nahm die Römer mit offenen Armen auf und auch in Samos, Chios, Erythrae, Klazomenae, Phokäa, Kyme und sonst gewann die römische Partei die Oberhand. Antiochos war entschlossen, den Römern womöglich den Übergang nach Asien zu wehren, weshalb er eifrig zur See rüstete und teils durch Polyxenidas die bei Ephesos stationierende Flotte herstellen und vermehren, teils durch Hannibal in Lykien, Syrien und Phönikien eine neue Flotte ausrüsten ließ, außerdem aber ein gewaltiges Landheer aus allen Gegenden seines weitläufigen Reiches in Kleinasien zusammentrieb. Früh im nächsten Jahre (564 *190*) nahm die römische Flotte ihre Operationen wieder auf. Gaius Livius ließ durch die rhodische Flotte, die diesmal, 36 Segel stark, rechtzeitig erschienen war, die feindliche auf der Höhe von Ephesos beobachten und ging mit dem größten Teil der römischen und den pergamenischen Schiffen nach dem Hellespont, um seinem Auftrag gemäß durch die Wegnahme der Festungen daselbst den Übergang des Landheeres vorzubereiten. Schon war Sestos besetzt und Abydos aufs Äußerste gebracht, als ihn die Kunde von der Niederlage der rhodischen Flotte zurückrief. Der rhodische Admiral Pausistratos, eingeschläfert durch die Vorspiegelungen seines Landsmannes, von Antiochos abfallen zu wollen, hatte sich im Hafen von Samos überrumpeln lassen, er selbst war gefallen, seine sämtlichen Schiffe bis auf fünf rhodische und zwei koische Segel waren vernichtet, Samos, Phokäa, Kyme auf diese Botschaft zu Seleukos übergetreten, der in diesen Gegenden für seinen Vater den Oberbefehl zu Lande führte. Indes als die römische Flotte teils von Kane, teils vom Hellespont herbeikam und nach einiger Zeit zwanzig neue Schiffe der Rhodier bei Samos sich mit ihr vereinigten, ward Polyxenidas abermals genötigt, sich in den Hafen von Ephesos einzuschließen. Da er die angebotene Seeschlacht verweigerte und bei der geringen Zahl der römischen Mannschaften an einen Angriff von der Landseite nicht zu denken war, blieb auch der römischen Flotte nichts übrig, als gleichfalls sich bei Samos aufzustellen. Eine Abteilung ging inzwischen nach Patara an die lykische Küste, um teils den Rhodiern gegen die sehr beschwerlichen, von dorther auf sie gerichteten Angriffe Ruhe zu verschaffen, teils und vornehmlich, um die feindliche Flotte, die Hannibal heranführen sollte, vom Ägäischen Meer abzusperren. Als dieses Geschwader gegen Patara nichts ausrichtete, erzürnte der neue Admiral Lucius Aemilius Regillus, der mit 20 Kriegsschiffen von Rom angelangt war und bei Samos den Gaius Livus abgelöst hatte, sich darüber so sehr, daß er mit der ganzen Flotte dorthin aufbrach; kaum gelang es seinen Offizieren, ihm unterwegs begreiflich zu machen, daß es zunächst nicht auf die Eroberung von Patara ankomme, sondern auf die Beherrschung des Ägäischen Meeres, und ihn zur Umkehr nach Samos zu bestimmen. Auf dem kleinasiatischen Festland hatte mittlerweile Seleukos die Belagerung von Pergamon begonnen, während Antiochos mit dem Hauptheer das pergamenische Gebiet und die Besitzungen der Mytilenäer auf dem Festland verwüstete; man hoffte, mit den verhaßten Attaliden fertig zu werden, bevor die römische Hilfe erschien. Die römische Flotte ging nach Eläa und dem Hafen von Adramyttion, um den Bundesgenossen zu helfen; allein da es dem Admiral an Truppen fehlte, richtete er nichts aus. Pergamon schien verloren; aber die schlaff und nachlässig geleitete Belagerung gestattete dem Eumenes, achäische Hilfstruppen unter Diophanes in die Stadt zu werfen, deren kühne und glückliche Ausfälle die mit der Belagerung beauftragten gallischen Söldner des Antiochos dieselbe aufzuheben zwangen. Auch in den südlichen Gewässern wurden die Entwürfe des Antiochos vereitelt. Die von Hannibal gerüstete und geführte Flotte versuchte, nachdem sie lange durch die stehenden Westwinde zurückgehalten worden war, endlich in das Ägäische Meer zu gelangen; allein an der Mündung des Eurymedon vor Aspendos in Pamphylien traf sie auf ein rhodisches Geschwader unter Eudamos, und in der Schlacht, die die beiden Flotten sich hier lieferten, trug über Hannibals Taktik und über die numerische Überzahl die Vorzüglichkeit der rhodischen Schiffe und Seeoffiziere den Sieg davon – es war dies die erste Seeschlacht und die letzte Schlacht gegen Rom, die der große Karthager schlug. Die siegreiche rhodische Flotte stellte darauf sich bei Patara auf und hemmte hier die beabsichtigte Vereinigung der beiden asiatischen Flotten. Im Ägäischen Meer ward die römisch-rhodische Flotte bei Samos, nachdem sie durch die Entsendung der pergamenischen Schiffe in den Hellespont zur Unterstützung des dort eben anlangenden Landheers sich geschwächt hatte, nun ihrerseits von der des Polyxenidas angegriffen, der jetzt neun Segel mehr zählte als der Gegner. Am 23. Dezember des unberichtigten Kalenders, nach dem berichtigten etwa Ende August 564 *(190),* kam es zur Schlacht am Vorgebirg Myonnesos zwischen Teos und Kolophon; die Römer durchbrachen die feindliche Schlachtlinie und umzingelten den linken Flügel gänzlich, so daß 42 Schiffe von ihnen genommen wurden oder sanken. Viele Jahrhunderte nachher verkündigte den Römern die Inschrift in saturnischem Maß über dem Tempel der Seegeister, der zum Andenken dieses Sieges auf dem Marsfeld erbaut ward, wie vor den Augen des Königs Antiochos und seines ganzen Landheers die Flotte der Asiaten geschlagen worden und die Römer also »den großen Zwist schlichteten und die Könige bezwangen«. Seitdem wagten die feindlichen Schiffe nicht mehr, sich auf der offenen See zu zeigen und versuchten nicht weiter, den Übergang des römischen Landheers zu erschweren.

Zur Führung des Krieges auf dem asiatischen Kontinent war in Rom der Sieger von Zama ausersehen worden, der in der Tat den Oberbefehl führte für den nominellen Höchstkommandierenden, seinen geistig unbedeutenden und militärisch unfähigen Bruder Lucius Scipio. Die bisher in Unteritalien stehende Reserve ward nach Griechenland, das Heer des Glabrio nach Asien bestimmt; als es bekannt ward, wer dasselbe befehligen werde, meldeten sich freiwillig 5000 Veteranen aus dem Hannibalischen Krieg, um noch einmal unter ihrem geliebten Führer zu fechten. Im römischen Juli, nach der richtigen Zeit im März fanden die Scipionen sich bei dem Heere ein, um den asiatischen Feldzug zu beginnen; allein man war unangenehm überrascht, als man statt dessen sich zunächst in einen endlosen Kampf mit den verzweifelnden Ätolern verwickelt fand. Der Senat, der Flamininus' grenzenlose Rücksichten gegen die Hellenen übertrieben fand, hatte den Ätolern die Wahl gelassen zwischen Zahlung einer völlig unerschwinglichen Kriegskontribution und unbedingter Ergebung, was sie aufs neue unter die Waffen getrieben hatte; es war nicht abzusehen, wann dieser Gebirgs- und Festungskrieg zu Ende gehen werde. Scipio beseitigte das unbequeme Hindernis durch Verabredung eines sechsmonatlichen Waffenstillstandes und trat darauf den Marsch nach Asien an. Da die eine feindliche Flotte in dem Ägäischen Meere nur blockiert war und die zweite, die aus dem Südmeer herankam, trotz des mit ihrer Fernhaltung beauftragten Geschwaders täglich dort eintreffen konnte, schien es ratsam, den Landweg durch Makedonien und Thrakien einzuschlagen und über den Hellespont zu gehen; hier waren keine wesentlichen Hindernisse zu erwarten, da König Philippos von Makedonien vollständig zuverlässig, auch König Prusias von Bithynien mit den Römern in Bündnis war und die römische Flotte leicht sich in der Meerenge festzusetzen vermochte. Der lange und mühselige Weg längs der makedonischen und thrakischen Küste ward ohne wesentlichen Verlust zurückgelegt; Philippos sorgte teils für Zufuhr, teils für freundliche Aufnahme bei den thrakischen Wilden. Indes hatte man teils mit den Ätolern, teils auf dem Marsch soviel Zeit verloren, daß das Heer erst etwa um die Zeit der Schlacht von Myonnesos an dem Thrakischen Chersonesos anlangte. Aber Scipios wunderbares Glück räumte wie einst in Spanien und Afrika so jetzt in Asien alle Schwierigkeiten vor ihm aus dem Wege. Auf die Kunde von der Schlacht bei Myonnesos verlor Antiochos so vollständig den Kopf, daß er in Europa die starkbesetzte und verproviantierte Festung Lysimacheia von der Besatzung und der dem Wiederhersteller ihrer Stadt treu ergebenen Einwohnerschaft räumen ließ und dabei sogar vergaß, die Besatzungen aus Aenos und Maroneia gleichfalls herauszuziehen, ja die reichen Magazine zu vernichten, am asiatischen Ufer aber der Landung der Römer nicht den geringsten Widerstand entgegensetzte, sondern während derselben sich in Sardes damit die Zeit vertrieb, auf das Schicksal zu schelten. Es ist kaum zweifelhaft, daß, wenn er nur bis zu dem nicht mehr fernen Ende des Sommers Lysimacheia hätte verteidigen und sein großes Heer an den Hellespont vorrücken lassen, Scipio genötigt worden wäre, auf dem europäischen Ufer Winterquartier zu nehmen, in einer militärisch wie politisch keineswegs gesicherten Lage.

Während die Römer, am asiatischen Ufer ausgeschifft, einige

Tage stillstanden, um sich zu erholen und ihren durch religiöse Pflichten zurückgehaltenen Führer zu erwarten, trafen in ihrem Lager Gesandte des Großkönigs ein, um über den Frieden zu unterhandeln. Antiochos bot die Hälfte der Kriegskosten und die Abtretung seiner europäischen Besitzungen sowie der sämtlichen in Kleinasien zu Rom übergetretenen griechischen Städte; allein Scipio forderte Kriegskosten und die Aufgebung von ganz Kleinasien. Jene Bedingungen, erklärte er, wären annehmbar gewesen, wenn das Heer noch vor Lysimacheia oder auch diesseits des Hellespont stände; jetzt aber reichten sie nicht, wo das Roß schon den Zaum, ja den Reiter fühle. Die Versuche des Großkönigs, von dem feindlichen Feldherrn in morgenländischer Art den Frieden durch Geldsummen zu erkaufen – er bot die Hälfte seiner Jahreseinkünfte! –, scheiterten wie billig; für die unentgeltliche Rückgabe seines in Gefangenschaft geratenen Sohnes gab der stolze Bürger dem Großkönig als Lohn den Freundesrat, auf jede Bedingung Frieden zu schließen. In der Tat stand es nicht so; hätte der König sich zu entschließen vermocht, den Krieg in die Länge und in das innere Asien zurückweichend den Feind sich nachzuziehen, so war ein günstiger Ausgang noch keineswegs unmöglich. Allein Antiochos, gereizt durch den vermutlich berechneten Übermut des Gegners und für jede dauernde und konsequente Kriegführung zu schlaff, eilte, seine ungeheure, aber ungleiche und undisziplinierte Heermasse je eher desto lieber dem Stoß der römischen Legionen darzubieten. Im Tale des Hermos bei Magnesia am Sipylos unweit Smyrna trafen im Spätherbst 564 *(190)* die römischen Truppen auf den Feind. Er zählte nahe an 80000 Mann, darunter 12000 Reiter; die Römer, die von Achäern, Pergamenern und makedonischen Freiwilligen etwa 5000 Mann bei sich hatten, bei weitem nicht die Hälfte; allein sie waren des Sieges so gewiß, daß sie nicht einmal die Genesung ihres krank in Eläa zurückgebliebenen Feldherrn abwarteten, an dessen Stelle Gnaeus Domitius das Kommando übernahm. Um nur seine ungeheure Truppenzahl aufstellen zu können, bildete Antiochos zwei Treffen; im ersten stand die Masse der leichten Truppen, die Peltasten, Bogenträger, Schleuderer, die berittenen Schützen der Myser, Daher und Elymäer, die Araber auf ihren Dromedaren und die Sichelwagen; im zweiten hielt auf den beiden Flügeln die schwere Kavallerie (die Kataphrakten, eine Art Kürassiere), neben ihnen im Mitteltreffen das gallische und kappadokische Fußvolk und im Zentrum die makedonisch bewaffnete Phalanx, 16000 Mann stark, der

Kern des Heeres, die aber auf dem engen Raum nicht Platz fand und sich in Doppelgliedern 32 Mann tief aufstellen mußte. In dem Zwischenraum der beiden Treffen standen 54 Elefanten, zwischen die Haufen der Phalanx und der schweren Reiterei verteilt. Die Römer stellten auf den linken Flügel, wo der Fluß Deckung gab, nur wenige Schwadronen, die Masse der Reiterei und die sämtlichen Leichtbewaffneten kamen auf den rechten, den Eumenes führte; die Legionen standen im Mitteltreffen. Eumenes begann die Schlacht damit, daß er seine Schützen und Schleuderer gegen die Sichelwagen schickte mit dem Befehl, auf die Bespannung zu halten; in kurzer Zeit waren nicht bloß diese zersprengt, sondern auch die nächststehenden Kamelreiter mit fortgerissen; schon geriet sogar im zweiten Treffen der dahinterstehende linke Flügel der schweren Reiterei in Verwirrung. Nun warf sich Eumenes mit der ganzen römischen Reiterei, die 3000 Pferde zählte, auf die Söldnerinfanterie, die im zweiten Treffen zwischen der Phalanx und dem linken Flügel der schweren Reiterei stand, und da diese wich, flohen auch die schon in Unordnung geratenen Kürassiere. Die Phalanx, die eben die leichten Truppen durchgelassen hatte und sich fertig machte, gegen die römischen Legionen vorzugehen, wurde durch den Angriff der Reiterei in der Flanke gehemmt und genötigt, stehenzubleiben und nach beiden Seiten Front zu machen, wobei die tiefe Aufstellung ihr wohl zustatten kam. Wäre die schwere asiatische Reiterei zur Hand gewesen, so hätte die Schlacht wiederhergestellt werden können, aber der linke Flügel war zersprengt, und der rechte, den Antiochos selber anführte, hatte, die kleine, ihm gegenüberstehende römische Reiterabteilung vor sich hertreibend, das römische Lager erreicht, wo man des Angriffs sich mit großer Mühe erwehrte. Darüber fehlten auf der Walstatt jetzt im entscheidenden Augenblick die Reiter. Die Römer hüteten sich wohl, die Phalanx mit den Legionen anzugreifen, sondern sandten gegen sie die Schützen und Schleuderer, denen in der dichtgedrängten Masse kein Geschoß fehlging. Die Phalanx zog sich nichtsdestoweniger langsam und geordnet zurück, bis die in den Zwischenräumen stehenden Elefanten scheu wurden und die Glieder zerrissen. Damit löste das ganze Heer sich auf in wilder Flucht; ein Versuch, das Lager zu halten, mißlang und mehrte nur die Zahl der Toten und Gefangenen. Die Schätzung des Verlustes des Antiochos auf 50000 Mann ist bei der grenzenlosen Verwirrung nicht unglaublich; den Römern, deren Legionen gar nicht zum Schlagen gekommen waren, kostete der Sieg, der ihnen den dritten Weltteil überlieferte, 24 Reiter und 300 Fußsoldaten. Kleinasien unterwarf sich, selbst Ephesos, von wo der Admiral die Flotte eilig flüchten mußte, und die Residenzstadt Sardes. Der König bat um Frieden und ging ein auf die von den Römern gestellten Bedingungen, die, wie gewöhnlich, keine anderen waren als die vor der Schlacht gebotenen, als namentlich die Abtretung Kleinasiens enthielten. Bis zu deren Ratifikation blieb das Heer in Kleinasien auf Kosten des Königs, was ihm auf nicht weniger als 3000 Talente (5 Mill. Taler) zu stehen kam. Antiochos selber nach seiner liederlichen Art verschmerzte bald den Verlust der Hälfte seines Reiches; es sieht ihm gleich, daß er den Römern für die Abnahme der Mühe, ein allzugroßes Reich zu regieren, dankbar zu sein behauptete. Aber Asien war mit dem Tage von Magnesia aus der Reihe der Großstaaten gestrichen; und wohl niemals ist eine Großmacht so rasch, so völlig und so schmählich zugrunde gegangen wie das Seleukidenreich unter diesem Antiochos dem Großen. Er selbst ward bald darauf (567 *187*) in Elymais oberhalb des Persischen Meerbusens bei der Plünderung des Beltempels, mit dessen Schätzen er seine leeren Kassen zu füllen gekommen war, von den erbitterten Einwohnern erschlagen.

Die römische Regierung hatte, nachdem der Sieg erfochten war, die Angelegenheiten Kleinasiens und Griechenlands zu ordnen. Sollte hier die römische Herrschaft auf fester Grundlage errichtet werden, so genügte dazu keineswegs, daß Antiochos der Oberherrschaft in Vorderasien entsagt hatte. Die politischen Verhältnisse daselbst sind oben (2, 215ff.) dargelegt worden. Die griechischen Freistädte an der ionischen und äolischen Küste sowie das ihnen wesentlich gleichartige pergamenische Königreich waren allerdings die natürlichen Träger der neuen römischen Obergewalt, die auch hier wesentlich auftrat als Schirmherr der stammverwandten Hellenen. Aber die Dynasten im inneren Kleinasien und an der Nordküste des Schwarzen Meeres hatten den Königen von Asien längst kaum noch ernstlich gehorcht, und der Vertrag mit Antiochos allein gab den Römern keine Gewalt über das Binnenland. Es war unabweisbar eine gewisse Grenze zu ziehen, innerhalb deren der römische Einfluß fortan maßgebend sein sollte. Dabei fiel vor allem ins Gewicht das Verhältnis der asiatischen Hellenen zu den seit einem Jahrhundert daselbst angesiedelten Kelten. Diese hatten die kleinasiatischen Landschaften förmlich unter sich verteilt und ein jeder der drei Gaue erhob in seinem Brandschatzungsgebiet die festgesetzten Tribute. Wohl hatte die Bürgerschaft von Pergamon unter der kräftigen Führung ihrer dadurch zu erblichem Fürstentum gelangten Vorsteher sich des unwürdigen Joches entledigt, und die schöne Nachblüte der hellenischen Kunst, welche kürzlich der Erde wieder entstiegen ist, ist erwachsen aus diesen letzten, von nationalem Bürgersinn getragenen hellenischen Kriegen. Aber es war ein kräftiger Gegenschlag, kein entscheidender Erfolg; wieder und wieder hatten die Pergamener ihren städtischen Frieden gegen die Einfälle der wilden Horden aus den östlichen Gebirgen mit den Waffen zu vertreten gehabt, und die große Mehrzahl der übrigen Griechenstädte ist wahrscheinlich in der alten Abhängigkeit verblieben[4]. Wenn Roms Schirmherrschaft über die Hellenen auch in Asien mehr als ein Name sein sollte, so mußte dieser Tributpflichtigkeit ihrer neuen Klienten ein Ziel gesetzt werden; und da die römische Politik den Eigenbesitz und die damit verknüpfte stehende Besetzung des Landes zur Zeit in Asien noch viel mehr als auf der griechischmakedonischen Halbinsel ablehnte, so blieb in der Tat nichts anderes übrig, als bis zu der Grenze, welche Roms Machtgebiet gesteckt werden sollte, auch Roms Waffen zu tragen und bei den Kleinasiaten überhaupt, vor allem aber in den Keltengauen die neue Oberherrlichkeit mit der Tat einzusetzen.

Dies hat der neue römische Oberfeldherr Gnaeus Manlius Volso getan, der den Lucius Scipio in Kleinasien ablöste. Es ist ihm dies zum schweren Vorwurf gemacht worden; die der neuen Wendung der Politik abgeneigten Männer im Senat vermißten bei dem Kriege den Zweck wie den Grund. Den ersteren Tadel gegen diesen Zug insbesondere zu erheben, ist nicht gerechtfertigt; derselbe war vielmehr, nachdem der römische Staat sich in die hellenischen Verhältnisse, so, wie es geschehen war, eingemischt hatte, eine notwendige Konsequenz dieser Politik. Ob das hellenische Gesamtpatronat für Rom das richtige war, kann gewiß in Zweifel gezogen werden; aber von dem Standpunkt aus betrachtet, den Flamininus und die von ihm geführte Majorität nun einmal genommen hatten, war die Niederwerfung der Galater in der Tat eine Pflicht der Klugheit wie der Ehre. Besser

---

[4] Aus dem 2, 250 A. erwähnten Dekret von Lampsakos geht mit ziemlicher Sicherheit hervor, daß die Lampsakener bei den Massalioten nicht bloß Verwendung in Rom erbaten, sondern auch Verwendung bei den Tolistoagiern (so heißen die sonst Tolistoboger genannten Kelten in dieser Urkunde und in der pergamenischen Inschrift CIG 3536, den ältesten Denkmälern, die sie erwähnen). Danach sind wahrscheinlich die Lampsakener noch um die Zeit des Philippischen Krieges diesem Gau zinsbar gewesen (vgl. Liv. 38, 16).

begründet ist der Vorwurf, daß es zur Zeit an einem rechten Kriegsgrund gegen dieselben fehlte; denn eigentlich im Bunde mit Antiochos hatten sie nicht gestanden, sondern ihn nur nach ihrem Brauch in ihrem Lande Mietstruppen anwerben lassen. Aber dagegen fiel entscheidend ins Gewicht, daß die Sendung einer römischen Truppenmacht nach Asien der römischen Bürgerschaft nur unter ganz außerordentlichen Verhältnissen angesonnen werden konnte und, wenn einmal eine derartige Expedition notwendig war, alles dafür sprach, sie sogleich und mit dem einmal in Asien stehenden siegreichen Heere auszuführen. So wurde, ohne Zweifel unter dem Einfluß des Flamininus und seiner Gesinnungsgenossen im Senat, im Frühjahr 565 *(189)* der Feldzug in das innere Kleinasien unternommen. Der Konsul brach von Ephesos auf, brandschatzte die Städte und Fürsten am oberen Mäander und in Pamphylien ohne Maß und wandte sich darauf nordwärts gegen die Kelten. Der westliche Kanton derselben, die Tolistoager, hatte sich auf den Berg Olympos, der mittlere, die Tectosagen, auf den Berg Magaba mit Hab und Gut zurückgezogen, in der Hoffnung, daß sie sich hier würden verteidigen können, bis der Winter die Fremden zum Abzug zwänge. Allein die Geschosse der römischen Schleuderer und Schützen, die gegen die damit unbekannten Kelten so oft den Ausschlag gaben, fast wie in neuerer Zeit das Feuergewehr gegen die wilden Völker, erzwangen die Höhen, und die Kelten unterlagen in einer jener Schlachten, wie sie gar oft früher und später am Po und an der Seine geliefert worden sind, die aber hier so seltsam erscheint wie das ganze Auftreten des nordischen Stammes unter den griechischen und phrygischen Nationen. Die Zahl der Erschlagenen und mehr noch die der Gefangenen war an beiden Stellen ungeheuer. Was übrig blieb, rettete sich über den Halys zu dem dritten keltischen Gau der Trocmer, welche der Konsul nicht angriff. Dieser Fluß war die Grenze, an welcher die damaligen Leiter der römischen Politik beschlossen hatten innezuhalten. Phrygien, Bithynien, Paphlagonien sollten von Rom abhängig werden; die weiter östlich gelegenen Landschaften überließ man sich selber.

Die Regulierung der kleinasiatischen Verhältnisse erfolgte teils durch den Frieden mit Antiochos (565 *189*), teils durch die Festsetzungen einer römischen Kommission, der der Konsul Volso vorstand. Außer der Stellung von Geiseln, darunter seines jüngeren gleichnamigen Sohnes, und einer nach dem Maß der Schätze Asiens bemessenen Kriegskontribution von 15000 euböischen Talenten (25½ Mill. Taler), davon der fünfte Teil sogleich, der Rest in zwölf Jahreszielern zu entrichten war, wurde Antiochos auferlegt die Abtretung seines gesamten europäischen Länderbesitzes und in Kleinasien aller seiner Besitzungen und Rechtsansprüche nördlich vom Taurusgebirge und westlich von der Mündung des Kestros zwischen Aspendos und Perge in Pamphylien, so daß ihm in Vorderasien nichts blieb als das östliche Pamphylien und Kilikien. Mit dem Patronat über die vorderasiatischen Königreiche und Herrschaften war es natürlich vorbei. Asien oder, wie das Reich der Seleukiden von da an gewöhnlich und angemessener genannt wird, Syrien verlor das Recht, gegen die westlichen Staaten Angriffskriege zu führen und im Fall eines Verteidigungskrieges von ihnen beim Frieden Land zu gewinnen, das Recht, das Meer westlich von der Kalykadnosmündung in Kilikien mit Kriegsschiffen zu befahren, außer um Gesandte, Geiseln oder Tribut zu bringen, überhaupt Deckschiffe über zehn zu halten, außer im Fall eines Verteidigungskrieges, und Kriegselefanten zu zähmen, endlich das Recht, in den westlichen Staaten Werbungen zu veranstalten oder politische Flüchtlinge und Ausreißer daraus bei sich aufzunehmen. Die Kriegsschiffe, die er über die bestimmte Zahl besaß, die Elefanten und die politischen Flüchtlinge, welche bei ihm sich befanden, lieferte er aus. Zur Entschädigung erhielt der Großkönig den Titel eines Freundes der römischen Bürgergemeinde. Der Staat Syrien war hiermit zu Lande und auf dem Meer vollständig aus dem Westen verdrängt und für immer; es ist bezeichnend für die kraft- und zusammenhanglose Organisation des Seleukidenreichs, daß dasselbe allein unter allen von Rom überwundenen Großstaaten nach der ersten Überwindung niemals eine zweite Entscheidung durch die Waffen begehrt hat.

Die beiden Armenien, bisher wenigstens dem Namen nach asiatische Satrapien, verwandelten sich, wenn nicht gerade in Gemäßheit des römischen Friedensvertrages, doch unter dessen Einfluß in selbständige Königreiche und ihre Inhaber Artaxias und Zariadris wurden Gründer neuer Dynastien.

König Ariarathes von Kappadokien kam, da sein Land außerhalb der von den Römern bezeichneten Grenze ihrer Klientel lag, mit einer Geldbuße von 600 Talenten (1 Mill. Taler) davon, die dann noch auf die Fürbitte seines Schwiegersohnes Eumenes auf die Hälfte herabgesetzt ward.

König Prusias von Bithynien behielt sein Gebiet, wie es war, ebenso die Kelten; doch mußten diese geloben, nicht ferner bewaffnete Haufen über die Grenze zu senden, und die schimpflichen Tribute der kleinasiatischen Städte hatten ein Ende. Die asiatischen Griechen ermangelten nicht, diese allerdings allgemein und nachhaltig empfundene Wohltat mit goldenen Kränzen und den transzendentalsten Lobreden zu vergelten.

In Vorderasien war die Besitzregulierung nicht ohne Schwierigkeit, zumal da hier die dynastische Politik des Eumenes mit der der griechischen Hansa kollidierte; endlich gelang es, sich in folgender Art zu verständigen. Allen griechischen Städten, die am Tage der Schlacht von Magnesia frei und den Römern beigetreten waren, wurde ihre Freiheit bestätigt und sie alle mit Ausnahme der bisher dem Eumenes zinspflichtigen der Tributzahlung an die verschiedenen Dynasten für die Zukunft enthoben. So wurden namentlich frei die Städte Dardanos und Ilion, die alten Stammgenossen der Römer von Aeneas' Zeiten her, ferner Kyme, Smyrna, Klazomenae, Erythrae, Chios, Kolophon, Miletos und andere altberühmte Namen. Phokäa, das gegen die Kapitulation von den römischen Flottensoldaten geplündert worden war, erhielt zum Ersatz dafür, obwohl es nicht unter die im Vertrag bezeichnete Kategorie fiel, ausnahmsweise gleichfalls seine Mark zurück und die Freiheit. Den meisten Städten der griechisch-asiatischen Hansa wurden überdies Gebietserweiterungen und andere Vorteile zuteil. Am besten ward natürlich Rhodos bedacht, das Lykien mit Ausschluß von Telmissos und den größeren Teil von Karien südlich vom Mäander empfing; außerdem garantierte Antiochos in seinem Reiche den Rhodiern ihr Eigentum und ihre Forderungen sowie die bisher genossene Zollfreiheit.

Alles Übrige, also bei weitem der größte Teil der Beute, fiel an die Attaliden, deren alte Treue gegen Rom sowie die von Eumenes in diesem Kriege bestandene Drangsal und sein persönliches Verdienst um den Ausfall der entscheidenden Schlacht von Rom so belohnt ward, wie nie ein König seinen Verbündeten gelohnt hat. Eumenes empfing in Europa den Chersonesos mit Lysimacheia; in Asien außer Mysien, das er schon besaß, die Provinzen Phrygien am Hellespont, Lydien mit Ephesos und Sardes, den nördlichen Streif von Karien bis zum Mäander mit Tralles und Magnesia, Großphrygien und Lykaonien nebst einem Stück von Kilikien, die milysche Landschaft zwischen Phrygien und Lykien und als Hafenplatz am südlichen Meer die lykische Stadt Telmissos; über Pamphylien ward später zwischen Eumenes und Antiochos gestritten, inwieweit es dies- oder jenseits der gesteckten Grenze liege und also jenem oder diesem zukomme. Außerdem erhielt er die Schutzherrschaft und das Zinsrecht über diejenigen griechischen Städte, die nicht unbeschränkt die Freiheit empfingen; doch wurde auch hier bestimmt, daß den Städten ihre Freibriefe bleiben und die Abgabe nicht erhöht werden solle. Ferner mußte Antiochos sich anheischig machen, die 350 Talente (600 000 Taler), die er dem Vater Attalos schuldig geworden war, dem Eumenes zu entrichten, ebenso ihn mit 127 Talenten (218 000 Taler) für die rückständigen Getreidelieferungen zu entschädigen. Endlich erhielt Eumenes die königlichen Forsten und die von Antiochos abgelieferten Elefanten, nicht aber die Kriegsschiffe, die verbrannt wurden; eine Seemacht litten die Römer nicht neben sich. Hierdurch war das Reich der Attaliden in Osteuropa und Asien das geworden, was Numidien in Afrika war, ein von Rom abhängiger mächtiger Staat mit absoluter Verfassung, bestimmt und fähig, sowohl Makedonien als Syrien in Schranken zu halten, ohne anders als in außerordentlichen Fällen römischer Unterstützung zu bedürfen. Mit dieser durch die römische Politik gebotenen Schöpfung hatte man die durch republikanische und nationale Sympathie und Eitelkeit gebotene Befreiung der asiatischen Griechen soweit möglich vereinigt. Um die Angelegenheiten des ferneren Ostens jenseits des Tauros und Halys war man fest entschlossen, sich nicht zu bekümmern; es zeigen dies sehr deutlich die Bedingungen des Friedens mit Antiochos und noch entschiedener die bestimmte Weigerung des Senats, der Stadt Soloi in Kilikien die von den Rhodiern für sie erbetene Freiheit zu gewähren. Ebenso getreu blieb man dem festgestellten Grundsatz, keine unmittelbaren überseeischen Besitzungen zu erwerben. Nachdem die römische Flotte noch eine Expedition nach Kreta gemacht und die Freigebung der dorthin in die Sklaverei verkauften Römer durchgesetzt hatte, verließen Flotte und Landheer im Nachsommer 566 *(188)* Asien, wobei das Landheer, das wieder durch Thrakien zog, durch die Nachlässigkeit des Feldherrn unterwegs von den Überfällen der Wilden viel zu leiden hatte. Die Römer brachten nichts heim aus dem Osten als Ehre und Gold, die in dieser Zeit sich schon beide in der praktischen Form der Dankadresse, dem goldenen Kranze, zusammenzufinden pflegten.

Auch das europäische Griechenland war von diesem asiatischen Krieg erschüttert worden und bedurfte neuer Ordnung. Die Ätoler, die immer noch nicht gelernt hatten, sich in ihre Nichtigkeit zu finden, hatten nach dem im Frühling 564 *(190)* mit

Scipio abgeschlossenen Waffenstillstand nicht bloß durch ihre kephallenischen Korsaren den Verkehr zwischen Italien und Griechenland schwierig und unsicher gemacht, sondern vielleich noch während des Waffenstillstandes, getäuscht durch falsche Nachrichten über den Stand der Dinge in Asien, die Tollheit begangen, den Amynander wieder auf seinen athamanischen Thron zu setzen und mit Philippos in den von diesem besetzten ätolischen und thessalischen Grenzlandschaften sich herumzuschlagen, wobei der König mehrere Nachteile erlitt. Es versteht sich, daß hiernach Rom ihre Bitte um Frieden mit der Landung des Konsuls Marcus Fulvius Nobilior beantwortete. Er traf im Frühling 565 *(189)* bei den Legionen ein und nahm nach fünfzehntägiger Belagerung durch eine für die Besatzung ehrenvolle Kapitulation Ambrakia, während zugleich die Makedonier, die Illyrier, die Epeiroten, die Akarnanen und Achäer über die Ätoler herfielen. Von eigentlichem Widerstand konnte nicht die Rede sein; auf die wiederholten Friedensgesuche der Ätoler standen denn auch die Römer vom Kriege ab und gewährten Bedingungen, welche solchen erbärmlichen und tückischen Gegnern gegenüber billig genannt werden müssen. Die Ätoler verloren alle Städte und Gebiete, die in den Händen ihrer Gegner waren, namentlich Ambrakia, welches infolge einer gegen Marcus Fulvius in Rom gesponnenen Intrige später frei und selbständig ward, ferner Oinia, das den Akarnanen gegeben wurde; ebenso traten sie Kephallenia ab. Sie verloren das Recht, Krieg und Frieden zu schließen und wurden in dieser Hinsicht von den auswärtigen Beziehungen Roms abhängig; endlich zahlten sie eine starke Geldsumme. Kephallenia setzte sich auf eigene Hand gegen diesen Vertrag und fügte sich erst, als Marcus Fulvius auf der Insel landete; ja die Einwohner von Same, die befürchteten, aus ihrer wohlgelegenen Stadt durch eine römische Kolonie ausgetrieben zu werden, fielen nach der ersten Unterwerfung wieder ab und hielten eine viermonatliche Belagerung aus, worauf die Stadt endlich genommen und die Einwohner sämtlich in die Sklaverei verkauft wurden.

Rom blieb auch hier dabei, sich grundsätzlich auf Italien und die italischen Inseln zu beschränken. Es nahm von der Beute nichts für sich als die beiden Inseln Kephallenia und Zakynthos, welche den Besitz von Kerkyra und anderen Seestationen am Adriatischen Meer wünschenswert ergänzten. Der übrige Ländererwerb kam an die Verbündeten Roms; indes die beiden bedeutendsten derselben, Philippos und die Achäer, waren keineswegs befriedigt durch den ihnen an der Beute gegönnten Anteil. Philippos fühlte sich nicht ohne Grund verletzt. Er durfte sagen, daß in dem letzten Krieg die eigentlichen Schwierigkeiten, die nicht in dem Feinde, sondern in der Entfernung und der Unsicherheit der Verbindungen lagen, wesentlich durch seinen loyalen Beistand überwunden waren. Der Senat erkannte dies auch an, indem er ihm den noch rückständigen Tribut erließ und seine Geiseln ihm zurücksandte; allein Gebietserweiterungen, wie er sie gehofft, empfing er nicht. Er erhielt das magnetische Gebiet mit Demetrias, das er den Ätolern abgenommen hatte; außerdem blieben tatsächlich in seinen Händen die dolopische und athamanische Landschaft und ein Teil von Thessalien, aus denen gleichfalls die Ätoler von ihm vertrieben worden waren. In Thrakien blieb zwar das Binnenland in makedonischer Klientel, aber über die Küstenstädte und die Inseln Thasos und Lemnos, die faktisch in Philipps Händen waren, ward nichts bestimmt, der Chersonesos sogar ausdrücklich an Eumenes gegeben; und es war nicht schwer zu erkennen, daß Eumenes nur deshalb auch Besitzungen in Europa empfing, um nicht bloß Asien, sondern auch Makedonien im Notfall niederzuhalten. Die Erbitterung des stolzen und in vieler Hinsicht ritterlichen Mannes ist natürlich; allein es war nicht Schikane, was die Römer bestimmte, sondern eine unabweisliche politische Notwendigkeit. Makedonien büßte dafür, daß es einmal eine Macht ersten Ranges gewesen war und mit Rom auf gleichem Fuß Krieg geführt hatte: man hatte hier, und hier mit viel besserem Grund als gegen Karthago, sich vorzusehen, daß die alte Machtstellung nicht wiederkehre.

Anders stand es mit den Achäern. Sie hatten im Laufe des Krieges gegen Antiochos ihren lange genährten Wunsch befriedigt, den Peloponnes ganz in ihre Eidgenossenschaft zu bringen, indem zuerst Sparta, dann, nach der Vertreibung der Asiaten aus Griechenland, auch Elis und Messene mehr oder weniger gezwungen beigetreten waren. Die Römer hatten dies geschehen lassen und es sogar geduldet, daß man dabei mit absichtlicher Rücksichtslosigkeit gegen Rom verfuhr. Flamininus hatte, als Messene erklärte, sich den Römern zu unterwerfen, aber nicht in die Eidgenossenschaft eintreten zu wollen und diese darauf Gewalt brauchte, zwar nicht unterlassen, den Achäern zu Gemüte zu führen, daß solche Sonderverfügungen über einen Teil der Beute an sich unrecht und in dem Verhältnis der Achäer zu den Römern mehr als unpassend seien, aber denn doch in seiner sehr unpolitischen Nachgiebigkeit gegen die Hellenen im wesentlichen den Achäern ihren Willen getan. Allein damit hatte die Sache kein Ende. Die Achäer, von ihrer zwerghaften Vergrößerungssucht gepeinigt, ließen die Stadt Pleuron in Ätolien, die sie während des Krieges besetzt hatten, nicht fahren, machten sie vielmehr zum unfreiwilligen Mitgliede ihrer Eidgenossenschaft; sie kauften Zakynthos von dem Statthalter des letzten Besitzers Amynander und hätten gern noch Aegina dazu gehabt. Nur widerwillig gaben sie jene Insel an Rom heraus und hörten sehr unmutig Flamininus' guten Ratschlag, sich mit ihrem Peloponnes zu begnügen. Sie glaubten es sich schuldig zu sein, die Unabhängigkeit ihres Staates um so mehr zur Schau zu tragen, je weniger daran war; man sprach von Kriegsrecht, von der treuen Beihilfe der Achäer in den Kriegen der Römer; man fragte die römischen Gesandten auf der achäischen Tagsatzung, warum Rom sich um Messene bekümmere, da Achaia ja nicht nach Capua frage, und der hochherzige Patriot, der also gesprochen, wurde beklatscht und war der Stimmen bei den Wahlen sicher. Das alles würde sehr recht und sehr erhaben gewesen sein, wenn es nicht noch viel lächerlicher gewesen wäre. Es lag wohl eine tiefe Gerechtigkeit und ein noch tieferer Jammer darin, daß Rom, so ernstlich es die Freiheit der Hellenen zu gründen und den Dank der Hellenen zu verdienen bemüht war, dennoch ihnen nichts gab als die Anarchie und nichts erntete als den Undank. Es lagen auch den hellenischen Antipathien gegen die Schutzmacht sicher sehr edle Gefühle zugrunde, und die persönliche Bravheit einzelner tonangebender Männer ist außer Zweifel. Aber darum bleibt dieser achäische Patriotismus nicht minder eine Torheit und eine wahre historische Fratze. Bei all jenem Ehrgeiz und all jener nationalen Empfindlichkeit geht durch die ganze Nation vom ersten bis zum letzten Mann das gründlichste Gefühl der Ohnmacht. Stets horcht jeder nach Rom, der liberale Mann nicht weniger wie der servile; man dankt dem Himmel, wenn das gefürchtete Dekret ausbleibt; man mault, wenn der Senat zu verstehen gibt, daß man wohl tun werde, freiwillig nachzugeben, um es nicht gezwungen zu tun; man tut, was man muß womöglich in einer für die Römer verletzenden Weise, »um die Formen zu retten«; man berichtet, erläutert, verschiebt, weicht aus, und wenn das endlich alles nicht mehr gehen will, so wird mit einem patriotischen Seufzer nachgegeben. Das Treiben hätte Anspruch wo nicht auf Billigung doch auf Nachsicht, wenn die Führer zum Kampf entschlossen gewesen wären und den Untergang der Nation der Knechtschaft vorgezogen hätten; aber weder Philopömen noch Lykortas dachten an einen solchen politischen Selbstmord – man wollte womöglich frei sein, aber denn doch vor allem leben. Zu allem diesem aber sind es niemals die Römer, die die gefürchtete römische Intervention in die inneren Angelegenheiten Griechenlands hervorrufen, sondern stets die Griechen selbst, die wie die Knaben den Stock, den sie fürchten, selber einer über den andern bringen. Der von dem gelehrten Pöbel hellenischer und nachhellenischer Zeit bis zum Ekel wiederholte Vorwurf, daß die Römer bestrebt gewesen wären, inneren Zwist in Griechenland zu stiften, ist eine der tollsten Abgeschmacktheiten, welche politisierende Philologen nur je ausgesonnen haben. Nicht die Römer trugen den Hader nach Griechenland – wahrlich Eulen nach Athen –, sondern die Griechen ihre Zwistigkeiten nach Rom. Namentlich die Achäer, die über ihren Arrondierungsgelüsten gänzlich übersahen, wie sehr zu ihrem eigenen Besten es gewesen, daß Flamininus die ätolisch gesinnten Städte nicht der Eidgenossenschaft einverleibt hatte, erwarben in Lakedämon und Messene sich eine wahre Hydra inneren Zwistes. Unaufhörlich baten und flehten Mitglieder dieser Gemeinden in Rom, sie aus der verhaßten Gemeinschaft zu lösen, darunter charakteristisch genug selbst diejenigen, die die Rückkehr in die Heimat den Achäern verdankten. Unaufhörlich ward von dem Achäischen Bunde in Sparta und Messene regeneriert und restauriert: die wütendsten Emigrierten von dort bestimmten die Maßregeln der Tagsatzung. Vier Jahre nach dem nominellen Eintritt Spartas in die Eidgenossenschaft kam es sogar zum offenen Kriege und zu einer bis zum Wahnsinn vollständigen Restauration, wobei die sämtlichen von Nabis mit dem Bürgerrecht beschenkten Sklaven wieder in die Knechtschaft verkauft und aus dem Erlös ein Säulengang in der Achäerstadt Megalopolis gebaut, ferner die alten Güterverhältnisse in Sparta wiederhergestellt, die Lykurgischen Gesetze durch die achäischen ersetzt, die Mauern niedergerissen wurden (566 *188*). Über alle diese Wirtschaft ward dann zuletzt von allen Seiten der römische Senat zum Schiedsspruch aufgefordert – eine Belästigung, die die gerechte Strafe für die befolgte sentimentale Politik war. Weit entfernt, sich zu viel in diese Angelegenheiten zu mischen, ertrug der Senat nicht bloß die Nadelstiche der achäischen Gesinnungstüchtigkeit mit musterhafter Indifferenz, sondern ließ selbst die ärgsten Dinge mit sträflicher Gleichgültigkeit geschehen. Man freute sich herzlich in Achaia, als nach jener Restauration die Nachricht von Rom einlief, daß der Senat darüber zwar gescholten, aber nichts kassiert habe. Für die Lakedämonier geschah von Rom aus nichts, als daß der Senat, empört über den von den Achäern verfügten Justizmord von beiläufig sechzig bis achtzig Spartanern, der Tagsatzung die Kriminaljustiz über die Spartaner nahm – freilich ein empörender Eingriff in die inneren Angelegenheiten eines unabhängigen Staates! Die römischen Staatsmänner kümmerten sich so wenig wie möglich um diese Sündflut in der Nußschale, wie am besten die vielfachen Klagen beweisen über die oberflächlichen, widersprechenden und unklaren Entscheidungen des Senats; freilich, wie sollte er klar antworten, wenn auf einmal vier Parteien aus Sparta zugleich im Senat gegeneinander redeten! Dazu kam der persönliche Eindruck, den die meisten dieser peloponnesischen Staatsmänner in Rom machten; selbst Flamininus schüttelte den Kopf, als ihm einer derselben heute etwas vortanzte und den andern Tag ihn von Staatsgeschäften unterhielt. Es kam so weit, daß dem Senat zuletzt die Geduld völlig ausging und er die Peloponnesier dahin beschied, daß er sie nicht mehr bescheiden werde und sie machen könnten, was sie wollten (572 *182*). Begreiflich ist dies, aber nicht recht; wie die Römer einmal standen, hatten sie die sittliche und politische Verpflichtung, hier mit Ernst und Konsequenz einen leidlichen Zustand herzustellen. Jener Achäer Kallikrates, der im Jahre 575 *(179)* an den Senat ging, um ihn über die Zustände im Peloponnes aufzuklären und eine folgerechte und gehaltene Intervention zu fordern, mag als Mensch noch etwas weniger getaugt haben als sein Landsmann Philopömen, der jene Patriotenpolitik wesentlich begründet hat; aber er hatte recht.

So umfaßte die Klientel der römischen Gemeinde jetzt die sämtlichen Staaten von dem östlichen zu dem westlichen Ende des Mittelmeeres; nirgend bestand ein Staat, den man der Mühe wert gehalten hätte zu fürchten. Aber noch lebte ein Mann, dem Rom diese seltene Ehre erwies: der heimatlose Karthager, der erst den ganzen Westen, alsdann den ganzen Osten gegen Rom in Waffen gebracht hatte und der vielleicht nur gescheitert war, dort an der ehrlosen Aristokraten-, hier an der kopflosen Hofpolitik. Antiochos hatte sich im Frieden verpflichten müssen, den Hannibal auszuliefern; allein derselbe war zuerst nach Kreta, dann nach Bithynien entronnen[5] und lebte jetzt am Hof des Königs

---

[5] Daß er auch nach Armenien gekommen sei und auf Bitten des Königs Artaxias die Stadt Artaxata am Araxes erbaut habe (Strab. 11 p. 528; Plut. Luc. 31), ist sicher Erfindung; aber es ist bezeichnend, wie Hannibal, fast wie Alexander, mit den orientalischen Fabeln verwachsen ist.

Prusias, beschäftigt, diesen in seinen Kriegen gegen Eumenes zu unterstützen und wie immer siegreich zu Wasser und zu Lande. Es wird behauptet, daß er auch den Prusias zum Kriege gegen Rom habe reizen wollen; eine Torheit, die so, wie sie erzählt wird, sehr wenig glaublich klingt. Gewisser ist es, daß zwar der römische Senat es unter seiner Würde hielt, den Greis in seinem letzten Asyl aufjagen zu lassen – denn die Überlieferung, die auch den Senat beschuldigt, scheint keinen Glauben zu verdienen –, daß aber Flamininus, der in seiner unruhigen Eitelkeit nach neuen Zielen für große Taten suchte, auf seine eigene Hand es unternahm, wie die Griechen von ihren Ketten, so Rom von Hannibal zu befreien und gegen den größten Mann seiner Zeit den Dolch zwar nicht zu führen, was nicht diplomatisch ist, aber ihn zu schleifen und zu richten. Prusias, der jämmerlichste unter den Jammerprinzen Asiens, machte sich ein Vergnügen daraus, dem römischen Gesandten die kleine Gefälligkeit zu erweisen, die derselbe mit halben Worten erbat, und da Hannibal sein Haus von Mördern umstellt sah, nahm er Gift. Er war seit langem gefaßt darauf, fügt ein Römer hinzu, denn er kannte die Römer und das Wort der Könige. Sein Todesjahr ist nicht gewiß; wahrscheinlich starb er in der zweiten Hälfte des Jahres 571 *(183)*, siebenundsechzig Jahre alt. Als er geboren ward, stritt Rom mit zweifelhaftem Erfolg um den Besitz von Sizilien; er hatte gerade genug gelebt, um den Westen vollständig unterworfen zu sehen, um noch selber seine letzte Römerschlacht gegen die Schiffe seiner römisch gewordenen Vaterstadt zu schlagen, um dann zuschauen zu müssen, wie Rom auch den Osten überwand gleichwie der Sturm das führerlose Schiff, und zu fühlen, daß er allein imstande war, es zu lenken. Es konnte ihm keine Hoffnung weiter fehlschlagen, als er starb; aber redlich hatte er in fünfzigjährigem Kampfe den Knabenschwur gehalten.

Um dieselbe Zeit, wahrscheinlich in demselben Jahre, starb auch der Mann, den die Römer seinen Überwinder zu nennen pflegten, Publius Scipio. Ihn hatte das Glück mit allen den Erfolgen überschüttet, die seinem Gegner versagt blieben, mit Erfolgen, die ihm gehörten und nicht gehörten. Spanien, Afrika, Asien hatte er zum Reiche gebracht und Rom, das er als die erste Gemeinde Italiens gefunden, war bei seinem Tode die Gebieterin der zivilisierten Welt. Er selbst hatte der Siegestitel so viele, daß deren überblieben für seinen Bruder und seinen Vetter[6]. Und

---

[6] Africanus, Asiagenus, Hispallus.

doch verzehrte auch ihn durch seine letzten Jahre bitterer Gram, und er starb, wenig über fünfzig Jahre alt, in freiwilliger Verbannung, mit dem Befehl an die Seinigen, seine Leiche nicht in der Vaterstadt beizusetzen, für die er gelebt hatte und in der seine Ahnen ruhten. Es ist nicht genau bekannt, was ihn aus der Stadt trieb. Die Anschuldigungen wegen Bestechung und unterschlagener Gelder, die gegen ihn und mehr noch gegen seinen Bruder Lucius gerichtet wurden, waren ohne Zweifel nichtige Verleumdungen, die solche Verbitterung nicht hinreichend erklären; obwohl es charakteristisch für den Mann ist, daß er seine Rechnungsbücher, statt sich einfach aus ihnen zu rechtfertigen, im Angesicht des Volks und der Ankläger zerriß und die Römer aufforderte, ihn zum Tempel des Jupiter zu begleiten und den Jahrestag seines Sieges bei Zama zu feiern. Das Volk ließ den Ankläger stehen und folgte dem Scipio auf das Kapitol; aber es war dies der letzte schöne Tag des hohen Mannes. Sein stolzer Sinn, seine Meinung, ein anderer und besserer zu sein als die übrigen Menschen, seine sehr entschiedene Familienpolitik, die namentlich in seinem Bruder Lucius den widerwärtigen Strohmann eines Helden großzog, verletzten viele und nicht ohne Grund. Wie der echte Stolz das Herz beschirmt, so legt es die Hoffart jedem Schlag und jedem Nadelstich bloß und zerfrißt auch den ursprünglichen Hochsinn. Überall aber gehört es zur Eigentümlichkeit solcher, aus echtem Gold und schimmerndem Flitter seltsam gemischter Naturen, wie Scipio eine war, daß sie des Glückes und des Glanzes der Jugend bedürfen, um ihren Zauber zu üben, und daß, wenn dieser Zauber zu schwinden anfängt, unter allen am schmerzlichsten der Zauberer selbst erwacht.

10. Kapitel
Der Dritte Makedonische Krieg

Philippos von Makedonien war empfindlich gekränkt durch die Behandlung, die er nach dem Frieden mit Antiochos von den Römern erfahren hatte; und der weitere Verlauf der Dinge war nicht geeignet, seinen Groll zu beschwichtigen. Seine Nachbarn in Griechenland und Thrakien, großenteils Gemeinden, die einst vor dem makedonischen Namen nicht minder gezittert hatten wie jetzt vor dem römischen, machten es sich wie billig zum Geschäft, der gefallenen Großmacht all die Tritte zurückzugeben, die sie seit Philippos' des Zweiten Zeiten von Makedonien empfangen hatten; der nichtige Hochmut und der wohlfeile antimakedonische Patriotismus der Hellenen dieser Zeit machte sich Luft auf den Tagsatzungen der verschiedenen Eidgenossenschaften und in unaufhörlichen Beschwerden bei dem römischen Senat. Philippos war von den Römern zugestanden worden, was er den Ätolern abgenommen habe; allein förmlich an die Ätoler angeschlossen hatte sich in Thessalien nur die Eidgenossenschaft der Magneten, wogegen diejenigen Städte, die Philippos in zwei anderen der thessalischen Eidgenossenschaften, der thessalischen im engeren Sinn und der perrhaebischen, den Ätolern entrissen hatte, von ihren Bünden zurückverlangt wurden aus dem Grunde, daß Philippos diese Städte nur befreit, nicht erobert habe. Auch die Athamanen glaubten ihre Freiheit begehren zu können; auch Eumenes forderte die Seestädte, die Antiochos im eigentlichen Thrakien besessen hatte, namentlich Aenos und Maroneia, obwohl ihm im Frieden mit Antiochos nur der Thrakische Chersonesos ausdrücklich zugesprochen war. All diese Beschwerden und zahllose geringere seiner sämtlichen Nachbarn, über Unterstützung des Königs Prusias gegen Eumenes, über Handelskonkurrenz, über verletzte Kontrakte und geraubtes Vieh strömten nach Rom; vor dem römischen Senat mußte der König von Makedonien von dem souveränen Gesindel sich verklagen lassen und Recht nehmen oder Unrecht, wie es fiel; er mußte sehen, daß das Urteil stets gegen ihn ausfiel, mußte knirschend von der thrakischen Küste, aus den thessalischen und perrhaebischen Städten die Besatzungen wegziehen und die römischen Kommissare höflich empfangen, welche nachzusehen kamen, ob auch alles vorschriftsmäßig ausgeführt sei. Man war in Rom nicht so erbittert gegen Philippos wie gegen Karthago, ja in vieler Hinsicht dem makedonischen Herrn sogar geneigt; man verletzte hier nicht so rücksichtslos wie in Libyen die Formen, aber im Grunde war die Lage Makedoniens wesentlich dieselbe wie die von Karthago. Indes Philippos war keineswegs der Mann, diese Pein mit phönikischer Geduld über sich ergehen zu lassen. Leidenschaftlich wie er war, hatte er nach seiner Niederlage mehr dem treulosen Bundesgenossen gezürnt als dem ehrenwerten Gegner, und seit langem gewohnt, nicht makedonische, sondern persönliche Politik zu treiben, hatte er in dem Kriege mit Antiochos nichts gesehen als eine vortreffliche Gelegenheit, sich an dem Alliierten, der ihn schmählich im Stich gelassen und verraten hatte, augenblicklich zu rächen. Dies Ziel hatte er erreicht; allein die Römer, die sehr gut begriffen, daß den Makedonier nicht die Freundschaft für Rom, sondern die Feindschaft gegen Antiochos bestimmte, und die überdies keineswegs nach solchen Stimmungen der Neigung und Abneigung ihre Politik zu regeln pflegten, hatten sich wohl gehütet, irgend etwas Wesentliches zu Philippos' Gunsten zu tun, und hatten vielmehr die Attaliden, die von ihrer ersten Erhebung an mit Makedonien in heftiger Fehde lagen und von dem König Philippos politisch und persönlich aufs bitterste gehaßt wurden, die Attaliden, die unter allen östlichen Mächten am meisten dazu beigetragen hatten, Makedonien und Syrien zu zertrümmern und die römische Klientel auf den Osten auszudehnen, die Attaliden, die in dem letzten Krieg, wo Philippos es freiwillig und loyal mit Rom gehalten, um ihrer eigenen Existenz willen wohl mit Rom hatten halten müssen, hatten diese Attaliden dazu benutzt, um im wesentlichen das Reich des Lysimachos wieder aufzubauen, dessen Vernichtung der wichtigste Erfolg der makedonischen Herrscher nach Alexander gewesen war, und Makedonien einen Staat an die Seite zu stellen, der zugleich ihm an Macht ebenbürtig und Roms Klient war.

Dennoch hätte vielleicht, wie die Verhältnisse einmal standen, ein weiser und sein Volk mit Hingebung beherrschender Regent sich entschlossen, den ungleichen Kampf gegen Rom nicht wieder aufzunehmen; allein Philippos, in dessen Charakter von allen edlen Motiven das Ehrgefühl, von allen unedlen die Rachsucht am mächtigsten waren, war taub für die Stimme sei es der Feigheit, sei es der Resignation, und nährte tief im Herzen den Entschluß, abermals die Würfel zu werfen. Als ihm wieder einmal Schmähungen hinterbracht wurden, wie sie auf den thessalischen Tagsatzungen gegen Makedonien zu fallen pflegten, antwortete er mit der Theokritischen Zeile, daß noch die letzte Sonne nicht untergegangen sei[1].

Philippos bewies bei der Vorbereitung und der Verbergung seiner Entschlüsse eine Ruhe, einen Ernst und eine Konsequenz, die, wenn er in besseren Zeiten sie bewährt hätte, vielleicht den Geschicken der Welt eine andere Richtung gegeben haben würden. Namentlich die Fügsamkeit gegen die Römer, mit der er sich die unentbehrliche Frist erkaufte, war für den harten und stolzen Mann eine schwere Prüfung, die er doch mutig ertrug – seine Untertanen freilich und die unschuldigen Gegenstände des Haders, wie das unglückliche Maroneia, büßten schwer den verhaltenen Groll. Schon im Jahre 571 *(183)* schien der Krieg ausbrechen zu müssen; aber auf Philippos' Geheiß bewirkte sein jüngerer Sohn Demetrios eine Ausgleichung des Vaters mit Rom, wo er einige Jahre als Geisel gelebt hatte und sehr beliebt war. Der Senat, namentlich Flamininus, der die griechischen Angelegenheiten leitete, suchte in Makedonien eine römische Partei zu bilden, die Philippos' natürlich den Römern nicht unbekannte Bestrebungen zu paralysieren imstande wäre, und hatte zu deren Haupt, ja vielleicht zum künftigen König Makedoniens, den jüngeren, leidenschaftlich an Rom hängenden Prinzen ausersehen. Man gab mit absichtlicher Deutlichkeit zu verstehen, daß der Senat dem Vater um des Sohnes willen verzeihe; wovon natürlich die Folge war, daß im königlichen Hause selbst Zwistigkeiten entstanden und namentlich des Königs älterer und vom Vater zum Nachfolger bestimmter, aber in ungleicher Ehe erzeugter Sohn Perseus in seinem Bruder den künftigen Nebenbuhler zu verderben suchte. Es scheint nicht, daß Demetrios sich in die römischen Intrigen einließ; erst der falsche Verdacht des Verbrechens zwang ihn, schuldig zu werden, und auch da beabsichtigte er, wie es scheint, nichts weiter als die Flucht nach Rom. Indes Perseus sorgte dafür, daß der Vater diese Absicht auf die rechte Weise erfuhr; ein untergeschobener Brief von Flamininus an Demetrios tat das übrige und lockte dem Vater den Befehl ab, den Sohn aus dem Wege zu räumen. Zu spät erfuhr Philippos die Ränke, die Perseus gesponnen hatte, und der Tod ereilte ihn über der Absicht, den Brudermörder zu strafen und von der Thronfolge auszuschließen. Er starb im Jahre 575 *(179)* in Demetrias, im neunundfünfzigsten Lebensjahre. Das Reich hinterließ er zerschmettert, das Haus zerrüttet, und gebrochenen Herzens

---

[1] *Ἤδη γὰρ φράσδη πάνθ' ἄλιον ἄμμι δεδύκειν* (1, 102).

gestand er sich ein, daß all seine Mühsal und all seine Frevel vergeblich gewesen waren.

Sein Sohn Perseus trat darauf die Regierung an, ohne in Makedonien oder bei dem römischen Senat Widerspruch zu finden. Er war ein stattlicher Mann, in allen Leibesübungen wohl erfahren, im Lager aufgewachsen und des Befehlens gewohnt, gleich seinem Vater herrisch und nicht bedenklich in der Wahl seiner Mittel. Ihn reizten nicht der Wein und die Frauen, über die Philippos seines Regiments nur zu oft vergaß; er war stetig und beharrlich wie sein Vater leichtsinnig und leidenschaftlich. Philippos, schon als Knabe König und in den ersten zwanzig Jahren seiner Herrschaft vom Glück begleitet, war vom Schicksal verwöhnt und verdorben worden; Perseus bestieg den Thron in seinem einunddreißigsten Jahr, und wie er schon als Knabe mitgenommen worden war in den unglücklichen römischen Krieg, wie er aufgewachsen war im Druck der Erniedrigung und in dem Gedanken einer nahen Wiedergeburt des Staates, so erbte er von seinem Vater mit dem Reich seine Drangsale, seine Erbitterung und seine Hoffnungen. In der Tat griff er mit aller Entschlossenheit die Fortsetzung des väterlichen Werkes an und rüstete eifriger, als es vorher geschehen war, zum Kriege gegen Rom; kam doch für ihn noch hinzu, daß es wahrlich nicht die Schuld der Römer war, wenn er das makedonische Diadem trug. Mit Stolz sah die stolze makedonische Nation auf den Prinzen, den sie an der Spitze ihrer Jugend stehen und fechten zu sehen gewohnt war; seine Landsleute und viele Hellenen aller Stämme meinten in ihm den rechten Feldherrn für den nahen Befreiungskrieg gefunden zu haben. Aber er war nicht, was er schien; ihm fehlte Philipps Genialität und Philipps Spannkraft, die wahrhaft königlichen Eigenschaften, die das Glück verdunkelt und geschändet, aber die reinigende Macht der Not wieder zu Ehren gebracht hatte. Philippos ließ sich und die Dinge gehen; aber wenn es galt, fand er in sich die Kraft zu raschem und ernstlichem Handeln. Perseus spann weite und feine Pläne und verfolgte sie mit unermüdlicher Beharrlichkeit; aber wenn die Stunde schlug und das, was er angelegt und vorbereitet hatte, ihm in der lebendigen Wirklichkeit entgegentrat, erschrak er vor seinem eigenen Werke. Wie es beschränkten Naturen eigen ist, ward ihm das Mittel zum Zweck; er häufte Schätze auf Schätze für den Römerkrieg und als die Römer im Lande standen, vermochte er nicht von seinen Goldstücken sich zu trennen. Es ist bezeichnend, daß nach der Niederlage der Vater zuerst eilte, die kompromittierenden Papiere in seinem Kabinett zu vernichten, der Sohn dagegen seine Kassen nahm und sich einschiffte. In gewöhnlichen Zeiten hätte er einen König vom Dutzendschlag so gut und besser wie mancher andere abgeben können; aber er war nicht geschaffen, ein Unternehmen zu leiten, das von Haus aus verloren war, wenn nicht ein außerordentlicher Mann es beseelte.

Makedoniens Macht war nicht gering. Die Ergebenheit des Landes gegen das Haus der Antigoniden war ungebrochen, das Nationalgefühl hier allein nicht durch den Hader politischer Parteien paralysiert. Den großen Vorteil der monarchischen Verfassung, daß jeder Regierungswechsel den alten Groll und Zank beseitigt und eine Ära anderer Menschen und frischer Hoffnungen heraufführt, hatte der König verständig benutzt und seine Regierung begonnen mit allgemeiner Amnestie, mit Zurückberufung der flüchtigen Bankerottierer und Erlaß der rückständigen Steuern. Die gehässige Härte des Vaters brachte also dem Sohn nicht bloß Vorteil, sondern auch Liebe. Sechsundzwanzig Friedensjahre hatten die Lücken in der makedonischen Bevölkerung teils von selbst ausgefüllt, teils der Regierung gestattet, hierfür als für den eigentlichen wunden Fleck des Landes ernstliche Fürsorge zu treffen. Philippos hielt die Makedonier an zur Ehe und Kinderzeugung; er besetzte die Küstenstädte, aus denen er die Einwohner in das Innere zog, mit thrakischen Kolonisten von zuverlässiger Wehrhaftigkeit und Treue; er zog, um die verheerenden Einfälle der Dardaner ein für allemal abzuwehren, gegen Norden eine Scheidewand, indem er das Zwischenland jenseits der Landesgrenze bis an das barbarische Gebiet zu Einöde machte, und gründete neue Städte in den nördlichen Provinzen. Kurz, er tat Zug für Zug dasselbe für Makedonien, wodurch später Augustus das Römische Reich zum zweitenmal gründete. Die Armee war zahlreich – 30000 Mann, ohne die Zuzüge und die Mietstruppen zu rechnen – und die junge Mannschaft geübt durch den beständigen Grenzkrieg gegen die thrakischen Barbaren. Seltsam ist es, daß Philippos nicht wie Hannibal es versuchte, sein Heer römisch zu organisieren; allein es begreift sich, wenn man sich erinnert, was den Makedoniern ihre zwar oft überwundene, aber doch noch immer unüberwindlich geglaubte Phalanx galt. Durch die neuen Finanzquellen, die Philippos in Bergwerken, Zöllen und Zehnten sich geschaffen hatte, und den aufblühenden Ackerbau und Handel war es gelungen, den Schatz, die Speicher und die Arsenale zu füllen; als der Krieg begann, lag im makedonischen Staatsschatz Geld genug, um für das dermalige Heer und für 10 000 Mann Mietstruppen auf zehn Jahre den Sold zu zahlen und fanden sich in den öffentlichen Magazinen Getreidevorräte auf ebenso lange Zeit (18 Mill. Medimnen oder preußische Scheffel) und Waffen für ein dreifach so starkes Heer, als das gegenwärtige war. In der Tat war Makedonien ein ganz anderer Staat geworden, als da es durch den Ausbruch des zweiten Krieges mit Rom überrascht ward; die Macht des Reiches war in allen Beziehungen mindestens verdoppelt – mit einer in jeder Hinsicht weit geringeren hatte Hannibal es vermocht, Rom bis in seine Grundfesten zu erschüttern.

Nicht so günstig standen die äußeren Verhältnisse. Es lag in der Natur der Sache, daß Makedonien jetzt die Pläne von Hannibal und von Antiochos wieder aufnehmen und versuchen mußte, sich an die Spitze einer Koalition aller unterdrückten Staaten gegen Roms Suprematie zu stellen; und allerdings gingen die Fäden vom Hofe zu Pydna nach allen Seiten. Indes der Erfolg war gering. Daß die Treue der Italiker schwankte, ward wohl behauptet; allein es konnte weder Freund noch Feind entgehen, daß zunächst die Wiederaufnahme der Samnitenkriege nicht gerade wahrscheinlich sei. Die nächtlichen Konferenzen makedonischer Abgeordneter mit dem karthagischen Senat, die Massenissa in Rom denunzierte, konnten gleichfalls ernsthafte und einsichtige Männer nicht erschrecken, selbst wenn sie nicht, wie es sehr möglich ist, völlig erfunden waren. Die Könige von Syrien und Bithynien suchte der makedonische Hof durch Zwischenheiraten in das makedonische Interesse zu ziehen; allein es kam dabei weiter nichts heraus, als daß die unsterbliche Naivität der Diplomatie, die Länder mit Liebschaften erobern zu wollen, sich einmal mehr prostituierte. Den Eumenes, den gewinnen zu wollen lächerlich gewesen wäre, hätten Perseus' Agenten gern beseitigt; er sollte auf der Rückkehr von Rom, wo er gegen Makedonien gewirkt hatte, bei Delphi ermordet werden, allein der saubere Plan mißlang.

Von größerer Bedeutung waren die Bestrebungen, die nördlichen Barbaren und die Hellenen gegen Rom aufzuwiegeln. Philippos hatte den Plan entworfen, die alten Feinde Makedoniens, die Dardaner in dem heutigen Serbien, zu erdrücken durch einen anderen, vom linken Ufer der Donau herbeigezogenen, noch wilderen Schwarm deutscher Abstammung, den der Bastarner, sodann mit diesen und der ganzen dadurch in Bewegung gesetzten Völkerlawine selbst nach Italien auf dem Landweg zu ziehen und in die Lombardei einzufallen, wohin er die Alpenpässe bereits erkunden ließ – ein großartiger, Hannibals würdiger Entwurf, welchen auch ohne Zweifel Hannibals Alpenübergang unmittelbar angeregt hat. Es ist mehr als wahrscheinlich, daß hiermit die Gründung der römischen Festung Aquileia (2, 192) zusammenhängt, die eben in Philippos' letzte Zeit fällt (573 *181*) und nicht paßt zu dem sonst von den Römern bei ihren italischen Festungsanlagen befolgten System. Der Plan scheiterte indes an dem verzweifelten Widerstand der Dardaner und der mitbetroffenen nächstwohnenden Völkerschaften; die Bastarner mußten wieder abziehen und der ganze Haufen ertrank auf der Heimkehr unter dem einbrechenden Eise der Donau. Der König suchte nun wenigstens unter den Häuptlingen des illyrischen Landes, des heutigen Dalmatiens und des nördlichen Albaniens, seine Klientel auszubreiten. Nicht ohne Perseus' Vorwissen kam einer derselben, der treulich zu Rom hielt, Arthetauros, durch Mörderhand um. Der bedeutendste von allen, Genthios, der Sohn und Erbe des Pleuratos, stand zwar dem Namen nach gleich seinem Vater in Bündnis mit Rom, allein die Boten von Issa, einer griechischen Stadt auf einer der dalmatinischen Inseln, berichteten dem Senat, daß König Perseus mit dem jungen, schwachen, trunkfälligen Menschen in heimlichem Einverständnis stehe und Genthios' Gesandte in Rom dem Perseus als Spione dienten.

In den Landschaften östlich von Makedonien gegen die untere Donau zu stand der mächtigste unter den thrakischen Häuptlingen, der Fürst der Odrysen und Herr des ganzen östlichen Thrakiens von der makedonischen Grenze am Hebros (Maritza) bis an den mit griechischen Städten bedeckten Küstensaum, der kluge und tapfere Kotys, mit Perseus im engsten Bündnis; von den anderen kleineren Häuptlingen, die es hier mit Rom hielten, ward einer, der Fürst der Sagäer, Abrupolis, infolge eines gegen Amphipolis am Strymon gerichteten Raubzugs von Perseus geschlagen und aus dem Lande getrieben. Von hierher hatte Philipp zahlreiche Kolonisten gezogen und standen Söldner zu jeder Zeit in beliebiger Zahl zu Gebot.

Unter der unglücklichen hellenischen Nation ward von Philippos und Perseus lange vor der Kriegserklärung gegen Rom ein zwiefacher Propagandakrieg lebhaft geführt, indem man teils die nationale, teils – man gestatte den Ausdruck – die kommunistische Partei auf die Seite Makedoniens zu bringen versuchte. Daß alle national Gesinnten unter den asiatischen wie unter den europäischen Griechen jetzt im Herzen makedonisch waren, versteht sich von selbst; nicht wegen einzelner Ungerechtigkeiten der römischen Befreier, sondern weil die Herstellung der hellenischen Nationalität durch eine fremde den Widerspruch in sich selbst trug, und jetzt, wo es freilich zu spät war, jeder es begriff, daß die abscheulichste makedonische Regierung minder unheilvoll für Griechenland war als die aus den edelsten Absichten ehrenhafter Ausländer hervorgegangene freie Verfassung. Daß die tüchtigsten und rechtschaffensten Leute in ganz Griechenland gegen Rom Partei ergriffen, war in der Ordnung; römisch gesinnt war nur die feile Aristokratie und hier und da ein einzelner ehrlicher Mann, der ausnahmsweise sich über den Zustand und die Zukunft der Nation nicht täuschte. Am schmerzlichsten empfand dies Eumenes von Pergamon, der Träger jener fremdländischen Freiheit unter den Griechen. Vergeblich behandelte er die ihm unterworfenen Städte mit Rücksichten aller Art; vergeblich buhlte er um die Gunst der Gemeinden und der Tagsatzungen mit wohlklingenden Worten und noch besser klingendem Golde – er mußte vernehmen, daß man seine Geschenke zurückgewiesen, ja daß man eines schönen Tages im ganzen Peloponnes nach Tagsatzungsbeschluß alle früher ihm errichteten Statuen zerschlagen und die Ehrentafeln eingeschmolzen habe (584 *170*), während Perseus' Name auf allen Lippen war; während selbst die ehemals am entschiedensten antimakedonisch gesinnten Staaten, wie die Achäer, über die Aufhebung der gegen Makedonien gerichteten Gesetze berieten; während Byzantion, obwohl innerhalb des Pergamenischen Reiches gelegen, nicht von Eumenes, sondern von Perseus Schutz und Besatzung gegen die Thraker erbat und empfing, und ebenso Lampsakos am Hellespont sich dem Makedonier anschloß; während die mächtigen und besonnenen Rhodier dem König Perseus seine syrische Braut, da die syrischen Kriegsschiffe im Ägäischen Meer sich nicht zeigen durften, mit ihrer ganzen prächtigen Kriegsflotte von Antiocheia her zuführten und hochgeehrt und reich beschenkt, namentlich mit Holz zum Schiffbau, wieder heimkehrten; während Beauftragte der asiatischen Städte, also der Untertanen des Eumenes, in Samothrake mit makedonischen Abgeordneten geheime Konferenzen hielten. Jene Sendung der rhodischen Kriegsflotte schien wenigstens eine Demonstration; und sicher war es eine, daß der König Perseus unter dem Vorwand einer gottesdienstlichen Handlung bei Delphi den Hellenen sich und seine ganze Armee zur Schau stellte. Daß der König sich auf diese nationale Propaganda bei dem bevorstehenden

Kriege zu stützen gedachte, war in der Ordnung. Arg aber war es, daß er die fürchterliche ökonomische Zerrüttung Griechenlands benutzte, um alle diejenigen, die eine Umwälzung der Eigentums- und Schuldverhältnisse wünschten, an Makedonien zu ketten. Von der beispiellosen Überschuldung der Gemeinden wie der einzelnen im europäischen Griechenland, mit Ausnahme des in dieser Hinsicht etwas besser geordneten Peloponnes, ist es schwer, sich einen hinreichenden Begriff zu machen; es kam vor, daß eine Stadt die andere überfiel und ausplünderte, bloß um Geld zu machen, so zum Beispiel die Athener Oropos, und bei den Ätolern, den Perrhaebern, den Thessalern lieferten die Besitzenden und die Nichtbesitzenden sich förmliche Schlachten. Die ärgsten Greueltaten verstehen sich bei solchen Zuständen von selbst; so wurde bei den Ätolern eine allgemeine Versöhnung verkündet und ein neuer Landfriede gemacht, einzig zu dem Zweck, eine Anzahl von Emigranten ins Garn zu locken und zu ermorden. Die Römer versuchten zu vermitteln; aber ihre Gesandten kehrten unverrichteter Sache zurück und meldeten, daß beide Parteien gleich schlecht und die Erbitterung nicht zu bezähmen sei. Hier half in der Tat nichts anderes mehr als der Offizier und der Scharfrichter; der sentimentale Hellenismus fing an, ebenso grauenvoll zu werden, wie er von Anfang an lächerlich gewesen war. König Perseus aber bemächtigte sich dieser Partei, wenn sie den Namen verdient, der Leute, die nichts, am wenigsten einen ehrlichen Namen zu verlieren hatten, und erließ nicht bloß Verfügungen zu Gunsten der makedonischen Bankerottierer, sondern ließ auch in Larisa, Delphi und Delos Plakate anschlagen, welche sämtliche wegen politischer oder anderer Verbrechen oder ihrer Schulden wegen landflüchtig gewordene Griechen aufforderten, nach Makedonien zu kommen und volle Einsetzung in ihre ehemaligen Ehren und Güter zu gewärtigen. Daß sie kamen, kann man sich denken; ebenso daß in ganz Nordgriechenland die glimmende soziale Revolution nun in offene Flammen ausschlug und die national-soziale Partei daselbst um Hilfe zu Perseus sandte. Wenn die hellenische Nationalität nur mit solchen Mitteln zu retten war, so durfte bei aller Verehrung für Sophokles und Pheidias man sich die Frage erlauben, ob das Ziel des Preises wert sei.

Der Senat begriff, daß er schon zu lange gezögert habe und daß es Zeit sei, dem Treiben ein Ende zu machen. Die Vertreibung des thrakischen Häuptlings Abrupolis, der mit den Römern in Bündnis stand, die Bündnisse Makedoniens mit den Byzantiern,

Ätolern und einem Teil der böotischen Städte waren ebensoviel Verletzungen des Friedens von 557 *(197)* und genügten für das offizielle Kriegsmanifest; der wahre Grund des Krieges war, daß Makedonien im Begriff stand, seine formelle Souveränität in eine reelle zu verwandeln und Rom aus dem Patronat über die Hellenen zu verdrängen. Schon 581 *(173)* sprachen die römischen Gesandten auf der achäischen Tagsatzung es ziemlich unumwunden aus, daß ein Bündnis mit Perseus mit dem Abfall von dem römischen gleichbedeutend sei. Im Jahr 582 *(172)* kam König Eumenes persönlich nach Rom mit einem langen Beschwerdenregister und deckte die ganze Lage der Dinge im Senat auf, worauf dieser wider Erwarten in geheimer Sitzung sofort die Kriegserklärung beschloß und die Landungsplätze in Epeiros mit Besatzungen versah. Der Form wegen ging noch eine Gesandtschaft nach Makedonien, deren Botschaft aber derart war, daß Perseus, erkennend, daß er nicht zurück könne, die Antwort gab, er sei bereit, ein neues wirklich gleiches Bündnis mit Rom zu schließen, allein den Vertrag von 557 *(197)* sehe er als aufgehoben an, und die Gesandten anwies, binnen drei Tagen das Reich zu verlassen. Damit war der Krieg tatsächlich erklärt. Es war im Herbst 582 *(172)*; wenn Perseus wollte, konnte er ganz Griechenland besetzen und die makedonische Partei überall ans Regiment bringen, ja vielleicht die bei Apollonia stehende römische Division von 5000 Mann unter Gnaeus Sicinius erdrücken und den Römern die Landung streitig machen. Allein der König, dem schon vor dem Ernst der Dinge zu grauen begann, ließ sich mit seinem Gastfreund, dem Konsular Quintus Marcius Philippus, über die Frivolität der römischen Kriegserklärung in Verhandlungen ein und sich durch diese bestimmen, den Angriff zu verschieben und noch einmal einen Friedensversuch in Rom zu machen, den, wie begreiflich, der Senat nur beantwortete mit der Ausweisung sämtlicher Makedonier aus Italien und der Einschiffung der Legionen. Zwar tadelten die Senatoren der älteren Schule die »neue Weisheit« ihres Kollegen und die unrömische List; allein der Zweck war erreicht und der Winter verfloß, ohne daß Perseus sich rührte. Desto eifriger nutzten die römischen Diplomaten die Zwischenzeit, um Perseus eines jeden Anhaltes in Griechenland zu berauben. Der Archäer war man sicher. Nicht einmal die Patriotenpartei daselbst, die weder mit jenen sozialen Bewegungen einverstanden war noch überhaupt sich weiter verstieg als zu der Sehnsucht nach einer weisen Neutralität, dachte daran, sich Perseus in die Arme zu werfen; und überdies war dort jetzt durch römischen Einfluß die Gegenpartei ans Ruder gekommen, die unbedingt sich an Rom anschloß. Der Ätolische Bund hatte zwar in seinen inneren Unruhen von Perseus Hilfe erbeten; aber der unter den Augen der römischen Gesandten gewählte neue Strateg Lykiskos war römischer gesinnt als die Römer selbst. Auch bei den Thessalern behielt die römische Partei die Oberhand. Sogar die von Alters her makedonisch gesinnten und ökonomisch aufs tiefste zerrütteten Böoter hatten in ihrer Gesamtheit sich nicht offen für Perseus erklärt; doch ließen wenigstens drei ihrer Städte, Thisbae, Haliartos und Koroneia auf eigene Hand sich mit Perseus ein. Da auf die Beschwerde des römischen Gesandten die Regierung der böotischen Eidgenossenschaft ihm den Stand der Dinge mitteilte, erklärte jener, daß sich am besten zeigen werde, welche Stadt es mit Rom halte und welche nicht, wenn jede sich einzeln ihm gegenüber ausspreche; und daraufhin lief die Böotische Eidgenossenschaft geradezu auseinander. Es ist nicht wahr, daß Epaminondas' großer Bau von den Römern zerstört worden ist; er fiel tatsächlich zusammen, ehe sie daran rührten, und ward also freilich das Vorspiel für die Auflösung der übrigen, noch fester geschlossenen griechischen Städtebünde[2]. Mit der Mannschaft der römisch gesinnten böotischen Städte belagerte der römische Gesandte Publius Lentulus Haliartos, noch ehe die römische Flotte im Ägäischen Meer erschien.

Chalkis ward mit achäischer, die orestische Landschaft mit epeirotischer Mannschaft, die dassaretischen und illyrischen Kastelle an der makedonischen Westgrenze von den Truppen des Gnaeus Sicinius besetzt, und sowie die Schiffahrt wieder begann, erhielt Larisa eine Besatzung von 2000 Mann. Perseus sah dem allem untätig zu und hatte keinen Fußbreit Landes außerhalb seines eigenen Gebietes inne, als im Frühling oder nach dem offiziellen Kalender im Juni 583 *(171)* die römischen Legionen an der Westküste landeten. Es ist zweifelhaft, ob Perseus namhafte Bundesgenossen gefunden haben würde, auch wenn er soviel Energie gezeigt hätte, als er Schlaffheit bewies; unter diesen Umständen blieb er natürlich völlig allein, und jene weitläufigen Propagandaversuche führten vorläufig wenigstens zu gar nichts. Karthago, Genthios von Illyrien, Rhodos und die kleinasiatischen Freistädte, selbst das mit Perseus bisher so eng befreundete

---

[2] Die rechtliche Auflösung der Böotischen Eidgenossenschaft erfolgte übrigens wohl noch nicht jetzt, sondern erst nach der Zerstörung Korinths (Paus. 7, 14, 4; 16, 6.)

Byzanz, boten den Römern Kriegsschiffe an, welche diese indes ablehnten. Eumenes machte sein Landheer und seine Schiffe mobil. König Ariarathes von Kappadokien schickte ungeheißen Geiseln nach Rom. Perseus' Schwager, König Prusias II. von Bithynien, blieb neutral. In ganz Griechenland rührte sich niemand. König Antiochos IV. von Syrien, im Kurialstil »der Gott, der glänzende Siegbringer« genannt zur Unterscheidung von seinem Vater, dem »Großen«, rührte sich zwar, aber nur um dem ganz ohnmächtigen Ägypten während dieses Krieges das syrische Küstenland zu entreißen.

Indes wenn Perseus auch fast allein stand, so war er doch ein nicht verächtlicher Gegner. Sein Heer zählte 43 000 Mann, darunter 21 000 Phalangiten und 4000 makedonische und thrakische Reiter, der Rest größtenteils Söldner. Die Gesamtmacht der Römer in Griechenland betrug zwischen 30- und 40 000 Mann italischer Truppen, außerdem über 10 000 Mann numidischen, ligurischen, griechischen, kretischen und besonders pergamenischen Zuzugs. Dazu kam die Flotte, die nur 40 Deckschiffe zählte, da ihr keine feindliche gegenüberstand – Perseus, dem der Vertrag mit Rom Kriegsschiffe zu bauen verboten hatte, richtete erst jetzt Werften in Thessalonike ein –, die aber bis 10 000 Mann Truppen an Bord hatte, da sie hauptsächlich bei Belagerungen mitzuwirken bestimmt war. Die Flotte führte Gaius Lucretius, das Landheer der Konsul Publius Licinius Crassus. Derselbe ließ eine starke Abteilung in Illyrien, um von Westen aus Makedonien zu beunruhigen, während er mit der Hauptmacht wie gewöhnlich von Apollonia nach Thessalien aufbrach. Perseus dachte nicht daran, den schwierigen Marsch zu stören, sondern begnügte sich, in Perrhaebien einzurücken und die nächsten Festungen zu besetzen. Am Ossa erwartete er den Feind und unweit Larisa erfolgte das erste Gefecht zwischen den beiderseitigen Reitern und leichten Truppen. Die Römer wurden entschieden geschlagen. Kotys mit der thrakischen Reiterei hatte die italische, Perseus mit der makedonischen die griechische geworfen und zersprengt; die Römer hatten 2000 Mann zu Fuß, 2000 Reiter an Toten, 600 Reiter an Gefangenen verloren und mußten sich glücklich schätzen, unbehindert den Peneios überschreiten zu können. Perseus benutzte den Sieg, um auf dieselben Bedingungen, die Philippos erhalten hatte, den Frieden zu erbitten; sogar dieselbe Summe zu zahlen war er bereit. Die Römer schlugen die Forderung ab; sie schlossen nie Frieden nach einer Niederlage, und hier hätte der Friedensschluß allerdings folgeweise den Verlust Griechenlands nach sich gezogen. Indes anzugreifen verstand der elende römische Feldherr auch nicht; man zog hin und her in Thessalien, ohne daß etwas von Bedeutung geschah. Perseus konnte die Offensive ergreifen; er sah die Römer schlecht geführt und zaudernd; wie ein Lauffeuer war die Nachricht durch Griechenland gegangen, daß das griechische Heer im ersten Treffen glänzend gesiegt habe – ein zweiter Sieg konnte zur allgemeinen Insurrektion der Patriotenpartei führen und durch die Eröffnung eines Guerillakrieges unberechenbare Erfolge bewirken. Allein Perseus war ein guter Soldat, aber kein Feldherr wie sein Vater; er hatte sich auf einen Verteidigungskrieg gefaßt gemacht, und wie die Dinge anders gingen, fand er sich wie gelähmt. Einen unbedeutenden Erfolg, den die Römer in einem zweiten Reitergefecht bei Phalanna davontrugen, nahm er zum Vorwand, um nun doch, wie es beschränkten und eigensinnigen Naturen eigen ist, zu dem ersten Plan zurückzukehren und Thessalien zu räumen. Das hieß natürlich soviel, als auf jeden Gedanken einer hellenischen Insurrektion verzichten; was sonst sich hätte erreichen lassen, zeigt der dennoch erfolgte Parteiwechsel der Epeiroten. Von beiden Seiten geschah seitdem nichts Ernstliches mehr; Perseus überwand den König Genthios, züchtigte die Dardaner und ließ durch Kotys die römisch gesinnten Thraker und die pergamenischen Truppen aus Thrakien hinausschlagen. Dagegen nahm die römische Westarmee einige illyrische Städte, und der Konsul beschäftigte sich damit, Thessalien von den makedonischen Besatzungen zu reinigen und sich der unruhigen Ätoler und Akarnanen durch Besetzung von Ambrakia zu versichern. Am schwersten aber empfanden den römischen Heldenmut die unglücklichen böotischen Städte, die mit Perseus hielten; die Einwohner sowohl von Thisbae, das sich ohne Widerstand ergab, sowie der römische Admiral Gaius Lucretius vor der Stadt erschien, wie von Haliartos, das ihm die Tore schloß und erstürmt werden mußte, wurden von ihm in die Sklaverei verkauft, Koroneia von dem Konsul Crassus gar der Kapitulation zuwider ebenso behandelt. Noch nie hatte ein römisches Heer so schlechte Mannszucht gehalten wie unter diesen Befehlshabern. Sie hatten das Heer so zerrüttet, daß auch im nächsten Feldzug 584 *(170)* der neue Konsul Aulus Hostilius an ernstliche Unternehmungen nicht denken konnte, zumal da der neue Admiral Lucius Hortensius sich ebenso unfähig und gewissenlos erwies wie sein Vorgänger. Die Flotte lief ohne allen Erfolg in den thrakischen Küstenplätzen an. Die Westarmee unter Appius Claudius, dessen Hauptquartier in Lychnidos im dassaretischen Gebiet war, erlitt eine Schlappe über die andere; nachdem eine Expedition nach Makedonien hinein völlig verunglückt war, griff gegen Anfang des Winters der König mit den an der Südgrenze durch den tiefen, alle Pässe sperrenden Schnee entbehrlich gewordenen Truppen den Appius seinerseits an, nahm ihm zahlreiche Ortschaften und eine Menge Gefangene ab und knüpfte Verbindungen mit dem König Genthios an; ja er konnte einen Versuch machen, in Ätolien einzufallen, während Appius sich in Epeiros von der Besatzung einer Festung, die er vergeblich belagert hatte, noch einmal schlagen ließ. Die römische Hauptarmee machte ein paar Versuche, erst über die Kambunischen Berge, dann durch die thessalischen Pässe in Makedonien einzudringen, aber sie wurden schlaff angestellt und beide von Perseus zurückgewiesen. Hauptsächlich beschäftigte der Konsul sich mit der Reorganisierung des Heeres, die freilich auch vor allen Dingen nötig war, aber einen strengeren Mann und einen namhafteren Offizier erforderte. Abschied und Urlaub waren käuflich geworden, die Abteilungen daher niemals vollzählig; die Mannschaft ward im Sommer einquartiert, und wie die Offiziere im großen Stil, stahlen die Gemeinen im kleinen; die befreundeten Völkerschaften wurden in schmählicher Weise beargwohnt – so wälzte man die Schuld der schimpflichen Niederlage bei Larisa auf die angebliche Verräterei der ätolischen Reiterei und sandte unerhörterweise deren Offiziere zur Kriminaluntersuchung nach Rom; so drängte man die Molotter in Epeiros durch falschen Verdacht zum wirklichen Abfall; die verbündeten Städte wurden, als wären sie erobert, mit Kriegskontributionen belegt, und wenn sie auf den römischen Senat provozierten, die Bürger hingerichtet oder zu Sklaven verkauft – so in Abdera und ähnlich in Chalkis. Der Senat schritt sehr ernstlich ein[3]: er befahl die Befreiung der unglücklichen Koroneier und Abderiten und verbot den römischen Beamten, ohne Erlaubnis des Senats Leistungen von den Bundesgenossen zu verlangen. Gaius Lucretius ward von der Bürgerschaft einstimmig verurteilt. Allein das konnte nicht ändern, daß das Ergebnis dieser beiden ersten Feldzüge militärisch null, politisch ein Schandfleck für die Römer war, deren ungemeine Erfolge im Osten nicht zum wenigsten darauf beruhten, daß sie der hellenischen Sündenwirtschaft ge-

---

[3] Der kürzlich aufgefundene Senatsbeschluß vom 9. Oktober 584 *(170)*, der die Rechtsverhältnisse von Thisbae regelt (Eph. epigr. 1872, S. 278 f.; AM 4, 1889, S. 35 f.), gibt einen deutlichen Einblick in diese Verhältnisse.

genüber sittlich rein und tüchtig auftraten. Hätte an Perseus' Stelle Philippos kommandiert, so würde dieser Krieg vermutlich mit der Vernichtung des römischen Heeres und dem Abfall der meisten Hellenen begonnen haben; allein Rom war so glücklich, in den Fehlern stets von seinen Gegnern überboten zu werden. Perseus begnügte sich in Makedonien, das nach Süden und Westen eine wahre Bergfestung ist, gleichwie in einer belagerten Stadt sich zu verschanzen.

Auch der dritte Oberfeldherr, den Rom 585 *(169)* nach Makedonien sandte, Quintus Marcius Philippus, jener schon erwähnte ehrliche Gastfreund des Königs, war seiner keineswegs leichten Aufgabe durchaus nicht gewachsen. Er war ehrgeizig und unternehmend, aber ein schlechter Offizier. Sein Wagestück, durch den Paß Lapathus westlich von Tempe den Übergang über den Olympos in der Art zu gewinnen, daß er gegen die Besatzung des Passes eine Abteilung zurückließ und mit der Hauptmacht durch unwegsame Abhänge nach Herakleion zu den Weg sich bahnte, wird dadurch nicht entschuldigt, daß es gelang. Nicht bloß konnte eine Handvoll entschlossener Leute ihm den Weg verlegen, wo dann an keinen Rückzug zu denken war, sondern noch nach dem Übergang stand er mit der makedonischen Hauptmacht vor sich, hinter sich die stark befestigten Bergfestungen Tempe und Lapathus, eingekeilt in eine schmale Strandebene und ohne Zufuhr wie ohne Möglichkeit zu fouragieren, in einer nicht minder verzweifelten Lage, als da er in seinem ersten Konsulat in den ligurischen Engpässen, die seitdem seinen Namen behielten, sich gleichfalls hatte umzingeln lassen. Allein wie damals ihn ein Zufall rettete, so jetzt Perseus' Unfähigkeit. Als ob er den Gedanken nicht fassen könne, gegen die Römer anders als durch Sperrung der Pässe sich zu verteidigen, gab er sich seltsamerweise verloren, sowie er die Römer diesseits derselben erblickte, flüchtete eiligst nach Pydna und befahl, seine Schiffe zu verbrennen und seine Schätze zu versenken. Aber selbst dieser freiwillige Abzug der makedonischen Armee befreite den Konsul noch nicht aus seiner peinlichen Lage. Er ging zwar ungehindert vor, mußte aber nach vier Tagemärschen wegen Mangels an Lebensmitteln sich wieder rückwärts wenden; und da auch der König zur Besinnung kam und schleunigst umkehrte, um in die verlassene Position wieder einzurücken, so wäre das römische Heer in große Gefahr geraten, wenn nicht zur rechten Zeit das unüberwindliche Tempe kapituliert und seine reichen Vorräte dem Feind überliefert hätte. Die Verbindung mit dem Süden war nun zwar dadurch dem römischen Heere gesichert; aber auch Perseus hatte sich in seiner früheren wohlgewählten Stellung an dem Ufer des kleinen Flusses Elpios stark verbarrikadiert und hemmte hier den weiteren Vormarsch der Römer. So verblieb das römische Heer den Rest des Sommers und den Winter eingeklemmt in den äußersten Winkel Thessaliens; und wenn die Überschreitung der Pässe allerdings ein Erfolg und der erste wesentliche in diesem Krieg war, so verdankte man ihn doch nicht der Tüchtigkeit des römischen, sondern der Verkehrtheit des feindlichen Feldherrn. Die römische Flotte versuchte vergebens Demetrias zu nehmen und richtete überhaupt gar nichts aus. Perseus' leichte Schiffe streiften kühn zwischen den Kykladen, beschützten die nach Makedonien bestimmten Kornschiffe und griffen die feindlichen Transporte auf. Bei der Westarmee stand es noch weniger gut; Appius Claudius konnte mit seiner geschwächten Abteilung nichts ausrichten, und der von ihm begehrte Zuzug aus Achaia ward durch die Eifersucht des Konsuls abgehalten zu kommen. Dazu kam, daß Genthios sich von Perseus durch das Versprechen einer großen Geldsumme hatte erkaufen lassen, mit Rom zu brechen, und die römischen Gesandten einkerkern ließ; worauf übrigens der sparsame König es überflüssig fand, die zugesicherten Gelder zu zahlen, da Genthios nun allerdings ohnehin gezwungen war, statt der bisherigen zweideutigen eine entschieden feindliche Stellung gegen Rom einzunehmen. So hatte man also einen kleinen Krieg mehr neben dem großen, der nun schon drei Jahre sich hinzog. Ja hätte Perseus sich von seinem Golde zu trennen vermocht, er hätte den Römern noch gefährlichere Feinde erwecken können. Ein Keltenschwarm unter Clondicus, 10 000 Mann zu Pferde und ebenso viele zu Fuß, bot in Makedonien selbst sich an, bei ihm Dienste zu nehmen; allein man konnte sich über den Sold nicht einigen. Auch in Hellas gärte es so, daß ein Guerillakrieg sich mit einiger Geschicklichkeit und einer vollen Kasse leicht hätte entzünden lassen; allein da Perseus nicht Lust hatte zu geben und die Griechen nichts umsonst taten, blieb das Land ruhig.

Endlich entschloß man sich in Rom, den rechten Mann nach Griechenland zu senden. Es war Lucius Aemilius Paullus, der Sohn des gleichnamigen Konsuls, der bei Cannae fiel; ein Mann von altem Adel, aber geringem Vermögen und deshalb auf dem Wahlplatz nicht so glücklich wie auf dem Schlachtfeld, wo er in Spanien und mehr noch in Ligurien sich ungewöhnlich hervorgetan. Ihn wählte das Volk für das Jahr 586 *(168)* zum zweitenmal zum Konsul seiner Verdienste wegen, was damals schon eine seltene Ausnahme war. Er war in jeder Beziehung der rechte: ein vorzüglicher Feldherr von der alten Schule, streng gegen sich und seine Leute und trotz seiner sechzig Jahre noch frisch und kräftig, ein unbestechlicher Beamter – »einer der wenigen Römer jener Zeit, denen man kein Geld bieten konnte«, sagt ein Zeitgenosse von ihm – und ein Mann von hellenischer Bildung, der noch als Oberfeldherr die Gelegenheit benutzte, um Griechenland der Kunstwerke wegen zu bereisen.

Sowie der neue Feldherr im Lager bei Herakleion eingetroffen war, ließ er, während Vorpostengefechte im Flußbett des Elpios die Makedonier beschäftigten, den schlecht bewachten Paß bei Pythion durch Publius Nasica überrumpeln; der Feind war dadurch umgangen und mußte nach Pydna zurückweichen. Hier, am römischen 4. September 586 *(168)* oder am 22. Juni des Julianischen Kalenders – eine Mondfinsternis, die ein kundiger römischer Offizier dem Heer voraussagte, damit kein böses Anzeichen darin gefunden werde, gestattet hier die genaue Zeitbestimmung – wurden beim Tränken der Rosse nach Mittag zufällig die Vorposten handgemein, und beide Teile entschlossen sich, die eigentlich erst auf den nächsten Tag angesetzte Schlacht sofort zu liefern. Ohne Helm und Panzer durch die Reihen schreitend ordnete der greise Feldherr der Römer selber seine Leute. Kaum standen sie, so stürmte die furchtbare Phalanx auf sie ein; der Feldherr selber, der doch manchen harten Kampf gesehen hatte, gestand später ein, daß er gezittert habe. Die römische Vorhut zerstob, eine paelignische Kohorte ward niedergerannt und fast vernichtet, die Legionen selbst wichen eilig zurück, bis sie einen Hügel erreicht hatten, bis hart an das römische Lager. Hier wandte sich das Glück. Das unebene Terrain und die eilige Verfolgung hatte die Glieder der Phalanx gelöst; in einzelnen Kohorten drangen die Römer in jede Lücke ein, griffen von der Seite und von hinten an, und da die makedonische Reiterei, die allein noch hätte Hilfe bringen können, ruhig zusah und bald sich in Massen davonmachte, mit ihr unter den ersten der König, so war in weniger als einer Stunde das Geschick Makedoniens entschieden. Die 3000 erlesenen Phalangiten ließen sich niederhauen bis auf den letzten Mann; es war, als wolle die Phalanx, die ihre letzte große Schlacht bei Pydna schlug, hier selber untergehen. Die Niederlage war furchtbar; 20 000 Makedonier lagen auf dem Schlachtfeld, 11 000 wurden gefangen. Der Krieg war zu Ende, am fünfzehnten Tage nachdem Paullus den

Oberbefehl übernommen hatte; ganz Makedonien unterwarf sich in zwei Tagen. Der König flüchtete mit seinem Golde – noch hatte er über 6000 Talente (10 Mill. Taler) in seiner Kasse – nach Samothrake, begleitet von wenigen Getreuen. Allein da er selbst von diesen noch einen ermordete, den Euandros von Kreta, der als Anstifter des gegen Eumenes versuchten Mordes zur Rechenschaft gezogen werden sollte, verließen ihn auch die königlichen Pagen und die letzten Gefährten. Einen Augenblick hoffte er, daß das Asylrecht ihn schützen werde; allein selbst er begriff, daß er sich an einen Strohhalm halte. Ein Versuch, zu Kotys zu flüchten, mißlang. So schrieb er an den Konsul; allein der Brief ward nicht angenommen, da er sich darin König genannt hatte. Er erkannte sein Schicksal und lieferte auf Gnade und Ungnade den Römern sich aus mit seinen Kindern und seinen Schätzen, kleinmütig und weinend, den Siegern selbst zum Ekel. Mit ernster Freude und mehr der Wandelbarkeit der Geschicke als dem gegenwärtigen Erfolg nachsinnend empfing der Konsul den vornehmsten Gefangenen, den je ein römischer Feldherr heimgebracht hat. Perseus starb wenige Jahre darauf als Staatsgefangener in Alba am Fuciner See[4]; sein Sohn lebte in späteren Jahren in derselben italischen Landstadt als Schreiber.

So ging das Reich Alexanders des Großen, das den Osten bezwungen und hellenisiert hatte, 144 Jahre nach seinem Tode zugrunde.

Damit aber zu dem Trauerspiel die Posse nicht fehlte, ward gleichzeitig auch der Krieg gegen den »König« Genthios von Illyrien von dem Prätor Lucius Anicius binnen dreißig Tagen begonnen und beendet, die Piratenflotte genommen, die Hauptstadt Skodra erobert, und die beiden Könige, der Erbe des großen Alexander und der des Pleuratos, zogen nebeneinander gefangen in Rom ein.

Es war im Senat beschlossen worden, daß die Gefahr nicht wiederkehren dürfe, die Flamininus' unzeitige Milde über Rom gebracht hatte. Makedonien ward vernichtet. Auf der Konferenz zu Amphipolis am Strymon verfügte die römische Kommission die Auflösung des festgeschlossenen, durch und durch monarchischen Einheitsstaates in vier, nach dem Schema der griechischen Eidgenossenschaften zugeschnittene republikanisch-föderative Gemeindebünde, den von Amphipolis in den östlichen

---

[4] Daß die Römer, um zugleich ihm das Wort zu halten, das ihm sein Leben verbürgte, und Rache an ihm zu nehmen, ihn durch Entziehung des Schlafs getötet, ist sicher eine Fabel.

Landschaften, den von Thessalonike mit der chalkidischen Halbinsel, den von Pella an der thessalischen Grenze und den von Pelagonia im Binnenland. Zwischenheiraten unter den Angehörigen der verschiedenen Eidgenossenschaften waren ungültig, und keiner durfte in mehr als einer derselben ansässig sein. Alle königlichen Beamten sowie deren erwachsene Söhne mußten das Land verlassen und sich nach Italien begeben, bei Todesstrafe – man fürchtete noch immer, und mit Recht, die Zuckungen der alten Loyalität. Das Landrecht und die bisherige Verfassung blieb übrigens bestehen; die Beamten wurden natürlich durch Gemeindewahlen ernannt und innerhalb der Gemeinden wie der Bünde die Macht in die Hände der Vornehmen gelegt. Die königlichen Domänen und die Regalien wurden den Eidgenossenschaften nicht zugestanden, namentlich die Gold- und Silbergruben, ein Hauptreichtum des Landes, zu bearbeiten untersagt; doch ward 596 *(158)* wenigstens die Ausbeutung der Silbergruben wieder gestattet[5]. Die Einfuhr von Salz, die Ausfuhr von Schiffbauholz wurden verboten. Die bisher an den König gezahlte Grundsteuer fiel weg, und es blieb den Eidgenossenschaften und den Gemeinden überlassen, sich selber zu besteuern; doch hatten diese die Hälfte der bisherigen Grundsteuer nach einem ein für allemal festgestellten Satz, zusammen jährlich 100 Talente (170000 Taler), nach Rom zu entrichten[6]. Das ganze Land ward für ewige Zeiten entwaffnet, die Festung Demetrias geschleift; nur an der Nordgrenze sollte eine Postenkette gegen die Einfälle der Barbaren bestehen bleiben. Von den abgelieferten Waffen wurden die kupfernen Schilde nach Rom gesandt, der Rest verbrannt.

---

[5] Die Angabe Cassiodors, daß im Jahre 596 *(158)* die makedonischen Bergwerke wieder eröffnet wurden, erhält ihre nähere Bestimmung durch die Münzen. Goldmünzen der vier Makedonien sind nicht vorhanden; die Goldgruben also blieben entweder geschlossen oder es wurde das gewonnene Gold als Barren verwertet. Dagegen finden sich allerdings Silbermünzen des ersten Makedoniens (Amphipolis), in welchem Bezirk die Silbergruben belegen sind; für die kurze Zeit, in der sie geschlagen sein müssen (596–608 *158–146*), ist die Zahl derselben auffallend groß und zeugt entweder von einem sehr energischen Betrieb der Gruben oder von massenhafter Umprägung des alten Königsgeldes.

[6] Wenn das makedonische Gemeinwesen durch die Römer der »herrschaftlichen Auflagen und Abgaben entlastet ward« (Polyb. 37, 4), so braucht deshalb noch nicht notwendig ein späterer Erlaß dieser Steuer angenommen zu werden; es genügt zur Erklärung von Polybios' Worten, daß die bisher herrschaftliche jetzt Gemeindesteuer ward. Der Fortbestand der der Provinz Makedonien von Paullus gegebenen Verfassung bis wenigstens in die augustische Zeit (Liv. 45, 32; Iust. 33, 2) würde freilich sich auch mit dem Erlaß der Steuer vereinigen lassen.

Man erreichte seinen Zweck. Das makedonische Land hat zweimal noch auf den Ruf von Prinzen aus dem alten Herrscherhause zu den Waffen gegriffen, und ist übrigens von jener Zeit bis auf den heutigen Tag ohne Geschichte geblieben.

Ähnlich ward Illyrien behandelt. Das Reich des Genthios ward in drei kleine Freistaaten zerschnitten; auch hier zahlten die Ansässigen die Hälfte der bisherigen Grundsteuer an ihre neuen Herren, mit Ausnahme der Städte, die es mit den Römern gehalten hatten und dafür Grundsteuerfreiheit erhielten – eine Ausnahme, die zu machen Makedonien keine Veranlassung bot. Die illyrische Piratenflotte ward konfisziert und den angeseheneren griechischen Gemeinden an dieser Küste geschenkt. Die ewigen Quälereien, welche die Illyrier den Nachbarn namentlich durch ihre Korsaren zufügten, hatten hiermit wenigstens auf lange hinaus ein Ende.

Kotys in Thrakien, der schwer zu erreichen und gelegentlich gegen Eumenes zu brauchen war, erhielt Verzeihung und seinen gefangenen Sohn zurück.

So waren die nördlichen Verhältnisse geordnet und auch Makedonien endlich von dem Joch der Monarchie erlöst – in der Tat, Griechenland war freier als je, ein König nirgend mehr vorhanden.

Aber man beschränkte sich nicht darauf, Makedonien Sehnen und Nerven zu zerschneiden. Es war im Senat beschlossen, die sämtlichen hellenischen Staaten, Freund und Feind, ein für allemal unschädlich zu machen und sie miteinander in dieselbe demütige Klientel hinabzudrücken. Die Sache selbst mag sich rechtfertigen lassen; allein die Art der Ausführung namentlich gegen die mächtigeren unter den griechischen Klientelstaaten ist einer Großmacht nicht würdig und zeigt, daß die Epoche der Fabier und Scipionen zu Ende ist. Am schwersten traf dieser Rollenwechsel denjenigen Staat, der von Rom geschaffen und großgezogen war, um Makedonien im Zaum zu halten, und dessen man jetzt nach Makedoniens Vernichtung freilich nicht mehr bedurfte, das Reich der Attaliden. Es war nicht leicht, gegen den klugen und besonnenen Eumenes einen erträglichen Vorwand zu finden, um ihn aus seiner bevorzugten Stellung zu verdrängen und ihn in Ungnade fallen zu lassen. Auf einmal kamen um die Zeit, da die Römer im Lager bei Herakleion standen, seltsame Gerüchte über ihn in Umlauf; er stehe mit Perseus im heimlichen Verkehr; plötzlich sei seine Flotte wie weggeweht gewesen; für seine Nichtteilnahme am Feldzug seien ihm 500, für die Vermittlung des Friedens 1500 Talente geboten worden, und nur an Perseus' Geiz habe sich der Vertrag zerschlagen. Was die pergamenische Flotte anlangt, so ging der König mit ihr, als die römische sich ins Winterquartier begab, gleichfalls heim, nachdem er dem Konsul seine Aufwartung gemacht hatte. Die Bestechungsgeschichte ist so sicher ein Märchen wie nur irgendeine heutige Zeitungsente; denn daß der reiche, schlaue und konsequente Attalide, der den Bruch zwischen Rom und Makedonien durch seine Reise 582 *(172)* zunächst veranlaßt hatte, und fast deswegen von Perseus' Banditen ermordet worden wäre, in dem Augenblick, wo die wesentlichen Schwierigkeiten eines Krieges überwunden waren, an dessen endlichem Ausgang er überdies nie ernstlich gezweifelt haben konnte, daß er seinen Anteil an der Beute seinem Mörder um einige Talente verkauft und das Werk langer Jahre an eine solche Erbärmlichkeit gesetzt haben sollte, ist denn doch nicht bloß gelogen, sondern sehr albern gelogen. Daß kein Beweis weder in Perseus' Papieren noch sonst sich vorfand, ist sicher genug; denn selbst die Römer wagten nicht, jene Verdächtigungen laut auszusprechen. Aber sie hatten ihren Zweck. Was man wollte, zeigt das Benehmen der römischen Großen gegen Attalos, Eumenes' Bruder, der die pergamenischen Hilfstruppen in Griechenland befehligt hatte. Mit offenen Armen ward der wackere und treue Kamerad in Rom empfangen und aufgefordert, nicht für seinen Bruder, sondern für sich zu bitten – gern werde der Senat ihm ein eigenes Reich gewähren, Attalos erbat nichts als Aenos und Maroneia. Der Senat meinte, daß dies nur eine vorläufige Bitte sei und gestand sie mit großer Artigkeit zu. Als er aber abreiste, ohne weitere Forderungen gestellt zu haben, und der Senat zu der Einsicht kam, daß die pergamenische Regentenfamilie unter sich nicht so lebe, wie es in den fürstlichen Häusern hergebracht war, wurden Aenos und Maroneia zu Freistädten erklärt. Nicht einen Fußbreit Landes erhielten die Pergamener von der makedonischen Beute; hatte man nach Antiochos' Besiegung Philippos gegenüber noch die Formen geschont, so wollte man jetzt verletzen und demütigen. Um diese Zeit scheint der Senat Pamphylien, über dessen Besitz Eumenes und Antiochos bisher gestritten, unabhängig erklärt zu haben. Wichtiger war es, daß die Galater, bisher im wesentlichen in der Gewalt des Eumenes, nachdem derselbe den pontischen König mit Waffengewalt aus Galatien vertrieben und im Frieden ihm die Zusage abgenötigt hatte, mit den galatischen Fürsten keine Verbindung ferner unterhalten zu

DER DRITTE MAKEDONISCHE KRIEG

wollen, jetzt, ohne Zweifel rechnend auf die zwischen Eumenes und den Römern eingetretene Spannung, wenn nicht geradezu von diesen veranlaßt, sich gegen Eumenes erhoben, sein Reich überschwemmten und ihn in große Gefahr brachten. Eumenes erbat die römische Vermittlung; der römische Gesandte war dazu bereit, meinte aber, daß Attalos, der das pergamenische Heer befehligte, besser nicht mitgehe, um die Wilden nicht zu verstimmen, und merkwürdigerweise richtete er gar nichts aus, ja er erzählte bei der Rückkehr, daß seine Vermittlung die Wilden erst recht erbittert habe. Es währte nicht lange, so ward die Unabhängigkeit der Galater von dem Senat ausdrücklich anerkannt und gewährleistet. Eumenes entschloß sich, persönlich nach Rom zu gehen und im Senat seine Sache zu führen. Da beschloß dieser plötzlich, wie vom bösen Gewissen geplagt, daß Könige künftig nicht mehr nach Rom sollten kommen dürfen, und schickte ihm nach Brundisium einen Quästor entgegen, ihm diesen Senatsbeschluß vorzulegen, ihn zu fragen, was er wolle, und ihm anzudeuten, daß man seine schleunige Abreise gern sehen werde. Der König schwieg lange; er begehre, sagte er endlich, weiter nichts und schiffte sich wieder ein. Er sah, wie es stand: die Epoche der halbmächtigen und halbfreien Bundesgenossenschaft war zu Ende; es begann die der ohnmächtigen Untertänigkeit.

Ähnlich erging es den Rhodiern. Ihre Stellung war ungemein bevorzugt; sie standen mit Rom nicht in eigentlicher Symmachie, sondern in einem gleichen Freundschaftsverhältnis, das sie nicht hinderte, Bündnisse jeder Art einzugehen und nicht nötigte, den Römern auf Verlangen Zuzug zu leisten. Vermutlich war eben dies die letzte Ursache, weshalb ihr Einverständnis mit Rom schon seit einiger Zeit getrübt war. Die ersten Zerwürfnisse mit Rom hatten stattgefunden infolge des Aufstandes der nach Antiochos' Überwindung ihnen zugeteilten Lykier gegen ihre Zwingherren, die sie (576 *178*) als abtrünnige Untertanen in grausamer Weise knechteten; diese aber behaupteten, nicht Untertanen, sondern Bundesgenossen der Rhodier zu sein und drangen damit im römischen Senat durch, als derselbe aufgefordert war, den zweifelhaften Sinn des Friedensinstruments festzustellen. Hierbei hatte indes ein gerechtfertigtes Mitleid mit den arg gedrückten Leuten wohl das meiste getan; wenigstens geschah von Rom nichts weiter, und man ließ diesen wie anderen hellenischen Hader gehen. Als der Krieg mit Perseus ausbrach, sahen ihn die Rhodier zwar wie alle übrigen verständigen Griechen ungern, und namentlich Eumenes als Anstifter desselben war übel berufen, so daß sogar seine Festgesandtschaft bei der Heliosfeier in Rhodos abgewiesen ward. Allein dies hinderte sie nicht, fest an Rom zu halten und die makedonische Partei, die es wie allerorts so auch in Rhodos gab, nicht an das Ruder zu lassen; die noch 585 *(169)* ihnen erteilte Erlaubnis, Getreide aus Sizilien auszuführen, beweist die Fortdauer des guten Vernehmens mit Rom. Plötzlich erschienen kurz vor der Schlacht bei Pydna rhodische Gesandte im römischen Hauptquartier und im römischen Senat mit der Erklärung, daß die Rhodier nicht länger diesen Krieg dulden würden, der auf ihren makedonischen Handel und auf die Hafeneinnahme drücke, und daß sie der Partei, die sich weigere, Frieden zu schließen, selbst den Krieg zu erklären gesonnen seien, auch zu diesem Ende bereits mit Kreta und mit den asiatischen Städten ein Bündnis abgeschlossen hätten. In einer Republik mit Urversammlungen ist vieles möglich; aber diese wahnsinnige Intervention einer Handelsstadt, die erst beschlossen sein kann, als man in Rhodos den Fall des Tempepasses kannte, verlangt eine nähere Erklärung. Den Schlüssel gibt die wohl beglaubigte Nachricht, daß der Konsul Quintus Marcius, jener Meister der »neumodischen Diplomatie«, im Lager bei Herakleion, also nach Besetzung des Tempepasses, den rhodischen Gesandten Agepolis mit Artigkeiten überhäuft und ihn unter der Hand ersucht hatte, den Frieden zu vermitteln. Republikanische Verkehrtheit und Eitelkeit taten das übrige; man meinte, die Römer gäben sich verloren, man hätte gern zwischen vier Großmächten zugleich den Vermittler gespielt – Verbindungen mit Perseus spannen sich an; rhodische Gesandte von makedonischer Gesinnung sagten mehr, als sie sagen sollten; und man war gefangen. Der Senat, der ohne Zweifel größtenteils selbst von jenen Intrigen nichts wußte, vernahm die wundersame Botschaft mit begreiflicher Indignation und war erfreut über die gute Gelegenheit zur Demütigung der übermütigen Kaufstadt. Ein kriegslustiger Prätor ging gar so weit, bei dem Volk die Kriegserklärung gegen Rhodos zu beantragen. Umsonst beschworen die rhodischen Gesandten einmal über das andere kniefällig den Senat, der hundertundvierzigjährigen Freundschaft mehr als des einen Verstoßes zu gedenken; umsonst schickten sie die Häupter der makedonischen Partei auf das Schafott oder nach Rom; umsonst sandten sie einen schweren Goldkranz zum Dank für die unterbliebene Kriegserklärung. Der ehrliche Cato bewies zwar, daß die Rhodier eigentlich gar nichts verbrochen hätten und fragte, ob man anfangen wolle, Wünsche und Gedanken zu strafen und ob man den Völkern die Besorgnis verargen könne, daß die Römer sich alles erlauben möchten, wenn sie niemanden mehr fürchten würden. Seine Worte und Warnungen waren vergeblich. Der Senat nahm den Rhodiern ihre Besitzungen auf dem Festland, die einen jährlichen Ertrag von 120 Talenten (200 000 Taler) abwarfen. Schwerer noch fielen die Schläge gegen den rhodischen Handel. Schon die Verbote der Salzeinfuhr nach und der Ausfuhr von Schiffbauholz aus Makedonien scheinen gegen Rhodos gerichtet. Unmittelbarer noch traf den rhodischen Handel die Errichtung des delischen Freihafens; der rhodische Hafenzoll, der bis dahin jährlich 1 Mill. Drachmen (286 000 Taler) abgeworfen hatte, sank in kürzester Zeit auf 150 000 Drachmen (43 000 Taler). Überhaupt aber waren die Rhodier in ihrer Freiheit und dadurch in ihrer freien und kühnen Handelspolitik gelähmt, und der Staat fing an zu siechen. Selbst das erbetene Bündnis ward anfangs abgeschlagen und erst 590 *(164)* nach wiederholten Bitten erneuert. Die gleich schuldigen, aber machtlosen Kreter kamen mit einem derben Verweis davon.

Mit Syrien und Ägypten konnte man kürzer zu Werke gehen. Zwischen beiden war Krieg ausgebrochen, wieder einmal über Koilesyrien und Palästina. Nach der Behauptung der Ägypter waren diese Provinzen bei der Vermählung der syrischen Kleopatra an Ägypten abgetreten worden; was der Hof von Babylon indes, der sich im faktischen Besitz befand, in Abrede stellte. Wie es scheint, gab die Anweisung der Mitgift auf die Steuern der koilesyrischen Städte die Veranlassung zu dem Hader und war das Recht auf syrischer Seite; den Ausbruch des Krieges veranlaßte der Tod der Kleopatra im Jahr 581 *(173),* mit dem spätestens die Rentenzahlungen aufhörten. Der Krieg scheint von Ägypten begonnen zu sein; allein auch König Antiochos Epiphanes ergriff die Gelegenheit gern, um das traditionelle Ziel der Seleukidenpolitik, die Erwerbung Ägyptens, während der Beschäftigung der Römer in Makedonien noch einmal – es sollte das letzte Mal sein – anzustreben. Das Glück schien ihm günstig. Der damalige König von Ägypten, Ptolemaeos VI. Philometor, der Sohn jener Kleopatra, hatte kaum das Knabenalter überschritten und war schlecht beraten; nach einem großen Sieg an der syrisch-ägyptischen Grenze konnte Antiochos in demselben Jahr, in welchem die Legionen in Griechenland landeten (583 *171*), in das Gebiet seines Neffen einrücken und bald war dieser selbst in seiner Gewalt. Es gewann den Anschein, als gedenke Antiochos unter

Philometors Namen, sich in den Besitz von ganz Ägypten zu setzen; Alexandreia schloß ihm deshalb die Tore, setzte den Philometor ab und ernannte an seiner Stelle den jüngeren Bruder, Euergetes II. oder der Dicke genannt, zum König. Unruhen in seinem Reiche riefen den syrischen König aus Ägypten ab; als er zurückkam, hatten in seiner Abwesenheit die Brüder sich miteinander vertragen, und er setzte nun gegen beide den Krieg fort. Wie er eben vor Alexandreia stand, nicht lange nach der Schlacht von Pydna (586 *168*), traf ihn der römische Gesandte Gaius Popillius, ein harter, barscher Mann, und insinuierte ihm den Befehl des Senats, alles Eroberte zurückzugeben und Ägypten in einer bestimmten Frist zu räumen. Der König erbat sich Bedenkzeit; aber der Konsular zog mit dem Stabe einen Kreis um ihn und hieß ihn sich erklären, bevor er den Kreis überschreite. Antiochos erwiderte, daß er gehorche und zog ab nach seiner Residenz, um dort als der Gott, der glänzende Siegbringer, der er war, die Bezwingung Ägyptens nach römischer Sitte zu feiern und den Triumph des Paullus zu parodieren.

Ägypten fügte sich freiwillig in die römische Klientel; aber auch die Könige von Babylon standen hiermit ab von dem letzten Versuch, ihre Unabhängigkeit gegen Rom zu behaupten. Wie Makedonien im Krieg des Perseus, so machten die Seleukiden im koilesyrischen den gleichen und gleich letzten Versuch, sich ihre ehemalige Macht wiederzugewinnen; aber es ist bezeichnend für den Unterschied der beiden Reiche, daß dort die Legionen, hier das barsche Wort eines Diplomaten entschied.

In Griechenland selbst waren als Verbündete des Perseus, nachdem die böotischen Städte schon mehr als genug gebüßt hatten, nur noch die Molotter zu strafen. Auf geheimen Befehl des Senats gab Paullus an einem Tage siebzig Ortschaften in Epeiros der Plünderung preis und verkaufte die Einwohner, 150000 an der Zahl, in die Sklaverei. Die Ätoler verloren Amphipolis, die Akarnanen Leukas wegen ihres zweideutigen Benehmens; wogegen die Athener, die fortfuhren, den bettelnden Poeten ihres Aristophanes zu spielen, nicht bloß Delos und Lemnos geschenkt erhielten, sondern sogar sich nicht schämten, um die öde Stätte von Haliartos zu petitionieren, die ihnen denn auch zuteil ward. So war etwas für die Musen geschehen, aber mehr war zu tun für die Justiz. Eine makedonische Partei gab es in jeder Stadt und also begannen durch ganz Griechenland die Hochverratsprozesse. Wer in Perseus' Heer gedient hatte, ward sofort hingerichtet; nach Rom ward beschieden, wen die Papiere des Königs oder die Angabe der zum Denunzieren herbeiströmenden politischen Gegner konpromittierten – der Achäer Kallikrates und der Ätoler Lykiskos zeichneten sich aus in diesem Gewerbe. So wurden die namhafteren Patrioten unter den Thessalern, Ätolern, Akarnanen, Lesbiern und so weiter aus der Heimat entfernt; namentlich aber über tausend Achäer, wobei man nicht so sehr den Zweck verfolgte, den weggeführten Leuten den Prozeß, als die kindische Opposition der Hellenen mundtot zu machen. Den Achäern, die wie gewöhnlich sich nicht zufrieden gaben, bis sie die Antwort hatten, die sie ahnten, erklärte der Senat, ermüdet durch die ewigen Bitten um Einleitung der Untersuchung, endlich rundheraus, daß bis auf weiter die Leute in Italien bleiben würden. Sie wurden hier in den Landstädten interniert und leidlich gehalten, Fluchtversuche indes mit dem Tode bestraft; ähnlich wird die Lage der aus Makedonien weggeführten ehemaligen Beamten gewesen sein. Wie die Dinge einmal standen, war dieser Ausweg, so gewaltsam er war, noch der erträglichste und die enragierten Griechen der Römerpartei sehr wenig zufrieden damit, daß man nicht häufiger köpfte. Lykiskos hatte es deshalb zweckmäßig gefunden, in der Ratsversammlung vorläufig 500 der vornehmsten Männer der ätolischen Patriotenpartei niederstoßen zu lassen; die römische Kommission, die den Menschen brauchte, ließ es hingehen und tadelte nur, daß man diesen hellenischen Landesgebrauch durch römische Soldaten habe vollstrecken lassen. Aber man darf glauben, daß sie zum Teil, um solche Greuel abzuschneiden, jenes italische Internierungssystem aufstellte. Da überhaupt im eigentlichen Griechenland keine Macht auch nur von der Bedeutung von Rhodos oder Pergamon bestand, so bedurfte es hier einer Demütigung weiter nicht, sondern was man tat, geschah nur, um Gerechtigkeit, freilich im römischen Sinne, zu üben und die ärgerlichsten Ausbrüche des Parteihaders zu beiseitigen.

Es waren hiermit die hellenistischen Staaten sämtlich der römischen Klientel vollständig untertan geworden und das gesamte Reich Alexanders des Großen, gleich als wäre die Stadt seiner Erben Erbe geworden, an die römische Bürgergemeinde gefallen. Von allen Seiten strömten die Könige und die Gesandten nach Rom, um Glück zu wünschen, und es zeigte sich, daß niemals kriechender geschmeichelt wird, als wenn Könige antichambrieren. König Massinissa, der nur auf ausdrücklichen Befehl davon abgestanden war, selber zu erscheinen, ließ durch seinen Sohn erklären, daß er sich nur als den Nutznießer, die Römer aber als die wahren Eigentümer seines Reiches betrachte und daß er stets mit dem zufrieden sein werde, was sie ihm übrig lassen würden. Darin war wenigstens Wahrheit. König Prusias von Bithynien aber, der seine Neutralität abzubüßen hatte, trug die Palme in diesem Wettkampf davon; er fiel auf sein Antlitz nieder, als er in den Senat geführt ward, und huldigte den »rettenden Göttern«. Da er so sehr verächtlich war, sagt Polybios, gab man ihm eine artige Antwort und schenkte ihm die Flotte des Perseus.

Der Augenblick wenigstens für solche Huldigungen war wohlgewählt. Von der Schlacht von Pydna rechnet Polybios die Vollendung der römischen Weltherrschaft. Sie ist in der Tat die letzte Schlacht, in der ein zivilisierter Staat als ebenbürtige Großmacht Rom auf der Walstatt gegenübergetreten ist; alle späteren Kämpfe sind Rebellionen oder Kriege gegen Völker, die außerhalb des Kreises der römisch-griechischen Zivilisation stehen, gegen sogenannte Barbaren. Die ganze zivilisierte Welt erkennt fortan in dem römischen Senat den obersten Gerichtshof, dessen Kommissionen in letzter Instanz zwischen Königen und Völkern entscheiden, um dessen Sprache und Sitte sich anzueignen fremde Prinzen und vornehme junge Männer in Rom verweilen. Ein klarer und ernstlicher Versuch, sich dieser Herrschaft zu entledigen, ist in der Tat nur ein einziges Mal gemacht worden, von dem großen Mithradates von Pontos. Die Schlacht bei Pydna bezeichnet aber auch zugleich den letzten Moment, wo der Senat noch festhält an der Staatsmaxime, wo irgend möglich jenseits der italischen Meere keine Besitzungen und keine Besatzungen zu übernehmen, sondern jene zahllosen Klientelstaaten durch die bloße politische Suprematie in Ordnung zu halten. Dieselben durften also weder sich in völlige Schwäche und Anarchie auflösen, wie es dennoch in Griechenland geschah, noch aus ihrer halbfreien Stellung sich zur vollen Unabhängigkeit entwickeln, wie es doch nicht ohne Erfolg Makedonien versuchte. Kein Staat durfte ganz zugrunde gehen, aber auch keiner sich auf eigene Füße stellen; weshalb der besiegte Feind wenigstens die gleiche, oft eine bessere Stellung bei den römischen Diplomaten hatte als der treue Bundesgenosse, und der Geschlagene zwar aufgerichtet, aber wer selber sich aufrichtete, erniedrigt ward – die Ätoler, Makedonien nach dem Asiatischen Krieg, Rhodos, Pergamon machten die Erfahrung. Aber diese Beschützerrolle ward nicht bloß bald den Herren ebenso unleidlich wie den Dienern, sondern es erwies sich auch das römische Protektorat mit seiner undankbaren, stets von vorn wieder beginnenden Sisyphusarbeit als innerlich unhaltbar. Die Anfänge eines Systemwechsels und der steigenden Abneigung Roms, auch nur Mittelstaaten in der ihnen möglichen Unabhängigkeit neben sich zu dulden, zeigen sich schon deutlich nach der Schlacht von Pydna in der Vernichtung der makedonischen Monarchie. Die immer häufigere und immer unvermeidlichere Intervention in die inneren Angelegenheiten der griechischen Kleinstaaten mit ihrer Mißregierung und ihrer politischen wie sozialen Anarchie, die Entwaffnung Makedoniens, wo doch die Nordgrenze notwendig einer anderen Wehr als bloßer Posten bedurfte, endlich die beginnende Grundsteuerentrichtung nach Rom aus Makedonien und Illyrien sind ebensoviel Anfänge der nahenden Verwandlung der Klientelstaaten in Untertanen Roms.

Werfen wir zum Schluß einen Blick zurück auf den von Rom seit der Einigung Italiens bis auf Makedoniens Zertrümmerung durchmessenen Lauf, so erscheint die römische Weltherrschaft keineswegs als ein von unersättlicher Ländergier entworfener und durchgeführter Riesenplan, sondern als ein Ergebnis, das der römischen Regierung sich ohne, ja wider ihren Willen aufgedrungen hat. Freilich liegt jene Auffassung nahe genug – mit Recht läßt Sallustius den Mithradates sagen, daß die Kriege Roms mit Stämmen, Bürgerschaften und Königen aus einer und derselben uralten Ursache, aus der nie zu stillenden Begierde nach Herrschaft und Reichtum hervorgegangen seien; aber mit Unrecht hat man dieses durch die Leidenschaft und den Erfolg bestimmte Urteil als eine geschichtliche Tatsache in Umlauf gesetzt. Es ist offenbar für jede nicht oberflächliche Betrachtung, daß die römische Regierung während dieses ganzen Zeitraums nichts wollte und begehrte als die Herrschaft über Italien, daß sie bloß wünschte, nicht übermächtige Nachbarn neben sich zu haben, und daß sie, nicht aus Humanität gegen die Besiegten, sondern in dem sehr richtigen Gefühl, den Kern des Reiches nicht von der Umlage erdrücken zu lassen, sich ernstlich dagegen stemmte, erst Afrika, dann Griechenland, endlich Asien in den Kreis der römischen Klientel hineinzuziehen, bis die Umstände jedesmal die Erweiterung des Kreises erzwangen oder wenigstens mit unwiderstehlicher Gewalt nahelegten. Die Römer haben stets behauptet, daß sie nicht Eroberungspolitik trieben und stets die Angegriffenen gewesen seien; es ist dies doch etwas mehr als eine Redensart. Zu allen großen Kriegen mit Ausnahme des Krieges um Sizilien, zu dem Hannibalischen und dem Antiochischen nicht minder als zu denen mit Philippos und Perseus, sind sie in der Tat entweder durch einen unmittelbaren Angriff oder durch eine unerhörte Störung der bestehenden politischen Verhältnisse genötigt und daher auch in der Regel von ihrem Ausbruch überrascht worden. Daß sie nach dem Sieg sich nicht so gemäßigt haben, wie sie vor allem im eigenen Interesse Italiens es hätte tun sollen, daß zum Beispiel die Festhaltung Spaniens, die Übernahme der Vormundschaft über Afrika, vor allem der halb phantastische Plan, den Griechen überall die Freiheit zu bringen, schwere Fehler waren gegen die italische Politik, ist deutlich genug. Allein die Ursachen davon sind teils die blinde Furcht vor Karthago, teils der noch viel blindere hellenische Freiheitsschwindel; Eroberungslust haben die Römer in dieser Epoche so wenig bewiesen, daß sie vielmehr eine sehr verständige Eroberungsfurcht zeigen. Überall ist die römische Politik nicht entworfen von einem einzigen gewaltigen Kopfe und traditionell auf die folgenden Geschlechter vererbt, sondern die Politik einer sehr tüchtigen, aber etwas beschränkten Ratsherrenversammlung die, um Pläne in Caesars oder Napoleons Sinn zu entwerfen, der großartigen Kombination viel zu wenig und des richtigen Instinkts für die Erhaltung des eigenen Gemeinwesens viel zu viel gehabt hat. Die römische Weltherrschaft beruht in ihrem letzten Grunde auf der staatlichen Entwicklung des Altertums überhaupt. Die alte Welt kannte das Gleichgewicht der Nationen nicht und deshalb war jede Nation, die sich im Innern geeinigt hatte, ihre Nachbarn entweder geradezu zu unterwerfen bestrebt, wie die hellenischen Staaten, oder doch unschädlich zu machen, wie Rom, was denn freilich schließlich auch auf die Unterwerfung hinauslief. Ägypten ist vielleicht die einzige Großmacht des Altertums, die ernstlich ein System des Gleichgewichts verfolgt hat; in dem entgegengesetzten trafen Seleukos und Antigonos, Hannibal und Scipio zusammen, und wenn es uns jammervoll erscheint, daß all die andern reich begabten und hochentwickelten Nationen des Altertums haben vergehen müssen, um eine unter allen zu bereichern, und daß alle am letzten Ende nur entstanden scheinen, um bauen zu helfen an Italiens Größe und, was dasselbe ist, an Italiens Verfall, so muß doch die geschichtliche Gerechtigkeit es anerkennen, daß hierin nicht die militärische Überlegenheit der Legion über die Phalanx, sondern die notwendige Entwicklung der Völkerverhältnisse des Altertums überhaupt gewaltet, also nicht der peinliche Zufall entschieden, sondern das unabänderliche und darum erträgliche Verhängnis sich erfüllt hat.

11. Kapitel
Regiment und Regierte

Der Sturz des Junkertums nahm dem römischen Gemeinwesen seinen aristokratischen Charakter keineswegs. Es ist schon früher (1, 319) darauf hingewiesen worden, daß die Plebejerpartei von Haus aus denselben gleichfalls, ja in gewissem Sinne noch entschiedener an sich trug als das Patriziat; denn wenn innerhalb des alten Bürgertums die unbedingte Gleichberechtigung gegolten hatte, so ging die neue Verfassung von Anfang an aus von dem Gegensatz der in den bürgerlichen Rechten wie in den bürgerlichen Nutzungen bevorzugten senatorischen Häuser zu der Masse der übrigen Bürger. Unmittelbar mit der Beseitigung des Junkertums und mit der formellen Feststellung der bürgerlichen Gleichheit bildeten sich also eine neue Aristokratie und die derselben entsprechende Opposition; und es ist früher dargestellt worden, wie jene dem gestürzten Junkertum sich gleichsam aufpfropfte und darum auch die ersten Regungen der neuen Fortschrittspartei sich mit den letzten der alten ständischen Opposition verschlangen (1, 320). Die Anfänge dieser Parteibildung gehören also dem fünften, ihre bestimmte Ausprägung erst dem folgenden Jahrhundert an. Aber es wird diese innere Entwicklung nicht bloß von dem Waffenlärm der großen Kriege und Siege gleichsam übertäubt, sondern es entzieht sich auch ihr Bildungsprozeß mehr als irgendein anderer in der römischen Geschichte dem Auge. Wie eine Eisdecke unvermerkt über den Strom sich legt und unvermerkt denselben mehr und mehr einengt, so entsteht diese neue römische Aristokratie; und ebenso unvermerkt tritt ihr die neue Fortschrittspartei gegenüber gleich der im Grunde sich verbergenden und langsam sich wieder ausdehnenden Strömung. Die einzelnen jede für sich geringen Spuren dieser zwiefachen und entgegengesetzten Bewegung, deren historisches Fazit für jetzt noch in keiner eigentlichen Katastrophe tatsächlich vor Augen tritt, zur allgemeinen geschichtlichen Anschauung zusammenzufassen, ist sehr schwer. Aber der Untergang der bisherigen Gemeindefreiheit und die Grundlegung zu den künftigen Revolutionen fallen in diese Epoche; und die Schilderung derselben sowie der Entwicklung Roms überhaupt bleibt unvollständig, wenn es nicht gelingt, die Mächtigkeit jener Eisdecke sowohl wie die Zunahme der Unterströmung anschaulich darzulegen und in dem furchtbaren

Dröhnen und Krachen die Gewalt des kommenden Bruches ahnen zu lassen.

Die römische Nobilität knüpfte auch formell an ältere, noch der Zeit des Patriziats angehörende Institutionen an. Die gewesenen ordentlichen höchsten Gemeindebeamten genossen nicht bloß, wie selbstverständlich, von jeher tatsächlich höherer Ehre, sondern es knüpften sich daran schon früh gewisse Ehrenvorrechte. Das älteste derselben war wohl, daß den Nachkommen solcher Beamten gestattet ward, im Familiensaal an der Wand, wo der Stammbaum gemalt war, die Wachsmasken dieser ihrer erlauchten Ahnen nach dem Tode derselben aufzustellen und diese Bilder bei Todesfällen von Familiengliedern im Leichenkondukt aufzuführen (1, 303); wobei man sich erinnern muß, daß die Verehrung des Bildes nach italisch-hellenischer Anschauung als unrepublikanisch galt, und die römische Staatspolizei darum die Ausstellung der Bilder von Lebenden überall nicht duldete und die der Bilder Verstorbener streng überwachte. Hieran schlossen mancherlei äußere, solchen Beamten und ihren Nachkommen durch Gesetz oder Gebrauch reservierte Abzeichen sich an: der goldene Fingerring der Männer, der silberbeschlagene Pferdeschmuck der Jünglinge, der Purpurbesatz des Oberkleides und die goldene Amulettkapsel der Knaben[1] – geringe Dinge, aber dennoch wichtige in einer Gemeinde, wo die bürgerliche Gleichheit auch im äußeren Auftreten so streng festgehalten (1, 318) und noch während des Hannibalischen Krieges ein Bürger eingesperrt und jahrelang im Gefängnis gehalten

---

[1] All diese Abzeichen kommen, seit sie überhaupt aufkommen, zunächst wahrscheinlich nur der eigentlichen Nobilität, d. h. den agnatischen Deszendenten kurulischer Beamten zu, obwohl sie nach der Art solcher Dekorationen im Laufe der Zeit alle auf einen weiteren Kreis ausgedehnt worden sind. Bestimmt nachzuweisen ist dies für den goldenen Fingerring, den im fünften Jahrhundert nur die Nobilität (Plin. nat. 33, 1, 18), im sechsten jeder Senator und Senatorensohn (Liv. 26, 36), im siebenten jeder von Ritterzensus, in der Kaiserzeit jeder Freigeborene trägt; ferner von dem silbernen Pferdeschmuck, der noch im Hannibalischen Kriege nur der Nobilität zukommt (Liv. 26, 37); von dem Purpurbesatz der Knabentoga, der anfangs nur den Söhnen der kurulischen Magistrate, dann auch denen der Ritter, späterhin denen aller Freigeborenen endlich, aber doch schon zur Zeit des Hannibalischen Krieges, selbst den Söhnen der Freigelassenen gestattet ward (Macr. Sat. 1, 6). Die goldene Amulettkapsel *(bulla)* war Abzeichen der Senatorenkinder in der Zeit des Hannibalischen Krieges (Macr. Sat. a.a.O.; Liv. 26, 36), in der ciceronischen der Kinder von Ritterzensus (Cic. Verr. 1, 58, 152), wogegen die Geringeren das Lederamulett *(lorum)* tragen.

Der Purpurstreif *(clavus)* an der Tunika ist Abzeichen der Senatoren (1, 91) und der Ritter, so daß wenigstens in späterer Zeit ihn jene breit, diese schmal trugen; mit der Nobilität hat der Clavus nichts zu schaffen.

ward, weil er unerlaubter Weise mit einem Rosenkranz auf dem Haupte öffentlich erschienen war[2]. Diese Auszeichnungen mögen teilweise schon in der Zeit des Patrizierregiments bestanden und, solange innerhalb des Patriziats noch vornehme und geringe Familien unterschieden wurden, den ersteren als äußere Abzeichen gedient haben; politische Wichtigkeit erhielten sie sicher erst durch die Verfassungsänderung vom Jahre 387 *(367)*, wodurch zu den jetzt wohl schon durchgängig Ahnenbilder führenden patrizischen die zum Konsulat gelangenden plebejischen Familien mit der gleichen Berechtigung hinzutraten. Jetzt stellte ferner sich fest, daß zu den Gemeindeämtern, woran diese erblichen Ehrenrechte geknüpft waren, weder die niederen noch die außerordentlichen noch die Vorstandschaft der Plebs gehöre, sondern lediglich das Konsulat, die diesem gleichstehende Prätur (1, 311) und die an der gemeinen Rechtspflege, also an der Ausübung der Gemeindeherrlichkeit teilnehmende kurulische Ädilität[3]. Obwohl diese plebejische Nobilität im strengen Sinne des Wortes sich erst hat bilden können, seit die kurulischen Ämter sich den Plebejern geöffnet hatten, steht sie doch in kurzer Zeit, um nicht zu sagen von vornherein, in einer gewissen Geschlossenheit da – ohne Zweifel weil längst in den altsenatorischen Plebejerfamilien sich eine solche Adelschaft vorgebildet hatte. Das Ergebnis der Licinischen Gesetze kommt also der Sache nach nahezu hinaus auf das, was man jetzt einen Pairsschub nennen würde. Wie die durch ihre kurulischen Ahnen geadelten plebejischen Familien mit den patrizischen sich körperschaftlich zusammenschlossen und eine gesonderte Stellung und ausgezeichnete Macht im Gemeinwesen errangen, war man wieder auf dem Punkte angelangt, von wo man ausgegangen war, gab es wieder nicht bloß eine regierende Aristokratie und einen erblichen Adel, welche beide in der Tat nie verschwunden waren,

---

[2] Plin. nat. 21, 3, 6. Das Recht, öffentlich bekränzt zu erscheinen, ward durch Auszeichnung im Kriege erworben (Polyb. 6, 39, 9; Liv. 10, 41), das unbefugte Kranztragen war also ein ähnliches Vergehen, wie wenn heute jemand ohne Berechtigung einen Militärverdienstorden anlegen würde.

[3] Ausgeschlossen bleiben also das Kriegstribunat mit konsularischer Gewalt (1, 302), das Prokonsulat, die Quästur, das Volkstribunat und andere mehr. Was die Zensur anlangt, so scheint sie trotz des kurulischen Sessels der Zensoren (Liv. 40, 45; vergl. 27, 8) nicht als kurulisches Amt gegolten zu haben; für die spätere Zeit indes, wo nur der Konsular Zensor werden kann, ist die Frage ohne praktischen Wert. Die plebejische Ädilität hat ursprünglich sicher nicht zu den kurulischen Magistraturen gezählt (Liv. 23, 23); doch kann es sein, daß sie später mit in den Kreis derselben hineingezogen ward.

sondern einen regierenden Erbadel, und mußte die Fehde zwischen den die Herrschaft okkupierenden Geschlechtern und den gegen die Geschlechter sich auflehnenden Gemeinen abermals beginnen. Und so weit war man sehr bald. Die Nobilität begnügte sich nicht mit ihren gleichgültigen Ehrenrechten, sondern rang nach politischer Sonder- und Alleinmacht und suchte die wichtigsten Institutionen des Staats, den Senat und die Ritterschaft, aus Organen des Gemeinwesens in Organe des altneuen Adels zu verwandeln.

Die rechtliche Abhängigkeit des römischen Senats der Republik, namentlich des weiteren patrizisch-plebejischen, von der Magistratur, hatte sich rasch gelockert, ja in das Gegenteil verwandelt. Die durch die Revolution von 244 *(510)* eingeleitete Unterwerfung der Gemeindeämter unter den Gemeinderat (1, 276), die Übertragung der Berufung in den Rat vom Konsul auf den Zensor (1, 305), endlich und vor allem die gesetzliche Feststellung des Anrechts gewesener kurulischer Beamten auf Sitz und Stimme im Senat (1, 329) hatten den Senat aus einer, von den Beamten berufenen und in vieler Hinsicht von ihnen abhängigen Ratsmannschaft in ein so gut wie unabhängiges und in gewissem Sinn sich selber ergänzendes Regierungskollegium umgewandelt; denn die beiden Wege, durch welche man in den Senat gelangte: die Wahl zu einem kurulischen Amte und die Berufung durch den Zensor, standen der Sache nach beide bei der Regierungsbehörde selbst. Zwar war in dieser Epoche die Bürgerschaft noch zu unabhängig, um die Nichtadligen aus dem Senat vollständig ausschließen zu lassen, auch wohl die Adelschaft noch zu verständig, um dies auch nur zu wollen; allein bei der streng aristokratischen Gliederung des Senats in sich selbst, der scharfen Unterscheidung sowohl der gewesenen kurulischen Beamten nach ihren drei Rangklassen der Konsulare, Prätorier und Ädilizier, als auch namentlich der nicht durch ein kurulisches Amt in den Senat gelangten und darum von der Debatte ausgeschlossenen Senatoren, wurden doch die Nichtadligen, obgleich sie wohl in ziemlicher Anzahl im Senate saßen, zu einer unbedeutenden und verhältnismäßig einflußlosen Stellung in demselben herabgedrückt und ward der Senat wesentlich Träger der Nobilität.

Zu einem zweiten, zwar minder wichtigen, aber darum nicht unwichtigen Organ der Nobilität wurde das Institut der Ritterschaft entwickelt. Dem neuen Erbadel mußte, da er nicht die Macht hatte, sich des Alleinbesitzes der Komitien anzumaßen, es in hohem Grade wünschenswert sein, wenigstens eine Sonderstellung innerhalb der Gemeindevertretung zu erhalten. In der Quartierversammlung fehlte dazu jede Handhabe; dagegen schienen die Ritterzenturien in der Servianischen Ordnung für diesen Zweck wie geschaffen. Die achtzehnhundert Pferde, welche die Gemeinde lieferte[4], wurden verfassungsmäßig ebenfalls von den Zensoren vergeben. Zwar sollten diese die Ritter nach militärischen Rücksichten erlesen und bei den Musterungen alle durch Alter oder sonst unfähigen oder überhaupt unbrauchbaren Reiter anhalten, ihr Staatspferd abzugeben; aber daß die Ritter-

[4] Die gangbare Annahme, wonach die sechs Adelszenturien allein 1200, die gesamte Reiterei also 3600 Pferde gezählt haben soll, ist nicht haltbar. Die Zahl der Ritter nach der Anzahl der von den Annalisten aufgeführten Verdoppelungen zu bestimmen, ist ein methodischer Fehler; jede dieser Erzählungen ist vielmehr für sich entstanden und zu erklären. Bezeugt aber ist weder die erste Zahl, die nur in der selbst von den Verfechtern dieser Meinung als verschrieben anerkannten Stelle Ciceros (rep. 2, 20), noch die zweite, die überhaupt nirgend bei den Alten erscheint. Dagegen spricht für die im Text vorgetragene Annahme einmal und vor allem die nicht durch Zeugnisse, sondern durch die Institutionen selbst angezeigte Zahl; denn es ist gewiß, daß die Zenturie 100 Mann zählt und es ursprünglich drei (1, 84), dann sechs (1, 98), endlich seit der Servianischen Reform achtzehn Ritterzenturien (1, 104) gab. Die Zeugnisse gehen nur scheinbar davon ab. Die alte, in sich zusammenhängende Tradition, die W. A. Becker (Handbuch, Bd. 2, 1, S. 243) entwickelt hat, setzt nicht die achtzehn patrizisch-plebejischen, sondern die sechs patrizischen Zenturien auf 1800 Köpfe an: und dieser sind Livius (1, 36, nach der handschriftlich allein beglaubigten und durchaus nicht nach Livius' Einzelansätzen zu korrigierenden Lesung) und Cicero a.a.O. (nach der grammatisch allein zulässigen Lesung MDCCC, s. Becker, a.a.O., S. 244) offenbar gefolgt. Allein eben Cicero deutet zugleich sehr verständlich an, daß hiermit der damalige Bestand der römischen Ritterschaft überhaupt bezeichnet werden soll. Es ist also die Zahl der Gesamtheit ist der hervorragendsten Teil übertragen worden durch eine Prolepsis, wie sie den alten nicht allzu nachdenklichen Annalisten geläufig ist – ganz in gleicher Art werden ja auch schon der Stammgemeinde, mit Antizipation des Kontingents der Titier und der Lucerer, 300 Reiter statt 100 beigelegt (Becker, a.a.O., S. 238). Endlich ist der Antrag Catos (p. 66 Jordan), die Zahl der Ritterpferde auf 2200 zu erhöhen, eine ebenso bestimmte Bestätigung der oben vorgetragenen wie Widerlegung der entgegengesetzten Ansicht. Die geschlossene Zahl der Ritterschaft hat wahrscheinlich fortbestanden bis auf Sulla, wo mit dem faktischen Wegfall der Zensur die Grundlage derselben wegfiel und allem Anschein nach an die Stelle der zensorischen Erteilung des Ritterpferdes die Erwerbung desselben durch Erbrecht trat: fortan ist der Senatorensohn geborener Ritter. Indes neben dieser geschlossenen Ritterschaft, den *equites equo publico*, stehen seit frührepublikanischer Zeit die zum Roßdienst auf eigenem Pferd pflichtigen Bürger, welche nichts sind als die höchste Zensusklasse; sie stimmen nicht in den Ritterzenturien, aber gelten sonst als Ritter und nehmen die Ehrenrechte der Ritterschaft ebenfalls in Anspruch.

In der Augustischen Ordnung bleibt den senatorischen Häusern das erbliche Ritterrecht; daneben aber wird die zensorische Verleihung des Ritterpferdes als Kaiserrecht und ohne Beschränkung auf eine bestimmte Zahl erneuert und fällt damit für die erste Zensusklasse als solche die Ritterbenennung weg.

pferde vorzugsweise den Vermögenden gegeben wurden, lag im Wesen der Einrichtung selbst, und überall war den Zensoren nicht leicht zu wehren, daß sie mehr auf vornehme Geburt sahen als auf Tüchtigkeit und den einmal aufgenommenen ansehnlichen Leuten, namentlich den Senatoren, auch über die Zeit ihr Pferd ließen. Vielleicht ist es sogar gesetzlich festgestellt worden, daß der Senator dasselbe behalten konnte, so lange er wollte. So wurde es denn wenigstens tatsächlich Regel, daß die Senatoren in den achtzehn Ritterzenturien stimmten und die übrigen Plätze in denselben vorwiegend an die jungen Männer der Nobilität kamen. Das Kriegswesen litt natürlich darunter, weniger noch durch die effektive Dienstunfähigkeit eines nicht ganz geringen Teils der Legionarreiterei, als durch die dadurch herbeigeführte Vernichtung der militärischen Gleichheit, indem die vornehme Jugend sich von dem Dienst im Fußvolk mehr und mehr zurückzog. Das geschlossene adlige Korps der eigentlichen Ritterschaft wurde tonangebend für die gesamte, den durch Herkunft und Vermögen höchstgestellten Bürgern entnommene Legionarreiterei. Man wird es danach ungefähr verstehen, weshalb die Ritter schon während des Sizilischen Krieges dem Befehl des Konsuls Gaius Aurelius Cotta, mit den Legionariern zu schanzen, den Gehorsam verweigerten (502 *252*), und weshalb Cato als Oberfeldherr des spanischen Heeres seiner Reiterei eine ernste Strafrede zu halten sich veranlaßt fand. Aber diese Umwandlung der Bürgerreiterei in eine berittene Nobelgarde gereichte dem Gemeinwesen nicht entschiedener zum Nachteil als zum Vorteil der Nobilität, welche in den achtzehn Ritterzenturien nicht bloß ein gesondertes, sondern auch das tonangebende Stimmrecht erwarb.

Verwandter Art ist die förmliche Trennung der Plätze des senatorischen Standes von denjenigen, von welchen aus die übrige Menge den Volksfesten zuschaute. Es war der große Scipio, der in seinem zweiten Konsulat 560 *(194)* sie bewirkte. Auch das Volksfest war eine Volksversammlung so gut wie die zur Abstimmung berufene der Zenturien; und daß jene nichts zu beschließen hatte, machte die hierin liegende offizielle Ankündigung der Scheidung von Herrenstand und Untertanenschaft nur um so prägnanter. Die Neuerung fand darum auch auf Seiten der Regierung vielfachen Tadel, weil sie nur gehässig und nicht nützlich war und dem Bestreben des klügeren Teiles der Aristokratie ihr Sonderregiment unter den Formen der bürgerlichen Gleichheit zu verstecken, ein sehr offenkundiges Dementi gab.

Hieraus erklärt es sich, weshalb die Zensur der Angelpunkt der späteren republikanischen Verfassung ward; warum dieses ursprünglich keineswegs in erster Reihe stehende Amt sich allmählich mit einem ihm an sich durchaus nicht zukommenden äußeren Ehrenschmuck und einer ganz einzigen aristokratisch-republikanischen Glorie umgab und als der Gipfelpunkt und die Erfüllung einer wohlgeführten öffentlichen Laufbahn erschien; warum die Regierung jeden Versuch der Opposition, ihre Männer in dieses Amt zu bringen oder gar den Zensor während oder nach seiner Amtsführung wegen derselben vor dem Volke zur Verantwortung zu ziehen, als einen Angriff auf ihr Palladium ansah und gegen jedes derartige Beginnen wie ein Mann in die Schranken trat – es genügt in dieser Beziehung an den Sturm zu erinnern, den die Bewerbung Catos um die Zensur hervorrief und an die ungewöhnlich rücksichtslosen und formverletzenden Maßregeln, wodurch der Senat die gerichtliche Verfolgung der beiden unbeliebten Zensoren des Jahres 550 *(204)* verhinderte. Dabei verbindet mit dieser Glorifizierung der Zensur sich ein charakteristisches Mißtrauen der Regierung gegen dieses ihr wichtigstes und eben darum gefährlichstes Werkzeug. Es war durchaus notwendig, den Zensoren das unbedingte Schalten über das Senatoren- und Ritterpersonal zu belassen, da das Ausschließungs- von dem Berufungsrecht nicht wohl getrennt und auch jenes nicht wohl entbehrt werden konnte, weniger um oppositionelle Kapazitäten aus dem Senat zu beseitigen, was das leisetretende Regiment dieser Zeit vorsichtig vermied, als um der Aristokratie ihren sittlichen Nimbus zu bewahren, ohne den sie rasch eine Beute der Opposition werden mußte. Das Ausstoßungsrecht blieb; aber man brauchte hauptsächlich den Glanz der blanken Waffe – die Schneide, die man fürchtete, stumpfte man ab. Außer der Schranke, welche in dem Amte selbst lag, insofern die Mitgliederlisten der adligen Körperschaften nur von fünf zu fünf Jahren der Revision unterlagen, und außer den in dem Interzessionsrecht des Kollegen und dem Kassationsrecht des Nachfolgers gegebenen Beschränkungen trat noch eine weitere sehr fühlbare hinzu, indem eine dem Gesetz gleichstehende Observanz es dem Zensor zur Pflicht machte, keinen Senator und keinen Ritter ohne Angabe schriftlicher Entscheidungsgründe und in der Regel nicht ohne ein gleichsam gerichtliches Verfahren von der Liste zu streichen.

In dieser hauptsächlich auf den Senat, die Ritterschaft und die Zensur gestützten politischen Stellung riß die Nobilität nicht bloß das Regiment wesentlich an sich, sondern gestaltete auch die Verfassung in ihrem Sinne um. Es gehört schon hierher, daß man, um die Gemeindeämter im Preise zu halten, die Zahl derselben so wenig wie irgend möglich und keineswegs in dem Grade vermehrte, wie die Erweiterung der Grenzen und die Vermehrung der Geschäfte es erfordert hätten. Nur dem allerdringlichsten Bedürfnis ward notdürftig abgeholfen durch die Teilung der bisher von dem einzigen Prätor verwalteten Gerichtsgeschäfte unter zwei Gerichtsherren, von denen der eine die Rechtssachen unter römischen Bürgern, der andere diejenigen unter Nichtbürgern oder zwischen Bürgern und Nichtbürgern übernahm, im Jahre 511 *(243)*, und durch die Ernennung von vier Nebenkonsuln für die vier überseeischen Ämter Sizilien (527 *227*), Sardinien und Korsika (527 *227*), das Dies- und das Jenseitige Spanien (557 *197*). Die allzu summarische Art der römischen Prozeßeinleitung sowie der steigende Einfluß des Büropersonals gehen wohl zum großen Teil zurück auf die materielle Unzulänglichkeit der römischen Magistratur.

Unter den von der Regierung veranlaßten Neuerungen, die darum, weil sie fast durchgängig nicht den Buchstaben, sondern nur die Übung der bestehenden Verfassung ändern, nicht weniger Neuerungen sind, treten am bestimmtesten die Maßregeln hervor, wodurch die Bekleidung der Offiziersstellen wie der bürgerlichen Ämter nicht, wie der Buchstabe der Verfassung es gestattete und deren Geist es forderte, lediglich von Verdienst und Tüchtigkeit, sondern mehr und mehr von Geburt und Anciennetät abhängig gemacht ward. Bei der Ernennung der Stabsoffiziere geschah dies nicht der Form, um so mehr aber der Sache nach. Sie war schon im Laufe der vorigen Periode größtenteils vom Feldherrn auf die Bürgerschaft übergegangen (1, 322); in dieser Zeit kam es weiter auf, daß die sämtlichen Stabsoffiziere der regelmäßigen jährlichen Aushebung, die vierundzwanzig Kriegstribune der vier ordentlichen Legionen, in den Quartierversammlungen ernannt wurden. Immer unübersteiglicher zog sich also die Schranke zwischen den Subalternen, die ihre Posten durch pünktlichen und tapferen Dienst vom Feldherrn, und dem Stab, der seine bevorzugte Stelle durch Bewerbung von der Bürgerschaft sich erwarb (1, 455). Um nur den ärgsten Mißbräuchen dabei zu steuern und ganz ungeprüfte junge Menschen von diesen wichtigen Posten fernzuhalten, wurde es nötig, die Vergebung der Stabsoffiziersstellen an den Nachweis einer gewissen Zahl von Dienstjahren zu knüpfen. Nichtsdestoweniger wurde, seit das Kriegstribunat, die rechte Säule des römischen Heerwesens, den jungen Adligen als erster Schrittstein auf ihrer politischen Laufbahn hingestellt war, die Dienstpflicht unvermeidlich sehr häufig eludiert und die Offizierswahl abhängig von allen Übelständen des demokratischen Ämterbettels und der aristokratischen Junkerexklusivität. Es war eine schneidende Kritik der neuen Institution, daß bei ernsthaften Kriegen (zum Beispiel 583 *171*) es notwendig befunden ward, diese demokratische Offizierswahl zu suspendieren und die Ernennung des Stabes wieder dem Feldherrn zu überlassen.

Bei den bürgerlichen Ämtern ward zunächst und vor allem die Wiederwahl zu den höchsten Gemeindestellen beschränkt. Es war dies allerdings notwendig, wenn das Jahrkönigtum nicht ein leerer Name werden sollte; und schon in der vorigen Periode war die abermalige Wahl zum Konsulat erst nach Ablauf von zehn Jahren gestattet und die zur Zensur überhaupt untersagt worden (1, 325). Gesetzlich ging man in dieser Epoche nicht weiter; wohl aber lag eine fühlbare Steigerung darin, daß das Gesetz hinsichtlich des zehnjährigen Intervalls zwar im Jahre 537 *(217)* für die Dauer des Krieges in Italien suspendiert, nachher aber davon nicht weiter dispensiert, ja gegen das Ende dieses Zeitabschnitts die Wiederwahl überhaupt schon selten ward. Weiter erging gegen das Ende dieser Periode (574 *180*) ein Gemeindebeschluß, der die Bewerber um Gemeindeämter verpflichtete, dieselben in einer festen Stufenfolge zu übernehmen und bei jedem gewisse Zwischenzeiten und Altersgrenzen einzuhalten. Die Sitte freilich hatte beides längst vorgeschrieben; aber es war doch eine empfindliche Beschränkung der Wahlfreiheit, daß die übliche Qualifikation zur rechtlichen erhoben und der Wählerschaft das Recht entzogen ward, in außerordentlichen Fällen sich über jene Erfordernisse wegzusetzen. Überhaupt wurde den Angehörigen der regierenden Familien ohne Unterschied der Tüchtigkeit der Eintritt in den Senat eröffnet, während nicht bloß der ärmeren und geringeren Schichten der Bevölkerung der Eintritt in die regierenden Behörden sich völlig verschloß, sondern auch alle nicht zu der erblichen Aristokratie gehörenden römischen Bürger zwar nicht gerade aus der Kurie, aber wohl von den beiden höchsten Gemeindeämtern, dem Konsulat und der Zensur, tatsächlich ferngehalten wurden. Nach Manius Curius und Gaius Fabricius (1, 320) ist kein nicht der sozialen Aristokratie angehöriger Konsul nachzuweisen und wahrscheinlich überhaupt kein einziger derartiger Fall vorgekommen. Aber auch die Zahl der

Geschlechter, die in dem halben Jahrhundert vom Anfang des Hannibalischen bis zum Ende des Perseischen Krieges zum ersten Male in den Konsular- und Zensorenlisten erscheinen, ist äußerst beschränkt; und bei weitem die meisten derselben, wie zum Beispiel die Flaminier, Terentier, Porcier, Acilier, Laelier lassen sich auf Oppositionswahlen zurückführen oder gehen zurück auf besondere aristokratische Konnexionen, wie denn die Wahl des Gaius Laelius 564 *(190)* offenbar durch die Scipionen gemacht worden ist. Die Ausschließung der Ärmeren vom Regiment war freilich durch die Verhältnisse geboten. Seit Rom ein rein italischer Staat zu sein aufgehört und die hellenische Bildung adoptiert hatte, war es nicht länger möglich, einen kleinen Bauersmann vom Pfluge weg an die Spitze der Gemeinde zu stellen. Aber das war nicht notwendig und nicht wohlgetan, daß die Wahlen fast ohne Ausnahme in dem engen Kreis der kurulischen Häuser sich bewegten und ein »neuer Mensch« nur durch eine Art Usurpation in denselben einzudringen vermochte[5]. Wohl lag

[5] Die Stabilität des römischen Adels kann man namentlich für die patrizischen Geschlechter in den konsularischen und ädilizischen Fasten deutlich verfolgen. Bekanntlich haben in den Jahren 388–581 *(366–173)* (mit Ausnahme der Jahre 399, 400, 401, 403, 405, 409, 411, in denen beide Konsuln Patrizier waren) je ein Patrizier und ein Plebejer das Konsulat bekleidet. Ferner sind die Kollegien der kurulischen Ädilen in den varronisch ungeraden Jahren wenigstens bis zum Ausgang des sechsten Jahrhunderts ausschließlich aus den Patriziern gewählt worden und sind für die sechzehn Jahre 541, 545, 547, 549, 551, 553, 555, 557, 561, 565, 567, 575, 585, 589, 591, 593 bekannt. Diese patrizischen Konsuln und Ädilen verteilen sich folgendermaßen nach den Geschlechtern:

	Konsuln 388–500 *(366–254)*:	Konsuln 501–581 *(253–173)*:	Kurulische Ädilen jener 16 patrizischen Kollegien
Cornelier	15	15	14
Valerier	10	8	4
Claudier	4	8	2
Aemilier	9	6	2
Fabier	6	6	1
Manlier	4	6	–
Postumier	2	6	2
Servilier	3	4	2
Quinctier	2	3	1
Furier	2	3	–
Sulpicier	6	2	2
Veturier	–	2	–
Papirier	3	1	–
Nautier	2	–	–
Julier	1	–	1
Foslier	1	–	–
	70	70	32

eine gewisse Erblichkeit nicht bloß in dem Wesen des senatorischen Instituts, insofern dasselbe von Haus aus auf einer Vertretung der Geschlechter beruhte (1, 89), sondern in dem Wesen der Aristokratie überhaupt, insofern staatsmännische Weisheit und staatsmännische Erfahrung von dem tüchtigen Vater auf den tüchtigen Sohn sich vererben und der Anhauch des Geistes hoher Ahnen jeden edlen Funken in der Menschenbrust rascher und herrlicher zur Flamme entfacht. In diesem Sinne war die römische Aristokratie zu allen Zeiten erblich gewesen, ja sie hatte in der alten Sitte, daß der Senator seine Söhne mit sich in den Rat nahm und der Gemeindebeamte mit den Abzeichen der höchsten Amtsehre, dem konsularischen Purpurstreif und der goldenen Amulettkapsel des Triumphators, seine Söhne gleichsam vorweisend schmückte, ihre Erblichkeit mit großer Naivität zur Schau getragen. Aber wenn in der älteren Zeit die Erblichkeit der äußeren Würde bis zu einem gewissen Grade durch die Vererbung der inneren Würdigkeit bedingt gewesen war und die senatorische Aristokratie den Staat nicht zunächst kraft Erbrechts gelenkt hatte, sondern kraft des höchsten aller Vertretungsrechte, des Rechtes der trefflichen gegenüber den gewöhnlichen Männern, so sank sie in dieser Epoche, und namentlich mit reißender Schnelligkeit seit dem Ende des Hannibalischen Krieges, von ihrer ursprünglichen hohen Stellung als dem Inbegriff der in Rat und Tat erprobtesten Männer der Gemeinde herab zu einem durch Erbfolge sich ergänzenden und kollegialisch mißregierenden Herrenstand. Ja, so weit war es in dieser Zeit bereits gekommen, daß aus dem schlimmen Übel der Oligarchie das noch schlimmere der Usurpation der Gewalt durch einzelne Familien sich entwickelte. Von der widerwärtigen Hauspolitik des Siegers von Zama und von seinem leider erfolgreichen Bestreben, mit den eigenen Lorbeeren die Unfähigkeit und Jämmerlichkeit des Bruders zuzudecken, ist schon die Rede gewesen (2, 279); und der Nepotismus der Flaminine war womöglich noch unverschämter und ärgerlicher als der der Scipionen. Die unbedingte Wahlfreiheit gereichte in der Tat weit mehr solchen Kote-

---

Also die fünfzehn bis sechzehn hohen Adelsgeschlechter, die zur Zeit der Licinischen Gesetze in der Gemeinde mächtig waren, haben ohne wesentliche Änderung des Bestandes, freilich zum Teil wohl durch Adoption aufrecht erhalten, die nächsten zwei Jahrhunderte, ja bis zum Ende der Republik sich behauptet. Zu dem Kreise der plebejischen Nobilität treten zwar von Zeit zu Zeit neue Geschlechter hinzu; indes auch die alten plebejischen Häuser, wie die Licinier, Fulvier, Atilier, Domitier, Marcier, Junier, herrschen in den Fasten in der entschiedensten Weise durch drei Jahrhunderte vor.

rien zum Vorteil als der Wählerschaft. Daß Marcus Valerius Corvus mit dreiundzwanzig Jahren Konsul geworden war, war ohne Zweifel zum Besten der Gemeinde gewesen; aber wenn jetzt Scipio mit dreiundzwanzig Jahren zur Ädilität, mit dreißig zum Konsulat gelangte, wenn Flamininus noch nicht dreißig Jahre alt von der Quästur zum Konsulat emporstieg, so lag darin eine ernste Gefahr für die Republik. Man war schon dahin gelangt, den einzigen wirksamen Damm gegen die Familienregierung und ihre Konsequenzen in einem streng oligarchischen Regiment finden zu müssen; und das ist der Grund, weshalb auch diejenige Partei, die sonst der Oligarchie opponierte, zu der Beschränkung der Wahlfreiheit die Hand bot.

Von diesem allmählich sich verändernden Geiste der Regierung trug den Stempel das Regiment. Zwar in der Verwaltung der äußeren Angelegenheiten überwog in dieser Zeit noch diejenige Folgerichtigkeit und Energie, durch welche die Herrschaft der römischen Gemeinde über Italien gegründet worden war. In der schweren Lehrzeit des Krieges um Sizilien hatte die römische Aristokratie sich allmählich auf die Höhe ihrer neuen Stellung erhoben; und wenn sie das von Rechts wegen lediglich zwischen den Gemeindebeamten und der Gemeindeversammlung geteilte Regiment verfassungswidrig für den Gemeinderat usurpierte, so legitimierte sie sich dazu durch ihre zwar nichts weniger als geniale, aber klare und feste Steuerung des Staats während des hannibalischen Sturmes und der daraus sich entspinnenden weiteren Verwicklungen, und bewies es der Welt, daß den weiten Kreis der italisch-hellenischen Staaten zu beherrschen einzig der römische Senat vermochte und in vieler Hinsicht einzig verdiente. Allein über dem großartigen und mit den großartigsten Erfolgen gekrönten Auftreten des regierenden römischen Gemeinderats gegen den äußeren Feind darf es nicht übersehen werden, daß in der minder scheinbaren und doch weit wichtigeren und weit schwereren Verwaltung der inneren Angelegenheiten des Staates sowohl die Handhabung der bestehenden Ordnungen wie die neuen Einrichtungen einen fast entgegengesetzten Geist offenbaren, oder, richtiger gesagt, die entgegengesetzte Richtung hier bereits das Übergewicht gewonnen hat.

Vor allem dem einzelnen Bürger gegenüber ist das Regiment nicht mehr, was es gewesen. Magistrat heißt der Mann, der mehr ist als die andern; und wenn er der Diener der Gemeinde ist, so ist er eben darum der Herr eines jeden Bürgers. Aber diese straffe Haltung läßt jetzt sichtlich nach. Wo das Koteriewesen und der

Ämterbettel so in Blüte steht wie in dem damaligen Rom, hütet man sich, die Gegendienste der Standesgenossen und die Gunst der Menge durch strenge Worte und rücksichtslose Amtspflege zu verscherzen. Wo einmal ein Beamter mit altem Ernst und alter Strenge auftritt, da sind es in der Regel, wie zum Beispiel Cotta (502 *252*) und Cato, neue, nicht aus dem Schoße des Herrenstandes hervorgegangene Männer. Es war schon etwas, daß Paullus, als er zum Oberfeldherrn gegen Perseus ernannt worden war, statt nach beliebter Art sich bei der Bürgerschaft zu bedanken, derselben erklärte, er setze voraus, daß sie ihn zum Feldherrn gewählt hätten, weil sie ihn für den fähigsten zum Kommando gehalten, und ersuche sie deshalb, ihm nun nicht kommandieren zu helfen, sondern stillzuschweigen und zu gehorchen. Roms Suprematie und Hegemonie im Mittelmeergebiet ruhte nicht zum wenigsten auf der Strenge seiner Kriegszucht und seiner Rechtspflege. Unzweifelhaft war es auch, im großen und ganzen genommen, den ohne Ausnahme tief zerrütteten hellenischen, phönikischen und orientalischen Staaten in diesen Beziehungen damals noch unendlich überlegen; dennoch kamen schon arge Dinge auch in Rom vor. Wie die Erbärmlichkeit der Oberfeldherren, und zwar nicht etwa von der Opposition gewählter Demagogen, wie Gaius Flaminius und Gaius Varro, sondern gut aristokratischer Männer, bereits im dritten Makedonischen Krieg das Wohl des Staates auf das Spiel gesetzt hatte, ist früher erzählt worden (2, 292f.). Und in welcher Art die Rechtspflege schon hin und wieder gehandhabt ward, das zeigt der Auftritt im Lager des Konsuls Lucius Quinctius Flamininus bei Placentia (562 *192*) – um seinen Buhlknaben für die ihm zuliebe versäumten Fechterspiele in der Hauptstadt zu entschädigen, hatte der hohe Herr einen in das römische Lager geflüchteten, vornehmen Boier herbeirufen lassen und ihn mit eigener Hand beim Gelage niedergestoßen. Schlimmer als der Vorgang selber, dem mancher ähnliche sich an die Seite stellen ließe, war es noch, daß der Täter nicht bloß nicht vor Gericht gestellt ward, sondern, als ihn der Zensor Cato deswegen aus der Liste der Senatoren strich, seine Standesgenossen den Ausgestoßenen im Theater einluden, seinen Senatorenplatz wieder einzunehmen – freilich war er der Bruder des Befreiers der Griechen und eines der mächtigsten Koteriehäupter des Senats.

Auch das Finanzwesen der römischen Gemeinde ging in dieser Epoche eher zurück als vorwärts. Zwar der Betrag der Einnahmen war zusehends im Wachsen. Die indirekten Abgaben –

direkte gab es in Rom nicht – stiegen infolge der erweiterten Ausdehnung des römischen Gebietes, welche es zum Beispiel nötig machte, in den Jahren 555, 575 *(199, 179)* an der kampanischen und brettischen Küste neue Zollbüros in Puteoli, Castra (Squillace) und anderswo einzurichten. Auf demselben Grunde beruht der neue, die Salzverkaufspreise nach den verschiedenen Distrikten Italiens abstufende Salztarif vom Jahre 550 *(204)*, indem es nicht länger möglich war, den jetzt durch ganz Italien zerstreuten römischen Bürgern das Salz zu einem und demselben Preise abzugeben; da indes die römische Regierung wahrscheinlich den Bürgern dasselbe zum Produktionspreis, wenn nicht darunter abgab, so ergab diese Finanzmaßregel für den Staat keinen Gewinn. Noch ansehnlicher war die Steigerung des Ertrages der Domänen. Die Abgabe freilich, welche von dem zur Okkupation verstatteten italischen Domanialland dem Ärar von Rechts wegen zukam, ward zum allergrößten Teil wohl weder gefordert noch geleistet. Dagegen blieb nicht bloß das Hutgeld bestehen, sondern es wurden auch die infolge des Hannibalischen Krieges neu gewonnenen Domänen, namentlich der größere Teil des Gebiets von Capua (2, 186) und das von Leontini (2, 146), nicht zum Okkupieren hingegeben, sondern parzelliert und an kleine Zeitpächter ausgetan und der auch hier versuchten Okkupation von der Regierung mit mehr Nachdruck als gewöhnlich entgegengetreten; wodurch dem Staate eine beträchtliche und sichere Einnahmequelle entstand. Auch die Bergwerke des Staats, namentlich die wichtigen spanischen, wurden durch Verpachtung verwertet. Endlich traten zu den Einnahmen die Abgaben der überseeischen Untertanen hinzu. Außerordentlicherweise flossen während dieser Epoche sehr bedeutende Summen in den Staatsschatz, namentlich an Beutegeld aus dem Antiochischen Kriege 200 (14500000 Taler), aus dem Perseischen 210 Mill. Sesterzen (15 Mill. Taler) – letzteres die größte Barsumme, die je auf einmal in die römische Kasse gelangt ist.

Indes ward diese Zunahme der Einnahme durch die steigenden Ausgaben größtenteils wieder ausgeglichen. Die Provinzen, etwa mit Ausnahme Siziliens, kosteten wohl ungefähr ebensoviel als sie eintrugen; die Ausgaben für Wege- und andere Bauten stiegen im Verhältnis mit der Ausdehnung des Gebiets; auch die Rückzahlung der von den ansässigen Bürgern während der schweren Kriegszeiten erhobenen Vorschüsse *(tributa)* lastete noch manches Jahr nachher auf dem römischen Ärar. Dazu kamen die durch die verkehrte Wirtschaft und die schlaffe Nachsicht der

Oberbehörden dem gemeinen Wesen verursachten sehr namhaften Verluste. Von dem Verhalten der Beamten in den Provinzen, von ihrer üppigen Wirtschaft aus gemeinem Säckel, von den Unterschleifen namentlich am Beutegut, von dem beginnenden Bestechungs- und Erpressungssystem wird unten noch die Rede sein. Wie der Staat bei den Verpachtungen seiner Gefälle und den Akkorden über Lieferungen und Bauten im allgemeinen wegkam, kann man ungefähr danach ermessen, daß der Senat im Jahre 587 *(167)* beschloß, von dem Betrieb der an Rom gefallenen makedonischen Bergwerke abzusehen, weil die Grubenpächter doch entweder die Untertanen plündern oder die Kasse bestehlen würden – freilich ein naives Armutszeugnis, das die kontrollierende Behörde sich selber ausstellte. Man ließ nicht bloß, wie schon gesagt ward, die Abgabe von dem okkupierten Domanialland stillschweigend fallen, sondern man litt es auch, daß bei Privatanlagen in der Hauptstadt und sonst auf öffentlichen Grund und Boden übergegriffen und das Wasser aus den öffentlichen Leitungen zu Privatzwecken abgeleitet ward; es machte sehr böses Blut, wenn einmal ein Zensor gegen solche Kontravenienten ernstlich einschritt und sie zwang, entweder auf die Sondernutzung des gemeinen Gutes zu verzichten oder dafür das gesetzliche Boden- und Wassergeld zu zahlen. Der Gemeinde gegenüber bewies das sonst so peinliche ökonomische Gewissen der Römer eine merkwürdige Weite. »Wer einen Bürger bestiehlt«, sagt Cato, »beschließt sein Leben in Ketten und Banden; in Gold und Purpur aber, wer die Gemeinde bestiehlt.« Wenn trotz dessen, daß das öffentliche Gut der römischen Gemeinde ungestraft und ungescheut von Beamten und Spekulanten geplündert ward, noch Polybios es hervorhebt, wie selten in Rom der Unterschleif sei, während man in Griechenland kaum hier und da einen Beamten finde, der nicht in die Kasse greife; wie der römische Kommissar und Beamte auf sein einfaches Treuwort hin ungeheure Summen redlich verwalte, während in Griechenland der kleinsten Summe wegen zehn Briefe besiegelt und zwanzig Zeugen aufgeboten würden und doch jedermann betrüge, so liegt hierin nur, daß die soziale und ökonomische Demoralisation in Griechenland noch viel weiter vorgeschritten war als in Rom und namentlich hier noch nicht wie dort der unmittelbare und offenbare Kassendefekt florierte. Das allgemeine finanzielle Resultat spricht sich für uns am deutlichsten in dem Stand der öffentlichen Bauten und in dem Barbestand des Staatsschatzes aus. Für das öffentliche Bauwesen finden wir in Friedenszeiten ein Fünftel, in Kriegszeiten ein Zehntel der Einkünfte verwendet, was den Umständen nach nicht gerade reichlich gewesen zu sein scheint. Es geschah mit diesen Summen sowie mit den nicht in die Staatskasse unmittelbar fallenden Brüchgeldern wohl manches für die Pflasterung der Wege in und vor der Hauptstadt, für die Chaussierung der italischen Hauptstraßen[6], für die Anlage öffentlicher Gebäude. Wohl die bedeutendste unter den aus dieser Periode bekannten hauptstädtischen Bauten war die wahrscheinlich im Jahre 570 *(184)* verdungene große Reparatur und Erweiterung des hauptstädtischen Kloakennetzes, wofür auf einmal 1 700 000 Taler (24 Mill. Sesterzen) angewiesen wurden und der vermutlich der Hauptsache nach angehört, was von den Kloaken heute noch vorhanden ist. Aber allem Anschein nach stand in dem öffentlichen Bauwesen, auch abgesehen von den schweren Kriegszeiten, diese Periode hinter dem letzten Abschnitt der vorigen zurück; zwischen 482 und 607 *(272 und 147)* ist in Rom keine neue Wasserleitung angelegt worden. Der Staatsschatz nahm freilich zu: die letzte Reserve betrug im Jahre 545 *(209)*, wo man sich genötigt sah, sie anzugreifen, nur 1 144 000 Taler (4000 Pfund Gold; 2, 171), wogegen kurze Zeit nach dem Schluß dieser Periode (597 *157*) nahe a 6 Mill. Taler in edlen Metallen in der Staatskasse vorrätig waren. Allein bei den ungeheuren außerordentlichen Einnahmen, welche in dem Menschenalter nach dem Ende des Hannibalischen Krieges der römischen Staatskasse zuflossen, befremdet die letztere Summe mehr durch ihre Niedrigkeit als durch ihre Höhe. Soweit bei den vorliegenden, mehr als dürftigen Angaben es zulässig ist, hier von Resultaten zu sprechen, zeigen die römischen Staatsfinanzen wohl einen Überschuß der Einnahme über die Ausgabe, aber darum doch nichts weniger als ein glänzendes Gesamtergebnis.

Am bestimmtesten tritt der veränderte Geist der Regierung hervor in der Behandlung der italischen und außeritalischen Untertanen der römischen Gemeinde. Man hatte sonst in Italien unterschieden die gewöhnlichen und die latinischen bundesgenössischen Gemeinden, die römischen Passiv- und die römischen Vollbürger. Von diesen vier Klassen wurde die dritte im Laufe dieser Periode so gut wie vollständig beseitigt, indem das, was früher schon für die Passivbürgergemeinden in Latium und in

---

[6] Die Kosten von diesen sind indes wohl großenteils auf die Anlieger geworfen worden. Das alte System, Fronen anzusagen, war nicht abgeschafft; es muß nicht selten vorgekommen sein, daß man den Gutsbesitzern die Sklaven wegnahm, um sie beim Straßenbau zu verwenden (Cato agr. 2).

der Sabina geschehen war, jetzt auch auf die des ehemaligen volskischen Gebiets Anwendung fand und diese allmählich, zuletzt vielleicht im Jahre 566 *(188)* Arpinum, Fundi und Formiae, das volle Bürgerrecht empfingen. In Kampanien wurde Capua nebst einer Anzahl benachbarter kleinerer Gemeinden infolge seines Abfalls von Rom im Hannibalischen Kriege aufgelöst. Wenn auch einige wenige Gemeinden, wie Velitrae im Volskergebiet, Teanum und Cumae in Kampanien, in dem früheren Rechtsverhältnis verblieben sein mögen, so darf doch, im großen und ganzen betrachtet, dies Bürgerrecht zweiter Klasse jetzt als beseitigt gelten.

Dagegen trat neu hinzu eine besonders zurückgesetzte, der Kommunalfreiheit und des Waffenrechts entbehrende und zum Teil fast den Gemeindesklaven gleich behandelte Klasse *(peregrini dediticii)*, wozu namentlich die Angehörigen der ehemaligen, mit Hannibal verbündet gewesenen kampanischen, südlichen picentischen und brettischen Gemeinden (2, 187) gehörten. Ihnen schlossen sich die diesseits der Alpen geduldeten Keltenstämme an, deren Stellung zu der italischen Eidgenossenschaft zwar nur unvollkommen bekannt ist, aber doch durch die in ihre Bundesverträge mit Rom aufgenommene Klausel, daß keiner aus diesen Gemeinden je das römische Bürgerrecht solle gewinnen dürfen (2, 191), hinreichend als eine zurückgesetzte charakterisiert wird.

Die Stellung der nichtlatinischen Bundesgenossen hatte, wie schon früher (2, 187) angedeutet ward, durch den Hannibalischen Krieg sich sehr zu ihrem Nachteil verändert. Nur wenige Gemeinden dieser Kategorie, wie zum Beispiel Neapel, Nola, Rhegion, Herakleia, hatten während aller Wechselfälle dieses Krieges unverändert auf der Seite Roms gestanden und darum ihr bisheriges Bundesrecht unverändert behalten; bei weitem die meisten mußten infolge ihres Parteiwechsels sich eine nachteilige Revision der bestehenden Verträge gefallen lassen. Von der gedrückten Stellung der nichtlatinischen Bundesgenossen zeugt die Auswanderung aus ihren Gemeinden in die latinischen; als im Jahre 577 *(177)* die Samniten und Paeligner bei dem Senat um Herabsetzung ihrer Kontingente einkamen, wurde dies damit motiviert, daß während der letzten Jahre 4000 samnitische und paelignische Familien nach der latinischen Kolonie Fregellae übergesiedelt seien.

Daß die Latiner, das heißt jetzt die wenigen noch außerhalb des römischen Bürgerverbandes stehenden Städte im alten Latium wie Tibur und Praeneste, die ihnen rechtlich gleichgestellten Bundesstädte, wie namentlich einzelne der Herniker, und die durch ganz Italien zerstreuten latinischen Kolonien auch jetzt noch besser gestellt waren, ist hierin enthalten; doch hatten auch sie im Verhältnis kaum weniger sich verschlechtert. Die ihnen auferlegten Lasten wurden unbillig gesteigert und der Druck des Kriegsdienstes mehr und mehr von der Bürgerschaft ab auf sie und die anderen italischen Bundesgenossen gewälzt. So wurden zum Beispiel 536 *(218)* fast doppelt soviel Bundesgenossen aufgeboten als Bürger; so nach dem Ende des Hannibalischen Krieges die Bürger alle, nicht aber die Bundesgenossen verabschiedet; so die letzteren vorzugsweise für den Besatzungs- und den verhaßten spanischen Dienst verwandt; so bei dem Triumphalgeschenk 577 *(177)* den Bundesgenossen nicht wie sonst die gleiche Verehrung mit den Bürgern, sondern nur die Hälfte gegeben, so daß inmitten des ausgelassenen Jubels dieses Soldatenkarnevals die zurückgesetzten Abteilungen stumm dem Siegeswagen folgten: so erhielten bei Landanweisungen in Norditalien die Bürger je zehn, die Nichtbürger je drei Morgen Ackerlandes. Die unbeschränkte Freizügigkeit war den latinischen Gemeinden bereits früher (486 *268*) genommen und ihnen die Auswanderung nach Rom nur dann gestattet worden, wenn sie leibliche Kinder und einen Teil ihres Vermögens in der Heimatgemeinde zurückließen (1, 437). Indes diese lästigen Vorschriften wurden auf vielfache Weise umgangen oder übertreten, und der massenhafte Zudrang der Bürger der latinischen Ortschaften nach Rom und die Klagen ihrer Behörden über die zunehmende Entvölkerung der Städte und die Unmöglichkeit, unter solchen Umständen das festgesetzte Kontingent zu leisten, veranlaßten die römische Regierung, polizeiliche Ausweisungen aus der Hauptstadt in großem Umfang zu veranstalten (567, 577 *187, 177*). Die Maßregel mochte unvermeidlich sein, ward aber darum nicht weniger schwer empfunden. Weiter fingen die von Rom im italischen Binnenland angelegten Städte gegen das Ende dieser Periode an, statt des latinischen, das volle Bürgerrecht zu empfangen, was bis dahin nur hinsichtlich der Seekolonien geschehen war, und die bisher fast regelmäßige Erweiterung der Latinerschaft durch neu hinzutretende Gemeinden hatte damit ein Ende. Aquileia, dessen Gründung 571 *(183)* begann, ist die jüngste der italischen Kolonien Roms geblieben, welche mit latinischem Recht beliehen wurden; den ungefähr gleichzeitig ausgeführten Kolonien Potentia, Pisaurum, Mutina, Parma, Luna (570–577 *184–177*) ward schon das volle Bürgerrecht gegeben. Die Ursache war offenbar das Sinken des latinischen im Vergleich mit dem römischen Bürgerrecht. Die in die neuen Pflanzstädte ausgeführten Kolonisten wurden von jeher und jetzt mehr als je vorwiegend aus der römischen Bürgerschaft ausgewählt, und es fehlten selbst unter dem ärmeren Teile derselben die Leute, die willig gewesen wären, auch mit Erwerbung bedeutender materieller Vorteile ihr Bürger- gegen latinisches Recht zu vertauschen.

Endlich ward den Nichtbürgern, Gemeinden wie Einzelnen, der Eintritt in das römische Bürgerrecht fast vollständig gesperrt. Das ältere Verfahren, die unterworfenen Gemeinden der römischen einzuverleiben, hatte man um 400 *(350)* fallenlassen, um nicht durch übermäßige Ausdehnung der römischen Bürgerschaft dieselbe allzusehr zu dezentralisieren, und deshalb die Halbbürgergemeinden eingerichtet (1, 438). Jetzt gab man die Zentralisation der Gemeinde auf, indem teils die Halbbürgergemeinden das Vollbürgerrecht empfingen, teils zahlreiche entferntere Bürgerkolonien zu der Gemeinde hinzutraten; aber auf das ältere Inkorporationssystem kam man den verbündeten Gemeinden gegenüber nicht zurück. Daß nach der vollendeten Unterwerfung Italiens auch nur eine einzige italische Gemeinde das bundesgenössische mit dem römischen Bürgerrecht vertauscht hätte, läßt sich nicht nachweisen; wahrscheinlich hat in der Tat seitdem keine mehr dieses erhalten. Auch der Übertritt einzelner Italiker in das römische Bürgerrecht fand fast allein noch statt für die latinischen Gemeindebeamten (1, 438) und durch besondere Begünstigung für einzelne der bei Gründung von Bürgerkolonien mit zugelassenen Nichtbürger[7].

Diesen tatsächlichen und rechtlichen Umgestaltungen der Verhältnisse der italischen Untertanen kann wenigstens innerer Zusammenhang und Folgerichtigkeit nicht abgesprochen werden. Die Lage der Untertanenklassen wurde im Verhältnis ihrer bisherigen Abstufung durchgängig verschlechtert und, während

---

[7] So wurde bekanntlich dem Rudiner Ennius bei Gelegenheit der Gründung der Bürgerkolonien Potentia und Pisaurum von einem der Triumvirn, Q. Fulvius Nobilior, das Bürgerrecht geschenkt (Cic. Brut. 20, 79); worauf er denn auch nach bekannter Sitte dessen Vornamen annahm. Von Rechts wegen erwarben, wenigstens in dieser Epoche, die in die Bürgerkolonie mit deduzierten Nichtbürger dadurch die römische Civität keineswegs, wenn sie auch häufig dieselbe sich anmaßten (Liv. 34, 42); es wurde aber den mit der Gründung einer Kolonie beauftragten Beamten durch eine Klausel in dem jedesmaligen Volksschluß die Verleihung des Bürgerrechts an eine beschränkte Anzahl von Personen gestattet (Cic. Balb. 21, 48).

die Regierung sonst die Gegensätze zu mildern und durch Übergänge zu vermitteln bemüht gewesen war, wurden jetzt überall die Mittelglieder beseitigt und die verbindenden Brücken abgebrochen. Wie innerhalb der römischen Bürgerschaft der Herrenstand von dem Volke sich absonderte, den öffentlichen Lasten durchgängig sich entzog und die Ehren und Vorteile durchgängig für sich nahm, so trat die Bürgerschaft ihrerseits der italischen Eidgenossenschaft gegenüber und schloß diese mehr und mehr von dem Mitgenuß der Herrschaft aus, während sie an den gemeinen Lasten doppelten und dreifachen Anteil überkam. Wie die Nobilität gegenüber den Plebejern, so lenkte die Bürgerschaft gegenüber den Nichtbürgern zurück in die Abgeschlossenheit des verfallenen Patriziats; das Plebejat, das durch die Liberalität seiner Institutionen großgeworden war, schnürte jetzt selbst sich ein in die starren Satzungen des Junkertums. Die Aufhebung der Passivbürgerschaften kann an sich nicht getadelt werden und gehört auch ihrem Motiv nach vermutlich in einen anderen, später noch zu erörternden Zusammenhang; dennoch ging schon dadurch ein vermittelndes Zwischenglied verloren. Bei weitem bedenklicher aber war das Schwinden des Unterschieds zwischen den latinischen und den übrigen italischen Gemeinden. Die Grundlage der römischen Macht war die bevorzugte Stellung der latinischen Nation innerhalb Italiens; sie wich unter den Füßen, seit die latinischen Städte anfingen, sich nicht mehr als die bevorzugten Teilhaber an der Herrschaft der mächtigen stammverwandten Gemeinde, sondern wesentlich gleich den übrigen als Untertanen Roms zu empfinden und alle Italiker ihre Lage gleich unerträglich zu finden begannen. Denn daß die Brettier und ihre Leidensgenossen schon völlig wie Sklaven behandelt wurden und völlig wie Sklaven sich verhielten, zum Beispiel von der Flotte, auf der sie als Ruderknechte dienten, ausrissen, wo sie konnten und gern gegen Rom Dienste nahmen; daß ferner in den keltischen und vor allem den überseeischen Untertanen eine noch gedrücktere und von der Regierung in berechneter Absicht der Verachtung und Mißhandlung durch die Italiker preisgegebene Klasse den Italikern zur Seite gestellt ward, schloß freilich auch eine Abstufung innerhalb der Untertanenschaft in sich, konnte aber doch für den früheren Gegensatz zwischen den stammverwandten und den stammfremden italischen Untertanen nicht entfernt einen Ersatz gewähren. Eine tiefe Verstimmung bemächtigte sich der gesamten italischen Eidgenossenschaft, und nur die Furcht hielt sie ab, laut sich zu äußern. Der Vorschlag, der nach der Schlacht bei Cannae im Senat gemacht ward, aus jeder latinischen Gemeinde zwei Männern das römische Bürgerrecht und Sitz im Senat zu gewähren, war freilich zur Unzeit gestellt und ward mit Recht abgelehnt; aber er zeigt doch, mit welcher Besorgnis man schon damals in der herrschenden Gemeinde auf das Verhältnis zwischen Latium und Rom blickte. Wenn jetzt ein zweiter Hannibal den Krieg nach Italien getragen hätte, so durfte man zweifeln, ob auch er an dem felsenfesten Widerstand des latinischen Namens gegen die Fremdherrschaft gescheitert sein würde.

Aber bei weitem die wichtigste Institution, welche diese Epoche in das römische Gemeinwesen eingeführt hat, und zugleich diejenige, welche am entschiedensten und verhängnisvollsten aus der bisher eingehaltenen Bahn wich, waren die neuen Vogteien. Das ältere römische Staatsrecht kannte zinspflichtige Untertanen nicht; die überwundenen Bürgerschaften wurden entweder in die Sklaverei verkauft oder in der römischen aufgehoben oder endlich zu einem Bündnis zugelassen, das ihnen wenigstens die kommunale Selbständigkeit und die Steuerfreiheit sicherte. Allein die karthagischen Besitzungen in Sizilien, Sardinien und Spanien sowie Hierons Reich hatten ihren früheren Herren gesteuert und gezinst; wenn Rom diese Besitzungen einmal behalten wollte, war es nach dem Urteil der Kurzsichtigen das Verständigste und unzweifelhaft das Bequemste, die neuen Gebiete lediglich nach den bisherigen Normen zu verwalten. Man behielt also die karthagisch-hieronische Provinzialverfassung einfach bei und organisierte nach derselben auch diejenigen Landschaften, die man, wie das Diesseitige Spanien, den Barbaren entriß. Es war das Hemd des Nessos, das man vom Feind erbte. Ohne Zweifel war es anfänglich die Absicht der römischen Regierung, durch die Abgaben der Untertanen nicht eigentlich sich zu bereichern, sondern nur die Kosten der Verwaltung und Verteidigung damit zu decken; doch wich man auch hiervon schon ab, als man Makedonien und Illyrien tributpflichtig machte, ohne daselbst die Regierung und die Grenzbesetzung zu übernehmen. Überhaupt aber kam es weit weniger darauf an, daß man noch in der Belastung Maß hielt, als darauf, daß man überhaupt die Herrschaft in ein nutzbares Recht verwandelte; für den Sündenfall ist es gleich, ob man nur den Apfel nimmt oder gleich den Baum plündert. Die Strafe folgte dem Unrecht auf dem Fuß. Das neue Provinzialregiment nötigte zu der Einsetzung von Vögten, deren Stellung nicht bloß mit der Wohlfahrt der Vogteien, sondern auch mit der römischen Verfassung schlechthin unverträglich war. Wie die römische Gemeinde in den Provinzen an die Stelle des früheren Landesherrn trat, so war ihr Vogt daselbst an Königs Statt; wie denn auch zum Beispiel der sizilische Prätor in dem Hieronischen Palast zu Syrakus residierte. Von Rechts wegen sollte nun zwar der Vogt nichtsdestoweniger sein Amt mit republikanischer Ehrbarkeit und Sparsamkeit verwalten. Cato erschien als Statthalter von Sardinien in den ihm untergebenen Städten zu Fuß und von einem einzigen Diener begleitet, welcher ihm den Rock und die Opferschale nachtrug, und als er von seiner spanischen Statthalterschaft heimkehrte, verkaufte er vorher sein Schlachtroß, weil er sich nicht befugt hielt, die Transportkosten desselben dem Staate in Rechnung zu bringen. Es ist auch keine Frage, daß die römischen Statthalter, obgleich sicherlich nur wenige von ihnen die Gewissenhaftigkeit so wie Cato bis an die Grenze der Knauserei und Lächerlichkeit trieben, doch zum guten Teil durch ihre altväterliche Frömmigkeit, durch die bei ihren Mahlzeiten herrschende ehrbare Stille, durch die verhältnismäßig rechtschaffene Amts- und Rechtspflege, namentlich die angemessene Strenge gegen die schlimmsten unter den Blutsaugern der Provinzialen, die römischen Steuerpächter und Bankiers, überhaupt durch den Ernst und die Würde ihres Auftretens den Untertanen, vor allen den leichtfertigen und haltungslosen Griechen nachdrücklich imponierten. Auch die Provinzialen befanden sich unter ihnen verhältnismäßig leidlich. Man war durch die karthagischen Vögte und syrakusanischen Herren nicht verwöhnt und sollte bald Gelegenheit finden, im Vergleich mit den nachkommenden Skorpionen der gegenwärtigen Ruten sich dankbar zu erinnern; es ist wohl erklärlich, wie späterhin das sechste Jahrhundert der Stadt als die goldene Zeit der Provinzialherrschaft erschien. Aber es war auf die Länge nicht durchführbar, zugleich Republikaner und König zu sein. Das Landvogtspielen demoralisierte mit furchtbarer Geschwindigkeit den römischen Herrenstand. Hoffart und Übermut gegen die Provinzialen lagen so sehr in der Rolle, daß daraus dem einzelnen Beamten kaum ein Vorwurf gemacht werden darf. Aber schon war es selten, und um so seltener, als die Regierung mit Strenge an dem alten Grundsatz festhielt, die Gemeindebeamten nicht zu besolden, daß der Vogt ganz reine Hände aus der Provinz wieder mitbrachte; daß Paullus, der Sieger von Pydna, kein Geld nahm, wird bereits als etwas Besonderes angemerkt. Die üble Sitte, dem Amtmann »Ehrenwein« und andere »freiwillige« Gaben zu verabreichen, scheint so alt wie die Provinzialverfassung selbst und mag wohl auch ein karthagisches Erbstück sein; schon Cato mußte in seiner Verwaltung Sardiniens 556 *(198)* sich begnügen, diese Hebungen zu regulieren und zu ermäßigen. Das Recht der Beamten und überhaupt der in Staatsgeschäften Reisenden auf freies Quartier und freie Beförderung ward schon als Vorwand zu Erpressungen benutzt. Das wichtigere Recht des Beamten, Getreidelieferungen teils zu seinem und seiner Leute Unterhalt *(in cellam),* teils im Kriegsfall zur Ernährung des Heeres oder bei anderen besonderen Anlässen gegen einen billigen Taxpreis in seiner Provinz auszuschreiben, wurde schon so arg gemißbraucht, daß auf die Klagen der Spanier der Senat im Jahre 583 *(171)* die Feststellung des Taxpreises für beiderlei Lieferungen den Amtsleuten zu entziehen sich veranlaßt fand (2, 208). Selbst für die Volksfeste in Rom fing schon an bei den Untertanen requiriert zu werden; die maßlosen Tribulationen, die der Ädil Tiberius Sempronius Gracchus für die von ihm auszurichtende Festlichkeit über italische wie außeritalische Gemeinden ergehen ließ, veranlaßten den Senat, offiziell dagegen einzuschreiten (572 *182*). Was überhaupt der römische Beamte sich am Schlusse dieser Periode nicht bloß gegen die unglücklichen Untertanen, sondern selbst gegen die abhängigen Freistaaten und Königreiche herausnahm, das zeigen die Raubzüge des Gnaeus Volso in Kleinasien (2, 269) und vor allem die heillose Wirtschaft in Griechenland während des Krieges gegen Perseus (2, 292f.). Die Regierung hatte kein Recht, sich darüber zu verwundern, da sie es an jeder ernstlichen Schranke gegen die Übergriffe dieses militärischen Willkürregiments fehlen ließ. Zwar die gerichtliche Kontrolle mangelte nicht ganz. Konnte auch der römische Vogt nach dem allgemeinen und mehr als bedenklichen Grundsatz: gegen den Oberfeldherrn während der Amtsverwaltung keine Beschwerdeführung zu gestatten (1, 262), regelmäßig erst dann zur Rechenschaft gezogen werden, wenn das Übel geschehen war, so war doch an sich sowohl eine Kriminal- als eine Zivilverfolgung gegen ihn möglich. Um jene einzuleiten, mußte ein Volkstribun kraft der ihm zustehenden richterlichen Gewalt die Sache in die Hand nehmen und sie an das Volksgericht bringen; die Zivilklage wurde von dem Senator, der die betreffende Prätur verwaltete, an eine nach der damaligen Gerichtsverfassung aus dem Schoße des Senats bestellte Jury gewiesen. Dort wie hier lag also die Kontrolle in den Händen des Herrenstandes, und obwohl dieser noch rechtlich und ehrenhaft genug war, um gegründete Beschwerden nicht unbedingt beiseite zu legen, der Senat sogar verschiedene Male auf Anrufen der Geschädigten die Einleitung eines Zivilverfahrens selber zu veranlassen sich herbeiließ, so konnten doch Klagen von Niedrigen und Fremden gegen mächtige Glieder der regierenden Aristokratie vor weit entfernten und wenn nicht in gleicher Schuld befangenen, doch mindestens dem gleichen Stande angehörigen Richtern und Geschworenen von Anfang an nur dann auf Erfolg rechnen, wenn das Unrecht klar und schreiend war; und vergeblich zu klagen, war fast gewisses Verderben. Einen gewissen Anhalt fanden die Geschädigten freilich in den erblichen Klientelverhältnissen, welche die Städte und Landschaften der Untertanen mit ihren Besiegern und andern ihnen näher getretenen Römern verknüpften. Die spanischen Statthalter empfanden es, daß an Catos Schutzbefohlenen sich niemand ungestraft vergriff; und daß die Vertreter der drei von Paullus überwundenen Nationen, der Spanier, Ligurer und Makedonier, sich es nicht nehmen ließen, seine Bahre zum Scheiterhaufen zu tragen, war die schönste Totenklage um den edlen Mann. Allein dieser Sonderschutz gab nicht bloß den Griechen Gelegenheit, ihr ganzes Talent, sich ihren Herren gegenüber wegzuwerfen, in Rom zu entfalten und durch ihre bereitwillige Servilität auch ihre Herren zu demoralisieren – die Beschlüsse der Syrakusaner zu Ehren des Marcellus, nachdem er ihre Stadt zerstört und geplündert und sie ihn vergeblich deshalb beim Senat verklagt hatten, sind eines der schandbarsten Blätter in den wenig ehrbaren Annalen von Syrakus –, sondern es hatte auch bei der schon gefährlichen Familienpolitik dieses Hauspatronat seine politisch bedenkliche Seite. Immer wurde auf diesem Wege wohl bewirkt, daß die römischen Beamten die Götter und den Senat einigermaßen fürchteten und im Stehlen meistenteils Maß hielten, allein man stahl denn doch, und ungestraft, wenn man mit Bescheidenheit stahl. Die heillose Regel stellte sich fest, daß bei geringen Erpressungen und mäßiger Gewalttätigkeit der römische Beamte gewissermaßen in seiner Kompetenz und von Rechts wegen straffrei sei, die Beschädigten also zu schweigen hätten; woraus denn die Folgezeit die verhängnisvollen Konsequenzen zu ziehen nicht unterlassen hat. Indes wären auch die Gerichte so streng gewesen, wie sie schlaff waren, es konnte doch die gerichtliche Rechenschaft nur den ärgsten Übelständen steuern. Die wahre Bürgschaft einer guten Verwaltung liegt in der strengen und gleichmäßigen Oberaufsicht der höchsten Verwaltungsbehörde; und hieran ließ der

Senat es vollständig mangeln. Hier am frühesten machte die Schlaffheit und Unbeholfenheit des kollegialischen Regiments sich geltend. Von Rechts wegen hätten die Vögte einer weit strengeren und spezielleren Aufsicht unterworfen werden sollen, als sie für die italischen Munizipalverwaltungen ausgereicht hatte, und mußten jetzt, wo das Reich große überseeische Gebiete umfaßte, die Anstalten gesteigert werden, durch welche die Regierung sich die Übersicht über das Ganze bewahrte. Von beidem geschah das Umgekehrte. Die Vögte herrschten so gut wie souverän, und das wichtigste der für den letzteren Zweck dienenden Institute, die Reichsschatzung, wurde noch auf Sizilien, aber auf keine der später erworbenen Provinzen mehr erstreckt. Diese Emanzipation der obersten Verwaltungsbeamten von der Zentralgewalt war mehr als bedenklich. Der römische Vogt, an der Spitze der Heere des Staats und im Besitz bedeutender Finanzmittel, dazu einer schlaffen gerichtlichen Kontrolle unterworfen und von der Oberverwaltung tatsächlich unabhängig, endlich mit einer gewissen Notwendigkeit dahin geführt, sein und seiner Administrierten Interesse von dem der römischen Gemeinde zu scheiden und ihm entgegenzustellen, glich weit mehr einem persischen Satrapen als einem der Mandatare des römischen Senats in der Zeit der Samnitischen Kriege, und kaum konnte der Mann, der eben im Auslande eine gesetzliche Militärtyrannis geführt hatte, von da den Weg wieder zurück in die bürgerliche Gemeinschaft finden, die wohl Befehlende und Gehorchende, aber nicht Herren und Knechte unterschied. Auch die Regierung empfand es, daß die beiden fundamentalen Sätze die Gleichheit innerhalb der Aristokratie und die Unterordnung der Beamtengewalt unter das Senatskollegium, ihr hier unter den Händen zu schwinden begannen. Aus der Abneigung der Regierung gegen Erwerbung neuer Vogteien und gegen das ganze Vogteiwesen, der Einrichtung der Provinzialquästuren, die wenigstens die Finanzgewalt den Vögten aus den Händen zu nehmen bestimmt waren, der Beseitigung der an sich so zweckmäßigen Einrichtung längerer Statthalterschaften (2, 208) leuchtet sehr deutlich die Besorgnis hervor, welche die weiterblickenden römischen Staatsmänner vor der hier gesäten Saat empfanden. Aber Diagnose ist nicht Heilung. Das innere Regiment der Nobilität entwickelte sich weiter in der einmal angegebenen Richtung, und der Verfall der Verwaltung und des Finanzwesens, die Vorbereitung künftiger Revolutionen und Usurpationen hatten ihren wenn nicht unbemerkten, doch ungehemmten stetigen Fortgang.

Wenn die neue Nobilität weniger scharf als die alte Geschlechtsaristokratie formuliert war und wenn diese gesetzlich, jene nur tatsächlich die übrige Bürgerschaft im Mitgenuß der politischen Rechte beeinträchtigte, so war eben darum die zweite Zurücksetzung nur schwerer zu ertragen und schwerer zu sprengen als die erste. An Versuchen zu dem letzteren fehlte es natürlich nicht. Die Opposition ruhte auf der Gemeindeversammlung wie die Nobilität auf dem Senat; um jene zu verstehen, ist zunächst die damalige römische Bürgerschaft nach ihrem Geist und ihrer Stellung im Gemeinwesen zu schildern.

Was von einer Bürgerversammlung wie die römische war, nicht dem bewegenden Triebrad, sondern dem festen Grund des Ganzen, gefordert werden kann: ein sicherer Blick für das gemeine Beste, eine einsichtige Folgsamkeit gegenüber dem richtigen Führer, ein festes Herz in guten und bösen Tagen und vor allem die Aufopferungsfähigkeit des Einzelnen für das Ganze, des gegenwärtigen Wohlbehagens für das Glück der Zukunft – das alles hat die römische Gemeinde in so hohem Grade geleistet, daß, wo der Blick auf das Ganze sich richtet, jede Bemäkelung in bewundernder Ehrfurcht verstummt. Auch jetzt war der gute und verständige Sinn noch durchaus in ihr vorwiegend. Das ganze Verhalten der Bürgerschaft der Regierung wie der Opposition gegenüber beweist mit vollkommener Deutlichkeit, daß dasselbe gewaltige Bürgertum, vor dem selbst Hannibals Genie das Feld räumen mußte, auch in den römischen Komitien entschied; die Bürgerschaft hat wohl oft geirrt, jedoch nicht geirrt in Pöbeltücke, sondern in bürgerlicher und bäuerlicher Beschränktheit. Aber allerdings wurde die Maschinerie, mittels welcher die Bürgerschaft in den Gang der öffentlichen Angelegenheiten eingriff, immer unbehilflicher und wuchsen ihr durch ihre eigenen Großtaten die Verhältnisse vollständig über den Kopf. Daß im Laufe dieser Epoche teils die meisten bisherigen Passivbürgergemeinden, teils eine beträchtliche Anzahl neuangelegter Pflanzstädte das volle römische Bürgerrecht empfingen, ist schon angegeben worden (2, 326f.). Am Ende derselben erfüllte die römische Bürgerschaft in ziemlich geschlossener Masse Latium im weitesten Sinn, die Sabina und einen Teil Kampaniens, so daß sie an der Westküste nördlich bis Caere, südlich bis Cumae reichte; innerhalb dieses Gebiets standen nur wenige Städte, wie Tibur, Praeneste, Signia, Norba, Ferentinum außer derselben. Dazu kamen die Seekolonien an den italischen Küsten, welche durchgängig das römische Vollbürgerrecht besaßen, die picenischen und transapenninischen Kolonien der jüngsten Zeit, denen das Bürgerrecht hatte eingeräumt werden müssen (2, 327), und eine sehr beträchtliche Anzahl römischer Bürger, die, ohne eigentliche, gesonderte Gemeinwesen zu bilden, in Marktflecken und Dörfern *(fora et conciliabula)* durch ganz Italien zerstreut lebten. Wenn man der Unbehilflichkeit einer also beschaffenen Stadtgemeinde auch für die Zwecke der Rechtspflege[8] und der Verwaltung teils durch die früher schon erwähnten stellvertretenden Gerichtsherren (1, 439) einigermaßen abhalf, teils wohl auch schon, namentlich in den See- (1, 451) und den neuen picenischen und transapenninischen Kolonien, zu der späteren Organisation kleinerer städtischer Gemeinwesen innerhalb der großen römischen Stadtgemeinde wenigstens die ersten Grundlinien zog, so blieb doch in allen politischen Fragen die Urversammlung auf dem römischen Marktplatz allein berechtigt; und es springt in die Augen, daß diese in ihrer Zusammensetzung wie in ihrem Zusammenhandeln jetzt nicht mehr war, was sie gewesen, als die sämtlichen Stimmberechtigten ihre bürgerliche Berechtigung in der Art ausübten, daß sie am Morgen von ihren Höfen weggehen und an demselben Abend wieder zurück sein konnten. Es kam hinzu, daß die Regierung – ob aus Unverstand, Schlaffheit oder böser Absicht, läßt sich nicht sagen – die nach dem Jahre 513 *(241)* in den Bürgerverband eintretenden Gemeinden nicht mehr wie früher in neuerrichtete Wahlbezirke, sondern in die alten mit einschrieb; so daß allmählich jeder Bezirk aus verschiedenen, über das ganze römische Gebiet zerstreuten Ortschaften sich zusammensetzte. Wahlbezirke wie diese, von durchschnittlich 8000, die städtischen natürlich von mehr, die ländlichen von weniger Stimmberechtigten, und ohne örtlichen Zusammenhang und innere Einheit, ließen schon keine bestimmte Leitung und keine genügende Vorbesprechung mehr zu; was um so mehr vermißt werden mußte, als den Abstimmungen selbst keine freie Debatte voranging. Wenn ferner die Bürgerschaft vollkommen die Fähigkeit hatte, ihre Gemeindeinter-

---

[8] In der bekanntlich zunächst auf ein Landgut in der Gegend von Venafrum sich beziehenden landwirtschaftlichen Anweisung Catos wird die rechtliche Erörterung der etwa entstehenden Prozesse nur für einen bestimmten Fall nach Rom gewiesen: wenn nämlich der Gutsherr die Winterweide an den Besitzer einer Schafherde verpachtet, also mit einem in der Regel nicht in der Gegend domizilierten Pächter zu tun hat (agr. 149). Es läßt sich daraus schließen, daß in dem gewöhnlichen Fall, wo mit einem in der Gegend domizilierten Manne kontrahiert ward, die etwa entspringenden Prozesse schon zu Catos Zeit nicht in Rom, sondern vor den Ortsrichtern entschieden wurden.

essen wahrzunehmen, so war es doch sinnlos und geradezu lächerlich, in den höchsten und schwierigsten Fragen, welche die herrschende Weltmacht zu lösen überkam, einem wohlgesinnten, aber zufällig zusammengetriebenen Haufen italischer Bauern das entscheidende Wort einzuräumen und über Feldherrnernennungen und Staatsverträge in letzter Instanz Leute urteilen zu lassen, die weder die Gründe noch die Folgen ihrer Beschlüsse begriffen. In allen über eigentliche Gemeindesachen hinausgehenden Dingen haben denn auch die römischen Urversammlungen eine unmündige und selbst alberne Rolle gespielt. In der Regel standen die Leute da und sagten ja zu allen Dingen; und wenn sie ausnahmsweise aus eigenem Antrieb nein sagten, wie zum Beispiel bei der Kriegserklärung gegen Makedonien 554 *(200)* (2, 228), so machte sicher die Kirchturms- der Staatspolitik eine kümmerliche und kümmerlich auslaufende Opposition.

Endlich stellte dem unabhängigen Bürgerstand sich der Klientenpöbel formell gleichberechtigt und tatsächlich oft schon übermächtig zur Seite. Die Institutionen, aus denen er hervorging, waren uralt. Seit unvordenklicher Zeit übte der vornehme Römer auch über seine Freigelassenen und Zugewandten eine Art Regiment aus und ward von denselben bei allen ihren wichtigeren Angelegenheiten zu Rate gezogen, wie denn zum Beispiel ein solcher Klient nicht leicht seine Kinder verheiratete, ohne die Billigung seines Patrons erlangt zu haben, und sehr oft dieser die Partien geradezu machte. Aber wie aus der Aristokratie ein eigener Herrenstand ward, der in seiner Hand nicht bloß die Macht, sondern auch den Reichtum vereinigte, so wurden aus den Schutzbefohlenen Günstlinge und Bettler; und der neue Anhang der Reichen unterhöhlte äußerlich und innerlich den Bürgerstand. Die Aristokratie duldete nicht bloß diese Klientel, sondern beutete finanziell und politisch sie aus. So zum Beispiel wurden die alten Pfennigkollekten, welche bisher hauptsächlich nur zu religiösen Zwecken und bei der Bestattung verdienter Männer stattgefunden hatten, jetzt von angesehenen Herren – zuerst 568 *(186)* von Lucius Scipio in Veranlassung eines von ihm beabsichtigten Volksfestes – benutzt, um bei außerordentlichen Gelegenheiten vom Publikum eine Beisteuer zu erheben. Die Schenkungen wurden besonders deshalb gesetzlich beschränkt (550 *204*), weil die Senatoren anfingen, unter diesem Namen von ihren Klienten regelmäßigen Tribut zu nehmen. Aber vor allen Dingen diente der Schweif dem Herrenstande dazu, die Komitien zu beherrschen; und der Ausfall der Wahlen zeigt es deutlich, welche mächtige Konkurrenz der abhängige Pöbel bereits in dieser Zeit dem selbständigen Mittelstand machte.

Die reißend schnelle Zunahme des Gesindels, namentlich in der Hauptstadt, welche hierdurch vorausgesetzt wird, ist auch sonst nachweisbar. Die steigende Zahl und Bedeutung der Freigelassenen beweisen die schon im vorigen Jahrhundert gepflogenen (1, 321) und in diesem sich fortsetzenden, sehr ernsten Erörterungen über ihr Stimmrecht in den Gemeindeversammlungen, und der während des Hannibalischen Krieges vom Senat gefaßte merkwürdige Beschluß, die ehrbaren freigelassenen Frauen zur Beteiligung bei den öffentlichen Kollekten zuzulassen und den rechten Kindern freigelassener Väter die bisher nur den Kindern der Freigeborenen zukommenden Ehrenzeichen zu gestatten (2, 310). Wenig besser als die Freigelassenen mochte die Majorität der nach Rom übersiedelnden Hellenen und Orientalen sein, denen die nationale Servilität ebenso unvertilgbar wie jenen die rechtliche anhaftete.

Aber es wirkten nicht bloß diese natürlichen Ursachen mit zu dem Aufkommen eines hauptstädtischen Pöbels, sondern es kann auch weder die Nobilität noch die Demagogie von dem Vorwurf freigesprochen werden, systematisch denselben großgezogen und durch Volksschmeichelei und noch schlimmere Dinge den alten Bürgersinn, soviel an ihnen war, unterwühlt zu haben. Noch war die Wählerschaft durchgängig zu achtbar, als daß unmittelbare Wahlbestechung im großen sich hätte zeigen dürfen; aber indirekt ward schon in unlöblichster Weise um die Gunst der Stimmberechtigten geworben. Die alte Verpflichtung der Beamten, namentlich der Ädilen, für billige Kornpreise zu sorgen und die Spiele zu beaufsichtigen, fing an, in das auszuarten, woraus endlich die entsetzliche Parole des kaiserlichen Stadtpöbels hervorging: Brot umsonst und ewiges Volksfest. Große Kornsendungen, welche entweder die Provinzialstatthalter zur Verfügung der römischen Marktbehörde stellten oder auch wohl die Provinzen selbst, um sich bei einzelnen römischen Beamten in Gunst zu setzen, unentgeltlich nach Rom lieferten, machten es seit der Mitte des sechsten Jahrhunderts den Ädilen möglich, an die hauptstädtische Bürgerbevölkerung das Getreide zu Schleuderpreisen abzugeben. Es sei kein Wunder, meinte Cato, daß die Bürgerschaft nicht mehr auf guten Rat höre – der Bauch habe eben keine Ohren. Die Volkslustbarkeiten nahmen in erschreckender Weise zu. Fünfhundert Jahre hatte die Gemeinde sich mit einem Volksfest im Jahr und mit einem Spielplatz begnügt; der erste römische Demagoge von Profession, Gaius Flaminius, fügte ein zweites Volksfest und einen zweiten Spielplatz hinzu (534 *220*)[9], und mag sich mit diesen Einrichtungen, deren Tendenz schon der Name des neuen Festes: »plebejische Spiele« hinreichend bezeichnet, die Erlaubnis erkauft haben, die Schlacht am Trasimenischen See zu liefern. Rasch ging man weiter in der einmal eröffneten Bahn. Das Fest zu Ehren der Ceres, der Schutzgottheit des Plebejertums (I, 288 A.), kann, wenn überhaupt, doch nur wenig jünger sein als das plebejische. Weiter ward nach Anleitung der Sibyllinischen und Marcischen Weissagungen schon 542 *(212)* ein viertes Volksfest zu Ehren Apollons, 550 *(204)* ein fünftes zu Ehren der neu aus Phrygien nach Rom übergesiedelten Großen Mutter hinzugefügt. Es waren dies die schweren Jahre des Hannibalischen Krieges – bei der ersten Feier der Apollospiele ward die Bürgerschaft von dem Spielplatz weg zu den Waffen gerufen; die eigentümlich italische Deisidämonie war fieberhaft aufgeregt, und es fehlte nicht an solchen, welche sie nutzten, um Sibyllen- und Prophetenorakel in Umlauf zu setzen und durch deren Inhalt und Vertretung sich der Menge zu empfehlen; kaum darf man es tadeln, daß die Regierung, welche der Bürgerschaft so ungeheure Opfer zumuten mußte, in solchen Dingen nachgab. Was man aber einmal nachgegeben, blieb bestehen; ja selbst in ruhigeren Zeiten (581 *173*) kam noch ein freilich geringeres Volksfest, die Spiele zu Ehren der Flora hinzu. Die Kosten dieser neuen Festlichkeiten bestritten die mit der Ausrichtung der einzelnen Feste beauftragten Beamten aus eigenen Mitteln – so die kurulischen Ädilen zu dem alten Volksfest noch das Fest der Göttermutter und das der Flora, die plebejischen das Plebejer- und das Ceresfest, der städtische Prätor die Apollinarischen Spiele. Man mag damit, daß die neuen Volksfeste wenigstens dem gemeinen Säckel nicht zur Last fielen, sich vor sich selber entschuldigt haben; in der Tat wäre es weit weniger nachteilig gewesen, das Gemeindebudget mit einer Anzahl unnützer Ausgaben zu belasten, als zu gestatten, daß die Ausrichtung einer Volkslustbarkeit tatsächlich zur Qualifikation für die Bekleidung des höchsten Gemeindeamtes ward. Die künftigen Konsu-

---

[9] Die Anlage des Circus ist bezeugt. Über die Entstehung der plebejischen Spiele gibt es keine alte Überlieferung, denn was der falsche Asconius (p. 143 Orelli) sagt, ist keine; aber da sie in dem Flaminischen Circus gefeiert wurden (Val. Max. 1, 7, 4) und zuerst sicher im Jahre 538 *(216)*, vier Jahre nach dessen Erbauung, vorkommen (Liv. 23, 30), so wird das oben Gesagte dadurch hinreichend bewiesen.

larkandidaten machten bald in dem Aufwande für diese Spiele einander eine Konkurrenz, die die Kosten derselben ins Unglaubliche steigerte; und es schadete begreiflicherweise nicht, wenn der Konsul in Hoffnung noch außer dieser gleichsam gesetzlichen eine freiwillige »Leistung« *(munus),* ein Fechterspiel auf seine Kosten zum besten gab. Die Pracht der Spiele wurde allmählich der Maßstab, nach dem die Wählerschaft die Tüchtigkeit der Konsulatsbewerber bemaß. Die Nobilität hatte freilich schwer zu zahlen – ein anständiges Fechterspiel kostete 750 000 Sesterzen (50 000 Taler); allein sie zahlte gern, da sie ja damit den unvermögenden Leuten die politische Laufbahn verschloß. Aber die Korruption beschränkte sich nicht auf den Markt, sondern übertrug sich auch schon auf das Lager. Die alte Bürgerwehr hatte sich glücklich geschätzt, eine Entschädigung für die Kriegsarbeit und im glücklichen Fall eine geringe Siegesgabe heimzubringen; die neuen Feldherren, an ihrer Spitze Scipio Africanus, warfen das römische wie das Beutegeld mit vollen Händen unter sie aus – es war darüber, daß Cato während der letzten Feldzüge gegen Hannibal in Afrika mit Scipio brach. Die Veteranen aus dem Zweiten Makedonischen und dem kleinasiatischen Krieg kehrten bereits durchgängig als wohlhabende Leute heim; schon fing der Feldherr an, auch von den Besseren gepriesen zu werden, der die Gaben der Provinzialen und den Kriegsgewinn nicht bloß für sich und sein unmittelbares Gefolge nahm und aus dessen Lager nicht wenige Männer mit Golde, sondern viele mit Silber in den Taschen zurückkamen – daß auch die bewegliche Beute des Staates sei, fing an in Vergessenheit zu geraten. Als Lucius Paullus wieder in alter Weise mit derselben verfuhr, da fehlte wenig, daß seine eigenen Soldaten, namentlich die durch die Aussicht auf reichen Raub zahlreich herbeigelockten Freiwilligen, nicht durch Volksbeschluß dem Sieger von Pydna die Ehre des Triumphes aberkannt hätten, die man schon an jeden Bezwinger von drei ligurischen Dörfern wegwarf.

Wie sehr die Kriegszucht und der kriegerische Geist der Bürgerschaft unter diesem Übergang der Kriegs- in das Raubhandwerk litten, kann man an den Feldzügen gegen Perseus verfolgen; und fast in skurriler Weise offenbarte die einreißende Feigheit der unbedeutende Istrische Krieg (576 *178*), wo über ein geringes, vom Gerüchte lawinenhaft vergrößertes Scharmützel das Landheer und die Seemacht der Römer, ja die Italiker daheim ins Weglaufen kamen und Cato seinen Landsleuten über ihre Feigheit eine eigene Strafpredigt zu halten nötig fand. Auch hier ging die vornehme Jugend voran. Schon während des Hannibalischen Krieges (545 *200*) sahen die Zensoren sich veranlaßt, gegen die Lässigkeit der Militärpflichtigen von Ritterschatzung mit ernsten Strafen einzuschreiten. Gegen das Ende dieser Periode (574? *180*) stellte ein Bürgerschaftsbeschluß den Nachweis von zehn Dienstjahren als Qualifikation für die Bekleidung eines jeden Gemeindeamtes fest, um die Söhne der Nobilität dadurch zum Eintritt in das Heer zu nötigen.

Aber wohl nichts spricht so deutlich für den Verfall des rechten Stolzes und der rechten Ehre bei Hohen wie bei Geringen als das Jagen nach Abzeichen und Titeln, das im Ausdruck verschieden, aber im Wesen gleichartig bei allen Ständen und Klassen erscheint. Zu der Ehre des Triumphes drängte man sich so, daß es kaum gelang, die alte Regel aufrecht zu erhalten, welche nur dem die Macht der Gemeinde in offener Feldschlacht mehrenden, ordentlichen höchsten Gemeindebeamten verstattete zu triumphieren und dadurch allerdings nicht selten eben die Urheber der wichtigsten Erfolge von dieser Ehre ausschloß. Man mußte es schon sich gefallen lassen, daß diejenigen Feldherren, welche vergeblich versucht oder keine Aussicht hatten, den Triumph vom Senat oder der Bürgerschaft zu erlangen, auf eigene Hand wenigstens auf dem Albanischen Berg triumphierend aufzogen (zuerst 523 *231*). Schon war kein Gefecht mit einem ligurischen oder korsischen Haufen zu unbedeutend, um nicht daraufhin den Triumph zu erbitten. Um den friedlichen Triumphatoren, wie zum Beispiel die Konsuln des Jahres 570 *(184)* gewesen waren, das Handwerk zu legen, wurde die Gestattung des Triumphes an den Nachweis einer Feldschlacht geknüpft, die wenigstens 5000 Feinden das Leben gekostet; aber auch dieser Nachweis ward öfter durch falsche Bulletins umgangen – sah man doch auch schon in den vornehmen Häusern manche feindliche Rüstung prangen, die keineswegs vom Schlachtfeld dahin kam. Wenn sonst der Oberfeldherr des einen Jahres es sich zur Ehre gerechnet hatte, das nächste Jahr in den Stab seines Nachfolgers einzutreten, so war es jetzt eine Demonstration gegen die neumodische Hoffart, daß der Konsular Cato unter Tiberius Sempronius Longus (560 *194*) und Manius Glabrio (563 *191*; 2, 258) als Kriegstribun Dienste nahm. Sonst hatte für den der Gemeinde erwiesenen Dienst der Dank der Gemeinde ein- für allemal genügt; jetzt schien jedes Verdienst eine bleibende Auszeichnung zu fordern. Bereits der Sieger von Mylae (494 *260*) Gaius Duilius hatte es durchgesetzt, daß ihm, wenn er abends durch die Straßen der Hauptstadt ging, ausnahmsweise ein Fakkelträger und ein Pfeifer voraufzog. Statuen und Denkmäler, sehr oft auf Kosten des Geehrten errichtet, wurden so gemein, daß man es spöttisch für eine Auszeichnung erklären konnte, ihrer zu entbehren. Aber nicht lange genügten derartige bloß persönliche Ehren. Es kam auf, aus den gewonnenen Siegen dem Sieger und seinen Nachkommen einen bleibenden Zunamen zu schöpfen; welchen Gebrauch vornehmlich der Sieger von Zama begründet hat, indem er sich selber den Mann von Afrika, seinen Bruder den von Asien, seinen Vetter den von Spanien nennen ließ[10]. Dem Beispiel der Hohen folgten die Niederen nach. Wenn der Herrenstand es nicht verschmähte, die Rangklassen der Leichenordnung festzustellen und dem gewesenen Zensor ein purpurnes Sterbekleid zu dekretieren, so konnte man es den Freigelassenen nicht verübeln, daß auch sie verlangten, wenigstens ihre Söhne mit dem vielbeneideten Purpurstreif schmücken zu dürfen. Der Rock, der Ring und die Amulettkapsel unterschieden nicht bloß den Bürger und die Bürgerin von dem Fremden und dem Sklaven, sondern auch den Freigeborenen von dem gewesenen Knecht, den Sohn freigeborener von dem freigelassener Eltern, den Ritter- und den Senatorensohn von dem gemeinen Bürger, den Sprößling eines kurulischen Hauses von dem gemeinen Senator (2, 310f.) – und das in derjenigen Gemeinde, in der alles, was gut und groß, das Werk der bürgerlichen Gleichheit war!

Die Zwiespältigkeit innerhalb der Gemeinde wiederholt sich in der Opposition. Gestützt auf die Bauernschaft erheben die Patrioten den lauten Ruf nach Reform; gestützt auf die hauptstädtische Menge beginnt die Demagogie ihr Werk. Obwohl die beiden Richtungen sich nicht völlig trennen lassen, sondern mehrfach Hand in Hand gehen, wird es doch notwendig sein, sie in der Betrachtung voneinander zu sondern.

Die Reformpartei tritt uns gleichsam verkörpert entgegen in der Person des Marcus Porcius Cato (520–605 *234–149*). Cato, der letzte namhafte Staatsmann des älteren, noch auf Italien sich beschränkenden und dem Weltregiment abgeneigten Systems, galt darum späterhin als das Muster des echten Römers von altem

---

[10] 2, 276. Das erste sichere Beispiel eines solchen Beinamens ist das des Manius Valerius Maximus, Konsul 491 *(263)*, der als Sieger von Messana den Namen Messala annahm (2, 39); daß der Konsul von 419 *(335)* in ähnlicher Weise Calenus genannt worden sei, ist falsch. Die Beinamen Maximus im Valerischen (1, 284) und Fabischen Geschlecht (1, 322) sind nicht durchaus gleichartig.

Schrot und Korn; mit größerem Recht wird man ihn betrachten als den Vertreter der Opposition des römischen Mittelstandes gegen die neue hellenisch-kosmopolitische Nobilität. Beim Pfluge hergekommen, ward er durch seinen Gutsnachbarn, einen der wenigen dem Zuge der Zeit abholden Adligen, Lucius Valerius Flaccus, in die politische Laufbahn gezogen; der derbe sabinische Bauer schien dem rechtschaffenen Patrizier der rechte Mann, um dem Strom der Zeit sich entgegenzustemmen; und er hatte in ihm sich nicht getäuscht. Unter Flaccus' Ägide und nach guter alter Sitte mit Rat und Tat den Mitbürgern und dem Gemeinwesen dienend, focht er sich empor bis zum Konsulat und zum Triumph, ja sogar bis zur Zensur. Mit dem siebzehnten Jahre eingetreten in die Bürgerwehr, hatte er den ganzen Hannibalischen Krieg von der Schlacht am Trasimenischen See bis zu der bei Zama durchgemacht, unter Marcellus und Fabius, unter Nero und Scipio gedient und bei Tarent und Sena, in Afrika, Sardinien, Spanien, Makedonien sich als Soldat, als Stabsoffizier und als Feldherr gleich tüchtig bewährt. Wie auf der Walstatt stand er auf dem Marktplatz. Seine furchtlose und schlagfertige Rede, sein derber treffender Bauernwitz, seine Kenntnis des römischen Rechts und der römischen Verhältnisse, seine unglaubliche Rührigkeit und sein eiserner Körper machten ihn zuerst in den Nachbarstädten angesehen, alsdann, nachdem er auf dem Markt und in der Kurie der Hauptstadt auf einen größeren Schauplatz getreten war, zu dem einflußreichsten Sachwalter und Staatsredner seiner Zeit. Er nahm den Ton auf, den zuerst Manius Curius, unter den römischen Staatsmännern sein Ideal, angeschlagen hatte (1, 320); sein langes Leben hat er daran gesetzt, dem einreißenden Verfall redlich, wie er es verstand, nach allen Seiten hin zu begegnen, und noch in seinem fünfundachtzigsten Jahre auf dem Marktplatz dem neuen Zeitgeist Schlachten geliefert. Er war nichts weniger als schön – grüne Augen habe er, behaupteten seine Feinde, und rote Haare – und kein großer Mann, am wenigsten ein weitblickender Staatsmann. Politisch und sittlich gründlich borniert und stets das Ideal der guten alten Zeit vor den Augen und auf den Lippen, verachtete er eigensinnig alles Neue. Durch seine Strenge gegen sich vor sich selber legitimiert zu mitleidloser Schärfe und Härte gegen alles und alle, rechtschaffen und ehrbar, aber ohne Ahnung einer jenseits der polizeilichen Ordnung und der kaufmännischen Redlichkeit liegenden Pflicht, ein Feind aller Büberei und Gemeinheit wie aller Eleganz und Genialität und vor allen Dingen der Feind seiner Feinde, hat er nie einen Versuch gemacht, die Quellen des Übels zu verstopfen, und sein Leben lang gegen nichts gefochten als gegen Symptome und namentlich gegen Personen. Die regierenden Herren sahen zwar auf den ahnenlosen Beller vornehm herab und glaubten nicht mit Unrecht, ihn weit zu übersehen; aber die elegante Korruption in und außer dem Senat zitterte doch im geheimen vor dem alten Sittenmeisterer von stolzer republikanischer Haltung, vor dem narbenbedeckten Veteranen aus dem Hannibalischen Krieg, vor dem höchst einflußreichen Senator und dem Abgott der römischen Bauernschaft. Einem nach dem andern seiner vornehmen Kollegen hielt er öffentlich sein Sündenregister vor, allerdings ohne es mit den Beweisen sonderlich genau zu nehmen, und allerdings auch mit besonderem Genuß denjenigen, die ihn persönlich gekreuzt oder gereizt hatten. Ebenso ungescheut verwies und beschalt er öffentlich auch der Bürgerschaft jede neue Unrechtfertigkeit und jeden neuen Unfug. Seine bitterbösen Angriffe erweckten ihm zahllose Feinde und mit den mächtigsten Adelskoterien der Zeit, namentlich den Scipionen und den Flamininen, lebte er in ausgesprochener unversöhnlicher Fehde; vierundvierzigmal ist er öffentlich angeklagt worden. Aber die Bauernschaft – und es ist dies bezeichnend dafür, wie mächtig noch in dieser Zeit in dem römischen Mittelstand derjenige Geist war, der den Tag von Cannae hatte übertragen machen – ließ den rücksichtslosen Verfechter der Reform in ihren Abstimmungen niemals fallen; ja als im Jahre 570 *(184)* Cato mit seinem adligen Gesinnungsgenossen Lucius Flaccus sich um die Zensur bewarb und im voraus ankündigte, daß sie in diesem Amte eine durchgreifende Reinigung der Bürgerschaft an Haupt und Gliedern vorzunehmen beabsichtigten, wurden die beiden gefürchteten Männer von der Bürgerschaft gewählt ungeachtet aller Anstrengungen des Adels, und derselbe mußte es hinnehmen, daß in der Tat das große Fegefest stattfand und dabei unter anderen der Bruder des Afrikaners von der Ritter-, der Bruder des Befreiers der Griechen von der Senatorenliste gestrichen wurden.

Dieser Krieg gegen die Personen und die vielfachen Versuche, mit Justiz und Polizei den Geist der Zeit zu bannen, wie achtungswert auch die Gesinnung war, aus der sie hervorgingen, konnten doch höchstens den Strom der Korruption auf eine kurze Weile zurückstauen; und wenn es bemerkenswert ist, daß Cato dem zum Trotz oder vielmehr dadurch seine politische Rolle zu spielen vermocht hat, so ist es ebenso bezeichnend, daß es so wenig ihm gelang, die Koryphäen der Gegenpartei wie diesen ihn zu beseitigen, und die von ihm und seinem Gesinnungsgenossen vor der Bürgerschaft angestellten Rechenschaftsprozesse wenigstens in den politisch wichtigen Fällen durchgängig ganz ebenso erfolglos geblieben sind wie die gegen Cato gerichteten Anklagen. Nicht viel mehr als diese Anklagen haben die Polizeigesetze gewirkt, welche namentlich zur Beschränkung des Luxus und zur Herbeiführung eines sparsamen und ordentlichen Haushaltes in dieser Epoche in ungemeiner Anzahl erlassen wurden und die zum Teil in der Darstellung der Volkswirtschaft noch zu berühren sein werden.

Bei weitem praktischer und nützlicher waren die Versuche, dem einreißenden Verfall mittelbar zu steuern, unter denen die Ausweisungen von neuen Bauernhufen aus dem Domanialland ohne Zweifel den ersten Platz einnehmen. Dieselben haben in der Zeit zwischen dem ersten und zweiten Kriege mit Karthago und wieder vom Ende des letzteren bis gegen den Schluß dieses Zeitabschnitts in großer Anzahl und in bedeutendem Umfange stattgefunden; die wichtigsten darunter sind die Aufteilung der picenischen Possessionen durch Gaius Flaminius im Jahre 522 *(232)* (2, 84), die Anlage von acht neuen Seekolonien in Jahre 560 *(194)* (2, 187) und vor allem die umfassende Kolonisation der Landschaft zwischen dem Apennin und dem Po durch die Anlage der latinischen Pflanzstädte Placentia, Cremona (2, 84), Bononia (2, 193) und Aquileia (2, 192) und der Bürgerkolonien Potentia, Pisaurum, Mutina, Parma und Luna (2, 194) in den Jahren 536 *(218)* und 565–577 *(189–177)*. Bei weitem die meisten dieser segensreichen Gründungen dürfen der Reformpartei zugeschrieben werden. Hinweisend einerseits auf die Verwüstung Italiens durch den Hannibalischen Krieg und das erschreckende Einschwinden der Bauernstellen und überhaupt der freien italischen Bevölkerung, anderseits auf die weit ausgedehnten, neben und gleich Eigentum besessenen Possessionen der Vornehmen im Cisalpinischen Gallien, in Samnium, in der apulischen und brettischen Landschaft haben Cato und seine Gesinnungsgenossen sie gefordert; und obwohl die römische Regierung diesen Forderungen wahrscheinlich nicht in dem Maßstab nachkam, wie sie es gekonnt und gesollt hätte, so blieb sie doch nicht taub gegen die warnende Stimme des verständigen Mannes.

Verwandter Art ist der Vorschlag, den Cato im Senat stellte, dem Verfall der Bürgerreiterei durch Errichtung von vierhundert neuen Reiterstellen Einhalt zu tun (2, 313 A.). An den Mitteln dazu kann es der Staatskasse nicht gefehlt haben; doch scheint der Vorschlag an dem exklusiven Geiste der Nobilität und ihrem Bestreben, diejenigen, die nur Reiter und nicht Ritter waren, aus der Bürgerreiterei zu verdrängen, gescheitert zu sein. Dagegen erzwangen die schweren Kriegsläufte, welche ja sogar die römische Regierung zu dem glücklicherweise verunglückenden Versuch bestimmten, ihre Heere nach orientalischer Art vom Sklavenmarkt zu rekrutieren (2, 136; 164), die Milderung der für den Dienst im Bürgerheer bisher geforderten Qualifikationen: des Minimalzensus von 11000 Assen (300 Taler) und der Freigeborenheit. Abgesehen davon, daß man die zwischen 4000 (115 Taler) und 1500 Assen (43 Taler) geschätzten Freigeborenen und sämtliche Freigelassene zum Flottendienst anzog, wurde der Minimalzensus für den Legionär auf 4000 Asse (115 Taler) ermäßigt und wurden im Notfall auch sowohl die Flottendienstpflichtigen als sogar die zwischen 1500 (43 Taler) und 375 Asse (11 Taler) geschätzten Freigeborenen in das Bürgerfußvolk miteingestellt. Diese vermutlich dem Ende der vorigen oder dem Anfang dieser Epoche angehörenden Neuerungen sind ohne Zweifel ebensowenig wie die servianische Militärreform aus Parteibestrebungen hervorgegangen; allein sie taten doch der demokratischen Partei insofern wesentlichen Vorschub, als mit den bürgerlichen Belastungen zuerst die bürgerlichen Ansprüche und sodann auch die bürgerlichen Rechte sich notwendig ins Gleichgewicht setzten. Die Armen und Freigelassenen fingen an in dem Gemeinwesen etwas zu bedeuten, seit sie ihm dienten; und hauptsächlich daraus entsprang eine der wichtigsten Verfassungsänderungen dieser Zeit, die Umgestaltung der Zenturiatkomitien, welche höchst wahrscheinlich in demselben Jahre erfolgte, in welchem der Krieg um Sizilien zu Ende ging (513 *241*).

Nach der bisherigen Stimmordnung hatten in den Zenturiatkomitien wenn auch nicht mehr, wie bis auf die Reform des Appius Claudius (1, 321), allein die Ansässigen gestimmt, aber doch die Vermögenden überwogen: es hatten zuerst die Ritter gestimmt, das heißt der patrizisch-plebejische Adel, sodann die Höchstbesteuerten, das heißt diejenigen, die ein Vermögen von mindestens 100000 Assen (2900 Taler) dem Zensor nachgewiesen hatten[11]; und diese beiden Abteilungen hatten, wenn sie

---

[11] Über die ursprünglichen römischen Zensussätze ist es schwierig, etwas Bestimmtes aufzustellen. Späterhin galten bekanntlich als Minimalzensus der ersten Klasse 100000 As, wozu die Zensus der vier übrigen Klassen in dem (wenigstens ungefähren) Verhältnis von 3/4, 1/2, 1/4, 1/9 stehen. Diese Sätze aber versteht bereits

zusammenhielten, jede Abstimmung entschieden. Das Stimmrecht der Steuerpflichtigen der vier folgenden Klassen war von zweifelhaftem Gewicht, das derjenigen, deren Schätzung unter dem niedrigsten Klassensatz von 11 000 Assen (300 Taler) geblieben war, wesentlich illusorisch gewesen. Nach der neuen Ordnung wurde der Ritterschaft, obwohl sie ihre gesonderten Abteilungen behielt, das Vorstimmrecht entzogen und dasselbe auf eine aus der ersten Klasse durch das Los erwählte Stimmabteilung übertragen. Die Wichtigkeit jenes adligen Vorstimmrechts kann nicht hoch genug angeschlagen werden, zumal in einer Epoche, in der tatsächlich der Einfluß des Adels auf die Gesamtbürgerschaft in stetigem Steigen war. War doch selbst der eigentliche Junkerstand noch in dieser Zeit mächtig genug, um die gesetzlich den Patriziern wie den Plebejern offenstehende zweite Konsul- und zweite Zensorstelle, jene bis an den Schluß dieser Periode (bis 582 *172*), diese noch ein Menschenalter darüber hinaus (bis 623 *131*), lediglich aus den Seinigen zu besetzen, ja in dem gefährlichsten Moment, den die römische Republik erlebt hat, in der Krise nach der Cannensischen Schlacht, die vollkommen gesetzlich erfolgte Wahl des nach aller Ansicht fähigsten Offiziers, des Plebejers Marcellus, zu der durch des Patriziers Paullus Tod erledigten Konsulstelle einzig seines Plebejertums wegen rückgängig zu machen. Dabei ist es freilich charakteristisch für das Wesen auch dieser Reform, daß das Vorstimmrecht nur dem Adel, nicht aber den Höchstbesteuerten entzogen ward, das den Ritterzenturien entzogene Vorstimmrecht nicht auf eine

Polybios und verstehen alle späteren Schriftsteller von dem leichten As (zu $^1/_{10}$ Denar), und es scheint hieran festgehalten werden zu müssen, wenn auch in Beziehung auf das Voconische Gesetz dieselben Summen als schwere Asse (zu $^1/_4$ Denar) in Ansatz gebracht werden (Geschichte des Römischen Münzwesens, S. 302). Appius Claudius aber, der zuerst im Jahre 442 *(312)* die Zensussätze in Geld statt in Grundbesitz ausdrückte (1, 321), kann sich dabei nicht des leichten As bedient haben, der erst 485 *(269)* aufkam (1, 465). Entweder also hat er dieselben Beträge in schweren Assen ausgedrückt und sind diese bei der Münzreduktion in leichte umgesetzt worden, oder er stellte die späteren Ziffern auf, und es blieben dieselben trotz der Münzreduktion, welche in diesem Falle eine Herabsetzung der Klassensätze um mehr als die Hälfte enthalten haben würde. Gegen beide Annahmen lassen sich gültige Bedenken erheben; doch scheint die erstere glaublicher, da ein so exorbitanter Fortschritt in der demokratischen Entwicklung weder für das Ende des fünften Jahrhunderts noch als beiläufige Konsequenz einer bloß administrativen Maßregel wahrscheinlich ist, auch wohl schwerlich ganz aus der Überlieferung verschwunden sein würde. 100 000 leichte As oder 40 000 Sesterzen können übrigens füglich als Äquivalent der ursprünglichen römischen Vollhufe von vielleicht 20 Morgen (1, 109) angesehen werden; so daß danach die Schatzungssätze überhaupt nur im Ausdruck, nicht aber im Wert gewechselt haben würden.

etwa durch das Los aus der ganzen Bürgerschaft erwählte Abteilung, sondern ausschließlich auf die erste Klasse überging. Diese sowie überhaupt die fünf Stufen blieben wie sie waren; nur die Grenze nach unten wurde wahrscheinlich in der Weise verschoben, daß der Minimalzensus wie für den Dienst in der Legion so auch für das Stimmrecht in den Zenturien von 11 000 auf 4000 Asse herabgesetzt ward. Überdies lag schon in der formellen Beibehaltung der früheren Sätze bei dem allgemeinen Steigen des Vermögensstandes gewissermaßen eine Ausdehnung des Stimmrechts im demokratischen Sinn. Die Gesamtzahl der Abteilungen blieb gleichfalls unverändert; aber wenn bis dahin, wie gesagt, die achtzehn Ritterzenturien und die 80 der ersten Klasse in den 193 Stimmzenturien allein die Majorität gehabt hatten, so wurden in der reformierten Ordnung die Stimmen der ersten Klasse auf 70 herabgesetzt und dadurch bewirkt, daß unter allen Umständen wenigstens die zweite Stufe zur Abstimmung gelangte. Wichtiger noch und der eigentliche Schwerpunkt der Reform war die Verbindung, in welche die neuen Stimmabteilungen mit der Tribusordnung gesetzt wurden. Von jeher sind die Zenturien aus den Tribus in der Weise hervorgegangen, daß wer einer Tribus angehörte, von dem Zensor in eine der Zenturien eingeschrieben werden mußte. Seitdem die nicht ansässigen Bürger in die Tribus eingeschrieben worden waren, gelangten also auch sie in die Zenturien, und während sie in den Tribusversammlungen selbst auf die vier städtischen Abteilungen beschränkt waren, hatten sie in denen der Zenturien mit den ansässigen Bürgern formell das gleiche Recht, wenngleich wahrscheinlich die zensorische Willkür in der Zusammensetzung der Zenturien dazwischen trat und den in die Landtribus eingeschriebenen Bürgern das Übergewicht auch in der Zenturienversammlung gewährte. Dieses Übergewicht wurde durch die reformierte Ordnung rechtlich in der Weise festgestellt, daß von den 70 Zenturien der ersten Klasse jeder Tribus zwei zugewiesen wurden, demnach die nicht ansässigen Bürger davon nur acht erhielten; in ähnlicher Weise muß auch in den vier anderen Stufen den ansässigen Bürgern das Übergewicht eingeräumt worden sein. Im gleichen Sinne wurde die bisherige Gleichstellung der Freigelassenen mit den Freigeborenen im Stimmrecht in dieser Zeit beseitigt und wurden auch die ansässigen Freigelassenen in die vier städtischen Tribus gewiesen. Dies geschah im Jahre 534 *(220)* durch einen der nahmhaftesten Männer der Reformpartei, den Zensor Gaius Flaminius, und wurde dann von dem Zensor Tiberius Sempronius Gracchus, dem Vater der beiden Urheber der römischen Revolution, fünfzig Jahre später (585 *169*) wiederholt und verschärft. Diese Reform der Zenturien, die vielleicht in ihrer Gesamtheit ebenfalls von Flaminius ausgegangen ist, war die erste wichtige Verfassungsänderung, die die neue Opposition der Nobilität abgewann, der erste Sieg der eigentlichen Demokratie. Der Kern derselben besteht teils in der Beschränkung des zensorischen Willkürregiments, teils in der Beschränkung des Einflusses einerseits der Nobilität, anderseits der Nichtansässigen und der Freigelassenen, also in der Umgestaltung der Zenturiatkomitien nach dem für die Tributkomitien schon geltenden Prinzip; was sich schon dadurch empfahl, daß Wahlen, Gesetzvorschläge, Kriminalanklagen und überhaupt alle die Mitwirkung der Bürgerschaft erfordernde Angelegenheiten durchgängig an die Tributkomitien gebracht und die schwerfälligeren Zenturien nicht leicht anders zusammengerufen wurden, als wo es verfassungsmäßig notwendig oder doch üblich war, um die Zensoren, Konsuln und Prätoren zu wählen und um einen Angriffskrieg zu beschließen. Es ward also durch diese Reform nicht ein neues Prinzip in die Verfassung hinein, sondern ein längst in der praktisch häufigeren und wichtigeren Kategorie der Bürgerschaftsversammlungen maßgebendes zu allgemeiner Geltung gebracht. Ihre wohl demokratische, aber keineswegs demagogische Tendenz zeigt sich deutlich in ihrer Stellungnahme zu den eigentlichen Stützen jeder wirklich revolutionären Partei, dem Proletariat und der Freigelassenschaft. Darum darf denn auch die praktische Bedeutung dieser Abänderung der für die Urversammlungen maßgebenden Stimmordnung nicht allzu hoch angeschlagen werden. Das neue Wahlgesetz hat die gleichzeitige Bildung eines neuen politisch privilegierten Standes nicht verhindert und vielleicht nicht einmal wesentlich erschwert. Es ist sicher nicht bloß Schuld der allerdings mangelhaften Überlieferung, daß wir nirgend eine tatsächliche Einwirkung der vielbesprochenen Reform auf den politischen Verlauf der Dinge nachzuweisen vermögen. Innerlich hängt übrigens mit dieser Reform noch die früher schon erwähnte Beseitigung der nicht stimmberechtigten römischen Bürgergemeinden und deren allmähliches Aufgehen in die Vollbürgergemeinde zusammen. Es lag in dem nivellierenden Geiste der Fortschrittspartei, die Gegensätze innerhalb des Mittelstandes zu beseitigen, während die Kluft zwischen Bürgern und Nichtbürgern sich gleichzeitig breiter und tiefer zog.

Faßt man zusammen, was von der Reformpartei dieser Zeit

gewollt und erreicht ward, so hat sie dem einreißenden Verfall, vor allem dem Einschwinden des Bauernstandes und der Lockerung der alten, strengen und sparsamen Sitte, aber auch dem übermächtigen politischen Einfluß der neuen Nobilität unzweifelhaft patriotisch und energisch zu steuern sich bemüht und bis zu einem gewissen Grade auch gesteuert. Allein man vermißt ein höheres politisches Ziel. Das Mißbehagen der Menge, der sittliche Unwille der Besseren fanden wohl in dieser Opposition ihren angemessenen und kräftigen Ausdruck; aber man sieht weder eine deutliche Einsicht in die Quelle des Übels noch einen festen Plan, im großen und ganzen zu bessern. Eine gewisse Gedankenlosigkeit geht hindurch durch all diese sonst so ehrenwerten Bestrebungen, und die rein defensive Haltung der Verteidiger weissagt wenig Gutes für den Erfolg. Ob die Krankheit überhaupt durch Menschenwitz geheilt werden konnte, bleibt billig dahingestellt; die römischen Reformatoren dieser Zeit aber scheinen mehr gute Bürger als gute Staatsmänner gewesen zu sein und den großen Kampf des alten Bürgertums gegen den neuen Kosmopolitismus auf ihrer Seite einigermaßen unzulänglich und spießbürgerlich geführt zu haben.

Aber wie neben der Bürgerschaft der Pöbel in dieser Zeit emporkam, so trat auch schon neben die achtbare und nützliche Oppositionspartei die volksschmeichelnde Demagogie. Bereits Cato kennt das Gewerbe der Leute, die an der Redesucht kranken wie andere an der Trink- und der Schlafsucht; die sich Zuhörer mieten, wenn sich keine freiwillig einfinden, und die man wie den Marktschreier anhört, ohne auf sie zu hören, geschweige denn, wenn man Hilfe braucht, sich ihnen anzuvertrauen. In seiner derben Art schildert der Alte diese nach dem Muster der griechischen Schwätzer des Marktes gebildeten spaßigen und witzelnden, singenden und tanzenden, allezeit bereiten Herrchen; zu nichts, meint er, ist so einer zu brauchen, als um sich im Zuge als Hanswurst zu produzieren und mit dem Publikum Reden zu wechseln – für ein Stück Brot ist ihm ja das Reden wie das Schweigen feil. In der Tat, diese Demagogen waren die schlimmsten Feinde der Reform. Wie diese vor allen Dingen und nach allen Seiten hin auf sittliche Besserung drang, so hielt die Demagogie vielmehr hin auf Beschränkung der Regierungs- und Erweiterung der Bürgerschaftskompetenz. In ersterer Beziehung ist die wichtigste Neuerung die tatsächliche Abschaffung der Diktatur. Die durch Quintus Fabius und seine populären Gegner 537 *(217)* hervorgerufene Krise (2, 125) gab diesem von

Haus aus unpopulären Institut den Todesstoß. Obwohl die Regierung einmal nachher noch (538 *216*) unter dem unmittelbaren Eindruck der Schlacht von Cannae einen mit aktivem Kommando ausgestatteten Diktator ernannt hat, so durfte sie dies doch in ruhigeren Zeiten nicht wieder wagen, und nachdem noch ein paar Male (zuletzt 552 *202*), zuweilen nach vorgängiger Bezeichnung der zu ernennenden Person durch die Bürgerschaft, ein Diktator für städtische Geschäfte eingesetzt worden war, kam dieses Amt, ohne förmlich abgeschafft zu werden, tatsächlich außer Gebrauch. Damit ging dem künstlich ineinander gefugten römischen Verfassungssystem ein für dessen eigentümliche Beamtenkollegialität sehr wünschenswertes Korrektiv (1, 266) verloren und büßte die Regierung, von der das Eintreten der Diktatur, das heißt die Suspension der Konsuln, durchaus und in der Regel auch die Bezeichnung des zu ernennenden Diktators abgehangen hatte, eines ihrer wichtigsten Werkzeuge ein – nur unvollkommen ward dasselbe ersetzt durch die vom Senat seitdem in Anspruch genommene Befugnis, in außerordentlichen Fällen, namentlich bei plötzlich ausbrechendem Aufstand oder Krieg, den zeitigen höchsten Beamten gleichsam diktatorische Gewalt zu verleihen durch die Instruktion: nach Ermessen für das gemeine Wohl Maßregeln zu treffen, und damit einen dem heutigen Standrecht ähnlichen Zustand herbeizuführen. Daneben dehnte die formelle Kompetenz des Volkes in der Beamtenernennung wie in Regierungs-, Verwaltungs- und Finanzfragen in bedenklicher Weise sich aus. Die Priesterschaften, namentlich die politisch wichtigsten Kollegien der Sachverständigen, ergänzten sich nach altem Herkommen selber und ernannten selber ihre Vorsteher, soweit diese Körperschaften überhaupt Vorsteher hatten; und in der Tat war für diese zur Überlieferung der Kunde göttlicher Dinge von Geschlecht zu Geschlecht bestimmten Institute die einzige ihrem Geist entsprechende Wahlform die Kooptation. Es ist darum zwar nicht von großem politischen Gewicht, aber bezeichnend für die beginnende Desorganisation der republikanischen Ordnungen, daß in dieser Zeit (vor 542 *212*) zwar noch nicht die Wahl in die Kollegien selbst, aber wohl die Bezeichnung der Vorstände der Curionen und der Pontifices aus dem Schoße dieser Körperschaften von den Kollegien auf die Gemeinde überging; wobei überdies noch, mit echt römischer formaler Götterfurcht, um ja nichts zu versehen, nur die kleinere Hälfte der Bezirke, also nicht das »Volk« den Wahlakt vollzog. Von größerer Bedeutung war das zunehmende Eingreifen der

Bürgerschaft in persönliche und sachliche Fragen aus dem Kreise der Militärverwaltung und der äußeren Politik. Hierher gehört der Übergang der Ernennung der ordentlichen Stabsoffiziere vom Feldherrn auf die Bürgerschaft, dessen schon gedacht ward (2, 316); hierher die Wahlen der Führer der Opposition zu Oberfeldherren gegen Hannibal (2, 119; 127); hierher der verfassungs- und vernunftwidrige Bürgerschaftsbeschluß von 537 *(217),* wodurch das höchste Kommando zwischen dem unpopulären Generalissimus und seinem populären und ihm im Lager wie daheim opponierenden Unterfeldherrn geteilt ward (2, 125); hierher das gegen einen Offizier wie Marcellus vor der Bürgerschaft verführte tribunizische Gequengel wegen unverständiger und unredlicher Kriegführung (545 *209),* welches denselben doch schon nötigte, aus dem Lager nach der Hauptstadt zu kommen und sich wegen seiner militärischen Befähigung vor dem Publikum der Hauptstadt auszuweisen; hierher die noch skandalöseren Versuche, dem Sieger von Pydna durch Bürgerschaftsbeschluß den Triumph abzuerkennen (2, 340); hierher die allerdings wohl vom Senat veranlaßte Bekleidung eines Privatmanns mit außerordentlicher konsularischer Amtsgewalt (544 *210)* (2, 156); hierher die bedenkliche Drohung Scipios, den Oberbefehl in Afrika, wenn der Senat ihm denselben verweigere, sich von der Bürgerschaft bewilligen zu lassen (549 *205)* (2, 178); hierher der Versuch eines vor Ehrgeiz halb närrischen Menschen, der Bürgerschaft wider Willen der Regierung eine in jeder Hinsicht ungerechtfertigte Kriegserklärung gegen die Rhodier zu entreißen (587 *167)* (2, 302); hierher das neue staatsrechtliche Axiom, daß jeder Staatsvertrag erst durch Ratifikation der Gemeinde vollgültig werde. Dieses Mitregieren und Mitkommandieren der Bürgerschaft war in hohem Grade bedenklich, aber weit bedenklicher noch ihr Eingreifen in das Finanzwesen der Gemeinde; nicht bloß, weil die Macht des Senats in der Wurzel getroffen wurde durch jeden Angriff auf das älteste und wichtigste Recht der Regierung: die ausschließliche Verwaltung des Gemeindevermögens, sondern weil die Unterstellung der wichtigsten hierher gehörigen Angelegenheit, der Aufteilung der Gemeindedomänen, unter die Urversammlungen der Bürgerschaft mit Notwendigkeit der Republik ihr Grab grub. Die Urversammlung aus dem Gemeingut unbeschränkt in den eigenen Beutel hineindekretieren zu lassen, ist nicht bloß verkehrt, sondern der Anfang vom Ende; es demoralisiert die bestgesinnte Bürgerschaft und gibt dem Antragsteller eine mit keinem freien

Gemeinwesen verträgliche Macht. Wie heilsam auch die Aufteilung des Gemeinlandes und wie zwiefachen Tadels darum der Senat wert war, indem er es unterließ, durch freiwillige Aufteilung des okkupierten Landes dies gefährlichste aller Agitationsmittel abzuschneiden, so hat doch Gaius Flaminius, indem er mit dem Antrag auf Aufteilung der picenischen Domänen im Jahre 522 *(232)* an die Bürgerschaft ging, durch das Mittel ohne Zweifel dem Gemeinwesen mehr geschadet, als durch den Zweck ihm genützt. Wohl hatte zweihundertundfünfzig Jahre zuvor Spurius Cassius dasselbe beantragt (1, 293); aber die beiden Maßregeln, wie genau sie auch dem Buchstaben nach zusammenstimmten, waren dennoch insofern völlig verschieden, als Cassius eine Gemeindesache an die lebendige und noch sich selber regierende Gemeinde, Flaminius eine Staatsfrage an die Urversammlung eines großen Staates brachte. Mit vollem Recht betrachtete nicht etwa bloß die Regierungs-, sondern auch die Reformpartei das militärische, administrative und finanzielle Regiment als legitime Domäne des Senats und hütete sie sich wohl, von der formellen Macht der innerlich in unabwendbarer Auflösung begriffenen Urversammlungen vollen Gebrauch zu machen, geschweige denn sie zu steigern. Wenn nie, selbst nicht in der beschränktesten Monarchie, dem Monarchen eine so völlig nichtige Rolle zugefallen ist, wie sie dem souveränen römischen Volke zugeteilt ward, so war dies zwar in mehr als einer Hinsicht zu bedauern, aber bei dem dermaligen Stande der Komitialmaschine auch nach der Ansicht der Reformfreunde eine Notwendigkeit. Darum haben Cato und seine Gesinnungsgenossen nie eine Frage an die Bürgerschaft gebracht, welche in das eigentliche Regiment eingegriffen hätte, niemals die von ihnen gewünschten politischen oder finanziellen Maßregeln, wie zum Beispiel die Kriegserklärung gegen Karthago und die Ackerauslegungen, mittelbar oder unmittelbar durch Bürgerschaftsbeschluß dem Senat abgezwungen. Die Regierung des Senats mochte schlecht sein; die Urversammlungen konnten nicht regieren. Nicht als hätte in ihnen eine böswillige Majorität vorgeherrscht; im Gegenteil fand das Wort eines angesehenen Mannes, fand der laute Ruf der Ehre und der lautere der Not in der Regel in den Komitien noch Gehör und wendete die äußersten Schädigungen und Schändlichkeiten ab – die Bürgerschaft, vor der Marcellus sich verantwortete, ließ den Ankläger schimpflich durchfallen und wählte den Angeklagten zum Konsul für das folgende Jahr; auch von der Notwendigkeit des Krieges gegen Philippos ließ die Versammlung sich überzeugen, endigte den Krieg gegen Perseus durch die Wahl des Paullus und bewilligte diesem den wohlverdienten Triumph. Aber zu solchen Wahlen und solchen Beschlüssen bedurfte es doch schon eines besonderen Aufschwungs; durchgängig folgte die Masse willenlos dem nächsten Impulse, und Unverstand und Zufall entschieden.

Im Staate wie in jedem Organismus ist das Organ, welches nicht mehr wirkt, schon auch schädlich; auch die Nichtigkeit der souveränen Volksversammlung schloß keine geringe Gefahr ein. Jede Minorität im Senat konnte der Majorität gegenüber verfassungsmäßig an die Komitien appellieren. Jedem einzelnen Manne, der die leichte Kunst besaß, unmündigen Ohren zu predigen oder auch nur Geld wegzuwerfen, war ein Weg eröffnet, um sich eine Stellung zu verschaffen oder einen Beschluß zu erwirken, denen gegenüber Beamte und Regierung formell gehalten waren zu gehorchen. Daher denn jene Bürgergenerale, gewohnt, im Weinhaus Schlachtpläne auf den Tisch zu zeichnen und kraft ihres angeborenen strategischen Genies mitleidig auf den Gamaschendienst herabzusehen; daher jene Stabsoffiziere, die ihr Kommando dem hauptstädtischen Ämterbettel verdankten und, wenn es einmal Ernst galt, vor allen Dingen in Masse verabschiedet werden mußten – und daher die Schlachten am Trasimenischen See und bei Cannae und die schimpfliche Kriegführung gegen Perseus. Auf Schritt und Tritt ward die Regierung durch jene unberechenbaren Bürgerschaftsbeschlüsse gekreuzt und beirrt, und begreiflicherweise eben da am meisten, wo sie am meisten in ihrem guten Recht war.

Aber die Schwächung der Regierung und der Gemeinde selbst waren noch die geringere unter den aus dieser Demagogie sich entwickelnden Gefahren. Unmittelbarer noch drängte unter der Ägide der verfassungsmäßigen Rechte der Bürgerschaft die faktiöse Gewalt der einzelnen Ehrgeizigen sich empor. Was formell als Wille der höchsten Autorität im Staate auftrat, war der Sache nach sehr oft nichts als das persönliche Belieben des Antragstellers; und was sollte werden aus einem Gemeinwesen, in welchem Krieg und Frieden, Ernennung und Absetzung des Feldherrn und der Offiziere, die gemeine Kasse und das gemeine Gut von den Launen der Menge und ihrer zufälligen Führer abhingen? Das Gewitter war noch nicht ausgebrochen; aber dicht und dichter ballten die Wolken sich zusammen und einzelne Donnerschläge rollten bereits durch die schwüle Luft. Dabei trafen in zwiefach bedenklicher Weise die scheinbar entgegengesetztesten

Richtungen in ihren äußersten Spitzen sowohl hinsichtlich der Zwecke wie hinsichtlich der Mittel zusammen. In der Pöbelklientel und dem Pöbelkultus machten Familienpolitik und Demagogie sich eine gleichartige und gleich gefährliche Konkurrenz. Gaius Flaminius galt den Staatsmännern der folgenden Generation als der Eröffner derjenigen Bahn, aus welcher die Gracchischen Reformen und – setzen wir hinzu – weiterhin die demokratisch-monarchische Revolution hervorging. Aber auch Publius Scipio, obwohl tonangebend in der Hoffart, der Titeljagd, der Klientelmacherei der Nobilität, stützte sich in seiner persönlichen und fast dynastischen Politik gegen den Senat auf die Menge, die er nicht bloß durch den Schimmer seiner Individualität bezauberte, sondern auch durch seine Kornsendungen bestach, auf die Legionen, deren Gunst er durch rechte und unrechte Mittel sich erwarb, und vor allen Dingen auf die ihm persönlich anhängende hohe und niedere Klientel – nur die träumerische Unklarheit, auf welcher der Reiz wie die Schwäche dieses merkwürdigen Mannes großenteils beruht, ließen ihn aus dem Glauben: nichts zu sein noch sein zu wollen als der erste Bürger von Rom, nicht oder doch nicht völlig erwachen.

Die Möglichkeit einer Reform zu behaupten, würde ebenso verwegen sein, wie sie zu leugnen; daß eine durchgreifende Verbesserung des Staats an Haupt und Gliedern dringendes Bedürfnis war und daß von keiner Seite dazu ein ernstlicher Versuch gemacht ward, ist gewiß. Zwar im einzelnen geschah von seiten des Senats wie von seiten der bürgerschaftlichen Opposition mancherlei. Dort wie hier waren die Majoritäten noch wohlgesinnt und boten über den Riß weg, der die Parteien trennte, noch häufig sich die Hände, um gemeinschaftlich die schlimmsten Übelstände zu beseitigen. Aber da man die Quellen nicht verstopfte, so half es wenig, daß die besseren Männer mit Besorgnis auf das dumpfe Tosen der anschwellenden Flut lauschten und an Deichen und Dämmen arbeiteten. Indem auch sie sich mit Palliativen begnügten und selbst diese, namentlich eben die wichtigsten, wie die Verbesserung der Justiz und die Aufteilung des Domaniallandes, nicht rechtzeitig und umfänglich genug anwandten, halfen sie mit dazu, den Nachkommen eine böse Zukunft zu bereiten. Indem sie versäumten, den Acker umzubrechen während es Zeit war, zeitigten Unkraut auch, die es nicht säten. Den späteren Geschlechtern, die die Stürme der Revolution erlebten, erschien die Zeit nach dem Hannibalischen Kriege als die goldene Roms und Cato als das Muster des römischen

Staatsmanns. Es war vielmehr die Windstille vor dem Sturm und die Epoche der politischen Mittelmäßigkeiten, eine Zeit wie die des Walpoleschen Regiments in England; und kein Chatham fand sich in Rom, der die stockenden Adern der Nation wieder in frische Wallung gebracht hätte. Wo man den Blick hinwendet, klaffen in dem alten Bau Risse und Spalten; man sieht die Arbeiter geschäftig, bald sie zu verstreichen, bald sie zu erweitern; von Vorbereitungen aber zu einem ernstlichen Um- oder Neubau gewahrt man nirgend eine Spur, und es fragt sich nicht mehr, ob, sondern nur noch, wann das Gebäude einstürzen wird. In keiner Epoche ist die römische Verfassung formell so stabil geblieben wie in der vom Sizilischen Kriege bis auf den Dritten Makedonischen und noch ein Menschenalter darüber hinaus; aber die Stabilität der Verfassung war hier wie überall nicht ein Zeichen der Gesundheit des Staats, sondern der beginnenden Erkrankung und der Vorbote der Revolution.

12. Kapitel
Boden- und Geldwirtschaft

Wie mit dem sechsten Jahrhundert der Stadt zuerst eine einigermaßen pragmatisch zusammenhängende Geschichte derselben möglich wird, so treten auch in dieser Zeit zuerst die ökonomischen Zustände mit größerer Bestimmtheit und Anschaulichkeit hervor. Zugleich stellt die Großwirtschaft im Ackerbau wie im Geldwesen in ihrer späteren Weise und Ausdehnung jetzt zuerst sich fest, ohne daß sich genau scheiden ließe, was darin auf älteres Herkommen, was auf Nachahmung der Boden- und Geldwirtschaft der früher zivilisierten Nationen, namentlich der Phöniker, was auf die steigende Kapitalmasse und die steigende Intelligenz der Nation zurückgeht. Zur richtigen Einsicht in die innere Geschichte Roms wird es beitragen, diese wirtschaftlichen Verhältnisse hier zusammenfassend zu schildern.

Die Bodenwirtschaft[1] war entweder Guts- oder Weide- oder Kleinwirtschaft, wovon die erste in der von Cato entworfenen Schilderung uns mit großer Anschaulichkeit entgegentritt.

[1] Um übrigens von dem alten Italien ein richtiges Bild zu gewinnen, ist es notwendig, sich zu erinnern, welche großen Veränderungen auch hier durch die neuere Kultur entstanden sind. Von den Getreidearten ward im Altertum Roggen nicht gebaut und des als Unkraut wohlbekannten Hafers sah man in der Kaiserzeit mit Verwunderung die Deutschen sich zum Brei bedienen. Der Reis ward in Italien zuerst am Ende des fünfzehnten, der Mais daselbst zuerst am Anfang des siebzehnten Jahrhunderts kultiviert. Die Kartoffeln und Tomaten stammen aus Amerika; die Artischocken scheinen nichts als eine durch Kultur entstandene Varietät der den Römern bekannten Cardonen, aber doch in ihrer Eigentümlichkeit neueren Ursprungs zu sein. Die Mandel dagegen oder die »griechische Nuß«, der Pfirsich oder die »persische«, auch die »weiche Nuß« *(nux mollusca)* sind zwar Italien ursprünglich fremd, aber begegnen wenigstens schon hundertfünfzig Jahre vor Christus. Die Dattelpalme, in Italien aus Griechenland, wie in Griechenland aus dem Orient eingeführt und ein lebendiger Zeuge des uralten kommerziell-religiösen Verkehrs des Okzidents mit den Orientalen, ward in Italien bereits dreihundert Jahre vor Christus gezogen (Liv. 10, 47; Pallad. 5, 5, 2; 11, 12, 1), nicht der Früchte wegen (Plin. nat. 13, 4, 26), sondern eben wie heutzutage, als Prachtgewächs und um der Blätter bei öffentlichen Festlichkeiten sich zu bedienen. Jünger ist die Kirsche oder die Frucht von Kerasus am Schwarzen Meer, die erst in der ciceronischen Zeit in Italien gepflanzt zu werden anfing, obwohl der wilde Kirschbaum daselbst einheimisch ist; noch jünger vielleicht die Aprikose oder die »armenische Pflaume«. Der Zitronenbaum ward erst in der späteren Kaiserzeit in Italien kultiviert; die Orange kam gar erst durch die Mauren im zwölften oder dreizehnten Jahrhundert dahin, ebenso erst im sechzehnten von Amerika die Aloe *(Agave americana)*. Die Baumwolle ist in Europa zuerst von von Arabern gebaut worden. Auch der Büffel und der Seidenwurm sind nur dem neuen, nicht dem alten Italien eigen.

Die römischen Landgüter waren, als größerer Grundbesitz betrachtet, durchgängig von beschränktem Umfang. Das von Cato beschriebene hatte ein Areal von 240 Morgen; ein sehr gewöhnliches Maß war die sogenannte Centuria von 200 Morgen. Wo die mühsame Rebenzucht betrieben ward, wurde die Wirtschaftseinheit noch kleiner gemacht; Cato setzt für diesen Fall einen Flächeninhalt von 100 Morgen voraus. Wer mehr Kapital in die Landwirtschaft stecken wollte, vergrößerte nicht sein Gut, sondern erwarb mehrere Güter; wie denn wohl schon der Maximalsatz des Okkupationsbesitzes von 500 Morgen (1, 308) als Inbegriff von zwei oder drei Landgütern gedacht worden ist.

Vererbpachtung ist der italischen Privat- wie der römischen Gemeindewirtschaft fremd; nur bei den abhängigen Gemeinden kam sie vor. Verpachtung auf kürzere Zeit, sowohl gegen eine feste Geldsumme als auch in der Art, daß der Pächter alle Betriebskosten trug und dafür einen Anteil, in der Regel wohl die Hälfte der Früchte, empfing[2], war nicht unbekannt, aber Ausnahme und Notbehelf; ein eigener Pächterstand hat sich deshalb in Italien nicht gebildet[3]. Regelmäßig leitete also der Eigentümer selber den Betrieb seiner Güter; indes wirtschaftete er nicht eigentlich selbst, sondern erschien nur von Zeit zu Zeit auf dem Gute, um den Wirtschaftsplan festzustellen, die Ausführung zu beaufsichtigen und seinen Leuten die Rechnung abzunehmen, wodurch es ihm möglich ward, teils eine Anzahl Güter gleichzeitig zu nutzen, teils sich nach Umständen den Staatsgeschäften zu widmen.

Wie man sieht, sind die mangelnden großenteils eben diejenigen Produkte, die uns recht »italienisch« scheinen; und wenn das heutige Deutschland, verglichen mit demjenigen, welches Caesar betrat, ein südliches Land genannt werden kann, so ist auch Italien in nicht mindererm Grade seitdem »südlicher« geworden.

[2] Nach Cato (agr. 137, vgl. 16) wird bei der Teilpacht der Bruttoertrag des Gutes, nach Abzug des für die Pflugstiere benötigten Futters, zwischen Verpächter und Pächter *(colonus partiarius)* zu den zwischen ihnen ausgemachten Teilen geteilt. Daß die Teile in der Regel gleich waren, läßt die Analogie des französischen *bail à cheptel* und der ähnlichen italienischen Pachtung auf halb und halb sowie die Abwesenheit jeder Spur anderer Quotenteilung vermuten. Denn unrichtig hat man den *politor*, der das fünfte Korn, oder, wenn vor dem Dreschen geteilt wird, den sechsten bis neunten Ährenkorb erhält (Cato agr. 136, vgl. 5), hierher gezogen; er ist nicht Teilpächter, sondern ein in der Erntezeit angenommener Arbeiter, der seinen Tagelohn durch jenen Gesellschaftsvertrag erhält (2, 362).

[3] Eigentliche Bedeutung hat die Pacht erst gewonnen, als die römischen Kapitalisten anfingen, überseeische Besitzungen in großem Umfang zu erwerben; wo man es denn auch zu schätzen wußte, wenn eine Zeitpacht durch mehrere Generationen fortging (Colum. 1, 7, 3).

Von Getreide wurden namentlich Spelt und Weizen, auch Gerste und Hirse gebaut; daneben Rüben, Rettiche, Knoblauch, Mohn und, besonders zum Viehfutter, Lupinen, Bohnen, Erbsen, Wicken und andere Futterkräuter. In der Regel ward im Herbst, nur ausnahmsweise im Frühjahr gesät. Für die Bewässerung und Entwässerung war man sehr tätig und zum Beispiel die Drainage durch geblendete Gräben früh im Gebrauch. Auch Wiesen zur Heugewinnung fehlten nicht und schon zu Catos Zeit wurden sie häufig künstlich berieselt. Von gleicher, wo nicht von größerer wirtschaftlicher Bedeutung als Korn und Kraut waren der Ölbaum und der Rebstock, von denen jener zwischen die Saaten, dieser für sich auf eigenen Weinbergen gepflanzt ward[4]. Auch Feigen-, Apfel-, Birn- und andere Fruchtbäume wurden gezogen und ebenso, teils zum Holzschlag, teils wegen des zur Streu und zum Viehfutter nützlichen Laubes, Ulmen, Pappeln und andere Laubbäume und Büsche. Dagegen hat bei den Italikern, bei denen durchgängig Vegetabilien, Fleischspeisen nur ausnahmsweise und dann fast nur Schweine- und Lammfleisch auf den Tisch kamen, die Viehzucht eine weit geringere Rolle gespielt als in der heutigen Ökonomie. Obwohl man den ökonomischen Zusammenhang des Ackerbaus und der Viehzucht und namentlich die Wichtigkeit der Düngerproduktion nicht verkannte, so war doch die heutige Verbindung von Acker- und Viehwirtschaft dem Altertum fremd. An Großvieh ward nur gehalten, was zur Bestellung des Ackers erforderlich war, und dasselbe nicht auf eigenem Weideland, sondern im Sommer durchaus und meistens auch im Winter im Stall gefüttert. Dagegen wurden auf die Stoppelweide Schafe aufgetrieben, von denen Cato 100 Stück auf 240 Morgen rechnet; häufig indes zog der Eigentümer es vor, die Winterweide an einen großen Herdenbesitzer in Pacht zu geben oder auch seine Schafherde einem Teilpächter gegen Ablieferung einer bestimmten Anzahl von Lämmern und eines gewissen Maßes von Käse und Milch zu überlassen. Schweine – Cato rechnet auf das größere Landgut zehn Ställe –, Hühner, Tauben wurden auf dem Hofe gehalten und nach Bedürfnis gemästet, auch, wo Gelegenheit dazu war, eine kleine

---

[4] Daß zwischen den Rebstöcken kein Getreide gebaut ward, sondern höchstens leicht im Schatten fortkommende Futterkräuter, geht aus Cato (agr. 33, vgl. 137) hervor; und darum rechnet auch Columella (3, 3) bei dem Weinberg keinen anderen Nebengewinn als den Ertrag der verkauften Ableger. Dagegen die Baumpflanzung *(arbustum)* wird wie jedes Getreidefeld besät (Colum. 2, 9, 6). Nur wo der Wein an lebendigen Bäumen gezogen wird, baut man auch zwischen diesen Getreide.

Hasenschonung und ein Fischkasten eingerichtet – die bescheidenen Anfänge der später so unermeßlich sich ausdehnenden Wild- und Fischhegung und Züchtung.

Die Feldarbeit ward beschafft mit Ochsen, die zum Pflügen, und Eseln, die besonders zum Düngerschleppen und zum Treiben der Mühle verwandt wurden; auch ward wohl noch, wie es scheint für den Herrn, ein Pferd gehalten. Man zog diese Tiere nicht auf dem Gut, sondern kaufte sie; durchgängig waren wenigstens Ochsen und Pferde verschnitten. Auf das Gut von 100 Morgen rechnet Cato ein, auf das von 240 drei Joch Ochsen, ein jüngerer Landwirt Saserna auf 200 Morgen zwei Joch; Esel wurden nach Catos Anschlag für das kleinere Grundstück drei, für das größere vier erfordert.

Die Menschenarbeit ward regelmäßig durch Sklaven beschafft. An der Spitze der Gutssklavenschaft *(familia rustica)* stand der Wirtschafter *(vilicus, von villa)*, der einnimmt und ausgibt, kauft und verkauft, die Instruktionen des Herrn entgegennimmt und in dessen Abwesenheit anordnet und straft. Unter ihm stehen die Wirtschafterin *(vilica)*, die Haus, Küche und Speisekammer, Hühnerhof und Taubenschlag besorgt; eine Anzahl Pflüger *(bubulci)* und gemeiner Knechte, ein Eseltreiber, ein Schweine- und, wo es eine Schafherde gab, ein Schafhirt. Die Zahl schwankte natürlich je nach der Bewirtschaftungsweise. Auf ein Ackergut von 200 Morgen ohne Baumpflanzungen werden zwei Pflüger und sechs Knechte, auf ein gleiches mit Baumpflanzungen zwei Pflüger und neun Knechte, auf ein Gut von 240 Morgen mit Olivenpflanzungen und Schafherde drei Pflüger, fünf Knechte und drei Hirten gerechnet. Für den Weinberg brauchte man natürlich mehr Arbeitskräfte: auf ein Gut von 100 Morgen mit Rebpflanzungen kommen ein Pflüger, elf Knechte und zwei Hirten. Der Wirtschafter stand natürlich freier als die übrigen Knechte; die Magonischen Bücher rieten, ihm Ehe, Kinderzeugung und eigene Kasse zu gestatten, und Cato, ihn mit der Wirtschafterin zu verheiraten; er allein wird auch Aussicht gehabt haben, im Fall des Wohlverhaltens von dem Herrn die Freiheit zu erlangen. Im übrigen bildeten alle einen gemeinschaftlichen Hausstand. Die Knechte wurden eben wie das Großvieh nicht auf dem Gut gezogen, sondern in arbeitsfähigem Alter auf dem Sklavenmarkt gekauft, auch wohl, wenn sie durch Alter oder Krankheit arbeitsunfähig geworden waren, mit anderem Ausschuß wieder auf den Markt geschickt[5]. Das Wirt-

---

[5] Mago oder sein Übersetzer (bei Varro rust. 1, 17, 3) rät, die Sklaven nicht zu

schaftsgebäude *(villa rustica)* war zugleich Stallung für das Vieh, Speicher für die Früchte und Wohnung des Wirtschafters wie der Knechte; wogegen für den Herrn häufig auf dem Gut ein abgesondertes Landhaus *(villa urbana)* eingerichtet war. Ein jeder Sklave, auch der Wirtschafter selbst, erhielt seine Bedürfnisse auf Rechnung des Herrn in gewissen Fristen nach festen Sätzen geliefert, womit er dann auszukommen hatte; so Kleider und Schuhzeug, die auf dem Markte gekauft wurden und von denen die Empfänger nur die Instandhaltung selber beschafften; so monatlich eine Quantität Weizen, die jeder selbst zu mahlen hatte, ferner Salz, Zukost – Oliven oder Salzfisch –, Wein und Öl. Die Quantität richtete sich nach der Arbeit, weshalb zum Beispiel der Wirtschafter, der leichtere Arbeit hat als die Knechte, knapperes Maß als diese empfing. Alles Backen und Kochen besorgte die Wirtschafterin und alle aßen gemeinschaftlich dieselbe Kost. Es war nicht Regel, die Sklaven zu fesseln; wer aber Strafe verwirkt hatte oder einen Entweichungsversuch befürchten ließ, ward angeschlossen auf die Arbeit geschickt und des Nachts in den Sklavenkerker gesperrt[6]. Regelmäßig reichten

züchten, sondern nicht jünger als zweiundzwanzigjährig zu kaufen; und ein ähnliches Verfahren muß auch Cato im Sinn gehabt haben, wie der Personalbestand seiner Musterwirtschaft deutlich beweist, obwohl er es nicht geradezu sagt. Den Verkauf der alten und kranken Sklaven rät Cato (agr. 2) ausdrücklich an. Die Sklavenzüchtung, wie sie Columella (1, 8) beschreibt, wobei die Sklavinnen, welche drei Söhne haben, von der Arbeit befreit, die Mütter von vier Söhnen sogar freigelassen werden, ist wohl mehr eine selbständige Spekulation als ein Teil des regelmäßigen Gutsbetriebes, ähnlich wie das von Cato selbst betriebene Geschäft, Sklaven zur Abrichtung und zum Wiederverkauf aufzukaufen (Plut. Cato mai. 21). Die ebendaselbst erwähnte charakteristische Besteuerung bezieht sich wohl auf die eigentliche Dienerschaft *(familia urbana)*.

[6] In dieser Beschränkung ist die Fesselung der Sklaven und selbst der Haussöhne (Dion. Hal. 2, 26) uralt; und also als Ausnahme erscheinen auch bei Cato die gefesselten Feldarbeiter, denen, da sie nicht selbst mahlen können, statt des Kornes Brot verabreicht werden muß (56). Sogar in der Kaiserzeit tritt die Fesselung der Sklaven durchgängig noch auf als eine definitiv von dem Herrn, provisorisch von dem Wirtschafter zuerkannte Bestrafung (Colum. 1, 8; Gaius inst. 1, 13; Ulp. reg. 1, 11). Wenn dennoch die Bestellung der Felder durch gefesselte Sklaven in späterer Zeit als eigenes Wirtschaftssystem vorkommt und der Arbeiterzwinger *(ergastulum)*, ein Kellergeschoß mit vielen, aber schmalen und nicht vom Boden aus mit der Hand zu erreichenden Fensteröffnungen (Colum. 1, 6), ein notwendiges Stück des Wirtschaftsgebäudes wird, so vermittelt sich dies dadurch, daß die Lage der Gutssklaven härter war als die der übrigen Knechte und darum vorwiegend diejenigen Sklaven dazu genommen wurden, welche sich vergangen hatten oder zu haben schienen. Daß grausame Herren übrigens auch ohne jeden Anlaß die Fesselung eintreten ließen, soll damit nicht geleugnet werden und liegt auch klar darin angedeutet, daß die Rechtsbücher die den Verbrechersklaven treffenden Nachteile nicht über die Gefesselten, sondern die Strafe halber Gefesselten verhän-

diese Gutssklaven hin; im Notfall halfen, wie sich von selbst versteht, die Nachbarn mit ihren Sklaven gegen Tagelohn einer dem andern aus. Fremde Arbeiter wurden sonst für gewöhnlich nicht verwandt, außer in besonders ungesunden Gegenden, wo man es vorteilhaft fand, den Sklavenstand zu beschränken und dafür gemietete Leute zu verwenden, und zur Einbringung der Ernte, für welche die stehenden Arbeitskräfte nirgend genügten. Bei der Korn- und Heuernte nahm man gedungene Schnitter hinzu, die oft an Lohnes Statt von ihrem Eingebrachten die sechste bis neunte Garbe oder, wenn sie auch droschen, das fünfte Korn empfingen – so zum Beispiel gingen jährlich umbrische Arbeiter in großer Zahl in das Tal von Rieti, um hier die Ernte einbringen zu helfen. Die Trauben- und Olivenernte ward in der Regel einem Unternehmer in Akkord gegeben, welcher durch seine Mannschaften, gedungene Freie oder auch fremde oder eigene Sklaven, unter Aufsicht einiger vom Gutsbesitzer dazu angestellter Leute das Lesen und Pressen besorgte und den Ertrag an den Herrn ablieferte[7]; sehr häufig verkaufte auch der Gutsbesitzer die Ernte auf dem Stock oder Zweig und ließ den Käufer die Einbringung besorgen.

Die ganze Wirtschaft ist durchdrungen von der unbedingten Rücksichtslosigkeit der Kapitalmacht. Knecht und Vieh stehen auf einer Linie; ein guter Kettenhund, heißt es bei einem römischen Landwirt, muß nicht zu freundlich gegen seine »Mitsklaven« sein. Man nährt gehörig den Knecht wie den Stier, solange sie arbeiten können, weil es nicht wirtschaftlich wäre, sie hungern zu lassen; und man verkauft sie wie die abgängige Pflugschar, wenn sie arbeitsunfähig geworden sind, weil es ebenfalls nicht wirtschaftlich wäre, sie länger zu behalten. In älterer Zeit hatten religiöse Rücksichten auch hier mildernd eingegriffen und den Knecht wie den Pflugstier an den gebotenen Fest- und Rasttagen[8] von der Arbeit entbunden; nichts ist bezeichnender

---

gen. Ganz ebenso stand es mit der Brandmarkung; sie sollte eigentlich Strafe sein; aber es wurde auch wohl die ganze Herde gezeichnet (Diod. 35, 5; J. Bernays, Über das Phokylideische Gedicht. Berlin 1856, S. XXXI).

[7] Von der Weinlese sagt dies Cato nicht ausdrücklich, wohl aber Varro (rust. 1, 17), und es liegt auch in der Sache. Es wäre ökonomisch fehlerhaft gewesen, den Stand der Gutssklavenschaft nach dem Maß der Erntearbeiten einzurichten, und am wenigsten würde man, wenn es dennoch geschehen wäre, die Trauben auf dem Stock verkauft haben, was doch häufig vorkam (Cato agr. 147).

[8] Columella (2, 12, 9) rechnet auf das Jahr durchschnittlich 45 Regen- und Feiertage; und damit stimmt überein, daß nach Tertullian (idol. 14) die Zahl der heidnischen Festtage noch nicht die fünfzig Tage der christlichen Freudenzeit von

für den Geist Catos und seiner Gesinnungsgenossen als die Art, wie sie die Heiligung des Feiertags dem Buchstaben nach einschärften und der Sache nach umgingen, nämlich anrieten, den Pflug an jenen Tagen allerdings ruhen zu lassen, aber mit anderen nicht ausdrücklich verpönten Arbeiten auch an diesen Tagen die Sklavenschaft rastlos zu beschäftigen. Grundsätzlich ward ihr keinerlei freie Regung gestattet – der Sklave, lautet einer von Catos Wahrsprüchen, muß entweder arbeiten oder schlafen –, und durch menschliche Beziehungen die Knechte an das Gut oder an den Herrn zu knüpfen, ward nicht einmal versucht. Der Rechtsbuchstabe waltete in unverhüllter Scheußlichkeit, und man machte sich keine Illusionen über die Folgen. »Soviel Sklaven, soviel Feinde«, sagt ein römisches Sprichwort. Es war ein ökonomischer Grundsatz, Spaltungen innerhalb der Sklavenschaft eher zu hegen als zu unterdrücken; in demselben Sinne warnten schon Platon und Aristoteles und nicht minder das Orakel der Ackerwirte, der Karthager Mago, davor, Sklaven gleicher Nationalität zusammenzubringen, um nicht landsmannschaftliche Verbindungen und vielleicht Komplotte herbeizuführen. Es ward, wie schon gesagt, die Sklavenschaft von den Gutsherren ganz ebenso regiert, wie die römische Gemeinde die Untertanenschaften regierte in den »Landgütern des römischen Volkes«, den Provinzen; und die Welt hat es empfunden, daß der herrschende Staat sein neues Regierungs- nach dem Sklavenhaltersystem entwickelte. Wenn man übrigens sich zu jener wenig beneidenswerten Höhe des Denkens emporgeschwungen hat, wo in der Wirtschaft durchaus nichts gilt als das darin steckende Kapital, so kann man der römischen Gutswirtschaft das Lob der Folgerichtigkeit, Tätigkeit, Pünktlichkeit, Sparsamkeit und Solidität nicht versagen. Der kernige, praktische Landmann spiegelt sich in der Catonischen Schilderung des Wirtschafters, wie er sein soll, der zuerst im Hofe auf und zuletzt im Bette ist, der streng gegen sich ist wie gegen seine Leute und vor allem die Wirtschafterin in Respekt zu halten weiß, aber auch die Arbeiter und das Vieh, insbesondere den Pflugstier wohl versorgt, der oft und bei jeder Arbeit mit anfaßt, aber sich nie wie ein Knecht müde arbeitet, der stets zu Hause ist, nicht borgt noch verborgt,

---

Ostern bis Pfingsten erreicht. Dazu kommt dann die Rastzeit des Mittwinters nach vollbrachter Herbstsaat, welche Columella auf dreißig Tage anschlägt. In diese fiel ohne Zweifel durchgängig das wandelbare »Saatfest« *(feriae sementivae;* vgl. 1, 201 und Ov. fast. 1, 661). Mit den Gerichtsferien in der Ernte (Plin. epist. 8, 21, 2 und sonst) und Weinlesezeit darf dieser Rastmonat nicht verwechselt werden.

keine Gastereien gibt, um keinen anderen Gottesdienst als um den der eignen Haus- und Feldgötter sich kümmert und als rechter Sklave allen Verkehr mit den Göttern wie mit den Menschen dem Herrn anheimstellt, der endlich vor allen Dingen demselben bescheiden begegnet und den von ihm empfangenen Instruktionen, ohne zu wenig und ohne zu viel zu denken, getreulich und einfach nachlebt. Der ist ein schlechter Landmann, heißt es anderswo, der das kauft, was er auf seinem Gute erzeugen kann; ein schlechter Hausvater, welcher bei Tage vornimmt, was bei Licht sich beschaffen läßt, es sei denn, daß das Wetter schlecht ist; ein noch schlechterer, welcher am Werkeltag tut, was am Feiertag getan werden kann; der schlechteste von allen aber der, welcher bei gutem Wetter zu Hause statt im Freien arbeiten läßt. Auch die charakteristische Düngerbegeisterung mangelt nicht; und wohl sind es goldene Regeln, daß für den Landmann der Boden nicht da ist zum Scheuern und Fegen, sondern zum Säen und Ernten, daß man also zuvor Reben und Ölbäume pflanzen und erst nachher und nicht in allzu früher Jugend ein Landhaus sich einrichten soll. Eine gewisse Bauernhaftigkeit ist der Wirtschaft freilich eigen und anstatt der rationellen Ermittlung der Ursachen und Wirkungen treten durchgängig die bekannten bäurischen Erfahrungssätze auf; doch ist man sichtbar bestrebt, sich fremde Erfahrungen und ausländische Produkte anzueignen, wie denn schon in Catos Verzeichnis der Fruchtbaumsorten griechische, afrikanische und spanische erscheinen.

Die Bauernwirtschaft war von der des Gutsbesitzers hauptsächlich nur verschieden durch den kleineren Maßstab. Der Eigentümer selbst und seine Kinder arbeiteten hier mit den Sklaven oder auch an deren Statt. Der Viehstand zog sich zusammen, und wo das Gut nicht länger die Kosten des Pfluges und seiner Bespannung deckte, trat dafür die Hacke ein. Öl- und Weinbau traten zurück oder fielen ganz weg. In der Nähe Roms oder eines anderen größeren Absatzplatzes bestanden auch sorgfältig berieselte Blumen- und Gemüsegärten, ähnlich etwa wie man sie jetzt um Neapel sieht, und gaben sehr reichlichen Ertrag.

Die Weidewirtschaft ward bei weitem mehr ins Große getrieben als der Feldbau. Das Weidelandgut *(saltus)* mußte auf jeden Fall beträchtlich mehr Flächenraum haben als das Ackergut – man rechnete mindestens 800 Morgen – und konnte mit Vorteil für das Geschäft fast ins Unendliche ausgedehnt werden. Nach den klimatischen Verhältnissen Italiens ergänzen sich daselbst gegenseitig die Sommerweide in den Bergen und die Winterweide in den Ebenen; schon in jener Zeit wurden, eben wie jetzt noch und großenteils wohl auf denselben Pfaden, die Herden im Frühjahr von Apulien nach Samnium und im Herbst wieder zurück von da nach Apulien getrieben. Die Winterweide indes fand, wie schon bemerkt ist, nicht durchaus auf besonderem Weideland statt, sondern war zum Teil Stoppelweide. Man zog Pferde, Rinder, Esel Maulesel, hauptsächlich um den Gutsbesitzern, Frachtführern, Soldaten und so weiter die benötigten Tiere zu liefern; auch Schweine- und Ziegenherden fehlten nicht. Weit selbständiger aber und weit höher entwickelt war infolge des fast durchgängigen Tragens von Wollstoffen die Schafzucht. Der Betrieb ward durch Sklaven beschafft und war im ganzen dem Gutsbetrieb ähnlich, so daß der Viehmeister *(magister pecoris)* an die Stelle des Wirtschafters trat. Den Sommer über kamen die Hirtensklaven meistenteils nicht unter Dach, sondern hausten, oft meilenweit von menschlichen Wohnungen entfernt, unter Schuppen und Hürden; es lag also in den Verhältnissen, daß man die kräftigsten Männer dazu auslas, ihnen Pferde und Waffen gab und ihnen eine bei weitem freiere Bewegung gestattete, als dies bei der Gutsmannschaft geschah.

Um die ökonomischen Resultate dieser Bodenwirtschaft einigermaßen zu würdigen, sind die Preisverhältnisse und namentlich die Kornpreise dieser Zeit zu erwägen. Durchschnittlich sind dieselben zum Erschrecken gering, und zum guten Teil durch Schuld der römischen Regierung, welche in dieser wichtigen Frage, nicht so sehr durch ihre Kurzsichtigkeit, als durch eine unverzeihliche Begünstigung des hauptstädtischen Proletariats auf Kosten der italischen Bauernschaft, zu den furchtbarsten Fehlgriffen geführt worden ist. Es handelt sich hier vor allem um den Konflikt des überseeischen und des italischen Korns. Das Getreide, das von den Provinzialen teils unentgeltlich, teils gegen eine mäßige Vergütigung der römischen Regierung geliefert ward, wurde von dieser teils an Ort und Stelle zur Verpflegung des römischen Beamtenpersonals und der römischen Heere verwandt, teils an die Zehntpächter in der Art abgetreten, daß diese dafür entweder Geldzahlung leisteten oder auch es übernahmen, gewisse Quantitäten Getreide nach Rom oder wohin es sonst erforderlich war zu liefern. Seit dem Zweiten Makedonischen Kriege wurden die römischen Heere durchgängig mit überseeischem Korne unterhalten, und wenn dies auch der römischen Staatskasse zum Vorteil gereichte, so verschloß sich doch damit eine wichtige Absatzquelle für den italischen Landmann. Indes dies war das geringste. Der Regierung, welche längst wie billig auf die Kornpreise ein wachsames Auge gehabt hatte und bei drohenden Teuerungen durch rechtzeitigen Einkauf im Ausland eingeschritten war, lag es nahe, seit die Kornlieferungen der Untertanen ihr alljährlich große Getreidemassen und wahrscheinlich größere, als man in Friedenszeiten brauchte, in die Hände führten, und seit ihr überdies die Gelegenheit geboten war, ausländisches Getreide in fast unbegrenzter Quantität zu mäßigen Preisen zu erwerben, mit solchem Getreide die hauptstädtischen Märkte zu überführen und dasselbe zu Sätzen abzugeben, die entweder an sich oder doch verglichen mit den italischen Schleuderpreise waren. Schon in den Jahren 551–554 *(203–200)* und, wie es scheint, zunächst auf Veranstaltung Scipios, wurde in Rom der preußische Scheffel (sechs Modii) spanischen und afrikanischen Weizens von Gemeinde wegen an die Bürger zu 24, ja zu 12 Assen (17–8½ Groschen) abgegeben; einige Jahre nachher (558 *196*) kamen über 160000 Scheffel sizilischen Getreides zu dem letzteren Spottpreis in der Hauptstadt zur Verteilung. Umsonst eiferte Cato gegen diese kurzsichtige Politik; die beginnende Demagogie mischte sich hinein, und diese außerordentlichen, aber vermutlich sehr häufigen Austeilungen von Korn unter dem Marktpreis durch die Regierung oder einzelne Beamte, sind der Keim der späteren Getreidegesetze geworden. Aber auch wenn das überseeische Korn nicht auf diesem außerordentlichen Wege an die Konsumenten gelangte, drückte es auf den italischen Ackerbau. Nicht bloß wurden die Getreidemassen, die der Staat an die Zehntpächter losschlug, ohne Zweifel in der Regel von diesen so billig erworben, daß sie beim Wiederverkauf unter dem Produktionspreis weggegeben werden konnten; sondern wahrscheinlich war auch in den Provinzen, namentlich in Sizilien, teils infolge der günstigen Bodenverhältnisse, teils der ausgedehnten Groß- und Sklavenwirtschaft nach karthagischem System (2, 14) der Produktionspreis überhaupt beträchtlich niedriger als in Italien, der Transport aber des sizilischen und sardinischen Getreides nach Latium wenigstens ebenso billig, wenn nicht billiger wie der Transport dahin aus Etrurien, Kampanien oder gar Norditalien. Es mußte also schon im natürlichen Laufe der Dinge das überseeische Korn nach der Halbinsel strömen und das dort erzeugte im Preise herabdrücken. Unter diesen durch die leidige Sklavenwirtschaft unnatürlich verschobenen Verhältnissen wäre es vielleicht gerechtfertigt gewesen, zu Gunsten des italischen Getreides auf das überseeische einen Schutzzoll zu legen; aber es scheint vielmehr das Umgekehrte geschehen und zu Gunsten der Einfuhr des überseeischen Korns nach Italien in den Provinzen ein Prohibitivsystem in Anwendung gebracht zu sein – denn wenn die Ausfuhr einer Quantität Getreide aus Sizilien den Rhodiern als besondere Vergünstigung gestattet ward, so muß wohl der Regel nach die Kornausfuhr aus den Provinzen nur nach Italien hin frei gewesen und also das überseeische Korn für das Mutterland monopolisiert worden sein. Die Wirkungen dieser Wirtschaft liegen deutlich vor. Ein Jahr außerordentlicher Fruchtbarkeit wie 504 *(250)*, wo man in der Hauptstadt für 6 römische Modii (= 1 preuß. Scheffel) Spelt nicht mehr als ³/₅ Denar (4 Groschen) zahlte und zu demselben Preise 180 römische Pfund (zu 22 Lot preußisch) trockene Feigen, 60 Pfund Öl, 72 Pfund Fleisch und 6 Congii (= 17 preuß. Quart) Wein verkauft wurden, kommt freilich eben seiner Außerordentlichkeit wegen wenig in Betracht; aber bestimmter sprechen andere Tatsachen. Schon zu Catos Zeit heißt Sizilien die Kornkammer Roms. In fruchtbaren Jahren wurde in den italischen Häfen das sizilische und sardinische Korn um die Fracht losgeschlagen. In den reichsten Kornlandschaften der Halbinsel, in der heutigen Romagna und Lombardei zahlte man zu Polybios' Zeit für Kost und Nachtquartier im Wirtshaus durchschnittlich den Tag einen halben As (¹/₃ Groschen); der preußische Scheffel Weizen galt hier einen halben Denar (3 ½ Groschen). Der letztere Durchschnittspreis, etwa der zwölfte Teil des sonstigen Normalpreises[9], zeigt mit unwidersprechli-

---

[9] Als hauptstädtischer Mittelpreis des Getreides kann wenigstens für das siebente und achte Jahrhundert Roms angenommen werden 1 Denar für den römischen Modius oder ¹/₃ Taler für den preußischen Scheffel Weizen, wofür heutzutage (nach dem Durchschnitt der Preise in den Provinzen Brandenburg und Pommern von 1816–1841) ungefähr 1 Taler 24 Silbergroschen gezahlt wird. Ob diese nicht sehr bedeutende Differenz der römischen und der heutigen Preise auf dem Steigen des Korn- oder dem Sinken des Silberwertes beruht, läßt sich schwerlich entscheiden.

Übrigens dürfte es sehr zweifelhaft sein, ob in dem Rom dieser und der späteren Zeit die Kornpreise wirklich stärker geschwankt haben, als dies heutzutage der Fall ist. Vergleicht man Preise wie die oben angeführten von 4 und 7 Groschen den preußischen Scheffel mit denen der ärgsten Kriegsteuerung und Hungersnot, wo zum Beispiel im Hannibalischen Kriege der preußische Scheffel auf 99 (1 Medimnos = 15 Drachmen: Polyb. 9, 44), im Bürgerkriege auf 198 (1 Modius = 5 Denare: Cic. Verr. E, 92; 214), in der großen Teuerung unter Augustus gar auf 218 Groschen (5 Modii = 27⅔ Denare: Euseb. chron. p. Chr. 7 Scal.) stieg, so ist der Abstand freilich ungeheuer; allein solche Extreme sind wenig belehrend und könnten nach beiden Seiten hin unter gleichen Bedingungen auch heute noch sich wiederholen.

cher Deutlichkeit, daß es der italischen Getreideproduktion an Absatzquellen völlig mangelte und infolgedessen das Korn wie das Kornland daselbst so gut wie entwertet war.

In einem großen Industriestaat, dessen Ackerbau die Bevölkerung nicht zu ernähren vermag, hätte ein solches Ergebnis als nützlich oder doch nicht unbedingt als nachteilig betrachtet werden mögen; ein Land wie Italien, wo die Industrie unbedeutend, die Landwirtschaft durchaus Hauptsache war, ward auf diesem Wege systematisch ruiniert und den Interessen der wesentlich unproduktiven hauptstädtischen Bevölkerung, der freilich das Brot nicht billig genug werden konnte, das Wohl des Ganzen auf die schmählichste Weise geopfert. Nirgend vielleicht liegt es so deutlich wie hier zutage, wie schlecht die Verfassung und wie unfähig die Verwaltung dieser sogenannten goldenen Zeit der Republik war. Das dürftigste Repräsentativsystem hätte wenigstens zu ernstlichen Beschwerden und zur Einsicht in den Sitz des Übels geführt; aber in jenen Urversammlungen der Bürgerschaft machte alles andere eher sich geltend als die warnende Stimme des vorahnenden Patrioten. Jede Regierung, die diesen Namen verdiente, würde von selber eingeschritten sein; aber die Masse des römischen Senats mag in gutem Köhlerglauben in den niedrigen Kornpreisen das wahre Glück des Volkes gesehen haben, und die Scipionen und Flaminine hatten ja wichtigere Dinge zu tun, die Griechen zu emanzipieren und die republikanische Königskontrolle zu besorgen – so trieb das Schiff ungehindert in die Brandung hinein.

Seit der kleine Grundbesitz keinen wesentlichen Reinertrag mehr lieferte, war die Bauernschaft rettungslos verloren, und um so mehr, als allmählich auch aus ihr, wenngleich langsamer als aus den übrigen Ständen, die sittliche Haltung und sparsame Wirtschaft der früheren republikanischen Zeit entwich. Es war nur noch eine Zeitfrage, wie rasch die italischen Bauernhufen durch Aufkaufen und Niederlegen in den größeren Grundbesitz aufgehen würden.

Eher als der Bauer war der Gutsbesitzer imstande, sich zu behaupten. Derselbe produzierte an sich schon billiger als jener, wenn er sein Land nicht nach dem älteren System an kleinere Zeitpächter abgab, sondern es nach dem neueren durch seine Knechte bewirtschaften ließ; wo dies also nicht schon früher geschehen war (1, 457), zwang die Konkurrenz des sizilischen Sklavenkorns den italischen Gutsherrn, zu folgen und anstatt mit freien Arbeiterfamilien mit Sklaven ohne Weib und Kind zu wirtschaften. Es konnte der Gutsbesitzer ferner sich eher durch Steigerung oder auch durch Änderung der Kultur den Konkurrenten gegenüber halten und eher auch mit einer geringeren Bodenrente sich begnügen als der Bauer, dem Kapital wie Intelligenz mangelten und der nur eben hatte, was er brauchte, um zu leben. Hierauf beruht in der römischen Gutswirtschaft das Zurücktreten des Getreidebaus, der vielfach sich auf die Gewinnung der für das Arbeiterpersonal erforderlichen Quantität beschränkt zu haben scheint[10], und die Steigerung der Öl- und Weinproduktion sowie der Viehzucht. Diese hatten bei den günstigen klimatischen Verhältnisssen Italiens die ausländische Konkurrenz nicht zu fürchten: der italische Wein, das italische Öl, die italische Wolle beherrschten nicht bloß die eigenen Märkte, sondern gingen bald auch ins Ausland; das Potal, das sein Getreide nicht abzusetzen vermochte, versorgte halb Italien mit Schweinen und Schinken. Dazu stimmt recht wohl, was uns über die ökonomischen Resultate der römischen Bodenwirtschaft berichtet wird. Es ist einiger Grund zu der Annahme vorhanden, daß das in Grundstücken angelegte Kapital mit sechs Prozent sich gut zu verzinsen schien; was auch der damaligen, um das Doppelte höheren durchschnittlichen Kapitalrente angemessen erscheint. Die Viehzucht lieferte im ganzen bessere Ergebnisse als die Feldwirtschaft; in dieser rentierte am besten der Weinberg, demnächst der Gemüsegarten und die Olivenpflanzung, am wenigsten Wiese und Kornfeld[11]. Natürlich wird die Betreibung einer jeden Wirtschaftsgattung unter den ihr angemessenen Verhältnissen und auf ihrem naturgemäßen Boden vorausge-

---

[10] Darum nennt Cato die beiden Güter, die er schildert, kurzweg Olivenpflanzung *(olivetum)* und Weinberg *(vinea)*, obwohl darauf keineswegs bloß Wein und Öl, sondern auch Getreide und anderes mehr gebaut ward. Wären freilich die 800 *culei,* auf die der Besitzer des Weinbergs angewiesen wird, sich mit Fässern zu versehen (11), das Maximum einer Jahresernte, so müßten alle 100 Morgen mit Reben bepflanzt gewesen sein, da der Ertrag von 8 *culei* für den Morgen schon ein fast unerhörter war (Colum. 3, 3); allein Varro (rust. 1, 22) verstand, und offenbar mit Recht, die Angabe, daß der Weinbergbesitzer in den Fall kommen kann, die neue Lese eintun zu müssen, bevor die alte verkauft ist.

[11] Daß der römische Landwirt von seinem Kapital durchschnittlich sechs Prozent machte, läßt Columella (3, 3, 9) schließen. Einen genaueren Anschlag für Kosten und Ertrag haben wir nur für den Weinberg, wofür Columella auf den Morgen folgende Kostenberechnung aufstellt:

Kaufpreis des Bodens	1000 Sesterzen
Kaufpreis der Arbeitssklaven auf den Morgen repartiert	1143 Sesterzen
Reben und Pfähle	2000 Sesterzen

BODEN- UND GELDWIRTSCHAFT

setzt. Diese Verhältnisse reichten an sich schon aus, um allmählich an die Stelle der Bauernwirtschaft überall die Großwirtschaft zu setzen; und auf dem Wege der Gesetzgebung ihnen entgegenzuwirken war schwer. Aber arg war es, daß man durch das später noch zu erwähnende Claudische Gesetz (kurz vor 536 *218*) die senatorischen Häuser von der Spekulation ausschloß und dadurch deren ungeheure Kapitalien künstlich zwang, vorzugsweise in Grund und Boden sich anzulegen, das heißt die alten Bauernstellen durch Meierhöfe und Viehweiden zu ersetzen. Es kamen ferner der dem Staat weit nachteiligeren Viehwirtschaft,

Verlorene Zinsen während der ersten zwei
Jahre . . . . 497 Sesterzen

zusammen 4640 Sesterzen = 336 Taler.

Den Ertrag berechnet er auf wenigstens 60 Amphoren von mindestens 900 Sesterzen (65 Taler) Wert, was also eine Rente von 17 Prozent darstellen würde. Indes ist dieselbe zum Teil illusorisch, da, auch von Mißernten abgesehen, die Kosten der Einbringung (2, 361) und die für Instandhaltung der Reben, Pfähle und Sklaven aus dem Ansatz gelassen worden sind.

Den Bruttoertrag von Wiese, Weide und Wald berechnet derselbe Landwirt auf höchstens 100 Sesterzen den Morgen und den des Getreidefeldes eher auf weniger als auf mehr; wie denn ja auch der Durchschnittsertrag von 25 römischen Scheffeln Weizen auf den Morgen schon nach dem hauptstädtischen Durchschnittspreis von 1 Denar den Scheffel nicht mehr als 100 Sesterzen Bruttoertrag gibt und am Produktionsplatz der Preis noch niedriger gestanden haben muß. Varro (3, 2) rechnet als gewöhnlichen guten Bruttoertrag eines größeren Gutes 150 Sesterzen vom Morgen. Entsprechende Kostenanschläge sind hierfür nicht überliefert; daß die Bewirtschaftung hier bei weitem weniger Kosten machte als bei dem Weinberg, versteht sich von selbst.

Alle diese Angaben fallen übrigens ein Jahrhundert und länger nach Catos Tod. Von ihm haben wir nur die allgemeine Angabe, daß sich Viehwirtschaft besser rentiere als Ackerbau (bei Cic. off. 2, 25; 89; Colum. 6 praef. 4, vgl. 2, 16, 2; Plin. nat. 18, 5, 30; Plut. Cato mai. 21); was natürlich nicht heißen soll, daß es überall rätlich ist, Ackerland in Weide zu verwandeln, sondern relativ zu verstehen ist dahin, daß das für die Herdenwirtschaft auf Bergweiden und sonst geeigneten Weideland angelegte Kapital, verglichen mit dem in die Feldwirtschaft auf geeignetem Kornland gestecktem, höhere Zinsen trage. Vielleicht ist dabei auch noch darauf Rücksicht genommen, daß die mangelnde Tätigkeit und Intelligenz des Grundherrn bei Weideland weniger nachteilig wirkt als bei der hoch gesteigerten Reben- und Olivenkultur. Innerhalb des Ackergutes stellt sich nach Cato die Bodenrente folgendermaßen in absteigender Reihe: 1. Weinberg; 2. Gemüsegarten; 3. Weidenbusch, der infolge der Rebenkultur hohen Ertrag abwarf; 4. Olivenpflanzung; 5. Wiese zur Heugewinnung; 6. Kornfeld; 7. Busch; 8. Schlagforst; 9. Eichenwald zur Viehfütterung – welche neun Bestandteile in dem Wirtschaftsplan der catonischen Mustergüter sämtlich wiederkehren.

Von dem höheren Reinertrag des Weinbaues gegenüber dem Kornbau zeugt auch, daß nach dem im Jahre 637 *(117)* zwischen der Stadt Genua und den ihr zinspflichtigen Dörfern ausgefällten Schiedsspruch die Stadt von dem Wein den Sechsten, von dem Getreide den Zwanzigsten als Erbzins empfängt.

gegenüber dem Gutsbetrieb, noch besondere Förderungen zustatten. Einmal entsprach sie als die einzige Art der Bodennutzung, welche in der Tat den Betrieb im großen erheischte und lohnte, allein der Kapitalienmasse und dem Kapitalistensinn dieser Zeit. Die Gutswirtschaft forderte zwar nicht die dauernde Anwesenheit des Herrn auf dem Gut, aber doch sein häufiges Erscheinen daselbst und gestattete die Erweiterung der Güter nicht wohl und die Vervielfältigung des Besitzes nur in beschränkten Grenzen; wogegen das Weidegut sich unbegrenzt ausdehnen ließ und den Eigentümer wenig in Anspruch nahm. Aus diesem Grunde fing man schon an, gutes Ackerland selbst mit ökonomischem Verlust in Weide zu verwandeln – was die Gesetzgebung freilich, wir wissen nicht wann, vielleicht um diese Zeit, aber schwerlich mit Erfolg, untersagte. Dazu kamen die Folgen der Domänenokkupation. Durch dieselbe entstanden nicht bloß, da regelmäßig in größeren Stücken okkupiert ward, ausschließlich große Güter, sondern es scheuten sich auch die Besitzer, in diesen auf beliebigen Widerruf stehenden und rechtlich immer unsicheren Besitz bedeutende Bestellungskosten zu stecken, namentlich Reben und Ölbäume zu pflanzen; wovon denn die Folge war, daß man diese Ländereien vorwiegend als Viehweide nutzte.

Von der römischen Geldwirtschaft in ähnlicher Weise eine zusammenfassende Darstellung zu geben, verbietet teils der Mangel von Fachschriften aus dem römischen Altertum über dieselbe, teils ihre Natur selbst, die bei weitem mannigfaltiger und vielseitiger ist als die Bodennutzung. Was sich ermitteln läßt, gehört seinen Grundzügen nach vielleicht weniger noch als die Bodenwirtschaft den Römern eigentümlich an, sondern ist vielmehr Gemeingut der gesamten antiken Zivilisation, deren Großwirtschaft begreiflicherweise eben wie die heutige überall zusammenfiel. Im Geldwesen namentlich scheint das kaufmännische Schema zunächst von den Griechen festgestellt und von den Römern nur aufgenommen worden zu sein. Dennoch sind die Schärfe der Durchführung und die Weite des Maßstabes eben hier so eigentümlich römisch, daß der Geist der römischen Ökonomie und ihre Großartigkeit im Guten wie im Schlimmen vor allem in der Geldwirtschaft sich offenbart.

Der Ausgangspunkt der römischen Geldwirtschaft war natürlich das Leihgeschäft, und kein Zweig der kommerziellen Industrie ist von den Römern eifriger gepflegt worden als das Geschäft des gewerbmäßigen Geldverleihers *(fenerator)* und des

Geldhändlers oder des Bankiers *(argentarius)*. Das Kennzeichen einer entwickelten Geldwirtschaft, der Übergang der größeren Kasseführung von den einzelnen Kapitalisten auf den vermittelnden Bankier, der für seine Kunden Zahlung empfängt und leistet, Gelder belegt und aufnimmt und im In- und Ausland ihre Geldgeschäfte vermittelt, ist schon in der catonischen Zeit vollständig entwickelt. Aber die Bankiers machten nicht bloß die Kassierer der Reichen in Rom, sondern drangen schon überall in die kleinen Geschäfte ein und ließen immer häufiger in den Provinzen und Klientelstaaten sich nieder. Den Geldsuchenden vorzuschießen fing schon im ganzen Umfange des Reiches an sozusagen Monopol der Römer zu werden.

Eng damit verwandt war das unermeßliche Gebiet der Entreprise. Das System der mittelbaren Geschäftsführung durchdrang den ganzen römischen Verkehr. Der Staat ging voran, indem er all seine komplizierteren Hebungen, alle Lieferungen, Leistungen und Bauten gegen eine feste zu empfangende oder zu zahlende Summe an Kapitalisten oder Kapitalistengesellschaften abgab. Aber auch Private gaben durchgängig in Akkord, was irgend in Akkord sich geben ließ: die Bauten und die Einbringung der Ernte (2, 361) und sogar die Regulierung der Erbschafts- und der Konkursmasse, wobei der Unternehmer – gewöhnlich ein Bankier – die sämtlichen Aktiva erhielt und dagegen sich verpflichtete, die Passiva vollständig oder bis zu einem gewissen Prozentsatz zu berichtigen und nach Umständen noch daraufzuzahlen.

Welche hervorragende Rolle in der römischen Volkswirtschaft der überseeische Handel bereits früh gespielt hatte, ist seinerzeit gezeigt worden; von dem weiteren Aufschwung, den derselbe in dieser Periode nahm, zeugt die steigende Bedeutung der italischen Hafenzölle in der römischen Finanzwirtschaft (2, 322). Außer den keiner weiteren Auseinandersetzung bedürfenden Ursachen, durch die die Bedeutung des überseeischen Handels stieg, ward derselbe noch künstlich gesteigert durch die bevorrechtete Stellung, die die herrschende italische Nation in den Provinzen einnahm, und durch die wohl jetzt schon in vielen Klientelstaaten den Römern und Latinern vertragsmäßig zustehende Zollfreiheit.

Dagegen blieb die Industrie verhältnismäßig zurück. Die Gewerke waren freilich unentbehrlich, und es zeigen sich wohl auch Spuren, daß sie bis zu einem gewissen Grade in Rom sich konzentrierten, wie denn Cato dem kampanischen Landwirt anrät, seinen Bedarf an Sklavenkleidung und Schuhzeug, an Pflügen,

Fässern und Schlössern in Rom zu kaufen. Auch kann bei dem starken Verbrauch von Wollstoffen die Ausdehnung und Einträglichkeit der Tuchfabrikation nicht bezweifelt werden[12]. Doch zeigen sich keine Versuche, die gewerbsmäßige Industrie, wie sie in Ägypten und Syrien bestand, nach Italien zu verpflanzen oder auch nur sie im Auslande mit italischem Kapital zu betreiben. Zwar wurde auch in Italien Flachs gebaut und Purpur bereitet, aber wenigstens die letztere Industrie gehörte wesentlich dem griechischen Tarent an, und überall überwog hier wohl schon jetzt die Einfuhr von ägyptischem Linnen und milesischem oder tyrischem Purpur die einheimische Fabrikation.

Dagegen gehört gewissermaßen hierher die Pachtung oder der Kauf außeritalischer Ländereien durch römische Kapitalisten, um daselbst den Kornbau und die Viehzucht im großen zu betreiben. Die Anfänge dieser späterhin in so enormen Verhältnissen sich entwickelnden Spekulation fallen, namentlich auf Sizilien, wahrscheinlich schon in diese Zeit; zumal da die den Sikelioten auferlegten Verkehrsbeschränkungen (2, 69), wenn sie nicht dazu eingeführt waren, doch wenigstens dahin wirken mußten, den davon befreiten römischen Spekulanten eine Art von Monopol für den Grundbesitzerwerb in die Hände zu geben.

Der Geschäftsbetrieb in all diesen verschiedenen Zweigen erfolgte durchgängig durch Sklaven. Der Geldverleiher und der Bankier richteten, soweit ihr Geschäftskreis reichte, Nebenkontore und Zweigbanken unter Direktion ihrer Sklaven und Freigelassenen ein. Die Gesellschaft, die vom Staate Hafenzölle gepachtet hatte, stellte für das Hebegeschäft in jedem Bureau hauptsächlich ihre Sklaven und Freigelassenen an. Wer in Bauunternehmungen machte, kaufte sich Architektensklaven; wer sich damit abgab, die Schauspiele oder Fechterspiele für Rechnung der Beikommenden zu besorgen, erhandelte oder erzog sich eine spielkundige Sklaventruppe oder eine Bande zum Fechthandwerk abgerichteter Knechte. Der Kaufmann ließ sich seine Waren auf eigenen Schiffen unter der Führung von Sklaven oder Freigelassenen kommen und vertrieb sie wieder in derselben Weise im Groß- oder Kleinverkehr. Daß der Betrieb der Bergwerke und der Fabriken lediglich durch Sklaven erfolgte, braucht danach kaum gesagt zu werden. Die Lage dieser Sklaven war

---

[12] Die industrielle Bedeutung des römischen Tuchgewerks ergibt sich schon aus der merkwürdigen Rolle, die die Walker in der römischen Komödie spielen. Die Einträglichkeit der Walkergruben bezeugt Cato (bei Plut. Cato mai. 21).

freilich auch nicht beneidenswert und durchgängig ungünstiger als die der griechischen; dennoch befanden, wenn von den letzten Klassen abgesehen wird, die Industriesklaven sich im ganzen erträglicher als die Gutsknechte. Sie hatten häufiger Familie und faktisch selbständige Wirtschaft und die Möglichkeit, Freiheit und eigenes Vermögen zu erwerben, lag ihnen nicht fern. Daher waren diese Verhältnisse die rechte Pflanzschule der Emporkömmlinge aus dem Sklavenstand, welche durch Bediententugend und oft durch Bedientenlaster in die Reihen der römischen Bürger und nicht selten zu großem Wohlstand gelangten und sittlich, ökonomisch und politisch wenigstens ebensoviel wie die Sklaven selbst zum Ruin des römischen Gemeinwesens beigetragen haben.

Der römische Geschäftsverkehr dieser Epoche ist der gleichzeitigen politischen Machtentwicklung vollkommen ebenbürtig und in seiner Art nicht minder großartig. Wer ein anschauliches Bild von der Lebendigkeit des Verkehrs mit dem Ausland zu haben wünscht, braucht nur die Literatur, namentlich die Lustspiele dieser Zeit aufzuschlagen, in denen der phönikische Handelsmann phönikisch redend auf die Bühne gebracht wird und der Dialog von griechischen und halbgriechischen Worten und Phrasen wimmelt. Am bestimmtesten aber läßt sich die Ausdehnung und Intensität des römischen Geschäftsverkehrs in den Münz- und Geldverhältnissen verfolgen. Der römische Denar hielt völlig Schritt mit den römischen Legionen. Daß die sizilischen Münzstätten, zuletzt im Jahre 542 *(212)* die syrakusanische, infolge der römischen Eroberung geschlossen oder doch auf Kleinmünze beschränkt wurden und in Sizilien und Sardinien der Denar wenigstens neben dem älteren Silbercourant und wahrscheinlich sehr bald ausschließlich gesetzlichen Kurs erhielt, wurde schon gesagt (2, 70). Ebenso rasch, wo nicht noch rascher, drang die römische Silbermünze in Spanien ein, wo die großen Silbergruben bestanden und eine ältere Landesmünze so gut wie nicht vorhanden war; sehr früh haben die spanischen Städte sogar angefangen, auf römischen Fuß zu münzen (2, 202). Überhaupt bestand, da Karthago nur in beschränktem Umfang münzte (2, 25), außer der römischen keine einzige bedeutende Münzstätte im westlichen Mittelmeergebiet mit Ausnahme derjenigen von Massalia und etwa noch der Münzstätten der illyrischen Griechen in Apollonia und Dyrrhachion. Diese wurden demnach, als die Römer anfingen sich im Pogebiet festzusetzen, um 525 *(229)* dem römischen Fuß in der Art unterworfen, daß ihnen zwar die Silberprägung blieb, sie aber durchgängig, namentlich die Massalioten, veranlaßt wurden, ihre Drachme auf das Gewicht des römischen Dreivierteldenars zu regulieren, den denn auch die römische Regierung ihrerseits unter dem Namen der Victoriamünze *(victoriatus)* zunächst für Oberitalien zu prägen begann. Dieses neue von dem römischen abhängige System beherrschte nicht bloß das massaliotische, oberitalische und illyrische Gebiet, sondern es gingen auch diese Münzen in die nördlichen Barbarenlandschaften, namentlich die massaliotischen in die Alpengegenden das ganze Rhonegebiet hinauf und die illyrischen bis hinein in das heutige Siebenbürgen. Auf die östliche Hälfte des Mittelmeergebiets erstreckte in dieser Epoche wie die unmittelbare römische Herrschaft so auch die römische Münze sich noch nicht; dafür aber trat hier der rechte und naturgemäße Vermittler des internationalen und überseeischen Handels, das Gold, ein. Zwar die römische Regierung hielt in ihrer streng konservativen Art, abgesehen von einer vorübergehenden, durch die Finanzbedrängnis während des Hannibalischen Krieges veranlaßten Goldprägung (2, 170), unwandelbar daran fest, außer dem national-italischen Kupfer nichts als Silber zu schlagen; aber der Verkehr hatte bereits solche Verhältnisse angenommen, daß er auch ohne Münze mit dem Golde nach dem Gewicht auszukommen vermochte. Von dem Barbestande, der im Jahre 597 *(157)* in der römischen Staatskasse lag, war kaum ein Sechstel geprägtes oder ungeprägtes Silber, fünf Sechstel Gold in Barren[13], und ohne Zweifel fanden sich in allen Kassen der größeren römischen Kapitalisten die edlen Metalle wesentlich in dem gleichen Verhältnisse. Bereits damals also nahm das Gold im Großverkehr die erste Stelle ein und überwog, wie hieraus weiter geschlossen werden darf, im allgemeinen Verkehr derjenige mit dem Ausland und namentlich mit dem seit Philipp und Alexander dem Großen zum Goldcourant übergegangenen Osten.

Der Gesamtgewinn aus diesem ungeheuren Geschäftsverkehr der römischen Kapitalisten floß über kurz oder lang in Rom zusammen; denn soviel dieselben auch ins Ausland gingen, siedelten sie doch sich dort nicht leicht dauernd an, sondern kehrten früher oder später zurück nach Rom, indem sie ihr gewonnenes Vermögen entweder realisierten und in Italien anlegten oder auch mit den erworbenen Kapitalien und Verbindungen den

---

[13] Es lagen in der Kasse 17 410 römische Pfund Gold, 22 070 Pfund ungeprägten, 18 230 Pfund geprägten Silbers. Das Legalverhältnis des Goldes zum Silber war 1 Pfund Gold = 4000 Sesterzen oder 1:11,91.

Geschäftsbetrieb von Rom aus fortsetzten. Die Geldübermacht Roms gegen die übrige zivilisierte Welt war denn auch vollkommen ebenso entschieden wie seine politische und militärische. Rom stand in dieser Beziehung den übrigen Ländern ähnlich gegenüber wie heutzutage England dem Kontinent – wie denn ein Grieche von dem jüngeren Scipio Africanus sagt, daß er »für einen Römer« nicht reich gewesen sei. Was man in dem damaligen Rom unter Reichtum verstand, kann man ungefähr danach abnehmen, daß Lucius Paullus bei einem Vermögen von 100 000 Talern (60 Talente) nicht für einen reichen Senator galt, und daß eine Mitgift, wie jede der Töchter des älteren Scipio Africanus sie erhielt, von 90 000 Talern (50 Talente) als angemessene Aussteuer eines vornehmen Mädchens angesehen ward, während der reichste Grieche dieses Jahrhunderts nicht mehr als eine halbe Million Taler (300 Talente) im Vermögen hatte.

Es war denn auch kein Wunder, daß der kaufmännische Geist sich der Nation bemächtigte, oder vielmehr – denn er war nicht neu in Rom –, daß daselbst das Kapitalistentum jetzt alle übrigen Richtungen und Stellungen des Lebens durchdrang und verschlang und der Ackerbau wie das Staatsregiment anfingen, Kapitalistenentreprisen zu werden. Die Erhaltung und Mehrung des Vermögens war durchaus ein Teil der öffentlichen und der Privatmoral. »Einer Witwe Habe mag sich mindern«, schrieb Cato in dem für seinen Sohn aufgesetzten Lebenskatechismus, »der Mann muß sein Vermögen mehren, und derjenige ist ruhmwürdig und göttlichen Geistes voll, dessen Rechnungsbücher bei seinem Tode nachweisen, daß er mehr hinzuerworben als ererbt hat«. Wo darum Leistung und Gegenleistung sich gegenüberstehen, wird jedes auch ohne irgendwelche Förmlichkeit abgeschlossene Geschäft respektiert, und wenn nicht durch das Gesetz, doch durch kaufmännische Gewohnheit und Gerichtsgebrauch erforderlichenfalls dem verletzten Teil das Klagerecht zugestanden[14]; aber das formlose Schenkungsversprechen ist nichtig in der rechtlichen Theorie wie in der Praxis. In Rom, sagt Polybios, schenkt keiner keinem, wenn er nicht muß, und niemand zahlt einen Pfennig vor dem Verfalltag, auch unter nahen Angehörigen nicht. Sogar die Gesetzgebung ging ein auf diese kaufmännische Moral, die in allem Weggeben ohne Entgelt eine Verschleuderung findet; das Geben von Geschenken und Vermächtnissen, die Übernahme von Bürgschaften wurden in dieser

---

[14] Darauf beruht die Klagbarkeit des Kauf-, Miet-, Gesellschaftsvertrags und überhaupt die ganze Lehre von den nicht formalen klagbaren Verträgen.

Zeit durch Bürgerschaftsschluß beschränkt, die Erbschaften, wenn sie nicht an die nächsten Verwandten fielen, wenigstens besteuert. Im engsten Zusammenhang damit durchdrang die kaufmännische Pünktlichkeit, Ehrlichkeit und Respektabilität das ganze römische Leben. Buch über seine Ausgabe und Einnahme zu führen, ist jeder ordentliche Mann sittlich verpflichtet – wie es denn auch in jedem wohleingerichteten Hause ein besonderes Rechnungszimmer *(tablinum)* gab –, und jeder trägt Sorge, daß er nicht ohne letzten Willen aus der Welt scheide; es gehörte zu den drei Dingen, die Cato in seinem Leben bereut zu haben bekennt, daß ein Tag ohne Testament gewesen sei. Die gerichtliche Beweiskraft, ungefähr wie wir sie den kaufmännischen Büchern beizulegen pflegen, kam nach römischer Übung jenen Hausbüchern durchgängig zu. Das Wort des unbescholtenen Mannes galt nicht bloß gegen ihn, sondern auch zu seinen eigenen Gunsten: bei Differenzen unter rechtschaffenen Leuten war nichts gewöhnlicher als sie durch einen, von der einen Partei geforderten und von der anderen geleisteten Eid zu schlichten, womit sie sogar rechtlich als erledigt galten; und den Geschworenen schrieb eine traditionelle Regel vor, in Ermangelung von Beweisen zunächst für den unbescholtenen gegen den bescholtenen Mann und nur bei gleicher Reputierlichkeit beider Parteien für den Beklagten zu sprechen[15]. Die konventionelle Respektabilität tritt namentlich in der scharfen und immer schärferen Ausprägung des Satzes hervor, daß kein anständiger Mann sich für persönliche Dienstleistungen bezahlen lassen dürfe. Darum erhielten denn nicht bloß Beamte, Offiziere, Geschworene, Vormünder und überhaupt alle mit öffentlichen Verrichtungen beauftragten anständigen Männer keine andere Vergütung für ihre Dienstleistungen als höchstens den Ersatz ihrer Auslagen, sondern es wurden auch die Dienste, welche Bekannte *(amici)* sich untereinander leisten: Verbürgung, Vertretung im Prozeß, Aufbewahrung *(depositum)*, Gebrauchsüberlassung der nicht zum Vermieten bestimmten Gegenstände *(commodatum)*, überhaupt Geschäftsverwaltung und Besorgung *(procuratio)* nach demselben Grundsatz behandelt, so daß es unschicklich war, dafür eine

---

[15] Die Hauptstelle darüber ist das Fragment Catos bei Gell. 14, 2. Auch für den Literalkontrakt, das heißt die lediglich auf die Eintragung des Schuldpostens in das Rechnungsbuch des Gläubigers basierte Forderung, gibt diese rechtliche Berücksichtigung der persönlichen Glaubwürdigkeit der Partei, selbst wo es sich um ihr Zeugnis in eigener Sache handelt, den Schlüssel; und daher ist auch, als später diese kaufmännische Reputierlichkeit aus dem römischen Leben entwich, der Literalkontrakt nicht gerade abgeschafft worden, aber von selber verschwunden.

Vergütung zu empfangen, und eine Klage selbst auf die versprochene nicht gestattet ward. Wie vollständig der Mensch im Kaufmann aufging, zeigt wohl am schärfsten die Ersetzung des Duells, auch des politischen, in dem römischen Leben dieser Zeit durch die Geldwette und den Prozeß. Die gewöhnliche Form, um persönliche Ehrenfragen zu erledigen, war die, daß zwischen dem Beleidiger und dem Beleidigten um die Wahrheit oder Falschheit der beleidigenden Behauptung gewettet und im Wege der Einklagung der Wettsumme die Tatfrage in aller Form rechtens vor die Geschworenen gebracht ward; die Annahme einer solchen, von dem Beleidigten oder dem Beleidiger angebotenen Wette war, ganz wie heutzutage die der Ausforderung zum Zweikampf rechtlich freigestellt, aber ehrenhafterweise oft nicht zu vermeiden.

Eine der wichtigsten Folgen dieses mit einer dem Nichtgeschäftsmann schwer faßlichen Intensität auftretenden Kaufmannstums war die ungemeine Steigerung des Assoziationswesens. In Rom erhielt dasselbe noch besondere Nahrung durch das schon oft erwähnte System der Regierung, ihre Geschäfte durch Mittelsmänner beschaffen zu lassen; denn bei dem Umfang dieser Verrichtungen war es natürlich und wohl auch der größeren Sicherheit wegen oft vom Staate vorgeschrieben, daß nicht einzelne Kapitalisten, sondern Kapitalistengesellschaften diese Pachtungen und Lieferungen übernahmen. Nach dem Muster dieser Unternehmungen organisierte sich der gesamte Großverkehr. Es finden sogar sich Spuren, daß für das Assoziationswesen so charakteristische Zusammentreten der konkurrierenden Gesellschaften zur gemeinschaftlichen Aufstellung von Monopolpreisen auch bei den Römern vorgekommen ist[16]. Namentlich in den überseeischen und den sonst mit bedeutendem Risiko verbundenen Geschäften nahm das Assoziationswesen eine solche Ausdehnung an, daß es praktisch an die Stelle der dem Altertum

---

[16] In dem merkwürdigen Musterkontrakt Catos (agr. 144) für den wegen der Olivenlese abzuschließenden Akkord findet sich folgender Paragraph: »Es soll [bei der Lizitation von den Unternehmungslustigen] niemand zurücktreten, um zu bewirken, daß die Olivenlese und Presse teurer verdungen werde; außer wenn [der Mitbieter den andern Bieter] sofort als seinen Kompagnon namhaft macht. Wenn dagegen gefehlt zu sein scheint, so sollen auf Verlangen des Gutsherrn oder des von ihm bestellten Aufsehers alle Kompagnons [derjenigen Assoziation, mit welcher der Akkord abgeschlossen worden ist,] beschwören, [nicht zu jener Beseitigung der Konkurrenz mitgewirkt zu haben]. Wenn sie den Eid nicht schwören, wird der Akkordpreis nicht gezahlt.« Daß der Unternehmer eine Gesellschaft, nicht ein einzelner Kapitalist ist, wird stillschweigend vorausgesetzt.

unbekannten Assekuranzen trat. Nichts war gewöhnlicher als das sogenannte Seedarlehen, das heutige Großaventurgeschäft, wodurch Gefahr und Gewinn des überseeischen Handels sich auf die Eigentümer von Schiff und Ladung und die sämtlichen für diese Fahrt kreditierenden Kapitalisten verhältnismäßig verteilt. Es war aber überhaupt römische Wirtschaftsregel, sich lieber bei vielen Spekulationen mit kleinen Parten zu beteiligen, als selbständig zu spekulieren; Cato riet dem Kapitalisten, nicht ein einzelnes Schiff mit seinem Gelde auszurüsten, sondern mit neunundvierzig andern Kapitalisten zusammen fünfzig Schiffe auszusenden und an jedem zum fünfzigsten Teil sich zu interessieren. Die hierdurch herbeigeführte größere Verwicklung der Geschäftsführung übertrug der römische Kaufmann durch seine pünktliche Arbeitsamkeit und seine – vom reinen Kapitalistenstandpunkt aus freilich unserem Kontorwesen bei weitem vorzuziehende – Sklaven- und Freigelassenenwirtschaft. So griffen diese kaufmännischen Assoziationen mit hundertfachen Fäden in die Ökonomie eines jeden angesehenen Römers ein. Es gab nach Polybios' Zeugnis kaum einen vermögenden Mann in Rom, der nicht als offener oder stiller Gesellschafter bei den Staatspachtungen beteiligt gewesen wäre; und um soviel mehr wird ein jeder durchschnittlich einen ansehnlichen Teil seines Kapitals in den kaufmännischen Assoziationen überhaupt stecken gehabt haben.

Auf allem diesem aber beruht die Dauer der römischen Vermögen, die vielleicht noch merkwürdiger ist als deren Größe. Die früher (2, 318) hervorgehobene, in dieser Art vielleicht einzige Erscheinung, daß der Bestand der großen Geschlechter durch mehrere Jahrhunderte sich fast gleich bleibt, findet hier, in den einigermaßen engen, aber soliden Grundsätzen der kaufmännischen Vermögensverwaltung ihre Erklärung.

Bei der einseitigen Hervorhebung des Kapitals in der römischen Ökonomie konnten die von der reinen Kapitalistenwirtschaft unzertrennlichen Übelstände nicht ausbleiben. Die bürgerliche Gleichheit, welche bereits durch das Emporkommen des regierenden Herrenstandes eine tödliche Wunde empfangen hatte, erlitt einen gleich schweren Schlag durch die scharf und immer schärfer sich zeichnende soziale Abgrenzung der Reichen und der Armen. Für die Scheidung nach unten hin ist nichts folgenreicher geworden als der schon erwähnte, anscheinend gleichgültige, in der Tat einen Abgrund von Kapitalistenübermut und Kapitalistenfrevel in sich schließende Satz, daß es schimpflich sei, für die Arbeit Geld zu nehmen – es zog sich damit die Scheidewand nicht bloß zwischen dem gemeinen Tagelöhner und Handwerker und dem respektablen Guts- und Fabrikbesitzer, sondern ebenso auch zwischen dem Soldaten und Unteroffizier und dem Kriegstribun, zwischen dem Schreiber und Boten und dem Beamten. Nach oben hin zog eine ähnliche Schranke das von Gaius Flaminius veranlaßte Claudische Gesetz (kurz vor 536 *218*), welches Senatoren und Senatorensöhnen untersagte, Seeschiffe außer zum Transport des Ertrags ihrer Landgüter zu besitzen und wahrscheinlich auch sich bei den öffentlichen Lizitationen zu beteiligen, überhaupt ihnen alles das zu betreiben verbot, was die Römer unter »Spekulation« *(quaestus)* verstanden[17]. Zwar ward diese Bestimmung nicht von den Senatoren hervorgerufen, sondern war ein Werk der demokratischen Opposition, welche damit zunächst wohl nur den Übelstand beseitigen wollte, daß Regierungsmitglieder mit der Regierung selbst Geschäfte machten; es kann auch sein, daß die Kapitalisten hier schon, wie später so oft, mit der demokratischen Partei gemeinschaftliche Sache gemacht und die Gelegenheit wahrgenommen haben, durch den Ausschluß der Senatoren die Konkurrenz zu vermindern. Jener Zweck ward natürlich nur sehr unvollkommen erreicht, da das Assoziationswesen den Senatoren Wege genug eröffnete, im stillen weiter zu spekulieren; aber wohl hat dieser Volksschluß eine gesetzliche Grenze zwischen den nicht oder doch nicht offen spekulierenden und den spekulierenden Vornehmen gezogen und der zunächst politischen eine reine Finanzaristokratie an die Seite gestellt, den später so genannten Ritterstand, dessen Rivalitäten mit dem Herrenstand die Geschichte des folgenden Jahrhunderts erfüllen.

Eine weitere Folge der einseitigen Kapitalmacht war das unverhältnismäßige Hervortreten eben der sterilsten und für die Volkswirtschaft im ganzen und großen am wenigsten produktiven Verkehrszweige. Die Industrie, die in erster Stelle hätte erscheinen sollen, stand vielmehr an der letzten. Der Handel blühte; aber er war durchgängig passiv. Nicht einmal an der Nordgrenze scheint man imstande gewesen zu sein, für die Sklaven, welche aus den keltischen und wohl auch schon aus den

---

[17] Liv. 21, 63 (vgl. Cic. Verr. 5, 18, 45) spricht nur von der Verordnung über die Seeschiffe; aber daß auch die Staatsentreprisen *(redemptiones)* dem Senator gesetzlich untersagt waren, sagen Asconius (tog. cand. p. 94 Orelli) und Dio Cassius (55, 10, 5), und da nach Livius »jede Spekulation für den Senator unschicklich gefunden ward«, so hat das Claudische Gesetz wahrscheinlich weiter gereicht.

deutschen Ländern nach Ariminum und den anderen norditalischen Märkten strömten, mit Waren Deckung zu geben; wenigstens wurde schon 523 *(231)* die Ausfuhr des Silbergeldes in das Keltenland von der römischen Regierung untersagt. In dem Verkehr nun gar mit Griechenland, Syrien, Ägypten, Kyrene, Karthago mußte die Bilanz notwendig zum Nachteil Italiens sich stellen. Rom fing an, die Hauptstadt der Mittelmeerstaaten und Italien Roms Weichbild zu werden; mehr wollte man eben auch nicht sein und ließ den Passivhandel, wie jede Stadt, die nichts weiter als Hauptstadt ist, notwendig ihn führt, mit opulenter Gleichgültigkeit sich gefallen – besaß man doch Geld genug, um damit alles zu bezahlen, was man brauchte und nicht brauchte. Dagegen die unproduktivsten aller Geschäfte, der Geldhandel und das Hebungswesen, waren der rechte Sitz und die feste Burg der römischen Ökonomie. Was endlich in dieser noch an Elementen zur Emporbringung eines wohlhabenden Mittel- und auskömmlichen Kleinstandes enthalten war, verkümmerte unter dem unseligen Sklavenbetrieb oder steuerte im besten Fall zur Vermehrung des leidigen Freigelassenenstandes bei.

Aber vor allem zehrte die tiefe Unsittlichkeit, welche der reinen Kapitalwirtschaft inwohnt, an dem Marke der Gesellschaft und des Gemeinwesens und ersetzte die Menschen- und die Vaterlandsliebe durch den unbedingten Egoismus. Der bessere Teil der Nation empfand es sehr lebendig, welche Saat des Verderbens in jenem Spekulantentreiben lag; und vor allem richteten sich der instinktmäßige Haß des großen Haufens wie die Abneigung des wohlgesinnten Staatsmanns gegen das seit langem von den Gesetzen verfolgte und dem Buchstaben des Rechtes nach immer noch verpönte gewerbsmäßige Leihgeschäft. Es heißt in einem Lustspiel dieser Zeit:

> Wahrhaftig gleich eracht' ich ganz die Kuppler und euch Wucherer;
> Wenn jene feilstehn insgeheim, tut ihr's auf offnem Markte.
> Mit Kneipen die, mit Zinsen ihr, schindet die Leut' ihr beide.
> Gesetze gnug hat euretthalb die Bürgerschaft erlassen;
> Ihr bracht' sie, wie man sie erließ; ein Schlupf ist stets gefunden.
> Wie heißes Wasser, das verkühlt, so achtet das Gesetz ihr.

Energischer noch als der Lustspieldichter sprach der Führer der Reformpartei Cato sich aus. »Es hat manches für sich«, heißt es in der Vorrede seiner Anweisung zum Ackerbau, »Geld auf Zinsen zu leihen; aber es ist nicht ehrenhaft. Unsere Vorfahren haben also geordnet und in dem Gesetze geschrieben, daß der Dieb zwiefachen, der Zinsnehmer vierfachen Ersatz zu leisten schuldig sei; woraus man abnehmen kann, ein wieviel schlechterer Bürger als der Dieb der Zinsnehmer von ihnen erachtet ward«. Der Unterschied, meint er anderswo, zwischen einem Geldverleiher und einem Mörder sei nicht groß; und man muß es ihm lassen, daß er in seinen Handlungen nicht hinter seinen Reden zurückblieb – als Statthalter in Sardinien hat er durch seine strenge Rechtspflege die römischen Bankiers geradezu zum Lande hinausgetrieben. Der regierende Herrenstand betrachtete überhaupt seiner überwiegenden Majorität nach die Wirtschaft der Spekulanten mit Widerwillen und führte sich nicht bloß durchschnittlich rechtschaffener und ehrbarer in den Provinzen als diese Geldleute, sondern tat auch öfter ihnen Einhalt; nur brachen der häufige Wechsel der römischen Oberbeamten und die unvermeidliche Ungleichheit ihrer Gesetzhandhabung dem Bemühen, jenem Treiben zu steuern, notwendig die Spitze ab. Man begriff es auch wohl, was zu begreifen nicht schwer war, daß es weit weniger darauf ankam, die Spekulation polizeilich zu überwachen, als der ganzen Volkswirtschaft eine veränderte Richtung zu geben; hauptsächlich in diesem Sinne wurde von Männern, wie Cato war, durch Lehre und Beispiel der Ackerbau gepredigt. »Wenn unsere Vorfahren«, fährt Cato in der eben angeführten Vorrede fort, »einem tüchtigen Mann die Lobrede hielten, so lobten sie ihn als einen tüchtigen Bauern und einen tüchtigen Landwirt; wer also gelobt ward, schien das höchste Lob erhalten zu haben. Den Kaufmann halte ich für wacker und erwerbsfleißig; aber sein Geschäft ist Gefahren und Unglücksfällen allzusehr ausgesetzt. Dagegen die Bauern geben die tapfersten Leute und die tüchtigsten Soldaten; kein Erwerb ist wie dieser ehrbar, sicher und niemandem gehässig, und die damit sich abgeben, kommen am wenigsten auf böse Gedanken«. Von sich selber pflegte er zu sagen, daß sein Vermögen lediglich aus zwei Erwerbsquellen herstamme: aus dem Ackerbau und aus der Sparsamkeit; und wenn das auch weder sehr logisch gedacht noch genau der Wahrheit gemäß war[18], so hat er doch nicht mit

---

[18] Einen Teil seines Vermögens steckte Cato wie jeder andere Römer in Viehzucht und Handels- und andere Unternehmungen. Aber es war nicht seine Art, geradezu die Gesetze zu verletzen; er hat weder in Staatspachtungen spekuliert, was er als Senator nicht durfte, noch Zinsgeschäfte betrieben. Man tut ihm Unrecht, wenn man ihm in letzter Beziehung eine von seiner Theorie abweichende

Unrecht seinen Zeitgenossen wie der Nachwelt als das Muster eines römischen Gutsbesitzers gegolten. Leider ist es eine ebenso merkwürdige wie schmerzliche Wahrheit, daß dieses soviel und sicher im besten Glauben gepriesene Heilmittel der Landwirtschaft selber durchdrungen war von dem Gifte der Kapitalistenwirtschaft. Bei der Weidewirtschaft liegt dies auf der Hand; sie war darum auch bei dem Publikum am meisten beliebt und bei der Partei der sittlichen Reform am wenigsten gut angeschrieben. Aber wie war es denn mit dem Ackerbau selbst? Der Krieg, den vom dritten bis zum fünften Jahrhundert der Stadt das Kapital gegen die Arbeit in der Art geführt hatte, daß es mittels des Schuldzinses die Bodenrente den arbeitenden Bauern entzog und den müßig zehrenden Rentiers in die Hände führte, war ausgeglichen worden hauptsächlich durch die Erweiterung der römischen Ökonomie und das Hinüberwerfen des in Latium vorhandenen Kapitals auf die in dem ganzen Mittelmeergebiet tätige Spekulation. Jetzt vermochte auch das ausgedehnte Geschäftsgebiet die gesteigerte Kapitalmasse nicht mehr zu fassen; und eine wahnwitzige Gesetzgebung arbeitete zugleich daran, teils die senatorischen Kapitalien auf künstlichem Wege zur Anlage in italischem Grundbesitz zu drängen, teils durch die Einwirkung auf die Kornpreise das italische Ackerland systematisch zu entwerten. So begann denn der zweite Feldzug des Kapitals gegen die freie Arbeit oder, was im Alterum wesentlich dasselbe ist, gegen die Bauernwirtschaft; und war der erste arg gewesen, so schien er mit dem zweiten verglichen milde und menschlich. Die Kapitalisten liehen nicht mehr an den Bauern auf Zinsen aus, was an sich schon nicht anging, da der Kleinbesitzer keinen Überschuß von Belang mehr erzielte, und auch nicht einfach und nicht radikal genug war, sondern sie kauften die Bauernstellen auf und verwandelten sie im besten Fall in Meierhöfe mit Sklavenwirtschaft. Man nannte das ebenfalls Ackerbau; in der Tat war es wesentlich die Anwendung der Kapitalwirtschaft auf die Erzeugung der Bodenfrüchte. Die Schilderung der Ackerbauer, die Cato gibt, ist vortrefflich und vollkommen richtig; aber wie paßt sie auf die Wirtschaft selbst, die er schildert und anrät? Wenn ein römischer Senator, wie das nicht selten gewesen sein kann, solcher Landgüter wie das von Cato beschriebene vier besaß, so lebten auf dem gleichen Raum, der zur Zeit der alten Kleinherr-

---

Praxis vorwirft: das Seedarlehen, mit dem er allerdings sich abgab, ist vor dem Gesetz kein verbotener Zinsbetrieb und gehört auch der Sache nach wesentlich zu den Reederei- und Befrachtungsgeschäften.

schaft hundert bis hundertundfünfzig Bauernfamilien ernährt hatte, jetzt eine Familie freier Leute und etwa fünfzig größtenteils unverheiratete Sklaven. Wenn dies das Heilmittel war, um die sinkende Volkswirtschaft zu bessern, so sah es leider der Krankheit selber bis zum Verwechseln ähnlich.

Das Gesamtergebnis dieser Wirtschaft liegt in den veränderten Bevölkerungsverhältnissen nur zu deutlich vor Augen. Freilich war der Zustand der italischen Landschaften sehr ungleich und zum Teil sogar gut. Die bei der Kolonisation des Gebietes zwischen den Apenninen und dem Po in großer Anzahl daselbst gegründeten Bauernstellen verschwanden nicht so schnell. Polybios, der nicht lange nach dem Ende dieser Periode die Gegend bereiste, rühmt ihre zahlreiche, schöne und kräftige Bevölkerung; bei einer richtigen Korngesetzgebung wäre es wohl möglich gewesen, nicht Sizilien, sondern die Polandschaft zur Kornkammer der Hauptstadt zu machen. Ähnlich hatte Picenum und der sogenannte »gallische Acker« durch die Aufteilungen des Domaniallandes in Gemäßheit des Flaminischen Gesetzes 522 *(232)* eine zahlreiche Bauernschaft erhalten, welche freilich im Hannibalischen Krieg arg mitgenommen ward. In Etrurien und wohl auch in Umbrien waren die inneren Verhältnisse der untertänigen Gemeinden dem Gedeihen eines freien Bauernstandes ungünstig. Besser stand es in Latium, dem die Vorteile des hauptstädtischen Marktes doch nicht ganz entzogen werden konnten und das der Hannibalische Krieg im ganzen verschont hatte, sowie in den abgeschlossenen Bergtälern der Marser und Sabeller. Süditalien dagegen hatte der Hannibalische Krieg furchtbar heimgesucht und außer einer Menge kleinerer Ortschaften die beiden größten Städte, Capua und Tarent, beide einst imstande, Heere von 30000 Mann ins Feld zu stellen, zugrunde gerichtet. Samnium hatte von den schweren Kriegen des fünften Jahrhunderts sich wieder erholt; nach der Zählung von 529 *(225)* war es imstande, halb soviel Waffenfähige zu stellen als die sämtlichen latinischen Städte und wahrscheinlich damals nach dem römischen Bürgerdistrikt die blühendste Landschaft der Halbinsel. Allein der Hannibalische Krieg hatte das Land aufs neue verödet und die Ackeranweisungen daselbst an die Soldaten des Scipionischen Heeres, obwohl bedeutend, deckten doch wahrscheinlich nicht den Verlust. Noch übler waren in demselben Kriege Kampanien und Apulien, beides bis dahin wohlbevölkerte Landschaften, von Freund und Feind zugerichtet worden. In Apulien fanden später zwar Ackeranweisungen statt, allein die hier angelegten Kolonien wollten nicht gedeihen. Bevölkerter blieb die schöne kampanische Ebene; doch ward die Mark von Capua und der anderen, im Hannibalischen Kriege aufgelösten Gemeinden Staatsbesitz und waren die Inhaber derselben durchgängig nicht Eigentümer, sondern kleine Zeitpächter. Endlich in dem weiten lucanischen und brettischen Gebiet ward die schon vor dem Hannibalischen Krieg sehr dünne Bevölkerung von der ganzen Schwere des Krieges selbst und der daran sich reihenden Strafexekutionen getroffen; und auch von Rom aus geschah nicht viel, um hier den Ackerbau wieder in die Höhe zu bringen – mit Ausnahme etwa von Valentia (Vibo, jetzt Monteleone) kam keine der dort angelegten Kolonien recht in Aufnahme. Bei aller Ungleichheit der politischen und ökonomischen Verhältnisse der verschiedenen Landschaften und dem verhältnismäßig blühenden Zustand einzelner derselben ist im ganzen doch der Rückgang unverkennbar, und er wird durch die unverwerflichsten Zeugnisse über den allgemeinen Zustand Italiens bestätigt. Cato und Polybios stimmen darin überein, daß Italien am Ende des sechsten Jahrhunderts weit schwächer als am Ende des fünften bevölkert und keineswegs mehr imstande war, Heermassen aufzubringen wie im Ersten Punischen Kriege. Die steigende Schwierigkeit der Aushebung, die Notwendigkeit, die Qualifikation zum Dienst in den Legionen herabzusetzen, die Klagen der Bundesgenossen über die Höhe der von ihnen zu stellenden Kontingente bestätigen diese Angaben; und was die römische Bürgerschaft anlangt, so reden die Zahlen. Sie zählte im Jahre 502 *(252)*, kurz nach Regulus' Zug nach Afrika, 298 000 waffenfähige Männer; dreißig Jahre später, kurz vor dem Anfang des Hannibalischen Krieges (534 *220*), war sie auf 270 000 Köpfe, also um ein Zehntel, wieder zwanzig Jahre weiter, kurz vor dem Ende desselben Krieges (550 *204*) auf 214 000 Köpfe, also um ein Viertel gesunken; und ein Menschenalter nachher, während dessen keine außerordentlichen Verluste eingetreten waren, wohl aber die Anlage besonders der großen Bürgerkolonien in der norditalischen Ebene einen fühlbaren außerordentlichen Zuwachs gebracht hatte, war dennoch kaum die Ziffer wieder erreicht, auf der die Bürgerschaft zu Anfang dieser Periode gestanden hatte. Hätten wir ähnliche Ziffern für die italische Bevölkerung überhaupt, so würden sie ohne allen Zweifel ein verhältnismäßig noch ansehnlicheres Defizit aufweisen. Das Sinken der Volkskraft läßt sich weniger belegen, doch ist es von landwirtschaftlichen Schriftstellern bezeugt, daß Fleisch und Milch aus der Nahrung des gemeinen Mannes mehr und mehr verschwanden. Daneben wuchs die Sklavenbevölkerung, wie die freie sank. In Apulien, Lucanien und dem Brettierland muß schon zu Catos Zeit die Viehwirtschaft den Ackerbau überwogen haben; die halbwilden Hirtensklaven waren hier recht eigentlich die Herren im Hause. Apulien ward durch sie so unsicher gemacht, daß starke Besatzung dorthin gelegt werden mußte; im Jahre 569 *(185)* wurde daselbst eine im größten Maßstab angelegte, auch mit dem Bacchanalienwesen sich verzweigende Sklavenverschwörung entdeckt und gegen 7000 Menschen kriminell verurteilt. Aber auch in Etrurien mußten römische Truppen gegen eine Sklavenbande marschieren (558 *196*), und sogar in Latium kam es vor, daß Städte wie Setia und Praeneste Gefahr liefen, von einer Bande entlaufener Knechte überrumpelt zu werden (556 *198*). Zusehends schwand die Nation zusammen und löste die Gemeinschaft der freien Bürger sich auf in eine Herren- und Sklavenschaft; und obwohl es zunächst die beiden langjährigen Kriege mit Karthago waren, welche die Bürger- wie die Bundesgenossenschaft dezimierten und ruinierten, so haben zu dem Sinken der italischen Volkskraft und Volkszahl die römischen Kapitalisten ohne Zweifel ebensoviel beigetragen wie Hamilkar und Hannibal. Es kann niemand sagen, ob die Regierung hätte helfen können; aber erschreckend und beschämend ist es, daß in den doch großenteils wohlmeinenden und tatkräftigen Kreisen der römischen Aristokratie nicht einmal die Einsicht in den ganzen Ernst der Situation und die Ahnung von der ganzen Höhe der Gefahr sich offenbart. Als eine römische Dame vom hohen Adel, die Schwester eines der zahlreichen Bürgeradmirale, die im Ersten Punischen Krieg die Flotten der Gemeinde zugrunde gerichtet hatten, eines Tages auf dem römischen Markt ins Gedränge geriet, sprach sie es laut vor den Umstehenden aus, daß es hohe Zeit sei, ihren Bruder wieder an die Spitze einer Flotte zu stellen und durch einen neuen Aderlaß der Bürgerschaft auf dem Markte Luft zu machen (508 *246*). So dachten und sprachen freilich die wenigsten; aber es war diese frevelhafte Rede doch nichts als der schneidende Ausdruck der sträflichen Gleichgültigkeit, womit die gesamte hohe und reiche Welt auf die gemeine Bürger- und Bauernschaft herabsah. Man wollte nicht gerade ihr Verderben, aber man ließ es geschehen; und so kam denn über das eben noch in mäßiger und verdienter Wohlfahrt unzähliger freier und fröhlicher Menschen blühende italische Land mit Riesenschnelle die Verödung.

13. Kapitel
Glaube und Sitte

In strenger Bedingtheit verfloß dem Römer das Leben und je vornehmer er war, desto weniger war er ein freier Mann. Die allmächtige Sitte bannte ihn in einen engen Kreis des Denkens und Handelns und streng und ernst oder, um die bezeichnenden lateinischen Ausdrücke zu brauchen, traurig und schwer gelebt zu haben, war sein Ruhm. Keiner hatte mehr und keiner weniger zu tun, als sein Haus in guter Zucht zu halten und in Gemeideangelegenheiten mit Tat und Rat seinen Mann zu stehen. Indem aber der einzelne nichts sein wollte noch sein konnte als ein Glied der Gemeinde, ward der Ruhm und die Macht der Gemeinde auch von jedem einzelnen Bürger als persönlicher Besitz empfunden und ging zugleich mit dem Namen und dem Hof auf die Nachfahren über; und wie also ein Geschlecht nach dem anderen in die Gruft gelegt ward und jedes folgende zu dem alten Ehrenbestande neuen Erwerb häufte, schwoll das Gesamtgefühl der edlen römischen Familien zu jenem gewaltigen Bürgerstolz an, dessengleichen die Erde wohl nicht wieder gesehen hat und dessen so fremd- wie großartige Spuren, wo wir ihnen begegnen, uns gleichsam einer anderen Welt anzugehören scheinen. Zwar gehörte zu dem eigentümlichen Gepräge dieses mächtigen Bürgersinnes auch dies, daß er durch die starre bürgerliche Einfachheit und Gleichheit während des Lebens nicht unterdrückt, aber gezwungen ward, sich in die schweigende Brust zu verschließen und daß er erst nach dem Tode sich äußern durfte; dann aber trat er auch in dem Leichenbegängnis des angesehenen Mannes mit einer sinnlichen Gewaltigkeit hervor, die mehr als jede andere Erscheinung im römischen Leben geeignet ist, uns Späteren von diesem wunderbaren Römergeist eine Ahnung zu geben. Es war ein seltsamer Zug, dem beizuwohnen die Bürgerschaft geladen ward durch den Ruf des Weibels der Gemeinde: »Jener Wehrmann ist Todes verblichen; wer da kann, der komme, dem Lucius Aemilius das Geleite zu geben; er wird weggetragen aus seinem Hause«. Es eröffneten ihn die Scharen der Klageweiber, der Musikanten und der Tänzer, von welchen letzteren einer in Kleidung und Maske als des Verstorbenen Konterfei erschien, auch wohl gestikulierend und agierend den wohlbekannten Mann noch einmal der Menge vergegenwärtigte. Sodann folgte der großartigste und eigentümlichste Teil dieser Feierlichkeit, die

Ahnenprozession, gegen die alles übrige Gepränge so verschwand, daß wahrhaft vornehme römische Männer wohl ihren Erben vorschrieben, die Leichenfeier lediglich darauf zu beschränken. Es ist schon früher gesagt worden, daß von denjenigen Ahnen, die die kurulische Ädilität oder ein höheres ordentliches Amt bekleidet hatten, die in Wachs getriebenen und bemalten Gesichtsmasken, soweit möglich nach dem Leben gefertigt, aber auch für die frühere Zeit bis in und über die der Könige hinauf nicht mangelnd, an den Wänden des Familiensaales in hölzernen Schreinen aufgestellt zu werden pflegten und als der höchste Schmuck des Hauses galten. Wenn ein Todesfall in der Familie eintrat, so wurden mit diesen Gesichtsmasken und der entsprechenden Amtstracht geeignete Leute, namentlich Schauspieler, für das Leichenbegängnis staffiert, so daß die Vorfahren, jeder in dem bei Lebzeiten von ihm geführten vornehmsten Schmuck, der Triumphator im goldgestickten, der Zensor im purpurnen, der Konsul im purpurgesäumten Mantel, mit ihren Liktoren und den sonstigen Abzeichen ihres Amtes, alle zu Wagen dem Toten das letzte Geleite gaben. Auf der mit schweren purpurnen und goldgestickten Decken und feinen Leintüchern überspreiteten Bahre lag dieser selbst, gleichfalls in dem vollen Schmuck des höchsten von ihm bekleideten Amtes und umgeben von den Rüstungen der von ihm erlegten Feinde und den in Scherz und Ernst ihm gewonnenen Kränzen. Hinter der Bahre kamen die Leidtragenden, alle in schwarzem Gewande und ohne Schmuck, die Söhne des Verstorbenen mit verhülltem Haupt, die Töchter ohne Schleier, die Verwandten und Geschlechtsgenossen, die Freunde, Klienten und Freigelassenen. So ging der Zug auf den Markt. Hier wurde die Leiche in die Höhe gerichtet; die Ahnen stiegen von den Wagen herab und ließen auf den kurulischen Stühlen sich nieder, und des verstorbenen Sohn oder der nächste Geschlechtsgenosse betrat die Rednerbühne, um in schlichter Aufzählung die Namen und Taten eines jeden der im Kreise herumsitzenden Männer und zuletzt die des jüngst Verstorbenen der versammelten Menge zu verlautbaren.

Man mag das Barbarensitte nennen, und eine künstlerisch empfindende Nation hätte freilich diese wunderliche Auferstehung der Toten sicherlich nicht bis in die Epoche der voll entwickelten Zivilisation hinein ertragen; aber selbst sehr kühle und sehr wenig ehrfürchtig geartete Griechen, wie zum Beispiel Polybios, ließen doch durch die grandiose Naivität dieser Totenfeier sich imponieren. Zu der ernsten Feierlichkeit, zu dem gleichförmigen Zuge, zu der stolzen Würdigkeit des römischen Lebens gehörte es notwendig mit, daß die abgeschiedenen Geschlechter fortfuhren, gleichsam körperlich unter dem gegenwärtigen zu wandeln und daß, wenn ein Bürger, der Mühsal und der Ehren satt, zu seinen Vätern versammelt ward, diese Väter selbst auf dem Markte erschienen, um ihn in ihrer Mitte zu empfangen.

Aber man war jetzt an einem Wendepunkt angelangt. Soweit Roms Macht sich nicht mehr auf Italien beschränkte, sondern weithin nach Osten und Westen übergriff, war es auch mit der alten italischen Eigenartigkeit vorbei und trat an deren Stelle die hellenisierende Zivilisation. Zwar unter griechischem Einfluß hatte Italien gestanden, seit es überhaupt eine Geschichte hatte. Es ist früher dargestellt worden, wie das jugendliche Griechenland und das jugendliche Italien, beide mit einer gewissen Naivität und Originalität, geistige Anregungen gaben und empfingen; wie in späterer Zeit in mehr äußerlicher Weise Rom sich die Sprache und die Erfindungen der Griechen zum praktischen Gebrauche anzueignen bemüht war. Aber der Hellenismus der Römer dieser Zeit war dennoch in seinen Ursachen wie in seinen Folgen etwas wesentlich Neues. Man fing an, das Bedürfnis nach einem reicheren Geistesleben zu empfinden und vor der eigenen geistigen Nichtigkeit gleichsam zu erschrecken; und wenn selbst künstlerisch begabte Nationen, wie die englische und die deutsche, in den Pausen ihrer Produktivität es nicht verschmäht haben, sich der armseligen französischen Kultur als Lückenbüßer zu bedienen, so kann es nicht befremden, daß die italische jetzt sich mit brennendem Eifer auf die herrlichen Schätze wie auf den wüsten Unflat der geistigen Entwicklung von Hellas warf. Aber es war doch noch etwas Tieferes und Innerlicheres, was die Römer unwiderstehlich in den hellenischen Strudel hineinriß. Die hellenische Zivilisation nannte wohl noch sich hellenisch, aber sie war es nicht mehr, sondern vielmehr humanistisch und kosmopolitisch. Sie hatte auf dem geistigen Gebiete vollständig und bis zu einem gewissen Grade auch politisch das Problem gelöst, aus einer Masse verschiedener Nationen ein Ganzes zu gestalten; und indem dieselbe Aufgabe in weiteren Grenzen jetzt auf Rom überging, übernahm es mit der anderen Erbschaft Alexanders des Großen auch den Hellenismus. Darum ist derselbe jetzt weder bloß Anregung mehr noch Nebensache, sondern durchdringt das innerste Mark der italischen Nation. Natürlich sträubte die lebenskräftige italische Eigenartigkeit sich gegen das fremde Element. Erst nach dem heftigsten Kampfe räumte der italische Bauer dem weltbürgerlichen Großstädter das Feld; und wie bei uns der französische Frack den germanischen Deutschrock ins Leben gerufen hat, so hat auch der Rückschlag des Hellenismus in Rom eine Richtung erweckt, die sich in einer den früheren Jahrhunderten durchaus fremden Weise dem griechischen Einfluß pinzipiell opponierte und dabei ziemlich häufig in derbe Albernheiten und Lächerlichkeiten verfiel.

Es gab kein Gebiet des menschlichen Tuns und Sinnens, auf dem dieser Kampf der alten und der neuen Weise nicht geführt worden wäre. Selbst die politischen Verhältnisse wurden davon beherrscht. Das wunderliche Projekt, die Hellenen zu emanzipieren, dessen wohlverdienter Schiffbruch früher dargestellt ward; der verwandte gleichfalls hellenische Gedanke der Solidarität der Republiken den Königen gegenüber und die Propaganda hellenischer Politie gegen orientalische Despotie, welche beide zum Beispiel für die Behandlung Makedoniens mit maßgebend gewesen sind, sind die fixen Ideen der neuen Schule, eben wie die Karthagerfurcht die fixe Idee der alten war; und wenn Cato die letztere bis zur Lächerlichkeit gepredigt hat, so ward auch mit dem Philhellenentum hier und da wenigstens ebenso albern kokettiert – so zum Beispiel ließ der Besieger des Königs Antiochos nicht bloß sich in griechischer Tracht seine Bildsäule auf dem Kapitol errichten, sondern legte auch, statt auf gut lateinisch sich *Asiaticus* zu nennen, den freilich sinn- und sprachwidrigen, aber doch prächtigen und beinahe griechischen Beinamen *Asiagenus* sich zu[1]. Eine wichtigere Konsequenz dieser Stellung der herrschenden Nation zu dem Hellenentum war es, daß die Latinisierung in Italien überall, nur nicht den Hellenen gegenüber Boden gewann. Die Griechenstädte in Italien, soweit der Krieg sie nicht zernichtete, blieben griechisch. In Apulien, um das die Römer sich freilich wenig bekümmerten, scheint eben in dieser Epoche der Hellenismus vollständig durchgedrungen zu sein und die dortige lokale Zivilisation mit der verblühenden hellenischen sich ins Niveau gesetzt zu haben. Die Überlieferung schweigt zwar davon; aber die zahlreichen, durchgängig mit griechischer

---

[1] Daß *Asiagenus* die ursprüngliche Titulatur des Helden von Magnesia und seiner Deszendenten war, ist durch Münzen und Inschriften festgestellt; wenn die kapitolinischen Fasten ihn *Asiaticus* nennen, so stellt sich dies zu den mehrfach vorkommenden Spuren nicht gleichzeitiger Redaktion. Es kann jener Beiname nichts sein als eine Korruption von Ἀσιαγένης. wie auch spätere Schriftsteller wohl dafür schreiben, was aber nicht den Sieger von Asia bezeichnet, sondern den geborenen Asiaten.

Aufschrift versehenen Stadtmünzen und die hier allein in Italien mehr schwunghaft und prächtig als geschmackvoll betriebene Fabrikation bemalter Tongefäße nach griechischer Art zeigen uns Apulien vollständig eingegangen in griechische Art und griechische Kunst.

Aber der eigentliche Kampfplatz des Hellenismus und seiner nationalen Antagonisten war in der gegenwärtigen Periode das Gebiet des Glaubens und der Sitte und der Kunst und Literatur; und es darf nicht unterlassen werden, von dieser freilich in tausenderlei Richtungen zugleich sich bewegenden und schwer zu einer Anschauung zusammenzufassenden großen Prinzipienfehde eine Darstellung zu versuchen.

Wie der alte einfache Glaube noch jetzt in den Italikern lebendig war, zeigt am deutlichsten die Bewunderung oder Verwunderung, welche dies Problem der italischen Frömmigkeit bei den hellenischen Zeitgenossen erregte. Bei dem Zwiste mit den Ätolern bekam es der römische Oberfeldherr zu hören, daß er während der Schlacht nichts getan habe als wie ein Pfaffe beten und opfern; wogegen Polybios mit seiner etwas platten Gescheitheit seine Landsleute auf die politische Nützlichkeit dieser Gottesfurcht aufmerksam macht und sie belehrt, daß der Staat nun einmal nicht aus lauter klugen Leuten bestehen könne und dergleichen Zeremonien um der Menge willen sehr zweckmäßig seien.

Aber wenn man in Italien noch besaß, was in Hellas längst eine Antiquität war, eine nationale Religion, so fing sie doch schon sichtlich an, sich zur Theologie zu verknöchern. In nichts vielleicht tritt die beginnende Erstarrung des Glaubens so bestimmt hervor wie in den veränderten ökonomischen Verhältnissen des Gottesdienstes und der Priesterschaft. Der öffentliche Gottesdienst wurde nicht bloß immer weitschichtiger, sondern vor allem auch immer kostspieliger. Lediglich zu dem wichtigen Zweck, die Ausrichtung der Götterschmäuse zu beaufsichtigen, wurde im Jahre 558 *(196)* zu den drei alten Kollegien der Augurn, Pontifices und Orakelbewahrer ein viertes der drei Schmausherren *(tres viri epulones)* hinzugefügt. Billig schmausen nicht bloß die Götter, sondern auch ihre Priester; neuer Stiftungen indes bedurfte es hierfür nicht, da ein jedes Kollegium sich seiner Schmausangelegenheiten mit Eifer und Andacht befliß. Neben den klerikalen Gelagen fehlt auch die klerikale Immunität nicht. Die Priester nahmen selbst in Zeiten schwerer Bedrängnis es als ihr Recht in Anspruch, zu den öffentlichen Abgaben nicht beizutragen und ließen erst nach sehr ärgerlichen Kontroversen sich zur Nachzahlung der rückständigen Steuern zwingen (558 *196*). Wie für die Gemeinde wurde auch für den einzelnen Mann die Frömmigkeit mehr und mehr ein kostspieliger Artikel. Die Sitte der Stiftungen und überhaupt der Übernahme dauernder pekuniärer Verpflichtungen zu religiösen Zwecken war bei den Römern in ähnlicher Weise wie heutzutage in den katholischen Ländern verbreitet; diese Stiftungen, namentlich seit sie von der höchsten geistlichen und zugleich höchsten Rechtsautorität der Gemeinde, den Pontifices, als eine auf jeden Erben und sonstigen Erwerber des Gutes von Rechts wegen übergehende Reallast betrachtet wurden, fingen an, eine höchst drückende Vermögenslast zu werden – »Erbschaft ohne Opferschuld« ward bei den Römern sprichwörtlich gesagt, etwa wie bei uns »Rose ohne Dornen«. Das Gelübde des Zehnten der Habe wurde so gemein, daß jeden Monat ein paar Male infolgedessen auf dem Rindermarkt in Rom öffentliches Gastgebot abgehalten ward. Mit dem orientalischen Kult der Göttermutter gelangten unter anderem gottseligen Unfug auch die jährlich an festen Tagen wiederkehrenden, von Haus zu Haus geheischten Pfennigkollekten *(stipem cogere)* nach Rom. Endlich die untergeordnete Priester- und Prophetenschaft gab wie billig nichts für nichts; und es ist ohne Zweifel aus dem Leben gegriffen, wenn auf der römischen Bühne in der ehelichen Gardinenkonversation neben der Küchen-, Hebammen- und Präsentenrechnung auch das fromme Konto mit erscheint:

> Gleichfalls, Mann, muß ich was haben auf den nächsten Feiertag
> Für die Küsterin, für die Wahrsagerin, für die Traum- und die kluge Frau;
> Sähst du nur, wie die mich anguckt! Eine Schand' ist's, schick' ich nichts.
> Auch der Opferfrau durchaus mal geben muß ich ordentlich.

Man schuf zwar in dieser Zeit in Rom nicht wie früher einen Silber- (1, 451) so jetzt einen Goldgott; aber in der Tat regierte er dennoch in den höchsten wie in den niedrigsten Kreisen des religiösen Lebens. Der alte Stolz der latinischen Landesreligion, die Billigkeit ihrer ökonomischen Anforderungen, war unwiederbringlich dahin. Aber gleichzeitig war es auch mit der alten Einfachheit aus. Das Bastardkind von Vernunft und Glauben, die Theologie, war bereits geschäftig, die ihr eigene beschwerliche Weitläufigkeit und feierliche Gedankenlosigkeit in den alten Landesglauben hinein und dessen Geist damit auszutreiben. Der Katalog der Verpflichtungen und Vorrechte des Jupiterpriesters zum Beispiel könnte füglich im Talmud stehen. Mit der natürlichen Regel, daß nur die fehlerlos verrichtete religiöse Pflicht den Göttern genehm sei, trieb man es praktisch so weit, daß ein einzelnes Opfer wegen wieder und wieder begangener Versehen bis dreißigmal hintereinander wiederholt wird, daß die Spiele, die ja auch Gottesdienst waren, wenn der leitende Beamte sich versprochen oder vergriffen oder die Musik einmal eine unrichtige Pause gemacht hatte, als nicht geschehen galten und von vorne, oft mehrere, ja bis zu sieben Malen hintereinander wieder begonnen werden mußten. In dieser Übertreibung der Gewissenhaftigkeit liegt an sich schon ihre Erstarrung; und die Reaktion dagegen, die Gleichgültigkeit und der Unglaube ließen auch nicht auf sich warten. Schon im Ersten Punischen Kriege (505 *249*) kam es vor, daß mit den vor der Schlacht zu befragenden Auspizien der Konsul selber offenkundigen Spott trieb – freilich ein Konsul aus dem absonderlichen und im Guten und Bösen der Zeit voraneilenden Geschlecht der Claudier. Gegen das Ende dieser Epoche werden schon Klagen laut, daß die Augurallehre vernachlässigt werde und daß, mit Cato zu reden, eine Menge alter Vogelkunden und Vogelschauungen durch die Trägheit des Kollegiums in Vergessenheit geraten sei. Ein Augur wie Lucius Paullus, der in dem Priestertum eine Wissenschaft und nicht einen Titel sah, war bereits eine seltene Ausnahme und mußte es auch wohl sein, wenn die Regierung immer offener und ungescheuter die Auspizien zur Durchsetzung ihrer politischen Absichten benutzte, das heißt die Landesreligion nach Polybios' Auffassung als einen zur Prellung des großen Publikums brauchbaren Aberglauben behandelte. Wo also vorgearbeitet war, fand die hellenistische Irreligiosität offene Bahn. Mit der beginnenden Kunstliebhaberei fingen schon zu Catos Zeit die heiligen Bildnisse der Götter an, die Zimmer der Reichen gleich anderem Hausgerät zu schmücken. Gefährlichere Wunden schlug der Religion die beginnende Literatur. Zwar offene Angriffe durfte sie nicht wagen, und was geradezu durch sie zu den religiösen Vorstellungen hinzukam, wie zum Beispiel durch Ennius, der in Nachbildung des griechischen Uranos dem römischen Saturnus geschöpfte Vater Caelus, war wohl auch hellenistisch, aber nicht von großer Bedeutung. Folgenreich dagegen war die Verbreitung der Epicharmischen und Euhemeristischen Lehren in Rom. Die poetische Philosophie, welche die späteren Pythagoreer aus den Schriften des alten sizilischen Lustspieldichters Epicharmos von Megara (um 280 *470*) ausgezogen oder vielmehr, wenigstens größtenteils, ihm untergeschoben hatten, sah in den griechischen Göttern Natursubstanzen, in Zeus die Luft, in der Seele ein Sonnenstäubchen und so weiter; insofern diese Naturphilosophie, ähnlich wie in späterer Zeit die stoische Lehre, in ihren allgemeinsten Grundzügen der römischen Religion wahlverwandt war, war sie geeignet, die allegorisierende Auflösung der Landesreligion einzuleiten. Eine historisierende Zersetzung der Religion lieferten die »heiligen Memoiren« des Euhemeros von Messene (um 450 *300*), die in Form von Berichten über die von dem Verfasser in das wunderbare Ausland getanen Reisen die von den sogenannten Göttern umlaufenden Nachrichten gründlich und urkundlich sichteten und im Resultat darauf hinausliefen, daß es Götter weder gegeben habe noch gebe. Zur Charakteristik des Buches mag das eine genügen, daß die Geschichte von Kronos' Kinderverschlingung erklärt wird aus der in ältester Zeit bestehenden und durch König Zeus abgeschafften Menschenfresserei. Trotz oder auch durch seine Plattheit und Tendenzmacherei machte das Produkt in Griechenland ein unverdientes Glück und half in Gemeinschaft mit den gangbaren Philosophien dort die tote Religion begraben. Es ist ein merkwürdiges Zeichen des ausgesprochenen und wohlbewußten Antagonismus zwischen der Religion und der neuen Literatur, daß bereits Ennius diese notorisch destruktiven Epicharmischen und Euhemeristischen Schriften ins Lateinische übertrug. Die Übersetzer mögen vor der römischen Polizei sich damit gerechtfertigt haben, daß die Angriffe sich nur gegen die griechischen und nicht gegen die latinischen Götter wandten; aber die Ausrede war ziemlich durchsichtig. In seinem Sinne hatte Cato ganz recht, diese Tendenzen, wo immer sie ihm vorkamen, ohne Unterschied mit der ihm eigenen Bitterkeit zu verfolgen und auch den Sokrates einen Sittenverderber und Religionsfrevler zu heißen.

So ging es mit der alten Landesreligion zusehends auf die Neige; und wie man die mächtigen Stämme des Urwaldes rodete, bedeckte sich der Boden mit wucherndem Dorngestrüpp und bis dahin nicht gesehenem Unkraut. Inländischer Aberglaube und ausländische Afterweisheit gingen buntscheckig durch-, neben- und gegeneinander. Kein italischer Stamm blieb frei von der Umwandlung alten Glaubens in neuen Aberglauben. Wie bei den

Etruskern die Gedärme- und Blitzweisheit, so stand bei den Sabellern, besonders den Marsern, die freie Kunst des Vogelguckens und Schlangenbeschwörens in üppigem Flor. Sogar bei der latinischen Nation, ja in Rom selbst begegnen, obwohl hier verhältnismäßig am wenigsten, doch auch ähnliche Erscheinungen – so die praenestinischen Spruchlose und in Rom im Jahre 573 *(181)* die merkwürdige Entdeckung des Grabes und der hinterlassenen Schriften des Königs Numa, welche ganz unerhörten und seltsamen Gottesdienst vorgeschrieben haben sollen. Mehr als dies und daß die Bücher sehr neu ausgesehen hätten, erfuhren die Glaubensdurstigen zu ihrem Leidwesen nicht; denn der Senat legte die Hand auf den Schatz und ließ die Rollen kurzweg ins Feuer werfen. Die inländische Fabrikation reichte also vollkommen aus, um jeden billigerweise zu verlangenden Bedarf von Unsinn zu decken; allein man war weit entfernt, sich daran genügen zu lassen. Der damalige, bereits denationalisierte und von orientalischer Mystik durchdrungene Hellenismus brachte wie den Unglauben so auch den Aberglauben in seinen ärgerlichsten und gefährlichsten Gestaltungen nach Italien, und eben als ausländischer hatte dieser Schwindel noch einen ganz besonderen Reiz. Die chaldäischen Astrologen und Nativitätensteller waren schon im sechsten Jahrhundert durch ganz Italien verbreitet; noch weit bedeutender aber, ja weltgeschichtlich epochemachend war die Aufnahme der phrygischen Göttermutter unter die öffentlich anerkannten Götter der römischen Gemeinde, zu der die Regierung während der letzten bangen Jahre des Hannibalischen Krieges (550 *204*) sich hatte verstehen müssen. Es ging deswegen eine eigene Gesandtschaft nach Pessinus, einer Stadt des kleinasiatischen Keltenlandes, und der rauhe Feldstein, den die dortige Priesterschaft als die richtige Mutter Kybele den Fremden freigebig verehrte, ward mit unerhörtem Gepränge von der Gemeinde eingeholt, ja es wurden zur ewigen Erinnerung an das fröhliche Ereignis unter den höheren Ständen Klubgesellschaften mit umgehender Bewirtung der Mitglieder untereinander gestiftet, welche das beginnende Cliquentreiben wesentlich gefördert zu haben scheinen. Mit der Konzessionierung dieses Kybelekultes faßte die Gottesverehrung der Orientalen offiziell Fuß in Rom, und wenn auch die Regierung noch streng darauf hielt, daß die Kastratenpriester der neuen Götter Kelten *(Galli)*, wie sie hießen, auch blieben und noch kein römischer Bürger zu diesem frommen Eunuchentum sich hergab, so mußte dennoch der wüste Apparat der »Großen Mutter«, diese, mit dem Obereunuchen an der Spitze unter fremdländischer Musik von Pfeifen und Pauken in orientalischer Kleiderpracht durch die Gassen aufziehende und von Haus zu Haus bettelnde Priesterschaft und das ganze sinnlich-mönchische Treiben vom wesentlichsten Einfluß auf die Stimmung und Anschauung des Volkes sein. Wohin das führte, zeigte sich nur zu rasch und nur zu schrecklich. Wenige Jahre später (568 *186*) kam eine Muckerwirtschaft der scheußlichsten Art bei den römischen Behörden zur Anzeige, eine geheime nächtliche Feier zu Ehren des Gottes Bakchos, die durch einen griechischen Pfaffen zuerst nach Etrurien gekommen war und, wie ein Krebsschaden um sich fressend, sich rasch nach Rom und über ganz Italien verbreitet, überall die Familien zerrüttet und die ärgsten Verbrechen, unerhörte Unzucht, Testamentsfälschungen, Giftmorde hervorgerufen hatte. Über 7000 Menschen wurden deswegen kriminell, großenteils mit dem Tode bestraft und strenge Vorschriften für die Zukunft erlassen; dennoch gelang es nicht, der Wirtschaft Herr zu werden, und sechs Jahre später (574 *180*) klagte der betreffende Beamte, daß wieder 3000 Menschen verurteilt seien und noch kein Ende sich absehen lasse.

Natürlich waren in der Verdammung dieser ebenso unsinnigen wie gemeinschädlichen Afterfrömmigkeit alle vernünftigen Leute sich einig; die altgläubigen Frommen wie die Angehörigen der hellenischen Aufklärung trafen hier im Spott wie im Ärger zusammen. Cato setzte seinem Wirtschafter in die Instruktion, »daß er ohne Vorwissen und Auftrag des Herrn kein Opfer darbringen noch für sich darbringen lassen solle außer an dem Hausherd und am Flurfest auf dem Fluraltar, und daß er nicht sich Rats erholen dürfe weder bei einem Eingeweidebeschauer noch bei einem klugen Mann noch bei einem Chaldäer«. Auch die bekannte Frage, wie nur der Priester es anfange, das Lachen zu verbeißen, wenn er seinem Kollegen begegne, ist ein Catonisches Wort und ursprünglich auf den etruskischen Gedärmebetrachter angewandt worden. Ziemlich in demselben Sinn schilt Ennius in echt euripideischem Stil auf die Bettelpropheten und ihren Anhang:

> Diese abergläubischen Pfaffen, dieses freche Prophetenpack,
> Die verrückt und die aus Faulheit, die gedrängt von Hungerpein,
> Wollen andern Wege weisen, die sie sich nicht finden aus,
> Schenken Schätze dem, bei dem sie selbst den Pfennig betteln gehn.

Aber in solchen Zeiten hat die Vernunft von vornherein gegen die Unvernunft verlorenes Spiel. Die Regierung schritt freilich ein; die frommen Preller wurden polizeilich gestraft und ausgewiesen, jede ausländische nicht besonders konzessionierte Gottesverehrung untersagt, selbst die Befragung des verhältnismäßig unschuldigen Spruchorakels in Praeneste noch 512 *(242)* von Amts wegen verhindert und, wie schon gesagt ward, das Mukkerwesen streng verfolgt. Aber wenn die Köpfe einmal gründlich verrückt sind, so setzt auch der höhere Befehl sie nicht wieder in die Richte. Wieviel die Regierung dennoch nachgeben mußte oder wenigstens nachgab, geht gleichfalls aus dem Gesagten hervor. Die römische Sitte, die etruskischen Weisen in vorkommenden Fällen von Staats wegen zu befragen und deshalb auch auf die Fortpflanzung der etruskischen Wissenschaft in den vornehmen etruskischen Familien von Regierungs wegen hinzuwirken, sowie die Gestattung des nicht unsittlichen und auf die Frauen beschränkten Geheimdienstes der Demeter mögen wohl noch der älteren, unschuldigen und verhältnismäßig gleichgültigen Übernahme ausländischer Satzungen beizuzählen sein. Aber die Zulassung des Göttermutterdienstes ist ein arges Zeichen davon, wie schwach dem neuen Aberglauben gegenüber sich die Regierung fühlte, vielleicht auch davon, wie tief er in sie selber eingedrungen war; und ebenso ist es entweder eine unverzeihliche Nachlässigkeit oder etwas noch Schlimmeres, daß gegen eine Wirtschaft, wie die Bacchanalien waren, erst so spät und auch da noch auf eine zufällige Anzeige hin von den Behörden eingeschritten ward.

Wie nach der Vorstellung der achtbaren Bürgerschaft dieser Zeit das römische Privatleben beschaffen sein sollte, läßt sich im wesentlichen abnehmen aus dem Bilde, das uns von dem des älteren Cato überliefert worden ist. Wie tätig Cato als Staatsmann, Sachwalter, Schriftsteller und Spekulant auch war, so war und blieb das Familienleben der Mittelpunkt seiner Existenz – besser ein guter Ehemann sein, meinte er, als ein großer Senator. Die häusliche Zucht war streng. Die Dienerschaft durfte nicht ohne Befehl das Haus verlassen noch über die häuslichen Vorgänge mit Fremden schwatzen. Schwerere Strafen wurden nicht mutwillig auferlegt, sondern nach einer gleichsam gerichtlichen Verhandlung zuerkannt und vollzogen; wie scharf es dabei herging, kann man daraus abnehmen, daß einer seiner Sklaven wegen eines ohne Auftrag von ihm abgeschlossenen und dem Herrn zu Ohren gekommenen Kaufhandels sich erhing. Wegen leichter

Vergehen, zum Beispiel bei Beschickung der Tafel vorgekommener Versehen, pflegte der Konsular dem Fehlbaren die verwirkten Hiebe nach Tische eigenhändig mit dem Riemen aufzuzählen. Nicht minder streng hielt er Frau und Kinder in Zucht, aber in anderer Art; denn an die erwachsenen Kinder und an die Frau Hand anzulegen wie an die Sklaven, erklärte er für sündhaft. Bei der Wahl der Frau mißbilligte er die Geldheiraten und empfahl, auf gute Herkunft zu sehen, heiratete übrigens selbst im Alter die Tochter eines seiner armen Klienten. Übrigens nahm er es mit der Enthaltsamkeit auf seiten des Mannes so, wie man es damit überall in Sklavenländern nimmt; auch galt ihm die Ehefrau durchaus nur als ein notwendiges Übel. Seine Schriften fließen über von Scheltreden gegen das schwatzhafte, putzsüchtige, unregierliche schöne Geschlecht; »überlästig und hoffärtig sind die Frauen alle« – meinte der alte Herr – und »wären die Menschen der Weiber los, so möchte unser Leben wohl minder gottlos sein«. Dagegen war die Erziehung der ehelichen Kinder ihm Herzens- und Ehrensache und die Frau in seinen Augen eigentlich nur der Kinder wegen da. Sie nährte in der Regel selbst, und wenn sie ihre Kinder an der Brust von Sklavinnen saugen ließ, so legte sie dafür auch wohl selbst deren Kinder an die eigene Brust – einer der wenigen Züge, worin das Bestreben hervortritt, durch menschliche Beziehungen, Muttergemeinschaft und Milchbrüderschaft die Institution der Sklaverei zu mildern. Bei dem Waschen und Wickeln der Kinder war der alte Feldherr, wenn irgend möglich, selber zugegen. Mit Ehrfurcht wachte er über die kindliche Unschuld; wie in Gegenwart der vestalischen Jungfrauen, versichert er, habe er in Gegenwart seiner Kinder sich gehütet, ein schändliches Wort in den Mund zu nehmen und nie vor den Augen seiner Tochter die Mutter umfaßt, außer wenn diese bei einem Gewitter in Angst geraten sei. Die Erziehung seines Sohnes ist wohl der schönste Teil seiner mannigfaltigen und vielfach ehrenwerten Tätigkeit. Seinem Grundsatz getreu, daß der rotbackige Bube besser tauge als der blasse, leitete der alte Soldat seinen Knaben selbst zu allen Leibesübungen an und lehrte ihn ringen, reiten, schwimmen und fechten und Hitze und Frost ertragen. Aber er empfand auch sehr richtig, daß die Zeit vorbei war, wo der Römer damit auskam, ein tüchtiger Bauer und Soldat zu sein, und ebenso den nachteiligen Einfluß, den es auf das Gemüt des Knaben haben mußte, wenn er in dem Lehrer, der ihn gescholten und gestraft und ihm Ehrerbietung abgewonnen hatte, späterhin einen Sklaven erkannte. Darum lehrte er selbst den Knaben, was der Römer zu lernen pflegte, lesen und schreiben und das Landrecht kennen; ja er arbeitete noch in späten Jahren sich in die allgemeine Bildung der Hellenen soweit hinein, daß er imstande war, das, was er daraus dem Römer brauchbar erachtete, seinem Sohn in der Muttersprache zu überliefern. Auch seine ganze Schriftstellerei war zunächst auf den Sohn berechnet, und sein Geschichtswerk schrieb er für diesen mit großen deutlichen Buchstaben eigenhändig ab. Er lebte schlicht und sparsam. Seine strenge Wirtschaftlichkeit litt keine Luxusausgaben. Kein Sklave durfte ihn mehr kosten als 1500 (460 Taler), kein Kleid mehr als 100 Denare (30 Taler); in seinem Haus sah man keinen Teppich und lange Zeit an den Zimmerwänden keine Tünche. Für gewöhnlich aß und trank er dieselbe Kost mit seinem Gesinde und litt nicht, daß die Mahlzeit über 30 Asse (21 Groschen) an baren Auslagen zu stehen kam; im Kriege war sogar der Wein durchgängig von seinem Tisch verbannt und trank er Wasser oder nach Umständen Wasser mit Essig gemischt. Dagegen war er kein Feind von Gastereien; sowohl mit seiner Klubgesellschaft in der Stadt als auch auf dem Lande mit seinen Gutsnachbarn saß er gern und lange bei Tafel, und wie seine mannigfaltige Erfahrung und sein schlagfertiger Witz ihn zu einem beliebten Gesellschafter machten, so verschmähte er auch weder die Würfel noch die Flasche, teilte sogar in seinem Wirtschaftsbuch unter anderen Rezepten ein erprobtes Hausmittel mit für den Fall, daß man eine ungewöhnlich starke Mahlzeit und einen allzutiefen Trunk getan. Sein ganzes Sein bis ins höchste Alter hinauf war Tätigkeit. Jeder Augenblick war eingeteilt und ausgefüllt, und jeden Abend pflegte er bei sich zu rekapitulieren, was er den Tag über gehört, gesagt und getan hatte. So blieb denn Zeit für die eigenen Geschäfte wie für die der Bekannten und der Gemeinde und nicht minder für Gespräch und Vergnügen; alles ward rasch und ohne viel Reden abgetan, und in echtem Tätigkeitsinn war ihm nichts so verhaßt als die Vielgeschäftigkeit und die Wichtigtuerei mit Kleinigkeiten.

So lebte der Mann, der den Zeitgenossen und den Nachkommen als der rechte römische Musterbürger galt und in dem, gegenüber dem griechischen Müßiggang und der griechischen Sittenlosigkeit, die römische, allerdings etwas grobdrähtige Tätigkeit und Bravheit gleichsam verkörpert erschienen – wie denn ein später römischer Dichter sagt:

Nichts ist an der fremden Sitt' als tausendfache Schwindelei;
Besser als der römische Bürger führt sich keiner auf der Welt;
Mehr als hundert Sokratesse gilt der eine Cato mir.

Solche Urteile wird die Geschichte nicht unbedingt sich aneignen; aber wer die Revolution ins Auge faßt, welche der entartete Hellenismus dieser Zeit in dem Leben und Denken der Römer vollzog, wird geneigt sein, die Verurteilung der fremden Sitte eher zu schärfen als zu mildern.

Die Bande der Familie lockerten sich mit grauenvoller Geschwindigkeit. Pestartig griff die Grisetten- und Buhlknabenwirtschaft um sich, und wie die Verhältnisse lagen, war es nicht einmal möglich, gesetzlich dagegen etwas Wesentliches zu tun – die hohe Steuer, welche Cato als Zensor (570 *184*) auf diese abscheulichste Gattung der Luxussklaven legte, wollte nicht viel bedeuten und ging überdies ein paar Jahre darauf mit der Vermögenssteuer überhaupt tatsächlich ein. Die Ehelosigkeit, über die schon zum Beispiel im Jahre 520 *(234)* schwere Klage geführt ward, und die Ehescheidungen nahmen natürlich im Verhältnis zu. Im Schoße der vornehmsten Familien kamen grauenvolle Verbrechen vor, wie zum Beispiel der Konsul Gaius Calpurnius Piso von seiner Gemahlin und seinem Stiefsohn vergiftet ward, um eine Nachwahl zum Konsulat herbeizuführen und dadurch dem letzeren das höchste Amt zu verschaffen, was auch gelang (574 *180*). Es beginnt ferner die Emanzipation der Frauen. Nach alter Sitte stand die verheiratete Frau von Rechts wegen unter der eheherrlichen, mit der väterlichen gleichstehenden Gewalt, die unverheiratete unter der Vormundschaft ihrer nächsten männlichen Agnaten, die der väterlichen Gewalt wenig nachgab; eigenes Vermögen hatte die Ehefrau nicht, die vaterlose Jungfrau und die Witwe wenigstens nicht dessen Verwaltung. Aber jetzt fingen die Frauen an, nach vermögensrechtlicher Selbständigkeit zu streben und teils auf Advokatenschleichwegen, namentlich durch Scheinehen, sich der agnatischen Vormundschaft entledigend die Verwaltung ihres Vermögens selbst in die Hand zu nehmen, teils bei der Verheiratung sich auf nicht viel bessere Weise der nach der Strenge des Rechts notwendigen eheherrlichen Gewalt zu entziehen. Die Masse von Kapital, die in den Händen der Frauen sich zusammenfand, schien den Staatsmännern der Zeit so bedenklich, daß man zu dem exorbitanten Mittel griff, die testamentarische Erbeseinsetzung der Frauen gesetzlich zu untersagen (585 *169*), ja sogar durch eine höchst willkürliche Praxis auch die ohne Testament auf Frauen fallenden Kollateralerbschaften denselben größtenteils zu entziehen. Ebenso wurden die Familiengerichte über die Frau, die an jene eheherrliche und vormundschaftliche Gewalt anknüpften, praktisch mehr und mehr zur Antiquität. Aber auch in öffentlichen Dingen fingen die Frauen schon an, einen Willen zu haben und gelegentlich, wie Cato meinte, »die Herrscher der Welt zu beherrschen«; in der Bürgerschaftsversammlung war ihr Einfluß zu spüren, ja es erhoben sich bereits in den Provinzen Statuen römischer Damen.

Die Üppigkeit stieg in Tracht, Schmuck und Gerät, in den Bauten und in der Tafel; namentlich seit der Expedition nach Kleinasien im Jahre 564 *(190)* trug der asiatisch-hellenische Luxus, wie er in Ephesos und Alexandreia herrschte, sein leeres Raffinement und seine geld-, tag- und freudenverderbende Kleinkrämerei über nach Rom. Auch hier waren die Frauen voran; sie setzten es trotz Catos eifrigem Schelten durch, daß der bald nach der Schlacht von Cannae (539 *215*) gefaßte Bürgerschaftsbeschluß, welcher ihnen den Goldschmuck, die bunten Gewänder und die Wagen untersagte, nach dem Frieden mit Karthago (559 *195*) wieder aufgehoben ward; ihrem eifrigen Gegner blieb nichts übrig, als auf diese Artikel eine hohe Steuer zu legen (570 *184*). Eine Masse neuer und größtenteils frivoler Gegenstände, zierlich figuriertes Silbergeschirr, Tafelsofas mit Bronzebeschlag, die sogenannten attalischen Gewänder und Teppiche von schwerem Goldbrokat fanden jetzt ihren Weg nach Rom. Vor allem war es die Tafel, um die dieser neue Luxus sich drehte. Bisher hatte man ohne Ausnahme nur einmal am Tage warm gegessen; jetzt wurden auch bei dem zweiten Frühstück *(prandium)* nicht selten warme Speisen aufgetragen, und für die Hauptmahlzeit reichten die bisherigen zwei Gänge nicht mehr aus. Bisher hatten die Frauen im Hause das Brotbacken und die Küche selber beschafft und nur bei Gastereien hatte man einen Koch von Profession besonders gedungen, der dann Speisen wie Gebäck gleichmäßig besorgte. Jetzt dagegen begann die wissenschaftliche Kochkunst. In den guten Häusern ward ein eigener Koch gehalten. Die Arbeitsteilung ward notwendig, und aus dem Küchenhandwerk zweigte das des Brot- und Kuchenbackens sich ab – um 583 *(171)* entstanden die ersten Bäckerläden in Rom. Gedichte über die Kunst, gut zu essen, mit langen Verzeichnissen der essenswertesten Seefische und Meerfrüchte fanden ihr Publikum; und es blieb nicht bei der Theorie. Ausländische Delikatessen, pontische Sardellen, griechischer Wein fingen an, in Rom geschätzt zu werden, und Catos Rezept, dem gewöhnlichen Landwein mittels Salzlake den Geschmack des koischen zu geben, wird den römischen Weinhändlern schwerlich erheblichen Abbruch getan haben. Das alte ehrbare Singen und Sagen der Gäste und ihrer Knaben wurde verdrängt durch die asiatischen Harfenistinnen. Bis dahin hatte man in Rom wohl bei der Mahlzeit tapfer getrunken, aber eigentliche Trinkgelage nicht gekannt; jetzt kam das förmliche Kneipen in Schwung, wobei der Wein wenig oder gar nicht gemischt und aus großen Bechern getrunken ward und das Vortrinken mit obligater Nachfolge regierte, das »griechisch Trinken« *(Graeco more bibere)* oder »griechen« *(pergraecari, congraecare),* wie die Römer es nennen. Im Gefolge dieser Zechwirtschaft nahm das Würfelspiel, das freilich bei den Römern längst üblich war, solche Verhältnisse an, daß die Gesetzgebung es nötig fand, dagegen einzuschreiten. Die Arbeitsscheu und das Herumlungern griffen zusehends um sich[2]. Cato schlug vor, den Markt mit spitzen Steinen pfla-

[2] Eine Art Parabase in dem Plautinischen ›Curculio‹ schildert das derzeitige Treiben auf dem hauptstädtischen Markte, zwar mit wenig Witz, aber mit großer Anschaulichkeit:

Laßt euch weisen, welchen Orts ihr welche Menschen finden mögt,
Daß nicht seine Zeit verliere, wer von euch zu sprechen wünscht
Einen rechten oder schlechten, guten oder schlimmen Mann.
Suchst Du einen Eidesfälscher? auf die Dingstatt schick' ich Dich.
Einen Lügensack und Prahlhans? geh zur Cluacina hin.
[Reiche wüste Ehemänner sind zu haben im Bazar;
Auch der Lustknab' ist zu Haus dort und wer auf Geschäftchen paßt.]
Doch am Fischmarkt sind, die gehen kneipen aus gemeinem Topf.
Brave Männer, gute Zahler wandeln auf dem untern Markt,
In der Mitt' am Graben aber die, die nichts als Schwindler sind.
Dreiste Schwätzer, böse Buben stehn zusammen am Bassin;
Mit der frechen Zunge schimpfen sie um nichts die Leute aus
Und doch liefern wahrlich selber gnug, das man rügen mag.
Unter den alten Buden sitzen, welche Geld auf Zinsen leihn;
Unterm Kastortempel, denen rasch zu borgen schlecht bekommt;
Auf der Tuskergasse sind die Leute, die sich bieten feil;
Im Velabrum hat es Bäcker, Fleischer, Opferpfaffen auch,
Schuldner den Termin verlängernd, Wucherer verhelfend zum Ganttermin:
Reiche wüste Ehemänner bei Leucadia Oppia.

Die eingeklammerten Verse sind ein späterer, erst nach Erbauung des ersten römischen Basars (570 *184*) eingelegter Zusatz.

Mit dem Geschäft des Bäckers (*pistor,* wörtlich Müller) war in dieser Zeit Delikatessenverkauf und Kneipgelegenheit verbunden (Fest. v. *alicariae* p. 7 Müller; Plaut. Capt. 160; Poen. 1, 2, 54; Trin. 407). Dasselbe gilt von den Fleischern. Leucadia Oppia mag ein schlechtes Haus gehalten haben.

stern zu lassen, um den Tagedieben das Handwerk zu legen; man lachte über den Spaß und kam der Lust zu lottern und zu gaffen von allen Seiten her entgegen. Der erschreckenden Ausdehnung der Volkslustbarkeiten während dieser Epoche wurde bereits gedacht. Zu Anfang derselben ward, abgesehen von einigen unbedeutenden, mehr den religiösen Zeremonien beizuzählenden Wettrennen und Wettfahrten, nur im Monat September ein einziges allgemeines Volksfest von viertägiger Dauer und mit einem fest bestimmten Kostenmaximum (1, 473) abgehalten; am Schlusse derselben hatte dieses Volksfest wenigstens schon sechstägige Dauer und wurden überdies daneben zu Anfang April das Fest der Göttermutter oder die sogenannten megalensischen, gegen Ende April das Ceres-und das Flora-, im Juni das Apollo-, im November das Plebejerfest und wahrscheinlich alle diese bereits mehrtägig gefeiert. Dazu kamen die zahlreichen Instaurationen, bei denen die fromme Skrupulosität vermutlich oft bloß als Vorwand diente, und die unaufhörlichen außerordentlichen Volksfeste, unter denen die schon erwähnten Schmäuse von den Gelöbniszehnten (2, 391), die Götterschmäuse, die Triumphal- und die Leichenfeste und vor allem die Festlichkeiten hervortreten, welche nach dem Abschluß eines der längeren, durch die etruskisch-römische Religion abgegrenzten Zeiträume, der sogenannten Saecula, zuerst im Jahre 505 *(249)*, gefeiert wurden. Gleichzeitig mehrten sich die Hausfeste. Während des Zweiten Punischen Krieges kamen unter den Vornehmen die schon erwähnten Schmausereien an dem Einzugstag der Göttermutter auf (seit 550 *204*), unter den geringeren Leuten die ähnlichen Saturnalien (seit 537 *217*); beide unter dem Einfluß der fortan festverbündeten Gewalten des fremden Pfaffen und des fremden Kochs. Man war ganz nahe an dem idealen Zustand, daß jeder Tagedieb wußte, wo er jeden Tag verderben konnte; und das in einer Gemeinde, wo sonst für jeden einzelnen wie für alle zusammen die Tätigkeit Lebenszweck und das müßige Genießen von der Sitte wie vom Gesetz geächtet gewesen war! Dabei machten innerhalb dieser Festlichkeiten die schlechten und demoralisierenden Elemente mehr und mehr sich geltend. Den Glanz- und Schlußpunkt der Volksfeste bildeten freilich nach wie vor noch die Wettfahrten; und ein Dichter dieser Zeit schildert sehr anschaulich die Spannung, womit die Augen der Menge an dem Konsul hingen, wenn er den Wagen das Zeichen zum Abfahren zu geben im Begriff war. Aber die bisherigen Lustbarkeiten genügten doch schon nicht mehr; man verlangte nach neuen und mannigfaltigeren. Neben den einheimischen Ringern und Kämpfern treten jetzt (zuerst 568 *186*) auch griechische Athleten auf. Von den dramatischen Aufführungen wird später die Rede sein; es war wohl auch ein Gewinn von zweifelhaftem Wert, aber doch auf jeden Fall der beste bei dieser Gelegenheit gemachte Erwerb, daß die griechische Komödie und Tragödie nach Rom verpflanzt ward. Den Spaß, Hasen und Füchse vor dem Publikum laufen und hetzen zu lassen, mochte man schon lange sich gemacht haben; jetzt wurden aus diesen unschuldigen Jagden förmliche Tierhetzen, und die wilden Bestien Afrikas, Löwen und Panther, wurden (zuerst nachweislich 568 *186*) mit großen Kosten nach Rom transportiert, um tötend oder sterbend den hauptstädtischen Gaffern zur Augenweide zu dienen. Die noch abscheulicheren Fechterspiele, wie sie in Etrurien und Kampanien gangbar waren, fanden jetzt auch in Rom Eingang; zuerst im Jahre 490 *(264)* wurde auf dem römischen Markt Menschenblut zum Spaße vergossen. Natürlich trafen diese entsittlichenden Belustigungen auch auf strengen Tadel; der Konsul des Jahres 476 *(268)*, Publius Sempronius Sophus, sandte seiner Frau den Scheidebrief zu, weil sie einem Leichenspiel beigewohnt hatte; die Regierung setzte es durch, daß die Überführung der ausländischen Bestien nach Rom durch Bürgerbeschluß untersagt ward und hielt mit Strenge darauf, daß bei den Gemeindefesten keine Gladiatoren erschienen. Allein auch hier fehlte ihr doch sei es die rechte Macht oder die rechte Energie; es gelang zwar, wie es scheint, die Tierhetzen niederzuhalten, aber das Auftreten von Fechterpaaren bei Privatfesten, namentlich bei Leichenfeiern, ward nicht unterdrückt. Noch weniger war es zu verhindern, daß das Publikum dem Tragöden den Komödianten, dem Komödianten den Seiltänzer, dem Seiltänzer den Fechter vorzog und die Schaubühne sich mit Vorliebe in dem Schmutze des hellenischen Lebens herumtrieb. Was von bildenden Elementen in den szenischen und musischen Spielen enthalten war, gab man von vornherein preis; die Absicht der römischen Festgeber ging ganz und gar nicht darauf, durch die Macht der Poesie die gesamte Zuschauerschaft wenn auch nur vorübergehend auf die Höhe der Empfindung der Besten zu erheben, wie es die griechische Bühne in ihrer Blütezeit tat, oder einem ausgewählten Kreise einen Kunstgenuß zu bereiten, wie unsere Theater es versuchen. Wie in Rom Direktion und Zuschauer beschaffen waren, zeigt der Auftritt bei den Triumphalspielen 587 *(167)*, wo die ersten griechischen Flötenspieler, da sie mit ihren Melodien durchfielen, vom Regisseur angewiesen wurden, statt zu musizieren miteinander zu boxen, worauf denn der Jubel kein Ende nehmen wollte.

Schon verdarb nicht mehr bloß die hellenische Ansteckung die römischen Sitten, sondern umgekehrt fingen die Schüler an, die Lehrmeister zu demoralisieren. Die Fechterspiele, die in Griechenland unbekannt waren, führte König Antiochos Epiphanes (579–590 *175–164*), der Römeraffe von Profession, zuerst am syrischen Hofe ein, und obwohl sie dem menschlicheren und kunstsinnigeren griechischen Publikum anfangs mehr Abscheu als Freude erregten, so hielten sie sich doch dort ebenfalls und kamen allmählich in weiteren Kreisen in Gebrauch.

Selbstverständlich hatte diese Revolution in Leben und Sitte auch eine ökonomische Revolution in ihrem Gefolge. Die Existenz in der Hauptstadt ward immer begehrter wie immer kostspieliger. Die Mieten stiegen zu unerhörter Höhe. Die neuen Luxusartikel wurden mit Schwindelpreisen bezahlt; das Fäßchen Sardellen aus dem Schwarzen Meer mit 1600 Sesterzen (120 Taler) höher als ein Ackerknecht, ein hübscher Knabe mit 24000 Sesterzen (1800 Taler) höher als mancher Bauernhof. Geld also und nichts als Geld war die Losung für hoch und niedrig. Schon lange tat in Griechenland niemand etwas umsonst, wie die Griechen selber mit unlöblicher Naivität einräumten; seit dem Zweiten Makedonischen Krieg fingen die Römer an, auch in dieser Hinsicht zu hellenisieren. Die Respektabilität mußte mit gesetzlichen Notstützen versehen und zum Beispiel durch Volksschluß den Sachwaltern untersagt werden, für ihre Dienste Geld zu nehmen; eine schöne Ausnahme machten nur die Rechtsverständigen, die bei ihrer ehrbaren Sitte, guten Rat umsonst zu geben, nicht durch Bürgerbeschluß festgehalten zu werden brauchten. Man stahl womöglich nicht geradezu; aber alle krummen Wege, zu schnellem Reichtum zu gelangen, schienen erlaubt: Plünderung und Bettel, Lieferantenbetrug und Spekulantenschwindel, Zins- und Kornwucher, selbst die ökonomische Ausnutzung rein sittlicher Verhältnisse wie der Freundschaft und der Ehe. Vor allem die letztere wurde auf beiden Seiten Gegenstand der Spekulation; Geldheiraten waren gewöhnlich und es zeigte sich nötig, den Schenkungen, welche die Ehegatten sich untereinander machten, die rechtliche Gültigkeit abzuerkennen. Daß unter Verhältnissen dieser Art Pläne zur Anzeige kamen, die Hauptstadt an allen Ecken anzuzünden, kann nicht befremden. Wenn der Mensch keinen Genuß mehr in der Arbeit findet und bloß arbeitet, um so schnell wie möglich zum Genuß zu gelangen, so ist es nur ein Zufall, wenn er kein Verbrecher wird. Alle Herrlichkeiten der Macht und des Reichtums hatte das Schicksal über die Römer mit voller Hand ausgeschüttet; aber wahrlich, die Pandorabüchse war eine Gabe von zweifelhaftem Wert.

14. Kapitel
Literatur und Kunst

Die römische Literatur beruht auf ganz eigentümlichen, in dieser Art kaum bei einer anderen Nation wiederkehrenden Anregungen. Um sie richtig zu würdigen, ist es notwendig, zuvörderst den Volksunterricht und die Volksbelustigungen dieser Zeit ins Auge zu fassen.

Alle geistige Bildung geht aus von der Sprache; und es gilt dies vor allem für Rom. In einer Gemeinde, wo die Rede und die Urkunde so viel bedeutete, wo der Bürger in einem Alter, in welchem man nach heutigen Begriffen noch Knabe ist, bereits ein Vermögen zu unbeschränkter Verwaltung überkam und in den Fall kommen konnte, vor der versammelten Gemeinde Standreden halten zu müssen, hat man nicht bloß auf den freien und feinen Gebrauch der Muttersprache von jeher großen Wert gelegt, sondern auch früh sich bemüht, denselben in den Knabenjahren sich anzueignen. Auch die griechische Sprache war bereits in der hannibalischen Zeit in Italien allgemein verbreitet. In den höheren Kreisen war die Kunde der allgemein vermittelnden Sprache der alten Zivilisation längst häufig gewesen und jetzt, bei dem durch die veränderte Weltstellung ungeheuer gesteigerten römischen Verkehr mit Ausländern und im Auslande, dem Kaufmann wie dem Staatsmann wo nicht notwendig, doch vermutlich schon sehr wesentlich. Durch die italische Sklaven- und Freigelassenschaft aber, die zu einem sehr großen Teil aus geborenen Griechen oder Halbgriechen bestand, drang griechische Sprache und griechisches Wissen bis zu einem gewissen Grade ein auch in die unteren Schichten namentlich der hauptstädtischen Bevölkerung. Aus den Lustspielen dieser Zeit kann man sich überzeugen, daß eben der nicht vornehmen hauptstädtischen Menge ein Latein mundgerecht war, welches zum rechten Verständnis das Griechische so notwendig voraussetzt wie Sternes Englisch und Wielands Deutsch das Französische[1]. Die Männer der senatori-

---

[1] Ein bestimmter Kreis griechischer Ausdrücke, wie *stratioticus, machaera, nauclerus, trapezita, danista, drapeta, oenopolium, bolus, malacus, morus, graphicus, logus, apologus, techna, schema*, gehört durchaus zum Charakter der Plautinischen Sprache; Übersetzungen werden selten dazu gefügt und nur bei Wörtern, die außerhalb des durch jene Anführungen bezeichneten Ideenkreises stehen, wie zum Beispiel es im ›Wilden‹ (1, 1, 60), freilich in einem vielleicht erst später eingefügten Verse heißt: φρόνησις *est sapientia* [Edelmut ist Weisheit]. Auch griechische Brocken sind gemein, zum Beispiel in der ›Casina‹ (3, 6, 9):

schen Familien aber redeten nicht bloß griechisch vor einem griechischen Publikum, sondern machten auch diese Reden bekannt – so Tiberius Gracchus (Konsul 577, 591 *177, 163*) eine von ihm auf Rhodos gehaltene – und schrieben in der hannibalischen Zeit ihre Chroniken griechisch, von welcher Schriftstellerei später noch zu sprechen sein wird. Einzelne gingen noch weiter. Den Flamininus ehrten die Griechen durch Huldigungen in römischer Sprache (2, 242 A.); aber auch er erwiderte das Kompliment: der »große Feldherr der Aeneiaden« brachte den griechischen Göttern nach griechischer Sitte mit griechischen Distichen seine Weihgeschenke dar[2]. Einem anderen Senator rückte Cato es vor, daß er bei griechischen Trinkgelagen griechische Rezitative mit der gehörigen Modulation vorzutragen sich nicht geschämt habe.

Unter dem Einfluß dieser Verhältnisse entwickelte sich der römische Unterricht. Es ist ein Vorurteil, daß in der allgemeinen Verbreitung der elementaren Kenntnisse das Altertum hinter unserer Zeit wesentlich zurückgestanden habe. Auch unter den niederen Klassen und den Sklaven wurde viel gelesen, geschrieben und gerechnet; bei dem Wirtschaftersklaven zum Beispiel setzt Cato nach Magos Vorgang die Fähigkeit zu lesen und zu schreiben voraus. Der Elementarunterricht sowie der Unterricht im Griechischen müssen lange vor dieser Zeit in sehr ausgedehntem Umfang in Rom erteilt worden sein. Dieser Epoche aber gehören die Anfänge eines Unterrichts an, der statt einer bloß äußerlichen Abrichtung eine wirkliche Geistesbildung bezweckt. Bisher hatte in Rom die Kenntnis des Griechischen im bürgerlichen und geselligen Leben so wenig einen Vorzug gegeben, wie etwa heutzutage in einem Dorfe der deutschen Schweiz die Kenntnis des Französischen ihn gibt; und die ältesten Schrei-

---

πράγματά μοι παρέχεις – *Dabo μέγα κακόν, ut opinor;*
ebenso griechische Wortspiele, zum Beispiel in ›Die beiden Bacchis‹ (240):
   opus est chryso Chrysalo;
wie denn auch Ennius die etymologische Bedeutung von Alexandros, Andromache als den Zuschauern bekannt voraussetzt (Varro ling. 7, 82). Am bezeichnendsten sind die halbgriechischen Bildungen wie *ferritribax, plagipatida, pugilice* oder im ›Bramarbas‹ (213):
   euge! euscheme hercle astitit sic dulice et comoedice!
   Ei die Tenüre! Holla, seht mir den Farceur da, den Akteur!
[2] Eines dieser im Namen des Flamininus gedichteten Epigramme lautet also:
   Dioskuren, o hört, ihr freudigen Tummler der Rosse!
   Knaben des Zeus, o hört, Spartas tyndarische Herrn!
   Titus der Aeneiade verehrt euch die herrliche Gabe,
   Als Freiheit verliehn er dem hellenischen Stamm.

ber griechischer Chroniken mochten unter den übrigen Senatoren stehen wie in den holsteinischen Marschen der Bauer, welcher studiert hat und des Abends, wenn er vom Pfluge nach Hause kommt, den Virgilius vom Schranke nimmt. Wer mit seinem Griechisch mehr vorstellen wollte, galt als schlechter Patriot und als Geck; und gewiß konnte noch in Catos Zeit auch wer schlecht oder gar nicht griechisch sprach, ein vornehmer Mann sein und Senator oder Konsul werden. Aber es ward doch schon anders. Der innerliche Zersetzungsprozeß der italischen Nationalität war bereits, namentlich in der Aristokratie, weit genug gediehen, um das Surrogat der Nationalität, die allgemein humane Bildung, auch für Italien unvermeidlich zu machen; und auch der Drang nach einer gesteigerten Zivilisation regte bereits sich mächtig. Diesem kam der griechische Sprachunterricht gleichsam von selber entgegen. Von jeher ward dabei die klassische Literatur, namentlich die ›Ilias‹ und mehr noch die ›Odyssee‹ zu Grunde gelegt; die überschwenglichen Schätze hellenischer Kunst und Wissenschaft lagen damit bereits ausgebreitet vor den Augen der Italiker da. Ohne eigentlich äußerliche Umwandlung des Unterrichts ergab es sich von selbst, daß aus dem empirischen Sprach- ein höherer Literaturunterricht wurde, daß die an die Literatur sich knüpfende allgemeine Bildung den Schülern in gesteigertem Maß überliefert, daß die erlangte Kunde von diesen benutzt ward, um einzudringen in die den Geist der Zeit beherrschende griechische Literatur, die Euripideischen Tragödien und die Lustspiele Menanders.

In ähnlicher Weise gewann auch der lateinische Unterricht ein größeres Schwergewicht. Man fing an, in der höheren Gesellschaft Roms das Bedürfnis zu empfinden, die Muttersprache wo nicht mit der griechischen zu vertauschen, doch wenigstens zu veredeln und dem veränderten Kulturstand anzuschmiegen; und auch hierfür sah man in jeder Beziehung sich angewiesen auf die Griechen. Die ökonomische Gliederung der römischen Wirtschaft legte, wie jedes andere geringe und um Lohn geleistete Geschäft, so auch den Elementarunterricht in der Muttersprache vorwiegend in die Hände von Sklaven, Freigelassenen oder Fremden, das heißt vorwiegend von Griechen oder Halbgriechen[3]; es hatte dies um so weniger Schwierigkeit, als das lateinische Alphabet dem griechischen fast gleich, die beiden Sprachen

---

[3] Ein solcher war zum Beispiel der Sklave des älteren Cato, Chilon, der als Kinderlehrer für seinen Herrn Geld erwarb (Plut. Cato mai. 20).

nahe und auffällig verwandt waren. Aber dies war das wenigste; weit tiefer griff die formelle Bedeutung des griechischen Unterrichts in den lateinischen ein. Wer da weiß, wie unsäglich schwer es ist, für die höhere geistige Bildung der Jugend geeignete Stoffe und geeignete Formen zu finden und wie noch viel schwieriger man von den einmal gefundenen Stoffen und Formen sich losmacht, wird es begreifen, daß man dem Bedürfnis eines gesteigerten lateinischen Unterrichts nicht anders zu genügen wußte, als indem man diejenige Lösung dieses Problems, welche der griechische Sprach- und Literaturunterricht darstellte, auf den Unterricht im Lateinischen einfach übertrug – geht doch heutzutage in der Übertragung der Unterrichtsmethode von den toten auf die lebenden Sprachen ein ganz ähnlicher Prozeß unter unseren Augen vor.

Aber leider fehlte es zu einer solchen Übertragung eben am Besten. Lateinisch lesen und schreiben konnte man freilich an den Zwölf Tafeln lernen; aber eine lateinische Bildung setzte eine Literatur voraus und eine solche war in Rom nicht vorhanden.

Hierzu kam ein Zweites. Die Ausdehnung der römischen Volkslustbarkeit ist früher dargestellt worden. Längst spielte bei denselben die Bühne eine bedeutende Rolle; die Wagenrennen waren wohl bei allen die eigentliche Hauptbelustigung, fanden aber doch durchgängig nur einmal, am Schlußtage statt, während die ersten Tage wesentlich dem Bühnenspiel anheimfielen. Allein lange Zeit bestanden diese Bühnenvorstellungen hauptsächlich in Tänzen und Gaukelspiel; die improvisierten Lieder, die bei denselben auch vorgetragen wurden, waren ohne Dialog und ohne Handlung (1, 474). Jetzt erst sah man für sie sich nach einem wirklichen Schauspiel um. Die römischen Volksfestlichkeiten standen durchaus unter der Herrschaft der Griechen, die ihr Talent des Zeitvertreibs und Tageverderbes von selber den Römern zu Pläsiermeistern bestellte. Keine Volksbelustigung aber war in Griechenland beliebter und keine mannigfaltiger als das Theater; dasselbe mußte bald die Blicke der römischen Festgeber und ihres Hilfspersonals auf sich ziehen. Wohl lag nun in dem älteren römischen Bühnenlied ein dramatischer, der Entwicklung vielleicht fähiger Keim; allein daraus das Drama herauszubilden, forderte vom Dichter wie vom Publikum eine Genialität im Geben und Empfangen, wie sie bei den Römern überhaupt nicht und am wenigsten in dieser Zeit zu finden war; und wäre sie zu finden gewesen, so würde die Hastigkeit der mit dem Amüsement der Menge betrauten Leute schwerlich der edlen Frucht

Ruhe und Weile zur Zeitigung gegönnt haben. Auch hier war ein äußerliches Bedürfnis vorhanden, dem die Nation nicht zu genügen vermochte; man wünschte sich ein Theater und es mangelten die Stücke.

Auf diesen Elementen beruht die römische Literatur; und ihre Mangelhaftigkeit war damit von vornherein und notwendig gegeben. Alle wirkliche Kunst beruht auf der individuellen Freiheit und dem fröhlichen Lebensgenuß, und die Keime zu einer solchen hatten in Italien nicht gefehlt; allein indem die römische Entwicklung die Freiheit und Fröhlichkeit durch das Gemeingefühl und das Pflichtbewußtsein ersetzte, ward die Kunst von ihr erdrückt und mußte statt sich zu entwickeln verkümmern. Der Höhepunkt der römischen Entwicklung ist die literaturlose Zeit. Erst als die römische Nationalität sich aufzulösen und die hellenisch-kosmopolitischen Tendenzen sich geltend zu machen anfingen, stellte im Gefolge derselben die Literatur in Rom sich ein; und darum steht sie von Haus aus und mit zwingender innerlicher Nötigung auf griechischem Boden und in schroffem Gegensatz gegen den spezifisch römischen Nationalsinn. Vor allem die römische Poesie ging zunächst gar nicht aus dem innerlichen Dichtertriebe hervor, sondern aus den äußerlichen Anforderungen der Schule, welche lateinische Lehrbücher, und der Bühne, die lateinische Schauspiele brauchte. Beide Institutionen aber, die Schule wie die Bühne, waren durch und durch antirömisch und revolutionär. Der gaffende Theatermüßiggang war dem Philisterernst wie dem Tätigkeitssinn der Römer alten Schlags ein Greuel; und wenn es der tiefste und großartigste Gedanke in dem römischen Gemeinwesen war, daß es innerhalb der römischen Bürgerschaft keinen Herrn und keinen Knecht, keinen Millionär und keinen Bettler geben, vor allem aber der gleiche Glaube und die gleiche Bildung alle Römer umfassen sollte, so war die Schule und die notwendig exklusive Schulbildung noch bei weitem gefährlicher, ja für das Gleichheitsgefühl geradezu zerstörend. Schule und Theater wurden die wirksamsten Hebel des neuen Geistes der Zeit und nur um so mehr, weil sie lateinisch redeten. Man konnte vielleicht griechisch sprechen und schreiben, ohne darum aufzuhören, ein Römer zu sein; hier aber gewöhnte man sich, mit römischen Worten zu reden, während das ganze innere Sein und Leben griechisch ward. Es ist nicht eine der erfreulichsten Tatsachen in diesem glänzenden Saeculum des römischen Konservativismus, aber wohl eine der merkwürdigsten und geschichtlich belehrendsten, wie während desselben in dem gesamten nicht unmittelbar politischen geistigen Gebiet der Hellenismus Wurzel geschlagen und wie der Maître de Plaisir des großen Publikums und der Kinderlehrer im engen Bunde miteinander eine römische Literatur erschaffen haben.

Gleich in dem ältesten römischen Schriftsteller erscheint die spätere Entwicklung gleichsam in der Nuß. Der Grieche Andronikos (vor 482 bis nach 547 *272–207*), später als römischer Bürger Lucius[4] Livius Andronicus genannt, kam in frühem Alter im Jahre 482 *(272)* unter den anderen tarentinischen Gefangenen (1, 426) nach Rom in den Besitz des Siegers von Sena (2, 174), Marcus Livius Salinator (Konsul 535, 547 *219, 207*). Sein Sklavengewerbe war teils die Schauspielerei und Textschreiberei, teils der Unterricht in der lateinischen und griechischen Sprache, welchen er sowohl den Kindern seines Herrn als auch anderen Knaben vermögender Männer in und außer dem Hause erteilte; er zeichnete sich dabei so aus, daß sein Herr ihn freigab, und selbst die Behörde, die sich seiner nicht selten bedient, zum Beispiel nach der glücklichen Wendung des Hannibalischen Krieges 547 *(207)* ihm die Verfertigung des Dankliedes übertragen hatte, aus Rücksicht für ihn der Poeten- und Schauspielerzunft einen Platz für ihren gemeinsamen Gottesdienst im Minervatempel auf dem Aventin einräumte. Seine Schriftstellerei ging hervor aus seinem zwiefachen Gewerbe. Als Schulmeister übersetzte er die Odyssee ins Lateinische, um den lateinischen Text ebenso bei seinem lateinischen wie den griechischen bei seinem griechischen Unterricht zu Grunde zu legen; und es hat dieses älteste römische Schulbuch seinen Platz im Unterricht durch Jahrhunderte behauptet. Als Schauspieler schrieb er nicht bloß wie jeder andere sich die Texte selbst, sondern er machte sie auch als Bücher bekannt, das heißt, er las sie öffentlich vor und verbreitete sie durch Abschriften. Was aber noch wichtiger war, er setzte an die Stelle des alten wesentlich lyrischen Bühnengedichts das griechische Drama. Es war im Jahre 514 *(240)*, ein Jahr nach dem Ende des Ersten Punischen Krieges, daß das erste Schauspiel auf der römischen Bühne aufgeführt ward. Diese Schöpfung eines Epos, einer Tragödie, einer Komödie in römischer Sprache und von einem Mann, der mehr Römer als Grieche war, war geschichtlich ein Ereignis; von einem künstlerischen Wert der Arbeiten kann nicht die Rede sein. Sie verzichten auf jeden Anspruch an Originalität; als Übersetzungen aber betrachtet,

---

[4] Die spätere Regel, daß der Freigelassene notwendig den Vornamen des Patrons führt, gilt für das republikanische Rom noch nicht.

sind sie von einer Barbarei, die nur um so empfindlicher ist, als diese Poesie nicht naiv ihre eigene Einfalt vorträgt, sondern die hohe Kunstbildung des Nachbarvolkes schulmeisterhaft nachstammelt. Die starken Abweichungen vom Original sind nicht aus der Freiheit, sondern aus der Roheit der Nachdichtung hervorgegangen; die Behandlung ist bald platt, bald schwülstig, die Sprache hart und verzwickt[5]. Man glaubt es ohne Mühe, was die alten Kunstrichter versichern, daß, von den Zwangslesern in der Schule abgesehen, keiner die Livischen Gedichte zum zweiten Male in die Hand nahm. Dennoch wurden diese Arbeiten in mehrfacher Hinsicht maßgebend für die Folgezeit. Sie eröffneten die römische Übersetzungsliteratur und bürgerten die griechischen Versmaße in Latium ein. Wenn dies nur hinsichtlich der Dramen geschah und die Livische ›Odyssee‹ vielmehr in dem nationalen saturnischen Maße geschrieben ward, so war der Grund offenbar, daß die Jamben und Trochäen der Tragödie und Komödie weit leichter sich im Lateinischen nachbilden ließen als die epischen Daktylen.

Indes diese Vorstufe der literarischen Entwicklung ward bald überschritten. Die Livischen Epen und Dramen galten den Spä-

---

[5] In einem der Trauerspiele des Livius hieß es:
   quem ego néfrendem álui lácteam immulgéns opem.
   Milchfüll' ein Zahnlosem mélkend ihm aufnähŕt' ich ihn.
Die Homerischen Verse (Od. 12, 16)
   οὐδ' ἄρα Κίρκην
   ἐξ Ἀίδεω ἐλθόντες ἐλήθομεν, ἀλλὰ μάλ' ὦκα
   ἦλθ' ἐντυναμένη · ἅμα δ' ἀμφίπολοι φέρον αὐτῇ
   σῖτον καὶ κρέα πολλὰ καὶ αἴθοπα οἶνον ἐρυθρόν.
   aber verborgen
   Kehrten der Kirke wir nicht vom Hades, sondern gar hurtig
   Kam sie gewärtig herbei; es trugen die dienenden Jungfraun
   Brot ihr und Fleisch in Füll' und den tiefrot funkelnden Wein her.
werden also verdolmetscht:
   tópper cíti ad aédis – vénimús Círcae:
   simúl dúona córam (?) – pórtant ád návis.
   mília ália in ísdem – ínserinúntur.
   In Eíl' geschwínde kómmen – wír zu Kírkes Hause.
   Zugleích vor úns die Güter – bríngt man zu den Schíffen
   Auch würden aúfgeladen – taúsend ándere Dínge.
Am merkwürdigsten ist nicht so sehr die Barbarei als die Gedankenlosigkeit des Übersetzers, der statt Kirke zum Odysseus vielmehr den Odysseus zur Kirke schickt. Ein zweites, noch lächerlicheres Quiproquo ist die Übersetzung von αἰδοίοισιν ἔδωκα (Od. 15, 373) durch *lusi* (Fest. v. *affatim* p. 11). Dergleichen ist auch geschichtlich nicht gleichgültig; man erkennt darin die Stufe der Geistesbildung, auf der diese ältesten römischen versezimmernden Schulmeister standen; und nebenbei auch, daß dem Andronikos, wenn er gleich in Tarent geboren war, doch das Griechische nicht eigentlich Muttersprache gewesen sein kann.

teren, und ohne Zweifel mit gutem Recht, gleich den dädalichen Statuen von bewegungs- und ausdrucksloser Starrheit mehr als Kuriositäten denn als Kunstwerke. In der folgenden Generation aber baute auf den einmal festgestellten Grundlagen eine lyrische, epische und dramatische Kunst sich auf; und auch geschichtlich ist es von hoher Wichtigkeit, dieser poetischen Entwicklung zu folgen.

Sowohl dem Umfang der Produktion nach wie in der Wirkung auf das Publikum stand an der Spitze der poetischen Entwicklung das Drama. Ein stehendes Theater mit festem Eintrittsgeld gab es im Altertum nicht; in Griechenland wie in Rom trat das Schauspiel nur als Bestandteil der jährlich wiederkehrenden oder auch außerordentlichen bürgerlichen Lustbarkeiten auf. Zu den Maßregeln, wodurch die Regierung der mit Recht besorglich erscheinenden Ausdehnung der Volksfeste entgegenwirkte oder entgegenzuwirken sich einbildete, gehörte es mit, daß sie die Errichtung eines steinernen Theatergebäudes nicht zugab[6]. Statt dessen wurde für jedes Fest ein Brettergerüst mit einer Bühne für die Akteure *(proscaenium, pulpitum)* und einem dekorierten Hintergrund *(scaena)* aufgeschlagen und im Halbzirkel vor derselben der Zuschauerplatz *(cavea)* abgesteckt, welcher ohne Stufen und Sitze bloß abgeschrägt ward, so daß die Zuschauer, soweit sie nicht Sessel sich mitbringen ließen, kauerten, lagen oder standen[7]. Die Frauen mögen früh abgesondert und auf die obersten und schlechtesten Plätze beschränkt worden sein; sonst waren gesetzlich die Plätze nicht geschieden, bis man seit dem Jahre 560 *(194)*, wie schon gesagt ward (2, 314), den Senatoren die untersten und besten Plätze reservierte.

Das Publikum war nichts weniger als vornehm. Allerdings zogen die besseren Stände sich nicht von den allgemeinen Volkslustbarkeiten zurück; die Väter der Stadt scheinen sogar anstandshalber verpflichtet gewesen zu sein, sich bei denselben zu zeigen. Aber wie es im Wesen eines Bürgerfestes liegt, wurden

---

[6] Zwar wurde schon 575 *(179)* ein solches für die Apollinarischen Spiele am Flaminischen Rennplatz erbaut (Liv. 40, 51; W. A. Becker, Topographie der Stadt Rom, S. 605), aber wahrscheinlich bald darauf wieder niedergerissen.

[7] Noch 599 *(155)* gab es Sitzplätze im Theater nicht (F. W. Ritschl, Parerga zu Plautus und Terentius. Bd. 1. Leipzig 1845, S. XVII, XX, 214; vgl. O. Ribbeck, Die römische Tragödie im Zeitalter der Republik. Leipzig 1875, S. 285); wenn dennoch nicht bloß die Verfasser der plautinischen Prologe, sondern schon Plautus selbst mehrfach auf ein sitzendes Publikum hindeutet (Mil. 82; 83; Aul. 4, 9, 6; Truc. a. E.; Epid. a. E.), so müssen wohl die meisten Zuschauer sich Stühle mitgebracht oder sich auf den Boden gesetzt haben.

zwar Sklaven und wohl auch Ausländer ausgeschlossen, aber jedem Bürger mit Frau und Kindern der Zutritt unentgeltlich verstattet[8], und es kann darum die Zuschauerschaft nicht viel anders gewesen sein, als wie man sie heutzutage bei öffentlichen Feuerwerken und Gratisvorstellungen sieht. Natürlich ging es denn auch nicht allzu ordentlich her: Kinder schrien, Frauen schwatzten und kreischten, hier und da machte eine Dirne Anstalt, sich auf die Bühne zu drängen; die Gerichtsdiener hatten an diesen Festtagen nichts weniger als Feiertag und Gelegenheit genug hier einen Mantel abzupfänden und da mit der Rute zu wirken.

Durch die Einführung des griechischen Dramas steigerten sich wohl die Anforderungen an das Bühnenpersonal und es scheint an fähigen Leuten kein Überfluß gewesen zu sein – ein Stück des Naevius mußte einmal in Ermangelung von Schauspielern durch Dilettanten aufgeführt werden. Allein in der Stellung des Künstlers änderte sich dadurch nichts; der Poet oder, wie er in dieser Zeit genannt ward, der »Schreiber«, der Schauspieler und der Komponist gehörten nach wie vor nicht bloß zu der an sich gering geachteten Klasse der Lohnarbeiter, sondern wurden auch vor wie nach in der öffentlichen Meinung auf die markierteste Weise zurückgesetzt und polizeilich mißhandelt (1, 475). Natürlich hielten sich alle reputierlichen Leute von diesem Gewerbe fern – der Direktor der Truppe (*dominus gregis, factionis,* auch *choragus*), in der Regel zugleich der Hauptschauspieler, war meist ein Freigelassener, ihre Glieder in der Regel seine Sklaven; die Komponisten, die uns genannt werden, sind sämtlich Unfreie. Der Lohn war nicht bloß gering – ein Bühnendichterhonorar von 8000 Sesterzen (600 Taler) wird kurz nach dem Ende dieser Periode als ein ungewöhnlich hohes bezeichnet –, sondern ward überdies von den festgebenden Beamten nur gezahlt, wenn das Stück nicht durchfiel. Mit der Bezahlung war alles abgetan: von Dichterkonkurrenz und Ehrenpreisen, wie sie in Attika vorkamen, war in Rom noch nicht die Rede – man scheint daselbst in dieser Zeit, wie bei uns, nur geklatscht oder ausgepfiffen, auch an jedem Tage nur ein einziges Stück zur Aufführung

---

[8] Frauen und Kinder scheinen zu allen Zeiten im römischen Theater zugelassen worden zu sein (Val. Max. 6, 3, 12; Plut. Quaest. conv. 14; Cic. har. resp. 12, 24; Vitr. 5, 3, 1; Suet. Aug. 44 usw.); aber Sklaven waren von Rechts wegen ausgeschlossen (Cic. har. resp. 12, 26; Ritschl, Parerga, Bd. 1, S. XIX, 223) und dasselbe muß wohl von den Fremden gelten, abgesehen natürlich von den Gästen der Gemeinde, die unter oder neben den Senatoren Platz nahmen (Varro 5, 155; Iust. 43, 5, 10; Suet. Aug. 44).

gebracht zu haben[9]. Unter solchen Verhältnissen, wo die Kunst um Tagelohn ging und es statt der Künstlerehre nur eine Künstlerschande gab, konnte das neue römische Nationaltheater weder originell noch überhaupt nur künstlerisch sich entwickeln; und wenn der edle Wetteifer der edelsten Athener die attische Bühne ins Leben gerufen hatte, so konnte die römische, im ganzen genommen, nichts werden als eine Sudelkopie davon, bei der man nur sich wundert, daß sie im einzelnen noch so viel Anmut und Witz zu entfalten vermocht hat.

In der Bühnenwelt ward das Trauerspiel bei weitem durch die Komödie überwogen; die Stirnen der Zuschauer runzelten sich, wenn statt des gehofften Lustspiels ein Trauerspiel begann. So ist es gekommen, daß diese Zeit wohl eigene Komödiendichter, wie Plautus und Caecilius, aufweist, eigene Tragödiendichter aber nicht begegnen, und daß unter den dem Namen nach uns bekannten Dramen dieser Epoche auf ein Trauerspiel drei Lustspiele kommen. Natürlich griffen die römischen Lustspieldichter oder vielmehr Übersetzer zunächst nach den Stücken, welche die hellenische Schaubühne der Zeit beherrschten; und damit fanden sie sich ausschließlich[10] gebannt in den Kreis der neueren attischen Komödie und zunächst ihrer namhaftesten Dichter Philemon von Soloi in Kilikien (394?–492 *360–262*) und Menandros von Athen (412–462 *342–292*). Dieses Lustspiel ist nicht bloß für die römische Literatur-, sondern selbst für die ganze Volksent-

---

[9] Aus den plautinischen Prologen (Cas. 17; Amph. 65) darf auf eine Preisverteilung nicht geschlossen werden (Ritschl, Parerga, Bd. 1, S. 229); aber auch Trin. 706 kann sehr wohl dem griechischen Original, nicht dem Übersetzer angehören, und das völlige Stillschweigen der Didaskalien und Prologe sowie der gesamten Überlieferung über Preisgerichte und Preise ist entscheidend.

Daß an jedem Tage nur ein Stück gegeben wird, folgt daraus, daß die Zuschauer am Beginn des Stücks von Hause kommen (Poen. 10) und nach dem Ende nach Hause gehen (Epid. Pseud. Rud. Stich. Truc. a. E.). Man kam, wie dieselben Stellen zeigen, nach dem zweiten Frühstück ins Theater und war zur Mittagszeit wieder zu Hause; es währte das Schauspiel also nach unserer Rechnung etwa von Mittag bis halb drei Uhr, und so lange mag ein Plautinisches Stück mit der Musik in den Zwischenakten auch ungefähr spielen (vgl. Hor. epist. 2, 1, 189). Wenn Tacitus (ann. 14, 20) die Zuschauer »ganze Tage« im Theater zubringen läßt, so sind dies Zustände einer späteren Zeit.

[10] Die sparsame Benutzung der sogenannten mittleren Komödie der Attiker kommt geschichtlich nicht in Betracht, da diese nichts war als das minder entwickelte menandrische Lustspiel. Von einer Benutzung der älteren Komödie mangelt jede Spur. Die römische Hilarotragödie, die Gattung des Plautinischen Amphitryon, heißt zwar den römischen Literarhistorikern die Rhinthonische; aber auch die neueren Attiker dichteten dergleichen Parodien und es ist nicht abzusehen, warum die Römer für ihre Übersetzungen, statt auf diese nächstliegenden Dichter, vielmehr auf Rinthon und die älteren zurückgegriffen haben sollten.

wicklung so wichtig geworden, daß auch die Geschichte Ursache hat, dabei zu verweilen.

Die Stücke sind von ermüdender Einförmigkeit. Fast ohne Ausnahme drehen sie sich darum, einem jungen Menschen auf Kosten entweder seines Vaters oder auch des Bordellhalters zum Besitze eines Liebchens von unzweifelhafter Anmut und sehr zweifelhafter Sittlichkeit zu verhelfen. Der Weg zum Liebesglück geht regelmäßig durch irgendeine Geldprellerei, und der verschmitzte Bediente, der die benötigte Summe und die erforderliche Schwindelei liefert, während der Liebhaber über seine Liebes- und Geldnot jammert, ist das eigentliche Triebrad des Stückes. Es ist kein Mangel an obligaten Betrachtungen über Freude und Leid der Liebe, an tränenreichen Abschiedsszenen, an Liebhabern, die vor Herzenspein sich ein Leides anzutun drohen; die Liebe oder vielmehr die Verliebtheit war, wie die alten Kunstrichter sagen, der eigentliche Lebenshauch der Menandrischen Poesie. Den Schluß macht die wenigstens bei Menander unvermeidliche Hochzeit; wobei noch zu mehrerer Erbauung und Befriedigung der Zuschauer die Tugend des Mädchens sich herauszustellen pflegt als wenn nicht ganz, doch so gut wie unbeschädigt und das Mädchen selbst als die abhanden gekommene Tochter eines reichen Mannes, demnach als eine in jeder Hinsicht gute Partie. Neben diesen Liebes- finden sich auch Rührstücke; wie denn zum Beispiel unter den Plautinischen Komödien der ›Strick‹ sich um Schiffbruch und Asylrecht bewegt, das ›Dreitalerstück‹ und ›Die Gefangenen‹ gar keine Mädchenintrige enthalten, sondern die edelmütige Aufopferung des Freundes für den Freund, des Sklaven für den Herrn schildern. Personen und Situationen wiederholen sich dabei wie auf einer Tapete bis ins einzelne herab, wie man denn gar nicht herauskommt aus den Apartes ungesehener Horcher, aus dem Anpochen an die Haustüren, aus den mit irgendeinem Gewerbe durch die Straßen fegenden Sklaven; die stehenden Masken, deren es eine gewisse feste Zahl, zum Beispiel acht Greisen-, sieben Bedientenmasken gab, aus denen, in der Regel wenigstens, der Dichter nur auszuwählen hatte, begünstigten weiter die schablonenartige Behandlung. Eine solche Komödie mußte wohl das lyrische Element in der älteren, den Chor, wegwerfen und sich von Haus aus auf Gespräch und höchstens Rezitation beschränken – mangelte ihr doch nicht bloß das politische Element, sondern überhaupt jede wahre Leidenschaft und jede poetische Hebung. Auf eine großartige und eigentlich poetische Wirkung legten es die Stücke auch verständigerweise gar nicht an; ihr Reiz bestand zunächst in der Verstandesbeschäftigung durch den Stoff sowohl, wobei die neuere Komödie sich von der älteren ebenso sehr durch die größere innerliche Leere wie durch die größere äußerliche Verschlungenheit der Fabel unterschied, als besonders durch die Ausführung im Detail, wobei namentlich die fein zugespitzte Konversation der Triumph des Dichters und das Entzücken des Publikums war. Verwirrungen und Verwechslungen, womit sich ein Hinübergreifen in den tollen, oft zügellosen Schwank sehr gut verträgt – wie denn zum Beispiel die Casina mit dem Abzug der beiden Bräutigame und des als Braut aufgeputzten Soldaten echt falstaffisch schließt –, Scherze, Schnurren und Rätsel, welche ja auch an der attischen Tafel dieser Zeit in Ermangelung eines wirklichen Gesprächs die stehenden Unterhaltungstoffe hergaben, füllen zum guten Teil diese Komödien aus. Die Dichter derselben schrieben nicht wie Eupolis und Aristophanes für eine große Nation, sondern vielmehr für eine gebildete und, wie andere geistreiche und in tatenloser Geistreichigkeit verkommende Zirkel, in Rebusraten und Scharadenspiel aufgehende Gesellschaft. Sie geben darum auch kein Bild ihrer Zeit – von der großen geschichtlichen und geistigen Bewegung derselben ist in diesen Komödien nichts zu spüren, und man muß erst daran erinnert werden, daß Philemon und Menander wirklich Zeitgenossen von Alexander und Aristoteles gewesen sind –, aber wohl ein ebenso elegantes wie treues Bild der gebildeten attischen Gesellschaft, aus deren Kreisen die Komödie auch niemals heraustritt. Noch in dem getrübten lateinischen Abbild, aus dem wir sie hauptsächlich kennen, ist die Anmut des Originals nicht völlig verwischt und namentlich in den Stücken, die dem talentvollsten unter diesen Dichtern, dem Menander, nachgebildet sind, das Leben, das der Dichter leben sah und selber lebte, nicht so sehr in seinen Verirrungen und Verzerrungen, als in seiner liebenswürdigen Alltäglichkeit artig widergespiegelt. Die freundlichen häuslichen Verhältnisse zwischen Vater und Tochter, Mann und Frau, Herrn und Diener, mit ihren Liebschaften und sonstigen kleinen Krisen sind so allgemeingültig abkonterfeit, daß sie noch heute ihre Wirkung nicht verfehlen; der Bedientenschmaus zum Beispiel, womit der ›Stichus‹ schließt, ist in der Beschränktheit seiner Verhältnisse und der Eintracht der beiden Liebhaber und des einen Schätzchens in seiner Art von unübertrefflicher Zierlichkeit. Von großer Wirkung sind die eleganten Grisetten, die gesalbt und geschmückt, mit modischem Haarputz und im bunten goldgestickten Schleppgewande erscheinen oder besser noch auf der Bühne Toilette machen. In ihrem Gefolge stellen die Gelegenheitsmacherinnen sich ein, bald von der gemeinsten Sorte, wie deren eine im ›Curculio‹ auftritt, bald Duennen gleich Goethes alter Barbara, wie die Scapha in der Wunderkomödie; auch an hilfreichen Brüdern und Kumpanen ist kein Mangel. Sehr reichlich und mannigfaltig besetzt sind die alten Rollen; es erscheinen umeinander der strenge und geizige, der zärtliche und weichmütige, der nachsichtige gelegenheitsmachende Papa, der verliebte Greis, der alte bequeme Junggesell, die eifersüchtige bejahrte Hausehre mit ihrer alten, gegen den Herrn mit der Frau haltenden Magd; wogegen die Jünglingsrollen zurücktreten und weder der erste Liebhaber noch der hie und da begegnende tugendhafte Mustersohn viel bedeuten wollen. Die Bedientenwelt: der verschmitzte Kammerdiener, der strenge Hausmeister, der alte wackere Erzieher, der knoblauchduftende Ackerknecht, das impertinente Jüngelchen – leitet schon hinüber zu den sehr zahlreichen Gewerberollen. Eine stehende Figur darunter ist der Spaßmacher *(parasitus)*, welcher für die Erlaubnis, an der Tafel des Reichen mitzuschmausen, die Gäste mit Schnurren und Scharaden zu belustigen, auch nach Umständen sich die Scherben an den Kopf werfen zu lassen hat – es war dies damals in Athen ein förmliches Gewerbe, und sicher ist es auch keine poetische Fiktion, wenn ein solcher Schmarotzer auftritt, aus seinen Witz- und Anekdotenbüchern sich eigens präparierend. Beliebte Rollen sind ferner der Koch, der nicht bloß mit unerhörten Saucen zu renommieren versteht, sondern auch wie ein gelernter Dieb zu stipitzen; der freche, zu jedem Laster sich mit Vergnügen bekennende Bordellwirt, wovon der Ballio im ›Lügenbold‹ ein Musterexemplar ist; der militärische Bramarbas, in dem die Landsknechtwirtschaft der Diadochenzeit sehr bestimmt anklingt; der gewerbsmäßige Industrieritter oder der Sykophant, der schuftige Wechsler, der feierlich alberne Arzt, der Priester, Schiffer, Fischer und dergleichen mehr. Dazu kommen endlich die eigentlichen Charakterrollen, wie der Abergläubige Menanders, der Geizige in der Plautinischen Topfkomödie. Die nationalhellenische Poesie hat auch in dieser ihrer letzten Schöpfung ihre unverwüstliche plastische Kraft noch bewährt; aber die Seelenmalerei ist hier doch schon mehr äußerlich kopiert als innerlich nachempfunden und um so mehr, je mehr die Aufgabe sich den wahrhaft poetischen nähert – es ist bezeichnend, daß in den eben angeführten Charakterrollen die psychologische Wahrheit großenteils durch die abstrakte Begriffsentwicklung vertreten wird, der Geizige hier die Nagelschnitze sammelt und die vergossene Träne als verschwendetes Wasser beklagt. Indes dieser Mangel an tiefer Charakteristik und überhaupt die ganze poetische und sittliche Hohlheit dieser neueren Komödie fällt weniger den Lustspieldichtern zur Last als der gesamten Nation. Das spezifische Griechentum war im Verscheiden; Vaterland, Volksglaube, Häuslichkeit, alles edle Tun und Sinnen war gewichen, Poesie, Historie und Philosophie innerlich erschöpft und dem Athener nichts übrig geblieben, als die Schule, der Fischmarkt und das Bordell – es ist kein Wunder und kaum ein Tadel, wenn die Poesie, die die menschliche Existenz zu verklären bestimmt ist, aus einem solchen Leben nichts weiter machen konnte, als was das Menandrische Lustspiel uns darstellt. Sehr merkwürdig ist dabei, wie die Poesie dieser Zeit, wo immer sie dem zerrütteten attischen Leben einigermaßen den Rücken zu wenden vermochte, ohne doch in schulmäßige Nachdichtung zu verfallen, sofort sich am Ideal stärkt und erfrischt. In dem einzigen Überrest des parodisch-heroischen Lustspiels dieser Zeit, in Plautus' ›Amphitryon‹ weht durchaus eine reinere und poetischere Luft als in allen übrigen Trümmern der gleichzeitigen Schaubühne; die gutmütigen, leise ironisch gehaltenen Götter, die edlen Gestalten aus der Heroenwelt, die possierlich feigen Sklaven machen zueinander den wundervollsten Gegensatz und nach dem drolligen Verlauf der Handlung die Geburt des Göttersohnes unter Donner und Blitz eine beinahe großartige Schlußwirkung. Diese Aufgabe der Mythenironisierung war aber auch verhältnismäßig unschuldig und poetisch, verglichen mit der des gewöhnlichen das attische Leben der Zeit schildernden Lustspiels. Eine besondere Anklage darf vom geschichtlich-sittlichen Standpunkt aus gegen die Poeten keineswegs erhoben und dem einzelnen Dichter kein individueller Vorwurf daraus gemacht werden, daß er im Niveau seiner Epoche steht; die Komödie war nicht Ursache, sondern Wirkung der in dem Volksleben waltenden Verdorbenheit. Aber wohl ist es, namentlich um den Einfluß dieser Lustspiele auf das römische Volksleben richtig zu beurteilen, notwendig, auf den Abgrund hinzuweisen, der unter all jener Feinheit und Zierlichkeit sich auftut. Die Flegeleien und Zoten, welche zwar Menander einigermaßen vermied, an denen aber bei den anderen Poeten kein Mangel ist, sind das wenigste; weit schlimmer ist die grauenvolle Lebensöde, deren einzige Oasen die Verliebtheit und der Rausch sind, die fürchterliche Prosa, worin was einigermaßen wie Enthusiasmus aussieht allein bei den Gaunern zu finden ist, denen der eigene Schwindel den Kopf verdreht hat und die das Prellergewerbe mit einer gewissen Begeisterung treiben, und vor allem jene unsittliche Sittlichkeit, mit welcher namentlich die menandrischen Stücke staffiert sind. Das Laster wird abgestraft, die Tugend belohnt und etwaige Peccadillos durch Bekehrung bei oder nach der Hochzeit zugedeckt. Es gibt Stücke, wie die Plautinische ›Dreitalerkomödie‹ und mehrere Terenzische, in denen allen Personen bis auf die Sklaven hinab eine Portion Tugendhaftigkeit beigemischt ist; alle wimmeln von ehrlichen Leuten, die für sich betrügen lassen, von Mädchentugend womöglich, von gleich begünstigten und Kompagnie machenden Liebhabern; moralische Gemeinplätze und wohl gedrechselte Sittensprüche sind gemein wie die Brombeeren. In einem versöhnenden Finale, wie das in ›Die beiden Bacchis‹ ist, wo die prellenden Söhne und die geprellten Väter zu guter Letzt alle miteinander ins Bordell kneipen gehen, steckt eine völlig Kotzebuesche Sittenfäulnis.

Auf diesen Grundlagen und aus diesen Elementen erwuchs das römische Lustspiel. Originalität ward bei demselben nicht bloß durch ästhetische, sondern wahrscheinlich zunächst durch polizeiliche Unfreiheit ausgeschlossen. Unter der beträchtlichen Masse der lateinischen Lustspiele dieser Gattung, die uns bekannt sind, findet sich nicht ein einziges, das sich nicht als Nachbildung eines bestimmten griechischen ankündigte; es gehört zum vollständigen Titel, daß der Name des griechischen Stückes und Verfassers mit genannt wird, und wenn, wie das wohl vorkam, über die »Neuheit« eines Stückes gestritten ward, so handelte es sich darum, ob dasselbe schon früher übersetzt worden sei. Die Komödie spielt nicht etwa bloß häufig im Ausland, sondern es ist eine zwingende Notwendigkeit und die ganze Kunstgattung *(fabula palliata)* danach benannt, daß der Schauplatz außerhalb Roms, gewöhnlich in Athen ist und daß die handelnden Personen Griechen oder doch Nichtrömer sind. Selbst im einzelnen wird, besonders in denjenigen Dingen, worin auch der ungebildete Römer den Gegensatz bestimmt empfand, das ausländische Kostüm streng durchgeführt. So wird der Name Roms und der Römer vermieden und wo ihrer gedacht wird, heißen sie auf gut griechisch »Ausländer« *(barbari)*; ebenso erscheint unter den unzählige Male vorkommenden Geld- und Münzbezeichnungen auch nicht ein einziges Mal die römische Münze. Man macht sich von so großen und so gewandten Talenten, wie Naevius und Plautus waren, eine seltsame Vorstellung, wenn man dergleichen auf ihre freie Wahl zurückführt; diese krasse und sonderbare Exterritorialität der römischen Komödie war ohne Zweifel durch ganz andere als ästhetische Rücksichten bedingt. Die Verlegung solcher gesellschaftlicher Verhältnisse, wie sie die neuattische Komödie durchgängig zeichnet, nach dem Rom der hannibalischen Epoche würde geradezu ein Attentat auf dessen bürgerliche Ordnung und Sitte gewesen sein. Da aber die Schauspiele in dieser Zeit regelmäßig von den Ädilen und Prätoren gegeben wurden, die gänzlich vom Senat abhingen, und selbst die außerordentlichen Festlichkeiten, zum Beispiel die Leichenspiele, nicht ohne Regierungserlaubnis stattfanden, und da ferner die römische Polizei überall nicht und am wenigsten mit den Komödianten Umstände zu machen gewohnt war, so ergibt es sich von selbst, weshalb diese Komödie, selbst nachdem sie unter die römischen Volkslustbarkeiten aufgenommen war, doch noch keinen Römer auf die Bühne bringen durfte und gleichsam in das Ausland verbannt blieb.

Noch viel entschiedener ward den Bearbeitern das Recht, einen Lebenden lobend oder tadelnd zu nennen, sowie jede verfängliche Anspielung auf die Zeitverhältnisse untersagt. In dem ganzen plautinischen und nachplautinischen Komödienrepertoire ist, soweit wir es kennen, nicht zu einer einzigen Injurienklage Stoff. Ebenso begegnet uns von den bei dem lebhaften Munizipalsinn der Italiker besonders bedenklichen Invektiven gegen Gemeinden – wenn von einigen ganz unschuldigen Scherzen abgesehen wird – kaum eine andere Spur als der bezeichnende Hohn auf die unglücklichen Capuaner und Atellaner (2, 187) und merkwürdigerweise verschiedene Spottreden über die Hoffart wie über das schlechte Latein der Praenestiner[11]. Überhaupt findet sich in den Plautinischen Stücken von Beziehungen auf die Ereignisse und Verhältnisse der Gegenwart nichts als Glückwünsche für die Kriegführung[12] oder zu den friedlichen Zeiten;

---

[11] Bacch. 24; Trin. 609; Truc. 3, 2, 23. Auch Naevius, der es freilich überall nicht so genau nahm, spottet über Praenestiner und Lanuviner (com. 21 R.) Eine gewisse Spannung zwischen Praenestinern und Römern tritt öfter hervor (Liv. 23, 20, 42, 1); und die Exekutionen in der pyrrhischen (1, 411) sowie die Katastrophe der sullanischen Zeit stehen sicher damit im Zusammenhang. Unschuldige Scherze wie Capt. 160; 881 passierten natürlich die Zensur. Bemerkenswert ist auch das Kompliment für Massalia (Cas. 5, 4, 1).

[12] So schließt der Prolog der Kästchenkomödie mit folgenden Worten, die hier stehen mögen als die einzige gleichzeitige Erwähnung des Hannibalischen Krieges in der auf uns gekommenen Literatur:

allgemeine Ausfälle gegen Korn- und Zinswucher, gegen Verschwendung, gegen Kandidatenbestechung, gegen die allzu häufigen Triumphe, gegen die gewerbsmäßigen Beitreiber verwirkter Geldbußen, gegen pfändende Steuerpächter, gegen die teuren Preise der Ölhändler, ein einziges Mal – im ›Curculio‹ – eine an die Parabasen der älteren attischen Komödie erinnernde, übrigens wenig verfängliche (2, 402) längere Diatribe über das Treiben auf dem römischen Markt. Aber selbst in solchen höchst polizeilich normal patriotischen Bestrebungen unterbricht sich wohl der Dichter:

> Doch bin ich nicht närrisch, mich zu kümmern um den Staat,
> Da die Obrigkeit da ist, die sich hat zu kümmern drum?

und im ganzen genommen ist kaum ein politisch zahmeres Lustspiel zu denken, als das römische des sechsten Jahrhunderts gewesen ist[13]. Eine merkwürdige Ausnahme macht allein der älteste namhafte römische Lustspieldichter Gnaeus Naevius. Wenn er auch nicht gerade römische Originallustspiele schrieb, so sind doch noch die wenigen Trümmer, die wir von ihm besitzen, voll von Beziehungen auf römische Zustände und Personen. Er nahm es unter anderm sich heraus, nicht bloß einen gewissen Maler Theodotos mit Namen zu verhöhnen, sondern selbst an den Sieger von Zama folgende Verse zu richten, deren Aristophanes sich nicht hätte schämen dürfen:

> Also verhält sich dieses. Lebet wohl und siegt
> Mit Männermut, so wie ihr dies bisher getan.
> Bewahret eure Verbündeten alten und neuen Bunds,
> Zuleget Zuzug ihnen, eurem rechten Schluß gemäß,
> Verderbt die Verhaßten, wirket Lorbeer euch und Lob,
> Damit besiegt gewähre der Pöner euch die Pön.

Die vierte Zeile *(augete auxilia vostris iustis legibus)* geht auf die den säumigen latinischen Kolonien im Jahre 550 *(204)* auferlegten Nachleistungen (Liv. 29, 15; oben 2, 175).

[13] Man kann darum auch bei Plautus kaum mit der Annahme von Anspielungen auf Zeitereignisse vorsichtig genug sein. Vielen verkehrten Scharfsinn dieser Art hat die neueste Untersuchung beseitigt; aber sollte nicht auch die Beziehung auf die Bacchanalien, welche im Cas. 5, 4, 11 gefunden wird (Ritschl, Parerga, Bd. 1, S. 192), zensurwidrig sein? Man könnte sogar die Sache umkehren und aus den Erwähnungen des Bacchusfestes in der ›Casina‹ und einigen anderen Stücken (Amph. 703; Aul. 3, 1, 3; Bacch. 53, 371; Mil. 1016 und besonders Men. 836) den Schluß ziehen, daß dieselben zu einer Zeit geschrieben sind, wo es noch nicht verfänglich war, von Bacchanalien zu reden.

> Jenen selbst, der große Dinge ruhmvoll oft zu Ende führte,
> Dessen Taten lebendig leben, der bei den Völkern allen allein gilt,
> Den hat nach Haus der eigene Vater von dem Liebchen geholt im Hemde.

Wie in den Worten:

> Heute wollen freie Worte reden wir am Freiheitsfest,

so mag er öfter polizeiwidrig angesetzt und bedenkliche Fragen getan haben, wie zum Beispiel:

> Wie ward ein so gewaltiger Staat nur so geschwind euch ruiniert?

worauf denn mit einem politischen Sündenregister geantwortet ward, zum Beispiel:

> Es taten neue Redner sich, einfältige junge Menschen auf.

Allein die römische Polizei war nicht gemeint, gleich der attischen die Bühneninvektiven und politischen Diatriben zu privilegieren oder auch nur zu dulden. Naevius ward wegen solcher und ähnlicher Ausfälle in den Block geschlossen und mußte sitzen, bis er in anderen Komödien öffentlich Buße und Abbitte getan hatte. Ihn trieben diese Händel, wie es scheint, aus der Heimat; seine Nachfolger aber ließen durch sein Beispiel sich warnen – einer derselben deutet sehr verständlich an, daß er ganz und gar nicht Lust habe, gleich dem Kollegen Naevius der unfreiwilligen Maulsperre zu unterliegen. So ward es durchgesetzt, was in seiner Art nicht viel weniger einzig ist als die Besiegung Hannibals, daß in einer Epoche der fieberhaftesten Volksaufregung eine volkstümliche Schaubühne von der vollständigsten politischen Farblosigkeit entstand.

Aber innerhalb dieser von Sitte und Polizei eng und peinlich gezogenen Schranken ging der Poesie der Atem aus. Nicht mit Unrecht mochte Naevius die Lage des Dichters unter dem Szepter der Lagiden und Seleukiden, verglichen mit derjenigen in dem freien Rom, beneidenswert nennen[14]. Der Erfolg im einzelnen ward natürlich bestimmt durch die Beschaffenheit des eben vor-

---

[14] Etwas anderes kann die merkwürdige Stelle in dem ›Mädel von Tarent‹ nicht bedeuten:
> Was im Theater hier mir gerechten Beifall fand,
> Daß das kein König irgend anzufechten wagt –
> Wie viel besser als hier der Freie hat's darin der Knecht!

liegenden Originals und das Talent des einzelnen Bearbeiters; doch muß bei aller individuellen Verschiedenheit dies ganze Übersetzungsrepertoire in gewissen Grundzügen übereingestimmt haben, insofern sämtliche Lustspiele denselben Bedingungen der Aufführung und demselben Publikum angepaßt wurden. Durchgängig war die Behandlung im ganzen wie im einzelnen im höchsten Grade frei; und sie mußte es wohl sein. Wenn die Originalstücke vor derselben Gesellschaft spielten, die sie kopierten, und eben hierin ihr hauptsächlichster Reiz lag, so war das römische Publikum dieser Zeit von dem attischen so verschieden, daß es jene ausländische Welt nicht einmal imstande war recht zu verstehen. Von dem häuslichen Leben der Hellenen faßte der Römer weder die Anmut und Humanität noch die Sentimentalität und die übertünchte Leere. Die Sklavenwelt war eine völlig andere; der römische Sklave war ein Stück Hausrat, der attische ein Bedienter – wo Sklavenehen vorkommen, oder der Herr mit dem Sklaven ein humanes Gespräch führt, erinnern die römischen Übersetzer ihr Publikum daran, sich an dergleichen in Athen gewöhnliche Dinge nicht zu stoßen[15]; und als man später Lustspiele in römischem Kostüm zu schreiben anfing, mußte die Rolle des pfiffigen Bedienten herausgeworfen werden, weil das römische Publikum solche, ihre Herren übersehende und gängelnde Sklaven nicht vertrug. Eher als die feinen Alltagsfiguren hielten die an sich derber und possenhafter zugeschnittenen Stände- und Charakterbilder die Übertragung aus; aber auch von diesen mußte doch der römische Bearbeiter manche und wahrscheinlich eben die feinsten und originellsten, wie zum Beispiel die Thais, die Hochzeitsköchin, die Mondbeschwörerin, den Bettelpfaffen Menanders, ganz liegen lassen und sich vorwiegend an diejenigen ausländischen Gewerbe halten, mit welchen der bereits sehr allgemein in Rom verbreitete griechische Tafelluxus sein Publikum vertraut gemacht hatte. Wenn der Kochkünstler und der Spaßmacher in dem Plautinischen Lustspiel mit so auffallender Vorliebe und Lebendigkeit geschildert sind, so liegt der Schlüssel dazu darin, daß griechische Köche ihre Dienste schon damals auf dem römischen Markt täglich ausboten und daß Cato das Verbot, einen Spaßmacher zu halten, sogar seinem

---

[15] Wie das moderne Hellas über Sklaventum dachte, kann man zum Beispiel bei Euripides (Ion. 854; vgl. Hel. 728) sehen:
  Dem Sklaven bringt das eine einzig Schande nur:
  Der Name; in allem andern ist nicht schlechter als
  Der freie Mann der Sklave, welcher brav sich führt.

Wirtschafter in die Instruktion zu setzen nötig fand. In gleicher Weise konnte der Übersetzer von der eleganten attischen Konversation seiner Originale einen sehr großen Teil nicht brauchen. Zu der raffinierten Kneip- und Bordellwirtschaft Athens stand der römische Bürger- und Bauersmann ungefähr wie der deutsche Kleinstädter zu den Mysterien des Palais Royal. Die eigentliche Küchengelehrsamkeit ging nicht in seinen Kopf; die Eßpartien blieben freilich auch in der römischen Nachbildung sehr zahlreich, aber überall dominiert über die mannigfaltige Bäckerei und die raffinierten Saucen und Fischgerichte der derbe römische Schweinebraten. Von den Rätselreden und Trinkliedern, von der griechischen Rhetorik und Philosophie, die in den Originalen eine so große Rolle spielten, begegnet in der Bearbeitung nur hier und da eine verlorene Spur.

Die Verwüstung, welche die römischen Bearbeiter durch die Rücksicht auf ihr Publikum in den Originalen anzurichten genötigt waren, drängte sie unvermeidlich in eine Weise des Zusammenstreichens und Durcheinanderwerfens hinein, mit der keine künstlerische Komposition sich vertrug. Es war gewöhnlich, nicht bloß ganze Rollen des Originals herauszuwerfen, sondern auch dafür andere aus anderen Lustspielen desselben oder auch eines anderen Dichters wieder einzustücken; was freilich bei der äußerlich rationellen Komposition der Originale und ihren stehenden Figuren und Motiven nicht völlig so arg war, wie es scheint. Es gestatteten ferner wenigstens in der älteren Zeit sich die Dichter hinsichtlich der Komposition die seltsamsten Lizenzen. Die Handlung des sonst so vortrefflichen ›Stichus‹ (aufgeführt 554 *200*) besteht darin, daß zwei Schwestern, welche der Vater veranlassen möchte, sich von ihren abwesenden Ehemännern zu scheiden, die Penelopen spielen, bis die Männer mit reichem Kaufmannsgewinn und als Präsent für den Schwiegervater mit einem hübschen Mädchen wieder nach Hause kommen. In der ›Casina‹, die bei dem Publikum ganz besonders Glück machte, kommt die Braut, von der das Stück heißt und um die es sich dreht, gar nicht zum Vorschein, und die Auflösung wird ganz naiv als »später drinnen vor sich gehend« vom Epilog erzählt. Überhaupt wird sehr oft die Verwicklung über das Knie gebrochen, ein angesponnener Faden fallengelassen und was dergleichen Zeichen einer unfertigen Kunst mehr sind. Die Ursache hiervon ist wahrscheinlich weit weniger in der Ungeschicklichkeit der römischen Bearbeiter zu suchen als in der Gleichgültigkeit des römischen Publikums gegen die ästhetischen Gesetze.

Allmählich indes bildete sich der Geschmack. In den späteren Stücken hat Plautus offenbar mehr Sorgfalt auf die Komposition gewendet und ›Die Gefangenen‹ zum Beispiel, der ›Lügenbold‹, ›Die beiden Bacchis‹ sind in ihrer Art meisterhaft geführt; seinem Nachfolger Caecilius, von dem wir keine Stücke mehr besitzen, wird es nachgerühmt, daß er sich vorzugsweise durch die kunstmäßigere Behandlung des Sujets auszeichnete.

In der Behandlung des einzelnen führen das Bestreben des Poeten, seinen römischen Zuhörern die Dinge möglichst vor die Augen zu bringen, und die Vorschrift der Polizei, die Stücke ausländisch zu halten, die wunderlichsten Kontraste herbei. Die römischen Götter, die sakralen, militärischen, juristischen Ausdrücke der Römer, nehmen sich seltsam aus in der griechischen Welt; bunt durcheinander gehen die römischen Ädilen und Dreiherren mit den Agoranomen und Demarchen; in Ätolien oder Epidamnos spielende Stücke schicken den Zuschauer ohne Bedenken nach dem Velabrum und dem Kapitol. Schon eine solche klecksartige Aufsetzung der römischen Lokaltöne auf den griechischen Grund ist eine Barbarisierung; aber diese in ihrer naiven Art oft sehr spaßhaften Interpolationen sind weit erträglicher als die durchgängige Umstimmung der Stücke ins Rohe, welche bei der keineswegs attischen Bildung des Publikums den Bearbeitern notwendig schien. Freilich mochten schon von den neuattischen Poeten manche in der Rüpelhaftigkeit keiner Nachhilfe bedürfen; Stücke wie die Plautinische ›Eselskomödie‹ werden ihre unübertreffliche Plattheit und Gemeinheit nicht erst dem Übersetzer verdanken. Aber es walten doch in den römischen Komödien die rohen Motive in einer Weise vor, daß die Übersetzer hierin entweder interpoliert oder mindestens sehr einseitig kompiliert haben müssen. In der unendlichen Prügelfülle und der stets über dem Rücken der Sklaven schwebenden Peitsche erkennt man deutlich das catonische Hausregiment, sowie die catonische Opposition gegen die Frauen in dem nimmer endenden Heruntermachen der Weiber. Unter den Späßen eigener Erfindung, mit welchen die römischen Bearbeiter die elegante attische Konversation zu würzen für gut befunden haben, finden sich manche von einer kaum glaublichen Gedankenlosigkeit und Roheit[16].

---

[16] So ist zum Beispiel in das sonst sehr artige Examen, welches in dem Plautinischen ›Stichus‹ der Vater mit seinen Töchtern über die Eigenschaften einer guten Ehefrau anstellt, die ungehörige Frage eingelegt, ob es besser sei, eine Jungfrau oder eine Witwe zu heiraten, bloß um darauf mit einem nicht minder ungehörigen

Was dagegen die metrische Behandlung anlangt, so macht im ganzen der geschmeidige und klingende Vers den Bearbeitern alle Ehre. Wenn die jambischen Trimeter, die in den Originalen vorherrschten und ihrem mäßigen Konversationston allein angemessen waren, in der lateinischen Bearbeitung sehr häufig durch jambische oder trochäische Tetrameter ersetzt worden sind, so wird auch hiervon die Ursache weniger in der Ungeschicklichkeit der Bearbeiter zu suchen sein, die den Trimeter gar wohl zu handhaben wußten, als in dem ungebildeten Geschmack des römischen Publikums, dem der prächtige Vollklang der Langverse auch da gefiel, wo er nicht hingehörte.

Endlich trägt auch die Inszenierung der Stücke den gleichen Stempel der Gleichgültigkeit der Direktion wie des Publikums gegen die ästhetischen Anforderungen. Die griechische Schaubühne, welche schon wegen des Umfangs des Theaters und des Spielens bei Tage auf ein eigentliches Gebärdenspiel verzichtete, die Frauenrollen mit Männern besetzte und einer künstlichen Verstärkung der Stimme des Schauspielers notwendig bedurfte, ruhte in szenischer wie in akustischer Hinsicht durchaus auf dem Gebrauch der Gesichts- und Schallmasken. Diese waren auch in Rom wohlbekannt; bei den Dilettantenaufführungen erschienen die Spieler ohne Ausnahme maskiert. Dennoch wurden den Schauspielern, welche die griechischen Lustspiele in Rom aufführen sollten, die dafür notwendigen, freilich ohne Zweifel viel künstlicheren Masken nicht gegeben; was denn, von allem andern abgesehen, in Verbindung mit der mangelhaften akustischen Einrichtung der Bühne[17] den Schauspieler nicht bloß

---

und im Munde der Sprecherin geradezu unsinnigen Gemeinplatz gegen die Frauen zu antworten. Aber das ist Kleinigkeit gegen den folgenden Fall. In Menanders ›Halsband‹ klagt ein Ehemann dem Freunde seine Not:

    A: Ich freite die reiche Erbin Lamia, du weißt
    Es doch? – B: Ja freilich. – A: Sie, der dieses Haus gehört
    Und die Felder und alles andre hier umher. Sie dünkt,
    Gott weiß es! von allem Ungemach das ärgste uns;
    Zur Last ist sie all' und jedem, nicht bloß mir allein,
    Dem Sohn auch und gar der Tochter. – B: Allerdings, ich weiß,
    So ist es.

In der lateinischen Bearbeitung des Caecilius ist aus diesem, in seiner großen Einfachheit eleganten Gespräch der folgende Flegeldialog geworden:

    B: Deine Frau ist also zänkisch, nicht? – A: Ei schweig davon! –
    B: Wieso? – A: Ich mag nichts davon hören. Komm' ich etwa dir
    Nach Haus und setze mich, augenblicks versetzt sie mir
    Einen nüchternen Kuß. – B: Ei nun, mit dem Kusse trifft sie's schon;
    Ausspeien sollst du, meint sie, was du auswärts trankst.

nötigte seine Stimme über die Gebühr anzustrengen, sondern schon den Livius zu dem höchst unkünstlerischen, aber unvermeidlichen Ausweg zwang, die Gesangstücke durch einen außerhalb des Spielerpersonals stehenden Sänger vortragen und von dem Schauspieler, in dessen Rolle sie fielen, nur durch stummes Spiel darstellen zu lassen. Ebensowenig fanden die römischen Festgeber ihre Rechnung dabei, sich für Dekorationen und Maschinerie in wesentliche Kosten zu setzen. Auch die attische Bühne stellte regelmäßig eine Straße mit Häusern im Hintergrunde vor und hatte keine wandelbaren Dekorationen; allein man besaß doch außer anderem mannigfaltigen Apparat namentlich eine Vorrichtung, um eine kleinere, das Innere eines Hauses vorstellende Bühne auf die Hauptszene hinauszuschieben. Das römische Theater aber ward damit nicht versehen, und man kann es darum dem Poeten kaum zum Vorwurf machen, wenn alles, sogar das Wochenbett auf der Straße abgehalten wird.

So war das römische Lustspiel des sechsten Jahrhunderts beschaffen. Die Art und Weise, wie man die griechischen Schauspiele nach Rom übertrug, gewährt von dem verschiedenartigen Kulturstand ein geschichtlich unschätzbares Bild; in ästhetischer wie in sittlicher Hinsicht aber stand das Original nicht hoch und das Nachbild noch tiefer. Die Welt bettelhaften Gesindels, wie sehr auch die römischen Bearbeiter sie unter der Wohltat des Inventars antraten, erschien doch in Rom verschlagen und fremdartig, die feine Charakteristik gleichsam weggeworfen; die Komödie stand nicht mehr auf dem Boden der Wirklichkeit, sondern die Personen und Situationen schienen wie ein Kartenspiel, willkürlich und gleichgültig gemischt; im Original ein Lebens-, ward sie in der Bearbeitung ein Zerrbild. Bei einer Direktion, die imstande war, einen griechischen Agon mit Flötenspiel, Tänzerchören, Tragöden und Athleten anzukündigen und schließlich denselben in eine Prügelei zu verwandeln (2, 403), vor einem Publikum, welches, wie noch spätere Dichter klagen, in Masse aus dem Schauspiel weglief, wenn es Faustkämpfer oder Seiltänzer oder gar Fechter zu sehen gab, mußten Dichter, wie die römischen waren, Lohnarbeiter von gesellschaftlich niedriger Stellung, wohl selbst wider die eigene bessere Einsicht und den eigenen besseren Geschmack sich der herrschenden Frivolität und Roheit mehr oder minder fügen. Es ist alles Mögliche, daß

---

[17] Selbst als man steinerne Theater baute, mangelten diesen die Schallgefäße, wodurch die griechischen Baumeister die Schauspieler unterstützten (Vitr. 5, 5, 8).

nichtsdestoweniger einzelne lebende und frische Talente unter ihnen aufstanden, die das Fremdländische und Gemachte in der Poesie wenigstens zurückzudrängen und in den einmal gewiesenen Bahnen zu erfreulichen und selbst bedeutenden Schöpfungen zu gelangen vermochten. An ihrer Spitze steht Gnaeus Naevius, der erste Römer, der es verdient, ein Dichter zu heißen und, soweit die über ihn erhaltenen Berichte und die geringen Bruchstücke seiner Werke uns ein Urteil gestatten, allem Anschein nach eines der merkwürdigsten und bedeutendsten Talente in der römischen Literatur überhaupt. Er war des Andronicus jüngerer Zeitgenosse – seine poetische Tätigkeit begann bedeutend vor und endigte wahrscheinlich erst nach dem Hannibalischen Kriege – und im allgemeinen von ihm abhängig; auch er war, wie das in gemachten Literaturen zu sein pflegt, in allen von seinem Vorgänger aufgebrachten Kunstgattungen, im Epos, im Trauer- und Lustspiel, zugleich tätig und schloß auch im Metrischen sich eng an ihn an. Nichtsdestoweniger trennt die Dichter wie die Dichtungen eine ungeheure Kluft. Naevius war kein Freigelassener, kein Schulmeister und kein Schauspieler, sondern ein zwar nicht vornehmer, aber unbescholtener Bürger, wahrscheinlich einer der latinischen Gemeinden Kampaniens, und Soldat im Ersten Punischen Kriege[18]. Recht im Gegensatz zu Livius ist Naevius' Sprache bequem und klar, frei von aller Steifheit und von aller Affektion und scheint selbst im Trauerspiel dem Pathos gleichsam absichtlich aus dem Wege zu gehen; die Verse, trotz des nicht seltenen Hiatus und mancher anderen, späterhin beseitigten Lizenzen, fließen leicht und schön[19]. Wenn die Quasipoe-

---

[18] Die Personalnotizen über Naevius sind arg verwirrt. Da er im Ersten Punischen Kriege focht, kann er nicht nach 495 *(259)* geboren sein. 519 *(235)* wurden Schauspiele, wahrscheinlich die ersten, von ihm gegeben (Gell. 12, 21, 45). Daß er schon 550 *(204)* gestorben sei, wie gewöhnlich angegeben wird, bezweifelte Varro (bei Cic. Brut. 15, 60) gewiß mit Recht; wäre es wahr, so müßte er während des Hannibalischen Krieges in Feindesland entwichen sein. Auch die Spottverse auf Scipio (2, 423) können nicht vor der Schlacht bei Zama geschrieben sein. Man wird sein Leben zwischen 490 *(264)* und 560 *(194)* setzen dürfen, so daß er Zeitgenosse der beiden 543 *(211)* gefallenen Scipionen (Cic. rep. 4, 10), zehn Jahre jünger als Andronicus und vielleicht zehn Jahre älter als Plautus war. Seine kampanische Herkunft deutet Gellius, seine latinische Nationalität, wenn es dafür der Beweise bedürfte, er selbst in der Grabschrift an. Wenn er nicht römischer Bürger, sondern etwa Bürger von Cales oder einer anderen latinischen Stadt Kampaniens war, so erklärt es sich leichter, daß ihn die römische Polizei so rücksichtslos behandelte. Schauspieler war er auf keinen Fall, da er im Heere diente.

[19] Man vergleiche zum Beispiel mit den livianischen das Bruchstück aus Naevius' Trauerspiel ›Lycurgus‹:

sie des Livius etwa wie bei uns die Gottschedische aus rein äußerlichen Impulsen hervor- und durchaus am Gängelbande der Griechen ging, so emanzipierte sein Nachfolger die römische Poesie und traf mit der wahren Wünschelrute des Dichters diejenigen Quellen, aus denen allein in Italien eine volkstümliche Dichtung entspringen konnte: die Nationalgeschichte und die Komik. Die epische Dichtung lieferte nicht mehr bloß dem Schulmeister ein Lesebuch, sondern wandte sich selbständig an das hörende und lesende Publikum. Die Bühnendichtung war bisher, gleich der Kostümverfertigung, ein Nebengeschäft des Schauspielers oder eine Handlangerei für denselben gewesen; mit Naevius wandte das Verhältnis sich um und der Schauspieler ward nun der Diener des Dichters. Durchaus bezeichnet seine poetische Tätigkeit ein volkstümliches Gepräge. Es tritt am bestimmtesten hervor in seinem ernsten Nationalschauspiel und in seinem Nationalepos, wovon später noch die Rede sein wird; aber auch in den Lustspielen, die unter allen seinen poetischen Leistungen die seinem Talent am meisten zusagenden und erfolgreichsten gewesen zu sein scheinen, haben, wie schon gesagt ward (2, 422), wahrscheinlich nur äußere Rücksichten den Dichter bestimmt, sich so, wie er es tat, den griechischen Originalen anzuschließen und dennoch ihn nicht gehindert, in frischer Lustigkeit und im vollen Leben in der Gegenwart seine Nachfolger und wahrscheinlich selbst die matten Originale weit hinter sich zurückzulassen, ja in gewissem Sinne in die Bahnen des Aristophanischen Lustspiels einzulenken. Er hat es wohl empfunden und in seiner Grabschrift auch ausgesprochen, was er seiner Nation gewesen ist:

> Wenn Göttern um den Menschen – Totentrauer ziemte,
> Den Dichter Naevius klagten – göttliche Camenen;
> Dieweil, seit er hinunter – zu den Schatten abschied,
> Verschollen ist in Rom der – Ruhm der römischen Rede.

Und solcher Männer- und Dichterstolz ziemte wohl dem Manne, der die Kämpfe gegen Hamilkar und gegen Hannibal

---

Die ihr des königlichen Leibes haltet Wacht,
  Sogleich zum laubesreichen Platze macht euch auf,
  Wo willig ungepflanzt emporsproßt das Gebüsch.
 Oder die berühmten Worte, die in ›Hektors Abschied‹ Hektor zu Priamos sagt:
  Lieblich, Vater, klingt von dir mir Lob, dem vielgelobten Mann.
und den reizenden Vers aus dem ›Mädel von Tarent‹:
  Alii adnutat, alii adnictat; alium amat, alium tenet.
  Zu diesem nickt sie, nach jenem blickt sie; diesen im Herzen, den im Arm.

teils miterlebte, teils selber mitfocht, und der für die tief bewegte und in gewaltigem Freudenjubel gehobene Zeit nicht gerade den poetisch höchsten, aber wohl einen tüchtigen, gewandten und volkstümlichen dichterischen Ausdruck fand. Es ist schon erzählt worden (2, 423), in welche Händel mit den Behörden er darüber geriet und wie er, vermutlich dadurch von Rom vertrieben, sein Leben in Utica beschloß. Auch hier ging das individuelle Leben über dem gemeinen Besten, das Schöne über dem Nützlichen zugrunde.

In der äußeren Stellung wie in der Auffassung seines Dichterberufs scheint ihm sein jüngerer Zeitgenosse, Titus Maccius Plautus (500?–570 *254–184*), weit nachgestanden zu haben. Gebürtig aus dem kleinen, ursprünglich umbrischen, aber damals vielleicht schon latinisierten Städtchen Sassina, lebte er in Rom als Schauspieler und, nachdem er den damit gemachten Gewinn in kaufmännischen Spekulationen wieder eingebüßt hatte, als Theaterdichter von der Bearbeitung griechischer Lustspiele, ohne in einem anderen Fache der Literatur tätig zu sein und wahrscheinlich ohne Anspruch auf eigentliches Schriftstellertum zu machen. Solcher handwerksmäßigen Komödienbearbeiter scheint es in Rom damals eine ziemliche Zahl gegeben zu haben; allein ihre Namen sind, zumal da sie wohl durchgängig ihre Stücke nicht publizierten[20], so gut wie verschollen, und was von diesem Repertoire sich erhielt, ging späterhin auf den Namen des populärsten unter ihnen, des Plautus. Die Literatoren des folgenden Jahrhunderts zählten bis hundertunddreißig solcher »plautinischer Stücke«, von denen indes auf jeden Fall ein großer Teil nur von Plautus durchgesehen oder ihm ganz fremd war; der Kern derselben ist noch vorhanden. Ein gegründetes Urteil über die poetische Eigentümlichkeit des Bearbeiters zu fällen, ist dennoch sehr schwer, wo nicht unmöglich, da die Originale uns nicht erhalten sind. Daß die Bearbeitung ohne Auswahl gute wie schlechte Stücke übertrug, daß sie der Polizei wie dem Publikum gegenüber untertänig und untergeordnet dastand, daß sie gegen die ästhetischen Anforderungen sich ebenso gleichgültig verhielt

---

[20] Diese Annahme scheint deshalb notwendig, weil man sonst unmöglich in der Art, wie die Alten es tun, über die Echtheit oder Unechtheit der Plautinischen Stücke hätte schwanken können; bei keinem eigentlichen Schriftsteller des römischen Altertums begegnet eine auch nur annähernd ähnliche Ungewißheit über das literarische Eigentum. Auch in dieser Hinsicht wie in so vielen anderen äußerlichen Dingen besteht die merkwürdigste Analogie zwischen Plautus und Shakespeare.

wie ihr Publikum und diesem zuliebe die Originale ins Possenhafte und Gemeine umstimmte, sind Vorwürfe, die mehr gegen die ganze Übersetzungsfabrik als gegen den einzelnen Bearbeiter sich richten. Dagegen darf als dem Plautus eigentümlich gelten die meisterliche Behandlung der Sprache und der mannigfachen Rhythmen, ein seltenes Geschick, die Situation bühnengerecht zu gestalten und zu nutzen, der fast immer gewandte und oft vortreffliche Dialog und vor allen Dingen eine derbe und frische Lustigkeit, die in glücklichen Späßen, in einem reichen Schimpfwörterlexikon, in launigen Wortbildungen, in drastischen, oft mimischen Schilderungen und Situationen unwiderstehlich komisch wirkt – Vorzüge, in denen man den gewesenen Schauspieler zu erkennen meint. Ohne Zweifel hat der Bearbeiter auch hierin mehr das Gelungene der Originale festgehalten als selbständig geschaffen – was in den Stücken sicher auf den Übersetzer zurückgeführt werden kann, ist milde gesagt mittelmäßig; allein es wird dadurch begreiflich, warum Plautus der eigentliche römische Volkspoet und der rechte Mittelpunkt der römischen Bühne geworden und geblieben, ja noch nach dem Untergang der römischen Welt das Theater mehrfach auf ihn zurückgekommen ist.

Noch weit weniger vermögen wir zu einem eigenen Urteil über den dritten und letzten – denn Ennius schrieb wohl Komödien, aber durchaus ohne Erfolg – namhaften Lustspieldichter dieser Epoche, Statius Caecilius, zu gelangen. Der Lebensstellung und dem Gewerbe nach stand er mit Plautus gleich. Geboren im Keltenland in der Gegend von Mediolanum kam er unter den insubrischen Kriegsgefangenen (2, 83; 191) nach Rom und lebte dort als Sklave, später als Freigelassener von der Bearbeitung griechischer Komödien für das Theater bis zu seinem wahrscheinlich frühen Tode (586 *168*). Daß seine Sprache nicht rein war, ist bei seiner Herkunft begreiflich; dagegen bemühte er sich, wie schon gesagt ward (2, 426), um strengere Komposition. Bei den Zeitgenossen fanden seine Stücke nur schwer Eingang, und auch das spätere Publikum ließ gegen Plautus und Terenz den Caecilius fallen; wenn dennoch die Kritiker der eigentlichen Literaturzeit Roms, der varronischen und augustinischen Epoche, unter den römischen Bearbeitern griechischer Lustspiele dem Caecilius die erste Stelle eingeräumt haben, so scheint dies darauf zu beruhen, daß die kunstrichterliche Mittelmäßigkeit gern der geistesverwandten poetischen vor dem einseitig Vortrefflichen den Vorzug gibt. Wahrscheinlich hat jene Kunstkritik den Caecilus nur deshalb unter ihre Flügel genommen, weil er regelrechter als Plautus und kräftiger als Terenz war; wobei er immer noch recht wohl weit geringer als beide gewesen sein kann.

Wenn also der Literarhistoriker bei aller Anerkennung des sehr achtbaren Talents der römischen Lustspieldichter doch in ihrem reinen Übersetzungsrepertoire weder eine künstlerisch bedeutende noch eine künstlerisch reine Leistung erkennen kann, so muß das geschichtlich-sittliche Urteil über dasselbe notwenig noch bei weitem härter ausfallen. Das griechische Lustspiel, das demselben zu Grunde liegt, war sittlich insofern gleichgültig, als es eben nur im Niveau der Korruption seines Publikums stand; die römische Schaubühne aber war in dieser zwischen der alten Strenge und der neuen Verderbnis schwankenden Epoche die hohe Schule zugleich des Hellenismus und des Lasters. Dieses attisch-römische Lustspiel mit seiner in der Frechheit wie in der Sentimentalität gleich unsittlichen, den Namen der Liebe usurpierenden Leibes- und Seelenprostitution, mit seiner widerlichen und widernatürlichen Edelmütigkeit, mit seiner durchgängigen Verherrlichung des Kneipenlebens, mit seiner Mischung von Bauernroheit und ausländischem Raffinement, war eine fortlaufende Predigt römisch-hellenischer Demoralisation und ward auch als solche empfunden. Ein Zeugnis bewahrt der Epilog der Plautinischen ›Gefangenen‹:

> Dieses Lustspiel, da ihr schautet, ist anständig ganz und gar:
> Nicht wird darin ausgegriffen, Liebeshändel hat es nicht,
> Keine Kinderunterschiebung, keine Geldabschwindelung;
> Nicht kauft drin der Sohn sein Mädchen ohne des Vaters Willen frei.
> Selten nur ersinnt ein Dichter solcherlei Komödien,
> Die die Guten besser machen. Wenn drum euch dies Stück gefiel,
> Wenn wir Spieler euch gefallen, laßt uns dies das Zeichen sein:
> Wer auf Anstand hält, der klatsche nun zum Lohn uns unserm Spiel.

Man sieht hier, wie die Partei der sittlichen Reform über das griechische Lustspiel geurteilt hat; und es kann hinzugesetzt werden, daß auch in jenen weißen Raben, den moralischen Lustspielen, die Moralität von derjenigen Art ist, die nur dazu taugt, die Unschuld gewisser zu betören. Wer kann es bezweifeln, daß diese Schauspiele der Korruption praktischen Vorschub getan haben? Als König Alexander an einem Lustspiel dieser Art, das der Verfasser ihm vorlas, keinen Geschmack fand, entschuldigte sich der Dichter, daß das nicht an ihm, sondern an dem Könige liege; um ein solches Stück zu genießen, müsse man gewohnt sein, Kneipgelage abzuhalten und eines Mädchens wegen Schläge auszuteilen und zu empfangen. Der Mann kannte sein Handwerk; wenn also die römische Bürgerschaft allmählich an diesen griechischen Komödien Geschmack fand, so sieht man, um welchen Preis es geschah. Es gereicht der römischen Regierung zum Vorwurf, nicht, daß sie für diese Poesie so wenig tat, sondern daß sie dieselbe überhaupt duldete. Das Laster ist zwar auch ohne Kanzel mächtig; aber damit ist es noch nicht entschuldigt, demselben eine Kanzel zu errichten. Es war mehr eine Ausrede als eine ernstliche Verteidigung, daß man das hellenisierende Lustspiel von der unmittelbaren Berührung der Personen und Institutionen Roms fernhielt. Vielmehr hätte die Komödie wahrscheinlich sittlich weniger geschadet, wenn man sie freier hätte walten, den Beruf des Poeten sich veredeln und eine einigermaßen selbständige römische Poesie sich entwickeln lassen; denn die Poesie ist auch eine sittliche Macht, und wenn sie tiefe Wunden schlägt, so vermag sie auch viel zu heilen. Wie es war, geschah auch auf diesem Gebiet von der Regierung zu wenig und zu viel; die politische Halbheit und die moralische Heuchelei ihrer Bühnenpolizei hat zu der furchtbar raschen Auflösung der römischen Nation das Ihrige beigetragen.

Wenn indes die Regierung dem römischen Lustspieldichter nicht gestattete, die Zustände seiner Vaterstadt darzustellen und seine Mitbürger auf die Bühne zu bringen, so war doch dadurch die Entstehung eines lateinischen Nationallustspiels nicht unbedingt abgeschnitten; denn die römische Bürgerschaft war in dieser Zeit noch nicht mit der lateinischen Nation zusammengefallen, und es stand dem Dichter frei, seine Stücke wie in Athen und Massalia, ebenso auch in den italischen Städten latinischen Rechts spielen zu lassen. In der Tat entstand auf diesem Wege das lateinische Originallustspiel *(fabula togata)*[21]; der nachweislich

---

[21] *Togatus* bezeichnet in der juristischen und überhaupt in der technischen Sprache den Italiker im Gegensatz nicht bloß zu dem Ausländer, sondern auch zu dem römischen Bürger. So ist vor allen Dingen *formula togatorum* (CIL I, 200, von 21; 50) das Verzeichnis derjenigen italischen Militärpflichtigen, die nicht in den Legionen dienen. Auch die Benennung des Cisalpinischen oder Diesseitigen Galliens als *Gallia togata,* die zuerst bei Hirtius vorkommt und nicht lange

älteste Verfasser solcher Stücke, Titinius, blühte wahrscheinlich um das Ende dieser Epoche[22]. Auch diese Komödie ruhte auf der Grundlage des neuattischen Intrigenstücks; aber sie war nicht Übersetzung, sondern Nachdichtung: der Schauplatz des Stücks war in Italien und die Schauspieler erschienen in dem nationalen Gewande (1, 443), in der Toga. Hier waltet das latinische Leben und Treiben in eigentümlicher Frische. Die Stücke bewegen sich in dem bürgerlichen Leben der Mittelstädte Latiums, wie schon die Titel zeigen: ›Die Harfenistin oder das Mädchen von Ferentinum‹, ›Die Flötenbläserin‹, ›Die Juristin‹, ›Die Walker‹, und manche einzelne Situationen noch weiter bestätigen, wie zum Beispiel ein Spießbürger sich darin seine Schuhe nach dem Muster der albanischen Königssandalen machen läßt. In auffallender Weise treten die männlichen gegen die Frauenrollen zurück[23].

nachher aus dem gemeinen Sprachgebrauch wieder verschwindet, bezeichnet diese Landschaft vermutlich nach ihrer rechtlichen Stellung, insofern in der Epoche vom Jahre 665 *(89)* bis zum Jahre 705 *(49)* die große Mehrzahl ihrer Gemeinden latinisches Recht besaß. Virgil (Aen. 1, 282) scheint ebenfalls bei der *gens togata*, die er neben den Römern nennt, an die latinische Nation gedacht zu haben.

Danach wird man auch in der *fabula togata* dasjenige Lustspiel zu erkennen haben, das in Latium spielte wie die *fabula palliata* in Griechenland; beiden aber ist die Verlegung des Schauplatzes in das Ausland gemeinsam, und die Stadt und die Bürgerschaft Roms auf die Bühne zu bringen, bleibt überhaupt dem Lustspieldichter untersagt. Daß in der Tat die *togata* nur in den Städten latinischen Rechts spielen durfte, zeigt die Tatsache, daß alle Städte, in denen unseres Wissens Stücke des Titinius und Afranius spielten, Setia, Ferentinum, Velitrae, Brundisium nachweislich bis auf den Bundesgenossenkrieg latinisches oder doch bundesgenössisches Recht gehabt haben. Durch die Erstreckung des Bürgerrechts auf ganz Italien ging den Lustspieldichtern diese latinische Inszenierung verloren, da das Cisalpinische Gallien, das rechtlich an die Stelle der latinischen Gemeinden gesetzt ward, für den hauptstädtischen Bühnendichter zu fern lag, und es scheint damit auch die *fabula togata* in der Tat verschwunden zu sein. Indes traten die rechtlich untergegangenen Gemeinden Italiens, wie Capua und Atella, in diese Lücke ein (2, 188; 422), und insofern ist die *fabula Atellana* gewissermaßen die Fortsetzung der *togata*.

[22] Über Titinius fehlt es an allen literarischen Angaben; außer daß, nach einem Varronischen Fragment zu schließen, er älter als Terenz (558–595 *196–159*) gewesen zu sein scheint (Ritschl, Parerga, Bd. 1, S. 194) – denn mehr möchte freilich auch aus dieser Stelle nicht entnommen werden können und, wenn auch von den beiden hier verglichenen Gruppen die zweite (Trabea, Atilius, Caecilius) im ganzen älter ist als die erste (Titinius, Terentius, Atta), darum noch nicht gerade der älteste der jüngeren Gruppe jünger zu erachten sein als der jüngste der älteren.

[23] Von den fünfzehn Titinischen Komödien, die wir kennen, sind sechs nach Männer- (*baratus?, caecus, fullo nes, Hortensius, Quintus, varus*), neun nach Frauenrollen benannt (*Gemina, iurisperita, prilia?, privigna, psaltria* oder *Ferentinatis, Setina, tibicina, Veliterna, Ulubrana?*), von denen zwei, die ›Juristin‹ und die ›Flötenbläserin‹ offenbar Männergewerbe parodierten. Auch in den Bruckstücken waltet die Frauenwelt vor.

Mit echt nationalem Stolze gedenkt der Dichter der großen Zeit des Pyrrhischen Krieges und sieht herab auf die neulatinischen Nachbarn,

> Welche oskisch und volskisch reden, denn Latein verstehn sie nicht.

Der hauptstädtischen Bühne gehört dieses Lustspiel ebenso an wie das griechische; immer aber mag in demselben etwas von der landschaftlichen Opposition gegen das großstädtische Wesen und Unwesen geherrscht haben, wie sie gleichzeitig bei Cato und späterhin bei Varro hervortritt. Wie in der deutschen Komödie, die in ganz ähnlicher Weise von der französischen ausgegangen war wie die römische von der attischen, sehr bald die französische Lisette durch das Frauenzimmerchen Franziska abgelöst ward, so trat, wenn nicht mit gleicher poetischer Gewalt, doch in derselben Richtung und vielleicht mit ähnlichem Erfolg, in Rom neben das hellenisierende das latinische Nationallustspiel.

Wie das griechische Lustspiel kam auch das griechische Trauerspiel im Laufe dieser Epoche nach Rom. Dasselbe war ein wertvollerer und in gewisser Hinsicht auch ein leichterer Erwerb als die Komödie. Die Grundlage des Trauerspiels, das griechische, namentlich das Homerische Epos, war den Römern nicht fremd und bereits mit ihrer eigenen Stammsage verflochten; und überhaupt ward der empfängliche Fremde weit leichter heimisch in der idealen Welt der heroischen Mythen als auf dem Fischmarkt von Athen. Dennoch hat auch das Trauerspiel, nur minder schroff und minder gemein, die antinationale und hellenisierende Weise gefördert; wobei es von der entschiedensten Wichtigkeit war, daß die griechische tragische Bühne dieser Zeit vorwiegend von Euripides (274, 348 *480, 406*) beherrscht ward. Diesen merkwürdigen Mann und seine noch viel merkwürdigere Wirkung auf Mit- und Nachwelt erschöpfend darzustellen, ist dieses Ortes nicht; aber die geistige Bewegung der späteren griechischen und der griechisch-römischen Epoche ward so sehr durch ihn bestimmt, daß es unerläßlich ist, sein Wesen wenigstens in den Grundzügen zu skizzieren. Euripides gehört zu denjenigen Dichtern, welche die Poesie zwar auf eine höhere Stufe heben, aber in diesem Fortschritt bei weitem mehr das richtige Gefühl dessen, was sein sollte, als die Macht offenbaren, dies poetisch zu erschaffen. Das tiefe Wort, welches sittlich wie poetisch die Summe aller Tragik zieht, daß Handeln Leiden ist, gilt freilich auch für die antike Tragödie; den handelnden Menschen stellt sie dar, aber eigentliche Individualisierung ist ihr fremd. Die unübertroffene Großheit, womit der Kampf des Menschen und des Schicksals bei Aeschylos sich vollzieht, beruht wesentlich darauf, daß jede der ringenden Mächte nur im ganzen aufgefaßt wird; das wesenhafte Menschliche ist im ›Prometheus‹ und ›Agamemnon‹ nur leicht angehaucht von dichterischer Individualisierung. Sophokles faßt wohl die Menschennatur in ihrer allgemeinen Bedingtheit, den König, den Greis, die Schwester; aber den Mikrokosmos des Menschen in seiner Allseitigkeit, den Charakter bringt keine einzelne seiner Gestalten zu Anschauung. Es ist hier ein hohes Ziel erreicht, aber nicht das höchste; die Schilderung des Menschen in seiner Ganzheit und die Verflechtung dieser einzelnen, in sich fertigen Gestalten zu einer höheren poetischen Totalität ist eine Steigerung und darum sind, gegen Shakespeare gehalten, Aeschylos und Sophokles unvollkommene Entwicklungsstufen. Allein wie Euripides es unternimmt, den Menschen darzustellen wie er ist, liegt darin mehr ein logischer und in gewissem Sinn ein geschichtlicher als ein dichterischer Fortschritt. Er hat die antike Tragödie zu zerstören, nicht die moderne zu erschaffen vermocht. Überall blieb er auf halbem Wege stehen. Die Masken, durch welche die Äußerung des Seelenlebens gleichsam aus dem Besonderen ins Allgemeine übersetzt wird, sind für die typische Tragödie des Altertums ebenso notwendig wie mit dem Charaktertrauerspiel unverträglich; Euripides aber behielt sie bei. Mit bewundernswert feinem Gefühl hatte die ältere Tragödie das dramatische Element, das frei walten zu lassen sie nicht vermochte, niemals rein dargestellt, sondern es stets durch die epischen Stoffe aus der Übermenschenwelt der Götter und Heroen und durch die lyrischen Chöre gewissermaßen gebunden. Man fühlt es, daß Euripides an diesen Ketten riß: er ging mit seinen Stoffen wenigstens bis in die halb historische Zeit hinab und seine Chorlieder traten so zurück, daß man bei späteren Aufführungen sie häufig und wohl kaum zum Nachteil der Stücke wegließ – aber doch hat er weder seine Gestalten völlig auf den Boden der Wirklichkeit gestellt noch den Chor ganz beiseite geworfen. Durchaus und nach allen Seiten hin ist er der volle Ausdruck einer Zeit einerseits der großartigsten geschichtlichen und philosophischen Bewegung, anderseits der Trübung des Urquells aller Poesie, der reinen und schlichten Volkstümlichkeit. Wenn die ehrfürchtige Frömmigkeit der älteren Tragiker deren Stücke gleichsam mit einem Abglanz des Himmels überströmt, wenn die Abgeschlossenheit des engen

Horizontes der älteren Hellenen auch über den Hörer ihre befriedende Macht übt, so erscheint die Euripideische Welt in dem fahlen Schimmer der Spekulation so entgöttlicht wie durchgeistigt, und trübe Leidenschaften zucken wie die Blitze durch die grauen Wolken hin. Der alte, tiefe innerliche Schicksalsglaube ist verschwunden; das Fatum regiert als äußerlich despotische Macht, und knirschend tragen die Knechte ihre Fesseln. Derjenige Unglaube, welcher der verzweifelnde Glaube ist, redet aus diesem Dichter mit dämonischer Gewalt. Notwendigerweise gelangt also der Dichter niemals zu einer ihn selber überwältigenden plastischen Konzeption und niemals zu einer wahrhaft poetischen Wirkung im ganzen; weshalb er auch sich gegen die Komposition seiner Trauerspiele gewissermaßen gleichgültig verhalten, ja hierin nicht selten geradezu gesudelt und seinen Stücken weder in einer Handlung noch in einer Persönlichkeit einen Mittelpunkt gegeben hat – die liederliche Manier, den Knoten durch den Prolog zu schürzen und durch eine Göttererscheinung oder eine ähnliche Plumpheit zu lösen, hat recht eigentlich Euripides aufgebracht. Alle Wirkung liegt bei ihm im Detail, und mit allerdings großer Kunst ist hierin von allen Seiten alles aufgeboten, um den unersetzlichen Mangel poetischer Totalität zu verdecken. Euripides ist Meister in den sogenannten Effekten, welche in der Regel sinnlich sentimental gefärbt sind und oft noch durch einen besonderen Hautgout, zum Beispiel durch Verwebung von Liebesstoffen mit Mord oder Inzest, die Sinnlichkeit stacheln. Die Schilderungen der willig sterbenden Polyxena, der vor geheimem Liebesgram vergehenden Phädra, vor allem die prachtvolle der mystisch verzückten Bakchen sind in ihrer Art von der größten Schönheit; aber sie sind weder künstlerisch noch sittlich rein und Aristophanes' Vorwurf, daß der Dichter keine Penelope zu schildern vermöge, vollkommen begründet. Verwandter Art ist das Hineinziehen des gemeinen Mitleids in die Euripideische Tragödie. Wenn seine verkümmerten Heroen, wie der Menelaos in der ›Helena‹, die Andromache, die Elektra als arme Bäuerin, der kranke und ruinierte Kaufmann Telephos, widerwärtig oder lächerlich und in der Regel beides zugleich sind, so machen dagegen diejenigen Stücke, die mehr in der Atmosphäre der gemeinen Wirklichkeit sich halten und aus dem Trauerspiel in das rührende Familienstück und beinahe schon in die sentimentale Komödie übergehen, wie die ›Iphigenie in Aulis‹, der ›Ion‹, die ›Alkestis‹ vielleicht unter all seinen zahlreichen Werken die erfreulichste Wirkung. Ebenso oft, aber mit geringerem Glück versucht der Dichter das Verstandesinteresse ins Spiel zu bringen. Dahin gehört die verwickelte Handlung, welche darauf berechnet ist, nicht wie die ältere Tragödie das Gemüt zu bewegen, sondern vielmehr die Neugierde zu spannen; dahin der dialektisch zugespitzte, für uns Nichtathener oft geradezu unerträgliche Dialog; dahin die Sentenzen, die wie die Blumen im Ziergarten durch die Euripideischen Stücke ausgestreut sind; dahin vor allem die Euripideische Psychologie, die keineswegs auf unmittelbar menschlicher Nachempfindung, sondern auf rationeller Erwägung beruht. Seine Medea ist insofern allerdings nach dem Leben geschildert, als sie vor ihrer Abfahrt gehörig mit Reisegeld versehen wird; von dem Seelenkampf zwischen Mutterliebe und Eifersucht wird der unbefangene Leser nicht viel bei Euripides finden. Vor allem aber ist in den Euripideischen Tragödien die poetische Wirkung ersetzt durch die tendenziöse. Ohne eigentlich unmittelbar in die Tagesfragen einzutreten und durchaus mehr die sozialen als die politischen Fragen ins Auge fassend, trifft doch Euripides in seinen innerlichen Konsequenzen zusammen mit dem gleichzeitigen politischen und philosophischen Radikalismus und ist der erste und oberste Apostel der neuen, die alte attische Volkstümlichkeit auflösenden kosmopolitischen Humanität. Hierauf beruht wie die Opposition, auf die der ungöttliche und unattische Dichter bei seinen Zeitgenossen stieß, so auch der wunderbare Enthusiasmus, mit welchem die jüngere Generation und das Ausland dem Dichter der Rührung und der Liebe, der Sentenz und der Tendenz, der Philosophie und der Humanität sich hingab. Das griechische Trauerspiel schritt mit Euripides über sich selber hinaus und brach also zusammen; aber des weltbürgerlichen Dichters Erfolg ward dadurch nur gefördert, da gleichzeitig auch die Nation über sich hinausschritt und gleichfalls zusammenbrach. Die Aristophanische Kritik mochte sittlich wie poetisch vollkommen das Richtige treffen; aber die Dichtung wirkt nun einmal geschichtlich nicht in dem Maße ihres absoluten Wertes, sondern in dem Maße, wie sie den Geist der Zeit vorzufühlen vermag, und in dieser Hinsicht ist Euripides unübertroffen. So ist es denn gekommen, daß Alexander ihn fleißig las, daß Aristoteles den Begriff des tragischen Dichters im Hinblick auf ihn entwickelte, daß die jüngste dichtende wie bildende Kunst in Attika aus ihm gleichsam hervorging, das neuattische Lustspiel nichts tat, als den Euripides ins Komische übertragen, und die in den späteren Vasenbildern uns entgegentretende Malerschule ihre Stoffe nicht mehr den alten Epen, sondern der Euripideischen Tragödie entnahm, daß endlich, je mehr das alte Hellas dem neuen Hellenismus wich, des Dichters Ruhm und Einfluß mehr und mehr stieg und das Griechentum im Auslande, in Ägypten wie in Rom, unmittelbar oder mittelbar wesentlich durch Euripides bestimmt ward.

Der Euripideische Hellenismus ist durch die verschiedenartigsten Kanäle nach Rom geflossen und mag daselbst wohl rascher und tiefer mittelbar gewirkt haben als geradezu in der Form der Übersetzung. Die tragische Schaubühne ist in Rom nicht gerade später eröffnet worden als die komische (2, 412); allein sowohl die bei weitem größeren Kosten der tragischen Inszenierung, worauf doch, wenigstens während des Hannibalischen Krieges, ohne Zweifel Rücksicht genommen worden ist, als auch die Beschaffenheit des Publikums (2, 413) hielten die Entwicklung der Tragödie zurück. In den Plautinischen Lustspielen wird auf Tragödien nicht gerade oft hingedeutet, und die meisten Anführungen der Art mögen aus den Originalen herübergenommen sein. Der erste und einzig erfolgreiche Tragödiendichter dieser Zeit war des Naevius und Plautus jüngerer Zeitgenosse Quintus Ennius (515–585 *239–169*), dessen Stücke schon von den gleichzeitigen Lustspieldichtern parodiert und von den Späteren bis in die Kaiserzeit hinein geschaut und deklamiert wurden.

Uns ist die tragische Schaubühne der Römer weit weniger bekannt als die komische; im ganzen genommen wiederholen dieselben Erscheinungen, die bei dieser wahrgenommen wurden, sich auch bei jener. Das Repertoire ging gleichfalls wesentlich aus Übersetzungen griechischer Stücke hervor. Die Stoffe werden mit Vorliebe der Belagerung von Troja und den unmittelbar damit zusammenhängenden Sagen entnommen, offenbar weil dieser Mythenkreis allein dem römischen Publikum durch den Schulunterricht geläufig war; daneben überwiegen die sinnlichgrausamen Motive, der Mutter- oder Kindermord in den ›Eumeniden‹, im ›Alkmaeon‹, im ›Kresphontes‹, in der ›Melanippe‹, in der ›Medeia‹, die Jungfrauenopfer in der ›Polyxena‹, den ›Erechthiden‹, der ›Andromeda‹, der ›Iphigeneia‹ – man kann nicht umhin, sich dabei zu erinnern, daß das Publikum dieser Tragödien Fechterspielen zuzuschauen gewohnt war. Frauen- und Geisterrollen scheinen den tiefsten Eindruck gemacht zu haben. Die bemerkenswerteste Abweichung der römischen Bearbeitung von dem Original betrifft außer dem Wegfall der Masken den Chor. Der römischen, zunächst wohl für das komische chorlose

Spiel eingerichteten Bühne mangelte der besondere Tanzplatz *(orchestra)* mit dem Altar in der Mitte, auf dem der griechische Chor sich bewegte, oder vielmehr es diente derselbe bei den Römern als eine Art Parkett; danach muß wenigstens der kunstvoll gegliederte und mit der Musik und der Deklamation verschlungene Chortanz in Rom weggefallen sein, und wenn der Chor auch blieb, so hatte er doch wenig zu bedeuten. Im einzelnen fehlte es natürlich an Vertauschungen der Maße, an Verkürzungen und Verunstaltungen nicht; in der lateinischen Bearbeitung der Euripideischen ›Iphigeneia‹ zum Beispiel ist, sei es nach dem Muster einer anderen Tragödie, sei es nach eigener Erfindung des Bearbeiters, aus dem Frauen- ein Soldatenchor gemacht. Gute Übersetzungen in unserem Sinn können die lateinischen Tragödien des sechsten Jahrhunderts freilich nicht genannt werden[24], doch gab wahrscheinlich ein Trauerspiel des Ennius von dem Euripideischen Original ein weit minder getrübtes Bild als ein Plautinisches Lustspiel von dem des Menander.

---

[24] Zur Vergleichung stehe hier der Anfang der Euripideischen und der Ennianischen ›Medea‹:

Εἴθ' ὤφελ' Ἀργοῦς μὴ διαπτάσθαι σκάφος
Κόλχων ἐς αἶαν κυανέας Συμπληγάδας,
Μηδ' ἐν νάπαισι Πηλίου πεσεῖν ποτε
Τμηθεῖσα πεύκη, μηδ' ἐρετμῶσαι χέρας

*Utinam ne in nemore Pelio securibus
Caesa accidisset abiegna ad terram trabes,
Neve inde navis inchoandae exordium
Coepisset, quae nunc nominatur nomine*

Ἀνδρῶν ἀρίστων, οἳ τὸ πάγχρυσον θέρος

*Argo, quia Argivi in ea dilecti viri
Vecti petebant pellem inauratam arietis*

Πελίᾳ μετῆλθον. οὐ γὰρ ἂν δέσποιν' ἐμὴ

Colchis, imperio regis Peliae, per dolum.

Μήδεια πύργους γῆς ἔπλευσ' Ἰωλκίας
Ἔρωτι θυμὸν ἐκπλαγεῖσ' Ἰάσονος.

*Nam nunquam era errans mea domo efferret pedem
Medea, animo aegra, amore saevo saucia.*

Nie durch die schwarzen Symplegaden hätte hin
Fliegen gesollt ins Kolcherland der Argo Schiff,
Noch stürzen in des Pelion Waldesschlucht jemals
Gefällt die Fichte, noch berudern sie die Hand

O wär' im Pelionhaine von den Beilen nie
Gehaun zur Erde hingestürzt der Tannenstamm
Und hätte damit der Angriff angefangen nie
Zum Beginn des Schiffes, das man jetzt mit Namen nennt

Die geschichtliche Stellung und Wirkung des griechischen Trauerspiels in Rom ist derjenigen der griechischen Komödie vollständig gleichartig; und wenn, wie das der Unterschied der Dichtgattungen mit sich bringt, in dem Trauerspiel die hellenistische Richtung geistiger und reinlicher auftritt, so trug dagegen die tragische Bühne dieser Zeit und ihr hauptsächlicher Vertreter Ennius noch weit entschiedener die antinationale und mit Bewußtsein propagandistische Tendenz zur Schau. Ennius, schwerlich der bedeutendste, aber sicher der einflußreichste Dichter des sechsten Jahrhunderts, war kein geborener Latiner, sondern von Haus aus ein Halbgrieche; messapischer Abkunft und hellenischer Bildung, siedelte er in seinem fünfunddreißigsten Jahre nach Rom über und lebte dort, anfangs als Insasse, seit 570 *(184)* als Bürger (2, 327) in beschränkten Verhältnissen, teils von dem Unterricht im Lateinischen und Griechischen, teils von dem Ertrag seiner Stücke, teils von den Verehrungen derjenigen römischen Großen, welche, wie Publius Scipio, Titus Flaminius, Marcus Fulvius Nobilior, geneigt waren, den modernen Hellenismus zu fördern und dem Poeten zu lohnen, der ihr eigenes und ihrer Ahnen Lob sang, und auch wohl einzelne von ihnen, gewissermaßen als im voraus für die zu verrichtenden Großtaten bestellter Hofpoet, ins Feldlager begleitete. Das Klientennaturell, das für einen solchen Beruf erforderlich war, hat er selbst zierlich geschildert[25]. Von Haus aus und seiner ganzen Lebens-

---

Der Tapfern, die das goldne Vließ dem Pelias	Argo, weil drin fuhr Argos auserlesne Schar,
	Von Kolchi nach Gebot des Königs Pelias
Zu holen gingen! Nicht die Herrin wäre mir	Mit List zu holen übergüldetes Widdervließ!
Medeia zu des Iolkerlandes Türmen dann	Vors Haus dann irr den Fuß mir die Herrin setzte nie,
Von Iasons Liebe sinnbetört hinweggeschifft.	Medea, krank im Herzen, wund von Liebespein.

Die Abweichungen der Übersetzung vom Original sind belehrend, nicht bloß die Tautologien und Periphrasen, sondern auch die Beseitigung oder Erläuterung der weniger bekannten mythologischen Namen: der Symplegaden, des Kolcherlandes, der Argo. Eigentliche Mißverständnisse des Originals aber sind bei Ennius selten.

[25] Ohne Zweifel mit Recht galt den Alten als Selbstcharakteristik des Dichters die Stelle im siebenten Buch der Chronik, wo der Konsul den Vertrauten zu sich ruft,

mit welchem er gern und
Oftmals Tisch und Gespräch und seiner Geschäfte Erörtrung
Teilte, wenn heim er kam, ermüdet von wichtigen Dingen,

stellung nach Kosmopolit, verstand er es, die Nationalitäten, unter denen er lebte, die griechische, latinische, ja sogar die oskische sich anzueignen, ohne doch einer von ihnen sich zu eigen zu geben; und wenn bei den früheren römischen Poeten der Hellenismus mehr folgeweise aus ihrer dichterischen Wirksamkeit hervorgegangen als ihr deutliches Ziel gewesen war, und sie darum auch mehr oder minder wenigstens versucht hatten, sich auf einen volkstümlichen Boden zu stellen, so ist sich Ennius vielmehr seiner revolutionären Tendenz mit merkwürdiger Klarheit bewußt und arbeitet sichtlich darauf hin, die neologisch-hellenische Richtung bei den Italikern energisch zur Geltung zu bringen. Sein brauchbarstes Werkzeug war die Tragödie. Die Trümmer seiner Trauerspiele zeigen, daß ihm das gesamte tragische Repertoire der Griechen und namentlich auch Aeschylos und Sophokles sehr wohl bekannt waren; um so weniger ist es zufällig, daß er bei weitem die meisten und darunter alle seiner gefeierten Stücke dem Euripides nachgebildet hat. Bei der Auswahl und Behandlung bestimmten ihn freilich zum Teil äußere Rücksichten; aber nicht dadurch allein kann es veranlaßt sein, daß er so entschieden den Euripides im Euripides hervorhob, die Chöre noch mehr vernachlässigte als sein Original, die sinnliche Wirkung noch schärfer als der Grieche akzentuierte, daß er Stücke aufgriff wie den ›Thyestes‹ und den aus Aristophanes' unsterblichem Spott so wohlbekannten ›Telephos‹ und deren Prinzenjammer und Jammerprinzen, ja sogar ein Stück wie ›Menalippe die Philosophin‹, wo die ganze Handlung sich um die Verkehrtheit der Volksreligion dreht und die Tendenz, dieselbe vom naturphilosophischen Standpunkte aus zu befehden, auf der

> Drob er geratschlagt hatte die größere Hälfte des Tags durch
> Auf dem Markte sowohl wie im ehrwürdigen Stadtrat;
> Welchem das Groß' und das Klein' und den Scherz auch er mitteilen
> Durft' und alles zugleich, was gut und was übel man redet,
> Schütten ihm aus, wenn er mocht', und anvertrauen ihm sorglos;
> Welcher geteilt mit ihm viel Freud' im Hause und draußen;
> Den nie schändlicher Rat aus Leichtsinn oder aus Bosheit
> Übel zu handeln verlockt; ein Mann, unterrichtet, ergeben,
> Angenehm, redegewandt und genügsam fröhlichen Herzens,
> Redend zur richtigen Zeit und das Passende, klüglich und kürzlich,
> Im Verkehre bequem und bewandert verschollener Dinge,
> Denn ihn lehrten die Jahre die Sitten der Zeit und der Vorzeit,
> Von vielfältigen Sachen der Götter und Menschen Gesetz auch,
> Und ein Gespräch zu berichten verstand er sowie zu verschweigen.

In der vorletzten Zeile ist wohl zu schreiben *multarum rerum leges divumque hominumque*.

flachen Hand liegt. Gegen den Wunderglauben fliegen überall, zum Teil in nachweislich eingelegten Stellen[26], die schärfsten Pfeile, und von Tiraden, wie die folgende ist:

> Himmelsgötter freilich gibt es, sagt' ich sonst und sag' ich noch;
> Doch sie kümmern keinesweges, mein' ich, sich um der Menschen Los,
> Sonst ging's gut den Guten, schlecht den Bösen; doch dem ist nicht so.

wundert man sich fast, daß sie die römische Bühnenzensur passierten. Daß Ennius in einem eigenen Lehrgedicht dieselbe Irreligiosität wissenschaftlich predigte, ward schon bemerkt (2, 393); und offenbar ist es ihm mit dieser Aufklärung Herzenssache gewesen. Dazu stimmt vollkommen die hier und da hervortretende radikal gefärbte politische Opposition[27], die Verherrlichung der griechischen Tafelfreuden (2, 400), vor allem die Vernichtung des letzten nationalen Elements in der lateinischen Poesie, des saturnischen Maßes, und dessen Ersetzung durch den griechischen Hexameter. Daß der »vielgestaltige« Poet alle diese Aufgaben mit gleicher Sauberkeit ausführte, daß er der keineswegs daktylisch angelegten Sprache den Hexameter abrang und ohne den natürlichen Fluß der Rede zu hemmen sich mit Sicherheit und Freiheit in den ungewohnten Maßen und Formen bewegte, zeugt von seinem ungemeinen, in der Tat mehr griechischen als römischen Formtalent[28]; wo man bei ihm anstößt,

---

[26] Vgl. 2, 393. Aus der Definition des Wahrsagers bei Euripides (Iph. Aul. 956), daß er ein Mann sei,

> Der wenig Wahres unter vielem Falschen sagt
> Im besten Fall; und trifft er's nicht, es geht ihm hin.

hat der lateinische Übersetzer folgende Diatribe gegen die Horoskopsteller gemacht:

> Sterneguckerzeichen sucht er auf am Himmel, paßt, ob wo
> Jovis Zieg' oder Krebs ihm aufgeh' oder einer Bestie Licht.
> Nicht vor seine Füße schaut man und durchforscht den Himmelsraum.

[27] Im ›Telephus‹ heißt es:

Palam mutire plebeis piaculum est.

Verbrechen ist gemeinen Mann ein lautes Wort.

[28] Die folgenden, in Form und Inhalt vortrefflichen Worte gehören der Bearbeitung des Euripideischen ›Phoenix‹ an:

> Doch dem Mann mit Mute mächtig ziemt's zu wirken in der Welt
> Und den Schuldigen zu laden tapfer vor den Richterstuhl.
> Das ist Freiheit, wo im Busen rein und fest man schlägt das Herz;
> Sonst in dunkler Nacht verborgen bleibt die frevelhafte Tat.

In dem wahrscheinlich der Sammlung der vermischten Gedichte einverleibten ›Scipio‹ standen die malerischen Zeilen:

verletzt viel häufiger griechische Sprachdiftelei[29] als römische Roheit. Er war kein großer Dichter, aber ein anmutiges und heiteres Talent, durchaus eine lebhaft anempfindende poetische Natur, die freilich des poetischen Kothurnes bedurfte, um sich als Dichter zu fühlen, und der die komische Ader vollständig abging. Man begreift den Stolz, womit der hellenisierende Poet auf die rauhen Weisen herabsieht, »in denen die Waldgeister und die Barden ehemals sangen«, und die Begeisterung, womit er die eigene Kunstpoesie feiert:

> Heil Dichter Ennius! welcher du den Sterblichen
> Das Feuerlied kredenzest aus der tiefen Brust.

Der geistreiche Mann war eben sich bewußt, mit vollen Segeln zu fahren; das griechische Trauerspiel ward und blieb fortan ein Besitztum der latinischen Nation.

Einsamere Wege und mit minder günstigem Winde steuerte ein kühnerer Schiffer nach einem höheren Ziel. Naevius bearbeitete nicht bloß gleich Ennius, wenngleich mit weit geringerem Erfolg, griechische Trauerspiele für die römische Bühne, sondern er versuchte auch ein ernstes Nationalschauspiel *(fabula praetextata)* selbständig zu schaffen. Äußerliche Hindernisse standen hier nicht im Weg; er brachte Stoffe sowohl aus der römischen Sage als aus der gleichzeitigen Landesgeschichte auf die Bühne seiner Heimat. Derart sind seine ›Erziehung des Romulus und Remus‹ oder der ›Wolf‹, worin der König Amulius

---

>   – – mundus caeli vastus constitit silentio;
>   Et Neptunus saevus undis asperis pausam dedit,
>   Sol equis iter repressit ungulis volantibus,
>   Constitere amnes perennes, arbores vento vacant.
>   [Iovis winkt';] es ging ein Schweigen durch des Himmels weiten Raum.
>   Rasten hieß die Meereswogen streng die grollenden Neptun,
>   Seiner Rosse fliegende Hufe hielt zurück der Sonnengott,
>   Inne hält der Fluß im Fluten, im Gezweig nicht weht der Wind.
> Die letzte Stelle gibt auch einen Einblick in die Art, wie der Dichter seine Originalpoesien arbeitete: sie ist nichts als eine Ausführung der Worte, die in der ursprünglich wohl Sophokleischen Tragödie ›Hektors Lösung‹ ein dem Kampfe zwischen Hephaestos und dem Skamander Zuschauender spricht:
>   Constitit credo Scamander, arbores vento vacant.
>   Inne hält, schau! der Skamander, im Gezweig nicht weht der Wind.
> und das Motiv rührt schließlich aus der Ilias (21, 381) her.
>
> [29] So heißt es im ›Phoenix‹:
>   – – stultust, qui cupita cupiens cupienter cupit.
> Töricht, wer Begehrtes begehrend ein Begieriger begehrt,
> und es ist dies noch nicht das tollste Radschlagen der Art. Auch akrostichische Spielereien kommen vor (Cic. div. 2, 54, 111).

von Alba auftrat, und sein ›Clastidium‹, worin der Sieg des Marcellus über die Kelten 532 *(222)* gefeiert ward (2, 83). Nach seinem Vorgang hat auch Ennius in der ›Ambrakia‹ die Belagerung der Stadt durch seinen Gönner Nobilior 565 (*189;* 2, 273) nach eigener Anschauung geschildert. Die Zahl dieser Nationalschauspiele blieb indes gering und die Gattung verschwand rasch wieder vom Theater; die dürftige Sage und die farblose Geschichte Roms vermochten mit dem hellenischen Sagenkreis nicht auf die Dauer zu konkurrieren. Über den dichterischen Gehalt der Stücke haben wir kein Urteil mehr; aber wenn die poetische Intention im ganzen in Anschlag kommen darf, so gibt es in der römischen Literatur wenige Griffe von solcher Genialität, wie die Schöpfung eines römischen Nationalschauspiels war. Nur die griechischen Tragödien der ältesten, den Göttern noch sich näher fühlenden Zeit, nur Dichter wie Phrynichos und Aeschylos hatten den Mut gehabt, die von ihnen miterlebten und mitverrichteten Großtaten neben denen der Sagenzeit auf die Bühne zu bringen; und wenn irgendwo es uns lebendig entgegentritt, was die Punischen Kriege waren und wie sie wirkten, so ist es hier, wo ein Dichter, der wie Aeschylos die Schlachten, die er sang, selber geschlagen, die Könige und Konsuln Roms auf diejenige Bühne führte, auf der man bis dahin einzig Götter und Heroen zu sehen gewohnt war.

Auch die Lesepoesie beginnt in dieser Epoche in Rom; schon Livius bürgerte die Sitte, welche bei den Alten die heutige Publikation vertrat, die Vorlesung neuer Werke durch den Verfasser, auch in Rom wenigstens insofern ein, als er dieselben in seiner Schule vortrug. Da die Dichtkunst hier nicht oder doch nicht geradezu nach Brot ging, ward dieser Zweig derselben nicht so wie die Bühnendichtung von der Ungunst der öffentlichen Meinung betroffen; gegen das Ende dieser Epoche sind auch schon der eine oder der andere vornehme Römer in dieser Art als Dichter öffentlich aufgetreten[30]. Vorwiegend indes ward die rezitative Poesie kultiviert von denselben Dichtern, die mit der szenischen sich abgaben, und überhaupt hat jene neben der Bühnendichtung eine untergeordnete Rolle gespielt, wie es denn auch ein eigentliches dichterisches Lesepublikum in dieser Zeit nur noch in sehr beschränktem Maße in Rom gegeben haben

---

[30] Außer Cato werden noch aus dieser Zeit zwei »Konsulare und Poeten« genannt (Suet. vita Ter. 4): Quintus Labeo, Konsul 571 *(183)*, und Marcus Popillius, Konsul 581 *(173)*. Doch bleibt es dahingestellt, ob sie ihre Gedichte auch publizierten. Selbst von Cato dürfte letzteres zweifelhaft sein.

kann. Vor allem schwach vertreten war die lyrische, didaktische, epigrammatische Poesie. Die religiösen Festkantaten, von denen die Jahrbücher dieser Zeit allerdings bereits den Verfasser namhaft zu machen der Mühe wert halten, sowie die monumentalen Tempel- und Grabinschriften, für welche das saturnische Maß das stehende blieb, gehörten kaum der eigentlichen Literatur an. Soweit überhaupt in dieser die kleinere Poesie erscheint, tritt sie in der Regel und schon bei Naevius unter dem Namen der Satura auf – eine Bezeichnung, die ursprünglich dem alten, seit Livius durch das griechische Drama von der Bühne verdrängten handlungslosen Bühnengedicht zukam, nun aber in der rezitativen Poesie einigermaßen unseren »vermischten Gedichten« entspricht und gleich diesen nicht eigentlich eine positive Kunstgattung und Kunstweise anzeigt, sondern nur Gedichte nicht epischer und nicht dramatischer Art von beliebigem, meist subjektivem Stoff und beliebiger Form. Außer Catos später noch zu erwähnendem ›Gedicht von den Sitten‹, welches vermutlich, anknüpfend an die älteren Anfänge volkstümlich didaktischer Poesie (1, 476), in saturnischen Versen geschrieben war, gehören hierher besonders die kleineren Gedichte des Ennius, welche der auf diesem Gebiet sehr fruchtbare Dichter teils in seiner Saturensammlung, teils abgesondert veröffentlichte: kürzere erzählende Poesien aus der vaterländischen Sagen- oder gleichzeitigen Geschichte, Bearbeitungen des religiösen Romans des Euhemeros, der auf den Namen des Epicharmos laufenden naturphilosophischen Poesien (2, 393), der Gastronomie des Archestratos von Gela, eines Poeten der höheren Kochkunst; ferner einen Dialog zwischen dem Leben und dem Tode, Äsopische Fabeln, eine Sammlung von Sittensprüchen, parodische und epigrammatische Kleinigkeiten – geringe Sachen, aber bezeichnend wie für die Mannigfaltigkeit so auch für die didaktisch-neologische Tendenz des Dichters, der auf diesem Gebiete, wohin die Zensur nicht reichte, sich offenbar am freiesten gehen ließ.

Größere dichterische wie geschichtliche Bedeutung nehmen die Versuche in Anspruch, die Landeschronik metrisch zu behandeln. Wieder war es Naevius, der dichterisch formte, was sowohl von der Sagen- als von der gleichzeitigen Geschichte einer zusammenhängenden Erzählung fähig war und namentlich den Ersten Punischen Krieg einfach und klar, so schlecht und recht, wie die Dinge waren, ohne irgend etwas als unpoetisch zu verschmähen und ohne irgendwie, namentlich in der Schilderung der geschichtlichen Zeit, auf poetische Hebung oder gar Verzierungen auszugehen, durchaus in der gegenwärtigen Zeit berichtend, in dem halb prosaischen saturnischen Nationalversmaß heruntererzählte[31]. Es gilt von dieser Arbeit wesentlich dasselbe, was von dem Nationalschauspiel desselben Dichters gesagt ward. Die epische Poesie der Griechen bewegt sich wie die tragische völlig und wesentlich in der heroischen Zeit; es war ein durchaus neuer und wenigstens der Anlage nach ein beneidenswert großartiger Gedanke, mit dem Glanze der Poesie die Gegenwart zu durchleuchten. Mag immerhin in der Ausführung die Naevische Chronik nicht viel mehr gewesen sein als die in mancher Hinsicht verwandten mittelalterlichen Reimchroniken, so hatte doch sicher mit gutem Grund der Dichter sein ganz besonderes Wohlgefallen an diesem seinem Werke. Es war nichts Kleines in einer Zeit, wo es eine historische Literatur außer den offiziellen Aufzeichnungen noch schlechterdings nicht gab, seinen Landsleuten über die Taten der Zeit und der Vorzeit einen zusammenhängenden Bericht gedichtet und daneben die großartigsten Momente daraus ihnen dramatisch zur Anschauung gebracht zu haben.

Eben dieselbe Aufgabe wie Naevius stellte sich auch Ennius; aber die Gleichheit des Gegenstandes läßt den politischen und poetischen Gegensatz des nationalen und des antinationalen Dichters nur um so greller hervortreten. Naevius suchte für den neuen Stoff eine neue Form; Ennius fügte oder zwängte denselben in die Formen des hellenischen Epos. Der Hexameter ersetzt den saturnischen Vers, die aufgeschmückte, nach plastischer Anschaulichkeit ringende Homeridenmanier die schlichte Geschichtserzählung. Wo es irgend angeht, wird geradezu Homer

---

[31] Den Ton werden folgende Bruchstücke veranschaulichen. Von der Dido:
   Freundlich und kundig fragt sie – welcher Art Aeneas
   Von Troia schied.
später:
   Die Hände sein zum Himmel – hob empor der König
   Amulius, dankt den Göttern –
aus einer Rede, wo die indirekte Fassung bemerkenswert ist:
   Doch ließen sie im Stiche – jene tapfren Männer,
   Das würde Schmach dem Volk sein – jeglichem Geschlechte.
bezüglich auf die Landung in Malta im Jahre 498 *(256)*:
   Nach Melite schifft der Römer, – ganz und gar die Insel
   Brennt ab, verheert, zerstört er, – macht den Feind zunichte.
endlich von dem Frieden, der den Krieg mit Sizilien beendigte:
   Bedungen wird es auch durch – Gaben des Lutatius
   Zu sühnen; er bedingt noch, – daß sie viel Gefangne
   Und aus Sizilien gleichfalls – rück die Geiseln geben.

übertragen, wie zum Beispiel die Bestattung der bei Herakleia Gefallenen nach dem Muster der Bestattung des Patroklos geschildert wird und in der Kappe des mit den Istriern fechtenden Kriegstribuns Marcus Livius Stolo kein anderer steckt als der Homerische Aias – nicht einmal die Homerische Anrufung der Muse wird dem Leser erlassen. Die epische Maschinerie ist vollständig im Gange; nach der Schlacht von Cannae zum Beispiel verzeiht Juno in vollem Götterrat den Römern und verheißt ihnen Jupiter nach erlangter ehefräulicher Einwilligung den endlichen Sieg über die Karthager. Auch die neologische und hellenistische Tendenz ihres Verfassers verleugnen die ›Jahrbücher‹ keineswegs. Schon die bloß dekorative Verwendung der Götterwelt trägt diesen Stempel. In dem merkwürdigen Traumgesicht, womit das Gedicht sich einführt, wird auf gut pythagoreisch berichtet, daß die jetzt im Quintus Ennius wohnhafte Seele vor diesem in Homeros und noch früher in einem Pfau seßhaft gewesen sei, und alsdann auf gut naturphilosophisch das Wesen der Dinge und das Verhältnis des Körpers zum Geiste auseinandergesetzt. Selbst die Wahl des Stoffes dient den gleichen Zwecken – haben doch die hellenischen Literaten aller Zeiten eine vorzüglich geeignete Handhabe für ihre griechisch-kosmopolitischen Tendenzen eben in der Zurechtmachung der römischen Geschichte gefunden. Ennius betont es, daß man die Römer

Griechen ja immer genannt und Graier sie pflege zu heißen.

Der poetische Wert der vielgefeierten Jahrbücher ist nach den früheren Bemerkungen über die Vorzüge und Mängel des Dichters im allgemeinen leicht abzumessen. Daß durch den Aufschwung, den die große Zeit der Punischen Kriege dem italischen Volksgefühl gab, auch dieser lebhaft mitempfindende Poet sich gehoben fühlte und er nicht bloß die Homerische Einfachheit oft glücklich traf, sondern auch noch öfter die römische Feierlichkeit und Ehrenhaftigkeit aus seinen Zeilen ergreifend widerhallt, ist ebenso natürlich wie die Mangelhaftigkeit der epischen Komposition, die notwendig sehr lose und gleichgültig gewesen sein muß, wenn es dem Dichter möglich war, einem sonst verschollenen Helden und Patron zuliebe ein eigenes Buch nachträglich einzufügen. Im ganzen aber waren die ›Jahrbücher‹ ohne Frage Ennius' verfehltestes Werk. Der Plan, eine ›Ilias‹ zu machen, kritisiert sich selbst. Ennius ist es gewesen, welcher mit diesem Gedicht zum erstenmal jenen Wechselbalg von Epos und Geschichte in die Literatur eingeführt hat, der von da an bis auf den heutigen Tag als Gespenst, das weder zu leben noch zu sterben vermag, in ihr umgeht. Einen Erfolg aber hat das Gedicht allerdings gehabt. Ennius gab sich mit noch größerer Unbefangenheit für den römischen Homer als Klopstock für den deutschen, und ward von den Zeitgenossen und mehr noch von der Nachwelt dafür genommen. Die Ehrfurcht vor dem Vater der römischen Poesie erbte fort von Geschlecht zu Geschlecht: den Ennius, sagt noch der feine Quintilian, wollen wir verehren wie einen altersgrauen heiligen Hain, dessen mächtige tausendjährige Eichen mehr ehrwürdig als schön sind; und wer darüber sich wundern sollte, der möge an verwandte Erscheinungen, an den Erfolg der Äneide, der Henriade, der Messiade sich erinnern. Eine mächtige poetische Entwicklung der Nation freilich würde jene beinahe komische offizielle Parallelisierung der Homerischen ›Ilias‹ und der Ennianischen ›Jahrbücher‹ so gut abgeschüttelt haben wie wir die Sappho-Karschin und den Pindar-Willamov; aber eine solche hat in Rom nicht stattgefunden. Bei dem stofflichen Interesse des Gedichts besonders für die aristokratischen Kreise und dem großen Formtalent des Dichters blieben die ›Jahrbücher‹ das älteste römische Originalgedicht, welches den späteren gebildeten Generationen lesenswert und lesbar erschien; und so ist es wunderlicherweise gekommen, daß in diesem durchaus antinationalen Epos eines halbgriechischen Literaten die spätere Zeit das rechte römische Mustergedicht verehrt hat.

Nicht viel später als die römische Poesie, aber in sehr verschiedener Weise entstand in Rom eine prosaische Literatur. Es fielen bei dieser sowohl die künstlichen Förderungen hinweg, wodurch die Schule und die Bühne vor der Zeit eine römische Poesie großzogen, als auch die künstliche Hemmung, worauf namentlich die römische Komödie in der strengen und beschränkten Bühnenzensur traf. Es war ferner diese schriftstellerische Tätigkeit nicht durch den dem »Bänkelsänger« anhaftenden Makel von vornherein bei der guten Gesellschaft in den Bann getan. Darum ist denn auch die prosaische Schriftstellerei zwar bei weitem weniger ausgedehnt und weniger rege als die gleichzeitige poetische, aber weit naturgemäßer entwickelt; und wenn die Poesie fast völlig in den Händen der geringen Leute ist und kein einziger vornehmer Römer unter den gefeierten Dichtern dieser Zeit erscheint, so ist umgekehrt unter den Prosaikern dieser Epoche kaum ein nicht senatorischer Name und sind es durchaus die Kreise der höchsten Aristokratie, gewesene Konsuln und Zensoren, die Fabier, die Gracchen, die Scipionen, von denen diese Literatur ausgeht. Daß die konservative und nationale Tendenz sich besser mit dieser Prosaschriftstellerei vertrug als mit der Poesie, liegt in der Sache; doch hat auch hier, und namentlich in dem wichtigsten Zweige dieser Literatur, in der Geschichtschreibung, die hellenistische Richtung auf Stoff und Form mächtig, ja übermächtig eingewirkt.

Bis in die Zeit des Hannibalischen Krieges gab es in Rom eine Geschichtschreibung nicht; denn die Anzeichnungen des Stadtbuchs gehörten zu den Akten, nicht zu der Literatur, und verzichteten von Haus aus auf jede Entwicklung des Zusammenhanges der Dinge. Es ist bezeichnend für die Eigentümlichkeit des römischen Wesens, daß trotz der weit über die Grenzen Italiens ausgedehnten Macht der römischen Gemeinde und trotz der stetigen Berührung der vornehmen römischen Gesellschaft mit den literarisch so fruchtbaren Griechen dennoch nicht vor der Mitte des sechsten Jahrhunderts das Bedürfnis sich regte, die Taten und Geschicke der römischen Bürgerschaft auf schriftstellerischem Wege zur Kunde der Mit- und Nachwelt zu bringen. Als nun aber dies Bedürfnis endlich empfunden ward, fehlte es für die römische Geschichte an fertigen schriftstellerischen Formen und an einem fertigen Lesepublikum; und großes Talent und längere Zeit waren erforderlich, um beide zu erschaffen. Zunächst wurden daher diese Schwierigkeiten gewissermaßen umgangen dadurch, daß man die Landesgeschichte entweder in der Muttersprache, aber in Versen, oder in Prosa, aber griechisch schrieb. Von den metrischen Chroniken des Naevius (geschrieben um 550? *204*) und Ennius (geschrieben um 581 *173*) ist schon die Rede gewesen; sie gehören zugleich zu der ältesten historischen Literatur der Römer, ja die des Naevius darf als das überhaupt älteste römische Geschichtswerk angesehen werden. Ungefähr gleichzeitig entstanden die griechischen Geschichtsbücher des Quintus Fabius Pictor[32] (nach 553 *201*), eines während

---

[32] Die griechische Abfassung dieses ältesten prosaischen römischen Geschichtswerkes ist durch Dionys (1, 6) und Cicero (div. 1, 21, 43) außer Zweifel gestellt. Ein Problem bleiben die unter demselben Namen von Quintilian und späteren Grammatikern angeführten lateinischen Annalen, und es wird die Schwierigkeit noch dadurch gesteigert, daß unter demselben Namen auch eine sehr ausführliche Darstellung des pontifizischen Rechts in lateinischer Sprache angeführt wird. Indes die letztere Schrift wird von keinem, der die Entwicklung der römischen Literatur im Zusammenhang verfolgt hat, einem Verfasser aus der Zeit des Hannibalischen Krieges beigelegt werden; und auch lateinische Annalen aus dieser Zeit erscheinen problematisch, obwohl es dahingestellt bleiben muß, ob hier eine Verwechslung mit dem jüngeren Annalisten Quintus Fabius Maximus Servilianus (Konsul 612 *142*) obwaltet, oder ob von den griechischen Annalen des Fabius wie

des Hannibalischen Krieges in Staatsgeschäften tätigen Mannes aus vornehmem Geschlecht, und des Sohnes des Scipio Africanus, Publius Scipio († um 590 *164*). Dort also bediente man sich der bis zu einem gewissen Grade bereits entwickelten Dichtkunst und wandte sich an das nicht gänzlich mangelnde poetische Publikum; hier fand man die fertigen griechischen Formen vor und richtete die Mitteilungen, wie schon das weit hinaus über die Grenzen Latiums sich erstreckende stoffliche Interesse derselben es nahelegte, zunächst an das gebildete Ausland. Den ersten Weg schlugen die plebejischen, den zweiten die vornehmeren Schriftsteller ein; eben wie in der Zeit Friedrichs des Großen neben der vaterländischen Pastoren- und Professorenschriftstellerei eine aristokratische Literatur in französischer Sprache stand und die Gleim und Ramler deutsche Kriegslieder, die Könige und Feldherren französische Kriegsgeschichten verfaßten. Weder die metrischen Chroniken, noch die griechischen römischer Verfasser waren eine eigentliche lateinische Geschichtschreibung; diese begann erst mit Cato, dessen nicht vor dem Schluß dieser Epoche publizierte ›Ursprungsgeschichten‹ zugleich das älteste lateinisch geschriebene Geschichts- und das erste bedeutende prosaische Werk der römischen Literatur sind[33].

Alle diese Werke waren freilich nicht im Sinne der Griechen[34], wohl aber im Gegensatz zu der rein notizenhaften Fassung des Stadtbuchs pragmatische Geschichten von zusammenhängender Erzählung und mehr oder minder geordneter Darstellung. Sie umfaßten, soviel wir sehen sämtlich, die Landesgeschichte von der Erbauung Roms bis auf die Zeit des Schreibers, obwohl dem Titel nach das Werk des Naevius nur den ersten Krieg mit Karthago, das Catos nur die Ursprungsgeschichten betraf; danach zerfielen sie von selbst in die drei Abschnitte der Sagenzeit, der Vor- und der Zeitgeschichte. Bei der Sagenzeit war für die

---

von denen des Acilius und des Albinus eine alte lateinische Bearbeitung existiert, oder ob es zwei Annalisten des Namens Fabius Pictor gegeben hat.

Das dem Lucius Cincius Alimentus, einem Zeitgenossen des Fabius, beigelegte, ebenfalls griechische Geschichtswerk scheint untergeschoben und ein Machwerk aus augustischer Zeit.

[33] Catos gesamte literarische Tätigkeit gehört erst in sein Greisenalter (Cic. Cat. 11, 38; Nep. Cato 3); die Abfassung auch der früheren Bücher der ›Ursprungsgeschichten‹ fällt nicht vor, aber wahrscheinlich auch nicht lange nach 586 *(168)* (Plin. nat. 3, 14, 114).

[34] Offenbar im Gegensatz gegen Fabius hebt Polybios (40, 6, 4) es hervor, daß der Gräcomane Albinus sich Mühe gegeben habe, seine Geschichte pragmatisch zu schreiben.

Entstehungsgeschichte der Stadt Rom, die überall mit großer Ausführlichkeit dargestellt ward, die eigentümliche Schwierigkeit zu überwinden, daß davon, wie früher ausgeführt ward (1, 480), zwei völlig unvereinbare Fassungen vorlagen: die nationale, welche wenigstens in den Hauptumrissen wahrscheinlich schon im Stadtbuch schriftlich fixiert war, und die griechische des Timaeos, die diesen römischen Chronikschreibern nicht unbekannt geblieben sein kann. Jene sollte Rom an Alba, diese Rom an Troia anknüpfen; dort ward es also von dem albanischen Königssohn Romulus, hier von dem troischen Fürsten Aeneas erbaut. Der gegenwärtigen Epoche, wahrscheinlich entweder dem Naevius oder dem Pictor, gehört die Verklitterung der beiden Märchen an. Der albanische Königssohn Romulus bleibt der Gründer Roms, aber wird zugleich Aeneas Tochtersohn; Aeneias gründet Rom nicht, bringt aber dafür die römischen Penaten nach Italien und erbaut diesen zum Sitze Lavinium, sein Sohn Ascanius die Mutterstadt von Rom und die alte Metropole Latiums, das Lange Alba. Das alles war recht übel und ungeschickt erfunden. Daß die ursprünglichen Penaten Roms nicht, wie man bisher geglaubt, in ihrem Tempel am römischen Markte, sondern in dem zu Lavinium aufbewahrt seien, mußte dem Römer ein Greuel sein, und die griechische Dichtung kam noch schlimmer weg, indem die Götter erst dem Enkel verliehen, was sie dem Ahn zugeschieden hatten. Indes die Redaktion genügte ihrem Zweck: ohne geradezu den nationalen Ursprung Roms zu verleugnen, trug sie doch auch der hellenisierenden Tendenz Rechnung und legalisierte einigermaßen das in dieser Zeit bereits stark im Schwunge gehende (2, 407) Kokettieren mit dem Aeneadentum; und so wurde dies die stereotype und bald die offizielle Ursprungsgeschichte der mächtigen Gemeinde.

Von der Ursprungsfabel abgesehen, hatten im übrigen die griechischen Historiographen sich um die römische Gemeinde wenig oder gar nicht gekümmert, so daß die weitere Darstellung der Landesgeschichte vorwiegend aus einheimischen Quellen geflossen sein muß, ohne daß in der uns zugekommenen dürftigen Kunde mit Bestimmtheit auseinander träte, welcherlei Überlieferungen außer dem Stadtbuch den ältesten Chronisten zu Gebote gestanden und was sie etwa von dem Ihrigen hinzugetan haben. Die aus Herodot eingelegten Anekdoten[35] sind diesen ältesten Annalisten wohl noch fremd gewesen und eine unmittel-

---

[35] So ist die Geschichte der Belagerung von Gabii aus Herodotischen Anekdoten von Zopyros und dem Tyrannen Thrasybulos zusammengeschrieben, eine

bare Entlehnung griechischen Stoffes in diesem Abschnitt nicht nachweisbar. Um so bemerkenswerter ist die überall, selbst bei dem Griechenfeind Cato, mit großer Bestimmtheit hervortretende Tendenz, nicht bloß Rom an Hellas anzuknüpfen, sondern Italiker und Griechen als ein ursprünglich gleiches Volk darzustellen – hierher gehören die aus Griechenland eingewanderten Uritaliker oder Aboriginer sowie die nach Italien wandernden Urgriechen oder Pelasger.

Die landläufige Erzählung führte in einem, wenn auch schwach und lose geknüpften Faden, doch einigermaßen zusammenhängend durch die Königszeit bis hinab auf die Einsetzung der Republik; hier aber versiegte die Sage ganz, und es war nicht bloß schwierig, sondern wohl geradezu unmöglich, aus den Beamtenverzeichnissen und den ihnen angehängten dürftigen Vermerken eine irgendwie zusammenhängende und lesbare Erzählung zu gestalten. Am meisten empfanden dies die Dichter. Naevius scheint deshalb von der Königszeit sogleich auf den Krieg um Sizilien übergegangen zu sein; Ennius, der im dritten seiner achtzehn Bücher noch die Königszeit, im sechsten schon den Krieg mit Pyrrhos beschrieb, kann die ersten zwei Jahrhunderte der Republik höchstens in den allgemeinsten Umrissen behandelt haben. Wie die griechisch schreibenden Annalisten sich geholfen haben, wissen wir nicht. Einen eigentümlichen Weg schlug Cato ein. Auch er verspürte keine Lust, wie er selber sagt, »zu berichten, was auf der Tafel im Hause des Oberpriesters steht: wie oft der Weizen teuer gewesen und wann Mond und Sonne sich verfinstert hätten«; und so bestimmte er denn das zweite und dritte Buch seines Geschichtswerkes für die Berichte über die Entstehung der übrigen italischen Gemeinden und deren Eintritt in die römische Eidgenossenschaft. Er machte sich also los aus den Fesseln der Chronik, welche Jahr für Jahr nach Voranstellung der jedesmaligen Beamten die Ereignisse berichtet; namentlich hierher wird die Angabe gehören, daß Catos Geschichtswerk die Vorgänge »abschnittsweise« erzählte. Diese in einem römischen Werke auffallende Berücksichtigung der übrigen italischen Gemeinden griff teils in die oppositionelle Stellung des Verfassers ein, welcher gegen das hauptstädtische Treiben sich durchaus auf das munizipale Italien stützte, teils gewährte sie einen gewissen Ersatz für die mangelnde Geschichte Roms von der Vertreibung des Königs Tarquinius bis auf den

---

Version der Aussetzungsgeschichte des Romulus, über den Leisten der Herodotischen Erzählung von Kyros' Jugend geschlagen.

Pyrrhischen Krieg, indem sie deren wesentliches Ergebnis, die Einigung Italiens unter Rom, in ihrer Art gleichfalls darstellte.

Dagegen die Zeitgeschichte wurde wiederum zusammenhängend und eingehend behandelt: nach eigener Kunde schilderten Naevius den ersten, Fabius den zweiten Krieg mit Karthago; Ennius widmete wenigstens dreizehn von den achtzehn Büchern seiner Chronik der Epoche von Pyrrhos bis auf den Istrischen Krieg (2, 192); Cato erzählte im vierten und fünften Buche seines Geschichtswerkes die Kriege vom Ersten Punischen bis auf den mit Perseus und in den beiden letzten, wahrscheinlich anders und ausführlicher angelegten die Ereignisse aus den letzten zwanzig Lebensjahren des Verfassers. Für den Pyrrhischen Krieg mag Ennius den Timaeos oder andere griechische Quellen benutzt haben; im ganzen aber beruhten die Berichte teils auf eigener Wahrnehmung oder Mitteilungen von Augenzeugen, teils einer auf dem andern.

Gleichzeitig mit der historischen und gewissermaßen als ein Anhang dazu begann die Rede- und Briefliteratur, welche ebenfalls Cato eröffnet – denn aus der früheren Zeit besaß man nichts als einige, meistenteils wohl erst in späterer Zeit aus den Familienarchiven an das Licht gezogene Leichenreden, wie zum Beispiel diejenige, die der alte Quintus Fabius, der Gegner Hannibals, als Greis seinem im besten Mannesalter verstorbenen Sohn gehalten hatte. Cato dagegen zeichnete von den unzähligen Reden, die er während seiner langen und tätigen öffentlichen Laufbahn gehalten, die geschichtlich wichtigen in seinem Alter auf, gewissermaßen als politische Memoiren, und machte sie teils in seinem Geschichtswerk, teils, wie es scheint, als selbständige Nachträge dazu, bekannt. Auch eine Briefsammlung hat es von ihm schon gegeben.

Mit der nichtrömischen Geschichte befaßte man sich wohl insoweit, als eine gewisse Kenntnis derselben dem gebildeten Römer nicht mangeln durfte; schon von dem alten Fabius heißt es, daß ihm nicht bloß die römischen, sondern auch die auswärtigen Kriege geläufig gewesen, und daß Cato den Thukydides und die griechischen Historiker überhaupt fleißig las, ist bestimmt bezeugt. Allein wenn man von der Anekdoten- und Spruchsammlung absieht, welche Cato als Früchte dieser Lektüre für sich zusammenstellte, ist von einer schriftstellerischen Tätigkeit auf diesem Gebiet nichts wahrzunehmen.

Daß durch diese beginnende historische Literatur insgesamt eine harmlose Unkritik durchgeht, versteht sich von selbst; weder Schriftsteller noch Leser nahmen an inneren oder äußeren Widersprüchen leicht Anstoß. König Tarquinius der Zweite, obwohl bei dem Tode seines Vaters schon erwachsen und neununddreißig Jahre nach demselben zur Regierung gelangend, besteigt nichtsdestoweniger noch als Jüngling den Thron. Pythagoras, der etwa ein Menschenalter vor Vertreibung der Könige nach Italien kam, gilt den römischen Historikern darum nicht minder als Freund des weisen Numa. Die im Jahre 262 *(492)* der Stadt nach Syrakus geschickten Staatsboten verhandeln dort mit dem älteren Dionysios, der sechsundachtzig Jahre nachher (348 *406*) den Thron bestieg. Vornehmlich tritt diese naive Akrisie hervor in der Behandlung der römischen Chronologie. Da nach der – wahrscheinlich in ihren Grundzügen schon in der vorigen Epoche festgestellten – römischen Zeitrechnung die Gründung Roms 240 Jahre vor die Einweihung des Kapitolinischen Tempels (1, 477), 360 Jahre vor den gallischen Brand (1, 480) und das letztere, auch in griechischen Geschichtswerken erwähnte Ereignis nach diesen in das Jahr des athenischen Archonten Pyrgion 388 v. Chr. (Ol. 98, 1) fiel, so stellt sich hiernach die Erbauung Roms auf Ol. 8, 1. Dieses war, nach der damals bereits als kanonisch geltenden Eratosthenischen Zeitrechnung, das Jahr nach Troias Fall 436; nichtsdestoweniger blieb in der gemeinen Erzählung der Gründer Roms der Tochtersohn des troischen Aeneas. Cato, der als guter Finanzmann hier nachrechnete, machte freilich in diesem Fall auf den Widerspruch aufmerksam; eine Aushilfe aber scheint auch er nicht vorgeschlagen zu haben – das später zu diesem Zweck eingeschobene Verzeichnis der albanischen Könige rührt sicher nicht von ihm her.

Dieselbe Unkritik, wie sie hier obwaltet, beherrschte bis zu einem gewissen Grade auch die Darstellung der historischen Zeit. Die Berichte trugen sicher ohne Ausnahme diejenige starke Parteifärbung, wegen welcher der fabische über die Anfänge des zweiten Krieges mit Karthago von Polybios mit der ihm eigenen kühlen Bitterkeit durchgezogen wird. Das Mißtrauen indes ist hier besser am Platz als der Vorwurf. Es ist einigermaßen lächerlich, von den römischen Zeitgenossen Hannibals ein gerechtes Urteil über ihre Gegner zu verlangen; eine bewußte Entstellung der Tatsachen aber, soweit der naive Patriotismus nicht von selber eine solche einschließt, ist den Vätern der römischen Geschichte doch nicht nachgewiesen worden.

Auch von wissenschaftlicher Bildung und selbst von dahin einschlagender Schriftstellerei gehören die Anfänge in diese Epoche. Der bisherige Unterricht hatte sich wesentlich auf Lesen und Schreiben und auf die Kenntnis des Landrechts beschränkt[36]. Allmählich aber ging den Römern in der innigen Berührung mit den Griechen der Begriff einer allgemeineren Bildung auf und regte sich das Bestreben, nicht gerade diese griechische Bildung unmittelbar nach Rom zu verpflanzen, aber doch nach ihr die römische einigermaßen zu modifizieren.

Vor allen Dingen fing die Kenntnis der Muttersprache an sich zur lateinischen Grammatik auszubilden; die griechische Sprachwissenschaft übertrug sich auf das verwandte italische Idiom. Die grammatische Tätigkeit begann ungefähr gleichzeitig mit der römischen Schriftstellerei. Schon um 520 *(234)* scheint ein Schreiblehrer Spurius Carvilius das lateinische Alphabet reguliert und dem außerhalb desselben stehenden Buchstaben g (1, 487) den Platz des entbehrlich gewordenen z gegeben zu haben, welchen derselbe noch in den heutigen okzidentalischen Alphabeten behauptet. An der Feststellung der Rechtschreibung werden die römischen Schulmeister fortwährend gearbeitet haben; und auch die lateinischen Musen haben ihre schulmeisterliche Hippokrene nie verleugnet und zu allen Zeiten neben der Poesie sich der Orthographie beflissen. Namentlich Ennius hat, auch hierin Klopstock gleich, nicht bloß das anklingende Etymologienspiel schon ganz in alexandrinischer Art geübt[37], sondern auch für die bis dahin übliche einfache Bezeichnung der Doppelkonsonanten die genauere griechische Doppelschreibung eingeführt. Von Naevius und Plautus freilich ist nichts dergleichen bekannt – die volksmäßigen Poeten werden gegen Rechtschreibung und Etymologie auch in Rom sich so gleichgültig verhalten haben, wie Dichter es pflegen.

Rhetorik und Philosophie blieben den Römern dieser Zeit noch fern. Die Rede stand bei ihnen zu entschieden im Mittelpunkt des öffentlichen Lebens, als daß der fremde Schulmeister ihr hätte beikommen können; der echte Redner Cato goß über das alberne Isokrateische »ewig reden lernen und niemals reden können« die ganze Schale seines zornigen Spottes aus. Die griechische Philosophie, obwohl sie durch Vermittlung der lehrhaften und vor allem der tragischen Poesie einen gewissen Einfluß auf die Römer gewann, wurde doch mit einer aus bäurischer

---

[36] Plautus sagt (Most. 126) von den Eltern, daß sie die Kinder »lesen und die Rechte und Gesetze kennen lehren«; und dasselbe zeigt Plut. Cato mai. 20.

[37] So heißt ihm in den Epicharmischen Gedichten Jupiter davon *quod invat*, Ceres davon *quod gerit fruges*.

Ignoranz und ahnungsvollem Instinkt gemischten Apprehension betrachtet. Cato nannte den Sokrates unverblümt einen Schwätzer und einen als Frevler an dem Glauben und den Gesetzen seiner Heimat mit Recht hingerichteten Revolutionär; und wie selbst die der Philosophie geneigten Römer von ihr dachten, mögen wohl die Worte des Ennius aussprechen:

> Philosophieren will ich, doch kurz und nicht die ganze Philosophie;
> Gut ist's von ihr nippen, aber sich in sie versenken schlimm.

Dennoch dürfen die poetische Sittenlehre und die Anweisung zur Redekunst, die sich unter den Catonischen Schriften befanden, angesehen werden als die römische Quintessenz oder, wenn man lieber will, das römische Caput mortuum der griechischen Philosophie und Rhetorik. Die nächsten Quellen Catos waren für das Sittengedicht neben der selbstverständlichen Anpreisung der einfachen Vätersitte vermutlich die Pythagoreischen Moralschriften, für das Rednerbuch die Thukydideischen und besonders die Demosthenischen Reden, welche alle Cato eifrig studierte. Von dem Geiste dieser Handbücher kann man ungefähr sich eine Vorstellung machen nach der goldenen, von den Nachfahren öfter angeführten als befolgten Regel für den Redner, »an die Sache zu denken und daraus die Worte sich ergeben zu lassen«[38].

Ähnliche allgemein propädeutische Handbücher verfaßte Cato auch für die Heilkunst, die Kriegswissenschaft, die Landwirtschaft und die Rechtswissenschaft, welche Disziplinen alle ebenfalls mehr oder minder unter griechischem Einfluß standen. Wenn nicht die Physik und Mathematik, so fanden doch die damit zusammenhängenden Nützlichkeitswissenschaften bis zu einem gewissen Grade Eingang in Rom. Am meisten gilt dies von der Medizin. Nachdem im Jahre 535 *(219)* der erste griechische Arzt, der Peloponnesier Archagathos in Rom sich niedergelassen und dort durch seine chirurgischen Operationen solches Ansehen erworben hatte, daß ihm von Staats wegen ein Lokal angewiesen und das römische Bürgerrecht geschenkt ward, strömten seine Kollegen scharenweise nach Italien. Cato freilich machte nicht bloß die fremden Heilkünstler mit einem Eifer herunter, der einer besseren Sache würdig war, sondern versuchte auch, durch sein aus eigener Erfahrung und daneben wohl auch aus der medizinischen Literatur der Griechen zusammengestelltes medi-

---

[38] *Rem tene, verba sequentur.*

zinisches Hilfsbüchlein die gute alte Sitte wieder emporzubringen, wo der Hausvater zugleich der Hausarzt war. Die Ärzte und das Publikum kümmerten wie billig sich wenig um dieses eigensinnige Gekeife; doch blieb das Gewerbe, eines der einträglichsten, die es in Rom gab, Monopol der Ausländer, und Jahrhunderte lang hat es in Rom nur griechische Ärzte gegeben.

Von der barbarischen Gleichgültigkeit, womit man bisher in Rom die Zeitmessung behandelt hatte, kam man wenigstens einigermaßen zurück. Mit der Aufstellung der ersten Sonnenuhr auf dem römischen Markt im Jahre 491 *(263)* fing die griechische Stunde (*ὥρα*, hora) auch bei den Römern an gebraucht zu werden; freilich begegnete es dabei, daß man in Rom eine für das um vier Grade südlicher liegende Katane gearbeitete Sonnenuhr aufstellte und ein Jahrhundert lang sich danach richtete. Gegen Ende dieser Epoche erscheinen einzelne vornehme Männer, die sich für mathematische Dinge interessierten. Manius Acilius Glabrio (Konsul 563 *191*) versuchte der Kalenderverwirrung durch ein Gesetz zu steuern, das dem Pontifikalkollegium gestattete, nach Ermessen Schaltmonate einzulegen und wegzulassen; wenn dies seinen Zweck verfehlte, ja Übel ärger machte, so lag die Ursache davon wohl weniger in dem Unverstand als in der Gewissenlosigkeit der römischen Theologen. Auch der griechisch gebildete Marcus Fulvius Nobilior (Konsul 565 *189*) gab sich Mühe wenigstens um allgemeine Kundmachung des römischen Kalenders. Gaius Sulpicius Gallus (Konsul 588 *166*), der nicht bloß die Mondfinsternis von 586 *(168)* vorhergesagt, sondern auch ausgerechnet hatte, wie weit es von der Erde bis zum Monde sei und der selbst als astronomischer Schriftsteller aufgetreten zu sein scheint, wurde deshalb von seinen Zeitgenossen als ein Wunder des Fleißes und des Scharfsinnes angestaunt.

Daß für die Landwirtschaft und die Kriegskunst zunächst die ererbte und die eigene Erfahrung maßgebend war, versteht sich von selbst und spricht auch in derjenigen der zwei Catonischen Anleitungen zur Landwirtschaft, die auf unsere Zeit gekommen ist, sehr bestimmt sich aus. Dennoch fielen auch auf diesen untergeordneten eben wie in den höheren geistigen Gebieten die Resultate der griechischen und der lateinischen, ja selbst der phönikischen Kultur zusammen und kann schon darum die einschlagende ausländische Literatur nicht ganz unberücksichtigt geblieben sein.

Dagegen gilt dasselbe nur in untergeordnetem Grade von der Rechtswissenschaft. Die Tätigkeit der Rechtsgelehrten dieser

Zeit ging noch wesentlich auf in der Bescheidung der anfragenden Parteien und in der Belehrung der jüngeren Zuhörer; doch bildete in dieser mündlichen Unterweisung schon sich ein traditioneller Regelstamm und auch schriftstellerische Tätigkeit mangelt nicht ganz. Wichtiger als Catos kurzer Abriß wurde für die Rechtswissenschaft das von Sextus Aelius Paetus, genannt der »Schlaue« *(catus)*, welcher der erste praktische Jurist seiner Zeit war und infolge dieser seiner gemeinnützigen Tätigkeit zum Konsulat (556 *198*) und zur Zensur (560 *194*) emporstieg, veröffentlichte sogenannte »dreiteilige Buch«, das heißt eine Arbeit über die Zwölf Tafeln, welche zu jedem Satze derselben eine Erläuterung, hauptsächlich wohl der veralteten und unverständlichen Ausdrücke, und das entsprechende Klagformular hinzufügte. Wenn dabei in jener Glossierung der Einfluß der griechischen grammatischen Studien unleugbar hervortritt, so knüpfte die Klagformulierung vielmehr an die ältere Sammlung des Appius (1, 486) und die ganze volkstümliche und prozessualische Rechtsentwicklung an.

Im allgemeinen tritt der Wissenschaftsbestand dieser Epoche mit großer Bestimmtheit hervor in der Gesamtheit jener von Cato für seinen Sohn aufgesetzten Handbücher, die als eine Art Enzyklopädie in kurzen Sätzen darlegen sollten, was ein »tüchtiger Mann« *(vir bonus)* als Redner, Arzt, Landwirt, Kriegsmann und Rechtskundiger sein müsse. Ein Unterschied zwischen propädeutischen und Fachwissenschaften wurde noch nicht gemacht, sondern was von der Wissenschaft überhaupt notwendig und nützlich erschien, von jedem rechten Römer gefordert. Ausgeschlossen ist dabei teils die lateinische Grammatik, die also damals noch nicht diejenige formale Entwicklung gehabt haben kann, welche der eigentliche wissenschaftliche Sprachunterricht voraussetzt, teils die Musik und der ganze Kreis der mathematischen und physischen Wissenschaften. Durchaus sollte in der Wissenschaft das unmittelbar Praktische, aber auch nichts als dies und dieses möglichst kurz und schlicht zusammengefaßt werden. Die griechische Literatur wurde dabei wohl benutzt, aber nur um aus der Masse von Spreu und Wust einzelne brauchbare Erfahrungssätze zu gewinnen – »die griechischen Bücher muß man einsehen, aber nicht durchstudieren«, lautet einer von Catos Weidsprüchen. So entstanden jene häuslichen Not- und Hilfsbücher, die freilich mit der griechischen Spitzfindigkeit und Unklarheit auch den griechischen Scharf- und Tiefsinn austreiben, aber eben dadurch für die Stellung der Römer zu den griechischen Wissenschaften für alle Zeiten maßgebend geworden sind.

So zog denn mit der Weltherrschaft zugleich Poesie und Literatur in Rom ein, oder, mit einem Dichter der ciceronischen Zeit zu reden:

> Als wir Hannibal bezwungen, nahte mit beschwingtem Schritt
> Der Quiriten hartem Volke sich die Mus' im Kriegsgewand.

Auch in den sabellisch und etruskisch redenden Landschaften wird es gleichzeitig an geistiger Bewegung nicht gemangelt haben. Wenn Trauerspiele in etruskischer Sprache erwähnt werden, wenn Tongefäße mit oskischen Inschriften Bekanntschaft ihrer Verfertiger mit der griechischen Komödie verraten, so drängt die Frage sich auf, ob nicht gleichzeitig mit Naevius und Cato auch am Arnus und Volturnus eine gleich der römischen hellenisierende Literatur in der Bildung begriffen gewesen ist. Indes jede Kunde darüber ist verschollen, und die Geschichte kann hier nur die Lücke bezeichnen.

Die römische Literatur, über die allein uns ein Urteil noch verstattet ist, wie problematisch ihr absoluter Wert dem Ästhetiker erscheinen mag, bleibt dennoch für denjenigen, der die Geschichte Roms erkennen will, von einzigem Wert als das Spiegelbild des inneren Geisteslebens Italiens in dem waffenklirrenden und zukunftsvollen sechsten Jahrhundert, in welchem die italische Entwicklung abschloß und das Land anfing einzutreten in die allgemeinere der antiken Zivilisation. Auch in ihr herrscht diejenige Zwiespältigkeit, die überall in dieser Epoche das Gesamtleben der Nation durchdringt und die Übergangszeit charakterisiert. Über die Mangelhaftigkeit der hellenistisch-römischen Literatur kann kein unbefangenes und durch den ehrwürdigen Rost zweier Jahrtausende unbeirrtes Auge sich täuschen. Die römische Literatur steht neben der griechischen wie die deutsche Orangerie neben dem sizilischen Orangenwald; man kann an beiden sich erfreuen, aber nebeneinander sie auch nur zu denken, geht nicht an. Womöglich noch entschiedener als von der römischen Schriftstellerei in der fremden Sprache gilt dies von derjenigen in der Muttersprache der Latiner; zu einem sehr großen Teil ist dieselbe gar nicht das Werk von Römern, sondern von Fremdlingen, von Halbgriechen, Kelten, bald auch Afrikanern, die das Latein sich erst äußerlich angeeignet hatten – unter denen, die in dieser Zeit als Dichter vor das Publikum traten, ist nicht bloß, wie gesagt, nicht ein nachweislich vornehmer Mann, sondern auch keiner, dessen Heimat erweislich das eigentliche Latium wäre. Selbst die Benennung des Dichters ist ausländisch; schon Ennius nennt sich mit Nachdruck einen Poeten[39]. Aber diese Poesie ist nicht bloß ausländisch, sondern sie ist auch mit allen denjenigen Mängeln behaftet, welche da sich einfinden, wo die Schulmeister schriftstellern und der große Haufe das Publikum ausmacht. Es ist gezeigt worden, wie die Komödie durch die Rücksicht auf die Menge künstlerisch vergröbert wurde, ja in pöbelhafte Roheit verfiel; es ist ferner gezeigt worden, daß zwei der einflußreichsten römischen Schriftsteller zunächst Schulmeister und erst folgeweise Poeten waren, und daß, während die griechische erst nach dem Abblühen der volkstümlichen Literatur erwachsene Philologie nur am toten Körper experimentierte, in Latium Begründung der Grammatik und Grundlegung der Literatur, fast wie bei den heutigen Heidenmissionen, von Haus aus Hand in Hand gegangen sind. In der Tat, wenn man diese hellenistische Literatur des sechsten Jahrhunderts unbefangen ins Auge faßt, jene handwerksmäßige, jeder eigenen Produktivität bare Poesie, jene durchgängige Nachahmung eben der flachsten Kunstgattungen des Auslandes, jenes Übersetzungsrepertoire, jenen Wechselbalg von Epos, so fühlt man sich versucht sie rein zu den Krankheitssymptomen dieser Epoche zu rechnen.

Dennoch würde ein solches Urteil, wenn nicht ungerecht, doch nur sehr einseitig gerecht sein. Vor allen Dingen ist wohl zu bedenken, daß diese gemachte Literatur in einer Nation emporkam, die nicht bloß keine volkstümliche Dichtkunst besaß, sondern auch nie mehr zu einer solchen gelangen konnte. In dem Altertum, welchem die moderne Poesie des Individuums fremd ist, fällt die schöpferisch poetische Tätigkeit wesentlich in die unbegreifliche Zeit des Werdebangens und der Werdelust der Nation; unbeschadet der Größe der griechischen Epiker und Tragiker darf man es aussprechen, daß ihr Dichten wesentlich bestand in der Redaktion der uralten Erzählungen von menschlichen Göttern und göttlichen Menschen. Diese Grundlage der

---

[39] Vgl. 2, 445:
Enni poeta salve, qui mortalibus
Versus propinas flammeos medullitus.
Die Bildung des Namens *poeta* aus dem vulgar-griechischen ποητής statt ποιητής- wie ἐπόησεν den attischen Töpfern geläufig war – ist charakteristisch. Übrigens bezeichnet *poeta* technisch nur den Verfasser epischer und rezitativer Gedichte, nicht den Bühnendichter, welcher in dieser Zeit vielmehr *scriba* heißt (Fest. v. *scriba*, p. 333 M.).

antiken Poesie mangelte in Latium gänzlich; wo die Götterwelt gestaltlos und die Sage nichtig blieb, konnten auch die goldenen Äpfel der Poesie freiwillig nicht gedeihen. Hierzu kommt ein Zweites und Wichtigeres. Die innerliche geistige Entwicklung wie die äußerliche staatliche Entfaltung Italiens waren gleichmäßig auf einem Punkte angelangt, wo es nicht länger möglich war, die auf dem Ausschluß aller höheren und individuellen Geistesbildung beruhende römische Nationalität festzuhalten und den Hellenismus von sich abzuwehren. Zunächst auf dieser allerdings revolutionären und denationalisierenden, aber für die notwendige geistige Ausgleichung der Nationen unerläßlichen Propaganda des Hellenismus in Italien beruht die geschichtliche und selbst die dichterische Berechtigung der römisch-hellenistischen Literatur. Es ist aus ihrer Werkstatt nicht ein einziges neues und echtes Kunstwerk hervorgegangen, aber sie hat den geistigen Horizont von Hellas über Italien erstreckt. Schon rein äußerlich betrachtet setzt die griechische Poesie bei dem Hörer eine gewisse Summe positiver Kenntnisse voraus. Die völlige Abgeschlossenheit in sich, die zu den wesentlichsten Eigentümlichkeiten zum Beispiel des Shakespeareschen Dramas gehört, ist der antiken Dichtung fremd; wem der griechische Sagenkreis nicht bekannt ist, der wird für jede Rhapsodie wie für jede Tragödie den Hintergrund und oft selbst das gemeine Verständnis vermissen. Wenn dem römischen Publikum dieser Zeit, wie das die Plautinischen Lustspiele zeigen, die Homerischen Gedichte und die Heraklessagen einigermaßen geläufig und von den übrigen Mythen wenigstens die allgemeingültigen bekannt waren[40], so wird diese Kunde neben der Schule zunächst durch die Bühne ins Publikum gedrungen und damit zum Verständnis der hellenischen Dichtung wenigstens ein Anfang gemacht sein. Aber weit tiefer noch wirkte, worauf schon die geistreichsten Literatoren des Altertums mit Recht den Ton gelegt haben, die Einbürgerung griechischer Dichtersprache und griechischer Maße in Latium. Wenn »das besiegte Griechenland den rauhen Sieger durch die Kunst überwand«, so geschah dies zunächst dadurch, daß dem ungefügen lateinischen Idiom eine gebildete und gehobene Dich-

---

[40] Aus dem troischen und dem Herakles-Kreise kommen selbst untergeordnete Figuren vor, zum Beispiel Talthybios (Stich. 305), Autolykos (Bacch. 275), Parthaon (Men. 745). In den allgemeinsten Umrissen müssen ferner zum Beispiel die thebanische und die Argonautensage, die Geschichten von Bellerophon (Bacch. 810), Pentheus (Merc. 467), Prokne und Philomele (Rud. 604), Sappho und Phaon (Mil. 1247) bekannt gewesen sein.

tersprache abgewonnen ward, daß anstatt der eintönigen und gehackten Saturnier der Senar floß und der Hexameter rauschte, daß die gewaltigen Tetrameter, die jubelnden Anapäste, die kunstvoll verschlungenen lyrischen Rhythmen das lateinische Ohr in der Muttersprache trafen. Die Dichtersprache ist der Schlüssel zu der idealen Welt der Poesie, das Dichtmaß der Schlüssel zu der poetischen Empfindung; wem das beredte Beiwort stumm und das lebendige Gleichnis tot ist, wem die Takte der Daktylen und Jamben nicht innerlich erklingen, für den haben Homer und Sophokles umsonst gedichtet. Man sage nicht, daß das poetische und rhythmische Gefühl sich von selber verstehen. Die idealen Empfindungen sind freilich von der Natur in die Menschenbrust gepflanzt, aber um zu keimen brauchen sie günstigen Sonnenscheins; und vor allem in der poetisch wenig angeregten latinischen Nation bedurften sie auch äußerlicher Pflege. Man sage auch nicht, daß bei der weitverbreiteten Kenntnis der griechischen Sprache deren Literatur für das empfängliche römische Publikum ausgereicht hätte. Der geheimnisvolle Zauber, den die Sprache über den Menschen ausübt und von dem Dichtersprache und Rhythmus nur Steigerungen sind, hängt nicht jeder zufällig angelernten, sondern einzig der Muttersprache an. Von diesem Gesichtspunkt aus wird man die hellenistische Literatur und namentlich die Poesie der Römer dieser Zeit gerechter beurteilen. Wenn ihr Bestreben darauf hinausging, den Euripideischen Radikalismus nach Rom zu verpflanzen, die Götter entweder in verstorbene Menschen oder in gedachte Begriffe aufzulösen, überhaupt dem denationalisierten Hellas ein denationalisiertes Latium an die Seite zu setzen und alle rein und scharf entwickelten Volkstümlichkeiten in den problematischen Begriff der allgemeinen Zivilisation aufzulösen, so steht diese Tendenz erfreulich oder widerwärtig zu finden in eines jeden Belieben, in niemandes aber, ihre historische Notwendigkeit zu bezweifeln. Von diesem Gesichtspunkte aus läßt selbst die Mangelhaftigkeit der römischen Poesie zwar nimmermehr sich verleugnen, aber sich erklären und damit gewissermaßen sich rechtfertigen. Wohl geht durch sie hindurch ein Mißverhältnis zwischen dem geringfügigen und oft verhunzten Inhalt und der verhältnismäßig vollendeten Form, aber die eigentliche Bedeutung dieser Poesie war auch eben formeller und vor allen Dingen sprachlicher und metrischer Art. Es war nicht schön, daß die Poesie in Rom vorwiegend in den Händen von Schulmeistern und Ausländern und vorwiegend Übersetzung oder Nachdichtung war; aber wenn die Poesie zunächst nur eine Brücke von Latium nach Hellas schlagen sollte, so waren Livius und Ennius allerdings berufen zum poetischen Pontifikat in Rom und die Übersetzungsliteratur das einfachste Mittel zum Ziele. Es war noch weniger schön, daß die römische Poesie sich mit Vorliebe auf die verschliffensten und geringhaltigsten Originale warf; aber in diesem Sinne war es zweckgemäß. Niemand wird die Euripideische Poesie der Homerischen an die Seite stellen wollen; aber geschichtlich betrachtet sind Euripides und Menander völlig ebenso die Bibel des kosmopolitischen Hellenismus wie die ›Ilias‹ und die ›Odyssee‹ diejenige des volkstümlichen Hellenentums, und insofern hatten die Vertreter dieser Richtung guten Grund, ihr Publikum vor allem in diesen Literaturkreis einzuführen. Zum Teil mag auch das instinktmäßige Gefühl der beschränkten poetischen Kraft die römischen Bearbeiter bewogen haben, sich vorzugsweise an Euripides und Menander zu halten und den Sophokles und gar den Aristophanes beiseite liegen zu lassen; denn während die Poesie wesentlich national und schwer zu verpflanzen ist, so sind Verstand und Witz, auf denen die Euripideische wie die Menandrische Dichtung beruhte, von Haus aus kosmopolitisch. Immer verdient es noch rühmliche Anerkennung, daß die römischen Poeten des sechsten Jahrhunderts nicht an die hellenische Tagesliteratur oder den sogenannten Alexandrinismus sich anschlossen, sondern lediglich in der älteren klassischen Literatur, wenn auch nicht gerade in deren reichsten und reinsten Bereichen, ihre Muster sich suchten. Überhaupt, wie unzählige falsche Akkommodationen und kunstwidrige Mißgriffe man auch denselben nachweisen mag, es sind eben nur diejenigen Versündigungen an dem Evangelium, welche das nichts weniger als reinliche Missionsgeschäft mit zwingender Notwendigkeit begleiten; und sie werden geschichtlich und selbst ästhetisch einigermaßen aufgewogen durch den von dem Propagandatum ebenso unzertrennlichen Glaubenseifer. Über das Evangelium mag man anders urteilen als Ennius getan; aber wenn es bei dem Glauben nicht so sehr darauf ankommt, was, als wie geglaubt wird, so kann auch den römischen Dichtern des sechsten Jahrhunderts Anerkennung und Bewunderung nicht versagt werden. Ein frisches und mächtiges Gefühl für die Gewalt der hellenischen Weltliteratur, eine heilige Sehnsucht, den Wunderbaum in das fremde Land zu verpflanzen, durchdrangen die gesamte Poesie des sechsten Jahrhunderts und flossen in eigentümlicher Weise zusammen mit dem durchaus gehobenen Geiste dieser großen Zeit. Der spätere geläuterte Hellenismus sah auf die poetischen Leistungen derselben mit einer gewissen Verachtung herab; eher vielleicht hätte er zu den Dichtern hinaufsehen mögen, die bei aller Unvollkommenheit doch in einem innerlicheren Verhältnis zu der griechischen Poesie standen und der echten Dichtkunst näher kamen als ihre höher gebildeten Nachfahren. In der verwegenen Nacheiferung, in den klingenden Rhythmen, selbst in dem mächtigen Dichterstolz der Poeten dieser Zeit ist mehr als in irgendeiner anderen Epoche der römischen Literatur eine imponierende Grandiosität, und auch wer über die Schwächen dieser Poesie sich nicht täuscht, darf das stolze Wort auf sie anwenden, mit dem sie selber sich gefeiert hat, daß sie den Sterblichen

> das Feuerlied kredenzt hat aus der tiefen Brust.

Wie die hellenisch-römische Literatur dieser Zeit wesentlich tendenziös ist, so beherrscht die Tendenz auch ihr Widerspiel, die gleichzeitige nationale Schriftstellerei. Wenn jene nichts mehr und nichts weniger wollte, als die latinische Nationalität durch Schöpfung einer lateinisch redenden, aber in Form und Geist hellenischen Poesie vernichten, so mußte eben der beste und reinste Teil der latinischen Nation mit dem Hellenismus selbst die entsprechende Literatur gleichfalls von sich werfen und in Acht und Bann tun. Man stand zu Catos Zeit in Rom der griechischen Literatur gegenüber ungefähr wie in der Zeit der Cäsaren dem Christentum: Freigelassene und Fremde bildeten den Kern der poetischen wie später den Kern der christlichen Gemeinde; der Adel der Nation und vor allem die Regierung sahen in der Poesie wie im Christentum lediglich feindliche Mächte; ungefähr aus denselben Ursachen sind Plautus und Ennius von der römischen Aristokratie zum Gesindel gestellt und die Apostel und Bischöfe von der römischen Regierung hingerichtet worden. Natürlich war es auch hier vor allem Cato, der die Heimat gegen die Fremde mit Lebhaftigkeit vertrat. Die griechischen Literaten und Ärzte sind ihm der gefährlichste Abschaum des grundverdorbenen Griechenvolks[41], und mit unaussprechlicher Verach-

---

[41] »Von diesen Griechen«, heißt es bei ihm, »werde ich an seinem Orte sagen, mein Sohn Marcus, was ich zu Athen über sie in Erfahrung gebracht habe; und will es beweisen, daß es nützlich ist, ihre Schriften einzusehen, nicht sie durchzustudieren. Es ist eine grundverdorbene und unregierliche Rasse – glaube mir, das ist wahr wie ein Orakel; und wenn das Volk seine Bildung herbringt, so wird es alles verderben und ganz besonders, wenn es seine Ärzte hierher schickt. Sie haben sich verschworen, alle Barbaren umzubringen mit Arzeneiung, aber sie lassen sich

tung werden die römischen Bänkelsänger von ihm behandelt (1, 474). Man hat ihn und seine Gesinnungsgenossen deswegen oft und hart getadelt und allerdings sind die Äußerungen seines Unwillens nicht selten bezeichnet von der ihm eigenen schroffen Borniertheit; bei genauerer Erwägung indes wird man nicht bloß im einzelnen ihm wesentlich Recht geben, sondern auch anerkennen müssen, daß die nationale Opposition auf diesem Boden mehr als irgendwo sonst über die Unzulänglichkeit der bloß ablehnenden Verteidigung hinausgegangen ist. Wenn sein jüngerer Zeitgenosse Aulus Postumius Albinus, der durch sein widerliches Hellenisieren den Hellenen selbst zum Gespött ward und der zum Beispiel schon griechische Verse zimmerte – wenn dieser Albinus sich in der Vorrede zu seinem Geschichtswerk wegen des mangelhaften Griechisch damit verteidigte, daß er ein geborener Römer sei, war da die Frage nicht völlig an ihrem Orte, ob er rechtskräftig verurteilt worden sei, Dinge zu treiben, die er nicht verstehe? oder waren etwa die Gewerbe des fabrikmäßigen Komödienübersetzers und des um Brot und Protektion singenden Heldendichters vor zweitausend Jahren ehrenhafter, als sie es jetzt sind? oder hatte Cato nicht Ursache, es dem Nobilior vorzurücken, daß er den Ennius, welcher übrigens in seinen Versen die römischen Potentaten ohne Ansehen der Person glorifizierte und auch den Cato selbst mit Lob überhäufte, als den Sänger seiner künftigen Großtaten mit sich nach Ambrakia nahm? oder nicht Ursache die Griechen, die er in Rom und Athen kennenlernte, ein unverbesserlich elendes Gesindel zu schelten? Diese Opposition gegen die Bildung der Zeit und den Tageshellenismus war wohl berechtigt; einer Opposition aber gegen die Bildung und das Hellenentum überhaupt hat Cato keineswegs sich schuldig gemacht. Vielmehr ist es das höchste Lob der Nationalpartei, daß auch sie mit großer Klarheit die Notwendigkeit begriff, eine lateinische Literatur zu erschaffen und dabei die Anregungen des Hellenismus ins Spiel zu bringen; nur sollte ihrer Absicht nach die lateinische Schriftstellerei nicht nach der griechischen abgeklatscht und der römischen Volkstümlichkeit aufgezwängt, sondern unter griechischer Befruch-

dafür noch bezahlen, damit man ihnen vertraue und sie uns leicht zugrunde richten mögen. Auch uns nennen sie Barbaren, ja schimpfen uns mit dem noch gemeineren Namen der Opiker. Auf die Heilkünstler also lege ich dir Acht und Bann.«

Der eifrige Mann wußte nicht, daß der Name der Opiker, der im Lateinischen eine schmutzige Bedeutung hat, im Griechischen ganz unverfänglich ist, und daß die Griechen auf die unschuldigste Weise dazu gekommen waren, die Italiker mit demselben zu bezeichnen (1, 143).

tung der italischen Nationalität gemäß entwickelt werden. Mit einem genialen Instinkt, der weniger von der Einsicht der einzelnen als von dem Schwung der Epoche überhaupt zeugt, erkannte man, daß für Rom bei dem gänzlichen Mangel der poetischen Vorschöpfung der einzige Stoff zur Entwicklung eines eigenen geistigen Lebens in der Geschichte lag. Rom war, was Griechenland nicht war, ein Staat; und auf dieser gewaltigen Empfindung beruht sowohl der kühne Versuch, den Naevius machte, mittels der Geschichte zu einem römischen Epos und einem römischen Schauspiel zu gelangen, als auch die Schöpfung der lateinischen Prosa durch Cato. Das Beginnen freilich, die Götter und Heroen der Sage durch Roms Könige und Konsuln zu ersetzen, gleicht dem Unterfangen der Giganten, mit aufeinander getürmten Bergen den Himmel zu stürmen; ohne eine Götterwelt gibt es kein antikes Epos und kein antikes Drama, und die Poesie kennt keine Surrogate. Mäßiger und verständiger überließ Cato die eigentliche Poesie als unrettbar verloren der Gegenpartei, obwohl sein Versuch, nach dem Muster der älteren römischen, des appischen Sitten- und des Ackerbaugedichts eine didaktische Poesie in nationalem Versmaß zu erschaffen, wenn nicht dem Erfolge, doch der Absicht nach bedeutsam und achtungswert bleibt. Einen günstigeren Boden gewährte ihm die Prosa, und er hat denn auch die ganze ihm eigene Vielseitigkeit und Energie daran gesetzt, eine prosaische Literatur in der Muttersprache zu erschaffen. Es ist dies Bestreben nur um so römischer und nur um so achtbarer, als er sein Publikum zunächst im Familienkreise erblickte und als er damit in seiner Zeit ziemlich alleinstand. So entstanden seine ›Ursprungsgeschichten‹, seine aufgezeichneten Staatsreden, seine fachwissenschaftlichen Werke. Allerdings sind sie vom nationalen Geiste getragen und bewegen sich in nationalen Stoffen; allein sie sind nichts weniger als antihellenisch, sondern vielmehr wesentlich, nur freilich in anderer Art als die Schriften der Gegenpartei, unter griechischem Einfluß entstanden. Die Idee und selbst der Titel seines Hauptwerkes ist den griechischen »Gründungsgeschichten« *(κτίσεις)* entlehnt. Dasselbe gilt von seiner Redeschriftstellerei – er hat den Isokrates verspottet, aber vom Thukydides und Demosthenes zu lernen versucht. Seine ›Enzyklopädie‹ ist wesentlich das Resultat seines Studiums der griechischen Literatur. Von allem, was der rührige und patriotische Mann angegriffen hat, ist nichts folgenreicher und nichts seinem Vaterlande nützlicher gewesen als diese von ihm selbst wohl verhältnismäßig gering angeschlagene literarische Tätigkeit. Er fand zahlreiche und würdige Nachfolger in der Rede- und der wissenschaftlichen Schriftstellerei; und wenn auf seine originellen, in ihrer Art wohl der griechischen Logographie vergleichbaren ›Ursprungsgeschichten‹ auch kein Herodot und Thukydides gefolgt ist, so ward es doch von ihm und durch ihn festgestellt, daß die literarische Beschäftigung mit den Nützlichkeitswissenschaften wie mit der Geschichte für den Römer nicht bloß ehrenhaft, sondern ehrenvoll sei.

Werfen wir schließlich noch einen Blick auf den Stand der bauenden und bildenden Künste, so macht, was die ersten anlangt, der beginnende Luxus sich weniger in dem öffentlichen als im Privatbauwesen bemerklich. Erst gegen den Schluß dieser Periode, namentlich mit der Catonischen Zensur (570 *184*) fängt man in jenem an, neben der gemeinen Notdurft auch die gemeine Bequemlichkeit ins Auge zu fassen, die aus den Wasserleitungen gespeisten Bassins *(lacus)* mit Stein auszulegen (570 *184*), Säulengänge aufzuführen (575, 580 *179, 174*) und vor allem die attischen Gerichts- und Geschäftshallen, die sogenannten Basiliken nach Rom zu übertragen. Das erste dieser etwa unseren heutigen Basaren entsprechende Gebäude, die porcische oder Silberschmiedhalle, wurde von Cato im Jahre 570 *(184)* neben dem Rathaus errichtet, woran dann rasch andere sich anschlossen, bis allmählich an den Langseiten des Marktes die Privatläden durch diese glänzenden säulengetragenen Hallen ersetzt waren. Tiefer aber griff in das tägliche Leben die Umwandlung des Hausbaues ein, welche spätestens in diese Epoche gesetzt werden muß: es schieden sich allmählich Wohnsaal *(atrium)*, Hof *(cavum aedium)*, Garten und Gartenhallen *(peristylium)*, der Raum zur Aufbewahrung der Papiere *(tablinum)*, Kapelle, Küche, Schlafzimmer; und in der inneren Einrichtung fing die Säule an sowohl im Hofe wie im Wohnsaal zur Stützung der offenen Decke und auch für die Gartenhallen verwandt zu werden – wobei wohl überall griechische Muster kopiert oder doch benutzt wurden. Doch blieb das Baumaterial einfach; »unsere Vorfahren«, sagt Varro, »wohnten in Häusern aus Backsteinen und legten nur, um die Feuchtigkeit abzuwehren, ein mäßiges Quaderfundament«.

Von römischer Plastik begegnet kaum eine andere Spur als etwa die Wachsbossierung der Ahnenbilder. Etwas öfter ist von Malerei und Malern die Rede: Manius Valerius ließ den Sieg über die Karthager und Hieron, den er im Jahre 491 *(263)* vor Messana erfochten (2, 39), auf der Seitenwand des Rathauses abschildern – die ersten historischen Fresken in Rom, denn viele gleichartige folgten und die im Gebiet der bildenden Kunst das sind, was nicht viel später das Nationalepos und das Nationalschauspiel im Gebiet der Poesie wurden. Es werden als Maler genannt, ein gewisser Theodotos, der, wie Naevius spottete,

> verschanzt, in Decken sitzend, drinnen im heiligen Raum
> die scherzenden Laren malte mit dem Ochsenschwanz.

Marcus Pacuvius von Brundisium, welcher in dem Herkulestempel auf dem Rindermarkt malte – derselbe, der im höheren Alter als Bearbeiter griechischer Tragödien sich einen Namen gemacht hat; der Kleinasiate Marcus Plautius Lyco, dem für seine schönen Malereien im Junotempel zu Ardea diese Gemeinde ihr Bürgerrecht verlieh[42]. Aber es tritt doch eben darin sehr deutlich hervor, daß die Kunstübung in Rom nicht bloß überhaupt untergeordnet und mehr Handwerk als Kunst war, sondern daß sie auch, wahrscheinlich noch ausschließlicher als die Poesie, den Griechen und Halbgriechen anheimfiel.

Dagegen zeigen sich in den vornehmen Kreisen die ersten Spuren des späteren dilettantischen und Sammlerinteresses. Man bewunderte schon die Pracht der korinthischen und athenischen Tempel und sah die altmodischen Tonbilder auf den römischen Tempeldächern mit Geringschätzung an; selbst ein Mann wie Lucius Paullus, eher Catos Gesinnungsgenosse als Scipios, betrachtete und beurteilte den Zeus des Pheidias mit Kennerblick. Mit dem Wegführen der Kunstschätze aus den eroberten griechischen Städten machte in größerem Maßstab den ersten Anfang Marcus Marcellus nach der Einnahme von Syrakus (542 *212*); und obwohl dies bei den Männern alter Zucht scharfen Tadel fand und zum Beispiel der alte strenge Quintus Maximus nach der Einnahme von Tarent (545 *209*) die Bildsäulen der Tempel nicht anzurühren, sondern den Tarentinern ihre erzürnten Götter zu lassen gebot, so wurden doch dergleichen Tempelplünderungen immer häufiger. Namentlich durch Titus Flamininus (560 *194*) und Marcus Fulvius Nobilior (567 *187*), zwei Hauptvertreter des römischen Hellenismus, sowie durch Lucius Paullus (587 *167*) füllten sich die öffentlichen Gebäude Roms mit den Meisterwerken des griechischen Meißels. Auch hier ging den Rö-

---

[42] Plautius gehört in diese oder in den Anfang der folgenden Periode, da die Beischrift bei seinen Bildern (Plin. nat. 35, 10, 115) als hexametrisch nicht füglich älter sein kann als Ennius und die Schenkung des ardeatischen Bürgerrechts notwendig vor dem Bundesgenossenkrieg stattgefunden haben muß, durch den Ardea seine Selbständigkeit verlor.

mern die Ahnung auf, daß das Kunstinteresse so gut wie das poetische einen wesentlichen Teil der hellenischen Bildung, das heißt der modernen Zivilisation ausmache; allein während die Aneignung der griechischen Poesie ohne eine gewisse poetische Tätigkeit unmöglich war, schien hier das bloße Beschauen und Herbeischaffen auszureichen, und darum ist eine eigene Literatur in Rom auf künstlichem Wege gestaltet, zur Entwicklung einer eigenen Kunst aber nicht einmal ein Versuch gemacht worden.

Register für die Bände 1 bis 5 und 6 bis 7 finden sich im Band 8.